国家出版基金项目
NATIONAL PUBLICATION FOUNDATION

# 永远的恩格斯

顾海良　著

华中师范大学出版社

新出图证(鄂)字10号
图书在版编目(CIP)数据

永远的恩格斯/顾海良著.—武汉:华中师范大学出版社,2020.11(2025.6重印)
ISBN 978-7-5622-9126-8

Ⅰ.①永… Ⅱ.①顾… Ⅲ.①恩格斯(Engels,Friedrich 1820—1895)—思想评论 Ⅳ.①A811.63

中国版本图书馆CIP数据核字(2020)第166328号

永远的恩格斯
©顾海良 著

责任编辑:曾 艳 责任校对:罗 艺 封面设计:罗明波
编辑室:学术出版中心 电话:027-67863280
出版发行:华中师范大学出版社有限责任公司
社址:湖北省武汉市洪山区珞喻路152号
电话:027-67863426(发行部) 027-67861321(邮购)
网址:http://press.ccnu.edu.cn 电子邮箱:press@mail.ccnu.edu.cn
印刷:湖北恒泰印务有限公司 督印:刘 敏
开本:710mm×1000mm 1/16 印张:32.5
版次:2020年11月第1版 印次:2025年6月第3次印刷
字数:500千字 定价:139.00元
欢迎上网查询、购书

# 目　　录

## 第二篇　恩格斯的革命实践和革命精神



## 第三篇　对马克思主义理论的独特贡献

## 第四篇　恩格斯晚年对马克思主义的理论拓新

# 导 论

马克思主义的创立及其在当代世界的传播和发展，同恩格斯及其思想有着不可分离的关系，永远地联结在一起。

在纪念恩格斯诞辰 200 周年之际，以“永远的恩格斯”为主题，回顾恩格斯的思想历程既具有马克思主义发展的历史意义，也具有 21 世纪马克思主义发展的现实意义。

## 一、马克思主义的共同创立者

恩格斯与马克思一起作为马克思主义的创立者，并不是偶然的，这同他们所处的那个时代有着密切的关系，也同他们青年时期的理想和信念有着直接的联系。恩格斯与马克思共同创立的马克思主义，则是他们长期共同奋斗、协力并进，探索时代发展提出的新课题的思考，是他们锲而不舍、砥砺前行，回应人类社会面临的新挑战的结果。

1842 年，恩格斯和马克思在科伦第一次见面，这次见面，双方似乎是“冷淡”的，见面以后就分手了。然而，就在 1842 年至 1844 年这短短的两年间，马克思和恩格斯各自的思想几乎同时发生了根本性的转变。作为他们思想转变的标志，就是他们 1844 年在《德法年鉴》上各自发表的两篇文章，即马克思的《论犹太人问题》和《〈黑格尔法哲学批判〉导言》、恩格斯的《国民经济学批判大纲》和《英国状况　评托马斯·卡莱尔的〈过去和现在〉1843 年伦敦版》。《德法年鉴》上的这些文章，生动地表达了两位年轻人共同的理想和信念，牢固地奠定了他们共同的思想基础和理论旨趣。

1844 年 8 月，马克思和恩格斯在巴黎再次见面。这次见面时，他们已经树立了一个共同的理论观点，这个理论观点的最简要的概括就是："无产阶级能够而且必须自己解放自己。"[①] 45 年后，1889 年恩格斯追忆起他同马克思这段交往经历时说："当我 1844 年夏天在巴黎拜访马克思时，我们在一切理论领域中都显出意见完全一致，从此就开始了我们共同的工作。1845 年春天当我们在布鲁塞尔再次会见时，马克思已经从上述基本原理出发大致完成了阐发他的唯物主义历史理论的工作，于是我们就着手在各个极为不同的方面详细制定这种新形成的世界观了。"[②]

"无产阶级能够而且必须自己解放自己"是一种信念，也是一种信心，它使得马克思和恩格斯走到一起，成为志同道合的终身的战友；也使得马克思和恩格斯开启了把这一信念和信心升华为科学世界观而共同奋斗的思想进程。

"无产阶级能够而且必须自己解放自己"的信念和信心，成为马克思和恩格斯合作的第一项成果《神圣家族》中的箴言。《神圣家族》写于 1844 年 9 月至 11 月，出版于 1845 年 2 月。在这部由马克思和恩格斯共同署名的著作中，他们走出了创立唯物史观、宣示新世界观的第一步。紧接着，在 1845 年 10 月至 1846 年 5 月，他们共同撰写的《德意志意识形态》手稿，深入地表达了历史唯物主义的基本思想。这部手稿，在马克思和恩格斯生前没有能够公之于世，但为之后不久问世的第二项合作成果，奠定了坚实的思想理论基础。

1848 年初发表的《共产党宣言》，即马克思和恩格斯共同完成的第二项合作成果，也是他们一生完成的最有影响的和最具历史意义的成果。《共产党宣言》发表时，马克思刚好 30 岁，恩格斯只有 28 岁。这部彪炳千古的思想巨著，成为他们共同创立的马克思主义的最显著的思想标识。

马克思和恩格斯第三项合作成果是《资本论》三卷的创作。1843 年底，马克思开始研究政治经济学时，恩格斯已经完成《国民经济学批判大纲》的写作。马克思几次把《国民经济学批判大纲》称作"批判经济学范畴的天才大纲"[③]。在之后的政治经济学研究中，马克思先以

---

① 《马克思恩格斯文集》第 1 卷，人民出版社 2009 年版，第 262 页。
② 《马克思恩格斯文集》第 4 卷，人民出版社 2009 年版，第 232 页。
③ 《马克思恩格斯文集》第 2 卷，人民出版社 2009 年版，第 770 页。

《政治经济学批判》为题写作自己的政治经济学著作，从 1843 年开始一直持续到 1862 年底；1862 年底，马克思决定以《资本论》为题来写作关于资本主义政治经济学的著作。马克思生前只出版了《资本论》第一卷德文第一版和第二版。马克思在《资本论》第一卷德文第一版即将出版的时候，曾经邀请恩格斯同他一起署名，作为《资本论》的共同的作者。这表明，在《资本论》第一卷创作中，马克思就视恩格斯为《资本论》当然的合作者、共同的创作者。

在 1867 年 9 月《资本论》第一卷德文第一版出版之前，马克思多次向恩格斯表达他的感激之情。这年 5 月，马克思在给恩格斯的信中说："没有你，我永远不能完成这部著作。坦白地向你说，我的良心经常像被梦魇压着一样感到沉重，因为你主要是为了我才把你的卓越才能浪费在经商上面，使之荒废，而且还要分担我的一切琐碎的苦恼。"[①] 到了 8 月，马克思再次写道："没有你为我作的牺牲，我是不可能完成这三卷书的繁重工作的。我满怀感激的心情拥抱你！"[②] 后来也确实如马克思所说的，《资本论》"这三卷的繁重的工作"在马克思逝世后，完全由恩格斯接续完成。恩格斯在他一生的最后 12 年，用极大的心血，完成了《资本论》第二卷和第三卷的编辑出版工作，把自己的名字实际地写上了《资本论》共同合作者之中。《资本论》无疑是马克思和恩格斯共同完成的重大成果。

马克思和恩格斯合作的第四项成果就是《反杜林论》的创作。《反杜林论》是由恩格斯作为主要作者撰写的，但《反杜林论》的创作完全是在恩格斯同马克思共同研究和探讨中进行的，《反杜林论》部分篇章还是由马克思直接撰写的。1885 年 9 月，在《反杜林论》再版时，恩格斯写道："顺便指出：本书所阐述的世界观，绝大部分是由马克思确立和阐发的，而只有极小的部分是属于我的，所以，我的这种阐述不可能在他不了解的情况下进行，这在我们相互之间是不言而喻的。在付印之前，我曾把全部原稿念给他听，而且经济学那一编的第十章（《〈批判史〉论述》）就是马克思写的，只是由于外部的原因，我才不得不很遗

① 《马克思恩格斯文集》第 10 卷，人民出版社 2009 年版，第 256 页。
② 《马克思恩格斯文集》第 5 卷，人民出版社 2009 年版，第 4 页。

感觉到。”[①] 恩格斯当时非常担心的是，马克思去世以后所形成的理论“空白”，将给马克思主义的发展带来一定的困难。恩格斯自己在之后的12年间，着力于填补这些“空白”，特别是在保卫马克思思想的过程中，推进马克思主义的新的发展。

1883年以后，恩格斯以无畏的革命精神和坚定的理想信念，捍卫和发展马克思思想，对马克思主义作出多方面的理论拓新。这里仅仅指出其中一个重要的方面，就是恩格斯以重写“序言”或“导言”的方式，对再版或新版的马克思的重要著作作出诠释，对这些著作产生的时代背景、社会历史条件、科学价值、理论精髓等作出充分的论述，特别是对马克思主义的科学原理和科学精神以及科学原理和科学精神的内在统一性作出深刻的论述。

为马克思著作再版或者新版撰写的这些“序言”或“导言”，形成了恩格斯晚年对马克思思想研究和理解的一种特定的理论风范和学术品格，呈现为一种“‘序言’标格”。这一“‘序言’标格”的要旨在于：在对马克思主要著作的历史背景、理论要义和发展意义的探析中，彰显马克思学说的思想菁华及马克思主义发展史的意义；在对马克思主要著作的科学理论和科学精神阐释中，凸显马克思主义及其理论体系的科学性和革命性特征；在对马克思思想作出适合于时代发展要求的新的理解中，焕发面向“新的历史纪元”的马克思主义的时代特色。

恩格斯晚年在再版和新版马克思著作时写下的最有影响的“序言”或“导言”，主要有：1883年6月的《共产党宣言》1883年德文版序言、1883年11月的《资本论》第一卷德文第三版序言、1884年10月的《哲学的贫困》德文第一版序言、1885年上半年的《路易·波拿巴的雾月十八日》第三版序言、1885年7月的《资本论》第二卷序言、1886年11月的《资本论》第一卷英文版序言、1888年1月的《共产党宣言》英文版序言、1890年6月的《资本论》第一卷德文第四版序言、1891年3月的《法兰西内战》导言、1891年4月的《雇佣劳动与资本》1891年单行本导言、1894年11月的《资本论》第三卷序言和1895年3月的《1848年至1850年的法兰西阶级斗争》导言。所有这些“序言”

---

① 《马克思恩格斯文集》第3卷，人民出版社2009年版，第601页。

或“导言”，构成恩格斯晚年对马克思主义理论贡献的文本系统，体现了恩格斯所坚守的马克思主义观的标格。

## 五、对马克思“伟大发现”的论述及其意义

在马克思的葬仪上，恩格斯以马克思思想科学性和革命性的理论特征为主旨，对马克思一生革命事业和科学成就作了深情追思。恩格斯认为，马克思“首先是一个革命家”，“他毕生的真正使命，就是以这种或那种方式参加推翻资本主义社会及其所建立的国家设施的事业，参加现代无产阶级的解放事业，正是他第一次使现代无产阶级意识到自身的地位和需要，意识到自身解放的条件”；而马克思作为“科学家”，则“发现了人类历史的发展规律”，“发现了现代资本主义生产方式和它所产生的资产阶级社会的特殊的运动规律”[①]。马克思思想科学性和革命性的理论特征，成为马克思主义区别于其他理论的重要标识。

恩格斯指出，马克思“在整个世界史观上实现了变革”[②] 所蕴含的科学性，不仅在于科学地证明了过去的全部历史都是阶级斗争的历史，全部纷繁复杂的政治斗争的中心问题始终是社会阶级的社会的和政治的统治，而且还在于科学地论证了不同社会中相应的阶级产生和存在的根本原因。这一根本原因就是“当时存在的基本的物质条件，即各个时代社会借以生产和交换必要生活资料的那些条件”[③]。正是一定社会的生活的经济条件以及由这些条件决定的社会关系和政治关系，决定了该社会的观念和思想。马克思由此而确立的新的“世界史观”，使人类历史的发展“破天荒第一次被置于它的真正基础上”[④]。

马克思思想的科学性深刻地寓于马克思对“世界史观”的科学革命之中，同时，马克思在“彻底弄清了资本和劳动的关系”[⑤] 的政治经济学的科学革命中，进一步彰显了马克思思想革命性的理论特征。

---

① 《马克思恩格斯文集》第 3 卷，人民出版社 2009 年版，第 601—602 页。
② 《马克思恩格斯文集》第 3 卷，人民出版社 2009 年版，第 457 页。
③ 《马克思恩格斯文集》第 3 卷，人民出版社 2009 年版，第 458 页。
④ 《马克思恩格斯文集》第 3 卷，人民出版社 2009 年版，第 459 页。
⑤ 《马克思恩格斯文集》第 3 卷，人民出版社 2009 年版，第 460 页。

恩格斯认为，在马克思以前，资产阶级政治经济学尽管提出了劳动是一切财富和一切价值的源泉这个原理，但是，对资本主义经济现实中，雇佣劳动必须把他创造的一部分价值交给资本家的事实却无法作出进一步的解释。即使是一些尖锐批判资本主义制度的社会主义者，对此也得不到有科学根据的答案。马克思在政治经济学上的科学革命的核心思想在于证明，在资本主义生产方式中，无产阶级作为出卖劳动力商品的雇佣劳动者阶级，在资本主义生产过程中，不仅再生产出劳动力自身的价值，而且还额外地生产出剩余价值。这种剩余价值按一定的经济规律在整个资本家阶级中进行分配，组成为“地租、利润、资本积累的基础”[①]。马克思思想的革命性就在于，揭露了资本主义社会内资产阶级对无产阶级进行剥削的全部奥秘，确立了无产阶级革命的思想武器，奠定了科学社会主义的根本思想基础。

马克思主义科学性和革命性的理论特征，不只是对马克思思想内涵和理论体系概述的结论，而且也是对马克思主义创立和形成过程的历史记录。科学性和革命性是马克思主义与生俱来的理论特征。

马克思主义的创立，同恩格斯和马克思从事的艰苦卓绝的科学研究是分不开的，科学性是马克思主义不可或缺的根本属性。以“批判”精神为内核的科学研究，贯穿于马克思主义的创立和发展过程。马克思1844年初发表的《〈黑格尔法哲学批判〉导言》是马克思从唯心主义向唯物主义、从革命民主主义向共产主义转变中的重要著述；同恩格斯合著的《神圣家族》或《对批判的批判所做的批判》（副标题为“驳布鲁诺·鲍威尔及其伙伴”）的理论指向；《德意志意识形态》手稿的副标题就是“对费尔巴哈、布·鲍威尔和施蒂纳所代表的现代德国哲学以及各式各样先知所代表的德国社会主义的批判”；从恩格斯的《国民经济学批判大纲》到马克思的《政治经济学批判》，再到以“政治经济学批判”为副标题的《资本论》，以及《反杜林论》确定的对杜林所谓“在科学中实行的变革”的批判，更是马克思和恩格斯批判理论特征的集中体现。

恩格斯曾经说过：“马克思在他所研究的每一个领域，甚至在数学领

① 《马克思恩格斯文集》第3卷，人民出版社2009年版，第461页。

《政治经济学批判》为题写作自己的政治经济学著作，从 1843 年开始一直持续到 1862 年底；1862 年底，马克思决定以《资本论》为题来写作关于资本主义政治经济学的著作。马克思生前只出版了《资本论》第一卷德文第一版和第二版。马克思在《资本论》第一卷德文第一版即将出版的时候，曾经邀请恩格斯同他一起署名，作为《资本论》的共同的作者。这表明，在《资本论》第一卷创作中，马克思就视恩格斯为《资本论》当然的合作者、共同的创作者。

在 1867 年 9 月《资本论》第一卷德文第一版出版之前，马克思多次向恩格斯表达他的感激之情。这年 5 月，马克思在给恩格斯的信中说："没有你，我永远不能完成这部著作。坦白地向你说，我的良心经常像被梦魇压着一样感到沉重，因为你主要是为了我才把你的卓越才能浪费在经商上面，使之荒废，而且还要分担我的一切琐碎的苦恼。"[①] 到了 8 月，马克思再次写道："没有你为我作的牺牲，我是不可能完成这三卷书的繁重工作的。我满怀感激的心情拥抱你！"[②] 后来也确实如马克思所说的，《资本论》"这三卷的繁重的工作"在马克思逝世后，完全由恩格斯接续完成。恩格斯在他一生的最后 12 年，用极大的心血，完成了《资本论》第二卷和第三卷的编辑出版工作，把自己的名字实际地写上了《资本论》共同合作者之中。《资本论》无疑是马克思和恩格斯共同完成的重大成果。

马克思和恩格斯合作的第四项成果就是《反杜林论》的创作。《反杜林论》是由恩格斯作为主要作者撰写的，但《反杜林论》的创作完全是在恩格斯同马克思共同研究和探讨中进行的，《反杜林论》部分篇章还是由马克思直接撰写的。1885 年 9 月，在《反杜林论》再版时，恩格斯写道："顺便指出：本书所阐述的世界观，绝大部分是由马克思确立和阐发的，而只有极小的部分是属于我的，所以，我的这种阐述不可能在他不了解的情况下进行，这在我们相互之间是不言而喻的。在付印之前，我曾把全部原稿念给他听，而且经济学那一编的第十章（《〈批判史〉论述》）就是马克思写的，只是由于外部的原因，我才不得不很遗

① 《马克思恩格斯文集》第 10 卷，人民出版社 2009 年版，第 256 页。

② 《马克思恩格斯文集》第 5 卷，人民出版社 2009 年版，第 4 页。

憾地把它稍加缩短。在各种专业上互相帮助，这早就成了我们的习惯。”[①] 恩格斯在作出这一深情追忆时，马克思离世已经两年了。

马克思和恩格斯在一生之中，还有更多的合作成果，但就马克思主义发展史来看，这四项合作成果系统地阐释了马克思主义的哲学、政治经济学和科学社会主义的基本原理，铸就了马克思主义最基本的理论支柱和思想要旨。

这四项合作成果充分说明，马克思和恩格斯是马克思主义的共同创立者，他们的名字将永远共同地镌刻在马克思主义的丰碑上。列宁指出：“古老传说中有各种非常动人的友谊故事。欧洲无产阶级可以说，它的科学是由这两位学者和战士创造的，他们的关系超过了古人关于人类友谊的一切最动人的传说。”[②] 这是对这两位马克思主义共同创立者的人格的最高赞誉。

## 二、无产阶级革命实践与恩格斯思想的形成和发展

1883 年 3 月 17 日，在马克思的葬仪上，恩格斯对马克思一生革命事业和科学成就作了追思。恩格斯指出：马克思“首先是一个革命家”，马克思“毕生的真正使命，就是以这种或那种方式参加推翻资本主义社会及其所建立的国家设施的事业，参加现代无产阶级的解放事业，正是他第一次使现代无产阶级意识到自身的地位和需要，意识到自身解放的条件”[③]。恩格斯对马克思的这一评价，也完全适合恩格斯自己。

在 19 世纪 40 年代中期之后的半个世纪的思想历程中，恩格斯从来没有脱离过无产阶级革命的实践，从来没有放弃过无产阶级革命理论的探索，也从来没有动摇过无产阶级革命胜利的信念和信心。参与无产阶级革命运动，是恩格斯思想形成和发展的实践基础，也是恩格斯对马克思主义理论探索的现实根据。

1879 年，历经了共产主义者同盟、第一国际、巴黎公社革命的如

---

① 《马克思恩格斯文集》第 9 卷，人民出版社 2009 年版，第 11 页。

② 《列宁专题文集　论马克思主义》，人民出版社 2009 年版，第 58 页。

③ 《马克思恩格斯文集》第 3 卷，人民出版社 2009 年版，第 602 页。

磐风雨，马克思和恩格斯在阐释无产阶级政党性质和无产阶级革命任务时指出："至于我们，那么，根据我们的全部经历，摆在我们面前的只有一条路。将近 40 年来，我们一贯强调阶级斗争，认为它是历史的直接动力，特别是一贯强调资产阶级和无产阶级之间的阶级斗争，认为它是现代社会变革的巨大杠杆；所以我们决不能和那些想把这个阶级斗争从运动中勾销的人们一道走。在创立国际时，我们明确地制定了一个战斗口号：工人阶级的解放应当是工人阶级自己的事情。所以，我们不能和那些公开说什么工人太没有教养，不能自己解放自己，因而必须由仁爱的大小资产者从上面来解放的人们一道走。"①这一年，马克思和恩格斯都已年届 60，他们对无产阶级革命的信念不改、信心依然。

19 世纪 40 年代下半期，马克思和恩格斯参与共产主义者同盟的"实际活动"，这是他们创立唯物史观之后，将这一科学理论运用于国际工人运动实际的必然过程；也是他们在国际工人运动实践中检验这一理论，并发展和升华这一理论的过程。参与共产主义者同盟活动的最重要的结果，就是彪炳千古的《共产党宣言》的诞生。

1888 年，在《共产党宣言》发表 40 周年之际，恩格斯指出："《宣言》是作为共产主义者同盟的纲领发表的，这个同盟起初纯粹是德国工人团体，后来成为国际工人团体，而在 1848 年以前欧洲大陆的政治条件下必然是一个秘密的团体。1847 年 11 月在伦敦举行的同盟代表大会，委托马克思和恩格斯起草一个准备公布的完备的理论和实践的党纲。"② 参与共产主义者同盟的"实际活动"，对恩格斯的一生的革命生涯都发生着重要的影响。马克思和恩格斯在 1848 年至 1852 年间参与共产主义者同盟的活动，被列宁称作马克思和恩格斯"一生活动中最令人瞩目的中心点"③。

国际工人协会（即第一国际）从 1864 年成立至 1876 年解散的 10 余年间，马克思和恩格斯一直努力将科学社会主义思想和策略原则贯穿于第一国际的全部活动之中。马克思和恩格斯思想是第一国际的旗帜，

---

① 《马克思恩格斯文集》第 3 卷，人民出版社 2009 年版，第 484 页。

② 《马克思恩格斯文集》第 2 卷，人民出版社 2009 年版，第 11 页。

③ 《列宁专题文集　论马克思主义》，人民出版社 2009 年版，第 140 页。

感觉到。”[1] 恩格斯当时非常担心的是，马克思去世以后所形成的理论“空白”，将给马克思主义的发展带来一定的困难。恩格斯自己在之后的12年间，着力于填补这些“空白”，特别是在保卫马克思思想的过程中，推进马克思主义的新的发展。

1883年以后，恩格斯以无畏的革命精神和坚定的理想信念，捍卫和发展马克思思想，对马克思主义作出多方面的理论拓新。这里仅仅指出其中一个重要的方面，就是恩格斯以重写“序言”或“导言”的方式，对再版或新版的马克思的重要著作作出诠释，对这些著作产生的时代背景、社会历史条件、科学价值、理论精髓等作出充分的论述，特别是对马克思主义的科学原理和科学精神以及科学原理和科学精神的内在统一性作出深刻的论述。

为马克思著作再版或者新版撰写的这些“序言”或“导言”，形成了恩格斯晚年对马克思思想研究和理解的一种特定的理论风范和学术品格，呈现为一种“‘序言’标格”。这一“‘序言’标格”的要旨在于：在对马克思主要著作的历史背景、理论要义和发展意义的探析中，彰显马克思学说的思想菁华及马克思主义发展史的意义；在对马克思主要著作的科学理论和科学精神阐释中，凸显马克思主义及其理论体系的科学性和革命性特征；在对马克思思想作出适合于时代发展要求的新的理解中，焕发面向“新的历史纪元”的马克思主义的时代特色。

恩格斯晚年在再版和新版马克思著作时写下的最有影响的“序言”或“导言”，主要有：1883年6月的《共产党宣言》1883年德文版序言、1883年11月的《资本论》第一卷德文第三版序言、1884年10月的《哲学的贫困》德文第一版序言、1885年上半年的《路易·波拿巴的雾月十八日》第三版序言、1885年7月的《资本论》第二卷序言、1886年11月的《资本论》第一卷英文版序言、1888年1月的《共产党宣言》英文版序言、1890年6月的《资本论》第一卷德文第四版序言、1891年3月的《法兰西内战》导言、1891年4月的《雇佣劳动与资本》1891年单行本导言、1894年11月的《资本论》第三卷序言和1895年3月的《1848年至1850年的法兰西阶级斗争》导言。所有这些“序言”

---

① 《马克思恩格斯文集》第3卷，人民出版社2009年版，第601页。

域，都有独到的发现，这样的领域是很多的，而且其中任何一个领域他都不是浅尝辄止。”[①]恩格斯对马克思的这一评价，也适合恩格斯本人。恩格斯尽管只有中学学历，还要从事繁忙的商务活动，但他从来没有放弃科学研究。年轻的恩格斯在柏林服兵役的一年时间内，利用业余时间到柏林大学旁听哲学课，同时还刻苦自学政治经济学。他撰写的《政治经济学批判大纲》，为无产阶级政治经济学的创立奠定了第一块基石，这时他年仅 24 岁。恩格斯精通多种语言，对文学、历史、军事学、人类学也都有深入的研究。他掌握的自然科学知识，使他有可能遨游于自然辩证法的研究领域，对自然科学某些学科提出了至今仍然有其科学价值的结论。今天，即便是马克思主义的一些反对者，面对马克思、恩格斯留下的卷帙浩繁的著作、论文、书信、笔记和手稿，也不得不对马克思、恩格斯的渊博学识表示由衷的钦佩。

20 世纪初，列宁针对时代变化的新特点和马克思主义理论的新发展，对马克思主义科学性和革命性的理论特征作出新的探讨。列宁特别从马克思主义主要组成部分的整体关系上对马克思主义理论特征作出探讨。马克思主义的革命性深刻地寓于它的科学性之中，在对马克思主义三个来源和三个组成部分问题的阐释中，列宁指出，马克思主义“绝不是离开世界文明发展大道而产生的一种故步自封、僵化不变的学说。恰恰相反，马克思的全部天才正是在于他回答了人类先进思想已经提出的种种问题”[②]；同时，马克思主义的科学性直接映现在它的革命性之中，列宁认为，对于革命的无产阶级来说，“马克思学说具有无限力量，就是因为它正确。它完备而严密，它给人们提供了决不同任何迷信、任何反动势力、任何为资产阶级压迫所作的辩护相妥协的完整的世界观”[③]；从无产阶级革命斗争策略上来看，包括哲学唯物主义在内的马克思主义理论体系，“把伟大的认识工具给了人类，特别是给了工人阶级”[④]。

列宁的结论就是，马克思主义“对世界各国社会主义者所具有的不可遏制止的吸引力，就在于它把严格的和高度的科学性（它是社会科学

① 《马克思恩格斯文集》第 3 卷，人民出版社 2009 年版，第 601—602 页。
② 《列宁专题文集　论马克思主义》，人民出版社 2009 年版，第 66 页。
③ 《列宁专题文集　论马克思主义》，人民出版社 2009 年版，第 67 页。
④ 《列宁专题文集　论马克思主义》，人民出版社 2009 年版，第 68 页。

的最新成就）同革命性结合起来，并且不仅仅是因为学说的创始人兼有学者和革命家的品质而偶然地结合起来，而是把二者内在地和不可分割地结合在这个理论本身中”[①]。列宁继恩格斯之后，对马克思主义科学性和革命性理论特征的阐释，对马克思主义的思想传播，对马克思主义成为国际工人运动和世界社会主义运动中最有影响的指导思想发生着持续的重要的作用。

## 六、恩格斯思想的历史地位和时代意蕴

作为马克思主义创立者之一，恩格斯对马克思主义作出的特殊的贡献，既不是对马克思主义的另样诠释，也不是导向脱离马克思思想本意的马克思主义，更不是形成了一个与马克思思想相对立的理论体系。在对恩格斯特殊贡献的误解、曲解以至攻讦中，多把恩格斯对马克思主义所作的特殊贡献同马克思思想对立起来，也多把恩格斯晚年对马克思思想所作的完善和发展同马克思原有的思想割裂开来，还多把恩格斯晚年对马克思思想从而对马克思主义的发展和创新同马克思思想并列起来，以此作为制造马克思和恩格斯“对立论”的“神话”的口实或所谓“根据”。

恩格斯同马克思一起，作为马克思主义的共同的创立者，将永远存在于马克思主义的历史发展之中，也将永远影响着马克思主义现时代的发展。2018 年，在纪念马克思诞辰 200 周年大会的讲话中，习近平不仅对马克思在马克思主义创立和发展中的伟大贡献作出系统阐释，同时也对恩格斯作为马克思主义的共同创立者和发展者的杰出成就作了全面阐释。在恩格斯诞辰 200 周年之际，习近平的这些阐释，对于理解和把握“永远的恩格斯”的意蕴有着特别重要的意义。

第一，马克思和恩格斯是马克思主义的共同创立者。习近平指出：“1845 年，马克思、恩格斯合作撰写了《德意志意识形态》，第一次比较系统地阐述了历史唯物主义基本原理。1848 年，马克思、恩格斯合作撰写了《共产党宣言》，一经问世就震动了世界。恩格斯说，《共产党

① 《列宁专题文集　论马克思主义》，人民出版社 2009 年版，第 297 页。

宣言》是‘全部社会主义文献中传播最广和最具有国际性的著作，是从西伯利亚到加利福尼亚的千百万工人公认的共同纲领’。”[①] 习近平准确阐释了马克思和恩格斯共同创立马克思主义的最为关键的节点，也是最为重要的标识。

第二，马克思和恩格斯共同开启了马克思主义历史进程。习近平认为：“一部马克思主义发展史就是马克思、恩格斯以及他们的后继者们不断根据时代、实践、认识发展而发展的历史，是不断吸收人类历史上一切优秀思想文化成果丰富自己的历史。因此，马克思主义能够永葆其美妙之青春，不断探索时代发展提出的新课题、回应人类社会面临的新挑战。”[②] 同时，马克思和恩格斯在40年的科学研究和革命生涯中共同奋斗、砥砺并行，而且他们在这一过程中结合的友谊也感动世人，如习近平指出的：“马克思、恩格斯的革命友谊长达40年。正如列宁所说：‘古老传说中有各种非常动人的友谊故事’，但马克思、恩格斯的友谊‘超过了古人关于人类友谊的一切最动人的传说’。”[③]

第三，“马克思、恩格斯积极支持被压迫民族和人民的解放斗争”[④]。恩格斯同马克思一起，强烈鞭挞英国和法国等资本主义列强对中国的侵略和掠夺，坚决支持中国人民争取民族独立和解放斗争的正义事业，热情讴歌中国人民反对资本主义国家侵略和反对封建专制主义的革命壮举。还在第二次鸦片战争进行时，恩格斯就预言：“过不了多少年，我们就会亲眼看到世界上最古老的帝国的垂死挣扎，看到整个亚洲新纪元的曙光。”[⑤] 在腥风血雨中绝境重生，在攻坚克难中砥砺前行，一代代中国志士仁人不懈奋斗，直到中国共产党的成立，才找到了中华民族复兴之路，“新纪元的曙光”在中国乃至亚洲和世界开始显现；习近平提到的“马克思、恩格斯高度肯定中华文明对人类文明进步的贡献”[⑥]的预见，在中国特色社会主义新时代得到越来越显著的体现。

---

① 《十九大以来重要文献选编》上，中央文献出版社2019年版，第421页。
② 《十九大以来重要文献选编》上，中央文献出版社2019年版，第425页。
③ 《十九大以来重要文献选编》上，中央文献出版社2019年版，第423页。
④ 《十九大以来重要文献选编》上，中央文献出版社2019年版，第425页。
⑤ 《马克思恩格斯文集》第2卷，人民出版社2009年版，第628页。
⑥ 《十九大以来重要文献选编》上，中央文献出版社2019年版，第426页。

第四，在学习和实践马克思主义的内涵中，深刻地包含了马克思和恩格斯的共同的思想。在论及坚持和发展中国特色社会主义过程中、推进马克思主义中国化的历史进程中，要学习和实践马克思主义问题时，习近平概括了九个方面的问题。这九个方面的问题，习近平是从马克思主义总体上、从马克思思想和恩格斯思想整体上作出阐释的。

在提到学习和实践关于人类社会发展规律的思想时，习近平提出:“马克思科学揭示了人类社会最终走向共产主义的必然趋势。马克思、恩格斯坚信，未来社会‘将是这样一个联合体，在那里，每个人的自由发展是一切人的自由发展的条件’，‘无产者在这个革命中失去的只是锁链。他们获得的将是整个世界’。”① 在提到学习和实践马克思主义关于人民民主的思想时，习近平指出:“马克思、恩格斯指出，‘无产阶级的运动是绝大多数人的，为绝大多数人谋利益的独立的运动’，‘工人阶级一旦取得统治权，就不能继续运用旧的国家机器来进行管理’，必须‘以新的真正民主的国家政权来代替’。”② 在提到学习和实践马克思主义关于世界历史思想时，习近平指出:“马克思、恩格斯说：‘各民族的原始封闭状态由于日益完善的生产方式、交往以及因交往而自然形成的不同民族之间的分工消灭得越是彻底，历史也就越是成为世界历史。’马克思、恩格斯当年的这个预言，现在已经成为现实，历史和现实日益证明这个预言的科学价值。”③

第五，在对赋予马克思主义以新的时代内涵问题的论述中，从科学原理和科学精神结合上，凸显了恩格斯的重要思想的特征和特色。习近平从恩格斯思想中提炼出三个基本观点:

其一，理论思维在实现中华民族伟大复兴中的意义。在对恩格斯关于“一个民族要想站在科学的最高峰，就一刻也不能没有理论思维”④思想阐释时，习近平指出:“中华民族要实现伟大复兴，也同样一刻不能没有理论思维。马克思主义始终是我们党和国家的指导思想，是我们认

---

① 《十九大以来重要文献选编》上，中央文献出版社 2019 年版，第 428 页。
② 《十九大以来重要文献选编》上，中央文献出版社 2019 年版，第 430 页。
③ 《十九大以来重要文献选编》上，中央文献出版社 2019 年版，第 432 页。
④ 《马克思恩格斯文集》第 9 卷，人民出版社 2009 年版，第 437 页。

识世界、把握规律、追求真理、改造世界的强大思想武器。”[①]

其二，对待科学的理论必须要有科学的态度。习近平在引述了恩格斯关于“马克思的整个世界观不是教义，而是方法。它提供的不是现成的教条，而是进一步研究的出发点和供这种研究使用的方法”[②] 的论述和关于我们的理论“是一种历史的产物，它在不同的时代具有完全不同的形式，同时具有完全不同的内容”[③]的论述后指出:“科学社会主义基本原则不能丢，丢了就不是社会主义。同时，科学社会主义也绝不是一成不变的教条。”“社会主义并没有定于一尊、一成不变的套路，只有把科学社会主义基本原则同本国具体实际、历史文化传统、时代要求紧密结合起来，在实践中不断探索总结，才能把蓝图变为美好现实。”[④]

其三，永远高扬马克思主义思想旗帜。习近平指出:“恩格斯说:‘只要进一步发挥我们的唯物主义论点，并且把它应用于现时代，一个强大的、一切时代中最强大的革命远景就会立即展现在我们面前。’前进道路上，我们要继续高扬马克思主义伟大旗帜，让马克思、恩格斯设想的人类社会美好前景不断在中国大地上生动展现出来!”[⑤] 马克思主义思想旗帜必将与时代同行，必将在 21 世纪马克思主义发展和创新中光辉永存。

恩格斯诞辰 200 周年之际，我们仍然在研究恩格斯，感悟恩格斯的理论魅力和思想智慧，这实际上就是“永远的恩格斯”的最有力的证明和最生动的体现。

① 《十九大以来重要文献选编》上，中央文献出版社 2019 年版，第 428 页。
② 《马克思恩格斯文集》第 10 卷，人民出版社 2009 年版，第 691 页。
③ 《马克思恩格斯文集》第 9 卷，人民出版社 2009 年版，第 436 页。
④ 《十九大以来重要文献选编》上，中央文献出版社 2019 年版，第 434 页。
⑤ 《十九大以来重要文献选编》上，中央文献出版社 2019 年版，第 435 页。

# 第一篇

# 恩格斯与马克思主义的创立

1885年，恩格斯在回顾马克思主义创立过程时说:“当我1844年夏天在巴黎拜访马克思时，我们在一切理论领域中都显出意见完全一致，从此就开始了我们共同的工作。”① 这种“意见完全一致”的最坚实的基础，就是对工人阶级历史使命的共同认识，是对共产主义理想和信念的共同认识，也是对人类社会发展未来趋势的共同认识。

恩格斯和马克思一样，都不是从来的马克思主义者。在最初从事科学研究和社会政治活动时，他们持有的是当时存在的革命的民主主义基本立场，追随的是当时流行的黑格尔的唯心主义。从1837年至1844年，马克思和恩格斯各自独立地实现了从革命的民主主义向共产主义、从唯心主义向唯物主义的转变。

1842年夏秋之交在《莱茵报》上发表的文章中，1844年初在《德法年鉴》上各自发表的两篇论文——马克思的《论犹太人问题》和《〈黑格尔法哲学批判〉导言》、恩格斯的《国民经济学批判大纲》和《英国状况　评托马斯·卡莱尔的〈过去和现在〉1843年伦敦版》中，恩格斯同马克思已经“在一切理论领域中都显出意见完全一致”。

1844年2月至3月间，恩格斯撰写的《英国状况　十八世纪》和《英国状况　英国宪法》两篇文章，对18世纪中叶以后英国资本主义政治、经济和社会变迁作出分析研究，实现了思想理论上的飞跃。这一飞跃在1845年初完成的《英国工人阶级状况》中得到集中体现。恩格斯后来回忆:“我在曼彻斯特时异常清晰地观察到，迄今为止在历史著作中根本不起作用或者只起极小作用的经济事实，至少在现代世界中是一个决定性的历史力量；这些经济事实形成了产生现代阶级对立的基础；这

① 《马克思恩格斯文集》第4卷，人民出版社2009年版，第232页。

些阶级对立，在它们因大工业而得到充分发展的国家里，因而特别是在英国，又是政党形成的基础，党派斗争的基础，因而也是全部政治史的基础。”①

1844 年 8 月，恩格斯从曼彻斯特回德国，特意绕道巴黎与马克思再度会面。这次会面，马克思和恩格斯已经有了共同的思想基础，也开始了他们一生的“共同的工作”。从《神圣家族》到《德意志意识形态》，再到《共产党宣言》，在马克思和恩格斯共同署名的经典文本中，可以发现他们协力奋进、共同创立马克思主义基本原理和科学体系的思想过程；而从《资本论》到《反杜林论》等尽管各自署名、但同时又认同对方为共同创作者的经典文本中，可以看到他们砥砺并行，共同担当起创立马克思主义时代使命的思想进程。

从 1843 年至 1883 年的 40 年间，马克思和恩格斯共同谱写了马克思主义历史发展的华彩乐章，共同实现了人类思想史上的伟大的革命。

1883 年 3 月 14 日，马克思逝世。3 月 17 日，在马克思的葬仪上，恩格斯在对马克思“历史科学”上的伟大贡献的追忆中，把唯物史观和剩余价值理论这两个“伟大发现”概括为对两大规律的“发现”，即“发现了人类历史的发展规律”和“发现了现代资本主义生产方式和它所产生的资产阶级社会的特殊的运动规律”②。两个“伟大发现”及其两大规律的概括，高度凝练了马克思也包括恩格斯思想的精粹，凸显了由他们共同创立的马克思主义的最璀璨的理论结晶。

① 《马克思恩格斯文集》第 4 卷，人民出版社 2009 年版，第 232 页。

② 《马克思恩格斯文集》第 3 卷，人民出版社 2009 年版，第 601 页。

# 第一章 《德法年鉴》的思想号角

恩格斯同马克思一样，在最初从事科学研究和社会政治活动时，持有的是革命的民主主义基本立场，追随的是当时流行的黑格尔的唯心主义。从 1837 年至 1844 年，马克思和恩格斯各自独立地经历了从革命的民主主义向共产主义、从唯心主义向唯物主义的转变。

这一时期，在 1842 年夏秋之交在《莱茵报》上发表的文章中，在 1844 年初《德法年鉴》上各自发表的两篇论文中，恩格斯同马克思已经“在一切理论领域中都显出意见完全一致”[①]。

## 一、恩格斯早期的思想过程

1820 年 11 月 28 日，弗里德里希·恩格斯出生于德国莱茵省巴门市的一个具有浓厚宗教色彩的家庭。父亲是当地有名的企业家，也是一位严格的虔诚派教徒。虔诚派是集加尔文教传统和清教传统于一体的宗教派别，提倡一种节俭、勤劳甚至吝啬的生活方式，反对和谴责一切享受与娱乐。恩格斯从小就喜欢读中世纪的骑士故事，反感虔诚主义的虚伪。在中学时期，恩格斯就凸显了语言才能和天赋。与马克思一样，恩格斯原打算中学毕业报考大学法学专业，但他父亲执意要中学还未毕业的恩格斯，留在商行当实习生。

1838 年，恩格斯来到不来梅继续学习经商。不来梅是当时德国资本主义经济比较发达的地区，政治上和哲学上自由主义思想传播也较广泛。在之后的三年间，恩格斯靠自学，读了当时论述宗教、哲学和政治

---

① 《马克思恩格斯文集》第 4 卷，人民出版社 2009 年版，第 232 页。

问题的许多进步书籍。

这一时期，恩格斯参与了“青年德意志”运动，追崇这一运动倡导的民主主义政治思想。恩格斯极力主张取消一切宗教强制、一切世袭贵族特权，热情拥护人民参加国家管理。同时，恩格斯受大卫·弗里德里希·施特劳斯《耶稣传》的影响，开始摆脱虔诚主义宗教的思想束缚。在《耶稣传》中，施特劳斯抹去《圣经》笼罩在耶稣头上的灵光，让他走下救世主的“神坛”，变成普通的凡人。恩格斯在反对虔诚主义宗教思想时提出:“我要尽力同虔诚主义，同本本主义作斗争。这些东西有什么用呢？凡被科学屏弃的东西——现在整个教会史都包括在科学的发展中，——在生活中也不应当继续存在。在神学的发展过程中，虔诚主义过去大概是一种历史的合理的因素；它获得了自己的权利，它过时了，现在也不应该拒不让位于思辨神学。”[①] 在对虔诚主义从一种可能的“历史的合理的因素”向“被科学屏弃的东西”转变的分析中，青年恩格斯提出质疑:“我不明白，怎么还有人试图继续相信圣经的每一个字或者维护上帝的直接影响，要知道上帝的存在是任何地方也无法证实的。”[②] 恩格斯坦言:“我到处寻求真理，哪怕是仅仅有希望找到真理的影子；但是我不能承认你们的真理是永恒真理。”[③]

1839 年 3 月，恩格斯撰写了他的第一篇政论性文章《伍珀河谷来信》，文章分五期刊登在青年德意志机关刊物《德意志电讯》上。在《伍珀河谷来信》中，青年恩格斯对伍珀河谷流行的虔诚派宗教作出猛烈抨击，对生活在伍珀河谷的劳动群众表达了深切的同情。

在对伍珀河谷劳动者状况的诉说时，恩格斯写道：他们“在低矮的房子里劳动，吸进的煤烟和灰尘多于氧气，而且大部分人从 6 岁起就在这样的环境下生活，这就剥夺了他们的全部精力和生活乐趣。单干的织工从早到晚蹲在自己家里，躬腰曲背地坐在织机旁，在炎热的火炉旁烤着自己的脊梁”[④]。恩格斯把这种状况产生的原因，归结为厂主的贪婪和保守的虔诚主义宗教的影响。他指出，“如果厂主不把工厂搞得这样

---

① 《马克思恩格斯全集》第 47 卷，人民出版社 2004 年版，第 188 页。
② 《马克思恩格斯全集》第 47 卷，人民出版社 2004 年版，第 188 页。
③ 《马克思恩格斯全集》第 47 卷，人民出版社 2004 年版，第 192—193 页。
④ 《马克思恩格斯全集》第 2 卷，人民出版社 2005 年版，第 44 页。

乌七八糟，如果神秘主义不是像现在这样流行并且越来越咄咄逼人地蔓延开来，这一切确实不会达到这样骇人听闻的程度。下层等级，特别是伍珀河谷的工厂工人，普遍处于可怕的贫困境地”[①]。但是“大腹便便的厂主们是满不在乎的，因为虔诚派教徒的灵魂不致因为使一个儿童变坏堕落就下地狱……因为我们知道，厂主中间对待工人最坏的就是虔诚派教徒”[②]。恩格斯揭露了厂主对工人们的压迫和虔诚主义宗教欺骗性的内在联系，揭露了工厂制度受到虔诚主义宗教袒护的实质。

对普鲁士专制制度的憎恨和对劳动者的深切同情，使青年恩格斯形成了许多具有自由主义精神的激进的政治观点。在抨击当时普鲁士的、俄国的、西班牙的、奥地利的专制制度时，恩格斯愤慨地指出：“只有国君被人民打了耳光而脑袋嗡嗡响时，只有他的宫殿的窗户被革命的石块砸得粉碎时，我才能期待国君做些好事。”[③]

恩格斯思想转变的起点，同马克思一样，也是对当时德意志精神生活中占主导地位的黑格尔哲学的探索。1841 年 9 月，恩格斯服兵役来到柏林。在柏林的一年间，他旁听了柏林大学的哲学课程，接受了黑格尔思想，成为激进的青年黑格尔分子。恩格斯深受柏林大学的学术和政治氛围的感染，1842 年 5 月，他在《莱茵报》上发表的《一个旁听生的日记》一文，提到他在柏林大学当旁听生时的感觉：“柏林大学的荣誉就在于，任何大学都没有像它那样屹立于当代思想运动的中心，并且像它那样使自己成为思想斗争的舞台。”[④] 显然，青年黑格尔派的思想给他以深刻的影响，他回忆道：“该校的青年黑格尔派的最初一些讲座一定非常有意思，因为他们当中有些人已经有言在先，说要同谢林的启示哲学进行直接论战，而另一些人，可以指望，他们在捍卫黑格尔被损害的亡灵的尊严方面不会持观望态度。”[⑤] 柏林大学青年黑格尔派对谢林启示哲学的批判和对黑格尔哲学思想的捍卫，激发了青年恩格斯同谢林启示哲学作斗争的勇气。

---

① 《马克思恩格斯全集》第 2 卷，人民出版社 2005 年版，第 44 页。
② 《马克思恩格斯全集》第 2 卷，人民出版社 2005 年版，第 44—45 页。
③ 《马克思恩格斯全集》第 47 卷，人民出版社 2004 年版，第 234 页。
④ 《马克思恩格斯全集》第 2 卷，人民出版社 2005 年版，第 424 页。
⑤ 《马克思恩格斯全集》第 2 卷，人民出版社 2005 年版，第 425 页。

1841年11月，弗里德里希·威廉·冯·谢林应邀到柏林大学讲学，这是普鲁士政府为从政治上和思想上反对黑格尔主义特别是青年黑格尔运动的举措。谢林是德国古典哲学的代表人物，1810年后成为神秘主义启示哲学的代表。在讲学中，谢林贬低黑格尔哲学，把自己曾经的朋友和学生黑格尔从德国伟大的哲学家的行列中一笔勾销；他极力抨击青年黑格尔派的学术成就，张扬自己的神秘主义的启示哲学，认为启示哲学是一切存在的真正的知识。谢林的讲学，激起青年黑格尔派的极大反感，受到了青年黑格尔派的尖锐批判。

1841年11月15日，恩格斯在柏林大学听了谢林关于启示哲学的讲学。在听了讲学后不到一个月，恩格斯在12月中旬就完成了《谢林论黑格尔》一文，接着在1842年3月和5月又先后发表了题为《谢林和启示》和《谢林——基督哲学家，或世俗智慧变为上帝智慧》两本小册子，抨击了谢林对黑格尔特别是青年黑格尔派的攻讦，维护了黑格尔哲学特别是黑格尔的辩证法思想。

恩格斯对谢林的批判是以青年黑格尔派哲学为出发点，以革命民主主义为基本立场的。在《谢林论黑格尔》一文中，恩格斯开宗明义，提出了批判谢林哲学的意旨所在："如果你们现在，在这里，即在柏林，随便问一个哪怕稍微懂得一点精神统治世界的人，在政治和宗教方面争夺对德国舆论的统治地位即争夺对德国本身的统治地位的战场在哪里，他会回答你们说，这个战场在柏林大学，就在谢林讲授启示哲学的第六讲堂。因为当前所有认为黑格尔哲学无权占有那种统治地位的反对意见，与谢林的那一个反对意见相比，都显得暗淡无光、不鲜明、不突出了。"[①] 恩格斯旨在说明，谢林企图用他的启示哲学取代黑格尔哲学思想，"在政治和宗教方面争夺对德国舆论的统治地位"的实质。

谢林的启示哲学认为，在纯粹的思维中，理性的研究对象不是真实存在的事物而是可能的事物，不是事物的存在而是事物的本质；因此，只有上帝的本质而不是上帝的实存，才能作为哲学的对象。恩格斯指出：对于谢林来说，他的"惟一出路就是：假定启示是事实。他也许用

---

① 《马克思恩格斯全集》第2卷，人民出版社2005年版，第323页。

任何一种方法来论证这个事实，惟独不用理性的方法，因为谢林自己关上了理性论证的大门。黑格尔这样做毕竟不是那么容易的——也许，谢林还有其他锦囊妙计？因此，这种哲学可以有充分的理由被称为经验哲学，它的神学被称为实证神学，而它的法学也许是历史法学”[①]。谢林试图用启示哲学中神高于思维和存在的命题，来取代黑格尔哲学中思维高于存在的命题；用非理性主义的唯心主义，来取代黑格尔的客观唯心主义。恩格斯指出:“公开声明同纯理性一刀两断，也许是困难的一步。自从有经院哲学家以来，谢林是敢于迈出这一步的第一人。”[②]

回顾 19 世纪初以来黑格尔和谢林的哲学之路，恩格斯认为:“他们原来是并肩前进的，但是在分手后不久，就分道扬镳了。黑格尔的深邃的不安定的辩证法只是在这时，即谢林的影响退去以后，才开始有了真正的发展；他于 1806 年写《精神现象学》时大大超出了自然哲学的观点，而且声明自己不受这种观点的影响。”[③] 在黑格尔 1831 年去世的 10 年后，“由于谢林想把黑格尔的观念，即较之同一哲学的绝对不知高出多少的观念——这个观念正是这种绝对不过声称要成为的那种东西——贬低到他自己观点的低水平，所以，他也就不可能懂得观念同自然界与精神的关系。谢林又一次把观念看做世界之外的本质，看做人格化的上帝，这是黑格尔连想都没有想过的。黑格尔认为观念的实在性不外是自然界和精神”[④]。在对黑格尔哲学的背叛和反动中，谢林就“很难找到一条既不损害自己也不损害黑格尔的中间道路，从而使得他牺牲朋友以保全自己的那种利己主义似乎成为可以原谅的了”[⑤]。恩格斯揭示了谢林在哲学思想上的这种倒退和堕落，也抨击了谢林启示哲学的荒诞。恩格斯讥讽谢林:“近 500 年来，一位科学英雄第一次出现了，并宣布科学是信仰的奴仆。他这样做了，并且后果落到他的头上。”[⑥]

“保卫大师的坟墓不受侮辱”，恩格斯以青年黑格尔派的立场，以革

---

① 《马克思恩格斯全集》第 2 卷，人民出版社 2005 年版，第 330 页。
② 《马克思恩格斯全集》第 2 卷，人民出版社 2005 年版，第 365 页。
③ 《马克思恩格斯全集》第 2 卷，人民出版社 2005 年版，第 341 页。
④ 《马克思恩格斯全集》第 2 卷，人民出版社 2005 年版，第 363 页。
⑤ 《马克思恩格斯全集》第 2 卷，人民出版社 2005 年版，第 329 页。
⑥ 《马克思恩格斯全集》第 2 卷，人民出版社 2005 年版，第 365 页。

命民主主义的激情提出:“凡是真的东西，都经得住火的考验；一切假的东西，我们甘愿与它们一刀两断。对手们应当承认：人数空前众多的年轻人汇集在我们的旗帜之下，那些支配着我们的思想目前比以往任何时候都得到更广泛的发展，从来没有像现在这样有这么多勇敢、有信念、才华横溢的人站在我们一边。因此，让我们英勇无畏地奋起反对新的敌人吧；我们当中终将有人出来证明，热情之剑也像天才之剑一样锋利。”①

恩格斯对谢林哲学思想的批判，引起了德国哲学界特别是黑格尔哲学拥护者们的关注。恩格斯在发表这三篇文章时，用的是“奥斯瓦尔德”的化名。当时，卢格在《德国年鉴》上发表评论文章时直接称恩格斯为“博士”，并责备“博士”没有把这样重要的文章给《德国年鉴》发表。1842 年 6 月，恩格斯非常坦诚地写信告诉卢格:“我不是博士，而且永远也不可能成为博士；我只是一个商人和普鲁士王国的一个炮兵；因此敬请您不要对我使用这样的头衔。”② 恩格斯随信给《德国年鉴》寄去了他的新作《评亚历山大·荣克的〈德国现代文学讲义〉》。

《评亚历山大·荣克的〈德国现代文学讲义〉》一文，1842 年 6 月在卢格负责编辑的《德国科学和艺术年鉴》上发表。在这篇文章中，恩格斯从政治批判和哲学批判的角度，对以荣克为代表的青年德意志学派的中庸派哲学作了剖析。恩格斯认为，中庸派哲学家们害怕世界历史运动，他们从否定中看到的只是现存生活方式的威胁，而不能理解否定就是新事物的诞生，就是世界的进步。中庸派哲学在政治上的无原则性和对革命的惧怕，浸染着“折中手段和中庸之道”，暴露出“这种可怜的两栖动物和两重人格的人，是不适于进行那种只有具有坚强性格的人才能开始并坚持下去的斗争的”③。恩格斯对荣克的批判，紧紧地把握了黑格尔哲学的合理内核，以辩证的观点来看待社会和政治革命的哲学内涵。

---

① 《马克思恩格斯全集》第 2 卷，人民出版社 2005 年版，第 331 页。
② 《马克思恩格斯全集》第 47 卷，人民出版社 2004 年版，第 299 页。
③ 《马克思恩格斯全集》第 2 卷，人民出版社 2005 年版，第 445 页、第 460 页。

## 二、《莱茵报》上的思想转变

1842年，恩格斯和马克思几乎同时进入了各自政治观点和哲学观点发展的新阶段。

1842年4月，马克思走向社会，开始为莱茵省资产阶级性质的报刊《莱茵报》写稿，当年10月被聘为报纸编辑，直接投身于现实的政治斗争。由于《莱茵报》日益鲜明的激进民主主义色彩，报纸影响迅速扩大，引起了反动当局的不安和镇压。《莱茵报》的股东为保护自身的利益，要求马克思把批判的调子降下来，马克思没有妥协，最后被迫离职。1843年3月31日，《莱茵报》最后也被查封。

在《莱茵报》时期，马克思开始实现哲学和政治观点上的转变，到1844年主编《德法年鉴》之前，这一转变基本完成。1842年1月，马克思写的《评普鲁士最近的书报检查令》一文，猛烈抨击普鲁士威廉四世政府颁布的新的书报检查令，明确提出“废除书报检查制度，因为这种制度本身是恶劣的”①，是对出版自由的扼杀。之后，马克思撰写的三篇文章，即1842年5月发表的《第六届莱茵省议会的辩论（第一篇论文）关于出版自由和公布等级会议记录的辩论》、10月发表的《第六届莱茵省议会的辩论（第三篇论文）关于林木盗窃法的辩论》和1843年1月发表的《摩塞尔记者的辩护》，成为他世界观转变的有机的思想环节。

1842年10月，恩格斯服完兵役，回到巴门；11月，从巴门到曼彻斯特，在他父亲入股的“欧门-恩格斯公司”任职员，一直到1844年。在从巴门去曼彻斯特的途中，恩格斯在科伦同马克思第一次见面，这只是一次“十分冷淡的初次见面”。恩格斯晚年回忆，“因为当时我同鲍威尔兄弟有书信来往，所以被视为他们的盟友，并且由于他们的缘故，当时对马克思抱怀疑态度”②。

曼彻斯特是当时英国的工业中心。恩格斯在曼彻斯特更为近距离地

---

① 《马克思恩格斯全集》第1卷，人民出版社1995年版，第134页。

② 《马克思恩格斯全集》第39卷，人民出版社1974年版，第452页、第453页。

接触到当时资本主义最为发达国家的政治和经济的实际，也更为深入地了解到机器大工业中工人的生活状况。在与曼彻斯特工人的接触中，他对工人们坦言："我很想在你们家中看到你们，观察你们的日常生活，同你们谈谈你们的状况和你们的疾苦，亲眼看看你们为反抗你们的压迫者的社会统治和政治统治而进行的斗争。我是这样做的：我放弃了资产阶级的社交活动和宴会、波尔图酒和香槟酒，把自己的空闲时间几乎全部用来和普通工人交往；这样做，我感到既高兴又骄傲。"[①]

同时，恩格斯也开始研读亚当·斯密、大卫·李嘉图、让·巴蒂斯特·萨伊和托马斯·罗伯特·马尔萨斯等经济学家的著作，对英国和法国的政治经济学理论作了初步的系统研究。在接续的对哲学和哲学史的研究中，恩格斯对法国启蒙主义者卢梭、霍尔巴赫和伏尔泰等人的思想有了深入感悟。恩格斯还进一步阅读了圣西门、傅立叶、欧文、卡贝和魏特林等空想社会主义者的著作，对当时兴起的各种社会主义思潮作出广泛的研究。对英国资本主义发展现实的探讨和对当时哲学社会科学前沿学科的研究，极大地拓展了恩格斯的思想、政治和学术视域，在实际和理论的密切结合中，形成了恩格斯世界观转变的特定路向。

与马克思的初次见面尽管显得"十分冷淡"，但这次见面有一件事却十分重要，这就是恩格斯答应马克思，为《莱茵报》撰写有关英国问题的通讯。恩格斯在给《莱茵报》写的一系列通讯中，不仅记录了这一阶段恩格斯思想转变的过程，而且还架设了与马克思思想交流的通道，奠定了他们毕生合作、共同创立和发展马克思主义的思想、政治和理论基础。

1842 年 11 月至 12 月间，恩格斯给《莱茵报》连续写了五篇通讯，对英国正在发生的经济和政治状况作了广泛的探讨和深入的研究。在关于"国内危机"的通讯中，恩格斯提出了"在英国发生革命是可能的吗?"的问题。在对这个问题的回答中，恩格斯已经感觉到，基于"物质利益"的分析，更能理解无产阶级的历史地位及其在社会革命中伟大历史作用问题。

---

① 《马克思恩格斯文集》第 1 卷，人民出版社 2009 年版，第 382 页。

在对英国可能发生社会革命问题的分析中，恩格斯一方面认为，“所谓的物质利益在历史上从来不可能作为独立的、主导的目的出现，而总是有意无意地为引导着历史进步方向的原则服务”。因而对英国革命问题的理解，不能仅仅“从英国的直接实践即物质利益的角度”来看，而要从“原则”上，即从“催人奋进的思想”上来探讨，否则就是“因表面现象而忘记了根底，只见树木不见森林”[①]。但是另一方面，通过对英国各个不同政党的斗争的研究，恩格斯发现“物质利益”在政党的态度和行为中起着重要的作用。他提出:“在英国，至少在目前正争夺统治权的政党中间，在辉格党和托利党中间，并没有原则斗争，它们中间只有物质利益的冲突。”[②] 据此，恩格斯提出：在这种情况下，就要撇开所谓的“原则方面的问题”不谈，而要对“物质利益”问题“给予应有的研究才是公正的”[③]。这样，对“物质利益”问题的探索，成为恩格斯分析英国社会革命问题的基本立足点。

显然，恩格斯这时对“物质利益”作用问题的理解，还没有完全摆脱唯心主义思想的束缚；但是，在具体问题的分析中，恩格斯已经看到，无产阶级和统治阶级在“物质利益”上的冲突才是社会矛盾和社会革命的根源，这使恩格斯在物质利益问题上摆脱了唯心主义的窠臼，向唯物主义走出了关键的一步。

基于对“物质利益”问题的分析，恩格斯认为：英国大工业的发展在使国家极大地“富庶”起来的同时，也造就一个“赤贫者阶级”即无产阶级队伍的急速增长。在英国，“商业稍微一停滞会使这个阶级的大部分人挨饿，大规模的商业危机会使整个阶级都挨饿。如果这种情况出现了，那么这些人除了起来反抗还有什么办法呢？况且按人数来说，这个阶级已经成了英国最强大的一个阶级，当他们意识到这一点的时候，英国富翁们就该倒霉了”[④]。恩格斯还提出，在英国，所谓“用和平方式进行的革命”是不可能成功的，只有通过“暴力变革现有的反常关

① 《马克思恩格斯全集》第 3 卷，人民出版社 2002 年版，第 407—408 页。
② 《马克思恩格斯全集》第 3 卷，人民出版社 2002 年版，第 408 页。
③ 《马克思恩格斯全集》第 3 卷，人民出版社 2002 年版，第 408 页。
④ 《马克思恩格斯全集》第 3 卷，人民出版社 2002 年版，第 410 页。

系，根本推翻门阀贵族和工业贵族，才能改善无产者的物质状况”[①]。恩格斯关于只有通过暴力革命无产阶级才能获得解放的思想开始萌生。他认为，这个革命在英国发生将是不可避免的，“那时，对饿死的恐惧一定会大于对法律的恐惧。这个革命在英国是不可避免的，但是正像英国发生的一切事件一样，这个革命的开始和进行将是为了利益，而不是为了原则，只有利益能够发展成为原则，就是说，革命将不是政治革命，而是社会革命”[②]。

1842 年 12 月，恩格斯在“物质利益”问题上的认识及其思想转变，几乎同时出现在马克思思想转变过程中。1842 年 10 月，马克思在担任《莱茵报》主笔时，第一次遇到了要对物质利益发表意见的难事。当时，普鲁士莱茵省议会根据资产阶级和贵族议员们的要求，通过了所谓“林木盗窃法”。这项法律把贫民阶级自古以来就有的拾取枯树枝的习惯权利说成是盗窃行为，要予以严惩。由于马克思当时对政治经济学还一无所知，因此，对这一侵犯贫民阶级物质利益的法律，他主要还是从法学和哲学的角度加以抨击。过后不久，马克思又遇到了摩塞尔河流域酿造葡萄酒的农民的经济状况问题。他认为，农民的贫困破产，并不在于自然条件和个别官吏的失职，而在于整个国家制度，并且认为，整个国家制度，是由不以个人意志为转移的“客观关系”决定的。然而，马克思当时还无力对这种“客观关系”，即现存的社会经济关系作更深入的探讨。现实斗争中遇到的这些要对经济问题发表意见的难事，成为马克思研究政治经济学的最初动因。所不同的是，恩格斯当时是在对政治经济学有了一定研究的基础上，对“物质利益”问题作出探究的。

再一个相同的情况就是，马克思在 1842 年 7 月发表的《第 179 号“科伦日报”社论》和 1842 年 10 月发表的《共产主义和奥格斯堡“总汇报”》，在对西欧工人运动实际状况的考察中，开始认识到当时流行的“社会主义”和“共产主义”理论不具有“现实性”。马克思反对空想社会主义者的种种“实际经验”，主张对共产主义进行“理论论证”；他也反对当时对共产主义的理论的“妄加评判”，主张在不断地、深入地研

---

① 《马克思恩格斯全集》第 3 卷，人民出版社 2002 年版，第 411 页。

② 《马克思恩格斯全集》第 3 卷，人民出版社 2002 年版，第 411—412 页。

究基础上作出科学的批判。马克思指出："任何真正的哲学都是自己时代的精神上的精华，因此，必然会出现这样的时代：那时哲学不仅在内部通过自己的内容，而且在外部通过自己的表现，同自己时代的现实世界接触并相互作用。那时，哲学不再是同其他各特定体系相对的特定体系，而变成面对世界的一般哲学，变成当代世界的哲学。各种外部表现证明，哲学正获得这样的意义，哲学正变成文化的活的灵魂，哲学正在世界化，而世界正在哲学化，——这样的外部表现在一切时代里曾经是相同的。"① 共产主义不是靠写几篇文章就能解决的问题，而应该以最贫穷的居民阶层的真正利益为基础。他指出："今天一无所有的等级要求占有中等阶级的一部分财产，这是事实……它仍旧是曼彻斯特、巴黎和里昂大街上有目共睹的事实。"②

1843 年 4 月，恩格斯在曼彻斯特提出："由此可见，英国表明了一个引人注目的事实：一个阶级在社会中所处的地位越是比较低，越是就一般意义而言'没有教养'，它就越是与进步相联系，越是有前途。"③ 恩格斯的这一论述，同马克思的论述遥相呼应，表达了对无产阶级在社会革命中的地位和作用的认同。同时，在对英国的各种社会主义流派的研究中，在对各种共产主义观点的探讨中，恩格斯也得出了同马克思这一时期得出几乎同样的结论："共产主义不是英国或任何其他国家的特殊状况造成的结果，而是从现代文明社会的一般实际情况所具有的前提中不可避免地得出的必然结论。"④

## 三、《国民经济学批判大纲》的发表

《莱茵报》被查封后，马克思与卢格在法国创办了由他们共同主编的《德法年鉴》。在《德法年鉴》的编辑立场和宗旨上，马克思同卢格一开始就有分歧。卢格想在法国创办一个自由民主主义的刊物，对德国社会和政治的弊端进行批判，以便唤醒人民的觉悟，实现人民的精神解

---

① 《马克思恩格斯全集》第 1 卷，人民出版社 1995 年版，第 220 页。
② 《马克思恩格斯全集》第 1 卷，人民出版社 1995 年版，第 293 页。
③ 《马克思恩格斯全集》第 3 卷，人民出版社 2002 年版，第 424 页。
④ 《马克思恩格斯全集》第 3 卷，人民出版社 2002 年版，第 474 页。

放；马克思则想把刊物不仅办成从理论上批判德国专制制度的阵地，而且希望进一步发展成对德国社会实行根本改造的思想阵地。针对当时流行的各种教条主义的哲学共产主义和空想社会主义，马克思明确提出，“我不主张我们树起任何教条主义的旗帜”，也“不是构想未来并使它适合于任何时候”；我们“只是想通过批判旧世界发现新世界”[①]。马克思不断生长着的科学共产主义思想，必然与卢格仍然固守的自由民主主义思想分道扬镳。《德法年鉴》只在1844年2月出版了第1—2期的合刊。

在《德法年鉴》上，马克思和恩格斯各自发表了两篇文章。马克思发表的是《论犹太人问题》和《〈黑格尔法哲学批判〉导言》。在《论犹太人问题》中，马克思揭示了资产阶级民主、自由和人权的历史局限性和虚伪性，在对犹太人解放问题的探讨中，揭示了政治解放和人类解放的关系以及人类解放的途径。在《〈黑格尔法哲学批判〉导言》中，马克思阐明了宗教的社会根源和本质，揭示了德国封建专制制度的社会基础和阶级特征，对推翻这一专制制度，最终实现人类解放问题作了探讨，第一次阐述了无产阶级担负着实现人类解放的伟大历史使命的思想。这是马克思思想完全转到共产主义的重要标志。这两篇文章表明，马克思已经完成了从唯心主义到唯物主义、从革命民主主义到共产主义的思想转变。

恩格斯在《德法年鉴》上发表的文章是：《国民经济学批判大纲》和《英国状况　评托马斯·卡莱尔的〈过去和现在〉1843年伦敦版》。这两篇文章表明，与马克思通过批判黑格尔法哲学完成思想转变不同，恩格斯的思想转变，是通过对资本主义社会研究和对政治经济学批判实现的。

《国民经济学批判大纲》是马克思主义政治经济学创立的最初成果，马克思称其为“批判经济学范畴的天才大纲”[②]。《国民经济学批判大纲》发表在《德法年鉴》上，马克思应该是该文的第一读者。在马克思这一时期的《巴黎笔记》第Ⅴ笔记本中，存有他阅读《国民经济学批判大纲》的摘要。列宁对《国民经济学批判大纲》产生的这一影响作出过充分的评价，认为“同恩格斯的交往显然促使马克思下决心去研究政治

① 《马克思恩格斯文集》第10卷，人民出版社2009年版，第7页。

② 《马克思恩格斯文集》第2卷，人民出版社2009年版，第592页。

经济学，而马克思的著作使这门科学发生了真正的革命”[①]。

《国民经济学批判大纲》集中于对“私有制的合理性”问题的批判，认为资本主义经济的各种现象，如竞争、自由贸易、价值、地租等，都是资本主义私有制的直接结果。

在对18世纪以来经济思想史的研究中，恩格斯认为：“18世纪这个革命的世纪使经济学发生了革命”，“新的经济学”就是“以亚当·斯密的《国富论》为基础的自由贸易体系”，或称其为“自由主义经济学”。在斯密那里，“新的经济学”还只是“一些片段”的论述；在经济学的“新近发展”中，却“已经有了一个完整的体系”。归在“新的经济学”下的著述者，主要有李嘉图、麦克库洛赫、詹姆斯·穆勒和萨伊等[②]。“新的经济学”在基本理论上，根本“不能对重商主义体系做出正确的评判，因为它本身就带有片面性，而且还受到重商主义体系的各个前提的拖累”；它可能“达到的唯一肯定的进步，就是阐述了私有制的各种规律”[③]。“新的经济学”在本质上仍然是私有制关系的理论表现，是维护资本主义私有制的。

在《国民经济学批判大纲》中，恩格斯基于唯物主义基本立场，对资产阶级政治经济学的历史演进、阶级本质及其局限性等问题作出阐释。

第一，关于资产阶级政治经济学形成和发展的经济基础问题。“国民经济学的产生是商业扩展的自然结果”，在资本主义私有制下，国民财富绝对不是国民的，国民经济学不过是资本家发财致富的科学。恩格斯认为：“随着它的出现，一个成熟的允许欺诈的体系、一门完整的发财致富的科学代替了简单的不科学的生意经。”[④] 从重商主义发展到斯密、李嘉图的自由贸易学说，在本质上无不如此。

第二，关于资产阶级政治经济学的阶级属性问题。重商主义体系主张商品输出超过输入即争取贸易顺差，凸显了“贸易和掠夺一样，是以

---

① 《列宁专题文集 论马克思主义》，人民出版社2009年版，第56页。

② 参见《马克思恩格斯文集》第1卷，人民出版社2009年版，第58—59页。

③ 《马克思恩格斯文集》第1卷，人民出版社2009年版，第59—60页。

④ 《马克思恩格斯文集》第1卷，人民出版社2009年版，第56页。

强权为基础的”[①]。随着资本主义生产的迅速发展，重商主义体系的贸易差额理论就被自由贸易理论所取代。资产阶级政治经济学的产生既是商业扩展的自然结果，也是工业生产迅速发展的结果，是社会经济发展和资产阶级利益相结合的产物。

恩格斯认为，18 世纪以来资本主义经济发展所引起的“一切革命都是片面的并且停留在对立的状态中”，经济学的革命也是这样，它“没有想去过问私有制的合理性的问题。因此，‘新的经济学’只前进了半步；它不得不背弃和否认它自己的前提，不得不求助于诡辩和伪善，以便掩盖它所陷入的矛盾，以便得出那些不是由它自己的前提而是由这个世纪的人道精神得出的结论”[②]。因此，“新的经济学”仍然是私有制的理论，“以亚当·斯密的《国富论》为基础的自由贸易体系，也同样是伪善、前后不一贯和不道德的。这种伪善、前后不一贯和不道德目前在一切领域中与自由的人性处于对立的地位”[③]。在像马尔萨斯提出的那种“人口论”，更是堕落为“迄今存在过的体系中最粗陋最野蛮的体系，是一种彻底否定关于仁爱和世界公民的一切美好言词的绝望体系”[④]。

第三，关于资产阶级政治经济学发展趋势问题。恩格斯指出:“自由主义经济学达到的唯一肯定的进步，就是阐述了私有制的各种规律。这种经济学确实包含这些规律，虽然这些规律还没有被阐述为最后的结论，还没有被清楚地表达出来。由此可见，在涉及确定生财捷径的一切地方，就是说，在一切严格意义的经济学上的争论中，贸易自由的捍卫者们是正确的。”[⑤] 恩格斯强调，“新的经济学”之所以是正确的，是相对于那些支持垄断的人来说的，而不是相对于反对私有制的人来说的，这就如“英国社会主义者早就在实践中和理论上证明的那样，反对私有制的人能够从经济的观点比较正确地解决经济问题”[⑥]。自由主义经济

---

① 《马克思恩格斯文集》第 1 卷，人民出版社 2009 年版，第 57 页。
② 《马克思恩格斯文集》第 1 卷，人民出版社 2009 年版，第 57 页。
③ 《马克思恩格斯文集》第 1 卷，人民出版社 2009 年版，第 58 页。
④ 《马克思恩格斯文集》第 1 卷，人民出版社 2009 年版，第 58 页。
⑤ 《马克思恩格斯文集》第 1 卷，人民出版社 2009 年版，第 59—60 页。
⑥ 《马克思恩格斯文集》第 1 卷，人民出版社 2009 年版，第 60 页。

学仍然是私有制的理论表现。

就资产阶级政治经济学而言，斯密的理论体系是一个进步，因为“为了使私有制的真实的后果能够显露出来，就有必要摧毁重商主义体系以及它的垄断和它对商业关系的束缚；为了使当代的斗争能够成为普遍的人类的斗争，就有必要使所有这些地域的和国家的小算盘退居次要的地位；有必要使私有制的理论抛弃纯粹经验主义的、仅仅是客观主义的研究方法，并使它具有一种也对结果负责的更为科学的性质，从而使问题涉及全人类的范围；有必要通过对旧经济学中包含的不道德加以否定的尝试，并通过由此产生的伪善——这种尝试的必然结果——而使这种不道德达于极点”[①]。但是，这种贸易自由并没有任何的理论价值和实践价值，这种“经济学家离我们的时代越近，离诚实就越远。时代每前进一步，为把经济学保持在时代的水平上，诡辩术就必然提高一步”[②]。恩格斯的结论就是：“我们所要评判的经济学家离我们的时代越近，我们对他们的判决就必定越严厉。”[③] 通过对政治经济学演进过程的分析，恩格斯已经阐明，随着资本主义的发展和阶级对立的尖锐化，资产阶级政治经济学必然越来越堕落为辩护论和诡辩论。

在《国民经济学批判大纲》中，恩格斯对资本主义私有制的矛盾和资本主义经济范畴作了初步的批判和分析，揭示了资本主义私有制及其经济范畴的社会性和历史性。

恩格斯针对当时欧洲经济学界的两大主流价值理论，即萨伊的效用价值论和李嘉图的劳动价值论的分析批判，对价值范畴作了研究。恩格斯认为，萨伊的效用价值论忘掉了生产费用或劳动，李嘉图的劳动价值论则忽视了“效用”或使用价值。恩格斯的评价是：“物品的价值包含两个因素，争论的双方都要强行把这两个因素分开，但正如我们所看到的，这是徒劳的。”[④] 恩格斯试图从劳动或“生产费用”与效用的统一性上来考察价值范畴，他提出：“价值是生产费用对效用的关系。价值首先是用来决定某种物品是否应该生产，即这种物品的效用是否能抵偿生

① 《马克思恩格斯文集》第1卷，人民出版社2009年版，第58页。
② 《马克思恩格斯文集》第1卷，人民出版社2009年版，第59页。
③ 《马克思恩格斯文集》第1卷，人民出版社2009年版，第58—59页。
④ 《马克思恩格斯文集》第1卷，人民出版社2009年版，第65页。

产费用。然后才谈得上运用价值来进行交换。如果两种物品的生产费用相等，那么效用就是确定它们的比较价值的决定性因素。”[①] 显然，恩格斯关于价值范畴的解释存在许多不正确的地方。例如，在对价值范畴内涵的理解中，恩格斯试图把萨伊效用价值论中的“效用”，同李嘉图劳动价值论中的“劳动”或“生产费用”结合起来，说明物品的价值包含这两个因素，是由这两个因素共同决定的。在价值范畴的性质上，恩格斯否认了价值的客观性。他认为，价值只有在资本主义生产方式之外即在私有制之外才能得到实现。因为私有制通过竞争，破坏着一切物品所固有的任何价值，而且还改变着一切物品相互的价值关系。恩格斯关于价值范畴的分析，尽管存在一些偏误，但他还是说明了价值与价格的区别、价值与实际价值的不同，认为经济学家们称为的实际价值，“其实也只是价格的一种规定性”[②]。

恩格斯通过揭示竞争的规律，说明了消灭私有制、进行社会变革的不可避免性。“竞争的规律是：需求和供给始终力图互相适应，而正因为如此，从未有过互相适应。双方又重新脱节并转化为尖锐的对立。供给总是紧跟着需求，然而从来没有达到过刚好满足需求的情况；供给不是太多，就是太少，它和需求永远不相适应，因为在人类的不自觉状态下，谁也不知道需求和供给究竟有多大。如果需求大于供给，价格就会上涨，因而供给似乎就会兴奋起来；只要市场上供给增加，价格又会下跌，而如果供给大于需求，价格就会急剧下跌，因而需求又被激起。情况总是这样：从未有过健全的状态，而总是兴奋和松弛相更迭——这种更迭排斥一切进步——一种达不到目的的永恒波动。”[③] 恩格斯认为，这个规律是一个纯自然的规律，是一个产生革命的规律。恩格斯强调，竞争贯穿于全部生活关系之中，造成了人们所处的相互奴役状态，造成了社会生产的无秩序状态，也导致了社会的堕落和各种犯罪等。同时，由于生产的分散性和竞争的作用，商业危机就会爆发，并且每一次接踵而来的商业危机必定比前一次更普遍、更严重，也必定会使失业、贫困

① 《马克思恩格斯文集》第 1 卷，人民出版社 2009 年版，第 65 页。
② 《马克思恩格斯文集》第 1 卷，人民出版社 2009 年版，第 66 页。
③ 《马克思恩格斯文集》第 1 卷，人民出版社 2009 年版，第 73—74 页。

等状况更为加剧，最后必定会引起一场社会革命。

## 四、对卡莱尔《过去和现在》的评论

恩格斯的《英国状况 评托马斯·卡莱尔的〈过去和现在〉1843年伦敦版》一文，是对卡莱尔《过去和未来》提出的资本主义社会理论的批判。对于资本主义社会的批判，在19世纪40年代初的英国主要来自两个方面：一是来自陷于贫困和破产的无产阶级的批判；二是来自在资产阶级革命中利益和社会地位受损的封建贵族阶级的批判。卡莱尔在1843年出版的《过去和现在》一书，是代表封建贵族阶级对资本主义社会批判的观点。卡莱尔在对12世纪以来的“过去”和19世纪的“现在”相对照中，对英国资本主义发展给英国人民带来的贫困、野蛮和道德堕落作了揭露和批判。卡莱尔是从封建贵族阶级的立场来看问题的，工业资本家被看作一伙“工业海盗”，而“劳动的先生没有更幸福，寄生的先生，即贵族土地占有者，也没有更幸福”[①]。卡莱尔把社会发生的所有罪恶的根源，都归于“抛弃了中世纪的宗教笃诚”和宗法关系“被破坏并日益瓦解”[②]；而解决所有这些问题的出路，就是回到封建贵族阶级统治的“过去”社会中去。恩格斯认为，卡莱尔的这些探讨，实际上是封建贵族阶级对失去昔日荣华的哀叹，是在开历史的倒车。

在《英国状况 评托马斯·卡莱尔的〈过去和现在〉1843年伦敦版》一文中，恩格斯提出的三个基本观点，既是对卡莱尔的错误观点的深入批判，也是对自己向唯物主义和共产主义观点与立场转变的初步阐释。

第一，对历史观上的唯物主义的探索。针对卡莱尔的观点，恩格斯提出:“我们根本没有想到要怀疑或轻视‘历史的启示’；历史就是我们的一切，我们比其他任何一个先前的哲学学派，甚至比黑格尔，都更重视历史；在黑格尔看来，历史归根结底也只是用来检验逻辑运算问题。”[③] 在恩格斯看来:“我们要求把历史的内容还给历史，但我们认为

---

① 《马克思恩格斯全集》第3卷，人民出版社2002年版，第501页。

② 《马克思恩格斯全集》第3卷，人民出版社2002年版，第503页、第510页。

③ 《马克思恩格斯全集》第3卷，人民出版社2002年版，第520页。

历史不是‘神’的启示，而是人的启示，并且只能是人的启示。”[①] 作为“人的启示”，其内涵包括“认识人类本质的美好，了解人类在历史上的发展，了解人类一往无前的进步，了解人类对个人的非理性一贯战无不胜，了解人类克服一切似乎超人的事物，了解人类同大自然进行的残酷而又卓有成效的斗争，直到最后获得自由的、人的自我意识，明确认识到人和大自然的统一，自由地独立地创造以纯人类道德生活关系为基础的新世界”[②]。恩格斯阐明的这一历史观，既是对黑格尔唯心主义观点的突破，也是对费尔巴哈唯物主义的改造，恩格斯清晰地意识到："我何必照抄费尔巴哈的话呢?"[③] 历史观上的这一重要转变，在恩格斯文章的结论中得到实质性的落实。这一结论就是:"英国状况对历史和所有国家都有不可估量的意义，因为在社会关系方面，英国无意地远远超出了所有其他的国家。"[④]

第二，对英国状况分析的“核心问题”，是英国“工人阶级的状况”。在对卡莱尔观点的批判中，恩格斯指出，"如果卡莱尔从人的整个无限性去理解人之为人，那么他就不会产生这种想法：再把人分成两群——山羊和绵羊，统治者和被统治者，贵族和贱民，老爷和愚人"[⑤]。卡莱尔把封建贵族阶级的“老爷”，看作社会变革的救世主，而工人阶级则是“贱民”和“愚人”。与此相反的是，恩格斯在对工人阶级状况的“核心问题”的探讨中指出:"只有工人、英国的贱民、穷人，才是真正值得尊敬的人，尽管他们粗野，尽管他们道德堕落。拯救英国要靠他们，他们身上还有可造之材；他们没有文化知识，但也没有偏见，他们还有力量从事伟大的民族事业，他们还有前途。"[⑥] 而卡莱尔所代表和推崇备至的封建贵族阶级，"已经日暮途穷；它的全部思想，一直到最终结论，都已卖弄净尽，而且见诸实际，它的王国正迅速走向灭亡"[⑦]。

---

① 《马克思恩格斯全集》第 3 卷，人民出版社 2002 年版，第 520 页。
② 《马克思恩格斯全集》第 3 卷，人民出版社 2002 年版，第 520 页。
③ 《马克思恩格斯全集》第 3 卷，人民出版社 2002 年版，第 518 页。
④ 《马克思恩格斯全集》第 3 卷，人民出版社 2002 年版，第 524—525 页。
⑤ 《马克思恩格斯全集》第 3 卷，人民出版社 2002 年版，第 522 页。
⑥ 《马克思恩格斯全集》第 3 卷，人民出版社 2002 年版，第 497 页。
⑦ 《马克思恩格斯全集》第 3 卷，人民出版社 2002 年版，第 497 页。

恩格斯已经非常清楚地意识到英国的工人阶级在英国资本主义社会发展中地位和作用。

实际上，恩格斯（马克思也是这样）在唯心主义向唯物主义转变过程的显著特征，就在于对唯心主义历史观谬误的突破，同时也在于在实现这一转变中对黑格尔唯心主义的弃去和对辩证法内核的吸收，以及对费尔巴哈历史观的弃去和对唯物主义基础的吸收。由于在历史观上的这一思想转变，才能同时引致革命民主主义向共产主义的转变。

第三，对社会主义者及其理论的期盼。恩格斯指出："卡莱尔在他的全部狂想曲中，对英国社会主义者只字未提。只要他还停留于目前的、虽然远远超出了英国大批受教育者但仍然是抽象的理论观点，他自然不会特别熟悉社会主义者的志向。"① 以卡莱尔的立场和观点，他是不可能对社会主义者的理论作出任何有意义的评价的，甚至对社会主义思潮在英国社会发展中已经产生的思想政治影响也必然是置若罔闻。恩格斯则相反，他指出："尽管社会主义者现在还比较弱小，但他们是英国惟一有前途的党派。民主主义、宪章运动很快就会被接受，那时英国工人群众就只有在饿死和社会主义二者之间进行选择。"② 恩格斯坚信英国社会主义在工人阶级运动中的意义和作用。

① 《马克思恩格斯全集》第 3 卷，人民出版社 2002 年版，第 523 页。

② 《马克思恩格斯全集》第 3 卷，人民出版社 2002 年版，第 524 页。

# 第二章 英国政治经济和工人阶级状况研究

1844年2月至3月间，除了在《德法年鉴》上发表的《英国状况 评托马斯·卡莱尔的〈过去和现在〉1843年伦敦版》之外，恩格斯还以“英国状况”同样的题目，写了《英国状况 十八世纪》和《英国状况 英国宪法》两篇文章，准备在《德法年鉴》上发表。由于《德法年鉴》没有办下去，在马克思的支持下，这两篇文章发表在1844年8月和10月的《前进报》上。

这两篇文章是恩格斯在曼彻斯特对英国资本主义历史、理论和现实问题研究的结果，特别是对18世纪中叶以后英国资本主义政治、经济和社会变迁分析研究的结果。这一分析研究中实现的思想理论上的飞跃，集中体现于恩格斯1844年秋至1845年3月间完成的《英国工人阶级状况》中。在《英国工人阶级状况》中，恩格斯通过对工业革命的发展及其后果，以及社会历史变化根本动因的分析，对无产阶级的历史地位和历史使命有了较为深入的把握。

1880年5月，马克思在为《社会主义从空想到科学的发展》法文版撰写的“前言”中，对恩格斯这一时期理论演进作过评价，认为“弗里德里希·恩格斯是当代社会主义最杰出的代表人物之一，他在1844年就以他最初发表在马克思和卢格在巴黎出版的《德法年鉴》上的《国民经济学批判大纲》引起了注意。“大纲”中已经表述了科学社会主义的某些一般原则。在曼彻斯特（当时恩格斯住在那里），他用德文写了《英国工人阶级状况》（1845年），这是一部重要的著作，其意义由马克思在《资本论》中作了充分的估价”[①]。

① 《马克思恩格斯文集》第3卷，人民出版社2009年版，第491页。

## 一、18世纪英国社会发展研究

在《英国状况 十八世纪》一文中，恩格斯对18世纪英国的政治和哲学发展，以及这种发展同英国的工业史和经济史的关系作了探讨，特别是对工业革命在英国社会关系发展中的作用和影响问题作了深入研究。恩格斯明确提出，“英国工业的这一次革命化是现代英国各种关系的基础，是整个社会的运动的动力”；同时，“由于工业革命，产生了无产阶级。新的工业总是需要大批常备的工人来供给无数新的劳动部门，而且需要的是以前未曾有过的工人”①。因此，工业革命和无产阶级的产生，无疑成为“18世纪在英国所引起的最重要的结果”②。

回顾18世纪中叶开始的英国革命的历史，恩格斯认为，这是英国经历的一次“比其他任何国家经历的变革意义更重大的变革”③。英国的这场革命作为一场“社会革命”，一方面比“法国的政治革命”和“德国的哲学革命”在“实践上更快地达到目的”；另一方面也比“任何其他一种革命都更广泛，更有深远影响”。在恩格斯看来，“社会革命才是真正的革命，政治的和哲学的革命必定通向社会革命”④。

恩格斯这里所讲的“英国的社会革命”实质上就是英国的资产阶级革命，这场“社会革命”实质上是涉及社会整体变革的革命，恩格斯称之为“人类知识和人类生活关系中的任何领域，哪怕是最生僻的领域，无不对社会革命发生作用，同时也无不在这一革命的影响下发生某些变化”⑤。这时，恩格斯虽然还不能揭示这场“社会革命”的实质和根本动因，但是他已经认识到这场革命的影响和作用，并且已经从科学（包括自然科学和社会科学）的革命对工业的推进作用上，揭示了社会经济关系在这场革命中的作用，也从阶级关系和政治制度变化中理解这场革命的性质和意义。

---

① 《马克思恩格斯文集》第3卷，人民出版社2009年版，第107页。
② 《马克思恩格斯文集》第1卷，人民出版社2009年版，第107页。
③ 《马克思恩格斯文集》第1卷，人民出版社2009年版，第87页。
④ 《马克思恩格斯文集》第1卷，人民出版社2009年版，第87页。
⑤ 《马克思恩格斯文集》第1卷，人民出版社2009年版，第87页。

恩格斯对英国18世纪科学的革命性发展作了深入分析。他认为："18世纪综合了过去历史上一直是零散地、偶然地出现的成果，并且揭示了它们的必然性和它们的内在联系。无数杂乱的认识资料经过整理、筛选，彼此有了因果联系；知识变成科学，各门科学都接近于完成，即一方面和哲学，另一方面和实践结合了起来。"[①] 各门科学发展产生了两个方面的"结果"：一是"科学和哲学结合的结果就是唯物主义（牛顿的学说和洛克的学说同样是唯物主义的前提）、启蒙运动和法国的政治革命"；二是"科学和实践结合的结果就是英国的社会革命"[②]。同"实践结合"、"以实践为出发点"，在恩格斯的进一步分析中可以看到，这一"实践"最主要的就是工业实践。

科学与实践的结合集中体现于工业过程之中。基于科学的技术的发明，以及科学和技术结合的工业过程的变化，显著地改变了英国的工业面貌。"社会革命"推进了"工业革命"，而"工业革命"也激发了"社会革命"。恩格斯写道："1763年格里诺克的詹姆斯·瓦特博士着手制造蒸汽机，1768年制造成功。1763年乔赛亚·韦奇伍德采用科学原理，为英国的陶器制造业奠定了基础。由于他的努力，斯塔福德郡的一片不毛之地变成了生产陶器的手工业区。目前这个地区共有6万人从事陶器生产，在近年的社会政治运动中起了很重要的作用。1764年兰开夏郡的詹姆斯·哈格里沃斯发明了珍妮纺纱机。这种机器只要一个工人管理，就可以比旧式纺车多纺纱15倍。1768年兰开夏郡普雷斯顿的一个理发师理查·阿克莱发明了翼锭纺纱机，这是从一开始就考虑用机械动力发动的第一部纺纱机。它纺制water-twist，即织布时作经纱用的纱线。1776年兰开夏郡博尔顿的赛米尔·克朗普顿综合了珍妮纺纱机和翼锭纺纱机的机械原理，发明了走锭精纺机。它和珍妮纺纱机一样，纺制mule-twist，即纬纱。这三种机器都是供棉花加工用的。1787年卡特赖特博士发明了机器织机，这种机器又经过多次改进，到1801年才可以实际应用。"[③] 列举这些发明的成果以及这些成果在工业过程中的成

---

① 《马克思恩格斯文集》第1卷，人民出版社2009年版，第87—88页。
② 《马克思恩格斯文集》第1卷，人民出版社2009年版，第97页。
③ 《马克思恩格斯文集》第1卷，人民出版社2009年版，第98页。

功运用，就在于阐明三个问题：

第一，恩格斯认为，“这些发明使社会的运动活跃起来。它们的最直接的结果就是英国工业的兴起，首先是棉纺织业的兴起”[①]。一开始珍妮纺纱机的使用，只是降低了纱线的生产费用，由于扩大了市场而给予工业以第一推动，但是，它还没有能触及“工业生产的社会方面，即生产的性质”，后来“在阿克莱和克朗普顿的机器以及瓦特的蒸汽机建立了工厂制度以后，运动才开展起来。最初出现的是使用马力或水力的比较小的工厂，但它们很快就被使用水力或蒸汽力的比较大的工厂排挤了。第一个蒸汽纺纱厂是瓦特于 1785 年在诺丁汉郡建立的；随后又有另一些厂建立起来，新的制度很快就普及了”[②]。工业生产的社会性质、工厂制度的建立等等，实际上就是社会生产关系的变革，也就是社会经济制度的变革。

第二，恩格斯作出“英国工业的这一次革命化是现代英国各种关系的基础，是整个社会的运动的动力”的论断，不仅阐明了英国“社会革命”的内涵，而且也揭示了其中涉及的利益关系，即“它的第一个结果就是利益被升格为对人的统治。利益霸占了新创造出来的各种工业力量并利用它们来达到自己的目的；由于私有制的作用，这些理应属于全人类的力量便成为少数富有的资本家的垄断物，成为他们奴役群众的工具。商业吞并了工业，因而变得无所不能，变成了人类的纽带；个人的或国家的一切交往，都被溶化在商业交往中，这就等于说，财产、物升格为世界的统治者”[③]。

第三，18 世纪英国出现的最重要的“结果”就是无产阶级的产生，阶级分化和阶级对立成为英国“社会革命”的必然结果。恩格斯认为，在英国的“社会革命”中，一方面“新的工业总是需要大批常备的工人来供给无数新的劳动部门，而且需要的是以前未曾有过的工人。1780 年以前，英国的无产者很少，这是上面所描述的英国社会状况必然产生的结果。工业把劳动集中到工厂和城市；工业活动和农业活动不可能结

① 《马克思恩格斯文集》第 1 卷，人民出版社 2009 年版，第 98 页。

② 《马克思恩格斯文集》第 1 卷，人民出版社 2009 年版，第 98—99 页。

③ 《马克思恩格斯文集》第 1 卷，人民出版社 2009 年版，第 105 页。

合在一起了，新的工人阶级只能依靠自己的劳动”；另一方面“中等阶级上升到了明确的贵族地位。在工业的前进运动中，厂主以惊人的速度使自己的资本成倍增长，商人也得到了自己的一份，而这次革命所创造的资本就成为英国贵族用来反对法国革命的工具”[①]。

## 二、18世纪英国政治制度研究

在《英国状况 英国宪法》一文中，恩格斯对18世纪英国宪法和国家制度的发展作了探讨，特别是对英国宪法、立宪君主制的政治机制及其各种要素同英国的经济和社会发展的关系作了阐释。这时，恩格斯还不能阐明政治制度包括宪法在内的上层建筑，同社会经济现实和社会经济制度之间的关系，但他还是能够抓住这种关系的关键环节，对英国宪法的阶级实质，对以“中间阶级”及资产阶级为统治、以资产阶级和封建贵族阶级相联合的英国社会政治制度的特征作出深刻阐释，为同马克思一起走向历史唯物主义作出了思想理论上的最后的准备。

首先，恩格斯对“究竟是谁统治着英国”的问题作出了探索。通过对英国宪法的分析，可以看到，英国的“国王和上院已经失去自己的重要性”，在对“究竟是谁统治着英国”问题上，最直接的答案就是“财产在进行统治”。恩格斯认为：“财产使贵族能支配农业地区和小城市的议员选举；财产使商人和工厂主能决定大城市及部分小城市的议员选举；财产使二者能通过贿赂来加强自己的影响。财产的统治已经由改革法案通过财产资格的规定明确承认了。”[②] 私有财产制度确定了英国宪法的根本基础。这就表明，“既然财产和通过财产而取得的势力构成中间阶级的本质，既然贵族因此在选举中使自己的财产起了作用，从而不是以贵族的身份出现，而是站在与中间阶级同等的地位，既然真正的中间阶级的势力总的说来比贵族的势力强大得多，那么进行统治的当然是中间阶级”[③]。“中间阶级”即资产阶级，依靠“财产的势力”取得了宪

---

① 《马克思恩格斯文集》第1卷，人民出版社2009年版，第107页。

② 《马克思恩格斯全集》第3卷，人民出版社2002年版，第567页。

③ 《马克思恩格斯全集》第3卷，人民出版社2002年版，第567—568页。

法上的统治权，同时通过贵族阶级的“中间阶级”化，成为从属于“中间阶级”的“势力”。但是，“因为人民还没有弄清楚财产的本质，因为人民一般说来——至少在农业地区是这样——在精神上还是麻木的，所以能容忍财产的专制统治”[①]。

其次，关于宪法中的“公民的权利”问题，恩格斯指出，在英国，“个人在宪法本身的范围内是没有任何权利的”[②]，即使是一些基于“习惯”的所谓“权利”，实际上也是不存在的。恩格斯对五种所谓“公民的权利”的实质作了剖析：

一是所谓“新闻出版自由”，即被认为“每个人都可以不受阻挠地和不经国家事先许可而发表自己的意见”[③] 的权利。恩格斯认为：“任何地方都不存在着像在英国那样通行的广泛的新闻出版自由，这种看法一般说来是对的。不过，英国的这种自由也还是很有限的。诽谤法、叛国法和渎神法沉重地压制着新闻出版业；如果说对新闻出版业的迫害还不算多，那么这并不是由于法律，而是由于政府害怕对新闻出版业采取的措施必然会不得人心。”[④] 举例来说，“正像 1842 年以后普鲁士的新闻出版自由一样，英国的新闻出版自由一百年来得以存在，完全是靠当局的恩典”[⑤]。

二是所谓“人民集会的权利”，恩格斯认为：“这里已经包含了某些限制。如果集会的结果不是请愿，那么这个集会即使不算完全违法，但无论如何也很成问题了。”[⑥] 恩格斯举例说到，在奥康奈尔的诉讼案中，检察官就强调：这些已被认定为违法的集会，当时不是为讨论请愿而召开的；“但是，主要的限制还是警察的限制：中央政府或地方政府可以事先禁止或中断以至解散任何一个集会”[⑦]。

三是所谓“结社的权利”，尽管在表面上，“凡以合法手段追求合法

① 《马克思恩格斯全集》第 3 卷，人民出版社 2002 年版，第 568 页。
② 《马克思恩格斯全集》第 3 卷，人民出版社 2002 年版，第 575 页。
③ 《马克思恩格斯全集》第 3 卷，人民出版社 2002 年版，第 575 页。
④ 《马克思恩格斯全集》第 3 卷，人民出版社 2002 年版，第 575 页。
⑤ 《马克思恩格斯全集》第 3 卷，人民出版社 2002 年版，第 575 页。
⑥ 《马克思恩格斯全集》第 3 卷，人民出版社 2002 年版，第 575 页。
⑦ 《马克思恩格斯全集》第 3 卷，人民出版社 2002 年版，第 575—576 页。

目的的一切结社都是容许的；但是，结社每次只许成立一个大的社团，不包括分社。如果社团要分立一些设有专门组织机构的地方分社，那么只有为慈善目的和一般金钱方面的目的才允许建立，而且还必须持有被指定经管当地此类事宜的官吏的许可证”①。恩格斯指出：“社会主义者之所以得到这种结社许可证，就因为他们说明了这样的目的；宪章派虽然在自己的章程中逐字逐句地照抄了社会主义者社团的章程，但未被批准结社。”② 究其根源，还是在于“结社权利的范围再大，也仍然是富人的特权；结社首先需要钱，富有的反谷物法同盟筹措几十万元易如反掌，而贫穷的宪章协会或不列颠矿工联合会仅结社经费一项就难以负担”③。在恩格斯看来，所谓的“公民的权利”同样受到私有财产制的制约。这就是说，“公民的权利”实际上就是“财产的权利”。

四是所谓“人身保护的权利”，即“每个被告（犯叛国罪的情况除外）享有在诉讼开始以前交保证金获释的权利”④。恩格斯认为：“这种备受赞扬的权利又是富人的特权。穷人无法提供保证金，因此只得进监狱。”⑤

五是“每个人都有由与自己同类的人来审讯的权利”，恩格斯认为：“这一个权利也是富人的特权。穷人并不由与自己同类的人来审讯，他们在任何情况下都由他们的天生的敌人审讯，因为在英国，富人和穷人是处在公开敌对状态的。”⑥

再次，关于英国的“民主制”的实质，恩格斯指出：在英国，“中间阶级和财产统治着一切；穷人是无权的，是备受压迫和凌辱的，宪法不承认他们，法律虐待他们；在英国，民主制反对贵族制的斗争就是穷人反对富人的斗争。英国所走向的民主制是社会的民主制”⑦。特别是对于英国所追求的基于阶级对立和财产对立的所谓“民主制”，恩格斯

① 《马克思恩格斯全集》第3卷，人民出版社2002年版，第576页。
② 《马克思恩格斯全集》第3卷，人民出版社2002年版，第576页。
③ 《马克思恩格斯全集》第3卷，人民出版社2002年版，第576页。
④ 《马克思恩格斯全集》第3卷，人民出版社2002年版，第576页。
⑤ 《马克思恩格斯全集》第3卷，人民出版社2002年版，第576页。
⑥ 《马克思恩格斯全集》第3卷，人民出版社2002年版，第577页。
⑦ 《马克思恩格斯全集》第3卷，人民出版社2002年版，第585页。

指出，就其实质而言，“单纯的民主制并不能消除社会的祸害。民主制的平等是空想，穷人反对富人的斗争不能在民主制的或整个政治的基础上进行到底”[①]。在恩格斯看来，依靠现有的“民主制”来获得“平等”只是一种“空想”，而且穷人也不可能在现有的“民主制”的基础上获得“平等”。

最后，作为《英国状况 英国宪法》结束语，恩格斯提出争取基于“社会主义的原则”的民主制度问题。在“中间阶级”占据统治地位的社会阶段中的“民主制”，“只是一个过渡，是最后一种纯粹政治的手段”；而通过“试验”，恩格斯认为，“从中必定马上会发展出一种新的要素，一种超出一切政治事物的原则。这种原则就是社会主义的原则”[②]。恩格斯指出，“穷人”的民主制度是一种具有“新的要素”的、体现“社会主义的原则”的民主制度。

## 三、法国和德国及英国社会主义理论探讨

在《英国状况 十八世纪》中，恩格斯提到，与英国的“社会革命”相对应，在法国的是“政治革命”，在德国的则是“哲学革命”，而“政治的和哲学的革命必定通向社会革命”[③]。在《英国状况 英国宪法》中，恩格斯又提出了“社会主义的原则”问题。这些说明，在曼彻斯特这一时期，恩格斯不仅在探索“英国状况”，而且也在思考法国和德国的“状况”，特别是法国和德国的与“社会主义的原则”有关的状况。在撰写《英国状况 十八世纪》等三篇文章之前，1843 年 11 月，恩格斯发表在英国社会主义机关报《新道德世界》上的《大陆上社会改革的进展》一文，就是对法国和德国社会主义“状况”和原则思考的结果。

《大陆上社会改革的进展》是以英国读者为对象的，一开始恩格斯就对英国、法国和德国的社会主义学说作出总体上的比较性的评价：

① 《马克思恩格斯全集》第 3 卷，人民出版社 2002 年版，第 585 页。
② 《马克思恩格斯全集》第 3 卷，人民出版社 2002 年版，第 585 页。
③ 《马克思恩格斯全集》第 3 卷，人民出版社 2002 年版，第 526 页。

一是认为欧洲这“三个文明大国”社会主义学说的发展，得出的共同“结论”就是：“在财产共有的基础上进行社会制度的彻底革命，现在已经成为一种急不可待和不可避免的必然。”① 恩格斯特别指出：这个“结论”是英国、法国和德国“各自单独得出的”，因此“这一事实无可争辩地证明，共产主义不是英国或任何其他国家的特殊状况造成的结果，而是从现代文明社会的一般实际情况所具有的前提中不可避免地得出的必然结论”②。恩格斯已经清楚地表达了社会主义学说产生的“不可避免”性和历史必然性。

二是提到共产主义学说在这三个国家的产生“情况各不相同”。对于上述结论，在英国是“通过实践，即由于自己国内贫穷、道德败坏和赤贫现象迅速加剧”得出的；在法国“是通过政治，即他们起初要求政治自由和平等，继而发现这还不够，就在政治要求之外又加上社会自由和社会平等的要求”得出的；在德国则是“通过哲学，即通过对基本原理的思考而成为共产主义者”③的。恩格斯已经感悟到，社会主义和共产主义学说产生过程因各国“情况各不相同”而呈现出各自的特殊性。

三是强调各国社会主义和共产主义需要“相互了解”，恩格斯提出：“社会主义在这三个国家产生的情况既然是这样的，那么在次要的问题上就一定会有分歧”；但这种分歧是“无关紧要的”，而且在现实中，“跟一个国家的社会改革派同另一个国家的社会改革派的友好情谊相容不悖”④。恩格斯强调的是：“这些国家需要相互了解；如果做到了这一点，我确信，他们就会热切希望他们的异国共产主义者弟兄获得成功。”⑤

《大陆上社会改革的进展》一文分作两部分，第一部分是对法国的社会主义的评介以及法国和英国社会主义的比较研究；第二部分是对德国和瑞士的社会主义的评介。

恩格斯到曼彻斯特之前，对法国空想社会主义和共产主义观点已经

---

① 《马克思恩格斯全集》第 3 卷，人民出版社 2002 年版，第 474 页。
② 《马克思恩格斯全集》第 3 卷，人民出版社 2002 年版，第 474 页。
③ 《马克思恩格斯全集》第 3 卷，人民出版社 2002 年版，第 474—475 页。
④ 《马克思恩格斯全集》第 3 卷，人民出版社 2002 年版，第 475 页。
⑤ 《马克思恩格斯全集》第 3 卷，人民出版社 2002 年版，第 475 页。

有一定程度的接触。1836 年，在不来梅时，恩格斯已经读过路·白尔尼的《巴黎来信》，对圣西门和傅立叶的思想已经有所了解，对“青年德意志”和青年黑格尔派刊物上有关圣西门和傅立叶思想的文章也有所关注。到曼彻斯特之后，恩格斯研读了傅立叶和欧文的著作，也读了蒲鲁东《什么是财产?》一书；同时，对英国的社会主义有了更多的了解，对英国和法国的社会主义学说也作过一些比较性的评论。1843 年 5 月，恩格斯在《伦敦来信　三》中说:“英国的社会主义者比法国的社会主义者更有原则和更为实际，主要是因为他们公开反对各种教会，并且根本不愿意同宗教打交道。”[①] 在英国的社会主义者那里可以看到，他们的“一切都从经验和可证实的或直观的事实出发，但同时又富有原则性的阐发”[②]。恩格斯特别提到欧文，认为“社会主义者运动的创始人欧文”的许多小册子，尽管“写得很糟，但是他也有清醒的时刻，这时他那些晦涩的文句就变得可以理解了；此外，他的见解涉及面很广”[③]。英国的社会主义在整体上给恩格斯留下了深刻的印象，特别是“从社会主义者身上可以很明显地看到英国人的毅力……他们嘲笑纯粹的共和主义者，因为共和国和君主政体是一样的虚伪，一样的浸透着神学，在法律上也是一样的不公正”[④]。

在法国社会主义学说中，存在着与英国社会主义学说同样的问题，即关于“民主制”及其本质的问题。恩格斯指出:“法国大革命是民主制在欧洲的兴起。依我看来，民主制和其他任何政体一样，归根结底是自相矛盾的，虚假的，无非是一种伪善（我们德国人称之为神学）。”[⑤] 从根本上看，“政治自由是假自由，最坏的奴隶制；是自由的假象，因而是实在的奴役制。政治平等也是这样”[⑥]。恩格斯已经鲜明地指出:“民主制和任何其他一种政体一样，最终一定会破灭：伪善是不能持久的，其中隐藏的矛盾必定暴露出来；要么是真正的奴隶制，即赤裸裸的专制

---

① 《马克思恩格斯全集》第 3 卷，人民出版社 2002 年版，第 432 页。

② 《马克思恩格斯全集》第 3 卷，人民出版社 2002 年版，第 432 页。

③ 《马克思恩格斯全集》第 3 卷，人民出版社 2002 年版，第 434 页。

④ 《马克思恩格斯全集》第 3 卷，人民出版社 2002 年版，第 437 页。

⑤ 《马克思恩格斯全集》第 3 卷，人民出版社 2002 年版，第 475 页。

⑥ 《马克思恩格斯全集》第 3 卷，人民出版社 2002 年版，第 475 页。

制度，要么是真正的自由和真正的平等，即共产主义。”①

在对法国社会主义者的评价中，恩格斯提到：巴贝夫的共产主义者的谋划没有能够实现，是“因为当时的共产主义自身还是非常粗陋和非常肤浅的，另一方面，也因为社会思想进步得还不够”②。而圣西门的社会主义学说则“像一颗闪烁的流星，在引起思想界的注意之后，从社会的地平线上消失了，现在没有一个人想到它或谈起它；它的时代过去了”③。

恩格斯较为推崇傅立叶的社会主义学说，认为傅立叶“用自己富有活力的非凡智慧致力于研究人类的社会状态”，傅立叶“第一个确立了社会哲学的伟大原理；因为每一个个人都爱好或者偏爱某种劳动，一切个人的这些爱好的总和，一般说来，必然会形成一种足以满足一切人的需要的力量。从这个原则得出下面的结论：如果每一个个人都凭自己的爱好做自己愿意做的事情，那么，即使没有现在的社会制度所采取的那些强制手段，也将可以满足一切人的需要”④。但是，恩格斯也指出，傅立叶社会主义学说的“一个不彻底的地方，而且也是非常重要的一点，那就是它不主张废除私有制”⑤。从对法国社会主义学说的概述中可以看到：“在法国，社会改革的起因是政治性的。人们发现，民主制不能实现真正平等，于是求助于公社制度。所以，法国共产主义者大部分还是共和主义者，他们需要的是一个共和政体下的公社式的社会。”⑥

在对德国社会主义学说的评价中，恩格斯提到：与英国不同的是，“德国的工场工业很不发达，因此工人阶级的大部分都是手工业帮工；他们在作为小作坊师傅定居立业以前，都要在德国、瑞士、而且往往还在法国旅行几年。所以就有很大数量的德国工人陆续来往于巴黎，在那里必然要接触到法国工人阶级的政治运动和社会运动”⑦。这也成为威

① 《马克思恩格斯全集》第 3 卷，人民出版社 2002 年版，第 475—476 页。
② 《马克思恩格斯全集》第 3 卷，人民出版社 2002 年版，第 476 页。
③ 《马克思恩格斯全集》第 3 卷，人民出版社 2002 年版，第 477 页。
④ 《马克思恩格斯全集》第 3 卷，人民出版社 2002 年版，第 477—478 页。
⑤ 《马克思恩格斯全集》第 3 卷，人民出版社 2002 年版，第 478 页。
⑥ 《马克思恩格斯全集》第 3 卷，人民出版社 2002 年版，第 481 页。
⑦ 《马克思恩格斯全集》第 3 卷，人民出版社 2002 年版，第 487 页。

廉·魏特林社会主义学说产生的原因。

恩格斯认为，德国的君主和执政者在自以为共和主义已被他们永远地镇压下去了，但是他们没有想到“共产主义从政治宣传鼓动的灰烬中升起了”，“在他们看来，这种新学说比那个似乎已被击溃因而曾使他们感到欣喜的学说更危险和更可怕”[①]。恩格斯已经敏锐地发现，“共产主义是新黑格尔派哲学的必然产物，任何反对行为都不能把它扼杀”[②]。恩格斯也已经感受到，黑格尔哲学将对社会主义和共产主义学说产生积极的影响，甚至可能成为这一学说的哲学基础。他认为：“德国人是一个哲学民族；共产主义既是建立在健全的哲学原则的基础上，尤其因为它已是从德国人自己的哲学中得出的必然结论，德国人决不愿意也不可能摒弃共产主义。”[③] 对于社会主义和共产主义各党派来说，“我们现在应该完成的任务是这样的：我们这个党派必须证明，德意志民族在哲学上所做的一切努力，从康德到黑格尔所做的一切努力，要么毫无裨益——其实比毫无裨益更坏，要么一切努力的结果应该是共产主义；德国人要么抛弃他们曾把其名字奉为本民族的光荣的那些伟大的哲学家，要么就得接受共产主义”[④]。

就德国的社会主义和共产主义学说而言，恩格斯认为，“我们的基本原则固然给我们提供了一个比较广泛的基础，因为这些原则是我们从包罗人类全部知识领域的哲学体系中得出的，不过在有关实践、有关影响现存社会的实际状况方面所做的一切，我们发现，英国社会主义者远远超过了我们”[⑤]。恩格斯提出：“我们还要多多向英国社会主义者学习。”[⑥]

---

① 《马克思恩格斯全集》第 3 卷，人民出版社 2002 年版，第 491 页。
② 《马克思恩格斯全集》第 3 卷，人民出版社 2002 年版，第 492 页。
③ 《马克思恩格斯全集》第 3 卷，人民出版社 2002 年版，第 492 页。
④ 《马克思恩格斯全集》第 3 卷，人民出版社 2002 年版，第 492—493 页。
⑤ 《马克思恩格斯全集》第 3 卷，人民出版社 2002 年版，第 493—494 页。
⑥ 《马克思恩格斯全集》第 3 卷，人民出版社 2002 年版，第 493 页。

## 四、《英国工人阶级状况》的发表

1842年底，恩格斯来到曼彻斯特之后，就开始注重英国的经济、社会和政治关系问题研究。从恩格斯在为《莱茵报》和《瑞士共和主义者》撰写的多篇有关英国状况的通讯中可以看到，他对这些问题研究的焦点，就是对英国工人阶级状况的理解。从1844年秋至1845年3月中旬，恩格斯打算利用他在英国搜集和调查的材料撰写英国社会史的著作；但在写作过程中，恩格斯注意到有关英国工人阶级劳动条件、生活状况及阶级斗争等方面的材料，在英国社会问题研究中有着更为重要的现实意义。恩格斯很快改变了原先的研究方向，决定把英国工人阶级状况作为首要的问题加以研究，《英国工人阶级状况》就是这一研究的成果。《英国工人阶级状况》的主题就是："描述了资产阶级和无产阶级之间的相互关系以及这两个阶级之间的斗争的必然性……"①

在《英国工人阶级状况》一书中，恩格斯深刻论述了工业革命的世界历史意义，并评价了工业革命对取代中世纪的宗法社会而创造现代资本主义工业社会这一剧变的整个影响。他认为，工业革命的世界历史意义就在于，蒸汽机和棉花加工机的发明推动了工业革命，工业革命同时又推动了整个市民社会的变革，而工业革命越发展的地方也正是无产阶级越发展的地方，英国就是发生这种变革的典型地方，也是这种变革最主要的结果即无产阶级发展的典型国家。

恩格斯分析了生产工具的变革带来生产力的巨大增长。从18世纪后半叶开始的英国工业革命，是引起近代英国社会经济和政治状况巨大变化的根本原因。这场革命首先是从纺织工业中开始的。回顾从18世纪60年代的哈格里沃斯制造的珍妮纺纱机，到1767年阿克莱发明的翼锭纺纱机成为18世纪最重要的机械发明，再到之后走锭纺纱机以及梳棉机和粗纺机的问世等工业革命过程，可以看到，工厂制度成为棉纺业中唯一占统治地位的制度。生产工具变革，工厂制度建立，并由此推进了社会生产力的迅速发展。最后到1785年，瓦特发明的蒸汽机用来发

---

① 《马克思恩格斯全集》第42卷，人民出版社1979年版，第278页。

动纺纱机，引起了纺织工业的巨大变革。恩格斯认为，由于这些发明，机器劳动在英国工业的各主要部门战胜了手工劳动，带来了工业生产的巨大高涨，“推动力一旦产生，它就扩展到工业活动的一切部门”①。恩格斯还认为：“工业革命对英国的意义，就像政治革命对法国，哲学革命对德国一样。”②

恩格斯分析了工业革命在英国引发的后果。其中最重要的后果，就是社会关系的深刻变化和社会阶级的分化、组合。工业革命的结果，一方面是“一切纺织品迅速跌价，商业和工业日益繁荣，一切没有实行保护关税的国外市场几乎全被占领，资本和国民财富迅速增长”③；另一方面是“无产阶级的人数更加迅速地增长，工人阶级失去一切财产，失去获得生计的任何保证，道德败坏，政治骚动”④ 等等。新的工业之所以能够获得重要意义，就在于它把工具变成了机器，把作坊变成了工厂，从而把中间阶级中的劳动者变成了工人无产者，把以前的大商人变成了厂主；它排挤了小的中间阶级，并把居民的一切差别化为工人和资本家的对立。因此，社会关系的深刻变化和社会阶级的分化、组合，一是表现为大资本家和没有任何希望上升到更高的阶级地位的工人代替了以前的师傅和帮工；二是手工业变成了工厂生产，严格实行了分工，小的师傅由于没有可能和大企业竞争，被挤到了无产者阶级中去；三是由于迄今为止的手工业生产被废除，由于小资产阶级被消灭，工人已没有任何可能成为资产者。恩格斯强调：“现在，谁要是生为工人，那他除了一辈子当无产者，就再没有别的前途了。所以，只是现在无产阶级才能组织自己的独立运动。”⑤

工人阶级的队伍迅速地扩大了，不仅农民成群结队地从农业地区涌入城市成为无产者阶级，而且小土地所有者、佃农、手工业者小厂主、小商人在激烈的竞争中不断破产，一批一批地转到工人阶级队伍中来。恩格斯在分析工业革命在英国所引起的社会关系的深刻变化和社会阶级

---

① 《马克思恩格斯文集》第 1 卷，人民出版社 2009 年版，第 398 页。
② 《马克思恩格斯文集》第 1 卷，人民出版社 2009 年版，第 402 页。
③ 《马克思恩格斯文集》第 1 卷，人民出版社 2009 年版，第 393 页。
④ 《马克思恩格斯文集》第 1 卷，人民出版社 2009 年版，第 393 页。
⑤ 《马克思恩格斯文集》第 1 卷，人民出版社 2009 年版，第 403 页。

的分化、组合的后果中，强调了工人阶级是贫苦的阶级，也是最革命的力量。

恩格斯关于工业革命及其后果的分析，反映了他关于物质生产及其发展是社会历史发展基础的思想。《英国工人阶级状况》关于工业革命的世界历史意义的分析，以及工业革命决定了无产阶级的产生、状况、发展和使命的分析，更是表明恩格斯已经形成了物质生产的发展是推动社会发展的根本动因的思想。

在《英国工人阶级状况》一书中，恩格斯用极其鲜明、尖锐的笔触，叙述和描绘了英国工人生活状况恶化的事实。恩格斯说:“让我们看看，生活在这种状况下的工人本身变成了什么样子，这是些什么样的人，他们的身体、智力和道德状况是怎样的。”①

首先是工人的身体状况。在住宅方面，城市的贫民窟杂乱无章、破烂不堪，空气污浊，通风、排水、卫生状况恶劣。许多人住的是阴暗潮湿的房屋，不是下面冒水的地下室，就是上面漏雨的阁楼。住宅非常拥挤，每一个角落都塞满了人，病人和健康人睡在一间屋子里，睡在一张床上。甚至屋子里都不具备栖身的条件，家具破损不堪，往往一下雨就漏水。房屋内外，其肮脏程度难以形容。在穿衣方面，工人们穿的衣服是坏的、破烂的或不结实的，他们没有保暖的衣服。大多数人的衣服本来就不好，还得常常把比较好的衣服送到当铺里去。许多工人特别是爱尔兰人的衣服简直就是一些破布，往往连再打一个补丁的地方都没有了。在饮食方面，工人们吃的食物是劣质的、掺假的和难消化的。许多工人只能靠土豆充饥，而且土豆多半是质量很差的，干酪是质量很坏的陈货，猪板油是发臭的。有些人甚至食用已经半腐烂的病畜或死畜的肉。商人和厂主昧着良心在食品里掺假，如糖里掺米粉，咖啡粉里掺菊苣，可可粉里掺有捣得很细的褐色黏土，酒精里加上颜料冒充红葡萄酒，等等。在劳动方面，工人们必须从早到晚做自己讨厌的事情，工作是被迫的。在大多数劳动部门，工人的活动都局限在琐碎的纯机械性的操作上，一分钟一分钟地重复着，年年如此，妇女每天要工作十八小时，繁重的劳动，使她们的脊椎和骨盆都变形了。婴儿无人照顾，只好

① 《马克思恩格斯文集》第1卷，人民出版社2009年版，第408页。

灌麻醉剂让他们安静。儿童九岁起就开始劳动，每天工作十二到十四小时，青少年中患佝偻病的特别多。生活在如此恶劣条件下并且连最必需的生活资料都如此缺乏的阶级，是不可能保持健康、不可能活得长久的。这一切，使工人的健康迅速恶化，流行病不断发生，结核病、伤寒、猩红热十分猖獗，由于治疗上存在的困难，工人们只能经受着肉体上的痛苦。“这一切影响所引起的后果就是工人的身体普遍衰弱”，而且“他们几乎全都身体衰弱，骨瘦如柴，毫无气力，面色苍白，由于患有热病，他们身上除了那些在工作时特别用劲的肌肉以外，其他肌肉都是松弛的。几乎所有的人都消化不良，因而都或多或少地患着忧郁症，总是愁眉苦脸，郁郁寡欢。他们的衰弱的身体无力抵抗疾病，因而随时都会病倒。所以他们老得快，死得早”①。

其次是工人的精神状况。在智力教育方面，英国的教育设施和人口数目相比少得极不相称，工人阶级可以进的为数不多的日校，只有少数人能去就读，而且这些学校都是很差的；没有一个地方是真正实行义务教育的；大批儿童要在工厂或家里做工，不能上学；而在教派学校中，宗教教育则成了主要的课程，孩子们头脑里塞满了各种无法理解的教条和神学上的奥义，缺少理性的、精神的、道德的教育。在道德教育方面，工人也遭到统治阶级的摒弃和忽视。恩格斯指出：“资产阶级为工人考虑的唯一的东西就是法律，当工人向资产阶级步步进逼的时候，资产阶级就用法律来钳制他们；就像对待无理性的动物一样，资产阶级对工人只有一种教育手段，那就是皮鞭，就是残忍的、不能服人而只能威吓人的暴力。”② 所以，他们蔑视一切道德秩序，在他们的面前只有饿死，或是自杀，或是偷盗这几条路，因为他们找不到别的摆脱贫困的方法。他们穷，生活没有保障，一旦失业更使他们丧失对生活的信心，他们驾驭不住自己的命运。因此，他们在得到较多的工资的时候，在可能的时候去享受一下生活，“这不仅是十分自然的，甚至是完全合理的。但是这种生活方式比别的任何生活方式都更使人堕落”③。

---

① 《马克思恩格斯文集》第 1 卷，人民出版社 2009 年版，第 418 页。

② 《马克思恩格斯文集》第 1 卷，人民出版社 2009 年版，第 428 页。

③ 《马克思恩格斯文集》第 1 卷，人民出版社 2009 年版，第 430—431 页。

恩格斯指出:“了解了这一切之后，我们对于英国工人阶级逐渐变成一种和英国资产阶级完全不同的人，也就不会感到惊奇了。资产阶级和地球上所有其他民族的相近之处，都要多于它和它身边的工人的相近之处。工人比起资产阶级来，说的是另一种方言，有不同的思想和观念，不同的习俗和道德原则，不同的宗教和政治，这是两种完全不同的人，他们彼此是这样地不同，好像他们属于不同的种族。在大陆上，至今我们还只是知道这两种人中的一种，即资产阶级。但是，恰恰是由无产者组成的另一种人显然对英国的未来最为重要。”① 恩格斯在分析英国工人阶级状况的基础上，指出了工人阶级虽然受苦受难，但它却是一个能够担负着解放全人类历史使命的革命的阶级；工人阶级虽然道德堕落，但它在斗争中却是一个能够不断提高觉悟、不断清除历史加给他们的污浊、具有高尚品德的阶级。

英国社会已形成了资产阶级和无产阶级两大阶级的尖锐对立，随着阶级矛盾的激化，无产阶级的斗争形式也不断发展，斗争水平不断提高。恩格斯阐明了无产阶级的阶级斗争是必然的、合理的。他说:“工人必须设法摆脱这种非人的状况，必须争取良好的比较合乎人的身份的地位。如果他们不去和资产阶级本身的利益（它的利益正是在于剥削工人）作斗争，他们就不可能做到这一点。”② 但是，资产阶级却用他们的财产和他们掌握的国家政权所能提供的一切力量来维护自己的利益，因此，双方必然形成对峙。工人除了为改善自己的整个生活状况而进行反抗，再也没有任何其他表现自己的人的尊严的余地，那么，工人在这种反抗中就自然会显现出自己最动人、最高贵、最合乎人性的特点。

恩格斯具体描绘了无产阶级和资产阶级两大阶级斗争的发展过程。他高度评价工人罢工斗争的意义，认为工人的罢工斗争“最确凿地证明了无产阶级和资产阶级之间的决战已经迫近。罢工是工人的军事学校，他们在这里为投入已经不可避免的伟大斗争中做好准备；罢工是各个劳动部门关于自己参加伟大的工人运动的宣言”③。作为“军事学校”，罢

---

① 《马克思恩格斯文集》第 1 卷，人民出版社 2009 年版，第 437—438 页。

② 《马克思恩格斯文集》第 1 卷，人民出版社 2009 年版，第 448 页。

③ 《马克思恩格斯文集》第 1 卷，人民出版社 2009 年版，第 459 页。

工起着无与伦比的作用，英国工人阶级的英勇气概已经在罢工中展现出来。

恩格斯明确指出："在工会的活动和罢工中，这种反抗总是分散的，是个别的工人或个别部门的工人同个别的资产者作斗争。即使斗争普遍化了，这多半也不是由于工人的自觉；当工人自觉地这样做的时候，这种自觉的基础就是宪章运动。"① 宪章运动是反抗资产阶级的强有力的形式，是由分散的、个别的和自发的斗争向联合的、普遍的和自觉的斗争的转化。"在宪章运动旗帜下起来反对资产阶级的是整个工人阶级，他们首先向资产阶级的政权进攻，向资产阶级用来保护自己的这道法律围墙进攻。"② "宪章派过去也没有隐瞒他们要用一切手段来实施他们的宪章，甚至通过革命。"③ "宪章运动本质上具有社会性质。"④ 恩格斯认为，宪章派虽然提出了要推翻资产阶级的政治统治，建立无产阶级政权，实现全社会的普遍幸福，但他们却缺乏实践方面的具体措施。

与此不同，恩格斯认为，英国社会主义创始人欧文，虽然在实质上超越资产阶级和无产阶级的对立，在实践方面有着具体的建议，但在形式上仍然以很宽容的态度对待资产阶级，以很不公平的态度对待无产阶级，等等。因此，在恩格斯看来，"社会主义和宪章运动的融合，法国共产主义以英国方式的再现，将会在最近发生，而且已经部分地发生了。只有实现了这一点，工人阶级才会真正成为英国的统治者；那时，政治和社会的发展也将向前推进，这种发展将有利于这个新生的政党，有利于宪章运动的继续发展"⑤。在这里，恩格斯实际上也说明了工人阶级不是一个目光短浅，只看到眼前一些细小、具体的利益的阶级，而是一个逐步从自发走向自觉、从经济斗争走向政治斗争的眼界宽广、前途远大的阶级。

恩格斯还揭示了无产阶级推翻资本主义制度、争取人类解放的历史使命。在恩格斯看来，工业革命创造了物质和精神的条件，使无产阶级

---

① 《马克思恩格斯文集》第 1 卷，人民出版社 2009 年版，第 463 页。
② 《马克思恩格斯文集》第 1 卷，人民出版社 2009 年版，第 463 页。
③ 《马克思恩格斯文集》第 1 卷，人民出版社 2009 年版，第 468 页。
④ 《马克思恩格斯文集》第 1 卷，人民出版社 2009 年版，第 470 页。
⑤ 《马克思恩格斯文集》第 1 卷，人民出版社 2009 年版，第 473 页。

能够登上历史舞台，从事革命活动。大城市和大工业的发展促进了人口的集中，也促进了工人的发展，从而促进了他们和资产阶级的分离。机器大生产把许多工人聚集在一个厂房里共同劳动，使他们拥挤在城市里，这种特有的劳动和生活的条件也迅速地推动了工人阶级意识的发展。“工厂制度渗入某个劳动部门越深，这个部门的工人参加运动的也就越多；工人和资本家的对立越尖锐，工人中的无产阶级意识也就越发展，越明朗。”① 工人们开始感到自己是一个整体，是一个阶级，他们已经意识到自己分散时是软弱的，但联合在一起就是一种力量；他们也意识到了自己的受压迫的地位，开始在社会上和政治上发生影响和作用。“他们构成了同一切有产阶级相对立的、有自己的利益和原则、有自己的世界观的独立的阶级，在他们身上蕴蓄着民族的力量和推进民族发展的才能。”②

1892 年，离《英国工人阶级状况》出版已经过去几近半个世纪，恩格斯在回顾半个世纪以来国际工人运动的发展，以及他自己在这一过程中思想的变化，深有感触地说:“本书在哲学、经济学和政治方面的总的理论观点，和我现在的观点决不是完全一致的。1844 年还没有现代的国际社会主义，从那时起，首先是并且几乎完全是由于马克思的功绩，社会主义才发展成为科学。我这本书只是体现了它的胚胎发展的一个阶段。正如人的胚胎在其发展的最初阶段还要再现出我们的祖先鱼类的鳃弧一样，在本书中到处都可以发现现代社会主义从它的祖先之一即德国古典哲学起源的痕迹。例如本书，特别是在末尾，很强调这样一个论点：共产主义不是一种单纯的工人阶级的党派性学说，而是一种最终目的在于把连同资本家在内的整个社会从现存关系的狭小范围中解放出来的理论。这在抽象的意义上是正确的，然而在实践中在大多数情况下是无益的，甚至是有害的。只要有产阶级不但自己不感到有任何解放的需要，而且还全力反对工人阶级的自我解放，工人阶级就应当单独地准备和实现社会变革。”③

---

① 《马克思恩格斯文集》第 1 卷，人民出版社 2009 年版，第 475 页。

② 《马克思恩格斯文集》第 1 卷，人民出版社 2009 年版，第 475 页。

③ 《马克思恩格斯文集》第 1 卷，人民出版社 2009 年版，第 370 页。

# 第三章 唯物史观的共同创立

1844 年 8 月，恩格斯从曼彻斯特回德国，特意绕道巴黎与马克思再度会面。马克思 1843 年 3 月离开《莱茵报》后，1843 年 10 月底偕燕妮到了巴黎。这次会面，马克思和恩格斯已经有了共同的思想基础，特别是在《德法年鉴》各自发表的文章中，他们几乎同时实现了由唯心主义向唯物主义、由革命民主主义向共产主义的转变，正在朝着新世界观的创立迈进。

1885 年，恩格斯在回忆起他同马克思这次会面的情形时提到：在新的世界观的形成中，“马克思不仅得出同样的看法，并且在《德法年鉴》（1844 年）里已经把这些看法概括成如下的意思：决不是国家制约和决定市民社会，而是市民社会制约和决定国家，因而应该从经济关系及其发展中来解释政治及其历史，而不是相反。当我 1844 年夏天在巴黎拜访马克思时，我们在一切理论领域中都显出意见完全一致，从此就开始了我们共同的工作”[①]。自这次会面之后，马克思和恩格斯一直协力奋进、砥砺并行，共同担当起创立马克思主义的时代使命和引领国际共产主义运动发展的历史任务。

## 一、《神圣家族》与唯物史观创立的前夜

1842 年马克思和恩格斯在科伦初次会面，没有机会进行更多的思想理论上的交流；但自那之后的两年间，他们在思想理论上发生的变化和获得的新见，却有着惊人的一致性。

在巴黎会面之前，1844 年 3 月，恩格斯在《英国状况 十八世纪》一文中写道：“只要外在化的主要形式即私有制仍然存在，利益就必然是

---

① 《马克思恩格斯文集》第 4 卷，人民出版社 2009 年版，第 232 页。

单个利益，利益的统治必然表现为财产的统治。”[①] 恩格斯试图从异化（外在化）和私有制的视角来解剖 18 世纪封建主义向资本主义转变的社会关系的特征。恩格斯完全不知道的是，此时马克思正在撰写被后人称作的《1844 年经济学哲学手稿》，在这一手稿中，马克思也在思考，“正如我们通过分析从异化的、外化的劳动的概念得出私有财产的概念一样，我们也可以借助这两个因素来阐明国民经济学的一切范畴”[②]，异化（外在化）和私有财产制正成为马克思对资本主义社会批判的基本范畴。独立的思想过程中的这些共识，构筑了马克思和恩格斯共同展开思想革命的平台，成就了他们理论上发展和创新的坚实基础。由此，他们开始共同担当起创立马克思主义的时代使命和引领共产主义运动发展的历史任务。

《德法年鉴》上的以文会友，完全消除了马克思和恩格斯第一次见面时“十分冷淡”的状况。这时，马克思和恩格斯在政治立场和理论观点上形成的诸多共识，特别是在哲学主张上的契合，使他们很快形成共同阐释新思想的基础。《神圣家族》就是他们共同完成的一部哲学著作，也是他们共同奠定的马克思主义的第一块基石。

在这之前两年，1842 年柏林的青年黑格尔派成立所谓“自由人”小组时，马克思就同他们的一些主要成员产生了严重的分歧，马克思着力反对“自由人”小组热衷的唯心主义的哲学思辨和空洞抽象的哲学争论。到 1844 年下半年，随着马克思和恩格斯由唯心主义向唯物主义的转变、由革命民主主义向共产主义的转变，他们同青年黑格尔派之间在理论上和政治上也走到完全对立的地步。《神圣家族》就是针对青年黑格尔派布·鲍威尔兄弟及其追随者的唯心主义哲学体系展开的批判，初步阐释了唯物史观的一些重要思想。

“神圣家族”本来是 15 世纪意大利著名画家曼泰尼雅的一幅画的名称，画中人物是圣母玛利亚怀抱圣婴耶稣，旁边还有其他的圣人、天使、神甫。马克思和恩格斯借用这个名称，讽刺鲍威尔就像耶稣，他的伙伴就像耶稣的门徒，他们一起把自己看作真理的化身，狂妄自大，超

---

① 《马克思恩格斯全集》第 3 卷，人民出版社 2002 年版，第 533 页。

② 《马克思恩格斯文集》第 1 卷，人民出版社 2009 年版，第 167 页。

乎群众之上。马克思和恩格斯这时虽然还受到费尔巴哈人本主义的影响，但在《神圣家族》中，他们的理论阐释还是闪射出新世界观的思想光芒，表明他们正处于唯物史观形成的前夜。

恩格斯在巴黎同马克思会面后，并没有马上离开，在 1844 年 8 月底至 9 月初，同马克思一起拟定了《神圣家族》的写作大纲，合作撰写了全书的“序言”。他们在“序言”中提出:“我们先发表这部论战性的著作，然后再写几部独立的著作，在那些著作里，我们——当然是各自单独地——将正面阐述自己的观点，从而也正面阐述自己对现代哲学学说和社会学说的态度。”[①] 马克思和恩格斯已经决定以《神圣家族》的理论批判为基础，进一步“正面阐述”他们关于“现代哲学学说和社会学说”的系列著作。《神圣家族》分作九章。恩格斯在离开巴黎之前，完成了他所承担的第一章至第三章，以及第四章第一节和第二节、第六章第二节和第七章第二节的部分内容。

《神圣家族》作为唯物史观创立过程的重要著作，在对青年黑格尔派唯心主义哲学的批判中，对唯物史观的基本观点已经作出初步阐释。

首先，马克思和恩格斯批判了青年黑格尔派把现实问题归结为观念问题的主观唯心主义，揭露了一切思辨哲学的认识论根源，唯物辩证地解决了思维与存在的关系问题。以鲍威尔为代表的青年黑格尔派的哲学，被标榜为“自我意识”哲学、“批判哲学”。因为他们把黑格尔唯心主义哲学体系中，作为绝对精神表现的“自我意识”提升为唯一的实体，代替了作为唯一实体的黑格尔的绝对精神，从而把黑格尔的客观唯心主义变为主观唯心主义；他们认为批判是“自我意识”的本质，“自我意识”是通过批判活动而创造世界，因而称自己的哲学是“批判哲学”；他们把一切现实问题如工人受资本奴役和剥削变成观念问题，认为只要通过批判消除了人们头脑中的资本观念和剥削概念，也就消灭了资本和剥削。对此，马克思和恩格斯指出:“这种‘精神’既然把现实只看做一些范畴，它自然也就把人的一切活动和实践统统归结为批判的批判的辩证思维过程。批判的批判所主张的社会主义同群众的社会主义和

---

① 《马克思恩格斯文集》第 1 卷，人民出版社 2009 年版，第 254 页。

共产主义的区别也就在这里。”[①] 在马克思和恩格斯看来，“批判哲学”对曼彻斯特和里昂的工人来说，只是一种欺骗。工人们深深懂得，仅仅在思想中站起来，而现实的、感性的、用任何观念都不能解脱的那种枷锁，依然套在现实的、感性的头上，那根本是站不起来的。因为“在任何情况下，思想所能超出的只是旧世界秩序的思想范围。思想本身根本不能实现什么东西。思想要得到实现，就要有使用实践力量的人”[②]。

恩格斯在由他执笔的《神圣家族》第四章第一节中指出，在青年黑格尔派唯心主义哲学看来，“只有它自己的思想创造以及和任何现实都相矛盾的普遍性才是‘某种东西’，甚至就是‘一切’”[③]。马克思和恩格斯指出，思辨唯心主义的秘密就在于，通过诡辩，把事物的概念当作独立存在的实体，也就是把本来是从个别事物中抽象出来的一般当作独立存在的本质，并把它作为感性存在物的来源和基础。唯心主义的认识论根源，就在于割裂一般与个别的关系，就在于把一般看作脱离个别的独立存在的本质。

其次，马克思和恩格斯批判了青年黑格尔派的唯心主义历史观，提出了物质生产是社会历史的基础和决定力量的观点。青年黑格尔派把历史归结为自我意识的历史，认为自我意识对于现实事物的批判构成历史发展的决定力量。马克思和恩格斯认为，这类“批判”，实际上“把历史同自然科学和工业分开，认为历史的诞生地不是地上的粗糙的物质生产，而是在天上的迷蒙的云兴雾聚之处”[④]；他们质问道:“它不把比如说某一历史时期的工业，即生活本身的直接的生产方式认识清楚，它就能真正地认清这个历史时期吗?”[⑤] 早在《黑格尔法哲学批判》中，马克思就提出，要理解人类历史发展，不能到被黑格尔描绘的人类社会大厦之顶的政治国家中去寻求，而必须到被黑格尔所蔑视的市民社会中去寻求。在《1844 年经济学哲学手稿》中，马克思进一步看到了整个所

① 《马克思恩格斯文集》第 1 卷，人民出版社 2009 年版，第 274 页。
② 《马克思恩格斯文集》第 1 卷，人民出版社 2009 年版，第 320 页。
③ 《马克思恩格斯全集》第 2 卷，人民出版社 1957 年版，第 21 页。
④ 《马克思恩格斯文集》第 1 卷，人民出版社 2009 年版，第 350—351 页。
⑤ 《马克思恩格斯文集》第 1 卷，人民出版社 2009 年版，第 350 页。

谓世界历史不外是人通过人的劳动而诞生的过程，但这里的劳动还是与现实的异化劳动相对立的自由自觉的劳动。在《神圣家族》中，马克思和恩格斯第一次明确指出，历史的发源地在粗糙的物质生产中，揭示了生产方式对于认识一个历史时期的重大作用，明确地把生产方式确定为理解各个历史时期的钥匙。

恩格斯在由他执笔的《神圣家族》前三章，对青年黑格尔派“在时间和历史中胡言乱语”的观点作了批判，揭露了青年黑格尔派在“英国工业史”理解上的谬误。恩格斯指出:“在真正的历史中，棉纺织业的发展主要是从哈格里沃斯的珍妮纺纱机和阿克莱的纺纱机（水力纺纱机）运用到生产上以后才开始的，而克伦普顿的骡机只不过是运用了阿克莱发明的新原理来改进珍妮纺纱机而成的。”[①] 在现实的经济过程中，“随着水力纺纱机和骡机的发明，立即有了在这些机器上运用水力的可能”，而“蒸汽机的发明早于上述的一切发明”[②]。恩格斯从工业实践上的阐释，深化了物质生产在社会历史发展中的基础作用的理论。

再次，马克思和恩格斯批判了青年黑格尔派的英雄史观，提出了人民群众在历史中的决定作用和随着历史的发展这一作用将不断扩大的原理。青年黑格尔派唯心史观的核心是把精神（批判）和群众对立起来，把历史看作精神和群众（人类）对立的历史，把自己看作批判的化身，而群众则被看作精神实现自己目的的工具，因此，他们的历史观必然是英雄史观。针对青年黑格尔派的“历史上的一切伟大的活动之所以一开始就是不合时宜的和没有取得富有影响的成效，正是因为群众对这些活动表示关注和怀有热情”[③] 的观点，马克思和恩格斯指出:“历史活动是群众的活动，随着历史活动的深入，必将是群众队伍的扩大。”[④] 在这里，马克思和恩格斯已经克服了唯心史观的根本缺陷。

《神圣家族》的出版并没有改变布鲁诺·鲍威尔的唯心主义的立场和观点，相反他还作出诡辩，责怪马克思和恩格斯“不理解”青年黑格尔派观点。马克思和恩格斯匿名在 1846 年初的《社会明镜》杂志上作

---

① 《马克思恩格斯全集》第 2 卷，人民出版社 1957 年版，第 13—14 页。
② 《马克思恩格斯全集》第 2 卷，人民出版社 1957 年版，第 14 页。
③ 《马克思恩格斯文集》第 1 卷，人民出版社 2009 年版，第 286 页。
④ 《马克思恩格斯文集》第 1 卷，人民出版社 2009 年版，第 287 页。

了回答，指出:“布鲁诺·鲍威尔乞灵于玩得最拙劣的把戏和最可怜的魔术，却最终证实了恩格斯和马克思在《神圣家族》中给他作的死刑判决。”[①] 马克思和恩格斯由此结束了对青年黑格尔派的批判。

马克思和恩格斯对唯物史观探索中的共识，也使他们在政治经济学理论上走到了一起，其显著标志就是，他们都从劳动价值论的异议者，开始走向劳动价值论的赞成者。

科学的劳动价值论是由马克思在19世纪50年代末在批判地继承古典政治经济学相关理论基础上形成的。从17世纪中叶到19世纪初，劳动价值论成为资产阶级，特别是产业资本家阶级发展社会生产力，反对封建贵族阶级的理论武器。如恩格斯在1884年所概括的:“劳动决定商品价值，劳动产品按照这个价值尺度在权利平等的商品占有者之间自由交换，这些——正如马克思已经证明的——就是现代资产阶级全部政治的、法律的和哲学的意识形态建立于其上的现实基础。”[②] 适应这一需要，一大批杰出的资产阶级经济学家在劳动价值论的研究中取得了瞩目的成就。特别是在大卫·李嘉图那里，劳动价值论已被发展到资产阶级限界内可能达到的最高成就。由于阶级局限性及历史观和方法论上的缺陷，李嘉图的劳动价值论存在着严重的失误。

马克思和恩格斯在开始政治经济学研究时，没有能够区分资产阶级政治经济学的科学成就与庸俗因素，对欧洲既存的政治经济学理论，包括劳动价值理论都持有异议。恩格斯在《国民经济学批判大纲》中提出:“抽象价值以及抽象价值是由生产费用来决定的说法，恰恰都只是一些抽象的非实在的东西。”[③] 在恩格斯看来，竞争是私有制的必然产物，它到处存在并决定一切。在竞争的统治下，抽象价值是不存在的，只存在着交换价值或市场价格，并且由于竞争的作用，在交换过程中形成的价格与生产费用决定的价值是不相一致的。因此，在竞争统治下是不存在价值的。这就是恩格斯对李嘉图的劳动价值论的质疑所在:“在不把竞争考虑在内的情况下，他又怎样确定生产费用呢？我们研究一下生产费

---

① 《马克思恩格斯全集》第42卷，人民出版社1979年版，第367页。

② 《马克思恩格斯文集》第4卷，人民出版社2009年版，第205页。

③ 《马克思恩格斯文集》第1卷，人民出版社2009年版，第64页。

用，就可以看出，这个范畴也是建立在竞争的基础上的。”[①] 可见，恩格斯通过分析竞争的作用和竞争所造成的价格与价值的不一致，对李嘉图劳动价值论存有异议。马克思接受的是恩格斯《国民经济学批判大纲》中提出的观点，他当时关注的是资本主义竞争前提下价格的波动问题，也没有从价格这一现象形态中离析出价值这一本质规定性。在方法上，马克思和恩格斯都不赞成李嘉图对劳动创造价值的研究中运用的抽象方法，特别不赞成对劳动创造价值的研究建立在抽象了竞争这一基本假定的基础上。

在《神圣家族》中，马克思和恩格斯对劳动价值论的态度开始转变，处在由劳动价值论异议者向拥护者的过渡之中。在关于商品价值及其决定问题上，他们提出:“生产某个物品所必须花费的劳动时间，属于这个物品的生产费用，某个物品的生产费用也就是它值多少钱，因此撇开竞争的影响不谈，就是它能卖多少钱……”[②] 这一提法说明，他们已经觉察到，对价值决定的考察是可以撇开竞争的影响的，这已经比《巴黎笔记》中的观点前进了一大步。他们还明确提出:“在直接的物质生产领域，确定某物品是否应当生产，即确定这种物品的价值，这主要取决于生产该物品所需要的劳动时间。”[③] 马克思和恩格斯开始理解价值在竞争中的现象形态和在生产过程中的本质规定之间的区别，在方法论上初步理顺了价格现象和价值本质的关系。在《神圣家族》中，马克思和恩格斯对劳动价值论的这些看似矛盾的阐释，同他们还没有完全搞清楚价值、交换价值和价格的关系有关，也同他们没有完全弄懂价值规律的作用及作用形式有关，更同他们虽接近唯物史观但还没有完成唯物史观的创立有关。

## 二、《关于费尔巴哈的提纲》手稿的记忆

1845 年春，马克思撰写了《关于费尔巴哈的提纲》（以下简称《提

---

① 《马克思恩格斯文集》第 1 卷，人民出版社 2009 年版，第 64 页。
② 《马克思恩格斯文集》第 1 卷，人民出版社 2009 年版，第 269 页。
③ 《马克思恩格斯文集》第 1 卷，人民出版社 2009 年版，第 270 页。

纲》）手稿，提出了科学的实践观，奠定了历史唯物主义的重要理论基础。《提纲》是马克思去世后不久由恩格斯在马克思的一个记事本中发现的，1888年第一次发表在恩格斯《路德维希·费尔巴哈和德国古典哲学的终结》一书的附录中。恩格斯提出:“我在马克思的一本旧笔记中找到了十一条关于费尔巴哈的提纲，现在作为本书附录刊印出来。这是匆匆写成的供以后研究用的笔记，根本没有打算付印。但是它作为包含着新世界观的天才萌芽的第一个文献，是非常宝贵的。”[①]

这里提到的“旧笔记本”是指马克思写于1844年至1847年的一个笔记本，马克思在这一手稿上写了“1. 关于费尔巴哈”，似乎是计划撰写的著作的开头部分。恩格斯在把《提纲》手稿作为《路德维希·费尔巴哈和德国古典哲学的终结》的附录发表时，加了“马克思论费尔巴哈”的标题，并对个别地方作了文字上的修改。《提纲》尽管只是马克思为自己开展进一步研究写的草稿，但它还是确立了唯物史观的立足点及基本原则，奠定了马克思主义世界观的基石。从1845年至1888年，马克思和恩格斯共同创立的唯物史观，已经经历了40多年的实践检验，理论渐臻完善。恩格斯发现了马克思的这一手稿并很快公之于世，正是为了还原这一思想历史的真实过程。

《提纲》的主要内容和理论创新主要在于其确立了科学的实践观，为唯物史观的创立提供崭新的理论基础。

第一，明确了实践的科学含义，把实践看作马克思主义哲学区别于以往旧哲学的根本特征。马克思指出：实践是人的“能动的”“感性活动”。这种能动的感性活动是费尔巴哈和黑格尔看不到的。黑格尔虽然正确地提出实践高于理论，因为它不仅具有普遍性品格，而且具有现实性品格，并把人的劳动看作人类历史的动力，但他把劳动归结为抽象的精神劳动。费尔巴哈也谈到生活、实践，但他更重视的是理论活动，对于实践则归结为利己主义的行为或日常生活行为。只有马克思才在哲学史上第一次科学规定了实践的内涵，这就是改造世界的能动的感性活动，体现了客观性与主体性、物质性与能动性的统一。

是否从人改造世界的实践出发来理解人和世界及其关系，是马克思

---

① 《马克思恩格斯文集》第4卷，人民出版社2009年版，第266页。

主义哲学区别于一切旧唯物主义的根本特征。包括费尔巴哈在内的一切旧唯物主义的主要缺陷，就是脱离人的感性的实践活动来理解客观事物，仅仅把客观事物看作人感性直观的对象，而看不到它首先是人的实践所能动地改造的对象，看不到人的能动的实践对世界的影响，因而是一种直观的唯物主义。唯心主义虽然正确地看到了人的能动性对客观世界的影响，但由于把实践归结为精神活动，因而也看不到真正的、感性的实践活动。只有马克思主义哲学才从人的能动的、感性的实践活动出发来理解世界，既承认客观世界的物质性，又看到人的实践对客观世界的巨大影响，也就是说认识到人周围的自然不是原始自然，而是人化自然，打上了人的意志的烙印。为了与直观的唯物主义相区别，马克思在《德意志意识形态》中称自己的新唯物主义为“实践的”唯物主义。科学实践观的确立，是马克思主义哲学立足点的根本转变，也是马克思主义哲学特别是历史唯物主义形成的一个重要标志。

第二，提出实践是检验真理的客观标准。以什么来验证一种认识、思想是否与其对象相符合、相一致，这是认识论上的一个核心问题。在马克思看来，人的思维是否具有客观的真理性，这不是一个理论问题，而是一个实践的问题，“人应该在实践中证明自己思维的真理性”[①]。

第三，把实践看作理解人的本质的关键。费尔巴哈哲学的对象是人和作为人的基础的自然。但他的人不是现实存在的、社会性的人，而是抽象的、生物性的人。而所谓人的本质，就是每个人的自然的共同性。费尔巴哈关于人的本质的错误就在于，离开人的改造世界的实践，离开人的社会关系，把人的本质归结为人的类本质。这必然把人的本质看作具有自然性、抽象性和永恒性。但是，“人的本质不是单个人所固有的抽象物，在其现实性上，它是一切社会关系的总和”[②]。

第四，从实践出发理解人类社会的本质，提出“全部社会生活在本质上是实践的”论断。就是说，人类社会是由人组成的，社会历史是由人创造的，人正是通过实践创造历史。实践是社会存在区别于自然存在的本质。实践是主体性与客观性、物质性与能动性的统一，这决定了只

---

① 《马克思恩格斯文集》第1卷，人民出版社2009年版，第500页。

② 《马克思恩格斯文集》第1卷，人民出版社2009年版，第501页。

有从实践出发，才能把社会看作主体性与客观性的统一，才能理解人类社会的发展既是一个自然历史过程，又是人的有目的、有意识地自觉创造的过程。

第五，阐明了马克思主义哲学的阶级性和实践性的根本特点。马克思指出，旧唯物主义的落脚点是市民社会或市民社会阶级，也就是资本主义社会或资产阶级；新唯物主义的落脚点是人类社会或社会的人类，也就是共产主义社会或无产阶级。这就是新哲学的阶级性。

马克思主义哲学并不是纯粹的学术研究，也不是个人的道德修养的指南，它的最终目的是指导无产阶级改造世界的革命实践。这是新哲学同旧哲学的又一个根本区别。用马克思的话说，“哲学家们只是用不同的方式解释世界，问题在于改变世界”[①]。

应该看到，在马克思写作《提纲》同时，恩格斯也从英国工业革命实践的视域，对实践的内涵和本质等问题，得出了与马克思同样的观点。《提纲》的思想真谛和理论精髓，使之成为马克思主义最为重要的经典文献之一；《提纲》首先由恩格斯公之于世，也最有力地说明，在唯物史观创立和发展的全部过程中，马克思和恩格斯在对这一理论的核心要义的理解上是完全一致的。

## 三、《德意志意识形态》手稿与唯物史观的创立

《德意志意识形态》手稿是马克思和恩格斯共同科学研究的结果。1859 年，马克思在《〈政治经济学批判〉序言》中写道:“自从弗里德里希·恩格斯批判经济学范畴的天才大纲（在《德法年鉴》上）发表以后，我同他不断通信交换意见，他从另一条道路（参看他的《英国工人阶级状况》）得出同我一样的结果。当 1845 年春他也住在布鲁塞尔时，我们决定共同阐明我们的见解与德国哲学的意识形态的见解的对立，实际上是把我们从前的哲学信仰清算一下。这个心愿是以批判黑格尔以后的哲学的形式来实现的。两厚册八开本的原稿早已送到威斯特伐利亚的出版所，后来我们才接到通知说，由于情况改变，不能付印。既然我们

① 《马克思恩格斯文集》第 1 卷，人民出版社 2009 年版，第 502 页。

已经达到了我们的主要目的——自己弄清问题，我们就情愿让原稿留给老鼠的牙齿去批判了。”[①] 1885 年，恩格斯在回忆起他同马克思共同创立唯物史观的过程时也写道：“1845 年春天当我们在布鲁塞尔再次会见时，马克思已经从上述基本原理出发大致完成了阐发他的唯物主义历史理论的工作，于是我们就着手在各个极为不同的方面详细制定这种新形成的世界观了。”[②]

《德意志意识形态》手稿主要通过对黑格尔哲学解体以后德国唯心主义哲学思潮的批判，其中包括对施蒂纳的极端利己主义和无政府主义的批判，对德国“真正的社会主义”的批判，也包括对费尔巴哈人本主义的批判，从基本原理上对唯物主义的历史理论，亦即唯物史观作出全面阐释。

施蒂纳是当时德国青年黑格尔派的重要成员，因 1844 年出版的政治著作《唯一者及其所有物》而名噪一时，成为极端利己主义和无政府主义的创始人之一。施蒂纳认为，“人”是利己主义者，上帝和人类都是利己主义者。既然被人所崇拜的神和为个人所服务的人类都是利己主义者，“我”就不再为这些利己主义者服务，自己要成为利己主义者。“我”就是我的一切，这个“我”就是唯一者，整个世界不过是“我”的产物；“我”是世界的核心，是世界历史的动力，其实就是世界历史本身；“我”不受任何约束，“我”既是事物的主宰，又是万物的尺度，衡量周围万物的唯一标准是是否对“我”有用。施蒂纳提出：“在我看来，你只不过是一种食品，正如你把我当作食品并加以利用一样。我们彼此之间，只有一种关系，即相互有利、相互有用、相互有益的关系。”[③] 他认为，我对社会只有权利而没有义务，义务是对自由的束缚；要获得自由，“只有一个方法：那就是不承认任何义务，也就是说，不要束缚自己也不要让自己受到束缚”[④]。

针对施蒂纳的资产阶级狭隘的功利主义观点，马克思和恩格斯指出：“在这种情况下，功利关系具有十分明确的意义，即我是通过我使别

---

① 《马克思恩格斯文集》第 2 卷，人民出版社 2009 年版，第 592—593 页。

② 《马克思恩格斯文集》第 4 卷，人民出版社 2009 年版，第 232 页。

③ 转引自《马克思恩格斯全集》第 3 卷，人民出版社 1960 年版，第 478 页。

④ 转引自《马克思恩格斯全集》第 3 卷，人民出版社 1960 年版，第 384 页。

人受到损失的办法来为我自己取得利益（ex-ploitation de l'homme par l'homme〔人剥削人〕）。”[①] 施蒂纳信奉的是赤裸裸的资产阶级极端利己主义原则。极端利己主义必然导致政治无政府主义。施蒂纳的“唯一者”不受任何约束，反对任何权威，不管是国家、社会、人民、民族、祖国、人类以及世界本身，也不管什么真理、伦理、法律、权利正义，只要妨碍“我”的自由意志，统统都得打倒和消灭。他号召利己主义者起来暴动，建立无政府主义的绝对自由的理想制度，即所谓“利己主义联盟”。马克思和恩格斯指出，施蒂纳“之所以力图摆脱现存的东西，只是因为它是他的障碍，相反，在其他方面，他却力图尽快地把它攫为己有”[②]。这就是说，施蒂纳不是真的不要政府，而是不要别人的政府，是要建立自己的政府。

“真正的社会主义”是 19 世纪 40 年代产生于德国的小资产阶级社会主义思潮，代表人物有赫斯、格律恩、克利盖等。他们自称是共产主义者，并把自己的学说标榜为“真正的社会主义”或“德国的社会主义”。“真正的社会主义”既批判资产阶级的利己主义，又不满当时追求物质利益平等的 19 世纪英国和法国的所谓“粗陋的共产主义”，而主张把费尔巴哈的人本主义同某些空想社会主义观点结合起来，宣传一种符合人的本质的解放全人类的社会主义。“真正的社会主义”拒绝无产阶级争取民主的政治斗争，更反对 1844 年德国西里西亚纺织工人起义那样的暴力革命，而是主张以费尔巴哈人本主义为哲学基础，依靠有教养的人物和知识分子建立一种爱的宗教，用和平手段把资本主义社会改造成为符合人的本质的社会主义社会。马克思恩格斯认为，“真正的社会主义”是“伪科学”，其全部内容集中到一点，就是用资产阶级的人道主义和人类之爱代替共产主义。1846 年，恩格斯为了与“真正的社会主义”和各种冒牌社会主义相区别，为共产主义确立了三条基本原则：“（1）实现同资产者利益相反的无产者的利益；（2）用消灭私有制而代之以财产公有的手段来实现这一点；（3）除了进行暴力的民主的革命以

① 《马克思恩格斯全集》第 3 卷，人民出版社 1960 年版，第 479 页。
② 《马克思恩格斯全集》第 3 卷，人民出版社 1960 年版，第 444 页。

外，不承认有实现这些目的的其他手段。”①

在《德意志意识形态》手稿中，马克思和恩格斯也对费尔巴哈的抽象人的学说作了批判，揭露了人本主义历史观的唯心主义实质。在人的本质问题上，费尔巴哈的基本观点是：人是自然界的产物和一部分，因而人的本质是由人的活动的对象的性质决定的；人的本质是“类”，是不分时代、不分种族、不分民族、不分阶级的每一个“人类个体”都具有的共同特征，这个类本质就是爱和友情。在费尔巴哈看来，宗教根源于人类把自己的本质异化给上帝，只要改变人们的思想意识就能消灭宗教；社会历史是人占有自己本质到与自己本质相异化再到重新占有本质的过程。由于把人看作孤立的生物学意义上的人，把人的本质归结为亘古不变的精神性的爱和友情，把历史看作孤立的人的类本质与人相异化及其复归的过程，把历史发展的动力归结为宗教意识的变迁等等，使得这种人本主义历史观必然落入唯心主义历史观窠臼。

马克思和恩格斯指出，作为费尔巴哈人本主义前提的“人类个体”是不存在的，因为人是社会的人；人的本质不是由活动的对象决定的，而是取决于他的物质生活条件；人的本质不在于单个人所固有的抽象物，而在于人所具有的社会关系的总和；人与人之间最本质的关系不是爱和友情，而是生产过程中形成的生产关系；宗教不是根源于人的个体与类、存在与本质的矛盾，而是根源于社会本身的矛盾，因而消灭宗教不能依赖于通过教育改变人们的宗教意识，而是通过社会革命改变现存的不合理世界；社会历史发展并不是人的本质发展的历史，而是物质生产发展的过程。

费尔巴哈在自然观上的唯物主义，一旦进入社会历史领域，就陷入唯心主义，其原因除了阶级的偏见和社会历史的复杂性外，还有认识论和方法论的根源，这就是其唯物主义的直观性。在《关于费尔巴哈的提纲》中，马克思揭示了费尔巴哈唯物主义的直观性特征，认为费尔巴哈对现实、事物、感性只是从客体的或直观的方面去理解，而不是从主体或实践方面去理解。在《德意志意识形态》中，马克思和恩格斯进一步把费尔巴哈哲学的直观性特征概括为：“费尔巴哈对感性世界的‘理解’

① 《马克思恩格斯文集》第 10 卷，人民出版社 2009 年版，第 40 页。

一方面仅仅局限于对这一世界的单纯的直观，另一方面仅仅局限于单纯的感觉。费尔巴哈设定的是‘人’，而不是‘现实的历史的人’。”[①] 这就是说，费尔巴哈脱离人的实践看事物，把事物仅看作人直观的对象，而不首先看作实践改造的对象，因而对于人与自然的关系只被看作一种原始的直观的和消极的关系，根本看不到这种关系是被科学技术和生产力的发展所中介的历史的关系，即“他没有看到，他周围的感性世界决不是某种开天辟地以来就直接存在的、始终如一的东西，而是工业和社会状况的产物，是历史的产物，是世世代代活动的结果，其中每一代都立足于前一代所奠定的基础上，继续发展前一代的工业和交往，并随着需要的改变而改变他们的社会制度”[②]。费尔巴哈脱离实践来看待认识主体，其结果必然把人看作生物学意义上的人，而不是实践着的现实的历史的人，不是处于一定的社会关系中的人。马克思和恩格斯认为：“当费尔巴哈是一个唯物主义者的时候，历史在他的视野之外；当他去探讨历史的时候，他不是一个唯物主义者。在他那里，唯物主义和历史是彼此完全脱离的。”[③]

马克思和恩格斯还对费尔巴哈对“共产主义”的理解作了批判，揭露了人本主义哲学的资产阶级性质。费尔巴哈把共产主义归结为人道主义，认为共产主义是每个人占有自己的社会本质的社会，是人人皆兄弟姐妹的充满爱的社会，而共产主义者就是占有了人的类本质的社会的人。费尔巴哈认为，自己是一个社会的人（占有类本质的人），因而自己是共产主义者。马克思和恩格斯指出，费尔巴哈在人与人的社会关系问题上的全部推论无非要证明，人与人是相互需要的，并且过去一直是相互需要的，而最重要的相互需要是爱和友情。费尔巴哈没有把社会的人理解为处于一定社会关系和历史联系中的人，他只是限于对现存事物的作为的“正确”认识和理解。然而，一个真正的共产主义者的任务，却在于推翻这种“现存的事物”，如马克思和恩格斯所指出的：“对实践的唯物主义者即共产主义者来说，全部问题都在于使现存世界革命化，

① 《马克思恩格斯文集》第1卷，人民出版社2009年版，第527—528页。
② 《马克思恩格斯文集》第1卷，人民出版社2009年版，第528页。
③ 《马克思恩格斯文集》第1卷，人民出版社2009年版，第530页。

实际地反对并改变现存的事物。”[①]

在理论的批判中，马克思和恩格斯提出了批判的理论，即对唯物史观的全面阐释。马克思和恩格斯首先确定的是，历史唯物主义的前提就是“现实的个人，是他们的活动和他们的物质生活条件，包括他们已有的和由他们自己的活动创造出来的物质生活条件”[②]。作为唯物史观的前提，其要义在于：其一，人类社会是由无数个个人及其活动构成，社会离不开人，“全部人类历史的第一个前提无疑是有生命的个人的存在”[③]。这里的人，“不是处在某种虚幻的离群索居和固定不变状态中的人，而是处在现实的、可以通过经验观察到的、在一定条件下进行的发展过程中的人”[④]。其二，现实的人是从事活动的，进行物质生产的，因而是在一定的物质的、不受他们任意支配的界限、前提和条件下能动地表现自己的。其三，现实的人不能离开物质生活条件，包括现存的和由他们自己创造的物质生活条件。因此，认为唯物史观的出发点是现实的人，与认为唯物史观的出发点是物质生产或劳动本质上是一致的。

在确立唯物史观的前提的基础上，马克思和恩格斯提出了人类历史活动的四个因素或四个前提的问题。

人类历史活动的第一个因素就是生产满足物质生活需要的资料，即生产物质生活本身，这也是人类生存的第一个前提、一切历史的第一个前提。马克思和恩格斯认为：“人们为了能够‘创造历史’，必须能够生活。但是为了生活，首先就需要吃喝住穿以及其他一些东西。”[⑤] 因此，人类“第一个历史活动就是生产满足这些需要的资料，即生产物质生活本身”，而且“任何历史观的第一件事情就是必须注意上述基本事实的全部意义和全部范围，并给予应有的重视”[⑥]。

第二个因素就是为满足新需要的再生产。马克思和恩格斯认为：“已经得到满足的第一个需要本身、满足需要的活动和已经获得的为满足需

---

① 《马克思恩格斯文集》第1卷，人民出版社2009年版，第527页。
② 《马克思恩格斯文集》第1卷，人民出版社2009年版，第519页。
③ 《马克思恩格斯文集》第1卷，人民出版社2009年版，第519页。
④ 《马克思恩格斯文集》第1卷，人民出版社2009年版，第525页。
⑤ 《马克思恩格斯文集》第1卷，人民出版社2009年版，第531页。
⑥ 《马克思恩格斯文集》第1卷，人民出版社2009年版，第531页。

要而用的工具又引起新的需要。”①

第三个因素就是人口生产，即人口增殖。马克思和恩格斯指出：“一开始就进入历史发展过程的第三种关系是：每日都在重新生产自己生命的人们开始生产另外一些人，即繁殖。”② 这里所提出的人的生产及其与物质资料生产的关系问题，恩格斯晚年在《家庭、私有制和国家的起源》一书中作了系统阐述。

第四个因素就是人们的社会关系的生产。生产一开始“就立即表现为双重关系：一方面是自然关系，另一方面是社会关系”③。这就是说，人们在从事物质资料生产过程中，也同时生产着他们的社会关系，包括物质关系、政治关系和思想关系，其中经济关系、生产关系是主要的方面。

在考察了人类历史活动的这四个基本因素或方面后，马克思和恩格斯对“意识”问题作了阐述。他们认为，意识并不是独立存在的、“纯粹的”，它一开始就受到物质的“纠缠”，它不仅要通过物质性的语言来表达，而且本身不过是人们的现实生活、物质交往的反映。“意识［das Bewuβsein］在任何时候都只能是被意识到了的存在［das bewuβeSein］，而人们的存在就是他们的现实生活过程。”④ “因此，道德、宗教、形而上学和其他意识形态，以及与它们相适应的意识形式便不再保留独立性的外观了。它们没有历史，没有发展，而发展着自己的物质生产和物质交往的人们，在改变自己的这个现实的同时也改变着自己的思维和思维的产物。不是意识决定生活，而是生活决定意识。”⑤

在《德意志意识形态》手稿中，马克思和恩格斯第一次科学表述了物质生产内部的生产力和生产关系的矛盾运动原理。他们指出，人类的物质资料生产表现为双重关系：一方面，生产是改造自然的活动，表现为人与自然的关系，表现为一定的生产力；另一方面，人们在生产中必须结成一定的社会关系，这就是交往关系（生产关系）。可见，马克思

① 《马克思恩格斯文集》第 1 卷，人民出版社 2009 年版，第 531 页。
② 《马克思恩格斯文集》第 1 卷，人民出版社 2009 年版，第 532 页。
③ 《马克思恩格斯文集》第 1 卷，人民出版社 2009 年版，第 532 页。
④ 《马克思恩格斯文集》第 1 卷，人民出版社 2009 年版，第 525 页。
⑤ 《马克思恩格斯文集》第 1 卷，人民出版社 2009 年版，第 525 页。

和恩格斯把生产力与交往关系（生产关系）看作物质资料生产的不可分割的两个方面。他们明确指出，生产力决定交往形式，交往形式必须与生产力相适应；而“私有财产是生产力发展一定阶段上必然的交往形式，这种交往形式在私有财产成为新出现的生产力的桎梏以前是不会消灭的，并且是直接的物质生活的生产所必不可少的条件”[①]。

马克思和恩格斯还辩证地分析了生产力与生产关系之间的矛盾运动过程，特别探讨了交往形式（生产关系）从与生产力发展相适应的形式到成为生产力发展桎梏的过程，认为“这些条件在整个历史发展过程中构成各种交往形式的相互联系的序列，各种交往形式的联系就在于：已成为桎梏的旧交往形式被适应于比较发达的生产力，因而也适应于进步的个人自主活动方式的新交往形式所代替；新的交往形式又会成为桎梏，然后又为另一种交往形式所代替。由于这些条件在历史发展的每一阶段都是与同一时期的生产力的发展相适应的，所以它们的历史同时也是发展着的、由每一个新的一代承受下来的生产力的历史，从而也是个人本身力量发展的历史”[②]。

马克思和恩格斯不仅揭示了作为社会的物质基础的生产方式的运动规律，而且进一步阐述了生产关系是社会的政治的上层建筑和意识形态的经济基础。马克思在《黑格尔法哲学批判》中就明确地把市民社会定义为社会的经济生活和经济关系及其社会组织，把市民社会看作社会的经济基础。在《德意志意识形态》手稿中，马克思和恩格斯认为，“市民社会包括各个人在生产力发展的一定阶段上的一切物质交往”；提出市民社会“这一名称始终标志着直接从生产和交往中发展起来的社会组织，这种社会组织在一切时代都构成国家的基础以及任何其他的观念的上层建筑的基础”[③]。在对国家的阶级性质问题的分析中，马克思和恩格斯认为，国家并不是超阶级的国家，它本质上就是“统治阶级的各个人借以实现其共同利益的形式”；虽然由于国家和市民社会的分裂，国家获得了在市民社会之外的独立存在的外观，但“实际上国家不外是资

---

① 《马克思恩格斯全集》第 3 卷，人民出版社 1960 年版，第 410—411 页。

② 《马克思恩格斯文集》第 1 卷，人民出版社 2009 年版，第 575—576 页。

③ 《马克思恩格斯文集》第 1 卷，人民出版社 2009 年版，第 582—583 页。

产者为了在国内外相互保障各自的财产和利益所必然要采取的一种组织形式”[①]。

马克思和恩格斯还对社会的意识形态性质作了探讨。他们指出，由于经济基础决定意识形态，经济上占统治地位的阶级的思想也必然在思想意识领域占统治地位，成为主导的意识形态。他们的名言是:“统治阶级的思想在每一时代都是占统治地位的思想。”[②] 这就是说，一个阶级是社会上占统治地位的物质力量，同时也是社会上占统治地位的精神力量。支配着物质生产资料的阶级，同时也支配着精神生产资料，占统治地位的思想不过是占统治地位的物质关系在观念上的表现，不过是以思想的形式表现出来的占统治地位的物质关系。

马克思和恩格斯根据所有制性质的不同，提出了历史唯物主义关于社会形态的思想。他们提出:“分工的各个不同发展阶段，同时也就是所有制的各种不同形式。这就是说，分工的每一阶段还决定个人在劳动资料、劳动工具和劳动产品方面的相互关系。”[③] 第一种所有制是部落所有制，第二种所有制是古典古代的公社所有制和国家所有制，第三种所有制是封建的或等级的所有制，第四种所有制是资本家所有制，最后是共产主义公有制。这就是最早提出来的以所有制的性质为根据的社会划分思想。

马克思和恩格斯研究人类社会发展的一般规律，归根到底是为了论证共产主义的历史必然性。在《德意志意识形态》中，马克思和恩格斯从经济事实出发，运用历史唯物主义的理论和方法，对共产主义的必然性及其基本特征作出初步论证。

首先，共产主义是生产力和交往形式矛盾发展的必然结果。“一切历史冲突都根源于生产力和交往形式之间的矛盾。”[④] 不过，在世界历史时代，由于各个国家相互影响，某一国的历史冲突不一定要等到这种矛盾发展到极端尖锐的程度才发生。工业较发达的国家的影响足以在工业较不发达的国家产生引起历史冲突的矛盾。

---

① 《马克思恩格斯文集》第1卷，人民出版社2009年版，第584页。
② 《马克思恩格斯文集》第1卷，人民出版社2009年版，第550页。
③ 《马克思恩格斯文集》第1卷，人民出版社2009年版，第521页。
④ 《马克思恩格斯文集》第1卷，人民出版社2009年版，第567页。

其次，共产主义不是地域的历史现象，而是世界性的历史事件。大工业开创了世界历史，逐步消灭了各个民族的特殊性，引起了各个工业国家阶级关系的简单化，无产阶级成为世界性的存在。在这种时代，“地域性的共产主义”是不可能的，“共产主义只有作为占统治地位的各民族‘一下子’同时发生的行动，在经验上才是可能的，而这是以生产力的普遍发展和与此相联系的世界交往为前提的”[①]。因此，“共产主义——它的事业——只有作为‘世界历史性的’存在才有可能实现”[②]。这些思想后来在恩格斯写的《共产主义原理》中得到进一步阐述。

再次，共产主义是以生产力的巨大增长和高度发展为前提的。马克思恩格斯指出，共产主义是异化消灭了的社会，是人的全面发展的社会，是旧的社会分工和阶级消灭的社会。这一切，都必须以生产力的巨大增长和高度发展为前提。没有生产力的这种发展，“那就只会有贫穷、极端贫困的普遍化；而在极端贫困的情况下，必须重新开始争取必需品的斗争，全部陈腐污浊的东西又要死灰复燃”[③]。

最后，共产主义是改造现存社会的实践。“共产主义对我们来说不是应当确立的状况，不是现实应当与之相适应的理想。我们所称为共产主义的是那种消灭现存状况的现实的运动。这个运动的条件是由现有的前提产生的。”[④]

在《德意志意识形态》中，马克思和恩格斯对唯物史观的总的概括就是:“这种历史观就在于：从直接生活的物质生产出发阐述现实的生产过程，把同这种生产方式相联系的、它所产生的交往形式即各个不同阶段上的市民社会理解为整个历史的基础，从市民社会作为国家的活动描述市民社会，同时从市民社会出发阐明意识的所有各种不同的理论产物和形式，如宗教、哲学、道德等等，而且追溯它们产生的过程。”[⑤]

---

① 《马克思恩格斯文集》第1卷，人民出版社2009年版，第538—539页。
② 《马克思恩格斯文集》第1卷，人民出版社2009年版，第539页。
③ 《马克思恩格斯文集》第1卷，人民出版社2009年版，第538页。
④ 《马克思恩格斯文集》第1卷，人民出版社2009年版，第539页。
⑤ 《马克思恩格斯文集》第1卷，人民出版社2009年版，第544页。

# 第四章　新世界观的共同宣示

在唯物史观创立过程中，马克思和恩格斯就致力于唯物史观与工人运动的结合。1846 年初，他们在布鲁塞尔创立了共产主义通讯委员会，加强同英、法、德等国各社会主义团体之间的联系。在与国际性工人组织正义者同盟密切联系中，马克思和恩格斯在得知正义者同盟准备接受他们的科学世界观时，就加入了该同盟。1847 年 6 月，在伦敦召开的正义者同盟代表大会，把正义者同盟改造为具有崭新性质的共产主义者同盟，并把恩格斯以问答的形式起草的《共产主义信条草案》作为共产主义者同盟的纲领的基础，制定了共产主义者同盟章程。代表大会用马克思和恩格斯提出的“全世界无产者，联合起来”的新口号，代替了原来的“人人皆兄弟”这个旧口号，确立了共产主义的国际主义基本原则。

在筹备共产主义者同盟第二次代表大会期间，恩格斯对《共产主义信条草案》作了重大修改，形成了新的《共产主义原理》。《共产主义原理》仍以问答的形式写成，恩格斯认为，作为共产主义者同盟的纲领来说，还缺少对问题的历史叙述。1847 年 11 月召开的第二次代表大会，委托马克思和恩格斯以宣言的形式再次起草共产主义者同盟的纲领，这一新的纲领就是 1848 年 2 月正式发表的《共产党宣言》。

## 一、《共产主义信条草案》的形成

1847 年 6 月，正义者同盟在伦敦召开第一次代表大会。在这次大会上，“正义者同盟”正式更名为“共产主义者同盟”，并用“全世界无产者，联合起来”的口号取代原来的“人人皆兄弟”的口号。这次会议也就成了共产主义者同盟的第一次代表大会。恩格斯参加了这次代表大会，并为大会起草了《共产主义信条草案》（以下简称《信条》），作为共产主义者同盟章程的文件供大会讨论。

由恩格斯起草的《信条》，采取问答的方式，一共提出了 22 个问题，这些问题可以分作三大板块：

第一至第五个问题为第一板块，是关于共产主义的目的和怎样实现这一目的的问题。恩格斯认为，共产主义的目的就是“使社会的每一个成员都能完全自由地发展和发挥他的全部才能和力量，并且不会因此而危及这个社会的基本条件”①。实现这一目的方式，就是“废除私有财产，代之以财产公有”。在这里，恩格斯尽管还是在“财产”意义上、而不是在生产资料意义上谈论所有制问题的，还没有同空想社会主义最后划清界限，但恩格斯已经从生产力和生产关系内在的矛盾运动的关系上，阐明共产主义目的实现的历史必然性。

恩格斯已经认识到，共产主义这一目的实现的基础，就是“建立在因发展工业、农业、贸易和殖民而产生的大量的生产力和生活资料的基础之上，建立在因使用机器、化学方法和其他辅助手段而使生产力和生活资料无限增长的可能性的基础之上”②。而且这种历史必然性的基础还在于，“在每一个人的意识或感觉中都存在着这样的原理，它们是颠扑不破的原则，是整个历史发展的结果，是无须加以论证的”③。恩格斯特别指出，在这些“原理”中，最显著的就是“每个人都追求幸福。个人的幸福和大家的幸福是不可分割的”④ 的基本立场和观点。

第二板块为第六至第十三个问题，是关于如何启发和团结无产阶级的问题。实现财产公有是“通过启发并团结无产阶级”实现的。恩格斯强调，这里讲的无产阶级，是指“完全靠自己的劳动而不是靠某一种资本的利润为生的社会阶级”，无论是无产阶级还是作为这一阶级成员的无产者，都“不是一向就有”⑤。

恩格斯对无产阶级产生的经济基础和社会历史背景作了阐释，提出“无产阶级是由于采用机器而产生的，这些机器发明于上个世纪中期，

---

① 《马克思恩格斯全集》第 42 卷，人民出版社 1979 年版，第 373 页。
② 《马克思恩格斯全集》第 42 卷，人民出版社 1979 年版，第 373 页。
③ 《马克思恩格斯全集》第 42 卷，人民出版社 1979 年版，第 373 页。
④ 《马克思恩格斯全集》第 42 卷，人民出版社 1979 年版，第 374 页。
⑤ 《马克思恩格斯全集》第 42 卷，人民出版社 1979 年版，第 374 页。

其中最重要的是蒸汽机、纺纱机和织布机”[①]。在这种生产方式中，机器就使工业全部落在大资本家手里，工人却一无所有，这就产生了“工厂制度”；大资本家阶级“力图把工厂制度扩展到越来越多的劳动部门”，而且“使工人之间的分工越来越多了；结果，从前完成整件工作的每个工人，现在只做这件工作的一部分了。这种简化的劳动使产品生产得更快，因而也更便宜。这时人们才发现：几乎在一切劳动部门都可以使用机器。一个劳动部门只要照工厂的方式进行生产，它就象纺纱业和织布业一样落到了大资本家的手里，而工人也就失掉了最后的一点独立性”[②]。由此而造成阶级分化，产生了两个阶级：一是“大资本家阶级，他们在所有先进国家里几乎独占了生活资料和生产这些生活资料的手段（机器、工厂、工场等）。这是资产者阶级或资产阶级”；二是“无财产者阶级，他们仅仅为了换得生活资料，不得不把自己的劳动出卖给第一个阶级，即资产者。由于在这种劳动交易中买卖双方不是平等的，而是资产者处于有利的地位，因此无财产者就不得不接受资产者提出的苛刻条件。这个依赖于资产者的阶级叫作无产者阶级或无产阶级”[③]。

穷人和劳动者一向就有，劳动者也一向就是穷人，但是“无产者却不是一向就有的”。恩格斯运用唯物史观基本原理，从生产方式和社会发展的视域，对历史上存在的“穷人”同无产者作出比较：一是无产者和奴隶的区别，恩格斯指出，“奴隶一次就被完全卖掉了。无产者必须一天一天、一小时一小时地出卖自己”；“奴隶被看作物，不算市民社会的成员。无产者被承认是人，是市民社会的成员”[④]。因此，奴隶“在所有的私有制关系中只要废除奴隶制关系就能解放自己。无产者却只有废除一切所有制才能解放自己”[⑤]。二是无产者和农奴的区别，“农奴使用一块土地，也就是使用一种生产工具，为此，他要交出或多或少的一部分收入。无产者用属于他人的生产工具做工，这个他人把由竞争所决

① 《马克思恩格斯全集》第 42 卷，人民出版社 1979 年版，第 374 页。
② 《马克思恩格斯全集》第 42 卷，人民出版社 1979 年版，第 375 页。
③ 《马克思恩格斯全集》第 42 卷，人民出版社 1979 年版，第 375—376 页。
④ 《马克思恩格斯全集》第 42 卷，人民出版社 1979 年版，第 376 页。
⑤ 《马克思恩格斯全集》第 42 卷，人民出版社 1979 年版，第 376 页。

定的一份产品让给无产者，作为对他的劳动的报酬"①。同样，"农奴获得解放的道路是：把他的封建主赶走，自己变成财产所有者，从而进入竞争领域并暂时加入有产阶级的队伍，即特权阶级的队伍。无产者则通过消灭财产、竞争和一切阶级差别而获得解放"②。三是无产者和手工业者的区别，手工业者日益成为无产者，因此"手工业者获得解放的道路是：或者是成为资产者或一般是变为中间等级，或者是由于竞争而成为无产者（正如现在所经常发生的），并参加无产阶级的运动，也就是参加或多或少自觉的共产主义运动"③。恩格斯的结论就是："只有在机器和其他发明有可能向全体社会成员展示出获得全面教育和幸福生活的前景时，共产主义才出现。共产主义是关于奴隶、农奴或手工业者不可能实现而只有无产者才可能实现的那种解放的学说，因此它必然属于十九世纪，而以往任何时候是不可能有的。"④

第十四至二十二个问题为第三板块，是关于实现公有制的方法和过程的问题。在对启发并团结无产阶级为公有制作准备和进行社会革命关系问题的回答时，恩格斯指出："任何密谋都不但无益，甚至有害。"对于无产阶级来说，"革命不能故意地、随心所欲地制造，革命在任何地方和任何时候都是完全不以单个政党和整个阶级的意志和领导为转移的各种情况的必然结果"⑤。但是，无产阶级也必须认识到："世界上几乎所有国家的无产阶级的发展都受到有产阶级的暴力压制，因而是共产主义者的敌人用暴力引起革命。如果被压迫的无产阶级因此最终被推向革命，那么，我们将用实际行动来捍卫无产阶级的事业，正象现在用语言来捍卫它一样。"⑥

在共产主义者同盟第一次代表大会致同盟盟友的"通告信"中，可以看到恩格斯起草的《信条》的影响。"通告信"在谈到"关于共产主义信条的问题"时提出的指导性建议有：一是希望同盟能够制定一个符

---

① 《马克思恩格斯全集》第 42 卷，人民出版社 1979 年版，第 376 页。
② 《马克思恩格斯全集》第 42 卷，人民出版社 1979 年版，第 377 页。
③ 《马克思恩格斯全集》第 42 卷，人民出版社 1979 年版，第 377 页。
④ 《马克思恩格斯全集》第 42 卷，人民出版社 1979 年版，第 378 页。
⑤ 《马克思恩格斯选集》第 1 卷，人民出版社 1995 年版，第 239 页。
⑥ 《马克思恩格斯全集》第 42 卷，人民出版社 1979 年版，第 379 页。

合多数人意愿的、能够较为长久地发生作用的“信条”，同时认为“公开宣布同盟的原则是极其重要的步骤；一种信条，过几年，也许过几个月，就不再合乎时宜，不再符合多数人的意愿了，这种信条一定会起有害的作用，而一个有用的信条将会带来益处”。二是强调“对待这一步骤必须特别慎重，不应操之过急”[①]。在同盟第一次代表大会提出“建设性倡议”之后，要在对信条提纲的讨论中“提供新的养料”，在“严肃的、仔细的考虑”中进一步加以完善。三是在进一步的完善中，“一方面想离一切粗制滥造体系的行为和庸俗的共产主义远一点，另一方面又想避开多愁善感的共产主义者关于爱的粗俗无聊的呓语”。四是希望“通过对共产主义所由产生的社会关系的不断考察，永远保持一块稳固的基地”[②]，真正成为共产主义者同盟的“信条”。

## 二、《共产主义原理》的内容及意义

1847 年 10 月底至 11 月，受共产主义者同盟巴黎区部的委托，恩格斯为共产主义者同盟起草了《共产主义原理》（以下简称《原理》）的纲领草案，供共产主义者同盟第二次代表大会讨论使用。在大会召开之前，恩格斯在 11 月 23 日给马克思的信中提到：“我想，我们最好不要采用那种教义问答形式，而把这个文本题名为《共产主义宣言》。因为其中或多或少要叙述历史，所以现有的形式完全不合适。我把我在这里草拟的东西带去，这是用简单的叙述体写的，时间十分仓促，还没有作仔细的修订。”[③] 1847 年 11 月 29 日至 12 月 8 日，共产主义者同盟第二次代表大会在伦敦召开，提供给大会的文本没有来得及按照恩格斯最后的设想作出进一步改进。

《原理》分作二十五个问题。对《原理》这二十五个问题的结构，恩格斯作过这样的说明：“我开头写什么是共产主义，接着写什么是无产阶级——它产生的历史，它和以前的劳动者的区别，无产阶级和资

---

① 《马克思恩格斯全集》第 42 卷，人民出版社 1979 年版，第 434 页。
② 《马克思恩格斯全集》第 42 卷，人民出版社 1979 年版，第 434 页。
③ 《马克思恩格斯文集》第 10 卷，人民出版社 2009 年版，第 55—56 页。

产阶级之间的对立的发展，危机，结论。其中也谈到各种次要问题，最后谈到了共产主义者的党的政策中应当公开的内容。”① 与之前撰写的《共产主义信条草案》相比较，《共产主义原理》有四个方面的显著发展。

第一，把《信条》中关于无产阶级的问题作为首先论述的问题，对资产者和无产者的对立、对资本主义生产方式发展中经济危机的必然后果作出新的论述。

作为《原理》第一个问题尽管还是“什么是共产主义”，但恩格斯对此只作了极为简要的说明，只是一句话:“共产主义是关于无产阶级解放的条件的学说。”② 接着，从第二个问题至第十三个问题，集中对“什么是无产阶级——它产生的历史，它和以前的劳动者的区别，无产阶级和资产阶级之间的对立的发展，危机”等问题作出详细论述。

与《信条》第二板块内容相比较，《原理》对无产阶级及其产生的历史，以及与之前的劳动者的区别作了更为深刻地阐释，如关于“无产阶级”，在《信条》中指出:“完全靠自己的劳动而不是靠某一种资本的利润为生的社会阶级”；在《原理》中修改为:“完全靠出卖自己的劳动而不是靠某一种资本的利润来获得生活资料的社会阶级。”③

除此之外，《原理》还突出了对两个新的问题的阐释：第一，对工业革命和社会划分为资产者与无产者产生结果问题的阐释；第二，对工业革命的发展与资本主义经济危机后果问题的阐释。

在对无产阶级产生的历史及其同之前的劳动者区别的问题上，恩格斯作了四个方面的新的阐释：一是以更为鲜明的历史观，提出“无产阶级或无产者阶级是 19 世纪的劳动阶级”和“无产阶级是由于工业革命而产生的，这一革命在上个世纪下半叶发生于英国，后来，相继发生于世界各文明国家”④ 的观点。

二是在对工厂制度的论述中，明确提出了“生产方式”概念，即认为“工业革命是由蒸汽机、各种纺纱机、机械织布机和一系列其他机械

① 《马克思恩格斯文集》第 10 卷，人民出版社 2009 年版，第 56 页。
② 《马克思恩格斯文集》第 1 卷，人民出版社 2009 年版，第 676 页。
③ 《马克思恩格斯文集》第 1 卷，人民出版社 2009 年版，第 676 页。
④ 《马克思恩格斯文集》第 1 卷，人民出版社 2009 年版，第 676 页。

装备的发明而引起的。这些价钱很贵、因而只有大资本家才买得起的机器，改变了以前的整个生产方式，挤掉了原来的工人”[①]。这里的“生产方式”，是指生产力的社会作用形式，是指劳动者和生产资料的结合方式。

三是从“劳动商品”意义上对“无产者是在怎样的条件下把劳动出卖给资产者”的问题作出回答。恩格斯指出:“劳动和其他任何商品一样，也是一种商品，因此，劳动的价格和其他任何商品的价格一样，也是由同样的规律决定的。”[②] 虽然在提法上，恩格斯当时同马克思一样，是从“劳动商品”而不是从“劳动力商品”上提出问题，但还是揭示了劳动者将自己的劳动力作为商品“出卖”给资产者的经济关系的实质，得出了“劳动的价格或工资将是维持生存所必需的最低额”[③] 的基本结论。

四是无产者和手工业者区别问题上，恩格斯专门提出了“无产者和工场手工业工人有什么区别”的问题，突出了资本主义工场手工业阶段“手工业者”的新的特征。16—18 世纪的工场手工业工人都还占有一定的生产工具，如织布机、家庭用的纺车和一小块在工余时间耕种的土地，这种“工场手工业工人几乎总是生活在农村，和地主或雇主维持着或多或少的宗法关系”；而“无产者通常生活在大城市，和雇主只有金钱关系”。最后机器大工业的发展“使工场手工业工人脱离了宗法关系，他们失去了仅有的一点财产，因此而变成无产者”[④]。

在对工业革命的发展与资本主义经济危机后果问题的阐释中，恩格斯先对工业革命和社会划分为资产者与无产者的结果问题作了论述。恩格斯把这一“结果”概括为三个方面：一是“由于在世界各国机器劳动不断降低工业品的价格，旧的工场手工业制度或以手工劳动为基础的工业制度完全被摧毁”[⑤]。其结果就是:“大工业便把世界各国人民互相联系起来，把所有地方性的小市场联合成为一个世界市场，到处为文明和

---

① 《马克思恩格斯文集》第 1 卷，人民出版社 2009 年版，第 676 页。
② 《马克思恩格斯文集》第 1 卷，人民出版社 2009 年版，第 678 页。
③ 《马克思恩格斯文集》第 1 卷，人民出版社 2009 年版，第 678 页。
④ 《马克思恩格斯文集》第 1 卷，人民出版社 2009 年版，第 679—680 页。
⑤ 《马克思恩格斯文集》第 1 卷，人民出版社 2009 年版，第 680 页。

进步做好了准备，使各文明国家里发生的一切必然影响到其余各国。因此，如果现在英国或法国的工人获得解放，这必然会引起其他一切国家的革命，这种革命迟早会使这些国家的工人也获得解放。”① 二是“工业革命都使资产阶级及其财富和势力最大限度地发展起来，使它成为国内的第一阶级”。同时，“资产阶级在社会上上升为第一阶级以后，它也就在政治上宣布自己是第一阶级。它是通过实行代议制而做到这一点的。代议制是以资产阶级的在法律面前平等和法律承认自由竞争为基础的。这种制度在欧洲各国采取立宪君主制的形式。在这种立宪君主制的国家里，只有拥有一定资本的人即资产者，才有选举权。这些资产者选民选出议员，而这些资产者议员可以运用拒绝纳税的权利，选出资产者政府”②。三是“工业革命到处都使无产阶级和资产阶级以同样的速度发展起来”，而且还“使资产者和无产者都集中在最有利于发展工业的大城市里，广大群众聚集在一个地方，使无产者意识到自己的力量”③。同时，随着工业革命的发展，无产阶级的处境也就越来越不堪忍受了，其结果就是“一方面由于无产阶级不满情绪的增长，另一方面由于他们力量的壮大，工业革命便孕育着一个由无产阶级进行的社会革命”④。

恩格斯接着对工业革命进一步产生的结果问题作出阐释，指出大工业创造了像蒸汽机和其他机器那样的手段，使得“这种大工业必然产生的自由竞争很快就达到十分剧烈的程度。大批资本家投身于工业，生产很快就超过了消费。结果，生产出来的商品卖不出去，所谓商业危机就到来了”⑤。19 世纪初以来，工业经常在繁荣时期和危机时期之间波动，而“这样的危机几乎定期地每五年到七年发生一次，每一次它都给工人带来极度的贫困，激起普遍的革命热情，给整个现存制度造成极大的危险”⑥。

这种“定期重复的商业危机”的后果必然是：一方面“大工业只要

---

① 《马克思恩格斯文集》第 1 卷，人民出版社 2009 年版，第 680 页。
② 《马克思恩格斯文集》第 1 卷，人民出版社 2009 年版，第 680—681 页。
③ 《马克思恩格斯文集》第 1 卷，人民出版社 2009 年版，第 681 页。
④ 《马克思恩格斯文集》第 1 卷，人民出版社 2009 年版，第 682 页。
⑤ 《马克思恩格斯文集》第 1 卷，人民出版社 2009 年版，第 682 页。
⑥ 《马克思恩格斯文集》第 1 卷，人民出版社 2009 年版，第 682 页。

还在现今的基础上进行经营，就只能通过每七年出现一次的普遍混乱来维持，每次混乱对全部文明都是一种威胁，它不但把无产者抛入贫困的深渊，而且也使许多资产者破产。因此，或者必须完全放弃大工业本身（这是绝对不可能的），或者大工业使建立一个全新的社会组织成为绝对必要的”。另一方面“在现今社会中造成一切贫困和商业危机的大工业的那种特性，在另一种社会组织中正是消灭这种贫困和这些灾难性的波动的因素”①。

显然，恩格斯对工业革命和社会划分为资产者与无产者产生结果，以及对工业革命的发展与资本主义经济危机后果这两个问题的新的阐释，既是《原理》提出的新思想，也是之后不久问世的《共产党宣言》的核心思想。

第二，在《原理》中，恩格斯把《信条》中第一板块的问题，在无产阶级问题阐释之后再作展开，第十四个问题专门对“新的社会制度”基本特征作出阐释。

恩格斯认为，《原理》的阐释已经“完全令人信服地证明：（1）从现在起，可以把所有这些弊病完全归咎于已经不适应当前情况的社会制度；（2）通过建立新的社会制度来彻底铲除这些弊病的手段已经具备”②。在此基础上，恩格斯认为：“这种新的社会制度首先必须剥夺相互竞争的个人对工业和一切生产部门的经营权，而代之以所有这些生产部门由整个社会来经营，就是说，为了共同的利益、按照共同的计划、在社会全体成员的参加下来经营。”取代私有制的必然是“以共同使用全部生产工具和按照共同的协议来分配全部产品，即所谓财产公有”的所有制形式。恩格斯强调“废除私有制”是“工业发展必然引起的改造整个社会制度的最简明扼要的概括”，也是共产主义者“自己的主要要求”③。

第三，《原理》深化了对消灭私有制和进行社会革命问题的阐释，从第十五个问题至第十七个问题对此作了展开论述。

---

① 《马克思恩格斯文集》第 1 卷，人民出版社 2009 年版，第 682—683 页。

② 《马克思恩格斯文集》第 1 卷，人民出版社 2009 年版，第 683 页。

③ 《马克思恩格斯文集》第 1 卷，人民出版社 2009 年版，第 683 页。

一是关于过去不可能废除私有制的问题。恩格斯认为，“社会制度中的任何变化，所有制关系中的每一次变革，都是产生了同旧的所有制关系不再相适应的新的生产力的必然结果”①。历史上的私有制就是这样产生的，而“在这以前，生产力还没有发展到私有制成为这些生产力发展的桎梏和障碍。但是现在，由于大工业的发展，第一，产生了空前大规模的资本和生产力，并且具备了能在短时期内无限提高这些生产力的手段；第二，生产力集中在少数资产者手里，而广大人民群众越来越变成无产者，资产者的财富越增加，无产者的境遇就越悲惨和难以忍受；第三，这种强大的、容易增长的生产力，已经发展到私有制和资产者远远不能驾驭的程度，以致经常引起社会制度极其剧烈的震荡。只有这时废除私有制才不仅可能，甚至完全必要”②。

二是关于用和平的办法废除私有制的问题。恩格斯认为：“共产主义者当然是最不反对这种办法的人。”③ 共产主义者很清楚，革命不能故意地、随心所欲地制造，革命在任何地方和任何时候都是完全不以单个政党和整个阶级的意志和领导为转移的各种情况的必然结果。但是，共产主义者也很清楚，“几乎所有文明国家的无产阶级的发展都受到暴力压制，因而是共产主义者的敌人用尽一切力量引起革命。如果被压迫的无产阶级因此最终被推向革命，那时，我们共产主义者将用行动来捍卫无产者的事业，正像现在用语言来捍卫它一样”④。

三是关于逐步废除私有制的问题。恩格斯认为：“正像不能一下子就把现有的生产力扩大到为实行财产公有所必要的程度一样。因此，很可能就要来临的无产阶级革命，只能逐步改造现社会，只有创造了所必需的大量生产资料之后，才能废除私有制。”⑤ 恩格斯从生产资料的所有制上解释私有制改造成公有制的本质所在。

建立公有制总是和革命问题联系在一起的，在《原理》中，恩格斯在第十八个问题中提出了“这个革命的发展过程将是怎样的”问题。恩

① 《马克思恩格斯文集》第 1 卷，人民出版社 2009 年版，第 684 页。
② 《马克思恩格斯文集》第 1 卷，人民出版社 2009 年版，第 684 页。
③ 《马克思恩格斯文集》第 1 卷，人民出版社 2009 年版，第 684 页。
④ 《马克思恩格斯文集》第 1 卷，人民出版社 2009 年版，第 685 页。
⑤ 《马克思恩格斯文集》第 1 卷，人民出版社 2009 年版，第 685 页。

格斯认为，“首先无产阶级革命将建立民主的国家制度，从而直接或间接地建立无产阶级的政治统治”[①]。要利用民主手段，保障无产阶级生存的各种措施，恩格斯对其中的十二条措施作了说明。这些措施的目的在于，“把全部资本、全部农业、全部工业、全部运输业和全部交换都越来越多地集中在国家手里”[②]。在这一基础上，“无产阶级的劳动将使国家的生产力大大增长，随着这种增长，这些措施实现的可能性和由此而来的集中化程度也将相应地增长”[③]。

四是关于这种革命能不能单独在一个国家发生的问题。恩格斯认为:“共产主义革命将不是仅仅一个国家的革命，而是将在一切文明国家里，至少在英国、美国、法国、德国同时发生的革命，在这些国家的每一个国家中，共产主义革命发展得较快或较慢，要看这个国家是否有较发达的工业，较多的财富和比较大量的生产力。”而且“共产主义革命也会大大影响世界上其他国家，会完全改变并大大加速它们原来的发展进程。它是世界性的革命，所以将有世界性的活动场所”[④]。

五是最终废除私有制将产生的结果问题。恩格斯的回答是:“由于社会将剥夺私人资本家对一切生产力和交换手段的支配权以及他们对产品的交换和分配权，由于社会将按照根据实有资源和整个社会需要而制定的计划来管理这一切，所以同现在的大工业经营方式相联系的一切有害的后果，将首先被消除。危机将终止。”[⑤] 在根据共产主义原则组织起来的社会中，“将使自己的成员能够全面发挥他们的得到全面发展的才能。于是各个不同的阶级也必然消灭。因此，根据共产主义原则组织起来的社会一方面不容许阶级继续存在，另一方面这个社会的建立本身为消灭阶级差别提供了手段”[⑥]。最终，将“使社会全体成员的才能得到全面发展”[⑦]。

---

① 《马克思恩格斯文集》第 1 卷，人民出版社 2009 年版，第 685 页。
② 《马克思恩格斯文集》第 1 卷，人民出版社 2009 年版，第 686—687 页。
③ 《马克思恩格斯文集》第 1 卷，人民出版社 2009 年版，第 687 页。
④ 《马克思恩格斯文集》第 1 卷，人民出版社 2009 年版，第 687 页。
⑤ 《马克思恩格斯文集》第 1 卷，人民出版社 2009 年版，第 687 页。
⑥ 《马克思恩格斯文集》第 1 卷，人民出版社 2009 年版，第 689 页。
⑦ 《马克思恩格斯文集》第 1 卷，人民出版社 2009 年版，第 689 页。

第四，《原理》的第二十四个问题和第二十五个问题，专门就共产主义对各种社会主义态度问题作出新的阐释。

在对共产主义者和社会主义者区别的问题中，恩格斯对三类“社会主义者”作了区别：第一类是封建和宗法社会的拥护者，共产主义者随时都要坚决同这类反动的社会主义者作斗争，因为“当无产阶级成为革命的和共产主义的阶级的时候，这些社会主义者总要暴露出他们的真实意图。那时他们马上和资产阶级联合起来反对无产者”[①]。第二类是现今社会的拥护者，力图保持现今社会，不过要消除和它联系在一起的弊病。“共产主义者也必须同这些资产阶级社会主义者作不懈的斗争，因为他们的活动有利于共产主义者的敌人，他们所维护的社会正是共产主义者所要推翻的社会。”[②] 第三类是民主主义的社会主义者，他们提出的措施不是当作走向共产主义的过渡办法，而是当作足以消除贫困和现今社会的弊病的措施。“共产主义者在行动的时候，只要民主主义的社会主义者不为占统治地位的资产阶级效劳和不攻击共产主义者，就应当和这些社会主义者达成协议，同时尽可能和他们采取共同的政策。当然，共同行动并不排除讨论存在于他们和共产主义者间的分歧意见。”[③]

《原理》最后第二十五个问题是共产主义者怎样对待现有的其他政党的问题。恩格斯对这个问题回答的总的原则就是：“在不同的国家采取不同的态度。”[④] 恩格斯对英国、法国和比利时，对瑞士和对德国的共产主义者怎样对待各自国家的政党问题作了分析。

《原理》对各种社会主义思潮和运动的新的阐述，对之后不久问世的《共产党宣言》关于“社会主义和共产主义的文献”和“共产党人对各种反对党派的态度”问题的阐释，作了重要的理论准备。

## 三、《共产党宣言》的发表及其主要内容

马克思和恩格斯在共产主义者同盟的第二次代表大会上，对他们已

① 《马克思恩格斯文集》第1卷，人民出版社2009年版，第691页。
② 《马克思恩格斯文集》第1卷，人民出版社2009年版，第691页。
③ 《马克思恩格斯文集》第1卷，人民出版社2009年版，第691—692页。
④ 《马克思恩格斯文集》第1卷，人民出版社2009年版，第692页。

经形成的科学社会主义的基本观点作了深入阐释，得到大会的广泛赞许。大会委托马克思和恩格斯在《原理》文本的基础上，共同为同盟起草准备公布的纲领。至此，在经历了从《信条》到《原理》的过程，现在进入了《共产党宣言》的创作时刻。1848 年 2 月，这一纲领以《共产党宣言》为名用德文正式发布。

《共产党宣言》共分作四章。第一章主要阐述人类社会历史是阶级斗争的历史的原理，重点评价资产阶级的历史地位和揭示无产阶级与资产阶级矛盾斗争的必然性。第二章主要阐述无产阶级政党的纲领和策略。第三章主要是对当时各种各样的社会主义和共产主义思潮如封建的社会主义、小资产阶级的社会主义、德国的或“真正的”社会主义、保守的或资产阶级的社会主义、批判的空想的社会主义和共产主义的批判。第四章主要阐明共产党对各种工人政党的策略。

《共产党宣言》充分吸收了《信条》和《原理》两个文本的基本内容和重要观点，第一次全面地阐释了科学社会主义的基本原理。《共产党宣言》在表达形式上焕然一新，以深邃的思想智慧和理论力量，冲击着人们的心灵，激发起人们的革命精神。如英国学者埃里克·霍布斯鲍姆描述的那样：“在 19 世纪的德语写作中同样不同寻常的是，《共产党宣言》使用了论证明确的简短段落，基本上由 1 到 5 句组成，在 200 多个段落中只有 5 个段落由 15 句左右组成。不管其他的方面如何，《共产党宣言》在政治修辞上具有一种圣经式的力量。总之，不可否认它具有像文学一样迷人的力量。”①

《共产党宣言》是马克思主义同工人运动相结合的理论成果，是马克思主义诞生的标志，也是马克思主义和国际工人运动结合进入一个新阶段的重要标志。

第一，唯物史观是《共产党宣言》的基本思想。恩格斯在 1883 年德文版序言中指出：“贯穿《宣言》的基本思想：每一历史时代的经济生产以及必然由此产生的社会结构，是该时代政治的和精神的历史的基础；因此（从原始土地公有制解体以来）全部历史都是阶级斗争的历

① 埃里克·霍布斯鲍姆：《如何改变世界　马克思和马克思主义的传奇》，中央编译出版社 2014 年版，第 104 页。

史，即社会发展各个阶段上被剥削阶级和剥削阶级之间、被统治阶级和统治阶级之间斗争的历史；而这个斗争现在已经达到这样一个阶段，即被剥削被压迫的阶级（无产阶级），如果不同时使整个社会永远摆脱剥削、压迫和阶级斗争，就不再能使自己从剥削它压迫它的那个阶级（资产阶级）下解放出来。”[①] 简言之，《共产党宣言》贯穿和渗透着唯物史观的三个基本要点：生产方式决定社会的政治生活、精神生活与社会生活；人类社会历史是阶级斗争的历史；无产阶级反对资产阶级的斗争是使得整个社会获得解放的最后的阶级斗争。

第二，对资产阶级和资本主义社会的历史地位作了科学阐述。《共产党宣言》对“资产阶级在历史上曾经起过非常革命的作用”，作了科学的全面的阐述：

一是推动了生产力的巨大增长，“资产阶级在它的不到一百年的阶级统治中所创造的生产力，比过去一切世代创造的全部生产力还要多，还要大”[②]。

二是促进了生产方式、生产关系的变革。资产阶级适应生产力的发展要求，及时变革旧的封建生产方式，代之以自由竞争的资本主义生产方式。

三是打破了封建专制制度等级秩序，推行一种建立在人的政治自由、平等基础上的新社会秩序：“资产阶级在它已经取得了统治的地方把一切封建的、宗法的和田园诗般的关系都破坏了。它无情地斩断了把人们束缚于天然尊长的形形色色的封建羁绊，它使人和人之间除了赤裸裸的利害关系，除了冷酷无情的‘现金交易’，就再也没有任何别的联系了。它把宗教虔诚、骑士热忱、小市民伤感这些情感的神圣发作，淹没在利己主义打算的冰水之中。它把人的尊严变成了交换价值，用一种没有良心的贸易自由代替了无数特许的和自力挣得的自由。总而言之，它用公开的、无耻的、直接的、露骨的剥削代替了由宗教幻想和政治幻想掩盖着的剥削。”[③]

---

① 《马克思恩格斯文集》第 2 卷，人民出版社 2009 年版，第 9 页。
② 《马克思恩格斯文集》第 2 卷，人民出版社 2009 年版，第 36 页。
③ 《马克思恩格斯文集》第 2 卷，人民出版社 2009 年版，第 33—34 页。

四是推动了民族国家的出现和世界历史的形成。资产阶级日甚一日地促进生产资料、财产、人口从分散到集中的转变，由此必然产生的结果是政治的集中。“各自独立的、几乎只有同盟关系的、各有不同利益、不同法律、不同政府、不同关税的各个地区，现在已经结合为一个拥有统一的政府、统一的法律、统一的民族阶级利益和统一的关税的统一的民族。”[①] 同时，资产阶级通过海外殖民和海外贸易，打开了落后国家的封闭的大门，“把一切民族甚至最野蛮的民族都卷到文明中来了。它的商品的低廉价格，是它用来摧毁一切万里长城、征服野蛮人最顽强的仇外心理的重炮。它迫使一切民族——如果它们不想灭亡的话——采用资产阶级的生产方式；它迫使它们在自己那里推行所谓的文明，即变成资产者。一句话，它按照自己的面貌为自己创造出一个世界”[②]。进而“过去那种地方的和民族的自给自足和闭关自守状态，被各民族的各方面的互相往来和各方面的互相依赖所代替了。物质的生产是如此，精神的生产也是如此。各民族的精神产品成了公共的财产。民族的片面性和局限性日益成为不可能，于是由许多种民族的和地方的文学形成了一种世界的文学”[③]。这使得一切国家的生产和消费成为世界性的了，开创了世界历史，创造了资本主义世界体系。

五是推动了人类社会的城市化、工业化、现代化进程。世界的现代化历史也就是资本主义化过程。资产阶级创造了四个“从属”:“正像它使农村从属于城市一样，它使未开化和半开化的国家从属于文明的国家，使农民的民族从属于资产阶级的民族，使东方从属于西方。”[④]

六是资产阶级具有不断调整生产关系、不断革命社会关系的本性。资本只有在不断运动中才能增值。“资产阶级除非对生产工具，从而对生产关系，从而对全部社会关系不断地进行革命，否则就不能生存下去。反之，原封不动地保持旧的生产方式，却是过去的一切工业阶级生存的首要条件。生产的不断变革，一切社会状况不停的动荡，永远的不安宁和变动，这就是资产阶级时代不同于过去一切时代的地方。一切固

① 《马克思恩格斯文集》第2卷，人民出版社2009年版，第36页。
② 《马克思恩格斯文集》第2卷，人民出版社2009年版，第35—36页。
③ 《马克思恩格斯文集》第2卷，人民出版社2009年版，第35页。
④ 《马克思恩格斯文集》第2卷，人民出版社2009年版，第36页。

定的僵化的关系以及与之相适应的素被尊崇的观念和见解都被消除了，一切新形成的关系等不到固定下来就陈旧了。一切等级的和固定的东西都烟消云散了，一切神圣的东西都被亵渎了。”[①] 资产阶级正是通过不断地变化和创新，来克服生产过剩的经济危机，维护资产阶级的统治。他们不断地开拓新市场，彻底利用旧市场。现代资产阶级在创造新需求、开拓新市场方面的能力似乎是无止境的。

第三，对社会主义是资本主义发展的必然产物的科学论证。资本主义用来战胜封建生产方式的生产力，现在又成为对准自身的物质武器，并创造了使用这个武器的人——现代的工人，即无产者。由此，得出“资产阶级的灭亡和无产阶级的胜利是同样不可避免的”[②]，即“两个不可避免”或“两个必然”的结论。

第四，阶级斗争理论和无产阶级专政思想。《共产党宣言》开宗明义，提出“至今一切社会的历史都是阶级斗争的历史”[③]。现代资产阶级社会区别以前的阶级社会的特点是:“它使阶级对立简单化了。整个社会日益分裂为两大敌对的阵营，分裂为两大相互直接对立的阶级：资产阶级和无产阶级。”[④] 阶级斗争理论是理解人类社会历史、发现社会发展规律的一条指导性线索。《共产党宣言》初步提出了无产阶级专政思想:“工人革命的第一步就是使无产阶级上升为统治阶级，争得民主……无产阶级将利用自己的政治统治，一步一步地夺取资产阶级的全部资本，把一切生产工具集中在国家即组织成为统治阶级的无产阶级手里，并且尽可能快地增加生产力的总量。”[⑤]

第五，对无产阶级历史使命思想的科学阐述。资本主义社会中的与资产阶级对立的一切其他阶级，都是随着大工业的发展而日趋衰落和灭亡的，只有无产阶级是大工业本身的产物。工业的发展、交通的发达、无产阶级利益的一致促使了工人的联合。机器的改良、经济竞争所造成的商业危机使得工人阶级的整个生活越来越没有保障，从而使得单个工

---

① 《马克思恩格斯文集》第 2 卷，人民出版社 2009 年版，第 34 页。
② 《马克思恩格斯文集》第 2 卷，人民出版社 2009 年版，第 43 页。
③ 《马克思恩格斯文集》第 2 卷，人民出版社 2009 年版，第 31 页。
④ 《马克思恩格斯文集》第 2 卷，人民出版社 2009 年版，第 32 页。
⑤ 《马克思恩格斯文集》第 2 卷，人民出版社 2009 年版，第 52 页。

人与资本家的冲突越来越具有两个阶级冲突的性质。无产阶级没有任何自己的财产。“过去的一切运动都是少数人的，或者为少数人谋利益的运动。无产阶级的运动是绝大多数人的，为绝大多数人谋利益的独立的运动。”[①] 无产阶级处于社会的最下层，如果不摧毁构成官方社会的整个上层，就不能抬起头来，挺起胸来。无产阶级的地位和特点决定了“无产阶级是真正革命的阶级”，是资本主义社会的掘墓人。

第六，对无产阶级政党纲领的阐述。共产党代表整个无产阶级的利益，“他们没有任何同整个无产阶级的利益不同的利益”。共产党是由整个无产阶级中最先进、最坚决的分子所组成，他们了解无产阶级运动的条件、进程和一般结果。共产党的最近目标是：“使无产阶级形成为阶级，推翻资产阶级的统治，由无产阶级夺取政权。”[②] 共产党的最终目标是实现没有剥削和压迫、消灭了三大差别、实现了人的全面发展的共产主义社会。“代替那存在着阶级和阶级对立的资产阶级旧社会的，将是这样一个联合体，在那里，每个人的自由发展是一切人的自由发展的条件。”[③]

## 四、《共产党宣言》的伟大历史意义

《共产党宣言》作为马克思和恩格斯共同完成的无产阶级政党的纲领性文献，对于科学社会主义、国际工人运动和无产阶级革命都具有多方面历史性的意义。恩格斯指出：“《宣言》的历史在很大程度上反映着现代工人阶级运动的历史；现在，它无疑是全部社会主义文献中传播最广和最具有国际性的著作，是从西伯利亚到加利福尼亚的千百万工人公认的共同纲领。”[④] 列宁也曾指出：《共产党宣言》“以天才的透彻而鲜明的语言描述了新的世界观，即把社会生活领域也包括在内的彻底的唯物主义、作为最全面最深刻的发展学说的辩证法以及关于阶级斗争和共产主义新社会创造者无产阶级肩负的世界历史性的革命使命的理论”，

---

① 《马克思恩格斯文集》第 2 卷，人民出版社 2009 年版，第 42 页。
② 《马克思恩格斯文集》第 2 卷，人民出版社 2009 年版，第 44 页。
③ 《马克思恩格斯文集》第 2 卷，人民出版社 2009 年版，第 53 页。
④ 《马克思恩格斯文集》第 2 卷，人民出版社 2009 年版，第 13 页。

对马克思主义学说“作了完整的、系统的、至今仍然是最好的阐述”[①]。

《共产党宣言》是马克思主义同国际工人运动第一次结合的理论成果，是马克思主义或科学社会主义诞生的标志，或者说它实现了社会主义从空想到科学的飞跃。《共产党宣言》作为马克思主义最重要的经典读本，在理论飞跃上突出地表现在三个方面：

一是科学的理论基础。科学社会主义的理论基础有两个：唯物史观和剩余价值理论。前者揭示了人类社会发展的普遍规律，后者说明了资本主义社会发展的特殊规律，二者是社会主义从空想变为科学的主要理论根据。空想社会主义的理论基础是以各种人本主义为表现形式的唯心主义历史观，其共同特征是把社会主义建立在不变的人的理性或自然本性基础上，用是否符合人的理性作为批判资本主义旧社会、赞扬社会主义新社会的主要尺度。

二是对未来理想社会的预测。科学社会主义把未来共产主义看作一种从现存的资本主义社会矛盾运动中必然产生出来的现实的运动，是在批判旧世界中发现新世界，因而对于未来社会主义社会的预测仅仅是原则性的，并把社会主义社会看作处于经常的变化和改革之中；而空想社会主义则从头脑中想象出一种符合人的理性和永恒正义的尽善尽美的理想社会，并详细地加以规定和描述，要求现实与之相适应。

三是实现社会主义的社会力量和道路。科学社会主义揭示了实现社会主义的现实道路，认为社会主义代替资本主义的必然性的实现，一方面是生产力本身的发展的强制，另一方面要通过无产阶级及其政党的阶级斗争和社会革命；而空想社会主义只是把无产阶级看作值得同情的受苦受难的阶级，没有看到无产阶级的伟大历史使命，他们把实现社会主义的希望寄托于少数天才人物的思想和行动，或者诉诸局部的共产主义实验，或者诉诸道德的呼吁，总是想用和平的方法实现社会主义。

《共产党宣言》是国际工人运动从自发向自觉的新阶段转变的标志。在这以前，工人运动只是零星的、自发的，多数是经济斗争。斗争中的无产阶级只是自在的阶级。《共产党宣言》把科学社会主义这个理论武器交给了无产阶级，加速了无产阶段从自在阶级向自为阶级的转变，无

---

① 《列宁专题文集 论马克思主义》，人民出版社2009年版，第5页、第61页。

产阶级的阶级斗争也由自发的经济斗争转变为自觉的政治斗争。

《共产党宣言》标志着社会主义运动和工人运动的结合。在这以前，社会主义运动和工人运动基本上是相互分离的独立运动，前者局限于知识分子，后者局限于工人。这种理论与实践的脱离，极大地妨碍了社会主义理论和运动的发展。《共产党宣言》的诞生，使科学社会主义运动在工人运动中找到了思想家园，工人运动在科学社会主义中找到了自己的理论武器。《共产党宣言》不仅讲清了社会主义必然取代资本主义的道理，而且还实际地指出了社会主义如何取代资本主义的理论路向。

《共产党宣言》是世界上第一个成熟的无产阶级政党成立的标志。共产主义者同盟作为世界上第一个成熟的无产阶级政党，就在于它拥有一个以马克思主义为指导的科学的纲领——《共产党宣言》。

2018 年正值《共产党宣言》发表 170 周年。在这一年 4 月 23 日召开的以《共产党宣言》及其时代意义为主题的中共中央政治局第五次集体学习会上，习近平总书记指出:“《共产党宣言》的问世是人类思想史上的一个伟大事件。《共产党宣言》是第一次全面阐述科学社会主义原理的伟大著作。《共产党宣言》深刻阐述了马克思主义的科学世界观，深刻阐述了马克思主义政党的先进品格，深刻阐述了马克思主义政党的政治立场，深刻阐述了马克思主义政党的崇高理想，深刻阐述了马克思主义的革命纲领，深刻阐述了马克思主义政党的国际主义精神。《共产党宣言》是一部科学洞见人类社会发展规律的经典著作，是一部充满斗争精神、批判精神、革命精神的经典著作，是一部秉持人民立场、为人民大众谋利益、为全人类谋解放的经典著作。马克思主义理论的科学性和革命性源于辩证唯物主义和历史唯物主义的科学世界观和方法论，为我们认识世界、改造世界提供了强大思想武器，为世界社会主义指明了正确前进方向。《共产党宣言》是一个内容丰富的理论宝库，值得我们反复学习、深入研究，不断从中汲取思想营养。”①

---

① 《深刻感悟和把握马克思主义真理力量　谱写新时代中国特色社会主义新篇章》,《人民日报》2018 年 4 月 25 日 01 版。

# 第五章 恩格斯与马克思《政治经济学批判》研究

纵观马克思政治经济学研究的思想历程，大体可以分作四个时期：一是 1843 年至 1856 年马克思政治经济学研究初期，也是《政治经济学批判》著作写作的准备时期；二是 1857 年至 1862 年底，马克思《政治经济学批判》手稿写作时期，其间写了《1857—1858 年经济学手稿》和《1861—1863 年经济学手稿》，1859 年出版了《政治经济学批判》第一分册；三是 1862 年底至 1867 年《资本论》三卷手稿创作和《资本论》第一卷德文第一版出版；四是 1867 年以后《资本论》第一卷法文版和德文版修订，以及《资本论》第二卷手稿的继续写作。1883 年马克思逝世后，是恩格斯编辑出版了《资本论》第二卷和第三卷，并丰富和发展了马克思主义政治经济学。

在马克思政治经济学研究的这一思想历程中，恩格斯与马克思携手相行、共同切磋，谱写了马克思主义政治经济学史的华彩乐章。

## 一、恩格斯与马克思政治经济学的最初研究

1843 年底到 1844 年初，恩格斯完成的《国民经济学批判大纲》，是马克思主义政治经济学的第一个重要文献，也是对马克思 1843 年底开始政治经济学研究产生最重要影响的文本。这种影响不仅可以在马克思的《巴黎笔记》第 5 笔记本中阅读《政治经济学批判大纲》的摘要中得到印证，而且还可以在马克思多次把《政治经济学批判大纲》称作“批判经济学范畴的天才大纲”[①] 中得到证明。

19 世纪 50 年代初，马克思到伦敦以后，重新开始研究政治经济

---

① 《马克思恩格斯文集》第 2 卷，人民出版社 2009 年版，第 770 页。

学。从1851年至1853年间，马克思写了包括24个笔记本的《伦敦笔记》。在《伦敦笔记》中，马克思不只是进行经济学文献摘录式的研究，同时也对政治经济学的一些基本理论问题作出最初的探讨。马克思当时涉及最多的理论问题，一是货币理论，针对19世纪40年代末欧洲经济学界通货学派与银行学派的争论，马克思研读了大量关于货币问题的理论资料和实际资料，对货币的价值尺度、流通手段等职能作了探讨，对货币及其信用和危机问题作了初步的、但却是深入的研究；二是李嘉图地租理论，主要对李嘉图的级差地租理论作了批判；三是经济危机理论，主要对经济危机的机理作了初步探讨。马克思对这些理论的最初研究，恩格斯都给予极大的支持和帮助。

在货币理论上，马克思从对货币数量论的批判入手，对货币流通问题作出初步的探讨。1851年2月3日，马克思在给恩格斯的信中谈起自己在货币理论研究中得出的“基本原理”。马克思说：“即使在实行纯金属流通的情况下，金属货币的数量和它的增减，也同贵金属的流入或流出，同贸易的顺差或逆差，同汇率的有利或不利，没有任何关系。”① 这一问题的重要性在于：“第一，这样一来，从根本上推翻了整个的流通理论。第二，这证明，信用制度固然是危机的条件之一，但是危机的过程所以和通货有关系，那只是因为国家政权疯狂地干预通货的调节，会使当前的危机进一步加剧。”②

在马克思写信之后的第10天，恩格斯在2月13日给马克思的回信中提到，他对马克思的“最新发现”，“正在认真地反复思考”。又过了10多天，恩格斯在2月25日对马克思在货币流通理论上的这一新见解作了回复。恩格斯告诉马克思：“依我的看法，这件事情本身是完全正确的，并且对于把混乱的流通理论归结为简单明了的基本事实大有帮助。”③ 同时，恩格斯不仅在“数字”分析上，而且也在“说明的方式”上，提出了三个方面的修改建议：一是对马克思认为的货币紧迫初期银行会降低贴现率的看法作出修改，提出“贵金属的单纯流出本身，与货

① 《马克思恩格斯文集》第10卷，人民出版社2009年版，第69页。
② 《马克思恩格斯文集》第10卷，人民出版社2009年版，第70页。
③ 《马克思恩格斯文集》第10卷，人民出版社2009年版，第75页。

币紧迫一起，就足以使银行摆脱贵金属过剩的现象”；二是对货币紧迫和银行信用之间的关系问题作出修正，认为在货币紧迫加剧时期，银行一定会根据货币紧迫加剧的程度提高贵金属对存款的比例，因而在货币紧迫加剧时“不会动摇银行的信用”；三是对马克思提出的“货币流通量最后才会受到影响”的观点，从经济运行过程及“数字”上作了补充，认为“通货（量）自然是在最后才受到危机的影响”[①]。恩格斯的这些修改建议，对马克思货币理论的研究肯定产生了重要影响。

在地租理论上，马克思这一时期研究的重点是李嘉图级差地租理论，集中于对李嘉图级差地租理论所依据的农业劳动生产率递减规律的批判。1851 年 1 月初，马克思在给恩格斯的信中提到他对李嘉图地租理论的批判性观点。马克思指出，李嘉图的地租理论“为马尔萨斯的人口论提供了现实基础”，因为李嘉图把耕地面积的扩大和土地肥力的下降套在一起，演绎出人口的增长将大大地超过粮食增长的结论。马克思认为：“毫无疑问，随着文明的进步，人们不得不耕种越来越坏的土地。但是，同样毫无疑问，由于科学和工业的进步，这种较坏的土地和从前的好的土地比起来，是相对地好的。”[②] 马克思提出的两个“毫无疑问”的论断，阐明地租理论的“主要问题仍然是使地租规律与整个土地肥力的提高相符合；只有这样，才能解释历史事实，另一方面，也才能驳倒马尔萨斯关于不仅劳动力日益衰退而且土质也日益恶化的理论”[③]。马克思把他研究的结果最先告诉恩格斯，提出“请把你对这个问题的意见告诉我”[④]。

恩格斯对马克思提出的问题作了探索，1851 年 1 月底，他在给马克思的回信中肯定“你关于地租的新观点是完全正确的”，还诙谐地说：“毫无疑问，你对问题的解决是正确的，这使你有进一步的理由获得地租问题经济学家的称号。如果世间还有公理和正义的话，那么至少一年的全部地租现在应该归于你，这还只是你有权要求的最低数目。”[⑤] 恩

---

① 《马克思恩格斯文集》第 10 卷，人民出版社 2009 年版，第 75—76 页。
② 《马克思恩格斯文集》第 10 卷，人民出版社 2009 年版，第 64 页。
③ 《马克思恩格斯文集》第 10 卷，人民出版社 2009 年版，第 64 页。
④ 《马克思恩格斯文集》第 10 卷，人民出版社 2009 年版，第 66 页。
⑤ 《马克思恩格斯文集》第 10 卷，人民出版社 2009 年版，第 67 页。

格斯集中于李嘉图关于土地肥力随着人口的增加而递减观点的批判，提出“我怎么也不理解李嘉图的那个简单的命题，他把地租说成是各类土地的生产率之间的差额，但他在论证这个命题时，(1) 除了说人们要去耕种越来越坏的土地，没有举出任何别的因素；(2) 完全忽视了农业的进步；(3) 最后几乎完全抛开了人们要去耕种越来越坏的土地的说法，而始终强调这样一种论点：连续投入一定的土地上的资本，使收益增加得越来越少。需要论证的命题本身是很清楚的，而在论证中举出的理由与这个命题却是毫不相干的”[①]。恩格斯提到，他在《国民经济学批判大纲》中已经用科学耕作法的进步批驳过肥力递减论，“当然那是很粗浅的，缺乏系统的论述。你现在把这一问题彻底弄清楚了，这就更是使你必须赶快完成并出版经济学著作的一个理由”[②]。恩格斯抓住“农业的进步”这一核心问题，对李嘉图级差地租理论的局限性作了透彻分析。恩格斯对马克思地租理论上的这一新见解给予高度评价，认为“如果能够把你的论述地租的文章发表在英国的一家杂志上，那将会产生巨大的影响”[③]。

在经济危机理论上，1850 年 2 月，恩格斯已经感悟到，资本主义生产的不断扩大，“有一定的限度，它不可能摆脱现有市场的限制。当扩大生产超出了现有市场的限制的时候，就会产生危机，引起破坏、破产和贫困”[④]。基于这一基本认识，1851 年 7 月，恩格斯在同马克思谈起当时可能出现的以棉花市场被限制为特征的经济危机时认为：“今年棉花的收获量将达到三百万包，即十二亿至十三亿五千万磅。从来没有见过这么好的收成。同时出现了营业萎缩的征兆：东印度商品充斥，叫喊要停止输入棉织品。这里的棉纱和棉织品市场由于棉花价格不稳定自然处于混乱状态。如果市场的崩溃和这样大的丰收碰到一起，那就热闹了。”[⑤] 到 1851 年 10 月，恩格斯在“这些工业上的琐碎消息”[⑥] 中捕捉

① 《马克思恩格斯文集》第 10 卷，人民出版社 2009 年版，第 67—68 页。
② 《马克思恩格斯文集》第 10 卷，人民出版社 2009 年版，第 68 页。
③ 《马克思恩格斯文集》第 10 卷，人民出版社 2009 年版，第 68 页。
④ 《马克思恩格斯全集》第 10 卷，人民出版社 1998 年版，第 287 页。
⑤ 《马克思恩格斯全集》第 27 卷，人民出版社 1972 年版，第 308—309 页。
⑥ 《马克思恩格斯全集》第 27 卷，人民出版社 1972 年版，第 309 页。

到经济危机可能爆发的信息，对马克思正在研究的经济危机问题显然是有帮助的。

1856 年，马克思和恩格斯几乎同时对资本主义经济危机理论作出了新的探讨。1856 年 4 月，恩格斯在给马克思的信中说:“现在正在进入这个投机狂的最后阶段……这一次的崩溃将是前所未闻的；一切因素都已具备：激烈紧张，广泛普遍，一切有产的和统治的社会阶层都牵涉进去。”① 到 1857 年 11 月，恩格斯对正在爆发的经济危机作了“二次打击”的判断，第一次是银行信用的危机，而“决定性的主要是第二次打击”，这是物质生产领域的危机，而且“当生产过剩只限于工业时，这只是问题的一半，而当它波及到农业，并且把热带和温带都包括在内的时候，事情就大了”②。针对正在爆发的经济危机的这一特点，恩格斯向马克思详细说明了“或多或少地扩大信贷，一向是掩盖生产过剩的一种形式，但这一次，它却表现在开空头期票这种十分特殊的做法”③ 的内在机理，对资本主义经济危机正在从以往生产相对过剩的经济危机，转向以银行信用为起点的银行和产业交织的经济危机作了深刻阐释，这些对马克思经济危机理论研究产生了重要影响。这种影响，就如马克思在 1858 年 1 月给恩格斯的信中说:“我在经济学的写作中现在遇到一个问题，想从你那里得到一些实际材料的解释，因为这在理论著作中是找不到的。”④ 尽管这次说的不直接是经济危机问题，而是“关于资本的周转，周转在不同种类的企业里的差别，以及它对利润和价格的影响”⑤ 这一更为专门性的问题。恩格斯正是在这些“理论著作中是找不到的”问题上，给马克思以无可替代的理论支持。

对经济危机理论的探讨，也成为马克思写作《政治经济学批判》著作的直接动因。1856 年 4 月，马克思在《人民报》创刊纪念会的演讲中指出:“现代工业和科学为一方与现代贫困和衰颓为另一方的这种对抗，我们时代的生产力与社会关系之间的这种对抗，是显而易见的、不

① 《马克思恩格斯全集》第 29 卷，人民出版社 1972 年版，第 41—42 页。
② 《马克思恩格斯全集》第 29 卷，人民出版社 1972 年版，第 221 页。
③ 《马克思恩格斯全集》第 29 卷，人民出版社 1972 年版，第 221 页。
④ 《马克思恩格斯全集》第 29 卷，人民出版社 1972 年版，第 258—259 页。
⑤ 《马克思恩格斯全集》第 29 卷，人民出版社 1972 年版，第 259 页。

可避免的和毋庸争辩的事实。”① 社会矛盾的对抗必将导致无产阶级革命的到来，革命中无产阶级将负有新的历史使命：“历史本身就是审判官，而无产阶级就是执刑者。”② 到 1856 年 9 月，马克思提出，在这场“以前从未有过的全欧规模”的危机中，“我不认为我们还能长久地在这里当旁观者”③。投入革命的洪流，“‘动员’我们的人的日子不远了”④。1857 年底，马克思满怀激情地向恩格斯表示：“我现在发狂似地通宵总结我的经济学研究，为的是在洪水之前至少把一些基本问题搞清楚。”⑤ 为此，马克思从 1857 年初以后，就以极大的精力，从事政治经济学的“双重”的研究工作：一是对政治经济学原理的研究。马克思认为，在当前，这项工作非常必要，它可以使公众认清事物的本质。二是关于当前危机的研究。马克思密切注意英、德、法、美等国资本主义经济发展的现实状况，为写作一部专门论述危机问题的著作作准备。

从 1857 年 7 月到 1858 年 5 月间，马克思以《政治经济学批判》为题写了一系列经济学手稿。这些手稿写在由马克思本人标明的“M”和“Ⅰ”至“Ⅶ”的 8 个笔记本上，后人把这些手稿统称为《1857—1858 年经济学手稿》。在手稿的写作过程中，马克思同恩格斯一直在不间断地探讨其中的政治经济学理论问题，这些问题大体包括两个方面：一是同资本主义经济运行和资本构成有关的理论和实际问题；二是同马克思政治经济学体系和结构相关的理论问题。

1858 年 2 月，马克思在写作关于资本流通过程的问题时，遇到了资本运行和资本构成关系的理论和实际问题。3 月初，马克思在给恩格斯的信中提出：“你能否告诉我，你们隔多少时间——例如在你们的工厂——更新一次机器设备？拜比吉断言，在曼彻斯特大多数机器设备平均每隔五年更新一次。这种说法在我看来有点奇怪，不太可信。机器设备更新的平均时间，是说明大工业巩固以来工业发展所经过的多年周期

① 《马克思恩格斯文集》第 2 卷，人民出版社 2009 年版，第 580 页。
② 《马克思恩格斯文集》第 2 卷，人民出版社 2009 年版，第 581 页。
③ 《马克思恩格斯文集》第 2 卷，人民出版社 2009 年版，第 73 页。
④ 《马克思恩格斯全集》第 29 卷，人民出版社 1972 年版，第 73 页。
⑤ 《马克思恩格斯文集》第 10 卷，人民出版社 2009 年版，第 140 页。

的重要因素之一。”① 马克思提出资本流通问题，涉及固定资本和流动资本构成的两个基本问题：一是固定资本的更新或者说是固定资本的折旧率的问题；二是机器设备这一类固定资本更新同工业发展周期及经济危机周期的关系问题。

恩格斯很快作了答复，他告诉马克思，“无论如何拜比吉是十分错误的”，关于机器设备更新的时间虽然很难有确切的说法；但“最可靠的标准是每个厂主每年在自己机器设备的折旧和修理上扣除的百分率，这样，厂主在一定时期内就全部补偿了他的机器费用”②。例如，“这一百分率通常为 7.5%，因此，机器设备的费用在十三年零四个月内就可以由每年收入中的扣除部分予以补偿，也就是说可以无亏损地使机器设备完全得到更新”③。恩格斯举例细致地说明了机器设备的更新过程、价值补偿和周期更新的问题，结论就是：“10—12 年的时间足以改变大部分机器设备的性能，因而多多少少使它得到更新。”④ 恩格斯的这一说明，对马克思在资本周转中固定资本更新问题的理解，以及对不变资本和可变资本同固定资本和流动资本两种资本构成理论的形成，肯定发生着重要的影响。

在马克思政治经济学体系和结构相关的理论问题上，1858 年 4 月 2 日，马克思在给恩格斯的信中提到了《政治经济学批判》著作的“六册结构计划”，这“六册”是指：“1. 资本；2. 土地所有制；3. 雇佣劳动；4. 国家；5. 国际贸易；6. 世界市场。”⑤ 其中，第一册《资本》又分作四篇，即（a）资本一般、（b）竞争或许多资本的相互作用、（c）信用和（d）股份资本。第一篇“资本一般”再分作三章：价值、货币和资本一般。在信中，马克思对第一章价值和第二章货币的内容作了概括性论述。最后提出：第三章资本“实际上，这是这第一分册中重要的部分，关于这部分我特别需要听听你的意见。但是我今天不能继续写下去了。讨厌的胆病使我难以执笔，一低头写字就感到头晕。因此下次再

① 《马克思恩格斯文集》第 10 卷，人民出版社 2009 年版，第 151 页。
② 《马克思恩格斯文集》第 10 卷，人民出版社 2009 年版，第 152 页。
③ 《马克思恩格斯文集》第 10 卷，人民出版社 2009 年版，第 152 页。
④ 《马克思恩格斯文集》第 10 卷，人民出版社 2009 年版，第 154 页。
⑤ 《马克思恩格斯文集》第 10 卷，人民出版社 2009 年版，第 157 页。

谈吧"[①]。其实，这是马克思对正在准备写作的《政治经济学批判》第一分册主要内容的概述，尽管这时候马克思还没有完全结束《1857—1858年经济学手稿》的写作。

恩格斯很快在4月9日给马克思写了回信，对马克思第一分册的"纲要"谈了自己的看法。恩格斯谈到："我因研究你写的分册的前半部分的纲要，十分忙碌。"恩格斯肯定了"纲要"对相关问题论述的"恰当"和"精细"，并表示"非常赞成"；但是，恩格斯也对"纲要"中的"辩证转化"和"历史根据"问题提出进一步完善的建议。恩格斯指出："这个abstract〔纲要〕的确非常abstract〔抽象〕，这在简短的叙述中是难免的，我常常要费力地去寻找辩证转化，因为我对一切抽象的推理很不习惯。"[②] 具体地说，"我还没有弄清地产向雇佣劳动的辩证转化。货币问题也写得非常精细，这方面的细节我也还没有弄清楚，因为我常常必须先寻找历史根据"[③]。恩格斯希望能从"资本一般"整体结构上加以完善，这样"我对思考的过程就会比较清楚些，而对这个问题也就可以给你写得详细一些。在进一步分析的时候，这个纲要的抽象辩证的色彩自然就没有了"[④]。1859年《政治经济学批判》第一分册出版后，恩格斯能对马克思著作中的"辩证转化"和"历史根据"的问题作出精辟论述，肯定得益于同马克思对这些问题的预先探讨。

## 二、恩格斯对《政治经济学批判》第一分册的研究

1851年1月底，恩格斯在给马克思的关于地租问题的回信中就提及"你必须赶快完成并出版经济学著作"的问题。这说明，马克思之前已经同恩格斯谈到过"出版经济学著作"的问题。在写作《伦敦笔记》的时候，马克思提出过出版他的政治经济学著作的打算。1851年下半年，马克思提出了出版政治经济学三卷著作的计划，即第一卷政治经济学"批判"、第二卷社会主义者"批判"和第三卷政治经济学"历史"。

---

① 《马克思恩格斯文集》第10卷，人民出版社2009年版，第162页。

② 《马克思恩格斯全集》第29卷，人民出版社1972年版，第306页。

③ 《马克思恩格斯全集》第29卷，人民出版社1972年版，第306页。

④ 《马克思恩格斯全集》第29卷，人民出版社1972年版，第306页。

在这三卷著作的计划中，前两卷是经济学理论原理阐述，最后第三卷是经济学思想历史阐述，在整体上呈现了从经济学理论原理阐述到经济学思想历史阐述的序列。在 1851 年 11 月给恩格斯的信中，马克思认为，如果出版商要把这两者颠倒过来，从第三卷“经济学史开始”出版的话，“就会把我的整个计划推翻”①。

恩格斯在给马克思的回信中，一方面赞赏马克思提出的政治经济学著作出版计划，另一方面也提出可以从“经济学史开始”的出版建议。恩格斯提出：把第三卷“历史”写成两卷，因为“你也需要这么大的篇幅，一则是为了作初步的批判，再则也是为了在最终决不会按伦敦的成本价计算稿酬的情况下使你多少有些收益”②。恩格斯把马克思著作的三卷计划扩展为四卷结构计划，即第三卷可以出《社会主义者》，第四卷出《批判》和已经非常有名的“正面的东西”。恩格斯认为：这种写法是有它的困难的，然而也有优点，就是在最后才把人们十分渴望知道的秘密揭示出来，而且是在庸人们看了三卷，好奇心越来越大之后，才告诉他们我们不是要制造莫里逊药丸。恩格斯提出：“如果在第一卷中就已经向他们揭示了大秘密，那他们对历史等等就不会再感兴趣；正像黑格尔在《精神现象学》中所说的那样，他们读一下《序言》，一般东西那里就全有了。”③ 显然，对“历史根据”方面的理解，恩格斯这时同马克思有不同的看法。这种看法上的差异，在恩格斯于 1859 年对马克思《政治经济学批判》第一分册的研究中得以弥合。

1859 年 6 月出版的马克思《政治经济学批判》第一分册，走出了马克思“出版经济学著作”的重要一步。马克思十分关注恩格斯对《政治经济学批判》第一分册的评价。第一分册正式出版前，恩格斯已经阅读过，并作了肯定的评价。马克思在 1859 年 6 月 7 日给恩格斯的信中提出：“第一分册中了你的意，因为在这个问题上，只有你的意见对我是重要的。我曾有点不安地等待你的评判，使我的妻子感到很好笑。”④

---

① 《马克思恩格斯全集》第 48 卷，人民出版社 2007 年版，第 430 页。

② 《马克思恩格斯全集》第 48 卷，人民出版社 2007 年版，第 434 页。

③ 《马克思恩格斯全集》第 48 卷，人民出版社 2007 年版，第 434 页。

④ 《马克思恩格斯全集》第 29 卷，人民出版社 1972 年版，第 429 页。

在这里，马克思虽然没有详细说明恩格斯提出了什么具体的“意见”，但根据一个多月后他给恩格斯的另一封信的内容判断，恩格斯的“意见”显然包含了对《政治经济学批判》第一分册的方法上和内容上的新成就的评价。

恩格斯不仅是这一著作的第一读者，而且也是研究和宣传这一著作的第一人，恩格斯对《政治经济学批判》第一分册中体现的马克思政治经济学方法论作出堪称经典的阐释。

1859 年 6 月 4 日，德国《人民报》刊登了马克思《政治经济学批判》的“序言”，该报在编辑部按语中声言还要发表关于《政治经济学批判》的评论。《政治经济学批判》第一分册正式出版后，《人民报》的编辑埃·比斯康普打算写这一评论，被马克思“劝阻”了。马克思在 7 月19 日给恩格斯的信中谈及此事，认为比斯康普“对此一窍不通。可是既然他……已经许愿要谈一谈这部著作，所以我请你……替他写一写。简短地谈一下方法问题和内容上的新东西”[①]。恩格斯很快写了三篇评论，对《政治经济学批判》第一分册的科学方法和内容上的新成就作了高度评价。其中，关于科学方法的评论分作两篇，分别发表在 8 月 6 日和 20 日的《人民报》上。由于《人民报》停刊，关于“内容上的新东西”的第三篇评论没有见报。恩格斯在前两篇评论发表前，曾与马克思作过探讨。

在对《政治经济学批判》第一分册方法的评价中，恩格斯首先肯定，在《〈政治经济学批判〉序言》中，马克思“进一步发挥我们的唯物主义论点，并且把它应用于现时代，一个强大的、一切时代中最强大的革命远景就会立即展现在我们面前。人们的意识取决于人们的存在而不是相反，这个原理看来很简单，但是仔细考察一下也会立即发现，这个原理的最初结论就给一切唯心主义，甚至给最隐蔽的唯心主义当头一棒。关于一切历史的东西的全部传统的和习惯的观点都被这个原理否定了”[②]。

其次，恩格斯认为马克思的这部著作，“决不是对经济学的个别章

① 《马克思恩格斯全集》第 29 卷，人民出版社 1972 年版，第 442 页。
② 《马克思恩格斯文集》第 2 卷，人民出版社 2009 年版，第 597—598 页。

节作零碎的批判，决不是对经济学的某些争论问题作孤立的研究。相反，它一开始就以系统地概括经济科学的全部复杂内容，并且在联系中阐述资产阶级生产和资产阶级交换的规律为目的"①。恩格斯对《政治经济学批判》作的"系统地概括"和"在联系中阐述"的评论，不仅对《政治经济学批判》第一分册的理论特征作出了准确把握，而且也对马克思政治经济学方法的精粹作出了科学概括。

再次，高度评价马克思在《政治经济学批判》第一分册中对黑格尔哲学思想核心观点的升华。恩格斯认为："黑格尔的思维方式不同于所有其他哲学家的地方，就是他的思维方式有巨大的历史感做基础。形式尽管是那么抽象和唯心，他的思想发展却总是与世界历史的发展平行着，而后者按他的本意只是前者的验证。"② 黑格尔尽管对"世界历史"的基础作出了"颠倒"的理解，但他却是"第一个想证明历史中有一种发展、有一种内在联系的人"③。恩格斯认为，尽管黑格尔的"历史哲学中的许多东西现在在我们看来十分古怪，如果把他的前辈，甚至把那些在他以后敢于对历史作总的思考的人同他相比，他的基本观点的宏伟，就是在今天也还值得钦佩"④。

根据黑格尔认识到的"历史中有一种发展、有一种内在联系"的观点，恩格斯对政治经济学中"历史根据"的方法作了阐释，并把这种方法运用于马克思政治经济学的叙述方法之中。恩格斯提出，马克思在《政治经济学批判》第一分册中的叙述方法，"就是从黑格尔逻辑学中把包含着黑格尔在这方面的真正发现的内核剥出来，使辩证方法摆脱它的唯心主义的外壳并把辩证方法在使它成为唯一正确的思想发展形式的简单形态上建立起来。马克思对于政治经济学的批判就是以这个方法做基础的，这个方法的制定，在我们看来是一个其意义不亚于唯物主义基本观点的成果"⑤。

最后，对政治经济学所运用的历史与逻辑相统一方法作出评价和阐

① 《马克思恩格斯文集》第 2 卷，人民出版社 2009 年版，第 600 页。
② 《马克思恩格斯文集》第 2 卷，人民出版社 2009 年版，第 602 页。
③ 《马克思恩格斯文集》第 2 卷，人民出版社 2009 年版，第 602 页。
④ 《马克思恩格斯文集》第 2 卷，人民出版社 2009 年版，第 602 页。
⑤ 《马克思恩格斯文集》第 2 卷，人民出版社 2009 年版，第 602—603 页。

释。黑格尔在《哲学史讲演录》第一卷“导言”中指出:“历史上的那些哲学系统的次序，与理念里的那些概念规定的逻辑推演的次序是相同的。我认为：如果我们能够对哲学史里面出现的各个系统的基本概念，完全剥掉它们的外在形态和特殊应用，我们就可以得到理念自身发展的各个不同的阶段的逻辑概念了。反之，如果掌握了逻辑的进程，我们亦可从它里面的各主要环节得到历史现象的进程。不过我们当然必须善于从历史形态所包含的内容里去认识这些纯粹概念。”[①]《政治经济学批判》第一分册把黑格尔的这一方法改造为政治经济学的叙述方法。

恩格斯认为，在政治经济学方法中，“逻辑的方式是唯一适用的方式。但是，实际上这种方式无非是历史的方式，不过摆脱了历史的形式以及起扰乱作用的偶然性而已。历史从哪里开始，思想进程也应当从哪里开始，而思想进程的进一步发展不过是历史过程在抽象的、理论上前后一贯的形式上的反映；这种反映是经过修正的，然而是按照现实的历史过程本身的规律修正的，这时，每一个要素可以在它完全成熟而具有典型性的发展点上加以考察”[②]。这一方法在《政治经济学批判》第一分册中得到多方面的运用。其中，理论阐述和历史阐述的“双重结构”，就呈现了历史与逻辑相统一的方法的意蕴。这一“双重结构”在《政治经济学批判》第一分册上以两重标题形式展现如下：

第一章　商品

A. 关于商品分析的历史

第二章　货币或简单流通

1. 价值尺度

B. 关于货币计量单位的学说

2. 流通手段

3. 货币

4. 贵金属

C. 关于流通手段和货币的学说

---

① 黑格尔:《哲学史讲演录》第一卷，商务印书馆 1959 年版，第 34 页。

② 《马克思恩格斯文集》第 2 卷，人民出版社 2009 年版，第 603 页。

这一“双重结构”在两重标题上的体现：一是以理论原理阐述为主题，如“第一章 商品”，“第二章 货币或简单流通”，第二章分作四节:“1. 价值尺度”、“2. 流通手段”、“3. 货币”和“4. 贵金属”；二是以思想历史阐述为主题，如“A. 关于商品分析的历史”、“B. 关于货币计量单位的学说”和“C. 关于流通手段和货币的学说”。马克思把后者有时简称为“历史附录”，例如，马克思在谈到金属货币相对价值同价格的思想史研究问题时就提到，“以后将作为货币同价格的关系这一章的历史附录来进行研究”。这表明，“第一章 商品”关于商品理论阐述之后，就是“A. 关于商品分析的历史”的思想历史的阐述；第二章“1. 价值尺度”论述货币的价值尺度基本原理阐述之后，就是“B. 关于货币计量单位的学说”对价值尺度作为货币基本职能时货币计量单位的思想历史的阐述，等等。

《政治经济学批判》第一分册第一章以商品范畴为马克思经济学体系的起始范畴，同时也是马克思关于经济思想历史阐述的起点。在“A. 关于商品分析的历史”的思想历史阐述一开始，马克思就指出:“把商品归结于二重形式的劳动，即把使用价值归结于实在劳动或合乎目的的生产活动，把交换价值归结于劳动时间或相同的社会劳动，是古典政治经济学一个半世纪以上的研究得出的批判性的最后成果；古典政治经济学在英国从威廉·配第开始，到李嘉图结束，在法国从布阿吉尔贝尔开始，到西斯蒙第结束。”[①] 马克思循着 17 世纪中叶开始的配第，到布阿吉尔贝尔、本杰明·富兰克林、詹姆斯·斯图亚特、亚当·斯密，最后到 19 世纪前期的李嘉图、西斯蒙第等古典经济学家关于商品分析的思想脉络，揭示了古典经济学在“商品分析”上的“自我批判”过程及其达到“最后结果”的思想史过程。

在第二章的“2. 流通手段”、“3. 货币”和“4. 贵金属”之后，马克思以“C. 关于流通手段和货币的学说”为标题，对这三节的理论原理作了思想历史的回顾。“C. 关于流通手段和货币的学说”的思想历史回顾，起始于 16 世纪和 17 世纪的货币主义和重商主义的货币学说。马克思指出:“货币主义和重商主义把货币只是在它作为流通中的结

① 《马克思恩格斯全集》第 13 卷，人民出版社 1962 年版，第 41 页。

晶体的形式规定性上来认识；与此相反，古典经济学把货币首先在它的流动形式上，作为在商品形式变换本身内部产生而又消失的交换价值形式来理解，这是完全合乎情理的。”[①] 显然，在思想历史进程上，货币学说是以 16 世纪和 17 世纪货币主义和重商主义的学说为起点的，早于 17 世纪中叶开始的配第的商品价值学说。但是，在思想历史逻辑中，16 世纪和 17 世纪产生的货币主义和重商主义货币学说，应接续于 17 世纪中叶始发的古典经济学的商品学说，因为在理论逻辑中，商品范畴先于货币范畴。在这里，理论逻辑对历史逻辑作了“修正”，这种“修正”使得理论原理阐述的逻辑辩证地再现历史逻辑的内在规定。

在理论逻辑和历史逻辑的关系中，理论逻辑指的是思维反映具体层面的结构。在形式上，理论逻辑表现为经济学著作的体系结构，其中最主要的就是体系结构中范畴的关系、序列和结构。历史逻辑是作为客体的社会既定结构的涵义，因而也是客体的历史，特别是客观范畴形成的历史。但是，作为理论逻辑后位序列的历史逻辑，不再是纯粹自然形成的，而是经过加工的、经过修正的历史逻辑。

在这一意义上，恩格斯认为：“我们采用这种方法，是从历史上和实际上摆在我们面前的、最初的和最简单的关系出发，因而在这里是从我们所达到的最初的经济关系出发。”[②] 通过对《政治经济学批判》第一分册关于商品理论和货币理论叙述方法的分析，恩格斯认为，在运用历史与逻辑相统一的方法时，“逻辑的发展完全不必限于纯抽象的领域。相反，逻辑的发展需要历史的例证，需要不断接触现实。因此这里插入了各种各样的例证，有的指出各个社会发展阶段上的现实历史进程，有的指出经济文献，以便从头追溯明确作出经济关系的各种规定的过程。对于个别的、多少是片面的或混乱的见解的批判，实质上在逻辑发展本身中已经作出了，因此可以叙述得很简略。”[③]

最后，恩格斯揭示了马克思政治经济学的本质，认为“经济学研究的不是物，而是人和人之间的关系，归根到底是阶级和阶级之间的关

---

① 《马克思恩格斯全集》第 13 卷，人民出版社 1962 年版，第 149 页。

② 《马克思恩格斯文集》第 2 卷，人民出版社 2009 年版，第 603—604 页。

③ 《马克思恩格斯文集》第 2 卷，人民出版社 2009 年版，第 605 页。

系；可是这些关系总是同物结合着，并且作为物出现。诚然，这个或那个经济学家在个别场合也曾觉察到这种联系，而马克思第一次揭示出这种联系对于整个经济学的意义，从而使最难的问题变得如此简单明了，甚至资产阶级经济学家现在也能理解了”[①]。

## 三、恩格斯与马克思的《1861—1863年经济学手稿》

1859年1月，马克思在完成《政治经济学批判》第一分册后，曾预计很快能写作以“第3章 资本”为主题的第二分册。当时，他在给恩格斯的信中说:“如果事情顺利，那末第三章《资本》可以马上接着出版。”[②] 但是，马克思没有能按这一计划进行政治经济学的新的研究。繁忙的“党务”工作和家庭生活的困境，一再地打断他的写作进程；特别是为了回击卡尔·福格特对马克思及其战友在共产主义者同盟中的活动的诽谤，为了对同盟在历史上的声誉和在德国的未来地位负责，马克思花了整整一年的时间，写了《福格特先生》一书。到1861年夏，马克思才重新开始《1861—1863年经济学手稿》（以下简称《手稿》）的写作。

《手稿》实际上是从1861年8月开始撰写的。正像马克思完成的其他的经济学著述一样，恩格斯对马克思这部《手稿》的创作，同样发生过独特的影响；也正像马克思留下的其他的经济学遗稿一样，在马克思去世后的12年间，恩格斯对这部《手稿》也进行过深入的探析。搞清恩格斯对《手稿》创作的影响及其对《手稿》探析的基本情况，对于更深入地研究恩格斯对马克思主义政治经济学的贡献是有重要意义的。

在《手稿》的写作过程中，恩格斯的影响主要表现在两个方面：一是同马克思探讨了《手稿》中涉及的几乎所有的经济学的新的理论问题，主要如社会资本再生产问题、价值转化为生产价格问题、绝对地租产生问题、资本流通问题等等；二是解答了马克思提出的有关资本主义经济运行，特别是企业经济和经营活动中的一些具体问题。

---

① 《马克思恩格斯文集》第2卷，人民出版社2009年版，第604页。

② 《马克思恩格斯全集》第29卷，人民出版社1972年版，第369页。

1862年3月6日，马克思在给恩格斯的信中提出关于工厂中各个工种之间工人人数的量的比例关系问题，希望恩格斯能够提供他所经营的工厂中有关这方面问题的实际资料。因为“我的书需要一个这样的例子来说明，在机械工场里不存在象亚·斯密所描写的那种作为手工工场基础的分工。尤尔已经提出了这个原理。随便举个例子就行”[①]。马克思要以最新的实际资料为例证，阐明资本主义企业内部分工的特征及其新变化。

1862年8月2日，马克思在给恩格斯的一封长信中，对他在生产价格理论和绝对地租理论上的新发现作了概括性的阐述。马克思说道：“我想把这个详细叙述起来非常浩繁的问题用几句话告诉你，希望你能把你的意见告诉我。”[②] 如果把这封信中的叙述与《手稿》相应部分的论述对照一下，我们不难发现，在这封信中，马克思无论是对价值转化为生产价格问题的阐述还是对绝对地租的性质及其根源的论述，都显得更为清晰、更为明确。马克思向恩格斯转达自己研究的新发现的同时，也使这些新发现在理论观点的准确性上和理论阐述的系统性上前进了一大步。

对马克思的新发现，恩格斯显然作了认真的思考，他在8月8日给马克思的回信中提到：关于地租理论的意见，“我日内就写给你”，但对绝对地租“存在”的问题，恩格斯“还很不明白”，希望马克思能作出“进一步论证”[③]。对恩格斯的疑问，马克思立即作了回答。在8月9日给恩格斯的信中，马克思围绕绝对地租“存在”的问题，从三个方面作了“补充”[④] 论述，从而进一步完善了他在《手稿》中刚提出的绝对地租理论。

机器的价格补偿，即固定资本折旧的问题，马克思在很长时期内都没有搞清楚。还在写作《1857—1858年经济学手稿》时，他就已经提出过类似的问题，1858年1月，他在给恩格斯的信中说：“我在经济学的写作中现在遇到一个问题，想从你那里得到一些实际材料的解释，因

---

① 《马克思恩格斯全集》第30卷，人民出版社1975年版，第226页。

② 《马克思恩格斯全集》第30卷，人民出版社1975年版，第265页。

③ 《马克思恩格斯全集》第30卷，人民出版社1975年版，第275页。

④ 参见《马克思恩格斯全集》第30卷，人民出版社1975年版，第276—277页。

为这在理论著作中是找不到的。这个问题就是关于资本的周转，周转在不同种类的企业里的差别，以及它对利润和价格的影响。”[①] 当时，恩格斯没有作出明确的说明。时隔四年，马克思在写作《手稿》时，又遇到了这个“在理论著作中找不到”答案的问题，再次询问被他称作“实践家”的恩格斯。

1862 年 8 月 20 日，马克思在给恩格斯的信中提到，如果机器平均能够使用 12 年的话，那么，预定每年用来补偿机器 1/12 的基金将怎么办呢？“这笔基金实际上不就是用于扩大再生产的，同收入转化为资本的一切情况无关的积累基金吗？”[②] 马克思迫切希望搞清这个问题，因而要求恩格斯“无论如何总能简短地回答一下这个问题”[③]。马克思对这个问题的表述本身说明，他对补偿机器的折旧基金的周转的理解还不是十分清楚。9 月 9 日，恩格斯在给马克思的回信中没有立即答复这个问题，他只是连同马克思提到的地租问题一起，简要地提出:“地租理论真的使我觉得太抽象了；等到稍微安静一点，我会好好考虑的。关于机器损耗也是这样，虽然我确信，在这个问题上你走入了歧途。要知道，损耗期并不是一切机器都相同的。但这个问题等我回来以后再详谈。”[④] 后来，恩格斯是怎样同马克思“详谈”这个问题的，我们并不知道；但我们能够知道的是，在这以后马克思确实搞清了这个曾使他“走入了歧途”的问题。显然，这与恩格斯之后所作的“详谈”是分不开的。

马克思逝世后，恩格斯在编辑出版《资本论》第二卷和第三卷的过程中，对马克思留下的这部《手稿》作了直接的、深入的研究。恩格斯的这一研究，大体可分为两个阶段。第一阶段从 1883 年 3 月到 1885 年 5 月。这一阶段，恩格斯结合编辑出版《资本论》第二卷，对《手稿》作了最初的研究，这一研究的成果突出表现在恩格斯撰写的《资本论》第二卷“序言”中。第二阶段从 1885 年《资本论》第二卷出版到 1895 年恩格斯逝世。这一阶段，恩格斯结合编辑出版《资本论》第三卷和他晚年对政治经济学的新的研究，对《手稿》作了进一步研究，这一研究

---

① 《马克思恩格斯全集》第 29 卷，人民出版社 1972 年版，第 258—259 页。

② 《马克思恩格斯全集》第 30 卷，人民出版社 1975 年版，第 282 页。

③ 《马克思恩格斯全集》第 30 卷，人民出版社 1975 年版，第 282 页。

④ 《马克思恩格斯全集》第 30 卷，人民出版社 1975 年版，第 284 页。

的成果突出表现在《资本论》第三卷的“序言”和由恩格斯为《资本论》第三卷增写的一些补充论述中，也表现在恩格斯这一时期撰写的批判资产阶级政治经济学理论的一些论文和书信中。

马克思逝世后，恩格斯怀着对他的挚友的深厚情谊，投身于整理马克思经济学手稿的艰巨而繁重的工作中。1883 年 4 月初，恩格斯首先接触到的是马克思留下的有关《资本论》第二册和第三册的一部分手稿，接着就发现了《手稿》。在对这部卷帙浩繁的《手稿》的最初研究中，恩格斯首先作了两项基础性工作：一是确定了《手稿》的写作时间；二是对《手稿》的结构作了明确的划分。

最初发现《手稿》时，恩格斯对《手稿》的写作时间并不十分清楚。一开始，他曾把《手稿》称作“1858—1862 年的手稿”，后来又称其为“1860—1862 年的《政治经济学批判》的手稿”、“《资本论》的第一种稿本（1861—1863 年）”等[①]。直到 1885 年 5 月，在《资本论》第二卷“序言”中，恩格斯才把《手稿》的写作时间确定为“1861 年 8 月—1863 年 6 月”[②]。

恩格斯一开始对《手稿》写作时间所作的犹疑不定的判断，并不是恩格斯主观臆断的结果。在很大程度上，可能与马克思把《手稿》的 23 个笔记本，同他在 1858 年下半年写的“第 3 章　资本”手稿的片段以及在 1860 年初打算重新写作“第 3 章　资本”时留下的某些准备材料放在一起有关。嗣后，恩格斯显然是排除了 23 个笔记本以外的其他所有材料，根据马克思在《手稿》第 I 笔记本 A 页上标明的日期（“1861 年 8 月”），确定了《手稿》写作的起始时间。恩格斯对《手稿》具体写作时间的确定，从一个侧面反映了他对马克思这部《手稿》理解的深化。

值得一提的是，对恩格斯这里所说的“1858—1862 年的手稿”的涵义，《马克思恩格斯全集》俄文版编者的理解是有偏误的。他们认为，恩格斯的这一说法，既包括“1857—1858 年手稿”，也包括“以《政治

---

① 《马克思恩格斯全集》第 36 卷，人民出版社 1975 年版，第 31 页、第 204 页、第 111 页。

② 《马克思恩格斯文集》第 6 卷，人民出版社 2009 年版，第 4 页。

经济学批判》为题的 1861—1863 年手稿”[①]。其实，恩格斯当时并没有发现马克思的《1857—1858 年经济学手稿》，在提到“1858—1862 年的手稿”时，他已经清楚地指出这部手稿“开头部分 1859 年在柏林发表过”[②]，也就是说该手稿承接了 1859 年《政治经济学批判》第一分册的内容。因此，这一说法不可能包括《1857—1858 年经济学手稿》。如果恩格斯当时已经发现《1857—1858 年经济学手稿》的话，他也决不会立即得出“1861—1863 年《资本论》的第一个手稿”[③] 这样的结论的。

在对《手稿》的最初研究中，恩格斯还对《手稿》的结构作了明确的划分。在《资本论》第二卷“序言”中，恩格斯根据《手稿》23 个笔记本的内容，把它们分为三部分：第一，“从第 1—220 页（第Ⅰ—Ⅴ笔记本），然后再从第 1159—1472 页（第ⅩⅨ—ⅩⅩⅢ笔记本），是论述《资本论》第一册中从货币转化为资本一直到卷末所研究的各个题目，是该书现有的最早文稿”[④]。第二，《手稿》的“主体部分”，包括“第 220—972 页（第Ⅵ—ⅩⅤ笔记本）”，“这一部分包括政治经济学核心问题即剩余价值理论的详细的批判史，同时以同前人进行论战的形式，阐述了大多数后来在第二册和第三册手稿中专门地、在逻辑的联系上进行研究的问题”[⑤]。第三，《手稿》“从第 973—1158 页（第ⅩⅥ—ⅩⅧ笔记本），是论述资本和利润、利润率、商人资本和货币资本，即那些后来在第三册手稿中阐述的题目”[⑥]。

恩格斯对《手稿》三大部分结构的划分，尽管是在 150 多年前提出的，但其科学价值至今仍为大部分《资本论》手稿研究者所认同；《马克思恩格斯全集》历史考证版（$MEGA^2$）的编者，在重新整理发表马克思这部《手稿》时，也充分肯定了恩格斯对《手稿》结构这一划分的科学性。同时，恩格斯在对《手稿》结构划分中得出的《手稿》“能够

① 《马克思恩格斯全集》第 36 卷，人民出版社 1975 年版，第 717 页。
② 《马克思恩格斯全集》第 36 卷，人民出版社 1975 年版，第 31 页。
③ 《马克思恩格斯全集》第 36 卷，人民出版社 1975 年版，第 111 页。
④ 《马克思恩格斯文集》第 6 卷，人民出版社 2009 年版，第 4 页。
⑤ 《马克思恩格斯文集》第 6 卷，人民出版社 2009 年版，第 4 页。
⑥ 《马克思恩格斯文集》第 6 卷，人民出版社 2009 年版，第 4 页。

用于现在出版的第二册的地方并不多"[①] 的重要结论，对我们现在理解《手稿》的结构、理解《资本论》第二卷创作史也是有重要启示的。所有这些都表明，在马克思逝世后的两年间，恩格斯对《手稿》的结构和基本内容已经有了较为深刻的理解。

恩格斯在对《手稿》的最初研究中，十分强调《手稿》中关于"理论问题的批判史"的重要的科学价值。在这一时期，恩格斯对资产阶级经济学的批判，特别是对约翰·卡尔·洛贝尔图斯-亚格措夫等人的批判，在很大程度上运用了《手稿》中马克思的基本理论观点。

① 《马克思恩格斯文集》第 6 卷，人民出版社 2009 年版，第 4 页。

# 第六章 恩格斯与《资本论》第一卷

1867 年，在《资本论》第一卷德文第一版出版前后，马克思曾向恩格斯表示："没有你，我永远不能完成这部著作。"[①] 在马克思《资本论》第一卷的创作过程中，恩格斯不仅在物质上和精神上给马克思以巨大的、无私的帮助，而且在理论上和方法上作出过特殊的贡献。

## 一、恩格斯与马克思《资本论》第一卷的创作

1862 年底，马克思决定以《资本论》为标题撰写自己的政治经济学著作，原来的"政治经济学批判"改作副标题。在写作过程中，恩格斯对马克思的理论研究产生过重要影响。同之前一样，在《资本论》第一卷关于资本主义生产过程问题的阐释中，马克思同恩格斯就一些基本理论问题共同作过探讨。特别是在《资本论》第一卷德文第一版最后定稿中，恩格斯更是同马克思作出过多方面的共同探讨。

1865 年底，马克思完成《资本论》三卷手稿后，立即开始对第一卷作"最后加工"。1866 年初，马克思在给恩格斯的信中说："我正好于 1 月 1 日开始誊写和润色，工作进行得很顺利，因为经过这么长的产痛以后，我自然乐于舐净这孩子。"[②] 1866 年 7 月，马克思在对《资本论》第一卷作最后修改时提出："我们关于生产资料决定劳动组织的理论，在哪里能比在杀人工业中得到更为显明的证实呢？你的确值得费一些力气来写点这方面的东西（我缺乏这方面的知识），我可以把你写的东西署上你的名字放在我的书中作为附录。请你考虑一下。如果这样做的话，那就应当放在第一卷里，在那里我专门探讨了这个题目。你知道，如果

① 《马克思恩格斯文集》第 10 卷，人民出版社 2009 年版，第 256 页。
② 《马克思恩格斯文集》第 10 卷，人民出版社 2009 年版，第 235 页。

你能在我的主要著作（到目前为止，我只写了些小东西）中直接以合著者的身份出现，而不只是被引证者，这会使我多么高兴!”[①] 恩格斯对马克思关于“合著者”的提议没有回复，但之后在对《资本论》第一卷德文第一版清样审读中，恩格斯作为“合著者”的“身份”愈加凸显。

《资本论》第一卷的定稿工作，在1867年3月28日完成。4月10日，马克思亲自把《资本论》第一卷书稿送往汉堡。1867年5月5日，马克思开始校对《资本论》第一卷第一印张的清样。马克思把校对过的清样，及时地寄给恩格斯，由恩格斯再次进行审读。在审读中，恩格斯几乎对《资本论》第一卷各章都从政治经济学理论和方法上提出修改意见，实际上是他与马克思一起共同把握《资本论》第一卷问世前的最后一道关口。

1867年6月3日，马克思在给恩格斯的信中说道:“你将收到已送给我的最早的五个印张的清样。你可以留八至十天，但是，在这以后，你一定要把你的意见详细告诉我：关于价值形态的阐述，有哪几点在附录中应当特别通俗化而使庸人们能看懂。”[②]马克思很希望恩格斯能对《资本论》的理论阐释的内容和方法提出意见。马克思于6月22日再寄出四个印张时，写信向恩格斯表示:“我希望你对这四个印张感到满意。你到现在为止都还表示满意，这对我来说比所有其他人可能作出的任何评价都更为重要。”[③]

《资本论》第一卷德文第一版分作六章。马克思这里提到的“最早的五个印张”和6月22日寄出的“其次四个印张”，主要是这一卷第一章“商品和货币”的内容。第一章“商品和货币”对商品货币理论作了系统论述。马克思以商品这一资本主义的“经济细胞”为出发点，说明商品关系中已潜在地存在着资本主义经济关系一切矛盾的萌芽。马克思以劳动二重性为基础，对商品的使用价值和价值的二因素、价值量的变化规律、价值形式的发展及商品拜物教性质等问题作了分析，建立了科

① 《马克思恩格斯文集》第10卷，人民出版社2009年版，第238页。

② 《马克思恩格斯全集》第31卷，人民出版社1972年版，第306页。

③ 《马克思恩格斯文集》第10卷，人民出版社2009年版，第263页。

学的、系统的劳动价值论。马克思还说明了货币是商品生产和商品交换发展的必然产物，系统地论述了货币的本质及其职能，创立了科学的货币理论。

恩格斯对第一章“商品和货币”的论述作出高度评价，同时也提出了中肯的修改建议。在6月16日和22日给马克思的回信中，恩格斯对“价值形式”提出了叙述上的改进建议。恩格斯认为:“可以把这里用辩证法获得的东西，从历史上稍微详细地加以证实，就是说，用历史来对这些东西进行检验，虽然这方面最必要的东西都已经说过了。你在这方面掌握了许多材料，所以你一定能就这个问题写出一个很好的补充说明，用历史方法向庸人证明货币形成的必然性并表明货币形成的过程。”[①] 在同《政治经济学批判》第一分册内容的比较中，恩格斯提出，现在第一章“商品和货币”的叙述，“在辩证阐述的明确性上，有非常明显的进步，但是就论述本身来说，我更喜欢第一种形式的某些地方”[②]。这里的“第一种形式的某些地方”，是指《政治经济学批判》第一分册中章、节简明，并附有经济思想“历史验证”的阐释。

对恩格斯的这一修改意见，马克思“采取辩证的态度”予以接受，对“价值形式”作出必要的修改。马克思提出:“第一，我写了一篇附录，把这个问题尽可能简单地和尽可能教科书式地加以叙述，第二，根据你的建议，把每一个阐述上的段落都变成章节等等，分别加上小标题。”[③] 在6月27日给恩格斯的信中，马克思再次提出:“为了使你看到，我在附录中是怎样准确地遵照你的建议做的，我这里把这一附录的结构——章节和标题等等——抄给你。”[④] 马克思把这一“附录”的标题抄录给恩格斯，再次征求恩格斯的意见。最后这一“附录”，以“第一章第一节附录”为题放在了《资本论》第一卷德文第一版全书的最后。

《资本论》第一卷德文第一版的第二章至第五章，主要论述剩余价值本质、剩余价值生产形式和工资理论。在第二章“货币转化为资本”中，马克思从资本总公式的研究出发，证明劳动力成为商品是资本主义

① 《马克思恩格斯文集》第10卷，人民出版社2009年版，第260页。
② 《马克思恩格斯文集》第10卷，人民出版社2009年版，第261页。
③ 《马克思恩格斯文集》第10卷，人民出版社2009年版，第263—264页。
④ 《马克思恩格斯全集》第31卷，人民出版社1972年版，第319页。

生产的特征，是货币转化为资本的先决条件。在第三章“绝对剩余价值的生产”中，马克思以劳动过程和价值增值过程及其统一性的考察为基础，对剩余价值的来源、形成过程及机理作了深入研究，揭示了绝对剩余价值的本质。在第四章“相对剩余价值的生产”中，马克思通过对资本主义生产力运动方式中协作、分工和工场手工业、机器和大工业历史发展的考察，探讨了绝对剩余价值生产转化为相对剩余价值生产的过程，揭示了超额剩余价值、相对剩余价值的本质。在第五章“对绝对剩余价值和相对剩余价值生产的进一步考察”中，他进一步阐明了绝对剩余价值生产和相对剩余价值生产的关系，揭示了资本家阶级和雇佣工人阶级之间对立的经济根源。在这一章中，马克思还精确地证明了工资的本质，说明工资形式下所掩藏的资本和雇佣劳动对立的实质。

恩格斯在审读这五章的清样时，既作出了肯定性的评价，也提出了修改建议。关于第二章和第三章的内容，恩格斯在 6 月 24 日给马克思的信中提及:“关于货币转化为资本的一章和剩余价值的产生的一章，就叙述和内容来说，是迄今为止最光辉的两章。”[①] 对论述绝对剩余价值和相对剩余价值生产形式的“最辉煌的两章”。恩格斯特别说明:“我高兴的是，经济学家先生们在碰到上述两处时将陷入窘境。诚然，价值形式的阐述揭示了全部资产阶级的垃圾自身，但革命的结论还表现得不很明显，人们可以较容易地避开这些抽象的东西而用空话敷衍过去。可是在这里却不行，这里谈得十分清楚，我看不出他们能对此说些什么。”[②]

关于第四章，在 8 月 23 日给马克思的信中，恩格斯肯定了这一章的理论价值，这就是“从叙述的外在形式来看，第四章可能也是写得最快而仔细加工最少的一章。但是这些都没有关系，重要的是，经济学家先生们在这里找不到他们可以突破的任何一个弱点。其实我倒有兴趣听听这些先生们将说些什么，他们是什么把柄也抓不着的”[③]。同时，恩格斯也以近乎尖锐的语气提出:“你怎么会把书的外部结构弄成现在这个

① 《马克思恩格斯全集》第 31 卷，人民出版社 1972 年版，第 314 页。
② 《马克思恩格斯全集》第 31 卷，人民出版社 1972 年版，第 314 页。
③ 《马克思恩格斯文集》第 10 卷，人民出版社 2009 年版，第 268 页。

样子！第四章大约占了200页，而且只分四个部分，由于这四个部分的标题是用普通字体排印的，很难找得到。此外，思想进程经常被说明打断，而且对所说明的问题从未在说明的结尾处加以概括，以致经常从对一点的说明直接进入对另一点的叙述。这会让人感到非常疲倦，要是不全神贯注的话，甚至会感到混乱。”[①] 恩格斯的建议是，“在这里把题目分得更细一些，把主要部分更强调一些是绝对合适的……在这一章的叙述中（特别是协作和工场手工业部分）有几点我还不完全清楚，我不能确定，你是基于什么事实而只作一般的阐述的”[②]。

恩格斯的近乎尖锐的评论和提出的建议，在《资本论》第一卷德文第二版中得到回应，马克思把第一卷的整体结构由六章调整为七篇二十五章。在第二版中，不仅把作为“附录”的“价值形式”部分重新改写，与正文部分的论述结为一体，改变了原来“双重”论述的欠缺；而且还把这里提到的“第四章”细分为独立的四章，体现了恩格斯提出的对经济史过程要作为“主要部分更强调一些”的意向。

恩格斯在读完第五章清样后，对《资本论》第一卷中劳动价值理论和剩余价值理论叙述作出了一个总体性评价：“我祝贺你，只是由于你把错综复杂的经济问题放在应有的地位和正确的联系之中，因此完满地使这些问题变得简单和相当清楚。我还祝贺你，实际上出色地叙述了劳动和资本的关系，这个问题在这里第一次得到充分而又互相联系的叙述。看到你掌握了工艺术语，我也感到很满意，这样做对你来说一定有许多困难，因此曾引起我的各种各样的担心。”[③]

《资本论》第一卷德文第一版的最后第六章，是“资本的积累过程”。在这一章，马克思首先论述了资本积累即剩余价值转化为资本的实质；然后，通过对资本积累和资本有机构成变化的考察，证明了资本主义相对过剩人口存在的客观必然性，提出了资本主义积累的一般规律；最后，马克思在对资本原始积累到资本主义积累历史趋势的系统考察中，阐明了“剥夺者就要被剥夺”和资本主义私有制必然会转化为未

---

① 《马克思恩格斯文集》第10卷，人民出版社2009年版，第267页。
② 《马克思恩格斯文集》第10卷，人民出版社2009年版，第267—268页。
③ 《马克思恩格斯全集》第31卷，人民出版社1972年版，第329页。

来社会公有制的客观必然性。

恩格斯在读完这一章清样后认为:“理论部分很出色，剥夺的历史过程的叙述也很出色。关于爱尔兰那一部分的补充写得太匆忙，对材料加工太少。读第一遍常常完全不能理解。等对问题进一步思考以后，再详细告诉你。关于剥夺者被剥夺的概括是非常光辉的，它会收到应有的效果。”[①] 恩格斯提出的以上修改意见，马克思在《资本论》第一卷德文第二版和法文版作了修改。

特别要提到的是，在《资本论》第一卷德文第一版对剩余价值生产问题的研究中，马克思多次提到恩格斯《英国工人阶级状况》一书对他研究问题的影响。应验了马克思的看法，恩格斯的《英国工人阶级状况》“是一部重要的著作，其意义由马克思在《资本论》中作了充分的估价”[②]。

在写到绝对剩余价值生产中“工作日”问题时，马克思指出:“英国从大工业产生到1845年这段时期，我只在某些地方提到，详细情况，请阅读弗里德里希·恩格斯的《英国工人阶级状况》(1845年莱比锡版)。1845年以后发表的工厂视察员报告、矿山视察员报告等等，都说明了恩格斯对资本主义生产方式的精神了解得多么深刻;把他的著作和过了18—20年以后才发表的童工调查委员会(1863—1867年)的官方报告稍加比较就可以看出，他对工人阶级状况的详细入微的描写是多么令人惊叹。”[③] 马克思还认为:“弗·恩格斯在《英国工人阶级状况》一书中指出，正是这些生产奢侈品的工人大部分处于悲惨的境地。关于这个问题，童工调查委员会的报告有大量新的例证。”[④]

在对资本积累问题的阐释中，马克思也提到恩格斯早期对这一问题研究的结论。马克思指出:“弗·恩格斯在1844年就叙述过完全相同的惨状和‘追求轰动效应的作品’中完全相同的喧闹一时的伪善呼叫。不过，最近十年伦敦饿死的人数惊人地增加了，这无疑证明工人是更加憎

---

① 《马克思恩格斯全集》第31卷，人民出版社1972年版，第340页。
② 《马克思恩格斯文集》第3卷，人民出版社2009年版，第491页。
③ 《马克思恩格斯全集》第23卷，人民出版社1973年版，第268页。
④ 《马克思恩格斯全集》第23卷，人民出版社1973年版，第268页。

恶贫民习艺所这种贫民惩治所的奴役了。”[①] 马克思高度评价了青年恩格斯对“资本主义生产方式的精神”的深刻了解，同时也肯定了恩格斯对英国工人阶级状况的研究产生的重要影响。马克思特别提到恩格斯的《英国工人阶级状况》中，关于“对妇女和儿童劳动进行资本主义剥削所造成的精神摧残”的分析，关于“劳动的重压，像巨石般一次又一次地落在疲惫不堪的工人身上”的阐释，关于工厂制度是“资产阶级用来束缚无产阶级的奴隶制”的论述等[②]。

《资本论》第一卷德文第一版，在 1867 年 9 月 14 日终于问世！《资本论》第一卷是马克思在长期参加阶级斗争和科学实验、掌握大量的实际资料和思想材料、批判地吸收和发展人类优秀文化遗产（特别是英、法资产阶级古典政治经济学）的基础上创作的一部划时代的巨著。《资本论》通过对资本主义经济运动的分析，深刻地揭示了资本主义经济关系发生、发展和灭亡的历史必然性，科学地揭示了资本主义生产方式的内在矛盾，阐明了资本主义生产方式向共产主义生产方式过渡的客观必然性。《资本论》不仅是一部政治经济学著作，而且是马克思关于辩证唯物主义和历史唯物主义的最重要的著作。在《资本论》中，唯物史观不再是假设，而是科学地证明了的原理。在《资本论》中，逻辑、辩证法和唯物主义认识论得到了广泛的运用，也得到了深入的发展。《资本论》也是科学社会主义的主要著作，即如恩格斯所指出的，从《共产党宣言》对科学社会主义理论作出系统阐释之后，“经过了二十余年的潜伏时间，到《资本论》出版以后，就以日益增长的速度，扩大它的影响，并为日益广大的阶层所接受”[③]。

## 二、恩格斯对《资本论》第一卷的研究和宣传

1867 年 9 月，《资本论》第一卷德文第一版出版后，恩格斯成为《资本论》的最重要的传播者和宣传者。

① 《马克思恩格斯全集》第 42 卷，人民出版社 2016 年版，第 674—675 页。

② 《马克思恩格斯全集》第 42 卷，人民出版社 2016 年版，第 412 页、第 438 页、第 440 页。

③ 《马克思恩格斯全集》第 20 卷，人民出版社 1971 年版，第 11 页。

为了防止西欧主流经济学以沉默方式抵制《资本论》的理论影响，在《资本论》第一卷德文第一版出版的当月，恩格斯就同马克思商议如何扩大《资本论》的理论影响力的问题。马克思认为，“在这里单凭热情是不够的”，要有“最好的作战方式”[①] 为行动策略。1867 年 10 月，恩格斯在给路·库格曼的信中提到这一“作战方式”，这就是“写出一些其他的文章和短评。主要的不在于写什么和如何写，而在于使人们来谈论这本书，使孚赫、米哈埃利斯、罗雪尔和劳这班家伙也不得不来表示自己对它的看法。应当尽量设法在一切报纸上发表文章，不管这些报纸是政治性的，还是其他性质的，只要它们肯发表就行，既要有长篇书评，也有短小简评，主要的是要多要经常。必须使这班先生们无疑试图奉行的完全沉默的政策行不通，而且要尽快使它行不通”[②]。1867 年 11 月，恩格斯在给库格曼的信中再次提出:“德国报刊对于《资本论》仍然保持沉默，而十分重要的是使人们说话。”为此，在“最好的作战方式”中，“我们在行动时，用我们的老朋友耶稣基督的话来说，要象鸽子一样驯良，象蛇一样灵巧。那些勇敢的庸俗经济学家毕竟是相当聪明的，他们对这本书小心翼翼，不强迫他们，他们就绝口不谈它。因此，我们必须强迫他们发表意见。如果在十五至二十种报纸上同时出现了对这本书的评论——不论是肯定的或否定的，不论是文章、通讯或刊登在最后一版的给编辑部的信——只要是把它当做值得注意的重要现象，那末在这以后整个那一伙人自己就会喧嚷起来，那时孚赫、罗雪尔、米哈埃利斯以及麦克斯·维尔特之流，就不得不发表意见。要知道，我们的该死的义务是，在报纸上，首先在包括反动报纸在内的欧洲报纸上尽可能同时刊登这些文章”[③]。在恩格斯的有效组织下，包括库格曼、卡尔·济贝耳、迈耶耳、李卜克内西、劳拉等人在内的宣传行动组，在诸多刊物上发表了一些宣传文章，打破了资产阶级主流经济学家以沉默抵制《资本论》第一卷的图谋，扩大了《资本论》第一卷的理论影响力。

1867 年 10 月至 1868 年 9 月，恩格斯在这一年间撰写了有关《资本

---

① 《马克思恩格斯全集》第 31 卷，人民出版社 1972 年版，第 352 页。

② 《马克思恩格斯全集》第 31 卷，人民出版社 1972 年版，第 564 页。

③ 《马克思恩格斯全集》第 31 卷，人民出版社 1972 年版，第 568 页、第 569 页。

论》第一卷的9篇评论，成为以“最好的作战方式”站在最前沿的践行者。在9篇评论中，恩格斯集中《资本论》第一卷的“主要点”，即“资本的产生——剩余价值——工作日——对李嘉图定律的修改”等作出“简要的叙述”。这些评论，实际上是对《资本论》第一卷的主要理论和科学价值的概要式的阐释。

1867年10月，恩格斯在德国资产阶级民主派的《未来报》上发表了关于《资本论》第一卷的第一篇评论。这篇评论从对德国“庸俗经济学”的批判入手，对马克思在《资本论》第一卷中作出的政治经济学理论贡献作了阐释。

恩格斯在这篇评论中提出，“我们这个出思想家的民族，在政治经济学领域内迄今为止成就如此之少，这对于每一个德国人来说都是一个可悲的事实”；在现实中，“他们的全部科学都在于冲淡巴师夏的掩饰一切矛盾和困难的调和论”[①]。就其本质而言，“这些经济学家的观点或多或少都是属于‘庸俗经济学’，他们为了眼前的声誉，出卖了自己的科学，背弃了科学的古典大师。他们高谈‘和谐’，却纠缠在最平庸的矛盾中”[②]。恩格斯相信，马克思的这本书，将“给予他们的严厉教训把他们从昏睡中唤醒，提醒他们，经济学不是一头供给我们黄油的奶牛，而是一门需要人们认真地热心地投入其中的科学”[③]。

从政治经济学“科学”和“科学研究”上来看，恩格斯指出：在《资本论》第一卷中，“作者怀着愤怒的心情，把现在流行的乏味的经济学，或者他极其恰当地称之为‘庸俗经济学’的经济学，与它的古典的先驱者（到李嘉图和西斯蒙第止）对立起来，对这些古典经济学家也采取批判的态度，虽然如此，他仍然始终力求坚持采取严格的科学研究的方法”[④]。在《资本论》第一卷中可以看到，“贯串于全书的历史观念不允许作者把经济规律看做是永恒的真理，而把它仅仅看做是某种暂时的社会状态的存在条件的表述，对这种历史观念我们是很满意的；而遗憾的是，要在我们的官方经济学家那里找寻这本书里用来描述不同历史时

---

① 《马克思恩格斯全集》第21卷，人民出版社2003年版，第304页。
② 《马克思恩格斯全集》第21卷，人民出版社2003年版，第305页。
③ 《马克思恩格斯全集》第21卷，人民出版社2003年版，第307页。
④ 《马克思恩格斯全集》第21卷，人民出版社2003年版，第305页。

期的社会状态及其存在条件的那种渊博的学识和敏锐的洞察力，将是徒劳的”①。

恩格斯写的关于《资本论》第一卷的第二篇评论，是为德国资产阶级自由主义派报纸《莱茵报》写的，但这家报纸没有刊登，后来在1927年出版的《马克思恩格斯文库》第二卷上才首次发表。这篇评论着重对《资本论》第一卷将成为德国社会民主党的“理论的圣经”问题作了探讨。

在这篇评论中，恩格斯对《资本论》第一卷的理论特征和学术价值作出两个方面的评价：一是马克思“以无可争辩的罕见的博学，在与整个经济科学的联系中，论述了资本与劳动的全部关系，把‘揭示现代社会的经济运动规律’作为自己的最终目的，并且根据以无可怀疑的专门知识所作的显然认真的研究，得出了这样的结论：整个‘资本主义生产方式’必定要被消灭”②。二是马克思“以全新的观点陈述了许多经济学的要点，并在纯学术的问题上得出了一些结果，这些结果大大不同于以往流行的经济学；而且，如果学院经济学家不想看到自己迄今为止所坚持的学说遭到覆没，他们就必定会对这些结果在学术上予以严厉的驳斥”③。基于这些理论特征和学术价值，恩格斯认为：“我们还是可以确信：这个政党的所有党团，都将欢迎这部书，把它看做自己的理论圣经，看做一个武库，他们将从这个武库中汲取自己所需的最重要的论据。”④ 恩格斯所说的理论上的“圣经”和“武库”的意义，在此后《资本论》的传播史上越来越现实地得到应验。

在之后的7篇关于《资本论》第一卷的评论中，恩格斯对前两篇评论的观点作出多方面的展开论述，构成了对《资本论》第一卷科学体系、理论特征、思想内涵、学术价值等方面全景式的概述。

在科学体系上，恩格斯指出：在《资本论》第一卷中，“没人能够对它说三道四，指责它没有包含太多的勇敢而大胆的新东西，指责它没

---

① 《马克思恩格斯全集》第21卷，人民出版社2003年版，第306页。
② 《马克思恩格斯全集》第21卷，人民出版社2003年版，第309页。
③ 《马克思恩格斯全集》第21卷，人民出版社2003年版，第309页。
④ 《马克思恩格斯全集》第21卷，人民出版社2003年版，第308页。

有将所有这一切以完全科学的形式呈献出来”①。从“纯粹的正面的阐述”和“带有倾向性的结论”来看，《资本论》第一卷“直接丰富了科学。作者在此用崭新的唯物主义的自然史的方法论述了经济关系”②。这是对《资本论》第一卷理论体系所作的极为简要、也是极为精要的概括。

在理论特征上，恩格斯指出:“马克思打算在对迄今存在过的全部国民经济学的批判中，总结自己多年研究的结果，并以此为社会主义事业奠定直到现在为止无论傅立叶还是蒲鲁东，也无论拉萨尔，都不能为它奠定的科学基础。”③ 恩格斯从《资本论》第一卷对科学社会主义原理的理论贡献上提出:“社会主义理论的基本学说可以归结为一点”，这就是“在现代社会中工人并没有得到他的劳动产品的全部价值作为报酬”；这个原理“构成了贯穿这部著作的红线”，“只是它比从前表述得远为明确，更彻底地贯彻到它的一切结论中，更紧密地与国民经济学的基本原理联系起来，或者更直接地同它们处于对立地位”④。

在思想内涵上，恩格斯认为:“自从世界上有资本家和工人以来，没有一本书像我们面前这本书那样，对于工人具有如此重要的意义。资本和劳动的关系，是我们全部现代社会体系所围绕旋转的轴心，这种关系在这里第一次得到了科学的说明，而这种说明之透彻和精辟，只有一个德国人才能做得到。欧文、圣西门、傅立叶的著作现在和将来都是有价值的，可是只有一个德国人才能攀登最高点，把现代社会关系的全部领域看得明白而清楚，就像一个观察者站在高山之巅俯视下面的山景一样。”⑤ 在《资本论》中，马克思要“极力证明”的是:“现代社会，从经济学上来考察，孕育着另一个更高的社会形态，所以他只是力图将达尔文在自然史方面所证明的那一个逐渐变革的过程在社会领域中作为规律确立起来。”⑥

① 《马克思恩格斯全集》第 21 卷，人民出版社 2003 年版，第 314 页。
② 《马克思恩格斯全集》第 21 卷，人民出版社 2003 年版，第 335—336 页。
③ 《马克思恩格斯全集》第 21 卷，人民出版社 2003 年版，第 314 页。
④ 《马克思恩格斯全集》第 21 卷，人民出版社 2003 年版，第 317 页。
⑤ 《马克思恩格斯文集》第 3 卷，人民出版社 2009 年版，第 79 页。
⑥ 《马克思恩格斯全集》第 21 卷，人民出版社 2003 年版，第 336 页。

在学术价值上，恩格斯指出:“我们还是应该承认，这本书是追求最严格的科学性的高度学术性著作。”[①]对于《资本论》第一卷来讲，“不管它的倾向如何，包含着值得所有人注意的科学阐述和真实材料”，马克思“没有在任何地方以事实去迁就自己的理论，相反地，他力图把自己的理论作为事实的结果加以阐述”[②]。恩格斯对《资本论》思想性和学术性的内在统一作出高度评价。

恩格斯在撰写《资本论》第一卷评论的同时，也在潜心研究《资本论》第一卷的内容和体系。他在 1868 年间写的《卡·马克思“资本论”第一卷提纲》手稿，尽管只是对《资本论》第一卷德文第一版第一章至第四章主要内容的摘要，这一手稿也是恩格斯自己留作研究使用的，但其中还是包含了恩格斯对《资本论》第一卷主要理论的一些独特的解析。

在对第一章“商品和货币”的第一节“商品”（恩格斯称之为“商品本身”）作出提纲式概述后，恩格斯提出:“理解商品的困难在于：商品像资本主义生产方式的一切范畴一样，是一种在物的外壳掩盖下的人的关系。生产者使他们的产品作为商品互相发生关系，从而使他们的不同种类的劳动作为一般人类劳动互相发生关系，没有物这种中介，他们就办不成这种事。这样一来，人的关系便表现为物的关系了。”[③]

在对第四章“相对剩余价值的生产”的第二节“协作”作出提纲式概述后，恩格斯在这一节的最后指出:“简单形式的协作，是同规模较大的生产相伴随的，但是并不构成资本主义生产的一个特殊时代的固定的特有的形式。这种协作现在仍然存在于那些大规模运用资本而分工或机器还不起重大作用的地方。因此，虽然协作是整个资本主义生产的基本形式，但它的简单形式本身，或者说它作为特殊形式，却同它的更发展的形式并存。”[④] 对马克思提出的“协作”不是资本主义生产方式的发展时代的“特殊的形式、但却是资本主义生产方式的‘基本形式’的观点”，作了更为清晰的表述。接着在第三节“分工和工场手工业”一开

① 《马克思恩格斯全集》第 21 卷，人民出版社 2003 年版，第 314 页。
② 《马克思恩格斯全集》第 21 卷，人民出版社 2003 年版，第 338 页、第 339 页。
③ 《马克思恩格斯全集》第 21 卷，人民出版社 2003 年版，第 375 页。
④ 《马克思恩格斯全集》第 21 卷，人民出版社 2003 年版，第 409 页。

始的提纲式概述中，把马克思提到的工场手工业“这个时期大约从 16 世纪中叶到 18 世纪最后 30 年”，直接表述为工场手工业“大约从 1550 年到 1770 年占统治地位”[①]。

对《资本论》的宣传和研究成为恩格斯一生的事业。马克思逝世后，恩格斯对《资本论》的传播更为重视，对《资本论》第一卷理论通俗化的工作给予特别的关注。1883 年，法国学者加布里埃尔·杰维尔撰写了《资本论》第一卷的通俗读物，请恩格斯审阅。恩格斯“细心校订”了书稿，肯定了突出的优点，也指出了存在的严重缺点。恩格斯提出，《资本论》第一卷通俗读物的叙述，应主要围绕剩余价值理论及其结论加以展开。与此同时，恩格斯对于《资本论》第一卷在俄国的普及问题也十分重视，提醒维·伊·查苏利奇注意杰维尔编写的通俗读物，认为“在很难弄到《资本论》原著的国家里，一本简述总会有用的”[②]。

恩格斯高度重视马克思思想在美国的传播，他在 1886 年 8 月给弗洛伦斯·凯利-威士涅威茨基夫人的信中，表达了希望出版一套通俗《资本论》小册子的愿望。恩格斯提出，面对 19 世纪末美国经济社会的现实发展，《资本论》第一卷的理论及其体系结构，应该作出适合于美国经济社会关系现实发展的调整。恩格斯在信中谈到，对于美国社会主义者来说，在“用通俗的语言解说”《资本论》第一卷时，可以从体系结构上把《资本论》第一卷分作四册：第一册是“剩余价值理论”；第二册是“榨取剩余价值的各种形式的历史”，包括“协作、工场手工业、现代工业”的“历史”；第三册是“积累和原始积累史”；第四册是“殖民地的剩余价值生产的发展”。根据美国经济社会的现实，恩格斯特别指出，第四册“在美国也许是特别有教益的，因为这会提供一种可能来探索这个国家的经济史，研究它如何从一个独立农民的国家变为一个现代工业的中心”[③]。恩格斯倡导，以“美国所特有的事实”为根据，对《资本论》体系结构作出对美国“特别有教益的”的某些调整。恩格斯的这些设想，充分体现了他关于《资本论》的理论原理要同各国经济条

① 《马克思恩格斯全集》第 21 卷，人民出版社 2003 年版，第 409 页。
② 《马克思恩格斯全集》第 36 卷，人民出版社 1975 年版，第 122 页。
③ 《马克思恩格斯全集》第 36 卷，人民出版社 1975 年版，第 495 页。

件和政治条件的现实发展相结合的基本道理。

## 三、《资本论》第一卷再版及对马克思经济思想的阐释

马克思生前先后出版了《资本论》第一卷德文第一版和第二版及法文版。在整理和校订德文第二版和法文版之后，马克思准备出版《资本论》第一卷德文第三版。如恩格斯所提到的："马克思原想把第一卷原文大部分改写一下，把某些论点表达得更明确一些，把新的论点增添进去，把直到最近时期的历史材料和统计材料补充进去。"① 马克思没有最后完成这项工作，恩格斯在马克思逝世后，担负起了最后出版《资本论》第一卷德文第三版的工作。

恩格斯根据马克思已经作出的修改意见，在保持马克思原意和风格的前提下，作了三个方面的工作：一是关于资本的积累过程问题，按照马克思"标明何处应参看法文版"和"准确地标出了所要采用的地方"进行修改和增补；二是关于经济学惯用语问题，没有把"德国经济学家惯用的行话弄到《资本论》里面来"，"凡是我不能确定作者自己是否会修改的地方，我一个字也没有改"；三是关于度量衡换算问题，"我也不能把原文中到处使用的英制货币和度量衡单位换算成新德制单位"，因为"在世界市场上通用的是英制度量衡"②。在文体上，尽量保持《资本论》原文的风格，恩格斯只是按照马克思"亲自彻底校订"的章节和多次作过的"口头指示"，进行取舍"英文术语和英文语气"，以"尽量和原文协调一致"③。《资本论》第一卷德文第三版于 1883 年底出版。

出版《资本论》第一卷英文版，是马克思生前的愿望，也是马克思逝世后恩格斯一直精心策划的一件大事。1865 年，在《资本论》第一卷创作过程，马克思就提出《资本论》第一卷英文译本的想法，他在给恩格斯的信中提到，"在英文翻译方面，我非依靠你的帮助不可"④。1867 年 6 月，在校读《资本论》第一卷德文第一版最初几个印张清样

① 《马克思恩格斯文集》第 5 卷，人民出版社 2009 年版，第 28 页。
② 《马克思恩格斯文集》第 5 卷，人民出版社 2009 年版，第 28—29 页。
③ 《马克思恩格斯文集》第 5 卷，人民出版社 2009 年版，第 29 页。
④ 《马克思恩格斯全集》第 31 卷，人民出版社 1972 年版，第 136 页。

时，恩格斯在给马克思的信中谈到，在校读“商品和货币”这一章清样时，恩格斯就“把它们译给穆尔听，他对它们的理解完全正确，并且对于这种简单的取得结果的方法非常惊异。同时，我解决了由谁把你的书译成英文的问题：这就是穆尔。他现在的德文水平能够毫不费劲地阅读海涅的作品，并且会很快地熟悉你的风格（价值形式和术语除外，这我必须大力给以帮助）。自然，全部工作将在我的直接监督下进行”[①]。恩格斯还具体设想，“只要你一找到能对他的劳动（注意）付给一些报酬的出版者，他就会很乐意去做”，而且“我已经对他说过，分析商品和货币的那一章，你本人将用英文重新改写。而其余各章也需要有一套翻译黑格尔用语的术语（英文的），关于这一点你目前可以考虑一下，因为这是不容易的，但却是必须做的”[②]。恩格斯在《资本论》第一卷德文第一版即将出版时，已经成为这一著作的英译本的首位策划者。三天之后，马克思就回信赞成恩格斯的想法，还提出“关于英文翻译的事情，我试在伦敦找一个能付给优厚稿酬的人，这样可使穆尔作为译者、我作为作者共分这笔稿酬”[③]。但是，马克思在世时，《资本论》第一卷英译本的事情没有更大的进展。

马克思逝世后，《资本论》的影响力越来越大，“常常被称为‘工人阶级的圣经’”，其结论“日益成为伟大的工人阶级运动的基本原则……各地的工人阶级都越来越把这些结论看成是对自己的状况和自己的期望所作的最真切的表述”[④]。资本主义经济危机频发，包括英国在内的西方发达国家的工人阶级失业增加、处境困难，迫切希望倾听马克思的声音。但是，英国等地出现了各种类型的《资本论》的译文，充满曲解和错误。特别值得关注的是，《资本论》的出版与传播，刺痛了资产阶级的神经，其代言人对《资本论》极尽污蔑、攻击之能事，任意歪曲和错解作者的原意，在英、美等国家尤其如此。正如恩格斯所说，《资本论》所阐述的理论几年前就已经为“英美两国的定期刊物和现代著作经常提

① 《马克思恩格斯全集》第 31 卷，人民出版社 1972 年版，第 314 页。
② 《马克思恩格斯全集》第 31 卷，人民出版社 1972 年版，第 314 页。
③ 《马克思恩格斯全集》第 31 卷，人民出版社 1972 年版，第 322 页。
④ 《马克思恩格斯文集》第 5 卷，人民出版社 2009 年版，第 34 页。

到，被攻击或辩护，被解释或歪曲”①。由此，翻译出版《资本论》第一卷英文版的意义更加凸显。

恩格斯认为，翻译工作必须由“卓越的翻译家”担任，而赛米尔·穆尔仍然是最合适的译者。为了尽快出色地完成翻译工作，恩格斯参照法文版和马克思为英译本写的相关修改内容，处理了翻译中的一系列难题。1886年4月，恩格斯在给劳拉的信中就说道：“把《资本论》翻译成英文是一项非常艰巨的工作。先由他们翻译。然后我来审查译文并用铅笔写上我的意见。再把译稿退给他们。然后进行协商，解决有争论的问题。然后我得再通看一遍，从文体和技术角度检查一下，看是否准备好可以付印，同时还要检查一下杜西在英文原著中找到的引文是否正确。”② 恩格斯为《资本论》第一卷英文版的翻译付出极大心血。1887年初，《资本论》第一卷英文版分两册在伦敦出版，恩格斯专门写了英文版的“序言”。

在这一英文版“序言”中，恩格斯结合当时英国工人运动的实际，不无感慨地提到，在英国工人阶级“要起来掌握自己的命运的时刻”，“应当倾听这样一个人的声音，这个人的全部理论是他毕生研究英国的经济史和经济状况的结果，他从这种研究中得出这样的结论：至少在欧洲，英国是唯一可以完全通过和平的和合法的手段来实现不可避免的社会革命的国家。当然，他从来没有忘记附上一句话：他并不指望英国的统治阶级会不经过‘维护奴隶制的叛乱’而屈服于这种和平的和合法的革命”③。在恩格斯看来，马克思对英国工人运动的发展寄予厚望。

19世纪末，资本主义由自由竞争向垄断时期过渡，工人运动出现了新变化，马克思主义的传播进入新阶段。为了应对世纪末的新情况新变化、进一步完善《资本论》的版本、回击资产经济学者对马克思和《资本论》的攻击，恩格斯认为有必要校订出版《资本论》第一卷德文第四版。

在校订出版《资本论》第一卷德文第四版的过程中，恩格斯为了

---

① 《马克思恩格斯文集》第5卷，人民出版社2009年版，第31页。

② 《马克思恩格斯全集》第36卷，人民出版社1974年版，第464页。

③ 《马克思恩格斯文集》第5卷，人民出版社2009年版，第35页。

“尽可能把正文和注解最后确定下来”[①]，主要做了以下几项工作。

一是增补、调整相关内容。在第四版“序言”中，恩格斯说:“根据再一次对照法文版和根据马克思亲手写的笔记，我又把法文版的一些地方补充到德文原文中去。”[②] 此外，恩格斯还“按照法文版和英文版把一个很长的关于矿工的注解移入正文”，补加了“一些说明性的注释”[③]。针对资本主义出现垄断的新变化，在关于托拉斯的增补中，恩格斯说:“英美两国最新的‘托拉斯’已经在为这一目标而奋斗，它们力图至少把一个生产部门的全部大企业联合成一个握有实际垄断权的大股份公司。”[④]

二是校改引文中“不确切和疏忽的地方”。在整理出版《资本论》第一卷德文第四版时，恩格斯参考了此前出版的英文版。其中，发现了引文中的一些“细小的不确切的地方”，如“引文页码弄错了”、“引号和省略号放错了位置”、“翻译时用字不很恰当”以及“转译的引文多少有些走了原意”等等，都进行了改正，并且用的都是英文原文。但这些细微的校正“并没有使本书的内容有丝毫值得一提的改变”[⑤]。

三是叙述布伦坦诺企图把不正确的引证强加给马克思却遭到失败的过程。之所以对这段往事“不能不讲一讲”，因为“马克思逝世后……又被重新提起”，一些资产阶级的代言人总以为，“恶龙马克思”这位“狡猾的断章取义”者，“‘在垂死的挣扎中’断了气!”[⑥] 1863 年 4 月 16 日，英国财政大臣格莱斯顿在下院作关于预算的演说时曾说:“财富和实力这种令人陶醉的增长完全限于有产阶级。”[⑦] 但是，后来格莱斯顿为了避免使自己“声誉扫地”，根据当时英国常见的议会传统，在对议会的报告中“非常明智地从事后经过炮制的他的这篇演说中删掉了”这句话。马克思在国际工人协会成立宣言和《资本论》中，分别引用了

① 《马克思恩格斯文集》第 5 卷，人民出版社 2009 年版，第 36 页。
② 《马克思恩格斯文集》第 5 卷，人民出版社 2009 年版，第 36 页。
③ 《马克思恩格斯文集》第 5 卷，人民出版社 2009 年版，第 36 页。
④ 《马克思恩格斯文集》第 5 卷，人民出版社 2009 年版，第 723 页。
⑤ 《马克思恩格斯文集》第 5 卷，人民出版社 2009 年版，第 37 页。
⑥ 《马克思恩格斯文集》第 5 卷，人民出版社 2009 年版，第 37—43 页。
⑦ 《马克思恩格斯文集》第 5 卷，人民出版社 2009 年版，第 38 页。

这句话。德国资产经济学者路约·布伦坦诺于1872年3月7日，在德国工厂主联盟的机关刊物柏林《协和》杂志上发表了题为《卡尔·马克思是怎样引证的》匿名文章，“义愤填膺、粗暴无礼”地指责“马克思在形式上和实质上增添了这句话!”[①] 对此，马克思引用了《泰晤士报》的报道予以反驳。8月7日，马克思在《人民国家报》上，针对恼羞成怒的布伦坦诺分别于7月4日和7月11日在《协和》杂志的继续诽谤与攻击，引用1863年4月17日《晨星报》和《晨报》的有关内容，作了答辩，再次予以驳斥。之后，这件事看来就此终结而被人遗忘了。但是，马克思逝世不久，1883年11月29日，剑桥三一学院的小人物塞德利·泰勒在《泰晤士报》上炮制了一封来信，对马克思进行指责与攻击。对此，爱琳娜予以有力地驳斥。在谈到这场论战的实质时，恩格斯指出:“这帮大学教授们所策划的在两大国持续20年之久的整个这场行动，其结果是任何人也不敢再怀疑马克思写作上的认真态度了。”[②]

经过恩格斯严肃认真的校订，《资本论》第一卷德文第四版于1890年下半年出版。这个版本是恩格斯整理出版的《资本论》第一卷最后、最完善的一个版本，也是现在世界上最为通行的《资本论》第一卷的德文文本。

① 《马克思恩格斯文集》第5卷，人民出版社2009年版，第37页、第38页。

② 《马克思恩格斯文集》第5卷，人民出版社2009年版，第44页。

# 第七章 恩格斯编辑《资本论》第二卷和第三卷

1883 年马克思逝世。为了完成马克思《资本论》创作上未竟的事业，恩格斯开始把整理出版《资本论》第二卷和第三卷作为自己的最紧迫的、最重要的任务。恩格斯晚年对《资本论》的理论研究、编辑出版和传播作出了无可替代的贡献，列宁对此作过这样的评价："恩格斯在他的朋友逝世后就从事整理和出版《资本论》第 2 卷和第 3 卷的艰巨工作。1885 年他出版了第 2 卷，1894 年出版了第 3 卷（他没有来得及把第 4 卷整理好）。整理这两卷《资本论》，是一件很费力的工作。奥地利社会民主党人阿德勒说得很对：恩格斯出版《资本论》第 2 卷和第 3 卷，就是替他的天才朋友建立了一座庄严宏伟的纪念碑，无意中也把自己的名字不可磨灭地铭刻在上面了。的确，这两卷《资本论》是马克思和恩格斯两人的著作。"[①]

## 一、《资本论》第二卷的编辑出版

马克思逝世前曾嘱托爱琳娜，希望恩格斯根据《资本论》未完成的手稿，"做出点什么"[②]。恩格斯无疑是唯一能胜任整理出版《资本论》第二卷的人，这除了因为他知识渊博、具有非凡的政治经济学方面的理论修养外，还因为他是马克思《资本论》创作过程的参与者，对《资本论》体系结构和理论内容有着极为深刻的理解。同时，从技术上看，只有恩格斯才能辨认《资本论》手稿中潦草的字迹和缩写的字句。

恩格斯深感编辑出版《资本论》第二卷的艰巨性。1883 年 5 月，

---

① 《列宁专题文集 论马克思主义》，人民出版社 2009 年版，第 58 页。

② 《马克思恩格斯文集》第 6 卷，人民出版社 2009 年版，第 9 页。

他在给约翰·菲力浦·贝克尔的信中说:“首先要出版《资本论》第二卷，这不是一件小事。第二册的手稿有四稿或五稿，其中只有第一稿是写完了的，而后几稿都只是开了个头。这需要花费不少的劳动，因为像马克思这样的人，他的每一个字都贵似金玉。但是，我喜欢这种劳动，因为我又和我的老朋友在一起了。”① 1884 年，恩格斯在病中给《正义报》编者菲兹吉拉德信中说:“近半年来，我因病无法好好工作，现在体力稍有恢复，使我能执行我最紧迫的任务——把我的亡友马克思的遗稿准备好以便付印。我有责任为此献出自己的全部时间。”②

1885 年 5 月，《资本论》第二卷编辑完成时，恩格斯在为第二卷所写的“序言”中提到:“要完成《资本论》第二册的付印工作，使本书既成为一部连贯的、尽可能完整的著作，又成为一部只是作者的而不是编者的著作，这不是一件容易的事情。”③ 实际上，这里提到的“连贯的、尽可能完整的著作”和“是作者的而不是编者的著作”，就是恩格斯编辑出版《资本论》第二卷所遵循的原则和所要达到的目标。

首先，清理和辨认《资本论》第二卷手稿是一项艰巨的基础性工作。从 1883 年 3 月至 1883 底，恩格斯自己一边辨认笔迹，一边誊写手稿。但由于工作繁重，在 1883 年 10 月就病倒了，直到 1884 年上半年病情加重，使他长时间几乎失去了写作能力。为了不影响编辑出版工作，1884 年伊始，聘请了文字秘书奥斯卡尔·艾森加尔滕协助工作。1884 年 6 月，恩格斯在给考茨基的信中提及:“《资本论》第二册的口授工作进行得很顺利。我们已经进行到第二篇，不过这里疏漏很多。当然这只是初稿，还要全部加工。我弄清楚下一步怎么办，这就行了。”④ 8 月中下旬，《资本论》第二卷的正文全部口授完毕，少部分已出最后校样，但“还有大量工作要做”⑤。

其次，对马克思留下的涉及《资本论》第二卷的手稿进行整理加工。马克思留下的关于《资本论》第二卷的手稿共有 8 份之多，写作时

---

① 《马克思恩格斯文集》第 10 卷，人民出版社 2009 年版，第 509 页。
② 《马克思恩格斯全集》第 36 卷，人民出版社 1975 年版，第 92 页。
③ 《马克思恩格斯文集》第 6 卷，人民出版社 2009 年版，第 3 页。
④ 《马克思恩格斯全集》第 36 卷，人民出版社 1975 年版，第 170 页。
⑤ 《马克思恩格斯全集》第 36 卷，人民出版社 1975 年版，第 202 页。

间从 1865 年到 1881 年长达 16 年之久。在由马克思作了编号的第Ⅰ稿至第Ⅷ稿的 8 份手稿中，第Ⅰ稿至第Ⅳ稿写于 1865 年至 1870 年间，也就是马克思《资本论》第一卷德文第一版出版前后的这段时间；第Ⅴ稿至第Ⅷ稿写于 1877 年至 1881 年这段时间。这 8 份手稿，除了第Ⅰ稿和第Ⅱ稿比较完整以外，其他的只是篇幅长短不一的修改稿。经过仔细的研究对比，恩格斯认为，第Ⅳ稿实际上是《资本论》第二卷第一篇和第二篇前几章的"已经可以付印的文稿"，"这个手稿虽然比第Ⅱ稿写得早，但是，因为形式上比较完整，所以可以在本书适当的地方很好地加以利用，只要把第Ⅱ稿的一些内容补充进去就行了"[①]。第Ⅱ稿则是《资本论》第二卷的"唯一相当完整的文稿，稿上注明的日期是 1870 年"，对这一稿，马克思在"供最后修订时参考的笔记说得很清楚：'第二个文稿必须作为基础。'"[②]

在《资本论》第二卷的手稿中，马克思已经形成这一卷的三章结构，即第一章"资本的循环"、第二章"资本的周转"和第三章"流通过程和再生产过程所谓现实条件"。恩格斯遵循资本的流通过程论题的内在逻辑，以马克思提出的基本框架结构为前提，提出了这一卷的三篇结构，即第一篇"资本形态变化及其循环"、第二篇"资本周转"和第三篇"社会总资本的再生产和流通"；原来三章中的 11 大节，改作 21 章，原来的 17 小节则改作 45 节。相应的章节的标题，恩格斯也根据实际内容作了相应的调整。

在《资本论》第二卷"序言"中，恩格斯提到，在编辑过程中，"我只是把这些手稿尽可能逐字地抄录下来；在文体上，仅仅改动了马克思自己也会改动的地方，只是在绝对必要而且意思不会引起怀疑的地方，才加进几句解释性的话和承上启下的字句。意思上只要略有疑难的句子，我就宁愿原封不动地编入。我所改写和插入的文句，总共还不到 10 个印刷页，而且只是形式上的改动"[③]。但事实上，研究表明，恩格斯对马克思原有的文本还是作了一些必要的调整和修改。其中较为重要

① 《马克思恩格斯全集》第 6 卷，人民出版社 2009 年版，第 7 页。
② 《马克思恩格斯文集》第 6 卷，人民出版社 2009 年版，第 7 页。
③ 《马克思恩格斯文集》第 6 卷，人民出版社 2009 年版，第 3—4 页。

的调整和修改主要有：

第一，关于社会资本再生产理论中两大部类问题的调整和修改。在1870年撰写的第Ⅱ稿中，马克思提出："社会总产品分成两大部类（Ⅰ）消费资料，具有进入资本家阶级和工人阶级的个人消费的形式的商品；（Ⅱ）生产资料，具有必须进入或至少能够进入生产消费的形式的商品"[①]。恩格斯对此作了调整，将生产资料的生产称为第Ⅰ部类，把消费资料的生产称为第Ⅱ部类，提出"社会的总产品，从而社会的总生产，分成两大部类：Ⅰ．生产资料：具有必须进入或至少能够进入生产消费的形式的商品。Ⅱ．消费资料：具有进入资本家阶级和工人阶级的个人消费的形式的商品。"[②] 同时，还把"社会总年产品"改为"社会总产品"。这一调整和修改，对整个社会资本再生产和实现问题的探讨有着重要的影响。

第二，恩格斯在编辑完成的《资本论》第二卷中，较为集中地保留了马克思关于经济思想史的论述，主要有第二篇"资本周转"中的第十章"关于固定资本和流动资本的理论。重农学派和亚当·斯密"和第十一章"关于固定资本和流动资本的理论。李嘉图"，以及第三篇"社会总资本的再生产和流通"中的第十九章"前人对这个问题的阐述"和第二十章"简单再生产"的"Ⅷ．德斯杜特·德·特拉西的再生产理论"等。在这些论述经济思想史的章节中，恩格斯保留了马克思一直主张的从经济理论原理阐述到经济思想历史阐述的序列。在有些章节中，为了还原马克思经济学体系的这一序列，恩格斯甚至根据马克思留下的不同的手稿，重新作出编辑整理。例如，第十八章关于社会总资本的再生产和流通理论原理阐述的"导言"属于第Ⅱ手稿，但接续的经济思想的历史阐述的第十九章"前人对这个问题的阐述"，主要采自第Ⅷ手稿（也有第Ⅱ手稿的部分），这一序列的两个部分分别在不同的手稿中。再如第七章到第九章关于固定资本和流动资本的理论原理阐述部分，同接续的第十章和第十一章"固定资本和流动资本的理论"的经济思想史阐述部分，是由第Ⅳ手稿和第Ⅱ手稿连接而成的，也就是说，这一序列的两

① 《马克思恩格斯全集》第50卷，人民出版社1985年版，第135页。
② 《马克思恩格斯文集》第6卷，人民出版社2009年版，第438—439页。

个部分是由两个不同手稿连接而成的。这就使得《资本论》第二卷中有关经济思想史阐述的部分同相关的经济理论原理阐述部分关联性，有时显得不十分紧密，有时也显得不甚完整。

第三，关于资本周转理论中周转时间影响预付资本量计算问题的调整和修改。在《资本论》第二卷的手稿中，马克思十分重视周转时间对预付资本量影响的计算，但正如恩格斯所指出的，“马克思虽然精通代数，但他对数字计算，特别是对商业数字的计算，还不太熟练，尽管他在留下的一大包练习本中，亲自用许多例题演算商业上的各种计算方法。各种计算方法的知识，和商人日常的实际计算的习惯完全不是一回事，而他又如此纠缠在周转的计算中，以致除了有一些未完成的计算外，最后还出现了一些不正确的和互相矛盾的地方”[①]。马克思对自己也有过类似的说法，1858 年 1 月，他在给恩格斯的信中曾经说起:“在制定政治经济学原理时，计算的错误大大地阻碍了我，失望之余，只好重新坐下来把代数迅速地温习一遍。算术我一向很差。不过间接地用代数方法，我很快又会计算正确的。”[②] 为此，恩格斯在对相关内容的编辑中，“只保存了最简单的和计算正确的部分”[③]。这样，不仅解决了问题，也把复杂的计算加以简化了。恩格斯的订正和补充，使《资本论》第二卷的内容阐述得更加准确、顺达和清晰。

《资本论》第二卷于 1885 年 7 月正式出版。如何评价《资本论》第二卷的科学价值和理论影响问题，是恩格斯在第二卷编辑中一直思考的问题。1883 年 9 月，恩格斯刚着手第二卷编辑时就提出，第二卷“会使庸俗的社会主义者大失所望”，因为这一卷的内容，“几乎只是对资本家阶级内部发生的过程作了极其科学、非常精确的研究，没有任何东西可供编造空泛的字眼和响亮的词句”[④]。1885 年 6 月，恩格斯在《资本论》第二卷编辑完成，开始着手第三卷编辑时，又提到《资本论》第二卷的科学价值和理论影响问题。在同《资本论》第三卷比较中，恩格斯认为，“第二卷定会使人大失所望，因为它在很大程度上是纯学术性的，

---

① 《马克思恩格斯文集》第 6 卷，人民出版社 2009 年版，第 315 页。
② 《马克思恩格斯全集》第 29 卷，人民出版社 1972 年版，第 247 页。
③ 《马克思恩格斯文集》第 6 卷，人民出版社 2009 年版，第 315 页。
④ 《马克思恩格斯全集》第 36 卷，人民出版社 1975 年版，第 63 页。

没有多少鼓动性的材料。而第三卷则又如雷鸣电闪，因为它第一次从总的联系中考察了全部资本主义生产，完全驳倒了全部官方的资产阶级经济学”[①]。1885 年 11 月，恩格斯再次提到《资本论》第二卷科学价值和理论意义问题。他提出：“我不怀疑，第二卷也会使您像我一样感到高兴。在这一卷里，理论阐述确实精辟高深，庸俗的读者是不会花力气去深入领会并寻根究底的。”[②]

恩格斯提出这一问题，有着深刻的理论的和学术的背景。在《资本论》第二卷刚出版时，恩格斯在给丹尼尔逊的信中，就对当时德国思想理论界的状况作了深刻分析。他认为：“在德国，全部历史科学，包括政治经济学在内，已经堕落到几乎是无以复加的地步。我们的讲坛社会主义者在理论方面向来不过是一些略带博爱主义色彩的庸俗经济学家，而现在他们简直已经堕落到俾斯麦国家社会主义的辩护士的地步了。”[③]在这些“庸俗的社会主义者”看来，“第二卷将始终是一部无法弄懂的书”[④]。同时在曾经产生黑格尔哲学思想的德国，“历史科学在三十年战争以后，曾经由于德国的政治极端腐败而堕落到卑贱的地步，现在竟然由于德国上升到欧洲第一强国的地位而再次堕落到同样卑贱的地步，这是黑格尔所说的那种世界历史的讽刺的一个绝妙的例证。然而这却是事实”[⑤]。在这种状况下，“德国‘学术界’对这卷新书目瞪口呆，无法理解。只是由于对后果的正常的恐惧，他们才不敢对它进行公开的批评，因此，官方的经济学书刊对它保持谨慎的沉默。”[⑥] 恩格斯指明的“庸俗的社会主义”和“官方的资产阶级经济学”都对《资本论》第二卷“大失所望”，根源就在于它们在思想理论上都“堕落到同样卑贱的地步”。

恩格斯十分注意当时西方主流经济学的“庸俗化”取向。这时的“庸俗化”，就在于把古典政治经济学中留有的积极的、科学的因素和对

---

① 《马克思恩格斯文集》第 10 卷，人民出版社 2009 年版，第 535 页。
② 《马克思恩格斯文集》第 10 卷，人民出版社 2009 年版，第 538 页。
③ 《马克思恩格斯文集》第 10 卷，人民出版社 2009 年版，第 538 页。
④ 《马克思恩格斯文集》第 10 卷，人民出版社 2009 年版，第 538 页。
⑤ 《马克思恩格斯文集》第 10 卷，人民出版社 2009 年版，第 538—539 页。
⑥ 《马克思恩格斯文集》第 10 卷，人民出版社 2009 年版，第 539 页。

当时经济社会关系研究中有价值的、科学的因素抛弃的越来越多，只把附合现实、为现实的不合理的经济关系和经济现实辩护作为经济学所追求的方向和目标。恩格斯认为，西方主流经济学发展中出现的“蔑视古典学派的、甚至其他学派的理论的倾向，以至任何地方都没有人讲授李嘉图及其学派的那种老的古典政治经济学，不仅如此，甚至很难找到有人原原本本地讲授庸俗的自由贸易理论”[①]。在这种倾向的影响下，经济学界“到处盛行着无批判的、善意的折衷主义”，从而散发着“培养钻营之徒的极好培养基”，也形成了“使人委靡不振、动摇不定、糊里糊涂的思想方式”[②]。

面对当时欧洲经济学这种庸俗化的现象，恩格斯深为担忧的是，它们“甚至在我们党内，都感觉得到，在我们党的周围极为流行。”[③] 恩格斯最为担心的是，假如经济学庸俗化的现象以及这样的学风，真正地影响到党内，就将极大地败坏我们党的学风，也将极大地败坏我们党的理论、极大地败坏马克思主义政治经济学的科学性。这些就成为恩格斯高度关注《资本论》第二卷的科学价值和理论影响问题的根本原因所在。

## 二、《资本论》第三卷的编辑出版

在《资本论》第二卷“序言”中，恩格斯指出：第二卷“卓越的研究”及其所取得的“崭新成果”，仅仅是第三卷的“引言”，第三卷将阐明马克思对资本主义生产方式研究的“最终结论”，并预言第三卷的出版将打破资产阶级经济学者的缄默抵制。恩格斯确信，《资本论》第三卷完成了“一场闻所未闻的变革”，是“圆满完成全著的结束部分，甚至使第一卷相形见绌”[④]，是马克思为自己树立的纪念碑。同时，这部雷鸣闪电般的著作，也将从根本上驳倒全部官方的资产阶级经济学。

编辑出版《资本论》第三卷的工作比预想的更为复杂。《资本论》

---

① 《马克思恩格斯全集》第 36 卷，人民出版社 1975 年版，第 200 页。
② 《马克思恩格斯全集》第 36 卷，人民出版社 1975 年版，第 200 页。
③ 《马克思恩格斯全集》第 36 卷，人民出版社 1975 年版，第 200 页。
④ 《马克思恩格斯全集》第 36 卷，人民出版社 1975 年版，第 293 页、第 299 页。

第三卷只有唯一一份极不完整的初稿。恩格斯提到，这一手稿的“每一篇的开端通常都相当细心地撰写过，甚至文字多半也经过推敲。但是越往下，文稿就越是带有草稿性质，越不完全，越是离开本题谈论那些在研究过程中冒出来的、其最终位置尚待以后安排的枝节问题，句子也由于表达的思想是按照形成时的原样写下来的而越冗长，越复杂。”① 从这一手稿的笔迹和叙述的方式来看，可以肯定，马克思是在身体欠佳的状况下写作这一手稿的。恩格斯给自己的任务，首先就是尽可能地保持马克思手稿的原文和本意，除非在最绝对必要的时候，自己才作出改动。恩格斯给自己确定的整理编辑的目标就是：“一字不差地用马克思本人的提法整理出马克思的原文，就是尽了我的职责，虽然这可能要逼着读者更努力地去进行独立思考。”②

1894 年 10 月，恩格斯在《资本论》第三卷“序言”中提到这一卷的编辑原则，认为“我把这种编辑工作限制在最必要的范围内。凡是意义明白的地方，我总是尽可能保存初稿的面貌。个别重复的地方，我也没有删去，因为在那些地方，像马克思通常所做的那样，问题总是从另一个角度来论述，或至少是用另一种说法来表达”③。至于需要校订和增补的地方，恩格斯也都相应地作了标记、附上自己的名字。

恩格斯编辑《资本论》第三卷，首先就是熟悉第三卷的全部材料。1863 年 1 月，马克思以“《资本论》第三篇”为题，列出了关于“资本和利润”的 12 项内容，其中包括剩余价值转化为利润、利润转化为平均利润、古典经济学家关于利润和生产价格的理论、地租、李嘉图地租规律的历史、利润率下降规律、利润理论、利润分为产业利润和利息、收入及其源泉、资本主义生产总过程中货币的回流运动、庸俗政治经济学以及结论部分④。后来在 1863 年至 1865 年间，马克思完成了《资本论》第一卷至第三卷理论原理部分的第一个手稿。1866 年以后，马克思除了撰写用于《资本论》第一卷最后出版的手稿，也撰写了《资本论》第二卷的几份新的手稿。对《资本论》第三卷，马克思没有写过较

---

① 《马克思恩格斯文集》第 7 卷，人民出版社 2009 年版，第 4—7 页。

② 《马克思恩格斯全集》第 39 卷，人民出版社 1974 年版，第 406 页。

③ 《马克思恩格斯文集》第 7 卷，人民出版社 2009 年版，第 7 页。

④ 参见《马克思恩格斯全集》第 36 卷，人民出版社 2015 年版，第 312 页。

为系统的新的手稿，1863 年至 1865 年写的手稿，成为恩格斯编辑《资本论》第三卷唯一可依据的手稿。

对于《资本论》第三卷这一手稿的内容，恩格斯在编辑第二卷时就开始翻阅。1885 年 4 月，恩格斯在给倍倍尔的信中提到，第三卷是“卓越的，出色的。这对整个旧经济学确实是一场闻所未闻的变革。只是由于这一点，我们的理论才具有不可摧毁的基础，我们才能在各条战线上胜利地发动起来”①。同一时间，恩格斯在给丹尼尔逊的信中也提到，第三卷“是圆满完成全著的结束部分，甚至使第一卷相形见绌。我在口授原稿，这份原稿除了我以外，简直是谁也不能读下去，因此，在没有把全文誊清成在任何情况下其他人都能阅读的东西以前，我就不放心。在这以后，我才能从事最后的校订，这将是一个艰巨的任务，因为原稿没有完成。即使是我也未必定能完成这项工作，但是无论如何手稿将被抢救出来，不会全部毁掉，必要时可以按照它的原样出版。”②

恩格斯对《资本论》第三卷的编辑，采取了与第二卷编辑大体一致的方法，恩格斯先辨别原稿笔迹并作口授，由秘书抄录，然后恩格斯再作通读和校订。1885 年 7 月，恩格斯在给倍倍尔的信中写道:“第三卷的手稿，我已经尽可能地口授完了。我稍微休息一下并处理完其他各种紧急工作之后，到秋天就着手定稿。不过现在我已经放心了，因为手稿已经誊写清楚，假如在这段时间我的歌子唱完了的话，那在最坏的情况下也可以照现在这个样子刊印。在这项工作没有完成的时候，我没有片刻安宁过。”③ 几个月后，大致在 1885 年 11 月，《资本论》第三卷辨认笔迹、口授和抄写手稿的工作基本完成，接着进入校订、编辑阶段。

从 1885 年年底开始，一直到 1894 年《资本论》第三卷正式出版，恩格斯陆续花费了近 10 年的时间，精心校订、整理《资本论》第三卷。最后，恩格斯确定了《资本论》第三卷七篇五十二章的整体结构，并按照这一结构完成了第三卷的全部编辑工作。

第一篇“剩余价值转化为利润和剩余价值率转化为利润率”，共有

---

① 《马克思恩格斯全集》第 36 卷，人民出版社 1975 年版，第 292—293 页。

② 《马克思恩格斯全集》第 36 卷，人民出版社 1975 年版，第 299 页。

③ 《马克思恩格斯全集》第 36 卷，人民出版社 1975 年版，第 344 页。

七章。在马克思原稿中，这部分手稿“只有大大压缩才能使用”。第一章“成本和利润”的论题，在马克思手稿中，是到“后来才顺便说到”的。马克思对成本和利润问题另外写过一个较短的手稿，尽管有两个相关内容的稿子“可供利用，但不是始终都写得很连贯”，经过恩格斯的加工，“现在的第一章就是由这两个部分编成的”[①]。

第三章“利润率和剩余价值率的关系”，是马克思在手稿一开始就作了论述的，但主要内容只是关于剩余价值率和利润率关系的一系列未完成的数学计算。恩格斯提到，在编辑这一章时，恩格斯利用了马克思“写于70年代的整整一个几乎写满了的笔记本”上的有关内容，其中主要是“用方程式来说明剩余价值率和利润率的关系”[②] 的有关内容。

第四章“周转对利润率的影响”，在马克思手稿中只有一个标题。恩格斯认为:“因为这一章研究的问题即周转对利润率的影响极为重要，所以由我亲自执笔写成，因而全章的正文都放在括号内。”[③] 这一章的最重要的理论意义在于，从《资本论》三卷结构上阐明，《资本论》第一卷和第二卷的资本周转对剩余价值率的影响，怎么逻辑地上升为《资本论》第三卷对利润率的影响，而这种上升正是马克思关于剩余价值转化为利润过程在资本周转问题上的逻辑延伸。这就是由恩格斯撰写的第四章所提出的:“要使年利润率的公式完全正确，我们必须用年剩余价值率代替简单的剩余价值率，即用 $M'$ 或 $m'n$ 代替 $m'$。换句话说，我们必须让剩余价值率 $m'$——或者让 C 中所含的可变资本部分 v——乘以这个可变资本在一年内周转的次数 n。这样我们就得到：$p'=m'n\frac{v}{C}$，这就是年利润率的计算公式。”[④]

关于第二篇“利润转化为平均利润”、第三篇“利润率趋向下降的规律”和第四篇“商品资本和货币资本转化为商品经营资本和货币经营资本（商人资本）”这三篇，恩格斯指出，“除了文字上的修订，我几乎可以完全按照原来的手稿进行编辑。少数几处，大多是关于周转的影响

---

① 《马克思恩格斯文集》第7卷，人民出版社2009年版，第8页。
② 《马克思恩格斯文集》第7卷，人民出版社2009年版，第8页。
③ 《马克思恩格斯文集》第7卷，人民出版社2009年版，第8页。
④ 《马克思恩格斯文集》第7卷，人民出版社2009年版，第88页。

的地方，曾经过加工，以便和我补写的第四章一致起来；这些地方也都放在括号内，并且标上我的姓名的缩写"[①]。

第五篇"利润分为利息和企业主收入"，是恩格斯遇到的"主要的困难"的一篇，这一篇讨论的是《资本论》第三卷中"最复杂的问题"。整个这一篇，不但没有现成的手稿，甚至没有一个可以按照其轮廓来加以充实的纲要，"不少地方只是一堆未经整理的笔记、评述和摘录的资料"[②]。为了加快《资本论》第三卷的编辑进度，恩格斯表示："没有别的办法，我只好当机立断，尽可能限于整理现有的材料，只作一些必不可少的补充。"[③] 即使这样，恩格斯还是花费了较长的时间，直到 1893 年春天才完成了这一篇的编辑。

第六篇"超额利润转化为地租"，为恩格斯在马克思制订的有关计划基础上整理而成。因为这一篇"写得完整得多，尽管也决没有完全整理好"，但是马克思在这一篇手稿的最后部分，"把全篇提纲简略地概括一下"，显然"这对编辑工作来说是十分适宜的"[④]。

第七篇"各种收入及其源泉"，也是在马克思原有手稿原稿基础上编辑而成的。恩格斯认为："第七篇的手稿是完整的，不过也只是初稿，必须先把无限错综复杂的文句拆开，才能付印。最后一章只有一个开头。在这一章，同地租、利润、工资这三大收入形式相适应的发达资本主义社会的三大阶级，即土地所有者、资本家、雇佣工人，以及由他们的存在所必然产生的阶级斗争，应该当做资本主义时期的实际存在的结果加以论述。这种结论性的总结，马克思通常总要留到快付印的时候再作最后的加工，因为那时最新的历史事件会按照永不失效的规律性为他的理论阐述提供最恰当的现实例证。"[⑤]

恩格斯对《资本论》第三卷的修改和编辑，使得马克思留下的在很大成分上只是一个初稿形式的手稿，成为一部在体系结构和理论内容上堪称完备的著作，这不只是对马克思原有手稿简单地整理和加工就能完

---

① 《马克思恩格斯文集》第 7 卷，人民出版社 2009 年版，第 8 页。
② 《马克思恩格斯文集》第 7 卷，人民出版社 2009 年版，第 9 页。
③ 《马克思恩格斯文集》第 7 卷，人民出版社 2009 年版，第 9 页。
④ 《马克思恩格斯文集》第 7 卷，人民出版社 2009 年版，第 10 页。
⑤ 《马克思恩格斯文集》第 7 卷，人民出版社 2009 年版，第 11 页。

成的，而是在对马克思政治经济学理论深刻理解，在对《资本论》体系结构和思想精髓深刻把握基础上才能完成的，其中当然包含着恩格斯对《资本论》基本理论和结构体系的理解和把握，包含着对马克思政治经济学理论的阐发和拓新。

1895年3月，维·阿德勒在监狱中给恩格斯写信，希望恩格斯能对他学习《资本论》第二卷和第三卷给予指导。阿德勒是奥地利社会民主党的创始人和领导人，也是第二国际的领导人之一。恩格斯在给阿德勒的回信中说道："由于你想在狱中钻研《资本论》第二卷和第三卷，为了使你省些劲，我向你提供几点意见。"① 恩格斯提供的意见主要如下：

关于《资本论》第二卷，恩格斯写道："第一篇。第一章要认真地读，然后读第二和第三章就比较容易了，第四章是总的概述，也要用心读；第五和第六章容易懂，特别是第六章，谈的是次要的东西。

第二篇。第七至九章是重要的。第十和第十一章尤其重要。第十二、十三、十四章也是一样。而第十五、十六、十七章先泛读一遍就行了。

第三篇。这是重农学派以后第一次在这里对资本主义社会商品和货币的总循环所作的最出色的阐述。内容很好，形式却难得可怕，一是因为这里把按照两种不同方法进行的两次研究合并在一起，二是因为第二次研究是马克思在头脑受到长期失眠的折磨的情况下勉强完成的。要是我的话，我就把它放在最后，即对第三册进行了第一遍学习之后。对于你的学习来说，开头可以撇开这一篇。"②

关于《资本论》第三卷，恩格斯写道："第一篇的第一至四章是重要的，而第五、六、七章对总的联系不太重要，所以暂时不必在上面花费很多时间。

第二篇。第八、九、十章非常重要。第十一和第十二章泛读一遍就行了。

第三篇。第十三至十五章全都非常重要。

---

① 《马克思恩格斯文集》第10卷，人民出版社2009年版，第697页。

② 《马克思恩格斯文集》第10卷，人民出版社2009年版，第697—698页。

第四篇。第十六至二十章也非常重要，可是容易读。

第五篇。第二十一至二十七章非常重要。第二十八章不那么重要。第二十九章重要。第三十至三十二章总的说来对于你的目的是不重要的，第三十三和第三十四章谈的是纸币等等，也重要；第三十五章谈的是国际汇兑率，重要，第三十六章你会感到非常有趣，也好读。

第六篇。地租。第三十七和第三十八章重要。第三十九和第四十章不那么重要，但都需要通读。第四十一至四十三章（级差地租Ⅱ，各种具体情况）可以比较粗略地读过去。第四十四至四十七章又是重要的，大部分也容易读。

第七篇很精彩，遗憾的是只有一个骨架，而且叙述还带有失眠症的明显痕迹。

如果你按照这个办法把主要的东西弄通，次要的东西开头先粗略地读一遍（最好先把第一卷中主要的东西再读一遍），那你就会对全书有一个概貌，以后再钻研那些被忽略的地方也就比较容易了……"①

恩格斯对研究《资本论》第二卷和第三卷提出的这些指导性意见，最有力地说明，恩格斯同马克思一起，实际上是《资本论》第二卷和第三卷的共同的著作者。

## 三、恩格斯对编辑《资本论》第四卷的构思

从1885年《资本论》第二卷出版到1894年《资本论》第三卷出版这一时期，恩格斯对马克思《1861—1863年经济学手稿》作了进一步的研究，这一研究的成果突出地体现在《资本论》第三卷的“序言”和恩格斯为《资本论》第三卷增写的一些补充论述中，同时也突出地表现在对编辑《资本论》第四卷的一系列重要构想中。

现在称作《资本论》的四卷结构计划，是对马克思设想的《资本论》的四册结构或三卷四册结构的概括性的说法。1865年上半年，马克思提出的《资本论》的四册结构计划，前三册是“理论部分”，最后第四册是“历史文献部分”。这里的“四册”就是现在称作的“四卷”。

① 《马克思恩格斯文集》第10卷，人民出版社2009年版，第698页。

不过，马克思当时对“册”和“卷”作了区分。1865 年 7 月，马克思在给恩格斯的一封信中提到:“再写三章就可以结束理论部分（前三册）。然后还得写第四册，即历史文献部分；对我来说这是最容易的一部分，因为所有的问题都在前三册中解决了，最后这一册大半是以历史的形式重述一遍。”① 次年 10 月，在重提《资本论》四册结构计划时，他打算把第一册“资本的生产过程”和第二册“资本的流通过程”合为第一卷出版，第三册“总过程的各种形式”和第四册“理论史”分别作为第二卷和第三卷出版②。这就是《资本论》的三卷四册计划。但是，由于种种原因，1867 年出版的《资本论》第一卷德文第一版，只包括第一册“资本的生产过程”。据此，马克思在《资本论》第一卷“序言”中，对原先的三卷四册计划作了修正，提出把《资本论》第二册和第三册合为第二卷，第四册则作为第三卷出版。作了这一调整之后，继《资本论》第一卷之后，“第二卷是理论部分的续篇和结尾，第三卷是 17 世纪中叶以来的政治经济学史”③。

在马克思看来，在《资本论》三卷四册计划中，第四册作为理论史批判部分，要以“历史的形式”，对前三册理论原理部分的内容“重述一遍”。这就是说，在内容上，《资本论》第四册是前三册中“解决”了的理论原理的“历史文献”；在形式上，要再现理论原理阐述到思想历史阐述的逻辑序列。这是《资本论》第四册内容上和形式上基本规定性。这一基本规定性，在 1859 年出版的《政治经济学批判》第一分册和《手稿》中已经作了呈现。

《政治经济学批判》第一分册是马克思按照“六册结构计划”写作的《政治经济学批判》著作的开头部分。第一分册对第一册《资本》第一篇“资本一般”的第 1 章“商品”和第 2 章“货币”作了论述。马克思以“双重结构”的方式，把关于理论原理阐述到思想历史阐述的逻辑序列呈现出来。这一“双重结构”以章和节为基本论述单元，呈现理论原理阐述到思想历史阐述的逻辑序列。

---

① 《马克思恩格斯文集》第 10 卷，人民出版社 2009 年版，第 230—231 页。

② 《马克思恩格斯文集》第 10 卷，人民出版社 2009 年版，第 246 页。

③ 《马克思恩格斯文集》第 10 卷，人民出版社 2009 年版，第 254 页。

《手稿》一开始是按照《政治经济学批判》第二分册第 3 章“资本”撰写的。在《手稿》中，马克思首先论述了“资本的生产过程”中的第 1 章“货币转化为资本”和第 2 章“绝对剩余价值”，在写作第 3 章“相对剩余价值”中，马克思提出，在相对剩余价值之后，应该把绝对剩余价值和相对剩余价值结合起来考察。这是计划中第 4 章的内容。大约在 1862 年 1 月，马克思在写作第Ⅵ笔记本时，中断了对第 3 章“相对剩余价值”的论述，直接写作第 5 章“剩余价值理论”，这一章是对之前阐述的剩余价值理论原理所作的思想历史的考察。显然，这是对《政治经济学批判》第一分册“双重结构”的接续。

马克思在《政治经济学批判》第一分册和《手稿》中呈现的理论原理阐述和思想历史阐述逻辑序列，对《资本论》前三册理论原理阐述到第四册思想历史阐述序列的形成起着决定性影响。1865 年 7 月，马克思在给恩格斯的信中提到《资本论》的结构时提出的第四册结构发生的变化，只在于体现理论原理阐述到思想历史阐述的逻辑序列，由原来《政治经济学批判》第一分册以章和节为基本论述单元，转变为现在《资本论》以卷（册）为基本论述单元。

马克思逝世后，恩格斯最初接触到马克思《资本论》遗稿时，还是打算按三卷四册的计划编辑完成《资本论》的后三册。1883 年 5 月，恩格斯提出，他打算把马克思留下的《资本论》第二册和第三册手稿合编为《资本论》第二卷；同时，也打算以《手稿》的部分材料为基础，编辑《资本论》第三卷，因为《手稿》每一章的结尾都有该章所探讨的理论问题的批判史。但是，在编辑出版“资本的流通过程”这一册时，恩格斯决定把这一册《资本论》第二卷单独出版；最后两册则作为《资本论》第三卷和第四卷出版。这就形成了现在通行的《资本论》的四卷计划。

与此同时，恩格斯在对《手稿》的不断深入的研究中，提出了以《手稿》中的《剩余价值理论》为主体编辑出版《资本论》第四卷的构想。起初，恩格斯对《手稿》中“理论问题的批判史”部分，应具体归入《资本论》哪一卷并不十分清楚，甚至在发现了《剩余价值理论》这部分手稿后，也还是犹疑不定。例如，他在 1884 年 2 月 16 日给考茨基的信中说:“篇幅浩繁的《剩余价值理论》……我可能把它印在第二卷末尾，或者是作为第三卷。”[①] 同日，在给劳拉·拉法格的信中，他又说："在手稿中，有《资本论》的第一种稿本（1861—1863 年），在那里头我发现了几百页《剩余价值理论》，其中一部分经过加工已收在《资本论》的稍后几种稿本里，但是，这里留下来的足够把第二卷扩大为第二卷和第三卷。”[②] 这两封信中提到的“第二卷”和“第三卷”，指的还是马克思设想的《资本论》三卷四册计划中的第二卷和第三卷。这时，恩格斯对《剩余价值理论》应归入理论原理阐述的结束部分还是应归入单独的理论史批判部分，并没有作出明确的说明。这是因为，恩格斯还不清楚《剩余价值理论》手稿同马克思提到的第四册“理论史”部分之间的确切关系。显然，这同恩格斯当时还没有对《手稿》作深入的研究有关。只是后来，在对《手稿》的进一步研究中，特别是通过对其中的《剩余价值理论》部分的深入研究，恩格斯才清楚地认识到，《剩余价值理论》正是马克思计划在《资本论》第四册中论述的“理论史”部分的“草稿”，尽管它还“很粗糙”，但却“很有价值”，它无疑是马克思留下的可用于编辑《资本论》第四册的唯一可依据的手稿。

在对《手稿》特别是在对其中《剩余价值理论》部分的进一步研究中，恩格斯确定了以《手稿》的第Ⅵ到第ⅩⅤ这 10 个笔记本为主体，以马克思命名的“剩余价值理论”为主题来编辑《资本论》第四卷的总方针。恩格斯还根据这一总方针，对编辑《资本论》第四卷提出了两个方面的具体设想：

第一，在编辑《资本论》第四卷时，应该“删去”《剩余价值理论》手稿中所包括的、但在《资本论》第二卷和第三卷已经作了阐述的理论原理部分。恩格斯清楚地意识到，《剩余价值理论》作为《资本论》第四卷，是对《资本论》前三卷已经作了详尽阐述的政治经济学理论原理的“核心”问题，即剩余价值理论的“详细的批判史”。但是，《剩余价值理论》还只是一个“草稿”，它是在马克思对《资本论》第二卷和第三卷的理论原理作出详尽阐述之前就已写出来了，许多应该在这两卷中得到详尽阐述的理论原理，有的还是在剩余价值理论批判中首次形成

① 《马克思恩格斯全集》第 36 卷，人民出版社 1975 年版，第 111 页。
② 《马克思恩格斯全集》第 36 卷，人民出版社 1975 年版，第 114 页。

的。因此，在把《剩余价值理论》编辑为《资本论》第四卷时，就应该“删去”那些不属于“理论史批判”内容的部分。

关于这一点，马克思本人也曾提到：在最后完成“理论史批判”部分时，有必要“缩减”这部分手稿的“篇幅”，因为对“历史部分”的这些论述，“仍然处于一切研究工作最初阶段所具有的那种初稿形式”[①]之中。因此，恩格斯提出的在把《剩余价值理论》编辑为《资本论》第四卷时，应该“删去”在前面已经作了阐述的理论原理内容的设想，不仅同马克思本人的想法相一致，而且也与《资本论》结构体系的要求相符合。

第二，《资本论》第四卷还应该“删去”《剩余价值理论》手稿中各种“题外的附论”和大块被划掉的地方。恩格斯设想，在编辑《资本论》第四卷时，还应该“删去”《剩余价值理论》手稿中各种“题外的附论”[②]。在写作《剩余价值理论》手稿时，马克思本人曾多次提到，这部分手稿中的某些论述，不属于剩余价值理论史的内容，而应该包括在他的更为广泛的政治经济学理论论题之中。例如，在《手稿》第Ⅷ笔记本中，马克思在论述资本主义生产相对过剩的实质时指出：“生产过剩的起因恰好在于：人民群众所消费的东西，永远也不可能大于必需品的平均量，因此人民群众的消费不是随着劳动生产率的提高而相应地增长。不过，整个这一节都属于资本竞争的问题。”[③] 在马克思政治经济学理论体系中，“资本竞争”属于“许多资本”中所要论述的问题，它已超出了《资本论》所研究的“资本一般”的范围。在构成《剩余价值理论》手稿的10个笔记本中，马克思的类似的提法不下20处。这些提示最清楚地表明：《剩余价值理论》包括的10个笔记本，并不完全是对剩余价值理论史的批判，它还包括许多超出《资本论》论述范围的“题外的附论”。马克思本人也不打算把这些“题外的附论”编入属于剩余价值理论史批判的《资本论》第四卷。

恩格斯对编辑《资本论》第四卷提出的这两个方面的设想，是建立

① 《马克思恩格斯文集》第10卷，人民出版社2009年版，第422页。
② 《马克思恩格斯全集》第33卷，人民出版社2004年版，第168页。
③ 《马克思恩格斯全集》第34卷，人民出版社2008年版，第532页。

在对马克思《资本论》理论体系和《手稿》作了深入研究的基础上的。恩格斯生前虽然没有能够把这两个设想付之于实践，没有能够完成《资本论》第四卷的编辑工作；但是，他所提出的这些设想，对今天研究《手稿》在马克思经济思想史上的地位，理解《剩余价值理论》和《资本论》第四卷的关系是有重要意义的。

由此可以认为，后来把马克思《1861—1863 年经济学手稿》的“剩余价值理论”部分，直接编辑为《资本论》第四卷，显然不是恩格斯所设想的，也不是马克思所认为的。

1894 年 11 月 14 日，《前进报》发表了一篇关于《资本论》第三卷出版后，“第四卷即讲述理论历史的那一卷的出版工作将不得不放弃”的说法的报道，恩格斯对这一报道极为不满，恩格斯在《新时代》上刊登了他于 11 月 22 日写的《关于马克思〈资本论〉第四卷》的短文，提出:“我们希望，‘前进报’在这方面是犯了某种程度的错误。至少，弗·恩格斯在‘资本论’第二卷序言中给我们提供了多少有点希望的消息。根据这个消息可以知道，有一部在 1861—1863 年写的手稿‘政治经济学批判’，计有四开本 1472 页；这部手稿的第 220—972 页就是‘剩余价值理论’部分，关于这一部分恩格斯写道：‘这一部分手稿，包含政治经济学核心即剩余价值理论的详细的批判性的历史……我为自己保留了下述权利：把这部手稿的批判部分当作‘资本论’第四卷来发表，而且将在这一卷里略去第二卷和第三卷已经交代清楚的许多东西。’”[①] 这是恩格斯生前最后一次提到《资本论》第四卷的设想，与之前的想法没有变化。这可以看作恩格斯对《资本论》第四卷理解的最后的结论。

---

① 《马克思恩格斯全集》第 22 卷，人民出版社 1965 年版，第 588 页。

# 第八章 恩格斯与“转形”问题的早期论争

马克思主义政治经济学研究中所谓的“转形”问题，指的是马克思在《资本论》第一卷和第三卷中论及的价值转化为生产价格的问题。在马克思主义发展史研究上，往往以 1894 年《资本论》第三卷的出版，或者以 1896 年庞巴维克《马克思体系的终结》（*Karl Marx and the Close of His System*）的发表，或者以 1906 年博特凯维兹（L. von Bortkiewics）《马克思体系中的价值和价格》（*Value and Price in Marxian System*）的发表，作为一百多年来“转形”问题论争的起端。实际上，1885 年《资本论》第二卷出版后，关于“转形”问题的论争就已经存在，自此一直到《资本论》第三卷出版的 9 年间，构成关于“转形”问题论争的早期阶段。在“转形”问题的早期论争中，恩格斯发挥着特殊重要的作用，凸显了恩格斯晚年对马克思《资本论》理论的深刻理解。

## 一、编辑《资本论》第三卷前的理解

在写于 1885 年的《资本论》第二卷“序言”中，恩格斯在对洛贝尔图斯经济理论批判中，阐发了马克思对“转形”问题上的理论贡献。恩格斯认为，李嘉图学派在“转形”问题上的“碰壁”，在理论上和方法上的困惑就在于:“按照李嘉图的价值规律，假定其他一切条件相同，两个资本使用等量的、有同样报酬的活劳动，在相同的时间内会生产价值相等的产品，也会生产相等的剩余价值或利润。但是，如果这两个资本所使用的活劳动的量不相等，那么，它们就不能生产相等的剩余价值，或如李嘉图学派所说的利润。但是情况恰恰相反。实际上，等额的资本，不论它们使用多少活劳动，总会在相同时间内生产平均的相等的利润。”[①] 恩格斯把马克思在解决这一问题上的理论贡献，简要地概括为“相等的平均利润率怎样能够并且必须不仅不违反价值规律，而且反而要以价值规律为基础来形成”[②] 的问题。恩格斯指出，在《资本论》第三卷将阐明的“最终结论”之前，包括像洛贝尔图斯这样的经济学家还有机会提出自己解决这一问题的方案。有的西方学者将之称为恩格斯在《资本论》第三卷出版前发布的关于“转形”问题“有奖竞答”（“*prize essay competition*”）的告示[③]。

马克思虽然在《资本论》第三卷才对“转形”问题作出专门阐释，但对这一问题的研究却可以追溯到《1861—1863 年经济学手稿》。这部《手稿》首次探明了价值到生产价格的转化关系，周详考察了这一转化的内在机制和基本过程。特别是在 1862 年 6 月，在写作《手稿》第 X 笔记本时，马克思第一次系统地阐述了价值到生产价格“转形”的整体过程，揭示了“平均价格规律”（即生产价格规律）的形成及其本质。马克思认为，对于等量资本获得等量利润这一经济现实，“如果想不经过任何中介过程就根据价值规律去理解这一现象……这就是一个比用代数求解化圆为方更加无能为力的问题”[④]。马克思已经科学地证明，在生产价格规律中，各部门资本家都依据平均利润率，获得与各自预付资本量成比例的平均利润；各部门中商品的价值和生产价格的差额，主要是由各部门创造的剩余价值和获得的平均利润的差额引起的，归根到底是由剩余价值在各生产部门之间重新分配引起的。

马克思在 1862 年 8 月 2 日给恩格斯的信中，对“转形”问题已经作了详细而清晰的叙述。马克思在这封信中谈到，在资本主义经济过程中，“在不同工业部门对工人的剥削程度相同的情况下，等量的不同资本在不同的生产领域会提供极不相同的剩余价值量，从而提供极不相同的利润率，因为利润率正是剩余价值和全部预付资本的比率。这将取决

---

① 《马克思恩格斯文集》第 6 卷，人民出版社 2009 年版，第 23 页、第 24 页。

② 《马克思恩格斯文集》第 6 卷，人民出版社 2009 年版，第 25 页。

③ Howard, M. C and King, J. E *The Political Economy of Marx*, 1985, Longman, London, p. 21.

④ 《马克思恩格斯全集》第 35 卷，人民出版社 2013 年版，第 91 页。

于资本的有机构成，即取决于资本怎样分为不变资本和可变资本"[①]。如果从资本家阶级的总资本来考察，那么，通过"资本的转移，或者说，资本从一个工业部门流入另一个部门"的竞争，"会使等量的资本在不同的工业部门中提供同一的平均利润率，而不管它们的有机构成如何"[②]。按照这一"平均利润率"计算的就是"平均利润"。经过调整"已耗费的资本+平均利润"就是"平均价格"或"费用价格"。因此，"不同工业部门之间的竞争（通过资本的转移或流出）使不同工业部门的价格转化为这种价格"；"竞争不是使商品转化为它们的价值，而是转化为费用价格，这种价格按资本的有机构成或高于或低于或等于它们的价值"[③]。

在这封信中，马克思还对可变资本和不变资本、固定资本和流动资本这两种资本构成，在价值到生产价格转化过程的复杂性作了明确的提示："关于和价值不同的费用价格的上述规定，还应当指出，除了从资本的直接生产过程产生的不变资本和可变资本的区别，还有从资本的流通过程产生的固定资本和流动资本的区别。但是如果再把这一点考虑进去，这个公式就太复杂了。"[④] 这就表明，马克思这时对"转形"问题所涉及的资本主义生产过程和流通过程问题、竞争和资本转移问题等，也已经向恩格斯作了简要叙述。

恩格斯对马克思的叙述应该是理解的。在 1862 年 8 月 8 日给马克思的回信中，恩格斯对"转形"问题叙述本身没有提出疑问，只是对马克思关于绝对地租问题的叙述表示"我还很不明白"，建议马克思"应该进一步论证"[⑤]。恩格斯如果没有完全搞清楚"转形"问题，是不可能敏锐地发现绝对地租问题叙述中"还很不明白"的疑问的。

1867 年 6 月下旬，恩格斯读到马克思《资本论》第一卷"货币转化为资本的一章和剩余价值的产生的一章"的清样[⑥]。在 6 月 24 日给马

---

① 《马克思恩格斯文集》第 10 卷，人民出版社 2009 年版，第 186 页。
② 《马克思恩格斯文集》第 10 卷，人民出版社 2009 年版，第 187 页。
③ 《马克思恩格斯文集》第 10 卷，人民出版社 2009 年版，第 188 页。
④ 《马克思恩格斯文集》第 10 卷，人民出版社 2009 年版，第 189 页。
⑤ 《马克思恩格斯全集》第 30 卷，人民出版社 1974 年版，第 275 页。
⑥ 这里指的是《资本论》第一卷德文第一版的章目，相当于《资本论》第一卷德文第二版及以后各版的第二篇"货币转化为资本"和第三篇"绝对剩余价值的生产"。

克思的信中，恩格斯认为，这两章“就叙述和内容来说，是迄今为止最光辉的两章”。两天以后，恩格斯在6月26日给马克思的信中提及：“工厂主和庸俗经济学家”可能在价值和价格、劳动价值和工资等“极其肤浅”的问题上对马克思作出“反驳”，“我对你没有注意这一点还是感到惊奇，因为肯定会对你马上作出这种反驳，最好是预先把它排除”[①]。

马克思对恩格斯的提示立即作了回复。在6月27日给恩格斯的回信中，马克思提及这里涉及的问题，“要是科学地把它表达出来，就可以归结为下面的问题：商品的价值怎样转化为它的生产价格，在生产价格中（1）全部劳动似乎是以工资的形式得到报酬；（2）但是剩余劳动或剩余价值在利息、利润等等名称下，采取了成本价格（＝资本的不变部分的价格＋工资）的增加部分的形式”[②]。对这个问题回答的“前提”在于：第一，“阐明例如劳动力的日价值转化为工资或日劳动的价格。这在本卷第五章中已经谈到”；第二，“阐明剩余价值转化为利润，利润转化为平均利润，如此等等。要阐明这个问题，首先必须阐明资本的流通过程，因为资本周转等等在这方面是起作用的。因此，这个问题只能在第三册里加以叙述（第二卷包括第二册和第三册）”[③]。马克思这里对“转形”问题的叙述更为简洁，也更为准确，而且从《资本论》整体结构上阐明了价值到生产价格“转形”的逻辑关系。

在对这个问题的理解上，马克思还谈到方法论中的两个重要问题：第一，“转形”的阐述，“将指出庸人和庸俗经济学家的想法是怎样产生的：由于反映在他们头脑里的始终只是各种关系的直接表现形式，而不是它们的内在联系。情况如果真是这样，那么还要科学做什么呢？”[④]第二，按照马克思自己的“辩证的阐述方法”，“如果我想把所有这一类怀疑都预先打消，那我就会损害整个辩证的阐述方法。相反地，这种方法有一种好处，它可以不断地给那些家伙设下陷阱，迫使他们早早地暴露出他们的愚蠢”[⑤]。确实如马克思所判断的那样，后来关于“转形”

① 《马克思恩格斯全集》第31卷，人民出版社1972年版，第316页。
② 《马克思恩格斯全集》第31卷，人民出版社1972年版，第317页。
③ 《马克思恩格斯全集》第31卷，人民出版社1972年版，第317页。
④ 《马克思恩格斯文集》第10卷，人民出版社2009年版，第266页。
⑤ 《马克思恩格斯文集》第10卷，人民出版社2009年版，第266页。

问题的论争，多有理论思维上脱离了“转形”问题本身固有的“内在联系”，也多有落入马克思所说的“陷阱”中。

恩格斯和马克思的这几封书信来往，如德赛所评价的，既表明“恩格斯在作为马克思著作的批判性的读者上是多么的敏锐”，也表明马克思“关于‘转形’问题的发现并不是偶然的，它为恩格斯提供了线索，使恩格斯在看到《资本论》第三卷手稿对‘转形’问题论述之前就那么地充满信心”①。

在 1867 年出版的《资本论》第一卷德文第一版中，马克思对将在之后第三册（卷）论述的“转形”问题，虽然没有作过直接的说明，但还是有两处作了提示。这两处提示，一是从剩余价值到利润的转化关系上指出:“以后在本书第三册中，我将说明，同一个剩余价值率可以表现为极不相同的利润率，而不同的剩余价值率在一定情况下也可以表现为同一利润率。”② 二是在论述资本积累问题前指出:“剩余价值分为各个不同的部分。它的各部分归不同类的人所有，并结晶为不同的、互相独立的形式，如利润、利息、商业利润、地租等等。剩余价值的这些转化形式要在第三册里才能研究。”③在《资本论》第一卷德文第二版和第三版中，马克思对这两处论述尽管都作了修改，但根本意义上没有变动。

恩格斯对这两处论述给予充分的关注，把这些论述看作马克思关于资本和剩余价值理论的重要观点。在完成于 1878 年的《反杜林论》中，恩格斯在驳斥杜林对马克思剩余价值理论的曲解时，就直接引述了马克思的这两处提示④。如果注意到恩格斯在 1885 年《反杜林论》再版“序言”中提到的“本书所阐述的世界观，绝大部分是由马克思确立和阐发的……在付印之前，我曾把全部原稿念给他听”⑤ 这一事实，可以认为，上述两处提示涉及的“转形”问题的内在涵义，恩格斯是完全理解了的。

---

① Meghnad Desai, *The Transformation Problem*, Journal of Economic Surveys, 1988, Vol. 2, No. 4. p. 300.

② 《马克思恩格斯全集》第 42 卷，人民出版社 2016 年版，第 535 页。

③ 《马克思恩格斯全集》第 42 卷，人民出版社 2016 年版，第 580 页。

④ 参见《马克思恩格斯文集》第 9 卷，人民出版社 2009 年版，第 220—221 页。

⑤ 《马克思恩格斯文集》第 9 卷，人民出版社 2009 年版，第 11 页。

## 二、《资本论》第三卷出版前对“转形”问题的探索评论

1885 年，德国统计学家威·莱克西斯在题为《马克思的资本理论》一文中自称，他已经解决了存在于平均利润率中的“李嘉图—马克思价值规律和实际价格形成”之间的矛盾。他认为，无论《资本论》第三卷是怎样处理的，唯一可能的解决方法就是允许价格和劳动价值之间存在偏离，而且这种偏离是以剩余价值从使用劳动力数量相对较多的资本家向使用劳动力数量较少的资本家转移的方式实现的。“对我们来说，具有决定性意义的是，当两个生产者交换既定数量的不同商品时，作为资本利润的（也就是利润率）均等的结果，一个生产者从交换中得到劳动数量和另一个生产者从交换中失去的一样多……但是，由于在资本家阶级内部所得和所失的相互抵消，如果所有的价格和商品的真正价值成比例，剩余价值总量将保持不变。”①

莱克西斯对价格和价值之间存在的系统偏离问题、这种偏离和不同产业中资本有机构成之间联系问题，以及总剩余价值和总利润之间相等问题等作了专门论述。他认为，不等的剩余价值能够导致相等的利润率的唯一途径，就在于有些资本家出售他们的商品时会得到高于这些商品的观念价值的价格，另一些资本家出售他们的商品时会得到低于这些商品的观念价值的价格。“但因为剩余价值的损益会在资本家阶级内部互相抵消，所以，剩余价值的总量同一切价格都和商品的观念价值成比例时一样。”②

恩格斯对莱克西斯的评论是，“像作者这样沾沾自喜地以‘庸俗经济学家’自居的人能达到这一点，实际上已经出乎我们的意料”，他甚至认为“我们碰到的是一个伪装成庸俗经济学家的马克思主义者”③。但是，恩格斯认为，“问题在这里远没有得到解决，尽管已经含糊地、

---

① W. Lexis, *Die Marx'sche Kapitaltheorie*, Conrads Jahrbücher 11, 1885, p. 464.

② W. Lexis, *Die Marx'sche Kapitaltheorie*, Conrads Jahrbücher 11, 1885, p. 465.

③ 《马克思恩格斯文集》第 7 卷，人民出版社 2009 年版，第 13 页、第 14 页。

肤浅地，然而大体上正确地被提出来了”[①]。德赛认为，恩格斯对莱克西斯所作的“含糊”、“肤浅”等评价过于苛刻，因为“在莱克西斯那里，至少有两点是正确的：价格必然偏离价值；总剩余价值为总利润设定了限度，因为‘转形’只是在资本家之间对总剩余价值进行的再分配”[②]。与德赛相类似的是，霍华德和金也对莱克西斯也作了较高评价，认为“即使只是暗示，马克思解决‘转形’问题方法的基础，在莱克西斯早期对‘转形’问题的简短的讨论中已经显现”[③]。

1889 年，德国经济学家康拉德·施米特对“转形”问题作出回应。恩格斯称他为“第一个真正试图回答问题的人”[④]。施米特在题为《在马克思的价值规律基础上的平均利润率》一文中认为，工人生产了体现在剩余产品中的剩余价值，但是资本家必须提供一定量的物化劳动，才能够占有剩余产品。因此，对资本家来说，预付资本就是他为了获得剩余产品而付出的社会必要的对象化的劳动量。施米特把总产品分为两个部分：一部分是生产所需的由不变资本和可变资本代表的产品；另一部分是剩余产品。施米特认为，解决“转形”问题的“关键”在于剩余产品出售价格的确定上。他认为，平均利润率的形成，使每个资本家剩余产品的价格必然和预付资本成比例，从而价格必然与物化在产品中的劳动数量不相等。因此，只有社会必要劳动创造价值，剩余产品中的物化劳动不是社会必要劳动，从而它无法决定商品的价值[⑤]。

恩格斯认为，施米特的分析是不正确的，“如果施米特利用这个想法，借此来把那个按平均利润率计算的价格同价值规律协调起来，那么，他就把价值规律本身抛弃了，因为他把一种完全同价值规律相矛盾

---

① 《马克思恩格斯文集》第 7 卷，人民出版社 2009 年版，第 14 页。

② Meghnad Desai, *The Transformation Problem*, Journal of Economic Surveys, 1988, Vol. 2, No. 4. p. 301.

③ Howard, Michael C. and John E. King 1989. *A History of Marxian Economics: Vol. I*, 1883-1929. London: Macmillan and Princeton: Princeton University Press, 1984, p. 26.

④ 《马克思恩格斯文集》第 7 卷，人民出版社 2009 年版，第 15 页。

⑤ C. Schmidt, *Die Durchschnittsprofitrate auf Grundlage des Marx'schen Werthgesetzes*, Stuttgart: Dietz, 1889, pp. 11-12, 16.

的想法，作为共同起决定作用的因素合并到这个规律中去了”[①]。显然，施米特虽然提出了生产价格中成本＋利润的正确的定价原则，但他却错误地把剩余产品的价格决定同不变资本和可变资本的价格决定分离开来，从而在根本上曲解了马克思关于社会必要劳动的含义，事实上也等于抛弃了马克思的劳动价值论。

在1890年到1894年间，美国统计学家乔治·C. 斯蒂贝林在题为《价值规律和利润率》和《平均利润率问题。对一种批判所作的批判，并附一点补充》的两本小册子中，对“转形”问题作了探讨[②]。他认为，有机构成不同的等量资本，无法产生等量的价值和剩余价值；有机构成越高，劳动生产率就越高，从而剥削率也就越高。“问题解决的办法就是；在价值规律的基础上，在资本相等、时间相等，但活劳动量不等时，通过剩余价值率的变动，不同的有机构成，可以带来相等的平均利润率。”[③] 在这里，斯蒂贝林是以个别商品的生产价格和价值相等的假设为前提的，说明他对整个“转形”问题存在着根本性的误解。可以认为，斯蒂贝林解决“转形”问题的方法，就是取消“转形”问题本身。

恩格斯对斯蒂贝林的评价就是，“从一开始把他应当证明的事情当做前提了”，所以他的全部论证、计算几乎都是“站不住脚的”、“都是错误的”[④]。但是，恩格斯并没有抹杀斯蒂贝林探索中存在的哪怕是一些“例外”的成就，如斯蒂贝林用官方统计调查材料对利润率下降的证明。斯蒂贝林是较早地、试图系统地使用调查统计资料研究马克思价值理论的人。他在对1870年到1880年美国国情调查材料的分析中，说明有机构成高的产业具有较高的剥削率，反过来也是成立的。他用的是两

---

① 《马克思恩格斯文集》第7卷，人民出版社2009年版，第16页。

② G. C. Stiebeling, *Das Werthgesetz und die Profitrate*, New York: Heinrichs, 1890; *Das Problem der Durchschnittsprofitrate: Kritik einer Kritik mit Meinem Nachtrag*, New York: Labor News Co., 1893.

③ G. C. Stiebeling, *Untersuchungen Ueber die Raten des Mehrwerths und Profits mil Bezug auf die Lösung des Problems der Durchschnitts-Profitrate*, New York: New York Labor News Co., 1894, p. 23.

④ 《马克思恩格斯文集》第7卷，人民出版社2009年版，第25页。

个利润率相同（约 9%）的产业的例子，一是有机构成为 6.53、剥削率为 0.58 的粗盐业；二是有机构成为 1.56、剥削率为 0.14 的造船业。斯蒂贝林按照有机构成的高低，对全部 29 个产业进行排序，把它们分为两组：前 14 个产业的平均有机构成为 5.50，平均剥削率为 1.38，平均利润率为 25.1%；后 15 个产业的相关数据分别为 2.58、0.57 和 22.1%[①]。当然，即使在这一比较研究中，恩格斯认为，斯蒂贝林也没有避免“对于利润率下降的说明却是完全错误的”[②] 的结局。

意大利学者阿基尔·洛里亚在 1884 年发表的《卡尔·马克思的价值理论》一文中曾断言，利润率相等和有机构成不等是一个无法解决的矛盾，这是马克思整个理论体系的重大缺陷[③]。1890 年，在对施米特的《在马克思的价值规律基础上的平均利润率》一文的评论中，洛里亚却提出了解决“转形”问题的方法。在这一方法中，假定产业资本家 A、B 和 C，有着不同的资本有机构成和相同的剥削率，在不存在非产业资本介入的情况下，它们各自的利润率不同。在借贷资本家存在时，他们把剩余价值的一部分用于支付货币资本家 D 的利息。产业资本家 A、B 和 C 留下的产业利润与他们使用的资本量成比例，从而形成统一的产业利润率，而且这个利润率和货币资本家 D 的利润率相同[④]。洛里亚没有对他这种令人惊奇的假设和推理进行任何合理的说明。

恩格斯在对洛里亚的评论中指出:“只有从内心深处瞧不起全部经济学的写作冒险家，才敢于断言商业资本具有一种魔力，能够在一般利润率尚未确立以前，就把超过一般利润率的全部超额剩余价值吸取过来，并把它转化为自己的地租，而在这样做的时候并不需要有任何土地所有权。”[⑤] 恩格斯对洛里亚作了尖锐抨击，认为“一个什么样的魔术师才

---

① G. C. Stiebeling, *Untersuchungen Ueber die Raten des Mehrwerths und Profits mil Bezug auf die Lösung des Problems der Durchschnitts-Profitrate*, New York: New York Labor News Co., 1894, p. 3.

② 《马克思恩格斯文集》第 7 卷，人民出版社 2009 年版，第 25—26 页。

③ A. Loria, *La Théorie de la Valeur de Karl Marx*, Journal des Economistes, 1884, pp. 137-139.

④ A. Loria, *Review of Schmidt*, Die Durchschnittsprofitrate, in Conrads Jahrbucher, 20, 1890.

⑤ 《马克思恩格斯文集》第 7 卷，人民出版社 2009 年版，第 23 页。

能想象得出马克思竟需要玩弄这样一套可怜的把戏！”[①]

1892年，美国工厂主彼得·法尔曼在《马克思价值理论批判》一文中，尝试解决“转形”问题。法尔曼区分了商品价格中的两个因素：由物化在商品中的劳动数量决定的商品价值的“构成因素”，以及代表资本家和地主对产品份额索取权的“分配因素”。法尔曼认为，由于社会财富是人们在生产商品中所包含的人类劳动的总量构成的，因此，在总体上，价值必须等于价格：“两种商品相交换时，一种商品的价格高于它的价值的大小，必然等于另一种商品的价格低于它的价值的大小，反之亦然”[②]，价格和价值之间差异的产生是由“分配因素”造成的。

法尔曼较为清楚地说明了每个部门的价格、价值和资本有机构成之间的关系。他认为，如果利润是剩余价值的表现形式，那么，怎么理解在剩余价值量取决于工人数量的同时，利润量似乎与工人数量相独立的呢？法尔曼的解释是，投资在生产资料上的资本和投资在工资上的资本之间的比率（如马克思提出的不变和可变资本之间的比率 c∶v）最高的产业部门，其商品的出售价格高于它们的价值，这意味着，不变资本和可变资本的比率最小的产业部门，其商品的出售价格则低于它们的价值，c∶v 的高低恰好是平均水平时，商品才按照它们的实际价值出售[③]。法尔曼强调，这同价值规律并不矛盾，因为总价格仍然等于总价值。个别商品的价格与价值之间的差异只是竞争引起的波动造成的。“但是在严密的科学中，人们从来不把可精确计算的波动理解为对规律的否定。”[④] 法尔曼用一个简单的数字例子讨论“转形”问题，同时对自己的解决方法进行了一般化处理，使之能把地租和利润的支付包含其中，但法尔曼对此并没有作出展开探索[⑤]。恩格斯认为，法尔曼的探索

---

① 《马克思恩格斯文集》第7卷，人民出版社2009年版，第23页。

② P. Fireman, *Kritik der Marx'schen Werttheorie*, Jahrbücher für Nationalökonomie und Statistik, 58, 1892, p. 798.

③ P. Fireman, *Kritik der Marx'schen Werttheorie*, Jahrbücher für Nationalökonomie und Statistik, 58, 1892, pp. 805-806.

④ P. Fireman, *Kritik der Marx'schen Werttheorie*, Jahrbücher für Nationalökonomie und Statistik, 58, 1892, p. 808.

⑤ P. Fireman, *Kritik der Marx'schen Werttheorie*, Jahrbücher für Nationalökonomie und Statistik, 58, 1892, pp. 805-807.

“实际上已经接触到了问题的关键。但是，他这篇如此重要的论文所受到的不应有的冷遇却证明，法尔曼甚至在这种发现以后，仍然需要有许多中间环节，才能完全地、明确地解决这个问题”①。

## 三、对“转形”问题早期论争的评价及其启示

恩格斯在《资本论》第三卷“序言”中，用较大的篇幅对“转形”问题的主要著述作了评价。在总体上，恩格斯对施米特和法尔曼的研究多有赞许，认为“全部研究的结果是：甚至在这个问题上，也只有马克思学派才取得了一些成就。如果法尔曼和康拉德·施米特读到这个第三册，他们就会对于他们各自的那部分工作感到完全满意了”②。恩格斯对其他的研究，更多的是持否定态度。1894 年《资本论》第三卷出版后，恩格斯在 1895 年 3 月 12 日给施密特的信中，还饶有兴致地谈到，“关于法尔曼，可以完全撇开不谈。勒克西斯只是提出了问题，您也是一样”，认为“法尔曼沿着正确的道路前进了一大步”，等等③。

正是由于对马克思“转形”问题已经有过深刻的理解，恩格斯才能在《资本论》第三卷正式编辑之前，就充满信心地提出了关于“转形”问题的讨论。《资本论》第三卷的正式出版没有像恩格斯原先估计的那么乐观，最后是在《资本论》第二卷编辑出版后的第 9 年才问世的。在编辑《资本论》第三卷过程中，恩格斯对“转形”问题显然有了更为清晰的理解。在第三卷的“序言”中，恩格斯对“有奖竞答”中各种观点的评述，完全可以证明这一点。德赛指出，如果“转形”问题只是一个数学上的技术性问题，“也就没有什么再需要讨论的了”，实际情况并不是这样；因此，“如果恩格斯认为《资本论》第三卷的出版将会完全解决争议，那就是错误的。事实上，《资本论》第三卷的出版使得‘转形’

---

① 《马克思恩格斯文集》第 7 卷，人民出版社 2009 年版，第 18 页。

② 《马克思恩格斯文集》第 7 卷，人民出版社 2009 年版，第 26 页。

③ 《马克思恩格斯全集》第 39 卷，人民出版社 1974 年版，第 407 页。“勒克西斯”也译作“莱克西斯”。

问题成为马克思主义者和它的反对者之间论争的主要战场”①。在这里，德赛对恩格斯是有误解的，恩格斯并没有认为马克思在《资本论》第三卷中对“转形”问题已经“完全解决”了。

1894年11月《资本论》第三卷正式出版后，恩格斯在次年5、6月间完成的题为《价值规律和利润率》的一文，就是对马克思对“转形”问题论述的补充说明。恩格斯认为，马克思在《资本论》第三卷关于价值转化为生产价格论述中提出的“把商品价值看作不仅在理论上，而且在历史上先于生产价格，是完全恰当”的观点，只作了一个“大概轮廓”的说明，“如果马克思来得及把这个第三册再整理一遍，他毫无疑问会把这段话大大加以发挥”②。在马克思没有来得及“发挥”的地方，后人就有必要“较为详细地谈谈”。恩格斯进一步“发挥”的观点就是:“这里所涉及的，不仅是纯粹的逻辑过程，而且是历史过程和对这个过程加以说明的思想反映，是对这个过程的内部联系的逻辑研究。”③在恩格斯看来，《资本论》第三卷并没有“终结”对“转形”问题的探索，相反还留下了需要进一步发展的理论空间。

澄清德赛对恩格斯的误解，还可以回顾一下恩格斯在《资本论》第三卷出版后对马克思经济学方法论及其在“转形”问题上运用的有关论述。恩格斯在1895年3月11日给桑巴特的回信中，在回答利润率的平均化过程是怎样完成问题时曾指出:“马克思的整个世界观不是教义，而是方法。它提供的不是现成的教条，而是进一步研究的出发点和供这种研究使用的方法。因此这里还有一些马克思自己在这部初稿中没有做完的工作要做。”④ 也许很少有人知道，恩格斯关于“马克思的整个世界观不是教义，而是方法”的这一段后来被无数次引述的著名论述，是在有关“转形”问题的探讨中提出来的。恩格斯同时认为:“这是个非常有趣的问题，马克思本人对这个问题谈得不多”，对马克思“没有做完的工作”当然需要“认真地进行研究”，这将是“对《资本论》的十分宝

---

① Meghnad Desai, *The Transformation Problem*, Journal of Economic Surveys, 1988, Vol. 2, No. 4, p. 296.

② 《马克思恩格斯文集》第7卷，人民出版社2009年版，第1015页。

③ 《马克思恩格斯文集》第7卷，人民出版社2009年版，第1013页。

④ 《马克思恩格斯文集》第10卷，人民出版社2009年版，第691页。

贵的补充”[①]。

恩格斯提出的关于“转形”问题的研究，尽管发生在《资本论》第三卷正式出版之前，但对《资本论》第三卷出版后绵延一百多年的“转形”问题论争，还是发生着重要的影响。如果我们把恩格斯对马克思经济学的“转形”问题的探索，视为马克思主义发展史的专门史或专题史研究的范例，对我们至少有三个方面的启示。

第一，在马克思经济学体系中，“转形”问题涉及对价值向生产价格转化的机制和过程的理解，这一理解是以劳动价值论为基础的，不理解价值本质、价值实体、价值实现及其转化机制，就不可能搞清抽象层次上的价值向具体层次上的生产价格转化的逻辑关系；“转形”问题也涉及对剩余价值向平均利润转化的机制和过程的理解，这是以剩余价值理论为基础的，不理解剩余价值的来源和本质，不理解剩余价值到利润、利润到平均利润的内在的转化机理，就不可能把握其间的历史的和理论的逻辑。关于“转形”问题一百多年的论争，实质上是关于马克思劳动价值论和剩余价值论的科学地位及其理论意义的论争。在这一意义上，德赛提出的“从劳动价值中推导出价格，并说明所有的利润源自工人创造的剩余价值”是“转形”问题“核心”的观点[②]，是对“转形”问题一百多年论争实质的正确概括。这就说明，对马克思主义专门史或专题史的研究，遵循马克思主义理论的本意，把握马克思思想的本质，是进行这一方面研究的基本路向。

第二，关于“转形”问题的早期论争，实际上已经展示了后来这一论争的进步性及局限性。如莱克西斯对价格和价值之间存在的系统偏离、这种偏离和不同产业中资本有机构成差异之间关系，以及总剩余价值和总利润之间相等等问题的论述；如施米特把“转形”问题从一个纯粹的概念转变为一个过程，提出生产价格中“成本＋利润”的定价原则等问题的论述；如法尔曼按照价值规律，对竞争在个别商品价格与价值之间偏离的作用，对总生产价格等于总价值等问题的论述；如斯蒂贝林

① 参见《马克思恩格斯文集》第10卷，人民出版社2009年版，第691—692页。

② Meghnad Desai, *The Transformation Problem*, Journal of Economic Surveys, 1988, Vol. 2, No. 4, p. 295.

和沃尔弗把解决“转形”问题的方法蜕变为取消“转形”问题本身等问题的论述。所有这些论述，缺乏总体的把握，往往各执一端，难免出现论证环节上的碎片化、论证过程中的断层化倾向。在方法论上，没有能够理解马克思经济学体系抽象上升到具体的方法。由于没有把握这一“抽象的规定在思维行程中导致具体再现”① 的方法，难免落入马克思预见的“陷阱”之中。这也说明，即便是马克思主义专门史或专题史的研究，也应该遵循马克思主义的基本方法论，偏离甚至背离这一方法论就不可能找到马克思主义发展史的思想真谛。

第三，关于“转形”问题早期论争呈现的经济思想史事实就是，对“转形”问题的不同理解和得出的不同结论，都与论争者所持的经济学学派直接相关。恩格斯对“转形”问题“有奖竞答”各种观点的评价，充分说明了这一点。《资本论》第三卷出版后不久，恩格斯曾提到对待马克思《资本论》态度的三种人，一是“那些不会读或不愿意读的人”，二是“不是花费必要的力气去正确理解它，而是花费更多的力气去曲解它的人”，三是“希望真正理解它的人”②。20 世纪的“转形”问题的论争证实，几乎每一个经济学学派都有自己理解的“转形”问题的解释及其各自的结论。也许永远不会有“转形”问题的“普世”结论，有的只会是基于马克思经济学的应有的结论。这也说明，无论在马克思主义发展通史还是专门史的研究中，研究者本身的理论倾向和政治取向对于研究的结论起着根本性和主导性的作用。

## 四、《资本论》第三卷“增补”的意义

在《资本论》第二卷“序言”中，恩格斯就对“转形”问题的含义作了说明，认为这是一个“相等的平均利润率怎样能够并且必须不仅不违反价值规律，而且反而要以价值规律为基础来形成”③ 的问题。恩格斯把马克思对价值转化为生产价格的理论看作《资本论》第三卷中“非

---

① 《马克思恩格斯文集》第 8 卷，人民出版社 2009 年版，第 25 页。
② 《马克思恩格斯文集》第 7 卷，人民出版社 2009 年版，第 1005 页。
③ 《马克思恩格斯文集》第 6 卷，人民出版社 2009 年版，第 25 页。

常重要”[1] 的部分。《资本论》第三卷出版后，恩格斯在1895年5月给考茨基的信中提及：“我打算给你一篇使你高兴的著作在《新时代》上刊登，这就是《资本论》第三卷增补：Ⅰ.《价值规律和利润率》，答桑巴特和康·施米特的疑问。随后就是Ⅱ. 从1865年马克思著文论述交易所以后交易所作用的巨大变化。”[2]《价值规律和利润率》一文是恩格斯对上述“非常重要”问题作出的进一步说明，在恩格斯逝世后不久在《新时代》上发表。

《资本论》第三卷出版后，对价值规律和利润率问题的理解，恩格斯认为，除了像洛里亚这样的“可笑的庸俗经济学方面的标本”之外，韦尔纳·桑巴特和康拉德·施米特的理解值得关注。因为桑巴特尽管“对于马克思体系的轮廓，总的说来作了出色的描述”，但在理解上“未免太空泛了，还可以提出一个比较严密、比较确切的说法”，这种“空泛”主要在于，“没有包括价值规律对于那些受这个规律支配的社会经济发展阶段的全部意义”[3]。施米特“直接宣称资本主义生产形式内的价值规律是一种虚构，即使是理论上必要的虚构”，恩格斯认为：“这种理解是完全不正确的。价值规律对于资本主义生产来说远比单纯的假说——更不用说比虚构，即使是必要的虚构——，具有更重大得多、更确定得多的意义。”[4] 因此，在对这一问题的理解上，“无论桑巴特还是施米特——至于那位大名鼎鼎的洛里亚，我在这里顺便提到他，只是把他当做逗人笑的庸俗经济学的陪衬——都没有充分注意到：这里所涉及的，不仅是纯粹的逻辑过程，而且是历史过程和对这个过程加以说明的思想反映，是对这个过程的内部联系的逻辑研究”[5]。恩格斯的这一判断，不仅指出了马克思对价值转化为生产价格理论论证的根本方法，而且也解释了后来所谓“转形”问题论争中出现的各种偏颇和偏误的根源所在。“历史过程”和“思想反映”、“内部联系”和“逻辑研究”，构成理解所谓“转形”问题的方法的核心要义。

---

① 《马克思恩格斯文集》第10卷，人民出版社2009年版，第698页。
② 《马克思恩格斯全集》第39卷，人民出版社1974年版，第461页。
③ 《马克思恩格斯文集》第7卷，人民出版社2009年版，第1012页。
④ 《马克思恩格斯文集》第7卷，人民出版社2009年版，第1013页。
⑤ 《马克思恩格斯文集》第7卷，人民出版社2009年版，第1013页。

在《资本论》第三卷中，马克思对这一方法运用已经作过提示性的说明。恩格斯引述了《资本论》第三卷第十章“一般利润率通过竞争而平均化”中马克思在的一段论述：“把商品价值看做不仅在理论上，而且在历史上先于生产价格，是完全恰当的。这适用于生产资料归劳动者所有的那种状态；这种状态，无论在古代世界还是近代世界，都可以在自耕农和手工业者那里看到。这也符合我们以前所说的见解，即产品发展成为商品，是由不同共同体之间的交换，而不是由同一公社各个成员之间的交换引起的。这一点，正像它适用于这种原始状态一样，也适用于后来以奴隶制和农奴制为基础的状态，同时也适用于手工业行会组织，只要它处于这样一种情况：固定在每个生产部门中的生产资料很不容易从一个部门转移到另一个部门，因而不同生产部门的互相关系在一定限度内就好像不同的国家或不同的共产主义共同体之间的互相关系一样。”[①] 恩格斯认为：“如果马克思来得及把这个第三卷再整理一遍，他毫无疑问会把这段话大大加以发挥。现在这段话，不过是关于这个问题所要说的内容的一个大概轮廓。因此，我们要较为详细地谈谈这一点。”[②] 恩格斯循着马克思的这一基本思路，从“历史过程”及其“内部联系”中，揭示了价值向生产价格转化的“内部联系”及其政治经济学中的“研究逻辑”。

恩格斯在对经济史过程的考察中，揭示了商品生产进而商品流通的“历史过程”以及这一过程的“内部联系”，由此说明价值规律在经济过程中所发挥的支配作用。恩格斯的结论就是：“总之，只要经济规律发生作用，马克思的价值规律对于整个简单商品生产时期来说便是普遍适用的，也就是说，直到简单商品生产由于资本主义生产形式的出现而发生变形之前是普遍适用的。”[③] 在这种情况下，价格总是以价值为重心，并且围绕着价值而上下波动；简单商品生产发展得越是充分，一个不为外部的暴力干扰所中断的较长时期内的平均价格就越是与价值趋于一致。商品交换在有文字记载的历史之前就开始了，在埃及至少可以追溯

① 《马克思恩格斯文集》第 7 卷，人民出版社 2009 年版，第 198 页。
② 《马克思恩格斯文集》第 7 卷，人民出版社 2009 年版，第 1015 页。
③ 《马克思恩格斯文集》第 7 卷，人民出版社 2009 年版，第 1018 页。

到公元前3500年至5000年；在巴比伦可以追溯到公元前4000年至6000年。因此，恩格斯认为："价值规律已经在长达5000年至7000年的时期内起支配作用。"[①]

在经济史过程中，随着商品流通的发展，到中世纪商人公会里，第一次遇到了商业利润和商业利润率的问题，商人有意识地和自觉地力图使商业利润率对于商人公会中的所有商人均等化。恩格斯认为，"相等的利润率，在其充分发展的情况下本来是资本主义生产的最后结果之一，而这里在其最简单的形式上却表明是资本的历史出发点之一"[②]。这就是说，在经济史上，"商业资本的利润率早已存在。它也已经平均化为近似的平均率，至少对当地来说是这样"[③]。

从经济史来看，产业资本的萌芽早在中世纪就已形成，它最先存在于航运业、采矿业、纺织业等部门。但是，产业资本作为占统治地位的资本形式，则经过了工场手工业的经济史过程，在机器大工业时期才实现的。恩格斯指出："工场手工业使得在17世纪和18世纪还多半是自己充当自己的出口商人的工场手工业者（在德国直到1850年几乎普遍都是这样，甚至到今天有些地方也还是这样），有可能比他的落后的竞争者即手工业者按比较便宜的方法从事生产。同一个过程又发生了。工场手工业资本家占有的剩余价值使得他或者同他分享剩余价值的出口商人，能够比自己的竞争者卖得便宜一些，直到新的生产方式得到普遍推广为止，这时平均化就又重新出现。已有的商业利润率，即使它只是在局部地区实现了平均化……"[④] 直至机器大工业时期，恩格斯认为："大工业通过它的不断更新的生产革命，使商品的生产费用越降越低，并且无情地排挤掉以往的一切生产方式。它还由此为资本最终地征服了国内市场，使自给自足的农民家庭的小生产和自然经济陷于绝境，把小生产者间的直接交换排挤掉，使整个民族为资本服务。它还使不同商业部门和工业部门的利润率平均化为一个一般的利润率，最后，它在这个平均化过程中保证工业取得应有的支配地位，因为它把一向阻碍资本从一个

① 《马克思恩格斯文集》第7卷，人民出版社2009年版，第1019页。
② 《马克思恩格斯文集》第7卷，人民出版社2009年版，第1021页。
③ 《马克思恩格斯文集》第7卷，人民出版社2009年版，第1024页。
④ 《马克思恩格斯文集》第7卷，人民出版社2009年版，第1026页。

部门转移到另一个部门的绝大部分障碍清除掉。”①

正是在这一经济史过程中，恩格斯认为:“对整个交换来说，价值转化为生产价格的过程就大致完成了。可见这种转化是在当事人的意识或意图之外，依照客观规律进行的。”② 通过资本有机构成不同的生产部门的竞争，会使得超过一般利润率的利润降为一般水平，也会使地狱一般利润率的利润升为一般水平，最后达到各生产部门之间平均利润率水平。恩格斯还是从经济史过程来探讨这一转化的逻辑过程。他认为:“资本构成较低的各生产部门，按照它们的性质来说，从属于资本主义的经营恰恰是最晚的，而且是最不充分的；首先是农业。相反，至于把生产价格提高到商品价值以上，——而这是为了把资本构成较高的部门的产品中所包含的不足的剩余价值提高到平均利润率水平所必需的，——这在理论上看来好像是非常困难的，而在实践上正如我们所看到的那样，却是最容易和最先办到的。因为，这类商品在刚开始按照资本主义方式生产并加入资本主义商业中去的时候，会同那些按照资本主义以前的方法生产的、因而比较贵的同类商品进行竞争。这样，资本主义的生产者即使放弃一部分剩余价值，也仍然能够获得当地通行的利润率。这种利润率本来和剩余价值没有直接关系，因为在按照资本主义方式生产之前，也就是在产业利润率成为可能之前，这种利润率早已从商业资本中产生了。”③

对马克思关于价值向生产价格转化研究的方法论的准确把握，以及对经济史过程的深刻理解，使得恩格斯能够在经济的“历史过程”考察中，把握简单商品经济到资本主义商品经济过渡的“内部联系”，揭示价值向生产价格转化以及平均利润率形成的“内部联系”。后来发生在20世纪的“转形”问题的论争，实际上背弃了恩格斯对“转形”问题研究的“研究逻辑”，纠缠于脱离经济史过程的、纯粹是现实的量上的转化和转化关系。

对这一“研究逻辑”的整体上的理解，恩格斯在《资本论》第三卷

---

① 《马克思恩格斯文集》第7卷，人民出版社2009年版，第1026—1027页。

② 《马克思恩格斯文集》第7卷，人民出版社2009年版，第1027页。

③ 《马克思恩格斯文集》第7卷，人民出版社2009年版，第1027页。

"序言"中作出过精辟论述:"不言而喻，在事物及其互相关系不是被看做固定的东西，而是被看做可变的东西的时候，它们在思想上的反映，概念，会同样发生变化和变形；它们不能被限定在僵硬的定义中，而是要在它们的历史的或逻辑的形成过程中来加以阐明。"①

① 《马克思恩格斯文集》第7卷，人民出版社2009年版，第17页。

# 第九章 《资本论》与“工人阶级的圣经”

1867年，《资本论》第一卷德文第一版刚问世，恩格斯就对这一著作作出高度评价，认为“自从世界上有资本家和工人以来，没有一本书像我们面前这本书那样，对于工人具有如此重要的意义”①。1886年，在《资本论》第一卷德文第一版出版将近20年之际，《资本论》第一卷英文译本正式出版。恩格斯在英文版“序言”中提出：《资本论》第一卷“本身在很大程度上是一个整体，并且20年来一直被当做一部独立的著作”②。恩格斯提到，20年来这部“独立的著作”已经获得“工人阶级的圣经”的誉称。这一誉称，主要是从《资本论》在欧洲大陆的传播中获得的。

实际上，恩格斯把《资本论》比作“工人阶级的圣经”，也有着更为厚重的涵义，《资本论》科学性和学术性如同它的思想性和理论性一样，也将影响到人文社会科学及经济、政治和社会制度及日常生活的各个方面，产生如同《圣经》那样的广泛的意义。2018年，在纪念马克思诞辰200周年时，习近平从马克思主义发展史的高度再度肯定：“1867年问世的《资本论》是马克思主义最厚重、最丰富的著作，被誉为‘工人阶级的圣经’。”③

## 一、《资本论》是工人阶级的“圣经”

《资本论》第一卷德文第一版的出版，对国际工人运动产生了重大

① 《马克思恩格斯文集》第3卷，人民出版社2009年版，第79页。
② 《马克思恩格斯文集》第5卷，人民出版社2009年版，第33—34页。
③ 《十九大以来重要文献选编》上，中央文献出版社2019年版，第421页。

的影响。《资本论》中的科学理论很快为当时国际工人运动中的一些重要实践家和思想家所接受。第一国际著名活动家、瑞士的国际德国人支部的组织者约·菲·贝克尔在读了《资本论》第一卷后认为:“《资本论》,这是我们的剑,我们的铠甲,是进攻和防御的武器。”① 工人哲学家约瑟夫·狄慈根也向马克思表示:“科学的力量是不可战胜的,在我眼前流逝的短短的时间内,您的思想已产生了巨大的影响。它引起的反响日益明显,日益扩大,它的巨大力量越来越不可阻挡。而时间对它是有利的。”② 在《资本论》第一卷出版一周年时,第一国际布鲁塞尔会议通过的一项决议提出:“马克思的功绩是不可估量的,他是经济学家当中对资本和它的组织部分作出科学分析的第一个人。”③在这次会议上,马克思阐述的关于资本主义机器生产的基本论点被写入会议的决议,成为国际工人运动理论纲领的重要内容。约·菲·贝克尔也撰文称《资本论》为“工人阶级的圣经”和“社会主义的圣经”,提出“现在我们终于开始刊登提到过的著作的摘要,鼓励有抱负的人物,特别是所有的工人联合会购买这部社会主义的圣经,这部新福音书全书”④。

1886 年,恩格斯在《资本论》第一卷英文译本的“英文版序言”中指出:“《资本论》在大陆上常常被称为‘工人阶级的圣经’。任何一个熟悉工人运动的人都不会否认:本书所作的结论日益成为伟大的工人阶级运动的基本原则,不仅在德国和瑞士是这样,而且在法国,在荷兰和比利时,在美国,甚至在意大利和西班牙也是这样;各地的工人阶级都越来越把这些结论看成是对自己的状况和自己的期望所作的最真切的表述。”⑤

---

① 转引自《围绕马克思〈资本论〉所进行的思想斗争史概论:1867—1967》,山东人民出版社 1978 年版,第 55 页。

② 转引自《围绕马克思〈资本论〉所进行的思想斗争史概论:1867—1967》,山东人民出版社 1978 年版,第 56 页。

③ 转引自《围绕马克思〈资本论〉所进行的思想斗争史概论:1867—1967》,山东人民出版社 1978 年版,第 613 页。

④ 转引自《马克思恩格斯文集》第 5 卷,人民出版社 2009 年版,第 900 页。

⑤ 《马克思恩格斯文集》第 5 卷,人民出版社 2009 年版,第 34 页。

在恩格斯看来，《资本论》作为“工人阶级的圣经”的涵义，突出地体现在两个方面：一是《资本论》第一卷“所作的结论日益成为伟大的工人阶级运动的基本原则”，自《资本论》第一卷出版后，欧洲工人运动逐渐开始以马克思《资本论》所阐述的基本理论为指导而开展起来；二是“各地的工人阶级都越来越把这些结论看作是对自己的状况和自己的期望所作的最真切的表述”①，欧洲的工人阶级越来越觉得《资本论》对资本主义社会理论和现实的阐释，是对工人阶级自己的状况和自己的期望的最真切的表述。《资本论》第一卷讲的是工人自己的事情，讲的也是工人对未来的期望，这就像基督教的宗教经典《圣经》一样，讲的是关于信仰的理论和道理。恩格斯将《资本论》比作工人阶级的“圣经”，就是为了表明《资本论》已经成为工人阶级革命运动发展、工人阶级革命运动原则制定的指导思想和基本准则。

在《资本论》第一卷英文版出版之际，恩格斯认为，《资本论》第一卷也将成为英国社会主义运动的指导思想，“马克思的理论正是在目前对社会主义运动产生着巨大的影响”；《资本论》也将成为英国工人阶级的“圣经”，“彻底研究英国的经济状况成为国民的迫切需要的时刻，很快就会到来”②。

在马克思和恩格斯生活的那个年代，“圣经”不仅作为宗教的教义存在，而且已经影响到当时人文社会科学及经济、政治和社会制度及日常生活的各个方面。恩格斯把《资本论》比作“工人阶级的圣经”，也已经意识到，《资本论》阐释的科学原理，也将影响到人文社会科学及经济、政治和社会制度及日常生活的各个方面。《资本论》第一卷出版至今的一个半世纪，在事实上印证了恩格斯这一评价的深刻意蕴。就《资本论》第一卷的科学价值而言，“马克思花在这部著作中的巨大劳动是不会白费的。他的著作过去和现在都意味着新的社会力量的科学思想在理论上及其伟大的胜利，意味着社会主义思想的生命力和能力：它能够在一种社会制度的现状中揭示出它的必然界限、它的发展规律和基本趋势，从而彻底坚持自己的不可战胜的辩证观点，即在任何现实存在的

---

① 《马克思恩格斯文集》第 5 卷，人民出版社 2009 年版，第 34 页。

② 《马克思恩格斯文集》第 5 卷，人民出版社 2009 年版，第 34 页。

事物中发现它的不可避免的内在的否定”[①]。

马克思逝世后，恩格斯根据马克思的遗愿，在 1884 年出版了《资本论》第一卷德文第三版。几年后，恩格斯觉得有必要修订出版《资本论》第一卷德文版的新的版本，一是为了“尽可能把正文和注解最后确定下来”，如把马克思在法文版中作了修改的地方补充到德文版中，使所有的引文“具有充分的说服力，甚至以其现在的确切的形式而更加具有说服力”[②]；二是“补加了一些说明性的注释，特别是在那些由于历史情况的改变看来需要加注的地方”[③]。显然，恩格斯这两个方面的考虑，都是从“工人阶级的圣经”的意义上，哪怕是在“纯技术性的”问题上，都要尽力完善和增强《资本论》的科学性和真理性。《资本论》作为“工人阶级的圣经”，最重要的也是最根本的就在于坚持了马克思主义与时俱进的理论品质。

1890 年，《资本论》第一卷德文第四版出版，《资本论》第一卷第四版后来成为世界上最通行的版本。《资本论》第一卷德文第一版至第四版，跨越了近四分之一个世纪。这期间，无论在结构上和内容上，还是在有些理论问题的阐述上都有一些重要的变化，甚至包括一些可称作“基本原理”的理论，也有过多方面的新的阐释。恩格斯同马克思一样，并不认为《资本论》阐述的原理就是“绝对真理”，是不能更改的、不能补充的。我们完全可以相信，面对 19 世纪 90 年代资本主义生产方式的新发展，马克思会像恩格斯一样，对《资本论》第一卷作出适合于资本主义经济关系新发展的进一步的修改、完善和发展。《资本论》最为真实地、也最为生动地说明马克思经济学具有的与时俱进的理论品质和学术精神。

---

① 普雷德拉格·弗兰尼茨基：《马克思主义史》第一卷，黑龙江大学出版社 2015 年版，第 199 页。

② 《马克思恩格斯文集》第 5 卷，人民出版社 2009 年版，第 37 页。

③ 《马克思恩格斯文集》第 5 卷，人民出版社 2009 年版，第 36 页。

## 二、《资本论》“术语的革命”的意义和思想实质

“一门科学提出的每一种新见解都包含这门科学的术语的革命。”[①] 这是1886年恩格斯在《资本论》第一卷“英文版序言”中对马克思在政治经济学上实现的科学革命意义的评价。科学发展史上的“术语的革命”，指的就是“某些科学术语发生意义变革的事件”[②]；而“科学革命就是科学家据以观察世界的概念网络的变更”，“接受新范式，常常需要重新定义相应的科学”，“界定正当问题、概念和解释的标准一旦发生变化，整个学科都会随之变化”[③]。

恩格斯认为，《资本论》提出的像剩余价值那样的范畴，使得马克思与他之前的政治经济学家们之间的关系发生了根本性的变化。这就如化学革命中拉瓦锡与普利斯特列和舍勒的关系一样，马克思正是在前人认为已经有答案的地方，发现了问题所在，实现了政治经济学的科学革命。恩格斯的评价是：“这里的问题不是在于要简单地确认一种经济事实，也不是在于这种事实与永恒公平和真正道德相冲突，而是在于这样一种事实，这种事实必定要使全部经济学发生革命，并且把理解全部资本主义生产的钥匙交给那个知道怎样使用它的人。根据这种事实，他研究了全部既有的经济范畴，正像拉瓦锡根据氧气研究了燃素说化学的各种既有的范畴一样。”[④] 这就是恩格斯认为的以剩余价值为显著标志的“术语的革命”，在马克思实现的政治经济学科学革命中的理论力量和思想智慧所在。

在对马克思经济学“术语的革命”基本特征的理解上，恩格斯强调了两个基本观点：一是“术语的革命”中方法论上的整体观。恩格斯认为，当时流行的政治经济学“通常满足于照搬工商业生活上的术语并运用这些术语，完全看不到这样做会使自己局限于这些术语所表达的观念

---

① 《马克思恩格斯文集》第5卷，人民出版社2009年版，第32页。

② 库恩：《必要的张力》，纪树立，等译，福建人民出版社1981年版，第XIV页。

③ 库恩：《科学革命的结构》，金吾伦，胡新和译，北京大学出版社2012年版，第88页、第91页。

④ 《马克思恩格斯文集》第6卷，人民出版社2009年版，第21页。

的狭小范围”[①]。例如，古典政治经济学就“从来没有超出通常关于利润和地租的概念，从来没有把产品中这个无酬部分（马克思称它为剩余产品），就其总和即当做一个整体来研究过，因此，也从来没有对它的起源和性质，对制约着它的价值的以后分配的那些规律有一个清楚的理解”[②]。马克思的“术语的革命”，是基于唯物史观整体方法论的学术成就。

恩格斯的这一论述，高度契合了马克思关于政治经济学整体方法论的要义。整体方法论是以唯物史观为基础的。1847年，唯物史观创立后不久，马克思在《哲学的贫困》中就从“整体”意义上，对政治经济学方法论作了阐释。马克思指出:“每一个社会中的生产关系都形成一个统一的整体。”[③] 社会经济关系的整体性是理解和把握经济范畴、原理、思想的内在要求。基于方法论上的整体观，马克思对剩余价值以及工资、劳动二重性的三个“崭新的因素”有了清楚的理解，对资本主义经济关系这一“同时存在而又互相依存的社会机体”[④] 也有了“整体”意义上的理解。

在《1857—1858年经济学手稿》中，马克思对这一整体方法论作了更为深刻的论述，突出了这三个“崭新的因素”的内在联系和整体规定性。在对剩余价值生产和流通问题的论述中，马克思指出:“剩余价值只能在与必要劳动的关系上来测定。利润只是剩余价值的第二级的、派生的和变形的形式，只是资产阶级的形式，在这个形式中，剩余价值起源的痕迹消失了。”[⑤] 对这一逻辑关系和“术语”关系的理解，与工资和劳动二重性的“崭新的因素”的理解是联系在一起的：一方面，剩余价值和工资是必要劳动和剩余劳动的资本主义经济的“社会机体”中本质关系，因为“在既定的生产条件下由资本生产出来的唯一价值，是由新劳动追加的价值。但是，这种价值是由再生产出工资（资本以工资形式进行的预付）的必要劳动和剩余劳动（因而是超出必要劳动的剩余价

---

① 《马克思恩格斯文集》第5卷，人民出版社2009年版，第33页。
② 《马克思恩格斯文集》第5卷，人民出版社2009年版，第33页。
③ 《马克思恩格斯文集》第1卷，人民出版社2009年版，第603页。
④ 《马克思恩格斯文集》第1卷，人民出版社2009年版，第604页。
⑤ 《马克思恩格斯全集》第30卷，人民出版社1995年版，第599页。

值）构成的”；另一方面，劳动二重性是从整体上理解这一本质关系的“枢纽”，因为“材料和机器上的预付只是从一种形式转变成另一种形式。工具也和原料一样，转变成产品，它的损耗同时也就是产品形式的创造”，但它们“决不会使产品的价值有所增加。它们的价值是以前的生产的结果，而不是它们在其中充当工具和材料的当前的生产的结果”①。这三个“崭新的因素”构成的整体理论，是马克思政治经济学整体方法论的集中体现，也是马克思认为的《资本论》第一卷三个“崭新的因素”整体性的内在根据和逻辑。

二是“术语的革命”中的社会历史观。恩格斯认为，在经济学术语的使用中，社会历史观起着重要的作用，因而“把现代资本主义生产只看做是人类经济史上一个暂时阶段的理论所使用的术语，和把这种生产形式看做是永恒的、最终的阶段的那些作者所惯用的术语，必然是不同的”②。马克思“术语的革命”中坚守的社会历史观，也是以唯物史观为基础，是唯物史观在政治经济学方法论中的延伸。

恩格斯的这一论述，同马克思在政治经济学研究中彰显的社会历史观的要义高度契合。在《哲学的贫困》对蒲鲁东政治经济学方法的批判中，马克思已经认识到“人们按照自己的物质生产率建立相应的社会关系，正是这些人又按照自己的社会关系创造了相应的原理、观念和范畴”；“经济范畴只不过是生产的社会关系的理论表现，即其抽象”，因而这些观念、范畴也是“历史的、暂时的产物”③。

在对“术语的革命”的社会历史观方法的理解中，恩格斯还强调了“经济史”在政治经济学理论阐释中的重要意义。恩格斯指出，在资产阶级政治经济学那里，经济史上的“重大的、本质不同的时期”往往“被抹杀了”。例如，在古典政治经济学那里，通过在把农业和手工业之外的“一切产业”，都归结为制造业“这个术语”的办法，使得“以手工分工为基础的真正工场手工业时期和以使用机器为基础的现代工业时期的区别，就被抹杀了”④。恩格斯对经济史研究意义的强调，是对

① 《马克思恩格斯全集》第30卷，人民出版社1995年版，第598—599页。

② 《马克思恩格斯文集》第5卷，人民出版社2009年版，第33页。

③ 《马克思恩格斯文集》第1卷，人民出版社2009年版，第603页、第602页。

④ 《马克思恩格斯文集》第5卷，人民出版社2009年版，第33页。

“术语的革命”中社会历史观方法的深化。

经济史是政治经济学理论阐释的重要组成部分，也是实现“术语的革命”的重要内容。马克思在对政治经济学对象的探讨中曾经认为，生产不仅仅表现为一定特殊生产部门中的活动，而且“始终是一定的社会体即社会的主体在或广或窄的由各生产部门组成的总体中活动着”，即都是在一定社会的生产体系或产业部门组成的“总体”中活动着的。这里提到的具体的特殊生产部门和生产“总体”的关系，更多涉及的就是经济史问题。马克思认为，关于这些问题的“科学的叙述对现实运动的关系，也还不是这里所要说的”①。经济史作为把握社会经济关系的历史逻辑的探索，是马克思经济学理论逻辑中“所要说的”内容，特别是在对剩余价值和工资这两个“崭新的因素”的阐释中，经济史的研究成为的重要内容，也成为“术语的革命”中社会历史观方法论运用的重要体现。在《资本论》第一卷中，经济史的研究主要集中在三个问题上：一是在工作日问题阐释中，对“争取正常工作日的斗争”的经济史研究；二是在相对剩余价值问题阐释中，对工场手工业时期到机器大工业时期发展的经济史研究；三是在资本积累过程问题阐释中，对原始积累的经济史研究。对经济史的这些研究，与剩余价值和工资这两个“崭新的因素”的阐释直接关联，是对这两个“崭新的因素”的历史逻辑的阐释。

恩格斯在对“术语的革命”方法论述中，提到资产阶级经济学对“以手工分工为基础的真正工场手工业时期和以使用机器为基础的现代工业时期的区别”的“抹杀”的局限性，凸显了《资本论》第一卷对这两个时期发展及其区别研究的重要意义。在《资本论》第一卷德文第一版中，对这两个时期的经济史研究属于第四章“相对剩余价值的生产”的内容。在《资本论》第一卷德文第二版中，第四章改作第四篇，原来第四章的四节也改作第四篇的四章，即第十章“相对剩余价值的概念”、第十一章“协作”、第十二章“分工和工场手工业”和第十三章“机器和大工业”。在第十章对相对剩余价值阐释时，马克思就指出：“对于由必要劳动转化为剩余劳动而生产剩余价值来说，资本占有历史上遗留下

① 《马克思恩格斯全集》第30卷，人民出版社1995年版，第27页。

来的或者说现存形态的劳动过程，并且只延长它的持续时间，就绝对不够了。它必须变革劳动过程的技术条件和社会条件，从而变革生产方式本身，以提高劳动生产力，通过提高劳动生产力来降低劳动力的价值，从而缩短再生产劳动力价值所必要的工作日部分。”① 从“历史上遗留下来的”劳动过程到“变革生产方式”的研究，着力点是劳动过程的技术条件和社会条件、生产方式和劳动生产力本身的变革问题等等，这些构成这一时期的经济史研究的重要内容。

从争取正常工作日斗争和工场手工业到机器大工业两个时期的经济史研究，揭示了剩余价值理论的历史逻辑，也是对剩余价值这一“术语的革命”的经济史实的证明。马克思认为：“绝对剩余价值的生产只同工作日的长度有关；相对剩余价值的生产使劳动的技术过程和社会组织发生彻底的革命。因此，相对剩余价值的生产以特殊的资本主义的生产方式为前提；这种生产方式连同它的方法、手段和条件本身，最初是在劳动在形式上从属于资本的基础上自发地产生和发展的。劳动对资本的这种形式上的从属，又让位于劳动对资本的实际上的从属。”② 从工场手工业时期到机器大工业时期的经济史研究，刻画了绝对剩余价值生产方式向相对剩余价值生产方式转变的历史逻辑，也揭示了剩余价值这一“术语的革命”的经济史的基本依据。

恩格斯对马克思经济学“术语的革命”的整体方法论和社会历史观的阐述，准确地把握了马克思政治经济学理论体系和学术话语体系的核心观点，也是循着马克思政治经济学基本思路和原理形成的“术语的革命”的新思想。

## 三、“引证方法”与马克思经济思想的科学性

由恩格斯完成的《资本论》第一卷德文第三版，在马克思逝世后不久就正式出版。在“第三版序言”中，恩格斯对《资本论》的“引证方法”及其意义作了深刻阐释。

---

① 《马克思恩格斯文集》第5卷，人民出版社2009年版，第366页。
② 《马克思恩格斯文集》第5卷，人民出版社2009年版，第583页。

实际上，在1867年《资本论》第一卷德文第一版刚出版时，恩格斯就对马克思的“引证方法”作出过高度评价。恩格斯说：“应该特别予以赞扬的是：马克思所引证的一切实际材料，都有最可靠的来源，大部分取自正式的议会报告。说到这里，我们支持作者在他的序言里间接提出的建议：在德国也通过政府专员，——但这些专员不应是怀有成见的官僚，——对各种不同工业部门内工人的状况进行彻底的调查，并向议会和公众提交报告。”①

在《资本论》第一卷德文“第三版序言”中，恩格斯写道：“我说几句关于马克思的不大为人们了解的引证方法。在单纯叙述和描写事实的地方，引文（例如引用英国蓝皮书）自然是作为简单的例证。而在引证其他经济学家的理论观点的地方，情况就不同了。”在《资本论》第一卷中，有单纯叙述和描写事实时的“引证”与对经济学家的理论观点的“引证”，这两种“引证方法”马克思都采用了。但是，从“科学史”上来看，后一种“引证方法”有着更为重要的意义。关于后一种“引证方法”的意义，恩格斯认为“只是为了确定：一种在发展过程中产生的经济思想，是什么地方、什么时候、什么人第一次明确地提出的。这里考虑的只是，所提到的经济学见解在科学史上具有意义，能够多少恰当地从理论上表现当时的经济状况。至于这种见解从作者的观点来看是否还有绝对的或相对的意义，或者完全成为历史上的东西，那是毫无关系的”②。

马克思在《资本论》中运用的“引证方法”，在“经济科学的历史”即在经济思想史探索中有着重要意义，因为“这些引证只是从经济科学的历史中摘引下来作为正文的注解，从时间和首倡者两方面来确定经济理论中各个比较重要的成就。这种工作在这样一种科学上是很必要的，这种科学的历史著作家们一直只是以怀有偏见、不学无术、追名逐利而著称”③。这种“引证方法”，不仅是经济思想史探索的重要形式，而且也构成经济思想史研究的根本方法；不仅对政治经济学原理有着重要的

① 《马克思恩格斯全集》第21卷，人民出版社2003年版，第311—312页。
② 《马克思恩格斯文集》第5卷，人民出版社2009年版，第30页。
③ 《马克思恩格斯文集》第5卷，人民出版社2009年版，第30页。

意义，而且对资产阶级经济学在历史问题上的“偏见”、“不学无术”和“追名逐利”批判也有着重要的意义。马克思以这种“引证方法”展开的政治经济学理论探索和经济思想史学术研究，从多方面拓展了马克思经济思想的当代视界。

从经济思想“科学史”上理解马克思的“引证方法”，对于准确把握马克思经济思想史方法论有着重要的意义。“引证方法”实际上是马克思经济思想史方法的集中体现。恩格斯认为，从“引证方法”来看，“科学史”的要旨就在于：第一，要阐明“一种在发展过程中产生的经济思想，是什么地方、什么时候、什么人第一次明确地提出的”；第二，要把握所提到的经济学见解，“能够多少恰当地从理论上表现当时的经济状况”；第三，所提到的经济学见解，从引证者的观点来看，“是否还有绝对的或相对的意义，或者完全成为历史上的东西，那是毫无关系的”；第四，对这些从经济科学的历史中摘引下来的观点，要“从时间和首倡者两方面来确定经济理论中各个比较重要的成就”。马克思“引证方法”蕴涵的“科学史”的要旨，以其深刻的科学精神、思想特征、理论境界和学术意蕴，对经济思想史方法论的理解和建构产生着深刻的和久远的影响。

当代的一些经济思想史学家往往把马克思“引证方法”中“科学史”的要旨，归在“历史编纂学”（historiography）名下。M. 布劳格在《论经济学的历史编纂学》一文中，对经济思想史方法论问题作了专门探讨。他认为，经济思想史研究要回答的，无非就是历史上伟大的经济学家们“实际上说了什么”、他们事实上“想说什么”以及“他们应该说什么”等三个方面问题。但是，经济思想史的研究却发现，这些伟大的经济学家们“想说的”同他们“实际上所说的”不一定相同，“他们应该说的”同他们“实际说的”或他们“想要说的”也未必完全相同。布劳格产生的困惑就是:“在试图对上述三个问题中任何一个问题的回答中，经济思想史学的见解往往不一致。”[①] 实际上，布劳格提出的关于经济思想史三个方面问题的观点，与马克思关于“科学史”的第

---

① Blaug, M, *On the Historiography of Economics*, Journal of the History of Economic Thought, 12, Spring 1990, p. 27.

一方面要旨几近相似；而布劳格的困惑的产生则在于，他没有追寻马克思关注的“科学史”的第二方面要旨，忽略了“能够多少恰当地从理论上表现当时的经济状况”的事实依据和学术圭臬，从而陷入对经济思想史上“说了什么”、“想说什么”和“应该说什么”之间矛盾的困惑。

布劳格借助于美国哲学家理查德·罗蒂在哲学史研究中倡导的“历史编纂学”观点，对经济思想史方法论作出新的探索。罗蒂从“历史编纂学”的角度，提出了哲学史研究的四种不同类型，布劳格对此作出了经济思想史的不同研究类型的解释。第一种是“精神史”（geistesgeschichten）研究类型，按字面上解释就是“精神的历史”（history of the spirit）的研究，它所确定的核心问题是：“过去的思想家提出的并加以证明的这些问题，是如何进入他们思想体系中心的。”[①] 对于经济思想史来说，诸如对李嘉图执著于利润率下降原因的探索，对拿破仑战争对谷物价格和19世纪开头20年英国地租产生急剧影响的探索，就是经济思想史的“精神史”类型的研究。第二种是“历史再现”（historical reconstructions）研究类型，它试图对过去思想家的体系“用他们自己的术语”（in their own terms）加以考察，也就是说，用过去的思想家能够接受的正确描述的术语，对他们的思想体系作出说明。对于经济思想史来说，如果把李嘉图关于利润率下降的理论归结为由于报酬递减“规律”作用而导致谷物生产成本增长时，就是在运用“历史再现”的方式研究经济思想史。第三种是“理性再现”（rational reconstructions）研究类型，它是将过去的已故的伟大的思想家视为我们可以与之对话的同代人。与“历史再现”相比，“理性再现”注重用现在的术语来分析过去的思想家的思想，找出他们的“错误”，以证明思想史过程中的“理性的进展”（rational progress）。如罗蒂认为的，“我们需要想象，在哲学领域就像在科学领域中一样，犯过错的伟大的逝者，在天堂中俯瞰我们现在的成功，并愉悦地发现他们的错误得到纠正，这种进展当然是由于时代的不同。这种进展如果被充分地看作是时代的不同的结果，

---

① Blaug, M, *On the Historiography of Economics*, Journal of the History of Economic Thought, 12, Spring 1990, p. 27.

是可以接受的"[①]。第四种是"学说汇编"（doxographies）研究类型，按字面上解释就是"写作赞美诗"（the writing of hyttins of praise），它试图把过去所有的文本都纳入最近的某种正统观念中，以证明那些曾在这个领域探讨过的问题，实质上与新近提出的问题恰好具有同样的深度。罗蒂强烈反对"学说汇编"方式，因为它会让当代人产生一种拥有"绝对真理"的观念。

实际上，罗蒂对哲学史研究的这四种类型的解说，除了第四种"学术汇编"类型外，其他三种类型与经济学说史中"绝对主义方法"（absolutionist approach）和"相对主义方法"（relativist approach）的划分极为相似。在对罗蒂的"历史编纂学"的解说中，布劳格认为："如果必须在这两个对立面中作出抉择，我认为，'绝对主义'较'相对主义'更值得为之辩护，特别是考虑到严格的'相对主义'在逻辑上是不可能时更是如此。但是，'绝对主义'是'理性重建'的方法还是事实上的'学说汇编'方法？两者之间的区别其实是极为微妙的。'绝对主义'很容易退化成无所不知，在这种情况下，它对经济思想史研究来说就毫无意义了。"[②]

显然，无论是布劳格诠释的"历史编纂学"的四种研究类型，还是布劳格反复阐释的"相对主义"和"绝对主义"，都可以看到马克思在"引证方法"中提出的"科学史"要旨的印记，都可以发现马克思确实"站在"当代经济思想史学家们面前了。但是，不同的是，在"历史编纂学"名下的经济思想史的方法，并没有确切地把握马克思"科学史"要旨的全部内涵。在马克思看来，在经济思想的"科学史"的研究上，一定的经济学见解是否具有"绝对的"和"相对的"的意义，或者这些经济学见解已经"完全成为历史上的东西"了，与引证本身应该是"毫无关系的"。重要的在于，这些从经济科学的历史中引证的观点，在思想历史时序上和理论"首倡"上的成就和影响。实际上，以"绝对主

---

① Rorty, R. *The Historiography of Philosophy*, in *Philosophy in History*, edited by R. Rorty, J. B. Schnewind and Q. Skinner, Cambridge: Cambridge University Press, 1984, p. 33.

② Blaug, M, *On the Historiography of Economics*, Journal of the History of Economic Thought, 12, Spring 1990, p. 28.

义”和“相对主义”的方法的区分来理解经济思想史，其作用可以说是微乎其微的，甚至可以是“毫无关系”的。布劳格也承认，“绝对主义”和“相对主义”之间不管“存在多大程度的真正的差别，它们总是趋向于相互转化：在原则上彼此可以区分，但在实际上却形影不离”①。

马克思在《资本论》第一卷对“引证方法”的运用，以及恩格斯对马克思“引证方法”的阐释及其“科学史”上要旨的理解，对于经济思想史乃至整个思想史研究方法的当代探索，都有着重要的影响和深刻的启迪。

## 四、捍卫《资本论》科学价值和学术尊严

恩格斯在马克思《资本论》理论研究和传播上的贡献，还体现在对马克思政治经济学的批判精神的继承和弘扬上。这里的“批判精神”不仅体现在对各种反对马克思主义的错误思想和思潮的批判上，而且也体现在对打着各种旗号诋毁马克思学术精神的谬误的反击上。1885 年 5 月，恩格斯指出:“有人对马克思散布过无数的谣言，他曾认为不必加以反驳。也许有朝一日，我得替他做这件事情，不过那要由我自己来选择地点、时间和行动方式。那时当然有人又会说我也是‘冷漠无情的’人。”② 对布伦坦诺的批判，严格地讲是“严厉的斥责”，也是恩格斯对《资本论》中“引证方法”思想内涵和精神实质探索的深化。

1890 年 12 月，恩格斯年届古稀，他在感谢朋友给他生日祝贺的信中说道:“请允许我把您对我的热情赞扬大部分用来悼念马克思吧，这些赞扬我只能作为马克思事业的继承者加以接受。至于我能够恰如其分归于自己的那一小部分赞扬，我将竭尽全力使自己当之无愧。”③正是在这样的日子，恩格斯作出了“布伦坦诺将受到比他所预料的更为严厉的斥责”的决定，“刻不容缓要同布伦坦诺进行论战”④。

---

① M. Blaug, *On the Historiography of Economics*, Journal of the History of Economic Thought, 12, Spring 1990, p. 30.

② 《马克思恩格斯全集》第 36 卷，人民出版社 1974 年版，第 306 页。

③ 《马克思恩格斯全集》第 37 卷，人民出版社 1971 年版，第 509 页。

④ 《马克思恩格斯全集》第 37 卷，人民出版社 1971 年版，第 510 页、第 518 页。

路约·布伦坦诺是德国资产阶级经济学家、新历史学派的主要代表之一。恩格斯同布伦坦诺的论战，发生在1890年间。引起这场论战的原因由来已久，它是1872年间马克思同布伦坦诺的论战、1883年爱琳娜·马克思同塞德莱·泰勒论战的继续。

1872年3月，在德国经济学界初露头角的布伦坦诺，在柏林《协和》杂志上匿名发表了《卡尔·马克思是怎样引证的?》一文，指责马克思在起草国际工人协会成立宣言时，歪曲地引证了英国财政大臣威·尤·格莱斯顿的讲话。这里指的是，马克思引证的格莱斯顿在1863年一次演说中关于“财富和实力这样令人陶醉的增长完全限于有产阶级”的讲话。布伦坦诺认为，“马克思在形式上和实质上增添了这句话”。1872午6月，马克思对此指责作了“答辩”。马克思已十分清楚地指出，1863年4月17日的《泰晤士报》上，就刊登过与他引文完全相同的格莱斯顿讲的那句话。

显然，布伦坦诺对马克思这一引证大加指责的真正原因在于，这一引证成了马克思在《资本论》阐述资本主义积累的一般规律的一个“官方”的佐证。马克思谈起:“我的《资本论》一书引起了特别大的愤恨，因为书中引用了许多官方材料来评述资本主义制度，而迄今为止还没有一个学者能从这些材料中找到一个错误。”① 这不能不引起马克思经济学反对者们的极大不安。因此，如果能在《资本论》的千百处引证中找到一两处“破绽”，似乎就有可能为诋毁马克思经济学理论的科学性提供某种“证据”。正因为如此，在马克思作了如上说明后，布伦坦诺并不善罢甘休，还一再地纠缠下去。为此，马克思在1872年8月作了两次“答辩”后，就宣布“永远停止”这种争论。

但是，资产阶级经济学家们挑起这一争论的原因并没有消失，一有机会，他们中的某些人还会沉渣泛起，“周期”地翻出旧有的争论。1883年3月马克思逝世，当年11月英国的塞·泰勒就写信给《泰晤士报》的主编，希望能够重提11年前的旧事，要求该报出来公开贬低马克思“在写作方面的正直程度”。泰勒的这封信在《泰晤士报》上刊登后，爱琳娜·马克思接连两次写信给该报主编，要求刊登她澄清事实的

---

① 《马克思恩格斯全集》第22卷，人民出版社1965年版，第165页。

“答辩”，但都遭到拒绝。最后，社会主义月刊《今日》把爱琳娜的“答辩”和泰勒的信一起登出。

爱琳娜的“答辩”着重揭露了资产阶级经济学家在马克思这一引文上反复地纠缠的实质。她指出：“在我父亲的著作里的成千上万条引文中，只有这一条，它的确切性引起了争辩。经济学教授们一再地用这一孤立的，并不怎么恰当的例子大做文章，这个事实是足以说明问题的。”[①] 爱琳娜再次提出证据，证明马克思引文出处的绝对可靠性。面对爱琳娜严正的抨击，泰勒只能变换争论的论题，即不再争论那段引文是否为马克思“增添”的问题，而要争论马克思的引证是否“歪曲”格莱斯顿原义的问题。其实，这就等于承认，布伦坦诺先前的“控告”已不再成立。爱琳娜在再次的“答辩”中，对泰勒的新的“控告”作了驳斥。泰勒这次没有再像 11 年前的布伦坦诺那样谩骂一通再收兵，而是立即闭口不言了。

历史是不应该被忘记的。1890 年，恩格斯在《资本论》第一卷德文第四版“序言”中，忠实地记下了这段往事。恩格斯指出：“据我所知，马克思的引文的正确性只有一次被人怀疑过。因为马克思逝世后这段引文的事又被重新提起，所以我不能不讲一讲。”[②] 以史为鉴，或许能对《资本论》的科学性有一些更清楚的认识。恩格斯说这些话，根本不打算重新挑起这一无须再作争论的争论。但是，布伦坦诺是不会甘休的，他很快写出了题为《我和马克思的论战。兼论工人阶级的进步及其原因问题》的小册子。这就迫使恩格斯同布伦坦诺进行正面论战。1891 年初出版的《布伦坦诺 CONTRA 马克思》一书，反映了恩格斯在这一论战中的基本观点。恩格斯的这本书大体分为三大部分。首先，在该书的简短“序言”中，恩格斯对布伦坦诺的小册子作了总体评价。恩格斯认为，布伦坦诺的小册子提供的东西“既太多，又太少”。说它太多，是因为它所“兼论”的工人阶级进步及其原因问题，与争论问题本身根本没有关系；而且“兼论”所涉及的问题，也并不是布伦坦诺的什么“发明”，马克思和恩格斯早已谈过几百遍了。当然，布伦坦诺也有他自

---

① 《马克思恩格斯全集》第 22 卷，人民出版社 1965 年版，第 189 页。

② 《马克思恩格斯文集》第 5 卷，人民出版社 2009 年版，第 37 页。

己的看法。例如，马克思和恩格斯认为，在资本主义经济中，工会的抵抗只有在市场处于中等和繁荣状态时才会起良好的作用，在停滞和危机时期通常就失去作用；而布伦坦诺却断言，工会能够克服产业后备军的“致命的影响”。恩格斯认为，这是一种“使人好笑的夸张”。再例如，马克思和恩格斯认为，资本主义经济中工会的抵抗、劳动保护法等，都无法消除资本主义经济关系本身，即无法消除资本家阶级和雇佣工人阶级之间的对立；而布伦坦诺却拼命地夸大工会的抵抗、劳动保护法等等的“良好作用”，以便把雇佣奴隶变成“心满意足”的雇佣奴隶。说它太少，是因为在布伦坦诺的小册子中，只提到1872年最初争论中提到的文件，而根本没有谈到后来争论中提到的所有文件，从而使读者无法作出全面的判断。

其次，恩格斯将该书分作七节，对这一争论的全过程作了评析。恩格斯不仅确凿地指出布伦坦诺所提供的所有证据的虚假性，而且还深刻地揭露布伦坦诺及其他一些“批判”马克思的人所用的卑劣手段。恩格斯的结论是:“第一，马克思没有‘增添’任何东西。第二，他没有‘删掉’任何东西，是以使格莱斯顿先生有权报怨。第三，布伦坦诺之流在马克思著作中的成千上万条引文里只是像水蛭那样紧紧地吸住这唯一的一条引文，这一情况证明，他们非常清楚地知道‘卡尔·马克思是怎样引证的’，——也就是说，他引证的是正确的。”①

最后，恩格斯以“文件”的形式，公布了与这一几乎长达20年的争论有关的全部文件，其中包括布伦坦诺、泰勒和格莱斯顿提出的全部“证据”。所有这些文件最清楚不过地表明，马克思的引证无疑是正确的，布伦坦诺及其同伙对马克思的“控告”是完全没有根据的，这种“控告”本身只能证明资产阶级的某些经济学家理论上的贫乏、手段上的拙劣。

恩格斯对《资本论》科学价值和学术尊严的捍卫，不仅体现在对资产阶级庸俗经济学家诋毁《资本论》理论和方法的坚决回击上，同时也体现在对党内时有出现的理论偏误和学术失范现象的严厉批评上。

1884年，恩格斯在谈到法国社会党人加·杰维尔撰写的《卡尔·马克思的〈资本论〉简述》一书时认为，尽管杰维尔的这本书在当时已有的简述《资本论》的书中是“最好的”，而且对《资本论》理论部分

---

① 《马克思恩格斯全集》第22卷，人民出版社1965年版，第154页。

的理解也是“正确的”；但这本书也存在着某些不足、甚至存在着某些错误的地方，主要的错误就在于：“他逐字逐句地重述马克思的概括性的原理，而对这些原理的前提却只是一笔带过。结果把这些原理的意思往往给歪曲了……这些原理具有非常明确的界限，在杰维尔的著作中却带有绝对普遍的，因而是不正确的意义。”[①]恩格斯在肯定杰维尔对马克思经济学原理正确阐述的同时，也严厉批评了杰维尔不懂得马克思《资本论》是针对一定条件下而作出的理论结论，抽掉了这些理论前提，马克思理论就往往容易被“绝对化”。1893 年，恩格斯在重提杰维尔这本书时仍然认为：“杰维尔在许多地方把马克思的个别论点绝对化了，而马克思提出这些论点时，只是把它们看作相对的，只有在一定的条件下和一定的范围内才是正确的。”[②]

显然，对《资本论》理论原理“绝对化”的理解，只能扼杀《资本论》的生命力。在恩格斯看来，只有抛弃理论研究上的这种“绝对化”的思维方式，才可能在新的历史条件下丰富和发展马克思经济学，也才可能正确认识同时代的非马克思主义经济学取向。一个时期以来，我们对现代西方主流经济学的理解，往往以马克思已经作出的理论结论作为批判的根据和依据，其中有些就包含着对《资本论》原理“绝对化”的应用。因为马克思所处的时代和现代西方主流经济学发展的现时代相比，毕竟发生了很大的变化，假如不顾时代变化的新情况、新特点，把马克思《资本论》中已有的理论结论不加改变地完全套用于对现时代社会经济现象的分析，结果不仅这种批判可能是乏力的，而且这种批判还可能扼杀《资本论》的生命力。

恩格斯一直反对在没有搞清楚别人的基本理论观点，哪怕是资产阶级学者的基本理论观点时，就贸然地对其作出批判的做法。1884 年 6 月，恩格斯读了考茨基寄来的他批判洛贝尔图斯《资本》一书的论文校样。恩格斯读后发现该论文中有一些不确切的地方，对此他除了在校样中用铅笔注出外，还写信向考茨基作了详尽说明。恩格斯认为，从理论术语使用的科学性来看，把由奴隶和农奴生产的剩余产品称作剩余价

---

① 《马克思恩格斯全集》第 36 卷，人民出版社 1974 年版，第 83—84 页。

② 《马克思恩格斯全集》第 39 卷，人民出版社 1974 年版，第 79—80 页。

值是不妥当的；因为那时，这些产品多半是被直接消费掉的，而不是拿到市场上去出售，剩余产品采取价值形态仅仅是例外。同时，恩格斯还认为，考茨基为了强调资本的社会性而把农业和技术同政治经济学分开的观点也是不妥当的。这是为了批判洛贝尔图斯的观点而牺牲了自己理论观点的科学性，因为农业科学技术的变化确实是当时农业社会化发展的基本条件，舍下了当时科学技术进步的条件，以及由此而引起的资本主义农业社会化的现象，得出的实际上是一个错误的结论。恩格斯认为:“一说到生产资料，就等于说到社会，而且就是说到由这些生产资料所决定的社会。正如没有自在的资本一样，也没有在社会之外并对社会不发生影响的自在的生产资料。”①此外，考茨基对社会经济发展不同时期中生产资料占有形式的论证也是不充分的。凡此种种，其目的都是批判对手的理论，但却牺牲了自己理论的科学性，这终将有害于马克思经济学理论的发展。

1884 年 8 月，当恩格斯发现，拉法格在没有搞清楚法国资产阶级经济学家比埃尔·保尔·勒卢阿-博利约的理论观点就对其进行批判时，一方面指出了拉法格在这一批判中的某些失误，另一方面也语重心长地指出:“不要忘记，这些先生（博利约和其他人）对一般经济文献比您熟悉得多，在这方面您不是他们的对手。熟悉所有这些东西是他们的本行，不是您的本行。在这一方面可不要太冒失。”② 恩格斯的这一批评包含着极其深刻的道理。即使在当代，我们在对西方主流经济学一些新的观点和新的理论的理解上，也不能采取简单否定和简单理解的态度，而应当认真读懂反映这些新理论的经济学文献，通过对经济学文献的研究来熟悉新理论产生的背景，把握新理论的要点和本质。假如不做这些工作，对西方社会产生的经济学一概采取简单否定的办法，实际上不仅达不到认识西方经济学的目的，反而会产生相反的效果。在这些方面，我们确实不要“太冒失”。对待西方主流经济学的新理论，应该了解它、理解它，把握它的理论要点，然后才能对这些理论作出准确的批判，才能切中这些理论的要义及其本质，才能作出褒贬得失的科学评价。

---

① 《马克思恩格斯全集》第 36 卷，人民出版社 1974 年版，第 170 页。

② 《马克思恩格斯全集》第 36 卷，人民出版社 1974 年版，第 199 页。

# 第十章 《反杜林论》对马克思主义理论的系统阐释

恩格斯在 1876 年至 1878 年撰写的《反杜林论》，是为批判欧根·杜林在哲学、政治经济学和社会主义领域宣扬的错误的理论观点，回击杜林对马克思学说的歪曲和诋毁、清除杜林思想在德国社会民主党内的影响而撰写的一部著作。

在 1885 年的《反杜林论》"序言"中，恩格斯提出了三个基本观点：一是在对杜林观点的批判中，"消极的批判成了积极的批判；论战转变成对马克思和我所主张的辩证方法和共产主义世界观的比较连贯的阐述，而这一阐述包括了相当多的领域"[①]。二是对共产主义世界观的阐释，马克思在 1847 年的《哲学的贫困》、马克思和恩格斯在 1848 年的《共产党宣言》中就已"问世"；"经过足足 20 年的潜伏阶段"，1867 年《资本论》第一卷出版以后，"越来越迅速地为日益广泛的各界人士所接受"；现在又过去了 10 年，这一世界观"已远远越出欧洲的范围，在一切有无产者和无畏的科学理论家的国家里，都受到了重视和拥护"。《反杜林论》正是在这一背景下完成的。三是《反杜林论》"所阐述的世界观，绝大部分是由马克思确立和阐发的，而只有极小的部分是属于我的，所以，我的这种阐述不可能在他不了解的情况下进行，这在我们相互之间是不言而喻的"[②]。同《共产党宣言》和《资本论》一样，《反杜林论》也可以看作马克思和恩格斯共同创作的，在马克思主义发展史上，它同《共产党宣言》和《资本论》一样，有着同等重要的意义。

---

① 《马克思恩格斯文集》第 9 卷，人民出版社 2009 年版，第 11 页。

② 《马克思恩格斯文集》第 9 卷，人民出版社 2009 年版，第 11 页。

## 一、《反杜林论》的创作及其理论特色

1875 年，德国社会民主工党同深受拉萨尔主义影响的全德工人联合会合并为“德国社会主义工人党”，结束了德国工人运动长期分裂的局面；但同时德国社会主义工人党内也开始“流行着一种腐败的风气”，在思想理论上突出地表现为“同拉萨尔分子的妥协已经导致同其他不彻底分子的妥协”，党内的一些领导人甚至开始同“杜林及其‘崇拜者’妥协”①。马克思和恩格斯敏锐地感到，杜林主义在党内扩散，已经对党的思想理论建设发生极为恶劣的影响。

实际上，对杜林思想的本质，马克思和恩格斯在这之前就有清醒的认识。在 1867 年《资本论》第一卷德文第一版出版后不久，杜林就在德国的《现代知识补充材料》杂志上发表了《马克思〈资本论。政治经济学批判〉1867 年汉堡版第一卷》的评论，对《资本论》作出傲慢无礼的攻讦。1868 年 1 月，恩格斯在给马克思的信中提到，杜林的评论“可笑极了。整篇文章显得狼狈不堪，惶恐不安。这位神气的庸俗经济学家显然被刺痛了。他没法说别的，只好说什么要对第一卷作出评论只能到第三卷出版以后，什么劳动时间决定价值并非无可争议，什么有人怀疑劳动价值由劳动生产费用决定是否正确”②。马克思也注意到杜林对《资本论》的看法，在给恩格斯的回信中提出：“杜林（他是柏林大学讲师）的文章颇为大方，尽管我那样猛烈地抨击了他的老师凯里。有些东西杜林显然不懂。”③ 马克思还提到，杜林根本不懂得《资本论》中的“崭新的因素”。过了两个月，在给库格曼的信中，马克思对杜林思想的实质作了更为深刻的剖析。他指出：“我现在能够理解杜林先生的评论中的那种异常尴尬的语调了。就是说，这是一个往常极为傲慢无礼的家伙，他俨然以政治经济学中的革命者自居。”④ 马克思特别提到杜林出版的两本书，一是以凯里的观点为出发点的《国民经济学批判基础》，

① 《马克思恩格斯文集》第 10 卷，人民出版社 2009 年版，第 420 页。

② 《马克思恩格斯全集》第 32 卷，人民出版社 1974 年版，第 8 页。

③ 《马克思恩格斯全集》第 32 卷，人民出版社 1974 年版，第 9 页。

④ 《马克思恩格斯文集》第 10 卷，人民出版社 2009 年版，第 275 页。

二是反对黑格尔辩证法的《自然的辩证法》。马克思认为，《资本论》已经把杜林这两本书中的理论“埋葬了”。马克思指出了杜林理论的欺骗性，认为杜林的“欺骗”，“一半是出自本意，一半是由于无知”，杜林“十分清楚地知道，我的阐述方法不是黑格尔的阐述方法，因为我是唯物主义者，而黑格尔是唯心主义者。黑格尔的辩证法是一切辩证法的基本形式，但是，只有在剥去它的神秘的形式之后才是这样，而这恰好就是我的方法的特点。至于说到李嘉图，使杜林先生感到不自在的，正是在我的论述中没有凯里以及他以前的成百人曾用来反对李嘉图的那些弱点。因此，他恶意地企图把李嘉图的局限性强加到我身上。但是，我不在乎这些。我应当感谢这个人，因为他毕竟是谈论我的书的第一个专家”[①]。马克思的这一论述，实际上已经揭示了杜林主义的谬误及其实质，也实际地形成了他同恩格斯共同创作的《反杜林论》的思想基础和理论共识。

1871 年至 1875 年间，杜林又出版了《国民经济学和社会主义批判史》(1871 年)、《国民经济学和社会经济学教程，兼论财政政策的基本问题》（1873 年）和《哲学教程——严格科学的世界观和生命形成》(1875 年）等著作。恩格斯认为：杜林的“这三部八开本的巨著，在外观上和内容上都很有分量，这三支论证大军被调来攻击所有前辈哲学家和经济学家，特别是马克思”[②]。同时，杜林还以“社会主义的行家兼改革家”的身份，兜售他那一套所谓“社会主义理论”和改造社会的“完备的实际计划”。为了回击杜林对马克思主义理论的攻讦，更为了纠正德国社会主义工人党内思想理论上的各种偏误，坚持和发展马克思主义对工人运动的指导思想，恩格斯在同马克思商定后，决定对杜林理论作出系统批判。

1876 年 5 月，恩格斯在给马克思的信中提到，他已经知道对杜林理论的批判“应当从哪里进攻和怎样进攻”[③]。恩格斯设想的方法是：“开始时我将纯粹就事论事地、看起来很认真地对待这些胡说，随着对

---

① 《马克思恩格斯文集》第 10 卷，人民出版社 2009 年版，第 280—281 页。

② 《马克思恩格斯文集》第 3 卷，人民出版社 2009 年版，第 500 页。

③ 《马克思恩格斯文集》第 10 卷，人民出版社 2009 年版，第 414 页。

他的荒谬性和平庸性这两个方面的揭露越来越深入，批判就变得越来越尖锐，最后给他一顿密如冰雹的打击。”[①]《反杜林论》就是恩格斯这一“进攻”策略和方法运用的成果。

恩格斯写作《反杜林论》的整个过程，一直同马克思共同研究、相互探讨。这不仅指《反杜林论》中呈现的辩证方法和共产主义世界观的“比较连贯的阐述”，是由马克思和恩格斯在19世纪40年代以来共同提出的；而且也指《反杜林论》对辩证方法和共产主义世界观的新的系统阐释，也是他们在批判杜林的过程中共同探索的结果。

恩格斯提到，《反杜林论》第二编“政治经济学”第十章“《批判史》论述”是马克思撰写的。为了写作“《批判史》论述”这一章，1877年1月马克思开始阅读杜林《国民经济学和社会主义批判史》(1875年柏林版)一书，并写了对该书评论的草稿，1877年2月底和3月初写了《评杜林〈国民经济学批判史〉》的手稿。恩格斯对《评杜林〈国民经济学批判史〉》手稿作了修改和删节后，定名为“《批判史》论述”，编作《反杜林论》“政治经济学”编的第十章。1894年，在《反杜林论》新版(第三版)中，恩格斯指出：《批判史》论述“这一章所有重要的部分都是马克思写的。在原定作为报刊文章的初稿上，我不得不把马克思的手稿大加删节，而恰恰在删掉的部分里，他对经济学史的独立的阐述比起对杜林主张的批判要重要得多。这些阐述恰恰又是手稿当中甚至直到现在还具有重大意义和长远意义的部分。我认为，自己有责任把马克思说明配第、诺思、洛克、休谟等人在古典经济学产生过程中所应占的地位的那些部分，尽可能完全地并逐字逐句地发表出来；而他的对魁奈的《经济表》所作的解释就更是如此了，这个表对整个现代经济学来说，仍然是不可解的斯芬克斯之谜。相反，凡是专门涉及杜林先生著作的地方，只要不影响上下文的联系，我都把它删掉了”[②]。按照这些想法，恩格斯根据马克思《评杜林〈国民经济学批判史〉》手稿对第十章作了增补。在恩格斯看来，经过增补的“《批判史》论述”这一章，包含了马克思《评杜林〈国民经济学批判史〉》手稿中，“甚至

① 《马克思恩格斯文集》第10卷，人民出版社2009年版，第415页。

② 《马克思恩格斯文集》第9卷，人民出版社2009年版，第17—18页。

直到现在还具有重大意义和长远意义的部分”；而手稿本身则是马克思“对经济学史的独立的阐述”。因此，对这一时期马克思阐释的“历史路标”形式的经济学说史的理解，所依据的文献应该包括“《批判史》论述”一章和《评杜林〈国民经济学批判史〉》手稿。

《反杜林论》分作三编。第一编以《欧根·杜林先生在哲学中实行的变革》为题，以一组论文的形式发表于1877年1月至5月的《前进报》上；第二编以《欧根·杜林先生在政治经济学中实行的变革》为题，发表于1877年7月至12月的《前进报》学术附刊和附刊上；第三编以《欧根·杜林先生在社会主义中上实行的变革》为题，发表于1878年5月至7月的《前进报》附刊上。1877年7月，第一编以《欧根·杜林先生在科学中实行的变革。一、哲学》为题在莱比锡出版了单行本。1878年7月，第二编和第三编以《欧根·杜林先生在科学中实行的变革。二、政治经济学·社会主义》为题在莱比锡出版了单行本。1878年7月，在莱比锡出版了三部分合在一起的《反杜林论》第一版，之后1886年第二版在苏黎世出版，1894年第三版在斯图加特出版。

在《反杜林论》第一版“序言”中，恩格斯提出:“对象本身的性质迫使批判不得不详尽，这样的详尽是同这一对象的学术内容即同杜林著作的学术内容极不相称的。但是，批判之所以这样详尽，还可以归因于另外两种情况。”[①] 这两种情况，一是不仅要有反驳杜林的观点，而且更为重要的还要全面阐述马克思主义各个组成部分的基本观点及其内在联系，突出马克思主义“各种见解之间的内在联系”；二是为了揭露当时德国理论界所谓“创造体系”的“伪科学”的本质，从根本上祛除当时党内存在的以“高超的胡说”而“妄想出人头地并称为深刻思想”的“幼稚病”[②]。正因为这样，《反杜林论》在“消极的批判成了积极的批判”的过程中，实现了对马克思主义理论的系统阐释。1884年，恩格斯在谈到《反杜林论》已经产生的“完全出乎我预料的影响”时指出:“尽管同不足道的对手进行论战不可避免具有枯燥的性质，但是我们百科全书式地概述了我们在哲学、自然科学和历史问题上的观点，还是起

① 《马克思恩格斯文集》第9卷，人民出版社2009年版，第8页。
② 《马克思恩格斯文集》第9卷，人民出版社2009年版，第8页。

了作用。”[①]《反杜林论》对马克思主义的哲学、政治经济学和科学社会主义主要组成部分及其内在联系所作的系统阐述，使之成为马克思主义理论的“百科全书”。

## 二、马克思主义哲学主要理论的阐释

在《反杜林论》哲学编中，恩格斯把马克思主义哲学称作“现代唯物主义”，认为它“把 2000 年来哲学和自然科学发展的全部思想内容以及这 2000 年的历史本身的全部思想内容加到旧唯物主义的持久性的基础上。这已经根本不再是哲学，而只是世界观”[②]；马克思主义哲学是对一切旧哲学的所谓“科学的科学”的否定，它“不应当在某种特殊的科学的科学中，而应当在各种现实的科学中得到证实和表现出来”[③]。“现代唯物主义”是世界观，是呈现为理论体系的世界观。

杜林从他的哲学体系及其构造体系的“原则”出发，断言“原则”先于事物而存在，不仅是他所谓的“永恒真理”的基础，而且还是他对自然界和社会认识的基础。恩格斯对杜林“原则在先”的先验主义“世界模式论”作了批判，提出“原则不是研究的出发点，而是它的最终结果；这些原则不是被应用于自然界和人类历史，而是从它们中抽象出来的；不是自然界和人类去适应原则，而是原则只有在符合自然界和历史的情况下才是正确的。这是对事物的唯一唯物主义的观点，而杜林先生的相反的观点是唯心主义的，它把事物完全头足倒置了”[④]。

针对杜林以思维中得出的“原则”来构造外部世界的谬误，恩格斯指出:“如果进一步问：究竟什么是思维和意识，它们是从哪里来的，那么就会发现，它们都是人脑的产物，而人本身是自然界的产物，是在自己所处的环境中并且和这个环境一起发展起来的；这里不言而喻，归根到底也是自然界产物的人脑的产物，并不同自然界的其他联系相矛盾，

① 《马克思恩格斯全集》第 36 卷，人民出版社 1974 年版，第 139 页。
② 《马克思恩格斯文集》第 9 卷，人民出版社 2009 年版，第 146 页。
③ 《马克思恩格斯文集》第 9 卷，人民出版社 2009 年版，第 146 页。
④ 《马克思恩格斯文集》第 9 卷，人民出版社 2009 年版，第 38 页。

而是相适应的。”[①] 恩格斯阐明了思维和存在关系问题上的“唯一唯物主义的观点”[②]。后来，在《路德维希·费尔巴哈和德国古典哲学的终结》一书中，恩格斯把这一关系问题称作“全部哲学，特别是近代哲学的重大的基本问题”[③]。

杜林认为世界是统一的，是先有思维的统一性，而后有存在的统一性。恩格斯认为，杜林颠倒了思维和存在的关系，是十足的唯心主义。恩格斯指出:“世界的真正的统一在于它的物质性。”[④] 世界的存在是物质的存在，世界上千差万别的现象，从无机界到有机界、从自然到社会、从微观世界到宏观世界都是物质的表现形态，它们都是不以人们的意志为转移的客观存在，而意识、思维也是高度发展起来的人脑的产物。恩格斯提出的“世界的真正的统一在于它的物质性”的命题，确立了辩证唯物主义的最为坚实的基础，彰显了辩证唯物主义的最为显著的理论特征。

恩格斯在批判杜林对物质和运动关系上的形而上学观点的谬误，强调“运动是物质的存在方式。无论何时何地，都没有也不可能有没有运动的物质”[⑤]。运动和物质是不可分割的，“没有运动的物质和没有物质的运动是同样不可想象的”。运动和物质一样，既不能被创造，也不能被消灭，“运动不能创造，只能转移”。恩格斯认为，唯物辩证法在根本上就是“关于自然界、人类社会和思维的运动和发展的普遍规律的科学”[⑥]。

世界的本质是运动着的物质，而运动着的物质总是在空间和时间内进行的。一切运动着的物质，与时间和空间有着不可分割的联系。恩格斯在批判杜林的唯心主义和形而上学的时空观时指出:“一切存在的基本形式是空间和时间，时间以外的存在像空间以外的存在一样，是非常荒

---

① 《马克思恩格斯文集》第 9 卷，人民出版社 2009 年版，第 38—39 页。
② 《马克思恩格斯文集》第 9 卷，人民出版社 2009 年版，第 38 页。
③ 《马克思恩格斯文集》第 4 卷，人民出版社 2009 年版，第 277 页。
④ 《马克思恩格斯文集》第 9 卷，人民出版社 2009 年版，第 47 页。
⑤ 《马克思恩格斯文集》第 9 卷，人民出版社 2009 年版，第 64 页。
⑥ 《马克思恩格斯文集》第 9 卷，人民出版社 2009 年版，第 149 页。

诞的事情。”[①] 自然科学史和人类认识史已经无可辩驳地证明:“时间上的永恒性、空间上的无限性，本来就是，而且按照简单的词义也是：没有一个方向是有终点的，不论是向前或向后，向上或向下，向左或向右。”[②] 在对时间和空间关系的深刻阐释中，恩格斯还对有限性和无限性的辩证关系作了探索，认为“无限性是一个矛盾，而且充满矛盾”[③]，无限的时间和空间都是由在数量上不可穷尽的有限的时间和空间组成的，无限寓于有限之中，无限的世界是由无数的有限事物构成的。

杜林主义的谬误同样表现在对社会历史领域的所谓“永恒真理”的理解中。恩格斯在对杜林关于道德、法和平等一系列问题上的唯心主义谬误的批判中，阐释了历史唯物主义关于道德、法和平等方面问题的基本观点。

在恩格斯看来，作为社会意识的道德，是一定时代的社会经济基础的反映，是随着历史的变化而不断发展的，因而不同的历史时代有不同的道德观。恩格斯指出:“现代社会的三个阶级即封建贵族、资产阶级和无产阶级都各有自己的特殊的道德，那么我们由此只能得出这样的结论：人们自觉地或不自觉地，归根到底总是从他们阶级地位所依据的实际关系中——从他们进行生产和交换的经济关系中，获得自己的伦理观念。”[④] 从道德观的社会性和历史性来看，“一切以往的道德论归根到底都是当时的社会经济状况的产物。而社会直到现在是在阶级对立中运动的，所以道德始终是阶级的道德；它或者为统治阶级的统治和利益辩护，或者当被压迫阶级变得足够强大时，代表被压迫者对这个统治的反抗和他们的未来利益”[⑤]。当然，“在道德方面也和人类认识的所有其他部门一样，总的说是有过进步的。但是我们还没有越出阶级的道德。只有在不仅消灭了阶级对立，而且在实际生活中也忘却了这种对立的社会发展阶段上，超越阶级对立和超越对这种对立的回忆的、真正人的道德

① 《马克思恩格斯文集》第 9 卷，人民出版社 2009 年版，第 56 页。
② 《马克思恩格斯文集》第 9 卷，人民出版社 2009 年版，第 53 页。
③ 《马克思恩格斯文集》第 9 卷，人民出版社 2009 年版，第 55 页。
④ 《马克思恩格斯文集》第 9 卷，人民出版社 2009 年版，第 99 页。
⑤ 《马克思恩格斯文集》第 9 卷，人民出版社 2009 年版，第 99—100 页。

才成为可能”[①]。

在对平等观的阐释中，恩格斯认为：“平等的观念，无论以资产阶级的形式出现，还是以无产阶级的形式出现，本身都是一种历史的产物，这一观念的形成，需要一定的历史条件，而这种历史条件本身又以长期的以往的历史为前提。所以，这样的平等观念说它是什么都行，就不能说它是永恒的真理。”[②] 资产阶级平等观要求的是消灭封建制度和封建特权，无产阶级平等观要求的是消灭阶级本身，即如恩格斯所指出的：“无产阶级平等要求的实际内容都是消灭阶级的要求。任何超出这个范围的平等要求，都必然要流于荒谬。”[③]

在对杜林的法的理论的批判中，恩格斯认为，无论在民法还是在刑法理论上，杜林都是以唯心主义加上狂妄无知来对待的。恩格斯同时批判了杜林对自由和必然问题上的谬误，这同杜林在法的问题上的谬误有着内在的联系。恩格斯认为，在这里，“如果不谈所谓自由意志、人的责任能力、必然和自由的关系等问题，就不能很好地议论道德和法的问题”[④]。

正确解决必然和自由的关系，才能对一个人的行为在法律上和在道德上的责任作出评论。恩格斯认为：“黑格尔第一个正确地叙述了自由和必然之间的关系。在他看来，自由是对必然的认识。‘必然只有在它没有被理解时才是盲目的。’自由不在于幻想中摆脱自然规律而独立，而在于认识这些规律，从而能够有计划地使自然规律为一定的目的服务。”[⑤] 由此可见，“意志自由只是借助于对事物的认识来作出决定的能力”[⑥]。这也可以认为：“人对一定问题的判断越是自由，这个判断的内容所具有的必然性就越大；而犹豫不决是以不知为基础的，它看来好像是在许多不同的和相互矛盾的可能的决定中任意进行选择，但恰好由此

---

① 《马克思恩格斯文集》第 9 卷，人民出版社 2009 年版，第 100 页。
② 《马克思恩格斯文集》第 9 卷，人民出版社 2009 年版，第 113 页。
③ 《马克思恩格斯文集》第 9 卷，人民出版社 2009 年版，第 113 页。
④ 《马克思恩格斯文集》第 9 卷，人民出版社 2009 年版，第 119 页。
⑤ 《马克思恩格斯文集》第 9 卷，人民出版社 2009 年版，第 120 页。
⑥ 《马克思恩格斯文集》第 9 卷，人民出版社 2009 年版，第 120 页。

证明它的不自由，证明它被正好应该由它支配的对象所支配。”[①] 恩格斯的结论就是：“自由就在于根据对自然界的必然性的认识来支配我们自己和外部自然；因此它必然是历史发展的产物。最初的、从动物界分离出来的人，在一切本质方面是和动物本身一样不自由的；但是文化上的每一个进步，都是迈向自由的一步。”[②]

恩格斯对“关于自然界、人类社会和思维的运动和发展的普遍规律的科学”[③] 的唯物辩证法基本规律作了阐述。恩格斯强调，矛盾客观地存在于一切事物和过程本身中，矛盾是一切事物和现象运动变化和发展的源泉和根本动力，“真正的、自然的、历史的和辩证的否定正是一切发展的推动力（从形式方面看）——对立面的划分，对立面的斗争和解决”[④]。恩格斯用大量的事实对唯物辩证法的质量互变规律的普遍性和客观性作了阐述，强调量变和质变是事物运动、变化和发展的两种基本形式，量转化为质、质转化为量的规律是在自然界、人类社会和思维中都同样存在和经常起作用的客观规律。恩格斯还对否定之否定作为“自然界、历史和思维的一个极其普遍的、因而极其广泛地起作用的、重要的发展规律”[⑤] 作了阐述，认为事物发展的否定之否定过程的根源就在于其内部矛盾，辩证的否定过程就是矛盾对立面之间的转化，是事物内部矛盾运动的必然结果。辩证的否定是“扬弃”，即否定、克服、消灭事物发展中消极的、衰亡的因素，肯定、发扬、保存事物发展过程中积极的、新生的因素，使事物朝着更为高级的方向发展。

## 三、政治经济学主要理论的阐释

在《反杜林论》政治经济学编中，恩格斯对杜林的庸俗政治经济学理论作了批判，对马克思主义政治经济学理论作了深刻阐述。恩格斯认为，政治经济学“从最广的意义上说，是研究人类社会中支配物质生活

① 《马克思恩格斯文集》第 9 卷，人民出版社 2009 年版，第 120 页。
② 《马克思恩格斯文集》第 9 卷，人民出版社 2009 年版，第 120 页。
③ 《马克思恩格斯文集》第 9 卷，人民出版社 2009 年版，第 149 页。
④ 《马克思恩格斯文集》第 9 卷，人民出版社 2009 年版，第 357 页。
⑤ 《马克思恩格斯文集》第 9 卷，人民出版社 2009 年版，第 148 页。

资料的生产和交换的规律的科学”，也是“一门研究人类各种社会进行生产和交换并相应地进行产品分配的条件和形式的科学”[①]。这一定义揭示了政治经济学的对象，阐明了狭义政治经济学与广义政治经济学的内涵及其关系。

政治经济学在本质上是“一门历史的科学”。恩格斯提出:“人们在生产和交换时所处的条件，各个国家各不相同，而在每一个国家里，各个世代又各不相同。因此，政治经济学不可能对一切国家和一切历史时代都是一样的。”[②] 因此，“谁要想把火地岛的政治经济学和现代英国的政治经济学置于同一规律之下，那么，除了最陈腐的老生常谈以外，他显然不能揭示出任何东西。因此，政治经济学本质上是一门历史的科学”[③]。显然，作为“历史的科学”，根本的就在于，“它所涉及的是历史性的即经常变化的材料”；而在政治经济学对经济规律的研究中，“它首先研究生产和交换的每个个别发展阶段的特殊规律，而且只有在完成这种研究以后，它才能确立为数不多的、适用于生产一般和交换一般的、完全普遍的规律。同时，不言而喻，适用于一定的生产方式和交换形式的规律，对于具有这种生产方式和交换形式的一切历史时期也是适用的”[④]。

恩格斯认为:“经济科学的任务在于，证明现在开始显露出来的社会弊端是现存生产方式的必然结果，同时也是这一生产方式快要瓦解的征兆，并且从正在瓦解的经济运动形式内部发现未来的、能够消除这些弊端的、新的生产组织和交换组织的因素。”[⑤] 就资本主义狭义政治经济学而言，其任务首先在于:“从批判封建的生产形式和交换形式的残余开始，证明它们必然要被资本主义形式所代替，然后把资本主义生产方式和相应的交换形式的规律从肯定方面，即从促进一般的社会目的的方面来加以阐述，最后对资本主义的生产方式进行社会主义的批判，就是说，从否定方面来表述它的规律，证明这种生产方式由于它本身的发

① 《马克思恩格斯文集》第 9 卷，人民出版社 2009 年版，第 153 页、第 156 页。
② 《马克思恩格斯文集》第 9 卷，人民出版社 2009 年版，第 153 页。
③ 《马克思恩格斯文集》第 9 卷，人民出版社 2009 年版，第 153 页。
④ 《马克思恩格斯文集》第 9 卷，人民出版社 2009 年版，第 154 页。
⑤ 《马克思恩格斯文集》第 9 卷，人民出版社 2009 年版，第 156 页。

展，正在接近它使自己不可能再存在下去的境地。”[①] 其次在于证明，“资本主义的生产形式和交换形式日益成为生产本身所无法忍受的桎梏；这些形式所必然产生的分配方式造成了日益无法忍受的阶级状况，造成了人数越来越少但是越来越富的资本家和人数越来越多而总的说来处境越来越恶劣的一无所有的雇佣工人之间的日益尖锐的对立”[②]。最后在于证明:“在资本主义生产方式内部所造成的、它自己不再能驾驭的大量的生产力，正在等待着为有计划地合作而组织起来的社会去占有，以便保证，并且在越来越大的程度上保证社会全体成员都拥有生存和自由发展其才能的手段。”[③]

恩格斯对杜林关于政治暴力决定经济关系的历史唯心主义观点作了批判，对经济与政治暴力的关系作出历史唯物主义的科学阐释。恩格斯指出，在社会历史发展过程中，起决定作用的不是政治暴力而是经济，“暴力仅仅是手段，相反，经济利益才是目的。目的比用来达到目的的手段要具有大得多的‘基础性’，同样，在历史上，关系的经济方面也比政治方面具有大得多的基础性”[④]。即使从暴力与经济的关系来看，暴力也是以经济为前提，“暴力的胜利是以武器的生产为基础的，而武器的生产又是以整个生产为基础，因而是以‘经济力量’，以‘经济状况’，以可供暴力支配的物质手段为基础的”[⑤]。针对杜林完全否定暴力作用的观点，恩格斯对暴力的历史作用作了评价，认为“暴力在历史中还起着另一种作用，革命的作用；暴力，用马克思的话说，是每一个孕育着新社会的旧社会的助产婆；它是社会运动借以为自己开辟道路并摧毁僵化的垂死的政治形式的工具”[⑥]。杜林只看到“暴力的任何使用都会使暴力使用者道德堕落”，却完全漠视“每一次革命的胜利带来的道德上和精神上的巨大跃进”[⑦]。

---

① 《马克思恩格斯文集》第 9 卷，人民出版社 2009 年版，第 156—157 页。
② 《马克思恩格斯文集》第 9 卷，人民出版社 2009 年版，第 157 页。
③ 《马克思恩格斯文集》第 9 卷，人民出版社 2009 年版，第 157 页。
④ 《马克思恩格斯文集》第 9 卷，人民出版社 2009 年版，第 167 页。
⑤ 《马克思恩格斯文集》第 9 卷，人民出版社 2009 年版，第 173—174 页。
⑥ 《马克思恩格斯文集》第 9 卷，人民出版社 2009 年版，第 191—192 页。
⑦ 《马克思恩格斯文集》第 9 卷，人民出版社 2009 年版，第 192 页。

劳动价值论是马克思主义政治经济学的理论基础，是马克思剩余价值论创立的基石。恩格斯对杜林庸俗的价值理论作出了系统的批判，对杜林歪曲和攻击马克思剩余价值理论的谬误作出了深入剖析。恩格斯指出，马克思“说明了剩余价值是怎样产生的，剩余价值怎样只能在调节商品交换的规律的支配下产生，所以他就揭露了现代资本主义生产方式以及以它为基础的占有方式的机制，揭示了整个现代社会制度得以确立起来的核心”[①]。剩余价值是从什么地方来的这一问题的解决，“使明亮的阳光照进了经济学的各个领域，而在这些领域中，从前社会主义者也曾像资产阶级经济学家一样在深沉的黑暗中摸索。科学社会主义就是以这个问题的解决为起点，并以此为中心的”[②]。

在政治经济学编的最后一章“《批判史》论述”中，马克思以把政治经济学作为“一门独立的科学”认识为基础，对经济思想史的形成作了说明。他在 1867 年出版的《资本论》第一卷德文第一版已经阐明：“政治经济学作为一门独立的科学，是在工场手工业时期才产生的……”[③]与此相联系，在之前的 1859 年出版的《政治经济学批判》第一分册中，马克思就已经得出“古典政治经济学在英国是从威廉·配第开始，到李嘉图结束，在法国从布阿吉尔贝尔开始，到西斯蒙第结束”[④] 的明确结论。

经济思想史的视角认为，还是要以古代的一些认识为“出发点”。马克思指出：“因为历史地出现的政治经济学，事实上不外是对资本主义生产时期的经济的科学理解，所以，与此有关的原则和定理，能在例如古代希腊社会的著作家那里见到，只是由于一定的现象，如商品生产、贸易、货币、生息资本等等，是两个社会共有的。就希腊人有时涉猎这一领域来说，他们也和其他一切领域一样，表现出同样的天才和创见。所以他们的见解历史地成为现代科学的理论的出发点。”[⑤] 在这里，马克思对政治经济学作为独立科学产生，同经济思想史的形成作出了区

---

① 《马克思恩格斯文集》第 9 卷，人民出版社 2009 年版，第 214 页。
② 《马克思恩格斯文集》第 9 卷，人民出版社 2009 年版，第 212 页。
③ 《马克思恩格斯文集》第 5 卷，人民出版社 2009 年版，第 422 页。
④ 《马克思恩格斯全集》第 31 卷，人民出版社 1998 年版，第 445 页。
⑤ 《马克思恩格斯文集》第 9 卷，人民出版社 2009 年版，第 240 页。

分。古代社会所有的对经济学“原则”、“定理”现象的“见解”，实际地成为经济思想史的“出发点”。

作为经济思想史的“出发点”，马克思提到古代的一些重要著述者的“天才和创见”。如亚里士多德“发现货币流通的两种不同形式，一种是货币执行单纯流通手段的职能，另一种是货币执行货币资本的职能”[①]。这里，亚里士多德“实际上正确地提出了这个对货币学说有如此决定性意义的问题”[②]。而柏拉图“把分工描述为城市的（在希腊人看来，城市等于国家）自然基础”的见解，“在当时说来是天才的描述”[③]。

马克思澄清了杜林在对重商主义所作的经济思想史研究的讹误。马克思提到，李斯特 1841 年出版的《政治经济学的国民体系》，在论述“意大利国民经济学家”问题时曾误认为，安东尼奥·塞拉（Antonio Serra）在 1613 年发表的《略论以金银充分供应无贵金属矿的王国的手段》是“意大利第一部专门的政治经济学著作”，杜林沿袭李斯特的这一说法。经济思想史的史实并非如此，马克思认为，“早在 1609 年，即在《略论》出现前四年，已经发表了托马斯·曼的《论英国和东印度的贸易》”，这是“重商主义具有一部划时代的著作”[④]。马克思认为:“这一著作，早在第一版就具有特殊的意义，即它攻击了当时的英国作为国家政策还受到保护的原始的货币主义，因而代表了重商主义体系对于自身的母体系的自觉的自我脱离。这一著作以最初的形式就已经出了好几版，并且对立法产生了直接影响。以后经作者完全改写并在其死后于 1664 年出版的《英国得自对外贸易的财富》一书，在 100 年之内，一直是重商主义的福音书。因此，如果说重商主义具有一部划时代的著作……那么这就是托马斯·曼的著作……”[⑤] 马克思对经济思想史的这一探索，不仅澄清了经济思想史的一些史实，而且也非常清晰地表达了经济思想史应该具备的基本的科学方法。

---

① 《马克思恩格斯文集》第 9 卷，人民出版社 2009 年版，第 242 页。
② 《马克思恩格斯文集》第 9 卷，人民出版社 2009 年版，第 242 页。
③ 《马克思恩格斯文集》第 9 卷，人民出版社 2009 年版，第 241 页。
④ 《马克思恩格斯文集》第 9 卷，人民出版社 2009 年版，第 243 页、第 244 页。
⑤ 《马克思恩格斯文集》第 9 卷，人民出版社 2009 年版，第 244 页。

马克思对配第在经济思想史中的地位作了高度评价，认为他是“现代政治经济学的创始人”。马克思认为，配第在《赋税论》（1662 年第 1 版）中，已经“对商品的价值量作了十分清楚的和正确的分析”，“他还明确而概括地谈到商品的价值是由等量劳动（equal labour）来计量的”①。配第也“把自己的发现用来解决各种不同的和一部分非常复杂的问题……从这个主要论点作出重要的结论”②。马克思对从配第到斯密这一期间，即 17 世纪下半叶到 18 世纪上半叶这一时期经济思想史的发展作了概要论述。马克思首先对作为“配第的直接后继者”洛克和诺思在经济学史上的地位作了评价。从经济思想史来看，马克思指出:“洛克和诺思的例子向我们提供了证明：配第在政治经济学的几乎一切领域中所作的最初的勇敢尝试，是如何一一为他的英国的后继者所接受并且作了进一步的研究的。这一过程在 1691 年到 1752 年这段时期的踪迹，就是对于最肤浅的观察者来说，也是十分明显的，因为这一时期比较重要的经济学著作，无论赞成还是反对配第，总是从配第出发的。因此这个充满有创见的思想家的时期，对研究政治经济学的逐渐产生来说是最重要的时期。”③

这里马克思对配第所作的经济思想史的探索，较之前在《剩余价值理论》的论述更为广泛和深入。对配第以及那一时期著作者在经济思想史中地位的轻视或忽视，是马克思之前的经济思想史研究的一个显著局限。杜林因袭这一局限性，企图把配第以及那一时期的著作者“一笔勾销”，在杜林的关于经济思想的“历史记述”中，就从“洛克、诺思、布阿吉尔贝尔和罗直接跳到重农学派”；同时，“在政治经济学的真正殿堂的入口，出现了大卫·休谟”，杜林接着就对休谟作出有悖于经济思想史事实的评价。马克思在对休谟的经济思想史的评价中，不仅强调要“恢复年代的顺序，把休谟放在重农学派的前面”加以论述，而且还对休谟经济理论作出了经济思想史上的恰当评价④。

马克思对重农学派和魁奈的《经济表》给予了高度评价。他认为:

---

① 《马克思恩格斯文集》第 9 卷，人民出版社 2009 年版，第 244—245 页。

② 《马克思恩格斯文集》第 9 卷，人民出版社 2009 年版，第 245 页。

③ 《马克思恩格斯文集》第 9 卷，人民出版社 2009 年版，第 250 页。

④ 参见《马克思恩格斯文集》第 9 卷，人民出版社 2009 年版，第 251 页。

"重农学派在魁奈的《经济表》中给我们留下来一个谜，为解开这个谜，经济学的以前的批评家和历史编纂学家绞尽脑汁而毫无结果。这个表本来应该清楚地表明重农学派对一国总财富的生产和流通的观念，可是它对后世的经济学家仍然是一团模糊。"[①] 马克思解开了《经济表》之谜。他指出："魁奈的《经济表》就是要通过图解来清楚地说明：一个国家（实际上就是法国）每年的总产品，怎样在这三个阶级之间流通，怎样为每年的再生产服务。"[②] 因此，"经济表这种对于以流通为中介的年度再生产过程所作的简单的、在当时说来是天才的说明，非常准确地回答了这种纯产品在国民经济的循环中究竟成了什么这一问题"[③]。马克思对魁奈《经济表》的分析，后来成为经济思想史科学研究的范例。

马克思还提到，对于经济思想史，杜林在"把 1691 年到 1752 年这一时期勾销"时，"也就把休谟的一切先驱者勾销了"，杜林继而"又大笔一挥，把休谟和亚当·斯密之间的詹姆斯·斯图亚特爵士勾销了"。对斯图亚特的《政治经济学原理研究》这部"经久地丰富了政治经济学的领域"的著作，在杜林那里甚至"没有看到片语只字"的评价；而对斯图亚特本人，杜林"把自己的字典中最恶毒的谩骂的言辞都搬出来了"[④]。

对杜林关于亚当·斯密及其之后的经济思想的评价，马克思没有再作出批判，其中的原因马克思在他的《评杜林〈国民经济学批判史〉》中作了如下说明："正像杜林先生不了解重农学派一样，他也同样不了解亚当·斯密——更不用说他的后继者。因此，如果再去听他妄谈马尔萨斯、李嘉图和西斯蒙第等人，纯粹是浪费时间。"[⑤] 尽管如此，"《批判史》论述"以批判杜林的经济思想史研究的讹误和谬论为主要线索，在总体上呈现了马克思的"历史路标"为主题的经济思想史的研究，体现了马克思对这一形式的经济思想史的新的探索。

---

① 《马克思恩格斯文集》第 9 卷，人民出版社 2009 年版，第 258 页。
② 《马克思恩格斯文集》第 9 卷，人民出版社 2009 年版，第 262 页。
③ 《马克思恩格斯文集》第 9 卷，人民出版社 2009 年版，第 268 页。
④ 《马克思恩格斯文集》第 9 卷，人民出版社 2009 年版，第 269 页。
⑤ 《马克思恩格斯全集》第 26 卷，人民出版社 2014 年版，第 428 页。

## 四、科学社会主义的历史与现实

在《反杜林论》的"社会主义"一编中，恩格斯批判了杜林的冒牌社会主义，阐明了科学社会主义产生的经济、政治和思想条件。恩格斯对圣西门、傅立叶和欧文的空想社会主义学说作出科学的分析和评价，指出"空想主义者之所以是空想主义者，正是因为在资本主义生产还很不发达的时代，他们只能是这样。他们不得不从头脑中构想出新社会的要素，因为这些要素在旧社会本身中还没有普遍地明显地表现出来；他们只能求助于理性来构想自己的新建筑的基本特征，因为他们还不能求助于同时代的历史"[①]。恩格斯指出：在唯物史观看来，"用来消除已经发现的弊病的手段，也必然以或多或少发展了的形式存在于已经发生变化的生产关系本身中。这些手段不应当从头脑中发明出来，而应当通过头脑从生产的现成物质事实中发现出来"[②]。

恩格斯阐述了资本主义生产方式基本矛盾及其经济危机的根源，为社会主义从空想变成科学奠定了基础。恩格斯指出，生产的社会化和生产资料的私人占有之间的矛盾，是资本主义生产方式的基本矛盾。随着资本主义的生产方式越来越在一切有决定意义的生产部门和一切在经济上起决定作用的国家里占统治地位，"社会化生产和资本主义占有的不相容性，也必然越加鲜明地表现出来"[③]。在阶级关系上，"社会化生产和资本主义占有之间的矛盾表现为无产阶级和资产阶级的对立"[④]；在资本主义商品生产和交换过程中，"社会化生产和资本主义占有之间的矛盾表现为个别工厂中生产的组织性和整个社会中生产的无政府状态之间的对立"[⑤]。

资本主义生产方式基本矛盾，在这两种表现形式中存在与发展。社会生产的无政府状态迫使各个资本家不断改进自己的机器，扩大自己的

---

① 《马克思恩格斯文集》第 9 卷，人民出版社 2009 年版，第 282 页。
② 《马克思恩格斯文集》第 9 卷，人民出版社 2009 年版，第 284 页。
③ 《马克思恩格斯文集》第 9 卷，人民出版社 2009 年版，第 287 页。
④ 《马克思恩格斯文集》第 9 卷，人民出版社 2009 年版，第 288 页。
⑤ 《马克思恩格斯文集》第 9 卷，人民出版社 2009 年版，第 290 页。

生产规模。而机器大工业的发展又造成雇佣劳动的过剩，而部分雇佣工人的过度劳动成为加剧雇佣工人整体失业数量的前提，劳动群众支付能力在整体上急剧下降，消费被限制在忍饥挨饿的最低水平。这一矛盾发展结果必然是，市场上有支付能力的需求远远赶不上生产能力的急剧扩张，在这一矛盾发展到一定程度时，冲突不可避免，最终经济危机不可避免地爆发。如恩格斯所阐释的："经济的冲突达到了顶点：生产方式起来反对交换方式，生产力起来反对已经被它超过的生产方式。"①

在对资本主义经济危机分析的基础上，恩格斯揭示了社会主义必然代替资本主义的历史趋势。恩格斯认为，资本主义生产方式基本矛盾的激化和经济危机周期性的爆发表明："一方面，资本主义生产方式暴露出它没有能力继续驾驭这种生产力。另一方面，这种生产力本身以日益增长的威力要求消除这种矛盾，要求摆脱它作为资本的那种属性，要求在事实上承认它作为社会生产力的那种性质。"② 这就迫使资本家阶级进行调整，促使生产资料进一步社会化，如大的生产机构和交通机构向股份公司和国家财产转变。资本股份化和国有化意味着在由社会本身占有一切生产力方面，即在事实上承认生产力作为社会生产力的那种性质方面达到了一个新的阶段。但是，"无论向股份公司的转变，还是向国家财产的转变，都没有消除生产力的资本属性"，因为"现代国家，不管它的形式如何，本质上都是资本主义的机器，资本家的国家，理想的总资本家。它越是把更多的生产力据为己有，就越是成为真正的总资本家，越是剥削更多的公民。工人仍然是雇佣劳动者，无产者。资本关系并没有被消灭，反而被推到了顶点。但是在顶点上是要发生变革的"③。恩格斯强调："生产力归国家所有不是冲突的解决，但是这里包含着解决冲突的形式上的手段，解决冲突的线索。"④资本股份化和国有化这一趋势表明，这就是通过社会主义革命，无产阶级夺取国家政权，实现全体劳动人民在国家形式上占有生产资料，消除资本主义生产方式的固有矛盾具有现实的"手段"和"线索"，社会主义取代资本主义成为社会化

---

① 《马克思恩格斯文集》第 9 卷，人民出版社 2009 年版，第 293 页。
② 《马克思恩格斯文集》第 9 卷，人民出版社 2009 年版，第 294 页。
③ 《马克思恩格斯文集》第 9 卷，人民出版社 2009 年版，第 295 页。
④ 《马克思恩格斯文集》第 9 卷，人民出版社 2009 年版，第 295 页。

大生产的客观需要和资本主义生产方式基本矛盾运动的必然结果。

恩格斯在科学分析资本主义生产方式基本矛盾，论证社会主义必然取代资本主义历史必然性的基础上，对未来社会的基本特征进行了科学预测。恩格斯认为，作为未来社会的基本特征，首先就是生产资料归全社会所有，整个社会生产自觉地按计划进行。在未来社会，生产资料的资本主义占有方式让位于以现代生产资料的本性为基础的产品占有方式。这就是，“一方面由社会直接占有，作为维持和扩大生产的资料，另一方面由个人直接占有，作为生活资料和享受资料”[①]。生产资料的社会占有形式，使人们能够按照“生产力终于被认识了的本性”来对待生产力，“社会的生产无政府状态就让位于按照社会总体和每个成员的需要对生产进行的社会的有计划的调节”[②]。在这一经济形态中，“商品生产就将被消除，而产品对生产者的统治也将随之消除。社会生产内部的无政府状态将为有计划的自觉的组织所代替”[③]。“有计划的自觉的组织”对经济运行的调节和规范成为未来社会经济制度的显著特征。

其次，无产阶级通过革命取得国家政权，在把生产资料变为国家财产的同时，也“消灭了作为无产阶级的自身，消灭了一切阶级差别和阶级对立，也消灭了作为国家的国家”[④]。这时“国家真正作为整个社会的代表所采取的第一个行动，即以社会的名义占有生产资料，同时也是它作为国家所采取的最后一个独立行动。那时，国家政权对社会关系的干预在各个领域中将先后成为多余的事情而自行停止下来”[⑤]。这也表明，“国家不是‘被废除’的，它是自行消亡的”[⑥]。

第三，人类实现从必然王国向自由王国的飞跃，实现人的全面发展。曾经统治着人们的生活条件，现在受人们的支配和控制，人们第一次成为自然界的自觉的真正的主人；作为异己的、支配着人们的自然规律而同人们相对立的规律，将被人们熟练地运用并听从人们的支配。旧

---

① 《马克思恩格斯文集》第9卷，人民出版社2009年版，第296页。
② 《马克思恩格斯文集》第9卷，人民出版社2009年版，第296页。
③ 《马克思恩格斯文集》第9卷，人民出版社2009年版，第300页。
④ 《马克思恩格斯文集》第9卷，人民出版社2009年版，第297页。
⑤ 《马克思恩格斯文集》第9卷，人民出版社2009年版，第297页。
⑥ 《马克思恩格斯文集》第9卷，人民出版社2009年版，第297页。

的社会分工将被消灭，一方面，“任何个人都不能把自己在生产劳动这个人类生存的必要条件中所应承担的部分推给别人”；另一方面，“生产劳动给每一个人提供全面发展和表现自己的全部能力即体能和智能的机会，这样，生产劳动就不再是奴役人的手段，而成了解放人的手段，因此，生产劳动就从一种负担变成一种快乐”[①]。同时，“通过社会化生产，不仅可能保证一切社会成员有富足的和一天比一天充裕的物质生活，而且还可能保证他们的体力和智力获得充分的自由的发展和运用”[②]。因此，“只是从这时起，人们才完全自觉地自己创造自己的历史；只是从这时起，由人们使之起作用的社会原因才大部分并且越来越多地达到他们所预期的结果。这是人类从必然王国进入自由王国的飞跃”[③]。

---

① 《马克思恩格斯文集》第 9 卷，人民出版社 2009 年版，第 311 页。
② 《马克思恩格斯文集》第 9 卷，人民出版社 2009 年版，第 299 页。
③ 《马克思恩格斯文集》第 9 卷，人民出版社 2009 年版，第 300 页。

# 第十一章 两个"伟大发现"与马克思思想精粹

1883年3月14日，马克思逝世。3月17日，在马克思的葬仪上，恩格斯在对马克思"历史科学"上的伟大贡献的追忆中，再次把唯物史观和剩余价值理论这两个"伟大发现"概括为对两大规律的"发现"，即"发现了人类历史的发展规律"和"发现了现代资本主义生产方式和它所产生的资产阶级社会的特殊的运动规律"[①]。两个"伟大发现"及其两大规律的概括，高度凝练了马克思思想的精粹，凸显了由他们共同创立的马克思主义的最璀璨的理论结晶。

## 一、两个"伟大发现"与马克思主义理论特征

在马克思的葬仪上，恩格斯对马克思的两个"伟大发现"的概括，是同马克思思想科学性和革命性的理论特征联系在一起的。恩格斯认为，马克思"首先是一个革命家"，他毕生的真正使命，就是以这种或那种方式参加推翻资本主义社会及其所建立的国家设施的事业，参加现代无产阶级的解放事业，正是他第一次使现代无产阶级意识到自身的地位和需要，意识到自身解放的条件；而马克思作为"科学家"，则"发现了人类历史的发展规律"、"发现了现代资本主义生产方式和它所产生的资产阶级社会的特殊的运动规律"[②]。马克思思想的科学性和革命性的理论特征，成为马克思主义区别于其他理论的重要标识。

实际上，在这之前，恩格斯在1877年撰写的《卡尔·马克思》一文中，就对马克思"永垂史册"的两个"伟大的发现"作了阐释，揭示

① 《马克思恩格斯文集》第3卷，人民出版社2009年版，第601页。
② 《马克思恩格斯文集》第3卷，人民出版社2009年版，第601页、第602页。

了马克思思想科学性和革命性的理论特征以及这两个理论特征的内在统一性。

恩格斯指出，马克思“在整个世界史观上实现了变革”所蕴含的科学性，不仅在于科学地证明了过去的全部历史都是阶级斗争的历史，全部纷繁复杂的政治斗争的中心问题，始终是社会阶级的社会的和政治的统治；而且还在于科学地论证了不同社会中相应的阶级产生和存在的根本原因。这一根本原因就是“当时存在的基本的物质条件，即各个时代社会借以生产和交换必要生活资料的那些条件”[①]。正是一定社会的生活的经济条件以及由这些条件决定的社会关系和政治关系，决定了该社会的观念和思想。马克思由此而确立的新的“世界史观”，使人类历史的发展“破天荒第一次被置于它的真正基础上”[②]。

马克思思想的科学性深刻地寓于马克思对“世界史观”的科学革命之中；同时，马克思在“彻底弄清了资本和劳动的关系”[③]的政治经济学的科学革命中，进一步彰显了马克思思想革命性的理论特征。

恩格斯认为，在马克思以前，资产阶级政治经济学尽管提出了劳动是一切财富和一切价值的源泉的理论；但是，对资本主义经济现实中存在的雇佣劳动者必须把他创造的一部分价值交给资本家的事实，却无法作出进一步的解释。即使是一些尖锐批判资本主义制度的社会主义者，也没有能提出有科学根据的答案。马克思政治经济学上科学革命的核心思想，就在于证明无产阶级作为出卖劳动力商品的雇佣劳动者阶级，在资本主义生产过程中，不仅再生产出劳动力自身的价值，而且还额外地生产出剩余价值。这种剩余价值按一定的经济规律在整个资本家阶级中进行分配，组成为“地租、利润、资本积累的基础”[④]。马克思思想的革命性就在于，揭露了资本主义社会内资产阶级对无产阶级进行剥削的全部奥秘，确立了无产阶级革命的思想武器，奠定了科学社会主义的根本思想基础。

马克思思想的科学性和革命性的理论特征，不只是对马克思思想内

---

① 《马克思恩格斯文集》第 3 卷，人民出版社 2009 年版，第 458 页。

② 《马克思恩格斯文集》第 3 卷，人民出版社 2009 年版，第 458 页、第 459 页。

③ 《马克思恩格斯文集》第 3 卷，人民出版社 2009 年版，第 460 页。

④ 《马克思恩格斯文集》第 3 卷，人民出版社 2009 年版，第 461 页。

涵和理论体系概述的结论，而且也是对马克思主义创立和形成过程的历史记录。科学性和革命性是马克思主义与生俱来的理论特征。

从 19 世纪 40 年代后半期创建共产主义者同盟，到参加 1848 年欧洲革命，再到 60 年代组织领导第一国际、70 年代初高度关注巴黎公社，马克思和恩格斯一直矢志于无产阶级革命实际。同当时探讨时代变化问题的思想家不同的是，马克思“一边写作一边战斗，一边还在策划着实行总的革命性变革的蓝图。它不仅要描述出与黑格尔不同的有关历史的目标，而且还积极地推动自己的世界接近这一目标。正如他所说的，哲学家的任务，不仅仅是解释他周围的世界，还必须改变这个世界。马克思正是这样类型的哲学家”[①]。

马克思主义的创立，更是同马克思和恩格斯从事的艰苦卓绝的科学研究分不开的，科学性是马克思主义不可或缺的根本属性。以“批判”精神为内核的科学研究，贯穿于马克思主义的创立和发展过程。1844 年初，马克思发表的《〈黑格尔法哲学批判〉导言》、恩格斯发表的《国民经济学批判大纲》，是他们从唯心主义向唯物主义、从革命民主主义向共产主义转变中的重要著述。马克思和恩格斯合著的《神圣家族》标题就包括“对批判的批判所做的批判。驳布鲁诺·鲍威尔及其伙伴”的理论指向；《德意志意识形态》手稿的副标题就是“对费尔巴哈、布·鲍威尔和施蒂纳所代表的现代德国哲学以及各式各样先知所代表的德国社会主义的批判”；从 1859 年的《政治经济学批判》第一分册到 1867 年的以“政治经济学批判”为副标题的《资本论》第一卷，更是马克思主义政治经济学理论特征的集中体现。

20 世纪初，列宁针对时代变化的新特点和马克思主义理论的新发展，继恩格斯之后，对马克思主义科学性和革命性的理论特征作出新的探讨，焕发了 20 世纪马克思主义的思想智慧和理论力量。

同恩格斯一样，列宁也从马克思主义理论内涵上，对马克思主义理论特征作出探讨。马克思主义的革命性深刻地寓于它的科学性之中，在对马克思主义三个来源和三个组成部分问题的阐释中，列宁指出，马克

① 梅格纳德·德赛：《马克思的复仇》，汪澄清译，中国人民大学出版社 2006 年版，第 35 页。

思主义"绝不是离开世界文明发展大道而产生的一种故步自封、僵化不变的学说。恰恰相反，马克思的全部天才正是在于他回答了人类先进思想已经提出的种种问题"；"马克思学说是人类在19世纪所创造的优秀成果——德国的哲学、英国的政治经济学和法国的社会主义的当然继承者"[①]。同时，马克思主义的科学性直接映现在它的革命性之中，列宁认为，对于革命的无产阶级来说，"马克思学说具有无限力量，就是因为它正确。它完备而严密，它给人们提供了决不同任何迷信、任何反动势力、任何为资产阶级压迫所作的辩护相妥协的完整的世界观"；从无产阶级革命斗争策略上来看，包括哲学唯物主义在内的马克思主义理论体系，"把伟大的认识工具给了人类，特别是给了工人阶级"[②]。列宁对马克思主义科学性和革命性理论特征的阐释，对20世纪马克思主义的思想传播，对这一时期马克思主义成为国际工人运动和世界社会主义运动中最有影响的指导思想产生了极其重要的影响。

恩格斯在1877年撰写的《卡尔·马克思》一文中，最先对马克思的两个"伟大发现"作出概括。与撰写《卡尔·马克思》一文几乎同时，恩格斯在《反杜林论》一开始的"引论"中，对马克思的这两个"伟大发现"也作出了阐释。

恩格斯认为，马克思对以往的全部历史作了新的研究，其要义在于：发现以往的全部历史，都是阶级斗争的历史；这些互相斗争的社会阶级在任何时候都是生产关系和交换关系的产物，都是自己时代的经济关系的产物；因而每一时代的社会经济结构形成现实基础，每一个历史时期由法律设施和政治设施以及宗教的、哲学的和其他的观点所构成的全部上层建筑，归根到底都是应由这个基础来说明的。"这样一来，唯心主义从它的最后的避难所即历史观中被驱逐出去了，一种唯物主义的历史观被提出来了，用人们的存在说明他们的意识，而不是像以往那样用人们的意识说明他们的存在这样一条道路已经找到了。"[③]

恩格斯还认为，马克思通过对剩余价值的实质及其源泉的研究，揭

---

① 《列宁专题文集　论马克思主义》，人民出版社2009年版，第66页、第67页。

② 《列宁专题文集　论马克思主义》，人民出版社2009年版，第67页、第68页。

③ 《马克思恩格斯文集》第9卷，人民出版社2009年版，第29页。

露了资本主义生产和资本生产过程的秘密，证明对无偿劳动的占有是资本主义生产方式和通过这种生产方式对工人进行的剥削的基本形式：即使资本家按照劳动力作为商品在商品市场上所具有的全部价值来购买他的工人的劳动力，他从这劳动力榨取的价值仍然比他为这劳动力付出的多。这种剩余价值归根到底构成了有产阶级手中日益增加的资本量所由积累而成的价值总量。剩余价值的发现，不仅科学地说明“资本主义生产方式的历史联系和它在一定历史时期存在的必然性”，而且也科学地揭露“这种生产方式的一直还隐蔽着的内在性质，因为以往的批判主要是针对有害的后果，而不是针对事物的进程本身”[①]。

两个“伟大发现”对科学社会主义的发展有着重要的意义。恩格斯认为:“以往的社会主义同这种唯物主义历史观是不相容的，正如法国唯物主义的自然观同辩证法和近代自然科学不相容一样。以往的社会主义固然批判了现存的资本主义生产方式及其后果，但是，它不能说明这个生产方式，因而也就不能对付这个生产方式；它只能简单地把它当做坏东西抛弃掉。但是，问题在于：一方面应当说明资本主义生产方式的历史联系和它在一定历史时期存在的必然性，从而说明它灭亡的必然性；另一方面应当揭露这种生产方式的一直还隐蔽着的内在性质，因为以往的批判主要是针对有害的后果，而不是针对事物的进程本身。”[②] 马克思的两个“伟大发现”扫清了笼罩在社会主义学说上的一切迷雾。如恩格斯所认为的:“由于这两个发现，社会主义变成了科学，现在首先要做的是对这门科学的一切细节和联系作进一步的探讨。”[③] 这两个“伟大发现”，为科学社会主义理论的发展，为马克思主义理论整体结构的形成提供了最重要的基础。

## 二、两个“伟大发现”的理论意义

“这两个伟大的发现——唯物主义历史观和通过剩余价值揭开资本

---

① 《马克思恩格斯文集》第 9 卷，人民出版社 2009 年版，第 30 页。
② 《马克思恩格斯文集》第 9 卷，人民出版社 2009 年版，第 29—30 页。
③ 《马克思恩格斯文集》第 9 卷，人民出版社 2009 年版，第 30 页。

主义生产的秘密，都应当归功于马克思。”[①] 在恩格斯看来，两个“伟大发现”是相互联系的，是具有内在统一性的理论整体。第一个“伟大发现”是以唯物主义的新历史观为基础的，没有唯物史观的创立，就不能有世界历史观的创立；没有对整个世界史观的总体把握，就不可能对世界史中一个特殊发展阶段作出科学的展开的探讨。第二个“伟大发现”则以剩余价值理论为基石，没有剩余价值理论也就没有对这一资本主义生产方式绝对规律的科学认识，就不可能发现资产阶级社会的特殊运动规律；同时，不揭示资本主义生产方式这一特殊发展阶段的规律，也无法验证马克思对整个世界史观认识的科学性。马克思曾指出:“资产阶级社会是最发达的和最多样性的历史的生产组织。因此，那些表现它的各种关系的范畴以及对于它的结构的理解，同时也能使我们透视一切已经覆灭的社会形式的结构和生产关系……人体解剖对于猴体解剖是一把钥匙。反过来说，低等动物身上表露的高等动物的征兆，只有在高等动物本身已被认识之后才能理解。因此，资产阶级经济为古代经济等等提供了钥匙。”[②] 马克思对当时最为发达的资本主义生产方式发展规律的探讨，不仅验证，而且也极大地丰富了他对整个世界史观的认识。

马克思两个“伟大发现”的整体性，不仅表现在两大“伟大发现”的理论的统一性上，从马克思主义发展史的角度来看，还表现在两大“伟大发现”形成过程的有机联系上。两个“伟大发现”的形成过程，有机地贯穿于马克思和恩格斯思想发展的全过程中。

《资本论》无论就其形成过程还是就其理论体系来看，最为集中地体现了唯物史观与剩余价值理论的有机结合。《资本论》既展现了剩余价值理论作为唯物史观逻辑展开的意蕴，也使唯物史观的科学性在剩余价值作为资本主义生产方式绝对规律阐述中得到证明，这两个方面又为科学社会主义奠定了坚实的理论基础。

《资本论》的创作过程就是马克思创立和发展唯物史观的过程。1843 年，马克思在对社会历史问题的研究中，搞清楚了国家与市民社会之间的关系。马克思当时已经认识到，对政治经济学的研究是理解

---

① 《马克思恩格斯文集》第 9 卷，人民出版社 2009 年版，第 30 页。

② 《马克思恩格斯选集》第 2 卷，人民出版社 1995 年版，第 23 页。

“市民社会”，进而理解包括国家和法的关系在内的整个资本主义社会结构的出发点，是揭示资本主义生产方式运动规律的出发点。马克思对国家与“市民社会”关系的分析，以及打算进一步去解剖“市民社会”的想法，成为他创立唯物史观的关键环节。同年，恩格斯在《国民经济学批判大纲》中对资本主义私有制的批判，也初步揭示了资本主义经济关系的本质特征。

1846 年 5 月，马克思和恩格斯共同撰写的《德意志意识形态》手稿，对历史唯物主义基本原理作出重要探索，对国家的阶级性质、社会的意识形态性质、共产主义的历史必然性作了分析。《德意志意识形态》手稿提出的唯物史观的基本观点，极大地拓展了马克思和恩格斯对政治经济学研究的视野，唯物史观的形成为马克思主义政治经济学发展开辟了崭新的道路。

1847 年唯物史观创立之初，马克思在政治经济学上就取得三个重大成果：一是《哲学的贫困》系统阐释了政治经济学的方法问题；二是《雇佣劳动与资本》的演讲，抓住了资本主义据以旋转的轴心，即资本与雇佣劳动关系；三是《关于自由贸易的演说》运用政治经济学理论探讨和解决现实经济问题。这三个方面的成果说明，唯物史观创立以后，马克思再来研究政治经济学时所发生的重大的变化。1848 年初，马克思和恩格斯合著的《共产党宣言》，对资本主义经济关系的历史演变作了深刻的论述，这些论述是建立在唯物史观基础上的。

在《1857—1858 年经济学手稿》的“资本章”中，马克思在对资本主义生产的价值的简单保存和价值增值过程分析中，首次提出“剩余价值”范畴。“资本章”写道：“价值所以能够增加，只是由于获得了也就是创造了一个超过等价物的价值。”[①] 因此，“在资本方面表现为剩余价值的东西，正好在工人方面表现为超过他作为工人的需要，即超过他维持生命力的直接需要的剩余劳动”[②]。马克思第一次把这一“超过等价物的价值”称作“剩余价值”。马克思首次提出剩余价值范畴并对剩余价值本质和来源以及剩余价值生产和实现等问题的初步探索，一方面

---

① 《马克思恩格斯全集》第 30 卷，人民出版社 1995 年版，第 285 页。

② 《马克思恩格斯全集》第 30 卷，人民出版社 1995 年版，第 286 页。

为之后马克思关于剩余价值理论的研究奠定了基础，另一方面也标志着马克思主义政治经济学的基本形成，标志着唯物史观与政治经济学理论的结合。这一探讨使马克思和恩格斯共同创立的唯物史观有了更为深刻的发展。

“剩余价值”范畴是马克思经济思想发展中的一次“术语的革命”。恩格斯指出:“一门科学提出的每一种新见解都包含这门科学的术语的革命。”[①] 马克思通过剩余价值揭开了资本主义生产方式的秘密，进而“发现了现代资本主义生产方式和它所产生的资产阶级社会的特殊的运动规律”[②]。正是在这种历史的和社会的意义上，剩余价值理论在马克思思想中的突出地位真正地得到彰显，剩余价值理论在《资本论》体系中的地位也由此而确定。

在 1859 年出版的《政治经济学批判》第一分册“序言”中，马克思在对自己政治经济学研究历程的回顾中，首先就对唯物史观作出经典性表述。马克思指出:“人们在自己生活的社会生产中发生一定的、必然的、不以他们的意志为转移的关系，即同他们的物质生产力的一定发展阶段相适合的生产关系。这些生产关系的总和构成社会的经济结构，即有法律的和政治的上层建筑竖立其上并有一定的社会意识形式与之相适应的现实基础。物质生活的生产方式制约着整个社会生活、政治生活和精神生活的过程。不是人们的意识决定人们的存在，相反，是人们的社会存在决定人们的意识。”[③] 这一经典的阐述，充分体现了唯物史观与政治经济学在马克思思想中的内在统一性，也充分体现了马克思的两个“伟大发现”的有机整体性。

在《1861—1863 年经济学手稿》中，马克思首次引入了超额剩余价值范畴，对绝对剩余价值和相对剩余价值之间内在的历史逻辑和理论逻辑的关系作出论述。马克思还在阐明剩余价值生产的两种基本形式的基础上，提出了劳动从属于资本的两种基本形式的理论。这些分析，不仅是对剩余价值理论的完善和发展，也从多方面证明了唯物史观的科学

---

① 《马克思恩格斯文集》第 5 卷，人民出版社 2009 年版，第 32 页。
② 《马克思恩格斯文集》第 3 卷，人民出版社 2009 年版，第 601 页。
③ 《马克思恩格斯文集》第 2 卷，人民出版社 2009 年版，第 591 页。

性，对唯物史观作出的重要的完善和发展。

《资本论》运用唯物史观分析剩余价值理论，不仅丰富了唯物史观，而且为科学社会主义理论的形成奠定了基础。在《资本论》中，马克思对剩余价值的产生、生产及生产过程，以及资本的流通过程与剩余价值实现、资本总过程中剩余价值从“第一级”向“第二级和第三级”关系的转化等问题的探讨，不仅运用唯物史观的方法论揭示了资本主义生产方式的本质，而且也以对资本主义经济矛盾运动的分析、以对资本主义生产力与生产关系的研究丰富了唯物史观的内容，论证了唯物史观的科学性，使唯物史观在资本主义的经济现实中得到了逻辑展开。如列宁所指出的，“自从《资本论》问世以来，唯物主义历史观已经不是假设，而是科学地证明了的原理”①。

恩格斯曾指出，《资本论》“本质上是建立在唯物主义历史观的基础上的”②。这种历史观同唯物论、辩证法具有内在统一性。《资本论》对资本主义生产关系的研究，正是从对商品内部矛盾的辩证关系的分析入手，揭示资本主义社会一切矛盾或一切矛盾的萌芽，进而揭示出这些矛盾的发展过程。唯物辩证法的精髓在于：辩证法在对现存事物的肯定的理解中同时包含对现存事物的否定的理解，即对现存事物的必然灭亡的理解；辩证法对每一种既成的形式都是从不断的运动中因而也是从它的暂时性质方面去理解；辩证法不崇拜任何东西，按其本质来说，它是批判的和革命的。通过运用唯物辩证法探索资本主义生产方式运动规律可以看到，资本主义社会的发展同样是一个辩证的运动过程，在对资本主义社会肯定的理解中，也同时包含着对它否定的理解。

马克思在《〈政治经济学批判〉导言》中提出的“抽象上升到具体的方法”，是专就建立政治经济学体系而言的“方法”。马克思对政治经济学方法的探索，不只限于“抽象上升到具体的方法”。在《资本论》第一卷德文第一版的“序言”（写于 1867 年）和“第二版跋”（写于 1873 年）中，马克思对政治经济学方法论作过更为广泛的阐释。他认

① 《列宁专题文集　论辩证唯物主义和历史唯物主义》，人民出版社 2009 年版，第 163 页。

② 《马克思恩格斯文集》第 2 卷，人民出版社 2009 年版，第 597 页。

为:“分析经济形式，既不能用显微镜，也不能用化学试剂。二者都必须用抽象力来代替。”[①] 他提出:“在形式上，叙述方法必须与研究方法不同。研究必须充分地占有材料，分析它的各种发展形式，探寻这些形式的内在联系。只有这项工作完成以后，现实的运动才能适当地叙述出来。这点一旦做到，材料的生命一旦在观念上反映出来，呈现在我们面前的就好像是一个先验的结构了。”[②] 马克思认为，政治经济学并不是从“先验的”材料出发，而是从实在的经济现实出发的。研究方法按其过程可以分作三个主要环节，这也是研究方法的三个基本要素：一是充分地占有材料；二是分析所有材料的各种发展形式；三是寻求这些形式的内在联系。在研究方法和叙述方法的关系中，研究过程的结果是叙述过程的起端，只有运用研究方法得出的理论结论，才有叙述方法的理论阐述和理论体系呈现。

马克思对研究方法和叙述方法的统一性问题也作过多方面的阐释。在《资本论》第一卷论及“商品的拜物教性质及其秘密”时，他指出:“对人类生活形式的思索，从而对这些形式的科学分析，总是采取同实际发展相反的道路。这种思索是从事后开始的，就是说，是从发展过程的完成的结果开始的。”[③] 事物的发生、发展是由简单到复杂的过程，但是人的思维正好相反，它是从一个已经形成的复杂的状态开始，即“从事后”对事物进行分析，从已经形成的复杂形态逐次追溯它的来源，所以只停留在事物已经成熟现象上的研究是得不出科学结论的，必须“从后思索”，去追溯事物的起源，揭示事物的本质。

《资本论》运用唯物史观对剩余价值理论的分析，进一步为社会主义必然取代资本主义的理论提供了经济学的证明。唯物史观创立之前，马克思是从哲学原则出发，把共产主义看作某种哲学原则的实现，并论证了共产主义的合理性和历史必然性。唯物史观创立后，现代唯物主义“已经根本不再是哲学，而只是世界观，这种世界观不应当在某种特殊的科学的科学中，而应当在各种现实的科学中得到证实和表现出来”[④]。

---

① 《马克思恩格斯文集》第 5 卷，人民出版社 2009 年版，第 8 页。
② 《马克思恩格斯文集》第 5 卷，人民出版社 2009 年版，第 21—22 页。
③ 《马克思恩格斯文集》第 5 卷，人民出版社 2009 年版，第 93 页。
④ 《马克思恩格斯文集》第 9 卷，人民出版社 2009 年版，第 146 页。

马克思不再从哲学的原则出发来理解共产主义问题，而是通过对现实生活矛盾的深刻分析来创立科学社会主义。如果说唯物史观的创立使马克思对共产主义有了科学的理解，那么，剩余价值的发现则使马克思为社会主义从空想到科学的发展提供了直接的理论依据。唯物史观和剩余价值理论是科学社会主义必要的理论前提和基础，科学社会主义理论不仅仅是关于未来社会的描述，而且更重要的是它肩负着改变世界这一特殊的实践任务。

马克思主义的历史发展证明，分割马克思两个“伟大发现”的整体性及其内在联系，就将会动摇马克思思想的基石，就将会削弱马克思思想在认识世界和改变世界中的影响力和感召力。2010 年，加拿大学者阿兰·弗里曼在《资本和阶级》杂志上发表的《没有马克思的马克思主义》一文，对放弃马克思政治经济学，特别是放弃马克思劳动价值论和剩余价值论的西方马克思主义理论思潮进行了抨击。这实际上也就是对分割乃至弃去马克思两个“伟大发现”整体性观点的抨击。

在 20 世纪马克思主义发展史中，1968 年“一种试图将马克思的结论与其经济理论相剥离的系统性尝试”的“最终失败”，是“西方马克思主义破产的标志”[①]。1968 年以后，西方的其他一些马克思主义思潮，有的宣称“我完全放弃了古典马克思主义用剩余劳动术语界定的剥削概念”，有的声言“与马克思恩格斯的理论相比较，我们的剥削理论并非建立在劳动价值论的基础上”[②] 等等。弗里曼认为：“1968 年后的左翼走了一个完整的圆圈。《资本和阶级》杂志上有关价值理论的讨论——该杂志作为讨论阵地的以创建——目前已成为少见的、未必受欢迎的一件事情了。有关艺术、哲学或社会学的马克思主义出版物繁盛一时，然而没有哪个出版物肯为运用马克思的方法讨论这些事件的经济基础留出版面。概而言之，马克思主义已与马克思诀别。”[③]

---

① 阿兰·弗里曼：《没有马克思经济学的西方马克思主义》，孙寿涛译，载许宝友主编：《马克思主义的前途与命运》，云南教育出版社 2014 年版，第 95 页。

② 阿兰·弗里曼：《没有马克思经济学的西方马克思主义》，孙寿涛译，载许宝友主编：《马克思主义的前途与命运》，云南教育出版社 2014 年版，第 97 页。

③ 阿兰·弗里曼：《没有马克思经济学的西方马克思主义》，孙寿涛译，载许宝友主编：《马克思主义的前途与命运》，云南教育出版社 2014 年版，第 99 页。

## 三、恩格斯晚年对两个“伟大发现”的新探索

马克思逝世后，恩格斯在他生命的最后12年间，对体现马克思思想精粹的两个“伟大发现”的发展作出了独特的贡献。

马克思去世后，恩格斯“重读”马克思的第一部著作就是《共产党宣言》。1883年6月，恩格斯为《共产党宣言》德文第三版写了“序言”。恩格斯在这篇简短“序言”中，用了一半以上的篇幅，对“贯穿《宣言》的基本思想”即马克思唯物史观“基本思想”作了概括。恩格斯提出:“每一历史时代的经济生产以及必然由此产生的社会结构，是该时代政治的和精神的历史的基础；因此（从原始土地公有制解体以来）全部历史都是阶级斗争的历史，即社会发展各个阶段上被剥削阶级和剥削阶级之间、被统治阶级和统治阶级之间斗争的历史；而这个斗争现在已经达到这样一个阶段，即被剥削被压迫的阶级（无产阶级），如果不同时使整个社会永远摆脱剥削、压迫和阶级斗争，就不再能使自己从剥削它压迫它的那个阶级（资产阶级）下解放出来。”① 恩格斯揭示了无产阶级和资产阶级之间阶级斗争的本质及其必然趋势，对唯物史观的基本思想作了科学概括。显然，从马克思主义发展史来看，恩格斯肯定，“这个基本思想完全是属于马克思一个人的”②。

1884年10月，在《哲学的贫困》德文版“序言”中，恩格斯指出，1846年至1847年的冬天，马克思“已经弄清了他的新的历史观和经济观的基本特点”③。这里说的“历史观”和“经济观”的核心内容，就是唯物史观和剩余价值理论这两个“伟大发现”。《哲学的贫困》包含了马克思对这些“新的历史观和经济观的基本特点”的阐释。恩格斯的这一评价，与马克思本人的观点是完全一致的，马克思同样认为他的思想体系中“有决定意义的论点”，是在《哲学的贫困》中“第一次作了科学的、虽然只是论战性的概述”④。

---

① 《马克思恩格斯文集》第2卷，人民出版社2009年版，第9页。
② 《马克思恩格斯文集》第2卷，人民出版社2009年版，第9页。
③ 《马克思恩格斯文集》第4卷，人民出版社2009年版，第199页。
④ 《马克思恩格斯文集》第2卷，人民出版社2009年版，第593页。

1888年1月，恩格斯在为《共产党宣言》英文版所写的“序言”中，重述了1883年德文版“序言”中所阐述的马克思唯物史观的“基本思想”，同时还对这一思想的形成史作了进一步阐述。恩格斯认为，他和马克思“早在1845年前的几年中就已经逐渐接近了这个思想。当时我个人独自在这方面达到什么程度，我的《英国工人阶级状况》一书就是最好的说明。但是到1845年春我在布鲁塞尔再次见到马克思时，他已经把这个思想考虑成熟，并且用几乎像我在上面所用的那样明晰的语句向我说明了”[①]。马克思去世后，恩格斯对这一“基本思想”的反复强调，是因为这一“基本思想”是《共产党宣言》的核心内容。这就凸显了恩格斯对马克思主义理论的“伟大发现”的坚守和发展。

恩格斯的独特的贡献，除了体现在对两个“伟大发现”的直接阐释上，同时还体现在以马克思“政治经济学批判”的精神，对诋毁和攻讦两个“伟大发现”的各种谬误作出深入的批判上，其中最有代表性的就是对洛贝尔图斯及其同伙诋毁剩余价值理论谬误的批判。在接续数次的批判中，恩格斯捍卫了马克思剩余价值理论，升华了“两个发现”的科学内涵。

约翰·卡尔·洛贝尔图斯-亚格措夫（1805—1875）是德国资产阶级经济学家。在经济思想史上，洛贝尔图斯被看作与拉萨尔齐名的“国家社会主义”的代表人物，但洛贝尔图斯“是一个自由派大地主，是1848年普鲁士国民议会的中间派左翼领袖，他的政治信仰可以用两句话来概括：‘立宪政体’和‘国家的统一’。俾斯麦政策的胜利渐渐使他倾向于君主政体，特别在他晚年”[②]。他实际上是一个资产阶级化的普鲁士容克的“国家社会主义”理论家。

在马克思《资本论》第一卷出版后不久，洛贝尔图斯就已认为马克思“剽窃”了他的观点。1874年，德国经济学家鲁·海·迈耶尔在《第四等级的解放斗争》一书中，公开散布了洛贝尔图斯的这一说法。马克思逝世后，所谓马克思“剽窃”洛贝尔图斯的说法，在更大范围内蔓延开来；特别是一些资产阶级经济学家更是借助洛贝尔图斯的亡灵，

---

① 《马克思恩格斯文集》第2卷，人民出版社2009年版，第14—15页。

② 季德、利斯特：《经济学说史》下册，商务印书馆1986年版，第483页。

把这一完全无中生有的说法当作“不容置疑的事实”加以宣扬。这种说法不仅在德国，而且在英国和美国流传开来了。

1884 年 2 月，恩格斯在给考茨基的信中提出，在《哲学的贫困》法文版再版时，他要“揭穿关于洛贝尔图斯的神话”。恩格斯认为:“这个神话来源于鲁·迈耶尔的著作，并在德国、英国甚至美国流传开来，需要予以澄清。”[①] 这里提到的迈耶尔的著作，指的是他在 1874 年出版的《第四等级的解放斗争》。为了揭穿迈耶尔杜撰的“神话”，恩格斯从马克思主义发展史的角度，对四个方面问题作出“证明”：(1) 在 1850 年我们没有机会从洛贝尔图斯先生那里学到什么东西；(2) 我们根本不知道他；(3) 他那些伟大发现还在 1848 年就已成了老生常谈；(4) 他那些独特的社会主义万应灵丹还在他发现它们之前已在《贫困》中遭到批判。恩格斯认为，这件事“能够做的只有我”。因为马克思剩余价值创立的思想史过程，是恩格斯所“亲自经历的”；也因为只有恩格斯“掌握着 1840—1850 年的有关材料”，恩格斯已经在马克思经济学手稿中发现:“洛贝尔图斯的租的理论是一种谬论；在 1861—1863 年《资本论》的第一个手稿中，有马克思用相当讽刺的笔调写的对这种理论的详尽批判，这一批判包括在篇幅浩繁的《剩余价值理论》这一部分里。”[②] 恩格斯从马克思经济思想史因而也是从马克思主义发展史的角度，对洛贝尔图斯的理论作了深入的批判。

1884 年 3 月，恩格斯在给查苏利奇的信中进一步谈到，在《哲学的贫困》德文译本出版前，“我一定要给德文版专门写一篇序言，驳斥胡说什么马克思在《资本论》里剽窃了洛贝尔图斯的那些反动社会主义者，并且证明，恰恰相反，还在洛贝尔图斯写他的《社会问题书简》以前，马克思就在《贫困》里批判过他”[③]。同年七八月间，恩格斯在给考茨基的信中多次提到，在剩余价值问题上，洛贝尔图斯只是“抄袭了李嘉图的东西，根本未能在经济学上创立什么新东西；只有马克思才前进了一步，推翻了整个旧的经济学”[④]。恩格斯认为，洛贝尔图斯这些

---

① 《马克思恩格斯全集》第 36 卷，人民出版社 1974 年版，第 110—111 页。
② 《马克思恩格斯全集》第 36 卷，人民出版社 1974 年版，第 111 页。
③ 《马克思恩格斯全集》第 36 卷，人民出版社 1974 年版，第 121 页。
④ 《马克思恩格斯全集》第 36 卷，人民出版社 1974 年版，第 176 页。

人“对马克思的这种指责，只有根本没有想到这种武断说法是多么无知的人才会干得出来”[①]。

1884年9月，恩格斯对批判洛贝尔图斯理论的必要性有了新的认识。他提出:“一切资产阶级分子现在都聚集在洛贝尔图斯的周围，这实在是好极了。我们不能指望比这再好的了。”[②] 洛贝尔图斯是恩格斯晚年批判的主要的资产阶级经济学家，原因就在于洛贝尔图斯“周围”的人在不断地诋毁马克思经济思想的理论基石和历史地位，妄图消解马克思政治经济学的科学影响力和现实感召力。

1885年初，恩格斯在为马克思《哲学的贫困》德文第一版所写的“序言”中，对洛贝尔图斯作了有力的批判。在这篇题为《马克思和洛贝尔图斯》的“序言”中，恩格斯着重对洛贝尔图斯宣称他1842年出版的《关于我国国家经济状况的认识》一书中的观点被马克思“剽窃”的诽谤进行了有力的驳斥。

首先，恩格斯指出，马克思从来就没有看到过洛贝尔图斯的这本书。马克思所知道的只是洛贝尔图斯的题为《给冯·塞尔希曼的社会问题书简》的三本小册子，而这已是1858年以后的事。这时，离马克思写作《哲学的贫困》已过去了10余年，马克思已经搞清了有关劳动价值论和剩余价值论的基本问题。洛贝尔图斯的诽谤，只能解释为这位无人赏识的“才子”所处的“郁郁寡欢”的境况。

其次，恩格斯认为，即使是洛贝尔图斯自炫为“第一个”发现的那些理论，实际上早已是经济思想史上的“毫无新意”的理论了。在这一方面，洛贝尔图斯表现出“对普鲁士以外发生的事情，特别是对社会主义和经济学文献的惊人的无知”[③]。洛贝尔图斯自炫为“第一个”发现的理论，就是从李嘉图的价值论中得出的某些社会主义的结论。在经济思想史上，至少在洛贝尔图斯出版《关于我国国家经济状况的认识》之前20年，英国的一些社会主义者就已得出过类似的结论。例如，1821年伦敦出版的一本题为《根据政治经济学基本原理得出的国民困

---

① 《马克思恩格斯全集》第36卷，人民出版社1974年版，第180页。
② 《马克思恩格斯全集》第36卷，人民出版社1974年版，第211页。
③ 《马克思恩格斯文集》第4卷，人民出版社2009年版，第200页。

难的根源及其解决办法》的匿名小册子中，就已得出过这样的社会主义的结论。恩格斯认为:“现代社会主义，不论哪一派，只要从资产阶级政治经济学出发，几乎没有例外地都接受李嘉图的价值理论。”[①] 马克思在《哲学的贫困》中也曾列出一连串名单，说明英国的社会主义者几乎都接受过李嘉图的理论。经济思想史上的这些事实，已足以说明洛贝尔图斯自炫为“第一个”中的虚狂成分。

再次，恩格斯认为，在对李嘉图理论的运用中，洛贝尔图斯不仅只是重复他的前辈们早已说过的话，而且也重犯着他的前辈们已经犯下的错误。例如，他“把劳动、资本、价值等等经济学范畴，按经济学家们传授给他的那种粗糙的、拘泥于表面现象的形式不加考虑地接受下来，而不深入研究它们的内容。这样一来，他就不仅切断了自己进一步发展的一切道路……而且为自己开辟了通向乌托邦的大道”[②]。

如果说洛贝尔图斯同他的前辈们有什么不同的话，那就是他多说了一番“劳动货币乌托邦的痴话”[③]，多提了一项乞求普鲁士国家保护、并且“保留”雇佣劳动和对雇佣劳动剥削的“社会改革方案”。在对洛贝尔图斯“劳动货币”理论的批判中，恩格斯不仅指出了这一理论的荒谬性，而且还在更广泛的意义上，阐明了价值本质在现实中实现的两个基本规定，从而为价值理论提供了更为具体的操作“规范”。

其一，价格对价值的不断背离是价值存在的必要条件，而竞争则是这种必要条件形成的最为有力的机制。恩格斯认为:“只有通过竞争的波动从而通过商品价格的波动，商品生产的价值规律才能实现，社会必要劳动时间决定商品价值这一点才能成为现实……因此，在一个进行交换的商品生产者的社会里，如果谁想把劳动时间决定价值这一点确立起来，而又禁止竞争施压于价格这个唯一可行的办法来确立这种对价值的决定，那就不过是证明，至少在这方面，他采取的是空想主义者惯有的轻视经济规律的态度。”[④]

其二，商品生产者对自己的生产资料和劳动力的配置是以市场的

---

① 《马克思恩格斯文集》第 4 卷，人民出版社 2009 年版，第 201 页。
② 《马克思恩格斯文集》第 4 卷，人民出版社 2009 年版，第 203 页。
③ 《马克思恩格斯文集》第 4 卷，人民出版社 2009 年版，第 209 页。
④ 《马克思恩格斯文集》第 4 卷，人民出版社 2009 年版，第 209—210 页。

供求状况为导向的。那种把生产者同他们为之生产的市场分离开来的“方案”，是一种“天真的想法”。恩格斯认为：“如果禁止竞争通过价格的升降把世界市场的情况告诉单个生产者，那他们就完全被蒙住了眼睛。”①

1885年5月，恩格斯继《马克思和洛贝尔图斯》之后，在《资本论》第二卷“序言”中，再次对洛贝尔图斯作了批判。在《马克思和洛贝尔图斯》中，恩格斯只说了一些“急需说的话”，主要对洛贝尔图斯《关于我国国民经济状况的认识》中的某些理论观点进行了批判，并没有详细驳斥所谓马克思“剽窃”洛贝尔图斯这一诽谤本身的荒谬性，恩格斯把这一任务留在《资本论》第二卷“序言”中完成。为此，恩格斯提出了一系列“有决定性意义的证据”。概括地说，这些“有决定性意义的证据”包括两个方面：一是马克思经济思想史上的证据；二是亚当·斯密以来的经济思想史上的证据。

从马克思经济思想史来看，马克思自1843年开始研究经济学的15年间，对洛贝尔图斯的全部文字活动一无所知；而在1859年前后，马克思在接触到洛贝尔图斯的某些著作时，“他自己的政治经济学批判不仅在纲要上已经完成，而且在最重要的细节上也已经完成”，特别是他“不仅已经非常清楚地知道‘资本家的剩余价值’是从哪里‘产生’的，而且已经非常清楚地知道它是怎样‘产生’的”②。面对马克思经济思想发展的史实，也许只有具有“超凡”想象力的人，才会相信这种马克思“剽窃”洛贝尔图斯的“神话”。

从亚当·斯密以来的经济思想史来看，洛贝尔图斯自炫为“第一个”发现的理论，至多只是对斯密以后一些杰出经济学家某些思想的重复。即便是这种重复，也难以排除洛贝尔图斯在某些理论上的倒退。恩格斯认为，在对剩余价值的研究中，洛贝尔图斯也同样陷于经济学费解的行话中而不能自拔。例如，洛贝尔图斯同样用剩余价值转化而成的一个派生形式——“租”来称呼剩余价值，并使所谓的“租”成为一种极不确定的东西。洛贝尔图斯所犯的这一双重错误说明，即使和1821年

---

① 《马克思恩格斯文集》第4卷，人民出版社2009年版，第211页。

② 《马克思恩格斯文集》第6卷，人民出版社2009年版，第11页、第12页。

匿名小册子的理论相比，洛贝尔图斯也不享有任何理论发展上的“优先权”。

在此基础上，恩格斯高度评价了马克思在剩余价值理论上的杰出贡献。马克思在剩余价值理论研究上的重大发现，引来了经济科学的一场革命，奠定了马克思主义政治经济学的最坚实的基石。

# 第二篇

# 恩格斯的革命实践和革命精神

1883 年 3 月 17 日，在马克思的葬仪上，恩格斯在对马克思一生的革命事业和科学成就追思中指出：马克思“首先是一个革命家”，他“毕生的真正使命，就是以这种或那种方式参加推翻资本主义社会及其所建立的国家设施的事业，参加现代无产阶级的解放事业，正是他第一次使现代无产阶级意识到自身的地位和需要，意识到自身解放的条件”[①]。恩格斯对马克思的这一评价，同样体现于恩格斯一生的革命事业和科学成就之中。

1883 年 3 月 15 日，马克思逝世后的第二天，恩格斯在给曾经参加过 1848 年欧洲革命的约翰·菲力浦·贝克尔的信中说道：“我们两人差不多是 1848 年以前的老近卫军中最后的两个人了。这又有什么关系，我们一定要坚守岗位。子弹呼啸着，朋友们倒下去，但这些对我们两人来说是屡见不鲜的。如果我们当中有谁被子弹打中，那也没有什么关系，只是要击中要害，别让我们长时间受折磨。”[②] 恩格斯就是以这种坚定的信念、崇高的理想和无畏的精神，投身于无产阶级革命之中。

恩格斯参与共产主义者同盟的“实际活动”，对其一生都发生着重要的影响，甚至成为他“一生活动中最令人瞩目的中心点”[③]。在这一过程中，恩格斯把他同马克思共同创立的唯物史观科学理论，运用于国际工人运动实际，并在这一“实际活动”中经受检验，使这一科学理论得到发展和升华。《共产党宣言》这一“完备的理论和实践的党纲”[④]，

---

① 《马克思恩格斯文集》第 3 卷，人民出版社 2009 年版，第 602 页。
② 《马克思恩格斯全集》第 35 卷，人民出版社 1971 年版，第 457 页。
③ 《列宁专题文集　论马克思主义》，人民出版社 2009 年版，第 140 页。
④ 《马克思恩格斯文集》第 2 卷，人民出版社 2009 年版，第 11 页。

就是参与共产主义者同盟活动的最辉煌的成果。

从1864年第一国际成立至其1876年解散的10余年间，恩格斯同马克思一直参与国际工人协会的活动。马克思和恩格斯努力将科学社会主义思想和策略原则贯穿于国际的全部活动之中，在第一国际中竖起了马克思主义思想旗帜，而第一国际的发展也丰富和完善了无产阶级的国际主义思想，成为马克思主义历史发展中不可磨灭的永恒记忆。

马克思逝世后，恩格斯实际地成为国际工人运动思想上和实践上的导师，对各国工人运动进行思想上、理论上、组织上和斗争策略上的引导和指导。1889年9月，第二国际成立的第二个月，恩格斯在给劳拉·拉法格的信中不无诙谐地谈起:“许多我从未见过面的人好象策划好了要用各种各样的来信、访问、咨询和请求把我压垮。”[①]

参与无产阶级革命实践，是恩格斯思想发展的不竭源泉，也是恩格斯思想和事业发展的根本动力。正是在无产阶级革命实践中，恩格斯坚信:“真正导致解放的措施，只有在经济变革促使广大工人群众意识到自身的地位，从而为他们取得政权开辟了道路的时候，才有可能。”[②]

---

① 《马克思恩格斯全集》第37卷，人民出版社1971年版，第257页。

② 《马克思恩格斯文集》第10卷，人民出版社2009年版，第607页。

# 第十二章 恩格斯与共产主义者同盟的“实际活动”

马克思和恩格斯参与共产主义者同盟的“实际活动”，是他们把《神圣家族》和《德意志意识形态》中创立的唯物史观的科学理论，运用于国际工人运动实际的必然过程；也是他们在国际工人运动实践中检验这一科学理论、发展和升华这一科学理论的必然过程。参与共产主义者同盟的活动的最重要的结果，就是彪炳千古的《共产党宣言》的问世，就是世界上第一个无产阶级政党的诞生。

1888 年，在《共产党宣言》发表 40 周年之际，恩格斯在由他作了校订并增写了注释的《共产党宣言》英译本出版时，写了“英文版序言”。在这一“序言”中，恩格斯开宗明义，在对《共产党宣言》从 1848 年出版之后长达 40 年的传播史的阐释中指出:“《宣言》是作为共产主义者同盟的纲领发表的，这个同盟起初纯粹是德国工人团体，后来成为国际工人团体，而在 1848 年以前欧洲大陆的政治条件下必然是一个秘密的团体。1847 年 11 月在伦敦举行的同盟代表大会，委托马克思和恩格斯起草一个准备公布的完备的理论和实践的党纲。”[①]

恩格斯参与共产主义者同盟的“实际活动”，对恩格斯的革命生涯都发生着重要的影响。马克思和恩格斯在 1848 年至 1852 年间参与共产主义者同盟的活动，被列宁称作马克思和恩格斯“一生活动中最令人瞩目的中心点”[②]。

---

① 《马克思恩格斯文集》第 2 卷，人民出版社 2009 年版，第 11 页。

② 《列宁专题文集 论马克思主义》，人民出版社 2009 年版，第 140 页。

## 一、参与共产主义者同盟活动的初衷

马克思主义创立的过程，同时也是马克思和恩格斯创立的科学理论同工人运动实际相结合的过程。1846 年 2 月，马克思和恩格斯在布鲁塞尔创建共产主义通讯委员会时，正在写作《德意志意识形态》手稿。他们在与德国、英国、法国及欧洲其他国家社会主义团体的广泛联系中，探寻《神圣家族》和《德意志意识形态》手稿中作了充分阐释的科学世界观同国际工人运动的实际相结合的途径，并在这一结合中检验科学世界观的真理性。

布鲁塞尔共产主义通讯委员会成立后，很快就在巴黎、伦敦、汉堡、莱比锡、西里西亚等地设立了支部。当时活跃于国际工人运动中的德国的 W. 沃尔弗、J. 魏德迈，英国的正义者同盟领导人 K. 沙佩尔、H. 鲍威尔、J. 莫尔，英国宪章派左翼领导人 G. J. 哈尼，比利时的 P. 日果等，都积极参与通讯委员会的活动。

共产主义通讯委员会在一系列活动中，与欧洲一些国家的工人团体和社会主义者保持着频繁的联系和交流，着力于消除当时国际工人运动中存在的各种错误思想的影响，克服工人运动中存在的组织涣散的现象，为无产阶级政党的建立做了思想上和组织上的准备。通讯委员会当时面对的工人运动中的错误思潮最主要的就是魏特林的"平均共产主义"，以及以克利盖和格律恩为代表的"真正的社会主义"思潮。

对魏特林空想共产主义观点的批判，是马克思和恩格斯建立共产主义通讯委员会之后最先展开的理论斗争。威廉·魏特林的职业是裁缝，在德国工人运动初期，他提出的社会主义思想发生过积极的作用。1842 年，魏特林出版了《和谐与自由的保证》一书，马克思给予高度评价。1844 年 7 月，马克思曾撰文写道："资产阶级，包括其哲学家和学者在内，有哪一部论述资产阶级解放——政治解放——的著作能和魏特林的《和谐与自由的保证》一书媲美呢？只要把德国的政治论著中那种褊狭卑俗的平庸气同德国工人的这部史无前例的光辉灿烂的处女作比较一下，只要把无产阶级巨大的童鞋同德国资产阶级极小的政治烂鞋比较一下，我们就能够预言德国的灰姑娘将来必然长成一个大力士的体型。"[①] 但是之后，魏特林在他的其他一些著述中，特别是在 1845 年出版的《一个贫苦罪人的福音》中，给共产主义思想染上了浓厚的宗教色彩，把他早先在《现实的人类和理想的人类》（1838 年）和《和谐与自由的保证》中就已经存在的"平均的共产主义"的思想作了进一步渲染。

魏特林所主张的"平均的共产主义"，实际上是当时德国手工业工人的要求和愿望的理论表现，如恩格斯后来所分析的那样："通过把裁缝手工业变成听命于大资本家的家庭工业，从而大规模地对裁缝业即现在所谓的服装业实行剥削，当时甚至在伦敦也是刚刚出现的事情。一方面，剥削这些手工业者的是小作坊师傅；另一方面，这些手工业者全都希望自己最终也能成为小作坊师傅。此外，当时的德国手工业者还有许多流传下来的行会观念。这些手工业者的最大光荣是：虽然他们本身还不是真正的无产者，而只不过是正在向现代无产阶级转变的、附属于小资产阶级的一部分人，还没有同资产阶级即大资本处于直接对立地位，但他们已经能够本能地预料到自己未来的发展，并且能够组成为（虽然还不是充分自觉地）一个无产阶级政党了。"[②] 对于"正在向现代无产阶级转变"的阶级地位和阶级意识而言，恩格斯强调："有一点也是不可避免的：每当问题涉及具体批判现存社会，即分析经济事实的时候，他们的手工业者旧有的成见对于他们就成为一种障碍。"[③] 魏特林的思想不再可能成为马克思所讲的那种"大力士"，而是越来越成为"还远远没有发育完全"的畸形"巨婴"。

1846 年 3 月，在刚建立的共产主义通讯委员会的一次特别会议上，在专门讨论德国出版共产主义著作问题时，魏特林公开兜售起他的空想共产主义的东西。与会者清楚地记得，在讨论时，"魏特林就插了进来，他想在那里立即发表阐述他的空想体系的东西及其他一些巨著，其中还包括一部新的语法书，书中把第三格看作贵族的发明而废除了，如果这个计划实现的话，这一切正是我们当时应当加以批判和与之斗争的"[④]。

---

① 《马克思恩格斯全集》第 3 卷，人民出版社 2002 年版，第 390 页。

② 《马克思恩格斯文集》第 4 卷，人民出版社 2009 年版，第 231—232 页。

③ 《马克思恩格斯文集》第 4 卷，人民出版社 2009 年版，第 232 页。

④ 《马克思恩格斯全集》第 37 卷，人民出版社 1971 年版，第 110 页。

魏特林把当时对他的所有的批评，都歪曲为“只是职业上的嫉妒，只是企图扼杀他的天才，‘切断他的财源’”①。而实际上，如恩格斯所评价的，与魏特林的“原则上的对立”才是“最主要的”②。

19世纪40年代中期，魏特林的“平均的共产主义”思想在德国工人运动中的影响日渐衰落，而所谓的“真正的社会主义”思潮正在兴起，特别对德国的工人运动发生着更大的影响。“真正的社会主义”秉持“博爱”为主调的市侩的感伤主义，既害怕资本主义的发展，又害怕无产阶级力量的增强，散布的是阶级调和的小资产阶级社会主义思想。

在《德意志意识形态》手稿中，马克思和恩格斯对“真正的社会主义”作过尖锐批判。1847年初，恩格斯在《德意志意识形态》手稿的基础上，曾撰写过《真正的社会主义者》手稿，对“真正的社会主义”作出专门批判，对这种思想在工人运动中的泛滥提出警示。他说：“在此期间，过去只是时而在这里时而在那里零星出现的‘真正的社会主义’，已经蓬勃地发展起来。它在祖国的每一个角落都有自己的代表，甚至一跃而成为文坛上有一定影响的流派。”③ 尽管这些论述还只是手稿，当时没有公开发表，但它还是为恩格斯这一时期对“真正的社会主义”的批判提供了重要的理论准备。

1846年5月，布鲁塞尔共产主义通讯委员会在对马克思和恩格斯起草的《反克里盖的通告》讨论时，接受了马克思和恩格斯对以克里盖为代表的“真正的社会主义”的严正的批判。马克思和恩格斯指出：克里盖所标榜的“真正的社会主义”，实际上“把共产主义描绘成某种充满爱而和利己主义相反的东西，并且把有世界历史意义的革命运动归结为几个字：爱和恨，共产主义和利己主义。这正显示了他的懦怯”，“克利盖关于爱的高谈阔论和对利己主义的攻击，正是浸透了宗教思想的那种心情的大言不惭的表白”④。可见，克里盖“是在共产主义的幌子下宣传陈旧的德国宗教哲学的幻想，而这种幻想是和共产主义截然相

---

① 《马克思恩格斯全集》第37卷，人民出版社1971年版，第111页。
② 参见《马克思恩格斯全集》第37卷，人民出版社1971年版，第111页。
③ 《马克思恩格斯全集》第3卷，人民出版社1960年版，第641页。
④ 《马克思恩格斯全集》第4卷，人民出版社1960年版，第8页、第14页。

反的”[①]。

紧接着，在 1846 年 8 月，恩格斯受共产主义通讯委员会的委托，在巴黎对以格律恩为代表的“真正的社会主义”思想再度作出严厉驳斥。在对蒲鲁东和格律恩提出的关于成立工人协作社的计划的抨击中，恩格斯明确提出:“我所要证明的主要就是暴力革命的必要性，同时证明：在蒲鲁东的万应灵药中找到了新生命力的格律恩的‘真正的社会主义’根本是反无产阶级的、小资产阶级的和庸人的东西。”[②] 在接着的讨论中，恩格斯指出了“真正的社会主义”在本质上是反对共产主义的，并对“共产主义者的宗旨”作出三个方面的“规定”，这就是：“（1）维护同资产者利益相反的无产者的利益；（2）用消灭私有制而代之以财产公有的手段来实现这一点；（3）除了进行暴力的民主的革命以外，不承认有实现这些目的的其他手段。”[③] 在与工人运动实际的结合中，恩格斯对科学的共产主义观有了新的认识。

1888 年 10 月，恩格斯在得知倍倍尔打算写作关于魏特林和 19 世纪 40 年代德国“社会运动”著作时，写信告诫倍倍尔:“最好把四十年代德国运动的三个派别分别加以考察。”恩格斯所说的“三个派别”，就是共产主义通讯委员会时期，在德国工人运动中也是在欧洲工人运动中存在的以下主要“派别”[④]。

一是“魏特林共产主义”的“派别”，恩格斯认为，这一“派别”，“在它消亡以前或者在它的追随者转到我们方面以前一直是一个单独的派别”。魏特林共产主义是 19 世纪 30 年代和 40 年代流行的一种空想的工人共产主义理论，曾经是正义者同盟的政治的和思想的纲领，在当时的工人运动中基本上起了积极的作用。但是这一派的粗陋的平均共产主义的主张，很快成为工人运动发展的障碍。1846 年 5 月，在关于“真正的”社会主义者海尔曼·克利盖的一场争论中，马克思和恩格斯及其拥护者，同魏特林“派别”彻底决裂。

二是“真正的社会主义”的“派别”，也就是赫斯、格律恩以及其

---

① 《马克思恩格斯全集》第 4 卷，人民出版社 1960 年版，第 14 页。
② 《马克思恩格斯全集》第 27 卷，人民出版社 2009 年版，第 70 页。
③ 《马克思恩格斯全集》第 27 卷，人民出版社 2009 年版，第 71 页。
④ 参见《马克思恩格斯全集》第 37 卷，人民出版社 1971 年版，第 109—110 页。

他许多“美文学家”。这是从1844年起在德国传播的一种反映小资产阶级的“派别”，它拒绝进行政治活动和争取民主的斗争，崇拜所谓的“爱”和抽象的“人性”，对当时德国的社会主义运动造成特别的危害。这就是马克思和恩格斯在1846—1847年间，对“真正的社会主义”所作的深刻批判。

三是马克思和恩格斯创立的科学社会主义“派别”。恩格斯回忆在布鲁塞尔共产主义通讯委员会期间，他同马克思创立的科学社会主义“派别”的情况时指出:“1845年春天当我们在布鲁塞尔再次会见时，马克思已经从上述基本原理出发大致完成了阐发他的唯物主义历史理论的工作，于是我们就着手在各个极为不同的方面详细制定这种新形成的世界观了。”① 唯物史观的创立是马克思和恩格斯“共同的工作”的思想理论基础，1845年春天是他们的唯物史观从“大致完成”向“详细制定”发展的重要节点，而参与共产主义者同盟的“实际活动”成为他们的“新观点”系统阐释的新实践，即是与国际工人运动结合和无产阶级政党创立的新实践。

恩格斯特别强调，马克思主义在其创立时期“深入到政治运动”同争取无产阶级“拥护我们的信念”之间的内在逻辑。他认为:“我们决不想把新的科学成就写成厚厚的书，只向‘学术’界吐露。正相反，我们两人已经深入到政治运动中……并且同有组织的无产阶级建立了广泛联系。”② 恩格斯把他和马克思在当时的活动分作两个有机的组成部分，其一是“我们有义务科学地论证我们的观点”，其二是“对我们来说同样重要的是：争取欧洲无产阶级，首先是争取德国无产阶级拥护我们的信念”③。与当时国际工人运动组织的广泛联系，筑起思想理论传播的阵地，成为他和马克思参与“实际的活动”的切入点。他们在布鲁塞尔建立的德意志工人协会，就取得《德意志-布鲁塞尔报》支持；同英国宪章派中革命分子保持着联系，成为宪章运动中央机关报《北极星报》的撰稿人；同法国社会民主派结成了某种联盟关系，也获得了相应的理

---

① 《马克思恩格斯文集》第4卷，人民出版社2009年版，第232页。
② 《马克思恩格斯文集》第4卷，人民出版社2009年版，第233页。
③ 《马克思恩格斯文集》第4卷，人民出版社2009年版，第233页。

论宣传空间等等。恩格斯认为：在那一时期，为了争得思想理论传播阵地，“我们同激进派的和无产阶级的组织和刊物的联系是再好也没有了”[①]。

恩格斯认为，在所有这些思想理论传播中，唯物史观这个“在史学方面引起变革的发现”，对于当时的国际工人运动“有着直接的意义”。自19世纪40年代中期以后，“法国人和德国人的共产主义、英国人的宪章运动，现在不再像是一种也可能不会发生的偶然现象了”。更为重要的是，以唯物史观的“新观点”为指导，“共产主义现在已经不再意味着凭空设想一种尽可能完善的社会理想，而是意味着深入理解无产阶级所进行的斗争的性质、条件以及由此产生的一般目的”[②]。

## 二、无产阶级政党创立的初心

1885年，恩格斯在对共产主义者同盟历史的回顾中，对他和马克思参与正义者同盟“实际活动”的过程和意义作了阐释。在布鲁塞尔共产主义通讯委员会的活动期间，马克思和恩格斯“通过口头、书信和报刊”等多方面的影响，促使当时的正义者同盟，“特别是伦敦领导者内部悄悄地发生了变化”；进而使“他们越来越明白，过去的共产主义观点，无论是法国粗陋的平均共产主义还是魏特林共产主义，都是不够的”[③]。到1847年春天，正义者同盟正式派人到布鲁塞尔找马克思，接着又到巴黎找恩格斯，正义者同盟确信马克思和恩格斯的观点都是正确的，也确信必须使同盟摆脱陈旧的密谋性的传统和形式。这就使得马克思和恩格斯有可能帮助正义者同盟“用新的符合时代和目的的组织来代替它的过时的组织”[④]，并在同盟的代表大会上以宣言形式，阐述他们的科学理论。

正义者同盟成立于1836年，它是从德国流亡者于1834年在巴黎建立的民主共和主义的秘密同盟“流亡者联盟”中分出的最激进的、大部

① 《马克思恩格斯文集》第4卷，人民出版社2009年版，第233页。
② 《马克思恩格斯文集》第4卷，人民出版社2009年版，第232—233页。
③ 《马克思恩格斯文集》第4卷，人民出版社2009年版，第234—235页。
④ 《马克思恩格斯文集》第4卷，人民出版社2009年版，第235—236页。

分是无产阶级的分子组成的一个秘密同盟。正义者同盟旨在实行财产共有，其宗旨同当时巴黎各秘密团体的宗旨一样，也都是半宣传、半密谋的团体。事实上，这个同盟在当时不过是法国各秘密团体，特别是它与之有密切联系的由布朗基和巴尔贝斯领导的“四季社”的德国分支。

正义者同盟的主要成员亨利希·鲍威尔是皮鞋匠，他到伦敦后，遇见了曾在巴黎当过排字工人的卡尔·沙佩尔，他们两人一起恢复了同盟一度中断的各种联系，使伦敦成为正义者同盟的活动中心。同他们联合起来的还有科伦的钟表匠约瑟夫·莫尔。1843 年，恩格斯在伦敦认识了他们三人，恩格斯后来回忆说：“这是我遇到的第一批革命无产者。尽管我们当时的观点在个别问题上有分歧——对于他们的狭隘平均共产主义，我当时还报之以在某种程度上同样狭隘的哲学高傲态度——，但我永远也不会忘记这三个真正的男子汉在我自己还刚刚想要成为一个男子汉的时候所留给我的令人敬佩印象。”①

自正义者同盟的重心由巴黎移到伦敦后，恩格斯认为，同盟“明显地出现了一个新的情况：同盟逐渐从德国的变成国际的了”②。随着事变的发展，同盟的性质也发生了变化，它已经摆脱了对巴黎密谋活动家的依赖性，它的自觉性在提高。同盟也日益在德国工人阶级中间扎根，“这些德国工人负有成为北欧和东欧工人的旗手的历史使命”③。但是，同盟这时还受到魏特林的“平均的共产主义”的影响。这是因为，同盟的成员几乎都是地道的手工业者，恩格斯的分析是：“虽然他们本身还不是真正的无产者，而只不过是正在向现代无产阶级转变的、附属于小资产阶级的一部分人，还没有同资产阶级即大资本处于直接对立地位，但他们已经能够本能地预料到自己未来的发展，并且能够组成为（虽然还不是充分自觉地）一个无产阶级政党了。然而，有一点也是不可避免的：每当问题涉及具体批判现存社会，即分析经济事实的时候，他们的手工业者旧有的成见对于他们就成为一种障碍。”④

1843 年沙佩尔建议恩格斯加入正义者同盟，恩格斯开始时拒绝了

---

① 《马克思恩格斯文集》第 4 卷，人民出版社 2009 年版，第 228 页。
② 《马克思恩格斯文集》第 4 卷，人民出版社 2009 年版，第 230 页。
③ 《马克思恩格斯文集》第 4 卷，人民出版社 2009 年版，第 231 页。
④ 《马克思恩格斯文集》第 4 卷，人民出版社 2009 年版，第 231—232 页。

这个建议，但还是同伦敦的同盟成员保持着经常的通讯联系，同巴黎的各支部的领导人艾韦贝克有更为密切的交往。马克思和恩格斯这时尽管不参与正义者同盟的内部事务，但仍然知道那里发生的一切重要事件。同时，马克思和恩格斯利用共产主义通讯委员会的各种交流机会，影响着同盟中最杰出成员的理论观点。恩格斯认为："我们在问题涉及当时正在形成的共产党内部事务的特殊场合，向世界各处的朋友和通讯员分发各种石印通告，也是为了这个目的。"[①] 其中，对同盟内流行的"平均的共产主义"和"真正的社会主义"理论的批判，无疑起着极为重要的作用。

马克思和恩格斯做的这些工作，对正义者同盟中在伦敦的领导者产生了重要的影响，使他们的思想不知不觉地发生转变。恩格斯在回忆这一过程时认为："他们越来越明白，过去的共产主义观点，无论是法国粗陋的平均共产主义还是魏特林共产主义，都是不够的。"[②] 而"真正的社会主义"则把法国社会主义语句翻译成陈腐的黑格尔德文，并伤感地陶醉于爱的幻想，"这种通过克利盖和通过阅读有关著作而传入同盟的社会主义，仅仅由于它软弱无力就必然会引起同盟中老革命者的厌恶"[③]。过去的理论观念毫无根据以及由此产生的实践上的错误，越来越使伦敦的正义者同盟盟员相信，马克思和恩格斯的"新理论"是正确的。当时，在伦敦领导人、微型画画家卡尔·普芬德和裁缝格奥尔格·埃卡留斯在促进这种认识中发挥了重要作用。马克思和恩格斯在思想理论上的胜利，不仅表现在端正了正义者同盟的指导思想，而且更体现在正义者同盟迫切追求工人运动科学的指导思想。

1847 年春天，莫尔到布鲁塞尔找马克思，接着又到巴黎找恩格斯，代表正义者同盟再三邀请马克思和恩格斯加入同盟。恩格斯提出："他们确信我们的观点都是正确的，也确信必须使同盟摆脱陈旧的密谋性的传统和形式。如果我们愿意加入同盟，我们将有可能在同盟代表大会上以宣言形式阐述我们的批判的共产主义，然后可以作为同

---

① 《马克思恩格斯文集》第 4 卷，人民出版社 2009 年版，第 234 页。
② 《马克思恩格斯文集》第 4 卷，人民出版社 2009 年版，第 235 页。
③ 《马克思恩格斯文集》第 4 卷，人民出版社 2009 年版，第 235 页。

盟的宣言发表；同时我们也将有可能帮助同盟用新的符合时代和目的的组织来代替它的过时的组织。”① 在这种情况下，马克思和恩格斯决定加入正义者同盟，马克思在布鲁塞尔成立同盟的支部，恩格斯则经常去巴黎的三个支部。

1847 年夏天在伦敦举行了同盟第一次代表大会，威·沃尔弗代表布鲁塞尔各支部，恩格斯代表巴黎各支部参加了这次大会。这次大会首先对同盟进行改组，“正义者同盟”正式改名为“共产主义者同盟”，原来的“人人皆兄弟”的旧口号也为“全世界无产者，联合起来！”的新口号所取代。共产主义者同盟在组织构架上由支部、区部、总区部、中央委员会以及代表大会构成。恩格斯认为，通过这一实质性的改组，“组织本身是完全民主的，它的各委员会由选举产生并随时可以罢免，仅这一点就已堵塞了任何要求独裁的密谋狂的道路，而同盟——至少在平常的和平时期——已变成一个纯粹宣传性的团体”②。

马克思和恩格斯对新的同盟章程草案作出原则性的修改，如原来章程草案第一条写作：“通过传播财产公有的理论并尽快地求其实现，使人类得到解放。”③ 这一带有空想社会主义思想色彩的表述，被改为：“推翻资产阶级政权，建立无产阶级统治，消灭旧的以阶级对抗为基础的资产阶级社会和建立没有阶级、没有私有制的新社会。”④ 这个新章程曾交付各支部讨论后，又由第二次代表大会再次审查，于 1847 年 12 月最后获得通过。

共产主义者同盟的第二次代表大会于 1847 年 11 月底至 12 月初举行。这次代表大会召开之前，恩格斯就向马克思提出：“这一次我们将完全按照我们自己的方针来掌握大会。”⑤ 马克思和恩格斯一起出席了这次代表大会，马克思在长时间的辩论中捍卫了“新理论”。共产主义者同盟所有的分歧和怀疑终于都消除了，这次大会通过了一系列新原则。

---

① 《马克思恩格斯文集》第 4 卷，人民出版社 2009 年版，第 235—236 页。
② 《马克思恩格斯文集》第 4 卷，人民出版社 2009 年版，第 236 页。
③ 《马克思恩格斯全集》第 42 卷，人民出版社 1979 年版，第 419 页。
④ 《马克思恩格斯全集》第 4 卷，人民出版社 1958 年版，第 572 页。
⑤ 《马克思恩格斯文集》第 10 卷，人民出版社 2009 年版，第 55 页。

大会委托马克思和恩格斯起草共产主义者同盟的宣言。经过恩格斯为第一次代表大会起草的《共产主义信条草案》，到恩格斯向第二次代表大会提出的《共产主义原理》，再到第二次代表大会后马克思和恩格斯共同起草的《共产党宣言》，最为现实地体现了马克思主义与工人运动结合的历史过程，也最为现实地证明了马克思主义作为国际工人运动的指导理论的思想过程。

1848 年 2 月正式发表的《共产党宣言》，是马克思主义与工人运动初步结合的产物，与工人运动相结合是马克思思想发展的根本源泉和不竭动力。《共产党宣言》是马克思恩格斯提出的无产阶级政党的纲领，它是以“全世界无产者，联合起来”为结束语的，是对当时工人运动现实和趋势分析得出的无产阶级革命的根本原则和基本策略。如恩格斯指出的:“自那时起，它已经传遍全世界，差不多译成了所有各种文字，并且直到今天还是世界各国无产阶级运动的指南。同盟的旧口号‘人人皆兄弟’，已经由公开宣布斗争的国际性的新战斗口号‘全世界无产者，联合起来！’所代替。17 年以后，这个口号作为国际工人协会的战斗号角响彻全世界，而今天世界各国斗争着的无产阶级都已经把它写到自己的旗帜上。”①

马克思参与共产主义者同盟“实际活动”所产生的影响是极为深远的。恩格斯在谈到共产主义者同盟在组织上和思想上的巨大的影响力和感召力时提出:“目前的国际工人运动实际上是当年德国工人运动的直接继续，那时的德国工人运动一般说来是第一次国际工人运动，并且产生出许多在国际工人协会中起领导作用的人。而共产主义者同盟在 1847 年的《共产主义宣言》中写在旗帜上的理论原则，则是目前欧洲和美洲整个无产阶级运动的最牢固的国际纽带。”② 从共产主义者同盟到第一国际的“实际活动”，构成了马克思主义创立和形成时期马克思思想发展的基本轨迹。

恩格斯在 1885 年撰写的《共产主义者同盟的历史》，是关于世界上第一个无产阶级政党的简史。恩格斯对共产主义者同盟从德国流亡者于

---

① 《马克思恩格斯文集》第 4 卷，人民出版社 2009 年版，第 237 页。

② 《马克思恩格斯文集》第 4 卷，人民出版社 2009 年版，第 226 页。

1834年在巴黎建立的民主共和主义的秘密同盟“流亡者同盟”到1836年的正义者同盟，再到共产主义者同盟的发展背景和历史过程作了概述，对共产主义者同盟在国际工人运动中的历史地位和作用作了全面阐释。同时，恩格斯以他和马克思参与共产主义者同盟的“实际活动”为背景和线索，对马克思主义创立时期的理论发展特征和思想影响作了深刻的论述。

## 三、无产阶级革命及策略思想的提升

1848年二月革命爆发后，共产主义者同盟伦敦中央委员会立刻把它的职权转交给布鲁塞尔总区部。但当这个决定传到布鲁塞尔时，那里事实上已经完全处于戒严状态，新中央委员会决定解散，它的全部职权交给马克思，并且授权他在巴黎立刻成立新中央委员会。1848年3月3日这个决议刚通过，警察就闯进了马克思的住宅，把他逮捕起来，并迫使他第二天就动身，前往他正好要去的法国。不久之后，巴黎的新中央委员会恢复活动，1848年3月，由马克思和恩格斯起草的，由马克思、沙佩尔、鲍威尔、恩格斯、莫尔和沃尔弗共同签署《共产党在德国的要求》的文件，很快以传单的形式，在同盟成员中广为散发。

1848年欧洲革命爆发的目的是消灭封建制度，铲除封建残余，推翻异族压迫，建立统一的民族国家，为资本主义的进一步发展扫清道路，在性质上是一场资产阶级民主革命。但与以往的资产阶级民主革命不同的是，无产阶级在这场革命中已经作为一支独立的政治力量登上了世界历史舞台，无产阶级在与资产阶级一起反对封建统治的同时，它们之间的斗争也已经不同程度地展开。《共产党在德国的要求》实际上是共产主义者同盟在德国革命初始阶段的政治纲领。

在《共产党在德国的要求》提出的17条“要求”中，主要有：宣布全德国为统一的、不可分割的共和国；给人民代表支付薪金，使德国工人也有可能出席德国人民的国会；武装全体人民；各邦君主的领地和其他封建地产，一切矿山、矿井等等，全部归国家所有。在这些土地上用最新的科学方法大规模地经营农业，以利于全社会；宣布农民的抵押地归国家所有。这些抵押地的利息由农民交纳给国家；在通行租佃制的地区，地租或租金作为赋税交纳给国家；国家掌握一切运输工具：铁路、运河、轮船、道路、邮局等。它们全部转为国家财产，并且无偿地由没有财产的阶级支配；限制继承权；实行高额累进税，取消消费税；建立国家工厂；国家保证所有工人都能生存，并且负责照管没有劳动能力的人；实行普遍的免费的国民教育。这一“要求”强调:“为了德国无产阶级、小资产阶级和小农的利益，必须尽力争取实现上述各项措施；因为只有实现这些措施，德国千百万一直受少数人剥削、且少数人今后仍力图使之继续受压迫的人，才能争得自己的权利和作为一切财富的生产者所应有的权力。”[①]

在欧洲革命过程中，恩格斯认为，共产主义者同盟成为“一个极好的革命活动学校”[②]，1848 年 6 月 1 日，在科伦创刊的《新莱茵报。民主派机关报》，在这所“革命活动学校”中发挥着极为重要的作用。

《新莱茵报》由马克思任主编，恩格斯和沃尔弗及其他几位共产主义者同盟成员任编委，成为那一时期“革命年代德国最著名的报纸”，当时还没有哪一家德文报纸能有“像《新莱茵报》这样有威力和有影响，这样善于鼓舞无产阶级群众”[③]。受普鲁士政府的迫害，1849 年 5 月 19 日《新莱茵报》被迫停刊。《新莱茵报》最后一期（第 301 期）用红色油墨印刷，马克思和恩格斯在编辑部《致科伦工人》一文中写道:“《新莱茵报》的编辑们在向你们告别的时候，对你们给予他们的同情表示衷心的感谢。无论何时何地，他们的最后一句话将始终是：工人阶级的解放！”[④]

1884 年，为纪念马克思逝世一周年，恩格斯写了《马克思和〈新莱茵报〉》一文，阐释了马克思思想与无产阶级革命实践结合的历史真实，阐明了马克思主义对共产主义者同盟的实际影响和重大意义。

恩格斯提到，1848 年二月革命爆发的时候，“我们所称的德国‘共产党’仅仅是一个人数不多的核心，即作为秘密宣传团体而组成的共产主义者同盟”；在“这个不大的战斗队”内，却有着强大的思想凝聚力

---

① 《马克思恩格斯文集》第 4 卷，人民出版社 2009 年版，第 238 页。

② 《马克思恩格斯文集》第 4 卷，人民出版社 2009 年版，第 240 页。

③ 《马克思恩格斯文集》第 4 卷，人民出版社 2009 年版，第 7 页、第 12 页。

④ 《马克思恩格斯文集》第 4 卷，人民出版社 2009 年版，第 12 页。

和理论感召力。这是因为，在这一“共产党”内，“拥有一个大家都乐于服从的、第一流的领袖马克思，并且赖有他才拥有一个至今还完全适用的原则性的和策略的纲领——《共产主义宣言》”[①]。马克思思想及其历史发展，存在于无产阶级革命实践之中，体现于无产阶级革命指导思想之中。这实际上构成了马克思主义发展史研究的根本特征。

马克思思想发展的过程是一个不断地接受无产阶级革命实践检验的过程。恩格斯提到，《共产党宣言》在1848年欧洲“革命前夜”提出的无产阶级革命的策略纲领，无论是针对法国还是针对德国的，都“已经受住了这次革命的检验”，而且还“从来没有一个策略纲领是像这个策略纲领那样得到了证实的”[②]。从1848年欧洲革命至马克思逝世“差不多过了40年”，马克思思想和《共产党宣言》的策略纲领，“已经成为欧洲——从马德里到彼得堡所有坚决而有觉悟的工人政党的准则”[③]。马克思思想的科学性和真理性，是在无产阶级革命实践中得到检验并得到发展的，这是马克思思想史也是马克思主义发展史的内在逻辑。

马克思的思想包括他的无产阶级革命策略和纲领的思想，都是在适应无产阶级革命实践过程中不断发展完善的。1848年的德国革命，尽管是在法国二月革命的影响下“匆忙上阵”的，但是德国革命有其自身的“革命的性质”，这就是恩格斯指出的，“德国无产阶级最初是作为最极端的民主派登上政治舞台的”[④]。德国革命的独特性质，决定了马克思和恩格斯创办《新莱茵报》时的新的策略纲领。恩格斯提出:“当我们在德国创办一种大型报纸的时候，我们就有了现成的旗帜。这个旗帜只能是民主派的旗帜，但这个民主派到处都在各种具体场合强调自己的特殊的无产阶级性质，这种性质是它还不能一下子就写在自己旗帜上的。”[⑤] 竖起这一旗帜，是当时无产阶级革命的需要。“如果我们当时不愿意这样做，不愿意站在已经存在的、最先进的、实际上是无产阶级的那一端去参加运动并推动运动前进，那我们就只好在某一偏僻地方的小

---

① 《马克思恩格斯文集》第4卷，人民出版社2009年版，第3页。
② 《马克思恩格斯文集》第4卷，人民出版社2009年版，第4页。
③ 《马克思恩格斯文集》第4卷，人民出版社2009年版，第4页。
④ 《马克思恩格斯文集》第4卷，人民出版社2009年版，第4页。
⑤ 《马克思恩格斯文集》第4卷，人民出版社2009年版，第5页。

报上宣传共产主义，只好创立一个小小的宗派而不是创立一个大型的行动党了。但是我们已经不适于做沙漠中的布道者：我们对空想主义者研究得太清楚了，而我们制定自己的纲领目的也不在这里。”[①] 德国无产阶级革命的新的实践，对马克思恩格斯思想发展提出了新的要求，使马克思恩格斯思想得到新的发展，成为德国无产阶级革命的指导思想。即如恩格斯所指出的，“首先是马克思的洞察力和坚定立场，才使得这家日报成了革命年代德国最著名的报纸”，而且“在全欧洲，我们的报纸是高举遭到镇压的无产阶级的旗帜的唯一报纸”[②]。

随着 1849 年巴黎 6 月 13 日事件、德国五月起义的失败，以及俄国人对匈牙利革命的镇压，1848 年革命的整个伟大时期便结束了。但是，反动派的胜利这时还绝不是最后的胜利。马克思和恩格斯还是相信，必须把分散的革命力量以及同盟的力量重新组织起来，但在组织形式上，“形势使得无产阶级的任何公开组织都不可能存在；因此，不得不重新秘密地组织起来”[③]。

在欧洲革命的硝烟刚刚散去，在共产主义者同盟重新组织起来的关键时期，马克思和恩格斯对共产主义者同盟在 1848 年至 1849 年间的革命经验作出总结，共同起草了《共产主义同盟中央委员会告同盟书》的文件，提出了德国无产阶级革命的纲领和策略，进一步推进了马克思主义关于无产阶级革命理论的发展。

马克思和恩格斯认为：在 1848 年欧洲革命中，共产主义者同盟经受了“双重的考验”：第一重考验是，同盟成员在各地积极参加了革命运动，不论在报刊上、街垒中还是在战场上，都站在了唯一坚决革命的阶级即无产阶级的最前列；第二重考验是，共产主义者同盟在 1847 年以后的各次代表大会和中央委员会的通告，以及《共产党宣言》中阐述的同盟关于运动的观点，都已完全“被证明是唯一正确的观点，这些文件中的各种预见都已完全被证实，而以前同盟仅仅秘密宣传的关于当前社会状况的见解，现在人人都在谈论，甚至在大庭广众之中公开宣

---

① 《马克思恩格斯文集》第 4 卷，人民出版社 2009 年版，第 5—6 页。

② 《马克思恩格斯文集》第 4 卷，人民出版社 2009 年版，第 7 页、第 10 页。

③ 《马克思恩格斯文集》第 4 卷，人民出版社 2009 年版，第 241 页。

扬”[①]。共产主义者同盟在革命中的“双重的考验”说明，同盟作为德国无产阶级政党站在了德国工人运动的最前列，成为德国工人运动的先锋队；同盟以《共产党宣言》为理论指导同时也在革命实践中验证了这一理论的科学性，是这一理论在国际工人运动中得到有效的传播。

但与此同时，马克思和恩格斯也从革命教训的总结中指出，在这场革命中，共产主义者同盟以前的坚强的组织大大地涣散了。大部分直接参加过革命运动的成员，都认为秘密结社的时代已经过去，现在单靠公开活动就够了。个别的区部和支部开始放松了，甚至渐渐地中止了自己同中央委员会的联系。结果，当德国民主派即小资产阶级的党派日益组织起来的时候，工人阶级政党却丧失了自己唯一巩固的支柱，至多也只是在某些地方为了当地的目的还保存着组织的形式，因此在一般的运动中就落到了完全受小资产阶级民主派控制和领导的地位。面对这些深刻的教训，马克思和恩格斯坚定地强调:“这种状况必须结束，工人的独立应该恢复。”[②]

在对共产主义者同盟在革命中理论和实践的整体审视中，马克思和恩格斯提出了无产阶级“不断革命”的思想。他们指出:“我们的利益和我们的任务却是要不断革命，直到把一切大大小小的有产阶级的统治全都消灭，直到无产阶级夺得国家政权，直到无产者的联合不仅在一个国家内，而且在世界一切举足轻重的国家内都发展到使这些国家的无产者之间的竞争停止，至少是发展到使那些有决定意义的生产力集中到了无产者手中。对我们说来，问题不在于改变私有制，而只在于消灭私有制，不在于掩盖阶级对立，而在于消灭阶级，不在于改良现存社会，而在于建立新社会。德国小资产阶级民主派在革命进一步的发展过程中，将保持一段时期的优势，这是毫无疑义的。”[③] 在共产主义者同盟的革命实践中，马克思和恩格斯关于无产阶级“不断革命”思想，得到新的阐释和新的发展。

共产主义者同盟作为德国无产阶级革命政党，马克思和恩格斯指

---

① 《马克思恩格斯文集》第 2 卷，人民出版社 2009 年版，第 188 页。
② 《马克思恩格斯文集》第 2 卷，人民出版社 2009 年版，第 189 页。
③ 《马克思恩格斯文集》第 2 卷，人民出版社 2009 年版，第 192 页。

出:“不应再度降低自己的地位，去充当资产阶级民主派的随声附和的合唱队，而应该谋求在正式的民主派旁边建立一个秘密的和公开的独立工人政党组织，并且应该使自己的每一个支部都成为工人协会的中心和核心，在这种工人协会中，无产阶级的立场和利益问题应该能够进行独立讨论而不受资产阶级影响。”① 按照这一基本的原则，同盟在革命运动中基本的革命策略就应该是：在革命运动的“初期”，在“工人还不可能提出直接的共产主义的措施”时，采取两项“措施”：一是“迫使民主派尽可能多方面地触动现存的社会制度，干扰现存社会制度的正常运行，使它自己丧失威信，并把尽可能多的生产力、运输工具、工厂、铁路等等集中在国家手里”；二是“工人应当极力将那些肯定不会采取革命手段而只会采取改良手段的民主派所提出的主张加以提升，把这些主张变成对私有制的直接攻击”②。

马克思和恩格斯在对共产主义者同盟所要坚持的无产阶级“不断革命”思想和策略的阐释中强调:“如果说德国工人不经过较长时间的革命发展过程，就不能掌握统治权和实现自己的阶级利益，那么这一次他们至少可以确信，这一出即将开始的革命剧的第一幕，将与他们本阶级在法国取得直接胜利同步上演，因而第一幕的进展一定会大大加速。”③ 但同时，“为了要达到自己的最终胜利，他们首先必须自己努力：他们应该认清自己的阶级利益，尽快采取自己独立政党的立场，一时一刻也不能因为听信民主派小资产者的花言巧语而动摇对无产阶级政党的独立组织的信念。他们的战斗口号应该是：不断革命”④。

1885 年，恩格斯在重提《共产主义者同盟中央委员会告同盟书》时，依然认为:“由马克思和我校审的这篇告同盟书直到今天还是有意义的，因为小资产阶级民主派直到现在也还是这样一个政党，它在即将来临的下一次欧洲震动（各次欧洲革命—1815 年、1830 年、1848—1852 年、1870 年—间隔的时间，在我们这一世纪是十五年到十八年）中，在德国无疑会作为使社会摆脱共产主义工人的救星而首先获得政权。因

---

① 《马克思恩格斯文集》第 2 卷，人民出版社 2009 年版，第 193 页。
② 《马克思恩格斯文集》第 2 卷，人民出版社 2009 年版，第 198 页。
③ 《马克思恩格斯文集》第 2 卷，人民出版社 2009 年版，第 198—199 页。
④ 《马克思恩格斯文集》第 2 卷，人民出版社 2009 年版，第 199 页。

此，在那里所说的，有许多今天也还适用。”[①]

共产主义者同盟“无疑是在德国唯一起过作用的革命组织。然而这个组织能起什么样的作用，则主要取决于革命新高涨的前景能否实现”[②]。在1850年期间革命的新高潮愈来愈不大可能、甚至完全不可能出现了。1848年的革命风暴正在逐渐平息。即如马克思1850年在共产主义者同盟理论刊物《新莱茵报。政治经济评论》上撰文所指出的那样：在这种普遍繁荣的情况下，即在资产阶级社会的生产力正以在整个资产阶级关系范围内所能达到的速度蓬勃发展的时候，也就谈不上什么真正的革命。“只有在现代生产力和资产阶级生产方式这两个要素互相矛盾的时候，这种革命才有可能。”[③] 在这种情况下，“一切想阻止资产阶级发展的反动企图都会像民主派的一切道义上的愤懑和热情的宣言一样，必然会被这个基础碰得粉碎”[④]。

1850年夏，共产主义者同盟中央委员会内部在策略问题上的原则性分歧达到了十分尖锐的程度。以马克思和恩格斯为首的同盟中央委员会多数派坚决反对维利希-沙佩尔集团提出的宗派主义、冒险主义的策略，反对它无视客观规律和德国及欧洲其他各国的现实政治形势而立即发动革命的主张。1850年9月，维利希-沙佩尔集团的分裂活动终于导致了同盟与该集团的分裂。1851年5月，由于警察的迫害和盟员的被捕，共产主义者同盟在德国的活动实际上已陷于停顿。1852年11月17日，在科隆共产党人案件发生后不久，同盟根据马克思的建议宣告解散，德国共产主义工人运动的“第一时期”由此而结束。

① 《马克思恩格斯文集》第4卷，人民出版社2009年版，第242页。
② 《马克思恩格斯文集》第4卷，人民出版社2009年版，第243页。
③ 《马克思恩格斯文集》第2卷，人民出版社2009年版，第176页。
④ 《马克思恩格斯文集》第2卷，人民出版社2009年版，第176页。

# 第十三章 恩格斯与第一国际的革命活动

1883年，马克思逝世后，恩格斯在整理马克思遗物时，特别注意保存马克思留下的与第一国际活动相关的文献资料。1883年6月，恩格斯在给劳拉·拉法格的信中谈到打算写一部关于马克思的“详细传记”，他认为，就马克思一生而言，“要是没有国际，便成为挖去了钻石的钻石戒指”[①]。国际工人协会从1864年成立至1876年解散的10余年间，马克思和恩格斯一直努力将科学社会主义思想和策略原则贯穿于国际的全部活动之中。马克思和恩格斯思想是第一国际发展的旗帜，而第一国际的发展也丰富和完善了无产阶级的国际主义思想，成为马克思主义历史发展中不可磨灭的永恒记忆。

与工人运动相结合是马克思主义发展的根本源泉和不竭动力。1893年1月，恩格斯在给瑞士社会主义者路易·艾里提埃的信中写道：“资产阶级报纸怎样评述老国际，我是毫不在意的，但是，如果有人竟在党的报刊上歪曲它的历史，那就是另一回事了。”[②] 1893年5月，恩格斯还在考虑第一国际研究的事情，他在给左尔格的信中提到，尽管“1870年以前的国际工人协会的资料非常不完整”，但相对于分散各处的资料而言，“我掌握材料的情况毕竟比其他任何人都好得多”[③]。恩格斯不无担心地表示：“只要一有机会，我就加以整理。可是，什么时候呢？”[④]恩格斯没有等到那个“时候”，这一方面因为《资本论》第三卷编辑出版工作进入最后关头以及指导马克思《莱茵报》时期的有关文章的重新出版；另一方面恩格斯更为关注的是面对新世纪第二国际坚持的无产阶

---

① 《马克思恩格斯全集》第36卷，人民出版社1974年版，第44页。
② 《马克思恩格斯全集》第39卷，人民出版社1974年版，第12页。
③ 《马克思恩格斯全集》第39卷，人民出版社1974年版，第70—71页。
④ 《马克思恩格斯全集》第39卷，人民出版社1974年版，第71页。

级革命战略和策略问题的研究。

## 一、恩格斯与第一国际的成立和进程

无产阶级革命在国际范围内的联合，是马克思和恩格斯对欧洲工人运动的一种期盼。19 世纪 40 年代末，《共产党宣言》的发表是马克思主义与工人运动初步结合的产物。作为《共产党宣言》结语的“全世界无产者，联合起来!”的号召，是马克思和恩格斯深刻分析当时工人运动实际得出的无产阶级革命的根本原则和基本策略。

在《共产党宣言》中，马克思和恩格斯对无产阶级反对资产阶级经历的各个阶段以及最后必然走向国际性团结联合的趋势作了详尽分析。他们指出，在起初阶段，“工人有时也得到胜利，但这种胜利只是暂时的。他们斗争的真正成果并不是直接取得的成功，而是工人的越来越扩大的联合。这种联合由于大工业所造成的日益发达的交通工具而得到发展，这种交通工具把各地的工人彼此联系起来。只要有了这种联系，就能把许多性质相同的地方性的斗争汇合成全国性的斗争，汇合成阶级斗争”①。他们认为:“现代的工业劳动，现代的资本压迫，无论在英国或法国，无论在美国或德国，都是一样的，都使无产者失去了任何民族性”；因此“联合的行动，至少是各文明国家的联合的行动，是无产阶级获得解放的首要条件之一”②。1848 年欧洲革命失败，《共产党宣言》关于加强工人运动国际联合的设想没有实现，但马克思和恩格斯还是孜孜以求，积极地进行理论探索和实践活动，为国际工人运动的联合作出各方面的努力和准备。

19 世纪 50 年代末和 60 年代初，随着欧洲各国工人运动和民族民主运动的再度兴起，实现无产阶级革命的国际联合和统一的条件渐见成熟。对这一历史过程，戴维·麦克莱伦作过这样的评价:“19 世纪 60 年代初，欧洲典型的动荡氛围——它在某种程度上促成了国际工人协会的诞生——继续促进国际工人协会在这 10 年中的发展。政局动荡导致普

---

① 《马克思恩格斯文集》第 2 卷，人民出版社 2009 年版，第 40 页。

② 《马克思恩格斯文集》第 2 卷，人民出版社 2009 年版，第 42 页、第 50 页。

法战争爆发，1866 年至 1867 年的经济危机使罢工增加，这都不可避免地提高了国际工人协会的威望，所以在头几年中，它能够在马克思设计的相当宽松的理论框架内稳定地发展。”[①] 随着资本主义的发展，存在于这一社会中的无产阶级与资产阶级的阶级斗争也日益尖锐。19 世纪 60 年代初，欧美各国的工人运动出现了新的高涨，各国工人运动组织也有显著的恢复和发展。1860 年，伦敦各行业工人组成职工委员会，成为英国工人运动的领导中心；1865 年，莱比锡建立全德工人联合会，成为德国无产阶级的独立的政治组织；1863 年，美国在之前就有的美国共产主义者俱乐部的基础上，进一步建立了全国性的工人联合会。在这种情势下，加强各国工人组织之间的相互联系和支持，成为各国工人群众的共同愿望，各国工人运动呈现出走向国际联合的新趋势。即如恩格斯后来所指出的那样：“当欧洲工人阶级重新聚集了足以对统治阶级发动另一次进攻的力量的时候，产生了国际工人协会。”[②] 顺势而为，马克思和恩格斯持续地投入紧张的活动中，为推动各国工人运动的国际联合作出不懈的努力。

1863 年初爆发的波兰人民反抗沙俄压迫的民族起义，直接促进了国际工人运动联合组织的成立。当时的波兰，处在俄国、普鲁士和奥地利三国的奴役之中，波兰的领土也被这三国瓜分。1863 年 1 月，沙俄占领区的波兰人民举行了大规模的武装起义，起义遭到沙俄和普鲁士的联合镇压。波兰工人的起义，很快得到欧洲许多国家工人的支持。马克思和恩格斯动员欧洲各国无产阶级支援波兰人民的解放斗争。

1863 年 4 月 28 日，英国工联在伦敦举行工人集会，要求政府对波兰问题进行干涉。1863 年 7 月，英国工人在伦敦举行大规模的群众集会，声援波兰人民的正义斗争。7 月 22 日，伦敦举行保卫波兰大会，讨论支援波兰和工人联合斗争问题，呼吁召开各国工人代表参加的国际会议。法国工人代表团参加了大会，会后与英国工人代表一起，就建立无产阶级国际组织达成协议，还推选英国工联首领乔治·奥哲尔、威

---

① 戴维·麦克莱伦：《马克思传》，中国人民大学出版社 2008 年版，第 349—350 页。

② 《马克思恩格斯文集》第 2 卷，人民出版社 2009 年版，第 12 页。

廉·克里默为这次国际会议的筹备委员会召集人。

在会议筹备期间，克里默专门向马克思发出邀请，希望马克思能够参加这个国际组织的成立大会。马克思在给恩格斯的信中谈起这件事："一个叫勒吕贝的人被派到我这里来，问我是否愿意作为德国工人的代表参加会议，是否愿意专门推荐一个德国工人在会上讲话等等。我推荐了埃卡留斯，他干得很出色，我也在讲台上扮演哑角加以协助。我知道伦敦和巴黎方面这一次都显示了真正的'实力'，因此我决定打破向来谢绝这类邀请的惯例。"①

1864 年 9 月 28 日，在伦敦圣马丁小礼堂，英国工人再度举行大会，法国工人代表以及侨居英国的德国、意大利、波兰、爱尔兰等国工人代表参加了大会，与会的工人达 2000 多人。马克思描述会议状况时写道，"会场上挤得让人透不过气来"。这种热烈的程度说明，"工人阶级现在显然重新开始觉醒了"②。这次大会选出临时中央委员会，马克思作为德国工人代表，被选入总委员会，担任德国通讯书记。在 10 月 11 日的委员会会议上，正式宣布成立"国际工人协会"，简称"国际"，后来被称作"第一国际"。

1864 年 10 月 5 日，第一国际总委员会选出了由九人组成的专门委员会，也称小委员会，负责制定国际工人协会的纲领和章程。欧文主义者魏斯顿和意大利马志尼主义者澳尔夫，分别宣读了各自起草的章程，小委员会把二者都接受下来，提交委员会全会讨论。10 月 11 日，总委员会经过讨论，决定将这两个不同的章程合并为一个文件。这两次会议马克思没有参加。10 月 18 日，马克思参加了会议。会前，埃卡留斯向马克思发出了"拖延就有危险"的信号。马克思事后在给恩格斯的信中提到：在会上，"当我听到好心的勒吕贝宣读妄想当做原则宣言的一个空话连篇、写得很糟而且极不成熟的导言时，我的确吃了一惊，导言到处都带有马志尼的色彩，而且披着法国社会主义的轮廓不清的破烂外衣"③。10 月 20 日，小委员会继续讨论原则宣言，这次会议在马克思家

① 《马克思恩格斯文集》第 10 卷，人民出版社 2009 年版，第 212—213 页。
② 《马克思恩格斯文集》第 10 卷，人民出版社 2009 年版，第 213 页。
③ 《马克思恩格斯文集》第 10 卷，人民出版社 2009 年版，第 214 页。

里召开。经过激烈的争论，小委员会决定委托马克思对这一文件进行最后修订。为了刚成立的第一国际能够树立科学的指导思想，马克思接受了这一委托。这一时刻，马克思已经“下定决心尽可能使这种东西连一行也不保留下来”①。

10月21日至26日，马克思重新起草了《成立宣言》和《协会临时章程》。他明确表示:“我要用一种极其特殊的方法来整理这些已经‘被采纳的意见’，为了要证明这种方法正确，我起草了《告工人阶级书》(这不在原来的计划之内，这是对1845年以来工人阶级的命运的一种回顾)。我以这份《告工人阶级书》已经包括了一切实际材料和我们不应当再三重复同样的东西为借口，修改了整个导言”；同时，马克思也意识到，“我必须在章程导言中采纳‘义务’和‘权利’这两个词，以及‘真理、道德和正义’等词”②。

马克思认为，第一国际的纲领和章程，应坚持《共产党宣言》的基本精神，但也要为当时各国工人运动的实际能够接受，包括要使参加第一国际的工联主义者、蒲鲁东主义者、马志尼主义者能够接受。从革命策略上来讲，马克思非常清楚:“要把我们的观点用目前水平的工人运动所能接受的形式表达出来，那是很困难的事情……重新觉醒的运动要做到使人们能像过去那样勇敢地讲话，还需要一段时间。这就必须做到实质上坚决，形式上温和。”③ 根据这些原则和策略，马克思在不到一个星期内，重新起草了《成立宣言》和《协会临时章程》。11月1日的临时中央委员会上，通过了事关刚诞生的第一国际的指导思想和发展方向的两个纲领性的文件。

恩格斯没有参加第一国际的成立大会及其相关活动，但是他既感受到第一国际的成立是有利于国际工人运动发展的大事，同时也清醒地意识到在无产阶级革命指导思想上将出现的尖锐的理论交锋。他在给马克思的信中提及:“我迫切地等待着《告工人书》；根据你来信谈到的这些人的情况来判断，这一定是一部真正的艺术作品。我们又同那些至少是

---

① 《马克思恩格斯文集》第10卷，人民出版社2009年版，第215页。
② 《马克思恩格斯文集》第10卷，人民出版社2009年版，第215页。
③ 《马克思恩格斯文集》第10卷，人民出版社2009年版，第216页。

代表自己阶级的人发生了联系，这毕竟是好的；归根到底，这是一件主要的事情。”但是，“我认为，一旦问题提得稍微明确一点，这个新协会就会立即分裂成为理论方面的资产阶级分子和理论方面的无产阶级分子”[①]。

## 二、第一国际的思想旗帜

1864年10月，马克思在《国际工人协会成立宣言》中指出：“工人的一个成功因素就是他们的人数；但是只有当工人通过组织而联合起来并获得知识的指导时，人数才能起举足轻重的作用。”[②] 劳动的解放，有赖于各国最先进的工人阶级在实践上和理论上的合作和联合。

马克思在起草国际的纲领和章程时，在英国、法国和德国等国家的工人运动中，一些资产阶级民主派还起着主导作用，他们力图把民主主义作为第一国际的指导思想。英国工联主义者试图把国际工人协会变成一个贯彻工联主义思想的国际组织，法国蒲鲁东主义者则按照其小资产阶级社会主义思想，力图把国际工人协会变成一个国际信贷或合作社组织，而意大利马志尼主义者则希望把国际工人协会变成以马志尼为首的欧洲工人阶级的“中央政府”。后来，第一国际文件的起草权转到了马克思手中。马克思发现，已经起草的纲领和章程既不符合国际工人运动发展的实际，也不利于以后国际工人运动未来的健康发展。如何把国际工人协会建设成为一个能够教育、组织和领导国际工人运动，实现无产阶级革命及其历史使命的组织，需要马克思作出理论指导，需要马克思主义理论旗帜的引导。马克思意识到这一理论担当的重大意义，同时也清醒地认识到，这是一件“很困难的事情”，要坚持原则性和灵活性的统一，特别是在理论上和在策略上如何以“实质上坚决，形式上温和”的方式加以表达，更是需要有思想智慧。马克思密切结合当时国际工人运动发展的实际和趋势，很快起草完成了《国际工人协会成立宣言》和《国际工人协会共同章程》两个重要文件。马克思为维护第一国际的无

① 《马克思恩格斯全集》第31卷，人民出版社1972年版，第19页。

② 《马克思恩格斯文集》第3卷，人民出版社2009年版，第13—14页。

产阶级性质，确立国际正确的政治路线、组织路线及策略路线，提出了一系列重要的理论观点。主要有以下三点：

第一，实现经济的解放是工人阶级斗争的伟大目标。总结1848年以后国际工人运动的实践经验，马克思在1871年重新修订的第一国际的章程和组织条例中指出:“劳动者在经济上受劳动资料即生活源泉的垄断者的支配，是一切形式的奴役的基础，是一切社会贫困、精神沉沦和政治依附的基础；因而工人阶级的经济解放是伟大的目标，一切政治运动都应该作为手段服从于这一目标……”① 马克思通过对当时资本主义繁荣发展和工人阶级日益贫困事实的分析，阐明资本主义制度下劳动和资本的对立、无产阶级和资产阶级的矛盾是不可调和的。资本主义经济的繁荣并不能给工人阶级的生活状况带来根本的改善，工人阶级如果指望在点点滴滴的改良中在根本上改变自己的命运，是一种不切合实际的幻想。

第二，工人阶级要实现经济上的解放必须争得政治上的权力。1848年欧洲革命的失败及以后的工人运动遭到血腥的镇压，使一些国家的工人群众对政治斗争情绪消极，蒲鲁东、拉萨尔等人鼓吹的机会主义在工人运动中广泛传播。马克思指出:“1848年到1864年这个时期的经验毫无疑问地证明，不管合作劳动在原则上多么卓越，在实际上多么有效，只要它仍然限于个别工人的偶然努力的狭隘范围，就始终既不能阻止垄断势力按照几何级数增长，也不能解放群众。”因为资产阶级和地主阶级是不会支持工人阶级的解放事业的，而且他们“总是要利用他们的政治特权来维护和永久保持他们的经济垄断”，其结果必然是“夺取政权已成为工人阶级的伟大使命”②。

第三，建立无产阶级政党的重要性及无产阶级政党的指导思想和组织原则。1848年革命失败后，各国的党组织和党的机关报刊大都被摧毁。马克思认为，工人阶级要想作为一个阶级行动，必须建立自己独立的政党，提出“无产阶级在反对有产阶级联合力量的斗争中，只有把自身组织成为与有产阶级建立的一切旧政党不同的、相对立的政党，才能

---

① 《马克思恩格斯文集》第3卷，人民出版社2009年版，第226页。

② 《马克思恩格斯文集》第3卷，人民出版社2009年版，第13页、第229页。

作为一个阶级来行动”[①]。马克思强调，对于无产阶级来说，“为保证社会革命获得胜利和实现革命的最高目标——消灭阶级，无产阶级这样组织成为政党是必要的”[②]。

《国际工人协会成立宣言》在总结过去斗争的经验教训时指出:“过去的经验证明：忽视在各国工人间应当存在的兄弟团结，忽视那应该鼓励他们在解放斗争中坚定地并肩作战的兄弟团结，就会使他们受到惩罚，——使他们分散的努力遭到共同的失败。”[③] 第一国际的成立目的就是为了加强工人阶级的国际联合和团结，同时，加强工人阶级的国际联合和团结也是无产阶级夺取斗争胜利的基本条件。马克思还指出，为了加强工人运动的国际联合和团结，坚持无产阶级的国际主义，工人阶级要坚决反对各国政府的对外侵略和扩张政策。

## 三、同工人运动中各种错误思潮的斗争

在《马克思，亨利希·卡尔》一文中，恩格斯对第一国际的历史尽管没有作详细的叙述，但他还是对第一国际时期他和马克思是如何对待当时实际存在的工人运动“派别”的问题作了说明。恩格斯指出:“马克思这样起草了章程以及它的原则性的绪论部分，以致法国的蒲鲁东主义者、德国的共产主义者和英国的工联主义者能在这个范围内一致地合作共事；这种联合的内部一致直到以巴枯宁为首的无政府主义者——他们从出现时起就企图瓦解任何工人运动——出现以前，从未受到破坏。”恩格斯肯定，第一国际具有的这种凝聚力量，完全是“以欧洲和美洲的无产阶级渴望联合起来这样一个前所未闻的事实为基础的”[④]。

第一国际成立后，马克思主义逐渐成为第一国际的旗帜。马克思和恩格斯为维护国际工人运动的健康发展，同各种错误思潮特别是同直接危害国际工人运动的各种机会主义思潮进行坚决斗争。马克思主义在同各种错误思潮的交锋中得到发展和深化。

---

① 《马克思恩格斯文集》第 3 卷，人民出版社 2009 年版，第 228 页。
② 《马克思恩格斯文集》第 3 卷，人民出版社 2009 年版，第 228 页。
③ 《马克思恩格斯文集》第 3 卷，人民出版社 2009 年版，第 14 页。
④ 《马克思恩格斯全集》第 22 卷，人民出版社 1965 年版，第 399 页。

1847年，马克思就同蒲鲁东主义公开交锋。在《哲学的贫困》中，马克思就对蒲鲁东提出的工人运动为争取提高工资而进行的罢工斗争，结果除了“加剧贫困以外，不会有别的结果”的错误观点作出批判，强调以工人阶级“同盟”为标志的阶级斗争形式，是劳动阶级“形成一个自为的阶级。他们所维护的利益变成阶级的利益。而阶级同阶级的斗争就是政治斗争”[①]。在这一“政治斗争”中，“被压迫阶级的解放必然意味着新社会的建立。要使被压迫阶级能够解放自己，就必须使得既得的生产力和现存的社会关系不再能够继续并存。在一切生产工具中，最强大的一种生产力是革命阶级本身。革命因素之组成为阶级，是以旧社会的怀抱中所能产生的全部生产力的存在为前提的”[②]。同时，“从来没有哪一种政治运动不同时又是社会运动的”[③]。

第一国际成立后，马克思主义同蒲鲁东主义的交锋，主要围绕第一国际的性质和任务、关于废除私有制和无产阶级如何对待民族解放运动等问题展开。马克思认为，第一国际是无产阶级的战斗组织，它的任务是领导无产阶级进行革命斗争，夺取政权，“革命的最高目标——消灭阶级”[④]。蒲鲁东主义者反对马克思的论断，主张第一国际的任务是研究经济问题，公开反对政治斗争，反对组织工会和举行罢工，企图通过建立“交换银行”和“合作社”来实现他们所谓的社会主义。蒲鲁东主义者特别维护小私有制，幻想建立一个以“个人领有”为基础的“互助制”社会，宣称“我是自由的拥护者，因而也就是私有制的拥护者”，而公有制则被看作“粗野的共产主义”。马克思认为，小私有制在资本主义生产方式中的破产是不可避免的，即使在无产阶级夺取政权之后，也不可能长期地保留小私有制，包括小农私有制。在未来社会中，只有消灭土地私有制，实现土地集体耕种，才能最终消灭剥削，消除社会分化，改变农业的落后状况。马克思在揭示蒲鲁东主义这一思想实质时指出:“蒲鲁东提出永恒的商品生产所有权规律同资本主义所有制相对立，

---

① 《马克思恩格斯文集》第1卷，人民出版社2009年版，第654页。
② 《马克思恩格斯文集》第1卷，人民出版社2009年版，第655页。
③ 《马克思恩格斯文集》第1卷，人民出版社2009年版，第655页。
④ 《马克思恩格斯文集》第3卷，人民出版社2009年版，第228页。

想以此消灭资本主义所有制，对他的这种机智不能不感到惊讶！”[①] 关于要不要废除私有制，特别是废除土地私有制的问题，关系到工人阶级革命的最终目的的问题。1868 年 9 月召开的布鲁塞尔代表大会，以绝大多数票通过了全部土地公有化的决议案，是对蒲鲁东主义者观点的否定。

蒲鲁东主义者反对波兰民族解放运动，而马克思和恩格斯认为，被压迫民族的解放运动同无产阶级事业有着密不可分的联系，是无产阶级革命胜利的前提和保证。为了批判蒲鲁东主义的观点，1866 年 1 月至 4 月间，恩格斯写了题为《工人阶级同波兰有什么关系?》等三篇文章，提出“欧洲工人一致宣称恢复波兰是自己政治纲领的重要组成部分，是他们的对外政策的最全面的表达”[②]。恩格斯对第一国际在这方面作出的努力倍加赞赏，提出“不久以前，国际工人协会更充分地表达了它所代表的阶级的这种普遍的天然的感情，它在自己的旗帜上写道：‘抵抗俄国对欧洲的侵犯——恢复波兰！’”[③]

恩格斯认为，在这个问题上，蒲鲁东主义者像在其他问题的看法上一样，“与大多数先进的有思想的工人完全不同；它把他们叫作无知蠢人，在大多数问题的观点和看法上都与他们背道而驰。在对待他们的对外政策上也是如此。蒲鲁东主义者们充当被压迫的波兰的审判官……宣判波兰是‘罪有应得’”[④]。蒲鲁东主义者还错误地认为，要求波兰独立似乎就意味着承认“民族原则”，而民族原则又被看作拿破仑专制主义炮制出来的一种东西。通过对欧洲政治和民族历史发展的深入分析，恩格斯指出：“民族原则远非是波拿巴为了支持波兰恢复而发明的，它不过是俄国人为了灭亡波兰而发明的……俄国就是以民族原则为借口吞并了古老波兰的大部分领土。”[⑤] 恩格斯对蒲鲁东主义的批判在第一国际内部产生了重要影响。对这组文章，马克思评价是：“一般说来，这些文章

① 《马克思恩格斯文集》第 5 卷，人民出版社 2009 年版，第 678 页。
② 《马克思恩格斯全集》第 21 卷，人民出版社 2003 年版，第 220 页。
③ 《马克思恩格斯全集》第 21 卷，人民出版社 2003 年版，第 220 页。
④ 《马克思恩格斯全集》第 21 卷，人民出版社 2003 年版，第 220 页。
⑤ 《马克思恩格斯全集》第 21 卷，人民出版社 2003 年版，第 226 页。

是引人注意的。”[1] 过后不到半年，在1866年9月召开的第一国际日内瓦代表大会上，根据马克思的意见，通过了《关于消除俄国在欧洲的影响和复兴民主波兰》的决议，这一决议充分显示了第一国际在民族问题上消除蒲鲁东主义影响，坚持无产阶级国际主义的立场观点。

与巴枯宁主义的交锋，重点是围绕着如何消灭私有制问题展开，在根本上涉及无产阶级在推翻资本主义制度过程中要不要建立自己的独立政党和建立无产阶级的政治统治的问题。在第一国际内，巴枯宁及其“社会主义民主同盟”，顽固地推行其无政府主义思潮。在1869年第一国际巴塞尔代表大会通过实行土地公有制的决议后，巴枯宁要求把废除继承权作为消灭私有制的手段和社会革命的起点，妄图把立刻废除一切政治国家的无政府主义主张强加给第一国际。马克思在为总委员会起草的《关于继承权的报告》中指出，巴枯宁的主张在理论上是错误的，在实践上是反动的。巴黎公社失败后，1871年9月在伦敦召开代表会议通过了在各个国家建立无产阶级独立政党的决议，以及要求参加第一国际的团体放弃宗派组织的决议，标志着对巴枯宁主义交锋的胜利。

巴枯宁主义把任何权威和国家都看作邪恶的，是一切祸患的根源，鼓吹放弃政治和政治斗争，主张反对一切权威、一切国家。马克思针锋相对地指出：无产阶级革命的最终目的是消灭阶级，消灭阶级统治的工具即国家，但是它必须通过实现社会变革，打碎资产阶级的国家机器，建立无产阶级专政，在消灭私有制和阶级的基础上，实现国家的自行消亡。1871年9月，第一国际伦敦会议上，针对巴枯宁主义的错误观点，恩格斯在“关于工人阶级的政治行动”的发言中严正指出：“向工人鼓吹放弃政治，就等于把他们推入资产阶级政治的怀抱。特别是在巴黎公社已经把无产阶级的政治行动提到日程上来以后，放弃政治是根本不可能的。”[2]

恩格斯揭露了巴枯宁主义错误观点的根本性质，并从理论和实践上的结合上阐明，“革命是政治的最高行动；谁要想革命，谁就要有准备

---

① 《马克思恩格斯全集》第31卷，人民出版社1972年版，第220页。

② 《马克思恩格斯文集》第3卷，人民出版社2009年版，第224页。

革命和教育工人进行革命的手段，即政治行动"[①]。而问题的实质在于，无产阶级政党"应当从事的政治是工人的政治；工人的政党不应当成为某一个资产阶级政党的尾巴，而应当成为一个独立的政党，它有自己的目的和自己的政治"[②]。马克思和恩格斯的这些论述，极大地丰富了马克思主义国家学说。1872 年 9 月，在海牙代表大会上，马克思和恩格斯及其拥护者，同巴枯宁派进行了激烈斗争。大会批准伦敦代表会议关于建立无产阶级独立政党的决议，并决定把相应的条文补入第一国际的章程。

为了进一步消除巴枯宁主义在国际工人运动的危害，在海牙代表会议后，恩格斯在 1872 年 10 月至 1873 年 3 月间写了《论权威》一文，对巴枯宁主义所主张的个人无限自由和否定一切权威的观点作了深入批判，阐明了在社会生产和社会活动中，确立和维护权威的必要性和重要性。恩格斯从经济社会和科学技术发展的综合分析中指出:"如果说人靠科学和创造性天才征服了自然力，那么自然力也对人进行报复，按人利用自然力的程度使人服从一种真正的专制，而不管社会组织怎样。想消灭大工业中的权威，就等于想消灭工业本身，即想消灭蒸汽纺纱机而恢复手纺车。"[③] 这些都雄辩地证明:"一方面是一定的权威，不管它是怎样形成的，另一方面是一定的服从，这两者都是我们不得不接受的，而不管社会组织以及生产和产品流通赖以进行的物质条件是怎样的。"[④]

从权威原则和自治原则的辩证关系来看，"把权威原则说成是绝对坏的东西，而把自治原则说成是绝对好的东西，这是荒谬的。权威与自治是相对的东西，它们的应用范围是随着社会发展阶段的不同而改变的"[⑤]。恩格斯认为:"革命无疑是天下最权威的东西。革命就是一部分人用枪杆、刺刀、大炮，即用非常权威的手段强迫另一部分人接受自己的意志。获得胜利的政党如果不愿意失去自己努力争得的成果，就必须凭借它以武器对反动派造成的恐惧，来维持自己的统治。要是巴黎公社

---

① 《马克思恩格斯文集》第 3 卷，人民出版社 2009 年版，第 224 页。
② 《马克思恩格斯文集》第 3 卷，人民出版社 2009 年版，第 224—225 页。
③ 《马克思恩格斯文集》第 3 卷，人民出版社 2009 年版，第 363 页。
④ 《马克思恩格斯文集》第 3 卷，人民出版社 2009 年版，第 337 页。
⑤ 《马克思恩格斯文集》第 3 卷，人民出版社 2009 年版，第 337 页。

面对资产者没有运用武装人民这个权威，它能支持哪怕一天吗？反过来说，难道我们没有理由责备公社把这个权威用得太少了吗？”[①]

拉萨尔主义是德国工人运动中影响较大的一种机会主义思潮。拉萨尔所主张的实际上是一种“普鲁士王国政府的社会主义”。这种“社会主义”是以两个理论观点为基础的。一是所谓“铁的工资规律”，把工人的贫困归结为由一种“自然规律”决定的，而不是由资本主义生产资料所有制的本质所决定的；因此解决工人贫困的“唯一的出路”，就在于“在国家指导的援助和促进下实现的自由的个体的合作社”。拉萨尔的解决工人贫困的“出路”的观点，不过是“普鲁士王国政府的社会主义”。二是所谓的国家具有“独立的精神的道德的自由的基础”，主张依靠国家的量来实现工人的目标。恩格斯认为：“如果说，拉萨尔头脑中充满了幻想，以为俾斯麦能承担建立社会主义千年王国的使命，那么马克思先生则足够响亮地否定了自己的不肖学生”，马克思“与一切‘普鲁士王国政府的社会主义’没有共同之处”[②]。

1875 年 2 月，德国社会民主工党（爱森纳赫派）与全德工人联合会（拉萨尔派）在哥达召开了合并预备会议。爱森纳赫派代表放弃“要统一，不要合并”的口号，决定与拉萨尔派合并，还提出了合并后的党的纲领草案，即《哥达纲领》草案。1875 年 4 月底至 5 月初，马克思撰写的《哥达纲领批判》，对拉萨尔的“社会主义”作了全面而系统，甚至可以说是逐字逐句的批判。在对拉萨尔主义的批判中，马克思总结了巴黎公社革命的实践经验和教训，进一步深化了关于过渡时期和无产阶级专政的原理，共产主义社会发展阶段的原理和社会主义的分配原理。这是《哥达纲领批判》最主要的理论贡献。

在《哥达纲领批判》中，马克思指出：“在资本主义社会和共产主义社会之间，有一个从前者变为后者的革命转变时期。同这个时期相适应的也有一个政治上的过渡时期，这个时期的国家只能是无产阶级的革命专政。”[③] 在这里，马克思把无产阶级夺取政权以后的社会发展分为三

---

① 《马克思恩格斯文集》第 3 卷，人民出版社 2009 年版，第 338 页。
② 《马克思恩格斯全集》第 21 卷，人民出版社 2003 年版，第 337 页。
③ 《马克思恩格斯文集》第 3 卷，人民出版社 2009 年版，第 445 页。

个历史时期：一是“长久的阵痛”的时期，即由资本主义社会向共产主义社会的革命转变时期；二是“共产主义社会第一阶段”，即后来称作的社会主义社会；三是“共产主义社会高级阶段”，即达到“未来社会”目标的更高阶段的共产主义社会。马克思关于共产主义社会发展阶段的理论，既是反对拉萨尔机会主义超阶级国家观、所谓“自由国家”幻想的有力武器，也是无产阶级在改造旧社会、建立共产主义新社会过程中必须遵循的规律。它极大地发展了马克思主义国家学说，在马克思主义国家学说中有着十分重要的意义。

1875 年 3 月，还在马克思动笔写作《哥达纲领批判》之前，恩格斯在给倍倍尔的信中就谈了对《哥达纲领》的批判性意见，除了对《哥达纲领》中拉萨尔主义的五个基本观点作了尖锐批判之外，恩格斯还提出了涉及党的建设的三个基本理论问题：

一是在党的理论建设和革命策略上，一定要清楚拉萨尔主义的影响。无论在理论建设还是在革命策略上，无产阶级政党不能接受拉萨尔派的宗派主义的观点和立场。恩格斯强调：“在对纲领有决定意义的方面，绝对没有什么要向拉萨尔派学习的，而拉萨尔派倒是应当向我们的党学习；合并的第一个条件是，他们不再做宗派主义者，不再做拉萨尔派，也就是说，他们首先要放弃国家帮助这个救世良方，即使不完全放弃，也要承认它同其他许多可能采取的措施一样是个次要的过渡措施。”①

二是在党的理论建设的根本问题上，必须坚持真理，必须有责任担当。党的纲领就是党的旗帜，恩格斯提出警告，如果德国社会民主工党要通过侵染着拉萨尔主义的这样的纲领，那么“马克思和我永远不会承认建立在这种基础上的新党，而且我们一定会非常严肃地考虑，我们将对它采取（而且还要公开采取）什么态度”②。恩格斯指出：“在国外人们是要我们为德国社会民主工党的一切言行负责的”；而现在的纲领“将成为一个转折点，它会很容易地迫使我们拒绝同承认这个纲领的政

① 《马克思恩格斯文集》第 3 卷，人民出版社 2009 年版，第 411 页。
② 《马克思恩格斯文集》第 3 卷，人民出版社 2009 年版，第 415 页。

党一道承担任何责任”[1]。

三是无产阶级政党要形成正确的党的纲领，要把党的纲领作为“一面公开树立起来的旗帜”。恩格斯提出：“一般说来，一个政党的正式纲领没有它的实际行动那样重要。但是，一个新的纲领毕竟总是一面公开树立起来的旗帜，而外界就根据它来判断这个党。因此，新的纲领无论如何不应当像这个草案那样比爱森纳赫派纲领倒退，我们总还得想一想，其他国家的工人对这个纲领将会说些什么；整个德国社会主义无产阶级向拉萨尔主义的这种投降将会造成什么印象。”[2]

《哥达纲领批判》手稿写完之后，马克思就将手稿寄给爱森纳赫派的领导人威廉·白拉克等人“过目”。但在当时，《哥达纲领批判》的手稿并没有公开，在马克思生前也一直没有公开发表。直到1891年1月，为了反击德国党内日渐抬头的机会主义思潮，进一步消除拉萨尔主义的影响，恩格斯才将这一著作正式发表。恩格斯在为《哥达纲领批判》发表写的“1891年版序言”中指出：《哥达纲领批判》“第一次明确而有力地表明了马克思对拉萨尔开始从事鼓动工作以来所采取的方针的态度，而且既涉及拉萨尔的经济学原则，也涉及他的策略”[3]。

## 四、恩格斯与巴黎公社革命

在《马克思，亨利希·卡尔》一文中，恩格斯提到，在第一国际创立时，“朱泽培·马志尼也企图笼络那些团结在国际中的人，使他们接受他所宣扬的神秘的、充满密谋精神、以《Dio e popolo》〔‘上帝和人民’〕作为口号的民主，让他们为这种民主效劳。但是以他的名义提出的章程和成立宣言草案被否决了，相反，得到通过的是马克思所拟定的草案；从此以后马克思就稳固地取得了对国际的领导。总委员会的宣言都是马克思写的，其中包括巴黎公社失败后出版并翻译成大多数欧洲文字的宣言《法兰西内战》”[4]。从第一国际的《宣言》，到作为“国际工

① 《马克思恩格斯文集》第3卷，人民出版社2009年版，第415页。
② 《马克思恩格斯文集》第3卷，人民出版社2009年版，第415—416页。
③ 《马克思恩格斯文集》第3卷，人民出版社2009年版，第423页。
④ 《马克思恩格斯全集》第22卷，人民出版社1965年版，第398页。

人协会总委员会宣言”发表的《法兰西内战》，画出了马克思主义作为第一国际思想旗帜的一道轴线。

1871年3月18日，巴黎公社革命爆发。巴黎公社革命虽然不是一次以马克思主义为指导的、由无产阶级革命政党领导的自觉革命，但是在革命的整个过程中，第一国际成员担任了巴黎公社领导机构成员，马克思和恩格斯也以极大的精力关注整个革命的进程。可以认为，巴黎公社革命同第一国际是息息相关的，恩格斯曾指出:“公社无疑是国际的精神产儿，尽管国际没有动一个手指去促使它诞生。”①

1871年3月21日，恩格斯就在第一国际总委员会会议上发言，对巴黎公社革命最初的形势作了分析，提到革命爆发时，国民自卫军掌握的大炮是“士兵筹款置办的”，政府军队“企图肃清巴黎的革命者并夺走大炮”，取得了局部的胜利；但是，“当国民自卫军发现所发生的事情的时候，就去夺回大炮，士兵们也倒向人民方面了。现在城市掌握在人民的手里”②。恩格斯还高度关注国民自卫军的组织构架，他提到：已经准备好抵抗的国民自卫军，“260个营中的215个营，士兵和军官一起，共同组织了中央委员会。每连选出一名代表组成区委员会或街区委员会，再由这些委员会选出中央委员会”③。在中央委员会的委员中，有四个第一国际的会员，虽然“没有一个是名人”，但是他们“在工人阶级中间却是很出名的”④。

4月11日，在第一国际总委员会的会议上，恩格斯再次对巴黎公社革命的形势作出分析。他说:“向凡尔赛进军，应当是在凡尔赛还软弱的时候，可是这个有利的时机被错过了，看来现在凡尔赛占了优势并在逼迫巴黎人。人民是不会长久容忍别人把他们引向失败的。巴黎人正在失去土地，几乎无益地消耗弹药，吃光自己的储备粮。只要巴黎的一面还开放，用饥饿是不能迫使他们投降的。”⑤ 对未来发展的态势，恩格

---

① 《马克思恩格斯文集》第10卷，人民出版社2009年版，第398页。

② 参见《马克思恩格斯全集》第17卷，人民出版社1963年版，第667页、第668页。

③ 《马克思恩格斯全集》第17卷，人民出版社1963年版，第668页。

④ 《马克思恩格斯全集》第17卷，人民出版社1963年版，第668页。

⑤ 《马克思恩格斯全集》第17卷，人民出版社1963年版，第671页。

斯认为:“他们将在街道上用大炮射击敌人。工人有 20 万人，他们比在过去所有一切起义中都组织得好得多。情况是困难的，时机已经不像两星期以前那样好了。”①

5 月 9 日，在第一国际总委员会谈到马克思正在撰写的《法兰西内战》的进展情况时，恩格斯指出:“宣言还没有草拟好。公民马克思病得很重，宣言的起草工作使他的病势更加恶化了。但是宣言在星期六可以草拟出来，小委员会可以在下午 5 时以后的任何时间在马克思那里集会。”②《法兰西内战》并没有按这一时间写出来。过了半个月，马克思在 5 月 23 日的总委员会会议上谈到：由于生病，他还没有完成答应起草的“宣言”，面对公社革命失败的“结局”，马克思坚信:“即使公社被搞垮了，斗争也只是延期而已。公社的原则是永存的，是消灭不了的；在工人阶级得到解放以前，这些原则将一再表现出来。”③ 5 月 28 日，巴黎公社革命最后一个街垒陷落。两天以后，1871 年 5 月 30 日，马克思就在第一国际总委员会上宣读了《法兰西内战》，这部著作是作为第一国际总委员会的“宣言”发表的。

巴黎公社革命失败后，马克思和恩格斯及时总结革命的经验教训，从多方面促进了马克思主义理论的深化，拓展了马克思思想在国际工人运动中的影响力和感召力。

在对巴黎公社革命经验的总结中，马克思和恩格斯对无产阶级革命的历史必然性作了更为科学的证明。马克思从资本主义社会基本矛盾的角度论述了法国无产阶级革命的历史必然性。马克思指出:“只有在现代生产力和资产阶级生产方式这两个要素互相矛盾的时候，这种革命才有可能……新的革命，只有在新的危机之后才可能发生。但新的革命正如新的危机一样肯定会来临。”④ 资产阶级的经济繁荣与发财致富，不能消除无产阶级的贫困；随着资本主义的发展，资本主义固有的矛盾必将逐步深化和尖锐，经济危机的频繁爆发更使无产阶级处于水深火热的处境之中。“在现代这种邪恶的基础上，劳动生产力的任何新的发展，都

① 《马克思恩格斯全集》第 17 卷，人民出版社 1963 年版，第 671—672 页。

② 《马克思恩格斯全集》第 17 卷，人民出版社 1963 年版，第 675 页。

③ 《马克思恩格斯全集》第 17 卷，人民出版社 1963 年版，第 677 页。

④ 《马克思恩格斯文集》第 2 卷，人民出版社 2009 年版，第 176 页。

不可避免地要加深社会对比和加强社会对抗。”[①] 因而在世界性的资本主义经济危机的冲击下，在路易·波拿巴穷兵黩武对外扩张政策的连续失败的情况下，法国的社会矛盾和阶级矛盾日益尖锐起来，巴黎公社革命的爆发就是不可避免的。

马克思和恩格斯对无产阶级进行暴力革命和打碎资产阶级国家机器的思想作了更为深刻的论述。巴黎公社革命的一条重要经验，就是在革命中，工人阶级始终牢牢掌握住革命的武装，用暴力打碎旧的国家机器，捍卫新生的革命政权：“这次革命的新的特点在于人民在首次起义之后没有解除自己的武装，没有把他们的权力拱手交给统治阶级的共和主义骗子们。”[②] 恩格斯指出：“公社一开始想必就认识到，工人阶级一旦取得统治权，就不能继续运用旧的国家机器来进行管理；工人阶级为了不致失去刚刚争得的统治，一方面应当铲除全部旧的、一直被利用来反对工人阶级的压迫机器，另一方面还应当保证本身能够防范自己的代表和官吏，即宣布他们毫无例外地可以随时撤换。”[③] 从马克思主义国家观来看，恩格斯认为：“实际上，国家无非是一个阶级镇压另一个阶级的机器，而且在这一点上民主共和国并不亚于君主国。国家再好也不过是在争取阶级统治的斗争中获胜的无产阶级所继承下来的一个祸害；胜利了的无产阶级也将同公社一样，不得不立即尽量除去这个祸害的最坏方面，直到在新的自由的社会条件下成长起来的一代有能力把这国家废物全部抛掉。”[④]

马克思和恩格斯对无产阶级国家的性质及其形式有了更为全面的理解。巴黎公社进行了无产阶级专政的伟大尝试，找到了使无产阶级获得解放的新型政治组织形式。巴黎公社通过一系列措施，“实现了所有资产阶级革命都提出的廉价政府这一口号”，这是巴黎公社的伟大创举和最伟大的历史功绩，正如马克思所概括的：“公社的真正秘密就在于：它实质上是工人阶级的政府，是生产者阶级同占有者阶级斗争的产物，是

① 《马克思恩格斯文集》第 3 卷，人民出版社 2009 年版，第 10 页。
② 《马克思恩格斯文集》第 3 卷，人民出版社 2009 年版，第 207 页。
③ 《马克思恩格斯文集》第 3 卷，人民出版社 2009 年版，第 110 页。
④ 《马克思恩格斯文集》第 3 卷，人民出版社 2009 年版，第 111 页。

终于发现的可以使劳动在经济上获得解放的政治形式。”①

根据巴黎公社的实践经验，马克思指出：“工人阶级并没有期望公社做出奇迹。他们不是要凭一纸人民法令去推行什么现成的乌托邦。他们知道，为了谋求自己的解放，并同时创造出现代社会在本身经济因素作用下不可遏止地向其趋归的那种更高形式，他们必须经过长期的斗争，必须经过一系列将把环境和人都加以改造的历史过程。”② 在这一历史过程中，必将遭到反动阶级的反抗，因而必须坚持阶级斗争，坚持无产阶级专政。马克思指出：“公社并不取消阶级斗争，工人阶级正是通过阶级斗争致力于消灭一切阶级，从而消灭一切阶级统治……”③

马克思和恩格斯对建立无产阶级政党和组织同盟军的思想作了更为系统的阐释。巴黎公社革命是在第一国际的影响下发生的，但它本身没有一个马克思主义政党来领导。其中成员绝大多数是蒲鲁东主义者和布朗基主义者。他们不能制定出正确的政治路线，巴黎公社革命的失败不可避免。同时，巴黎公社革命的领导者们对组织同盟军的重要性认识不够，特别是对农民阶级的重要性的认识不够。在整个巴黎公社运动期间，各地农民始终没有行动起来，没有配合工人阶级展开有效的斗争，因而运动惨遭镇压。这个血的教训，再一次证明马克思主义关于组织同盟军特别是建立工农联盟的极端重要性。

1891 年 3 月，巴黎公社革命已经过去整整 20 年了。在马克思《法兰西内战》再版之际，恩格斯在为《法兰西内战》写的再版《导言》的落款处，特意写上“1891 年 3 月 18 日巴黎公社 20 周年纪念日于伦敦”④，表明恩格斯对《法兰西内战》所具有的思想性、政治性和历史性的肯定。

在《导言》中，恩格斯提出，《法兰西内战》“突出地显示了作者在《路易·波拿巴的雾月十八日》中已初次表现出的惊人的才能，即在伟大历史事变还在我们眼前展开或者刚刚终结时，就能准确地把握住这些

---

① 《马克思恩格斯文集》第 3 卷，人民出版社 2009 年版，第 157 页、第 158 页。

② 《马克思恩格斯文集》第 3 卷，人民出版社 2009 年版，第 159 页。

③ 《马克思恩格斯文集》第 3 卷，人民出版社 2009 年版，第 198 页。

④ 《马克思恩格斯文集》第 3 卷，人民出版社 2009 年版，第 112 页。

事变的性质、意义及其必然后果”[①]。从马克思 1852 年的《路易·波拿巴的雾月十八日》到 1871 年的《法兰西内战》，再到恩格斯 1891 年《法兰西内战》再版时的《导言》，其间相隔 40 年，正是马克思主义历史发展的重要时期。揭示这一时期马克思具有的“在伟大历史事变还在我们眼前展开或者刚刚终结时，就能准确地把握住这些事变的性质、意义及其必然后果”[②] 的理论力量和思想魅力，是马克思主义发展史研究的意蕴所在，也是恩格斯追忆巴黎公社革命精神的思想意向所在。

---

① 《马克思恩格斯文集》第 3 卷，人民出版社 2009 年版，第 99 页。
② 《马克思恩格斯文集》第 3 卷，人民出版社 2009 年版，第 99 页。

# 第十四章 第二国际与国际工人运动的兴起

马克思逝世后，恩格斯实际地成为国际工人运动思想上和实践上的导师。恩格斯同马克思一样，继续用通信的方式同欧美各国工人运动领袖和活动家保持联系，了解欧美工人运动发展的状况，研究各国工人运动的实际经验，分析各国工人运动变化和发展的趋势，对各国工人运动进行思想上、理论上、组织上和斗争策略上的引导和指导。第二国际成立后，这方面的引导和指导显著增加，1889 年 8 月，第二国际成立后的第二个月，恩格斯在给劳拉·拉法格的信中写道：许多我从未见过面的人好像策划好了要用各种各样的来信、访问、咨询和请求把我压垮。

## 一、恩格斯对第二国际成立的影响

1874 年 9 月，恩格斯已经预见第一国际“算是完全终结了”。在给准备辞去第一国际总委员会书记左尔格的信中，恩格斯提到 1864 年第一国际成立时的情景，“当时笼罩着整个欧洲的压迫，要求刚刚复苏的工人运动实现统一和抛开一切内部争论。在那个时候，无产阶级共同的世界性的利益能够提到首要地位了”[①]。第一国际成立之初，对于国际工人运动来讲，“运动本身的理论性质在整个欧洲，即在群众中间，实际上还是很模糊的，德国共产主义还没有作为工人政党而存在，蒲鲁东主义很弱，还不能夸耀它的那一套特别的幻想，巴枯宁的那一套新的荒谬货色甚至在他自己的头脑里都还不存在，连英国工联的领袖们也认为可以按照章程的导言中所规定的纲领加入运动”[②]。国际工人运动各个

---

① 《马克思恩格斯文集》第 10 卷，人民出版社 2009 年版，第 398 页。
② 《马克思恩格斯文集》第 10 卷，人民出版社 2009 年版，第 398 页。

派别之间实行的这种“幼稚的联合”，在巴黎公社革命之后即被打破。

巴黎公社无疑是“国际的精神产儿”，恩格斯认为，“要国际在一定程度上对公社负责是完全合理的”；但是“当国际由于公社而在欧洲成为一种道义上的力量时，争吵马上就开始了。各个派别都想利用这个成就。不可避免的瓦解开始了”[①]。特别是在巴黎公社革命后的第二年召开的海牙代表大会上，德国共产党人在第一国际中的力量日益壮大，使得蒲鲁东主义者和巴枯宁主义走到了一起，第一国际内实际形成了马克思主义同蒲鲁东主义和巴枯宁主义相对立的两派。与此同时，巴黎公社革命失败后，欧洲反动势力必然联合起来对第一国际进行迫害。恩格斯后来在第二国际大会上回忆第一国际（“旧国际”）处境时曾经说：“当时是喝饱了光荣的公社鲜血的反动势力猖獗到了极点的时候。旧的国际如果继续进行活动，就只会造成得不偿失的牺牲；国际把自己的会址迁到了美国，也就是退出了舞台。”[②]

在1872年的海牙会议上，根据恩格斯的提议，大会最后决定把第一国际总委员会驻地迁往纽约。当时还能够以第一国际的名义做出点事情的唯一的国家就是美国；但是，在之后的几年中，“国际在美国也没有威望了。任何想注入新生命的进一步的努力，都会是愚蠢而徒劳的”[③]。1876年7月，在费城召开了第一国际的最后一次代表大会，宣告国际工人协会正式解散。

在对第一国际历史的回顾中，恩格斯认为：“国际支配了欧洲历史的一个方面，即蕴藏着未来的一个方面，它能够自豪地回顾自己的工作。可是，它的旧形式已经过时了。要创立一个像旧国际那样的新国际，即世界各国各无产阶级政党的联盟，需要有对工人运动的普遍镇压，即像1849—1864年那样的情形。可是现在的无产阶级世界太大、太广了，要达到这一点已不可能了。”[④] 在恩格斯看来，随着国际社会主义运动的扩展，特别是随着各国无产阶级政党所面对的各自革命的实际情况的

---

① 《马克思恩格斯文集》第10卷，人民出版社2009年版，第398页、第399页。
② 《马克思恩格斯全集》第22卷，人民出版社1965年版，第479页。
③ 《马克思恩格斯文集》第10卷，人民出版社2009年版，第399页。
④ 《马克思恩格斯文集》第10卷，人民出版社2009年版，第399页。

差异，“旧国际”的组织形式已经不再适合，未来的“新国际”要创立新的组织形式。

1874年7月，恩格斯在为《德国农民战争》撰写的“1870年第二版序言的补充”一文中，对德国工人运动在国际工人运动中的“优越之处”作了阐释，从理论、政治和实践三个方面的结合上，凸显了思想理论建设在各国工人运动和无产阶级政党建设中的重要意义。这可以看作恩格斯对第一国际经验教训的总结。

恩格斯认为，德国工人运动同欧洲其他各国的工人运动相比较，有“两大优越之处”：第一大“优越之处”在于，德国工人运动中的理论修养。恩格斯认为，德国工人“属于欧洲最有理论修养的民族，他们保持了德国那些所谓‘有教养的人’几乎完全丧失了的理论感”①。这种“理论感”在德国工人运动中得到继承和发展，“如果不是先有德国哲学，特别是黑格尔哲学，那么德国科学社会主义，即过去从来没有过的唯一科学的社会主义，就决不可能创立。如果工人没有理论感，那么这个科学社会主义就决不可能像现在这样深入他们的血肉”②。理论建设，恩格斯这里强调的是科学社会主义的理论建设，是德国工人运动的指导思想，也是德国无产阶级政党的思想之魂。

经过第一国际十多年的发展，更可以看到这个“优越之处”的“无比重要”。例如，英国工人运动虽然在各个行业中有很好的组织，但是发展得非常缓慢，其主要原因之一就是对于一切理论的漠视；在法国和比利时，由于工人运动受初始形态的蒲鲁东主义的影响而产生谬误和迷惘；而在西班牙和意大利，工人运动则由于受经巴枯宁进一步漫画化的蒲鲁东主义的影响而产生谬误和迷惘。

第二大“优越之处”就是，善于学习和吸取别国工人运动的实践经验和理论成果。与欧洲有些国家相比，德国的工人运动，从时间上来说，差不多是最迟的；从理论上来说，法国和英国的社会主义学说也有超先发展。恩格斯认为：“德国的理论上的社会主义永远不会忘记，它是

---

① 《马克思恩格斯文集》第2卷，人民出版社2009年版，第217页。

② 《马克思恩格斯文集》第2卷，人民出版社2009年版，第217页。

站在圣西门、傅立叶和欧文这三个人的肩上的。虽然这三个人的学说含有十分虚幻和空想的性质，但他们终究是属于一切时代最伟大的智士之列的，他们天才地预示了我们现在已经科学地证明了其正确性的无数真理。”[①] 同时，“同德国的理论上的社会主义一样，德国的实践的工人运动也永远不应当忘记，它是站在英国和法国的运动的肩上发展起来的，它能够直接利用英国和法国的运动用很高的代价换来的经验，而在现在避免它们当时往往无法避免的那些错误”[②]。恩格斯认为：“如果没有英国工联运动和法国工人政治斗争的榜样，如果没有特别是巴黎公社所给予的那种巨大的推动，我们现在会处在什么境地呢?”[③] 德国工人运动的理论和实践，是在英国、法国等国家工人运动的“经验”上发展起来的，是对社会主义学说史上“一切时代最伟大的智士”思想的继承上发展起来的，更是在“已经科学地证明了其正确性的”科学社会主义思想指导下发展起来的。

从这两大“优越之处”可以看到，“自从有工人运动以来，斗争是第一次在其所有三个方面——理论方面、政治方面和实践经济方面（反抗资本家）互相配合，互相联系，有计划地推进”[④]。在这三个方面的斗争和发展中，恩格斯对德国无产阶级政党提出：“特别是领袖们有责任越来越透彻地理解种种理论问题，越来越彻底地摆脱那些属于旧世界观的传统言辞的影响。”还要特别强调：“社会主义自从成为科学以来，就要求人们把它当做科学来对待，就是说，要求人们去研究它。必须以高度的热情把由此获得的日益明确的意识传播到工人群众中去，必须不断增强党组织和工会组织的团结。”[⑤]

工人运动和无产阶级政党必须坚持以科学社会主义理论为指导，必须彻底摆脱各种旧有的世界观和非科学社会主义思想的干扰，就必须以科学的精神来对待科学，就必须在工人群众中宣传和传播科学社会主义思想，就必须把党组织和工会组织团结牢牢地建立在科学理论基础之

---

① 《马克思恩格斯文集》第2卷，人民出版社2009年版，第218页。
② 《马克思恩格斯文集》第2卷，人民出版社2009年版，第218页。
③ 《马克思恩格斯文集》第2卷，人民出版社2009年版，第218页。
④ 《马克思恩格斯文集》第2卷，人民出版社2009年版，第218页。
⑤ 《马克思恩格斯文集》第2卷，人民出版社2009年版，第219页。

上。恩格斯认为，德国工人运动要彰显自身的“优越之处”，还“必须维护真正的国际主义精神”；在国际工人运动的发展中，“这种精神欢迎无产阶级运动中任何民族的新进展”[①]。

1874年9月，恩格斯在给左尔格的信中已经谈及：“下一个国际——在马克思的著作产生了多年的影响以后——将是纯粹共产主义的国际，而且将直截了当地树立起我们的原则。”[②] 第一国际成立时，马克思在起草国际的纲领和章程时，既坚持《共产党宣言》的基本精神，又要考虑到参加第一国际的工联主义者、蒲鲁东主义者和马志尼主义者能接受，不得不“把我们的观点用目前水平的工人运动所能接受的形式表达出来”，在第一国际的指导思想的阐释上存在着某些必要的妥协。在恩格斯看来，在未来的“新国际”中，要确立“纯粹共产主义”思想即马克思主义的指导地位，解决“直截了当地树立起我们的原则”的根本问题。

殷鉴不远，是以为训。19世纪80年代末，在国际工人运动的新的发展中，马克思主义得到广泛传播，各国社会主义政党和团体纷纷建立。这时，各国社会主义政党越来越紧迫地要求加强工人运动的国际联合，共同反对资本主义制度。各国社会主义政党建立“新国际”的要求，得到恩格斯的肯定；但是，恩格斯更多关注的是，“新国际”如何确立“纯粹共产主义”思想——马克思主义的指导地位，进而“直截了当地树立起我们的原则”的根本问题。恩格斯把思想理论建设，放在了“新国际”建立的重要位置。

19世纪80年代末，国际工人运动中存在两个主要的派别：一是受马克思主义影响的德国社会民主工党和法国工人党“盖得派”；二是受改良主义影响的英国工联和法国“可能派”。这两派都在争取建立以自己为中心的新的国际组织。1887年10月，德国社会主义工人党在瑞士圣加伦代表大会上形成决议，准备在1888年召开国际社会主义者代表大会，以实现国际工人运动的团结和合作。与此同时，法国工人党也提出了类似的建议。但是，德国和法国的党的领导人在新的国际组织筹备

① 《马克思恩格斯文集》第2卷，人民出版社2009年版，第219页。
② 《马克思恩格斯文集》第10卷，人民出版社2009年版，第399页。

工作上行动缓慢；而国际工人运动中的机会主义流派，特别是法国“可能派”却在加紧推进。1888 年，法国“可能派”与英国工联和美国劳动骑士团以及一些国家的无政府主义者，在伦敦召开的世界工人代表大会上作出 1889 年 7 月在巴黎召开国际工人代表大会的决定，试图抢先建立新的工人国际，占据国际工人运动的领导权。

这一动向，引起恩格斯的高度关注。为了阻止机会主义流派控制国际工人运动的领导权，确立马克思主义在国际工人运动中的指导思想，恩格斯一方面揭露法国“可能派”的机会主义本质，另一方面敦促德国社会民主党和法国工人党加快推动“新国际”的筹备工作。1889 年 2 月，在恩格斯的指导和帮助下，德国社会民主党在海牙召开有来自比利时、德国、法国、荷兰、瑞士等国家的，受马克思主义影响的社会主义政党参加的预备会议，决定当年 7 月在巴黎召开国际社会主义者代表大会。之后的半年间，恩格斯几乎放下手头所有的工作，全力指导“新国际”成立大会的工作。

恩格斯认为，“新国际”成立的最重要的任务就是击溃法国“可能派”，坚决地杜绝以“可能派”为代表的机会主义对“新国际”的影响。1889 年 3 月，恩格斯在给法国工人党负责筹备会议的拉法格的信中提到，在反对“可能派”的机会主义时，首要的问题“在于要使可能派的代表大会成为泡影”①。而要使这件事情“进行得很顺利”，最重要的是注重团结各国的社会主义政党。恩格斯告诫法国工人党，“现在你们应当注意，不要摆出一付想要对其他国家的社会主义者发号施令的架势，从而使自己也处于这种地位”；“如果你们不犯错误，这将导致把可能派从国际工人运动中排除出去，并承认你们是值得与之保持联系的唯一的法国社会主义者”②。

过了几天，恩格斯再次给拉法格写信，严厉批评了拉法格在筹备大会工作中的失误，再次警示要有“阵地”意识:“我再重复一遍：要放理智些；要严格执行已经通过的东西，不要弄得使你们最好的朋友都不能支持你们，要互相让步，要把在海牙所获得的阵地当作一个起点，当作

① 《马克思恩格斯全集》第 37 卷，人民出版社 1971 年版，第 157 页。

② 《马克思恩格斯全集》第 37 卷，人民出版社 1971 年版，第 157 页、第 158 页。

从敌人那里夺得的第一个阵地，并且当作将来获得成功的基础。但是不要把别的国家肯定不能忍受的东西强加于它们。请您相信，你们已经打赢了一半，如果你们现在还是打输了，那完全是你们自己的过错。”①

与此同时，恩格斯还站到思想斗争的第一线，对法国“可能派”的机会主义错误作出公开批判，为“新国际”的成立扫清组织上和理论上的障碍。1889 年 3 月，恩格斯在题为《1889 年国际工人代表大会》的小册子中指出，“可能派近来所奉行的政治路线，绝对不是一向得到其他民族的社会民主党人的普遍赞同的”，明确表示“可能派”在政治上的这种倾向，使它不具备筹备国际社会主义代表大会的资格。恩格斯还提到，“可能派”对大会提出的一系列规定和要求也完全是错误的，例如，“他们是在追求法国唯一的社会主义组织这个角色，并且指望我们这些外国人承认他们就是这种组织。此外，他们不同意由整个代表大会规定代表资格证的审查方法，据说是由可能派事先指示的守则和规章，而代表大会应该毫不推诿地接受”②。恩格斯的这一小册子，“揭示了可能派的真面目”③，为“新国际”的成立创造了良好的舆论环境和思想基础。

1889 年 5 月至 10 月，为纪念法国大革命 100 周年，在巴黎举行了法国第三届世博会。6 月，“新国际”的组织委员会正式发布了经恩格斯修改的“关于召开国际社会主义工人代表大会的通知书”④。“通知书”向世界宣布:“资本家邀请富人和掌权者到世界博览会来欣赏和赞叹一番工人的劳动产品，而工人却在人类社会从未有过的最大财富之中陷于贫困境地。我们，社会主义者，致力于解放劳动，消灭雇佣奴隶制和建立一切工人不分性别和民族一律有权享用他们的共同劳动创造出来的财富的社会制度，我们邀请这些财富的真正生产者 7 月 14 日在巴黎同我们聚会。”⑤“通知书”还提出:“我们号召他们巩固兄弟联系，这种联

---

① 《马克思恩格斯全集》第 37 卷，人民出版社 1971 年版，第 161 页。

② 《马克思恩格斯全集》第 21 卷，人民出版社 1965 年版，第 583 页、第 582—583 页。

③ 《马克思恩格斯全集》第 37 卷，人民出版社 1971 年版，第 169 页。

④ 《马克思恩格斯全集》第 21 卷，人民出版社 1965 年版，第 613 页。

⑤ 《马克思恩格斯全集》第 21 卷，人民出版社 1965 年版，第 613 页。

系能把各国无产者的努力集合在一起，从而加速新世界的开始。‘全世界无产者，联合起来！’”①

一个月以后，1889 年 7 月 14 日至 21 日，国际社会主义工人代表大会在巴黎贝德尔大厅召开，有来自德国、法国、英国、美国、俄国、比利时、西班牙和意大利等 23 个国家的近 400 名代表出席大会。具有象征性意义的是，会议开幕的那一天，正是攻占巴士底狱一百周年的纪念日。会议厅凸显的标语是:“全世界无产者，联合起来！”“剥夺资本家阶级的政治权利和经济权利，生产资料社会化！”

恩格斯由于忙于《资本论》第三卷的整理工作，没有出席这次大会，但他一直关注着会议的进展情况。7 月 17 日，还在会议进行中，恩格斯就给左尔格写信说:“我们的代表大会正在开会，这是一个辉煌的胜利”；被称作“马克思派”的“欧洲社会主义者”，正与“可能派和伦敦的阴谋家们”相对阵，都在检阅自己的兵力，“以此向全世界表明，究竟哪里集中代表真正的运动，而哪里只是欺骗”②。这次代表大会实际上成为第二国际的成立大会，恩格斯实际地成为第二国际的思想和实践指导者。

恩格斯高度评价了第二国际的组织形式和组织原则，认为“每一个国家的无产阶级得到机会以独立自主的形式组织起来。这一点实现了，因而现在国际要比从前强大得多了。我们也应当按照这一方向在共同的基础上继续我们的工作。为了不致蜕化成为宗派，我们应当容许讨论，但是共同的原则应当始终不渝地遵守。自由联合和历次代表大会所支持的自愿联系——这就足以保证我们取得胜利，这种胜利已是世界上任何力量都不能从我们手中夺去的了”③。与第一国际成立时相比较，可以看到，第二国际从成立之日起，就以马克思、恩格斯的思想为旗帜。“如果说，第一国际的任务是引导工人运动沿着马克思主义方向进行并为成立各国的阶级政党做准备工作，那么第二国际就能够集中力量去促

---

① 《马克思恩格斯全集》第 21 卷，人民出版社 1965 年版，第 613—614 页。

② 《马克思恩格斯全集》第 37 卷，人民出版社 1971 年版，第 241 页、第 243 页。

③ 《马克思恩格斯全集》第 22 卷，人民出版社 1965 年版，第 479—480 页。

进一些国家里无产阶级的党和群众组织的发展。”[①] 恩格斯期望的第二国际的任务，就是为国际工人阶级进行无产阶级革命作出思想上和组织上的准备。这是一项伟大的历史使命。但是这一历史使命，在恩格斯逝世后不久就被第二国际的大多数领导人所背弃。

## 二、第二国际的指导思想和革命策略

1889 年，在巴黎召开的第二国际第一次代表大会，通过了许多指导工人阶级开展反对资本主义的经济斗争的决议，对各国社会主义政党领导和发动工人阶级的经济斗争起到了重要的推动作用。大会通过的关于国际劳工法的决议，系统提出了工人阶级在经济方面的要求，其中主要有：实行 8 小时工作日，规定每周法定休息日；禁止使用童工，限制少年和妇女的劳动；禁止支付实物工资，对工人不分性别、种族实行同工同酬；国家建立工厂巡视员制度等。这次大会还强调，经济斗争是启发劳动人民觉悟的手段，但只靠经济斗争是不行的，要把经济斗争同反对资产阶级统治的政治斗争结合起来；提出无产阶级只有夺取政权，把资本家阶级占有的生产资料变为公有的生产资料所有制，才能获得解放。

这次代表大会通过的关于庆祝“五一节”的决议，规定每年 5 月 1 日,在所有的国家、所有的城市同时举行工人示威游行。1890 年，欧美各国工人阶级举行了历史上第一次庆祝“五一”国际劳动节的群众性的示威游行。恩格斯与伦敦 20 万工人一起，参加了“五一”集会游行。

就在这一天，恩格斯正在为《共产党宣言》写《1890 年德文版序言》。面对国际工人运动的新的发展，恩格斯思绪万千，在回顾从共产主义者同盟到第一国际、再到第二国际的历程中，不无感慨地写道：“‘全世界无产者，联合起来！’当 42 年前我们在巴黎革命即无产阶级带着自己的要求参加的第一次革命的前夜向世界上发出这个号召时，响应者还是寥寥无几。可是，1864 年 9 月 28 日，大多数西欧国家中的无产

① 海因里希·格姆科夫等：《恩格斯传》，易廷镇、侯焕良译，人民出版社 2000 年版，第 478—479 页。

者已经联合成为流芳百世的国际工人协会了。固然，国际本身只存在了九年，但它所创立的全世界无产者永久的联合依然存在，并且比任何时候更加强固，而今天这个日子就是最好的证明。因为今天我写这个序言的时候，欧美无产阶级正在检阅自己第一次动员起来的战斗力量，他们动员起来，组成一支大军，在一个旗帜下，为了一个最近的目的，即早已由国际 1866 年日内瓦代表大会宣布、后来又由 1889 年巴黎工人代表大会再度宣布的在法律上确立八小时正常 28 工作日。今天的情景将会使全世界的资本家和地主看到：全世界的无产者现在真正联合起来了。如果马克思今天还能同我站在一起亲眼看见这种情景，那该多好啊！”[①]

第二国际第一次大会的召开，是马克思主义与工人运动结合的重要结果，也是恩格斯继承马克思遗志而成就的伟大事业。马克思逝世后，恩格斯以坚定的信念、崇高的理想和无畏的精神，投入国际无产阶级革命斗争中去。恩格斯对无产阶级革命的伟大贡献，赢得了欧美各社会主义政党的认可；欧美的社会主义者给予恩格斯以深情的回报。

1890 年 11 月 28 日，是恩格斯 70 寿辰。恩格斯收到大批的信件和电报以及相册、画册等其他礼物，所有这些祝贺有来自各国社会主义政党领导人的，有来自马克思和恩格斯的亲密战友和朋友们的，也有来自工人协会、矿工和大学生的。恩格斯甚为感慨，在给劳拉·拉法格的信中写道：“我终于度过了七十岁生日！”毕竟“一个人只能庆祝一次七十寿辰”[②]。

对各国社会主义政党和党的报刊的祝贺，恩格斯诚挚地作了回复。他说：“当我七十岁生日的时候，有这样多真挚的关怀，这样多意想不到的荣誉落到我的身上，我很遗憾不可能对这些祝贺一一亲自作答。电报、信件、礼物、党的报刊上专门为我写的文章真是如雪片飞来——所有这些祝贺来自各个国家，尤其是来自德国各地。为此请允许我在这里对 11 月 28 日如此关怀地想念到我的老朋友们和新朋友们表示我最真诚的感谢。没有谁比我更清楚地知道，这些荣誉大部分我不应该归于自己，归于我的功劳。我只是有幸来收获一位比我伟大的人——卡尔·马

---

① 《马克思恩格斯文集》第 2 卷，人民出版社 2009 年版，第 21—22 页。

② 《马克思恩格斯全集》第 37 卷，人民出版社 1971 年版，第 501 页。

克思播种的光荣和荣誉。因此，我只有庄严地许约，要以自己的余生积极地为无产阶级服务，但愿今后尽可能不辜负给予我的荣誉。”[1]

恩格斯写道：“你们，以及我们在德国、英国、奥匈帝国、俄国——总之，在一切地方的弟兄们所打的胜仗，构成一系列如此辉煌的胜利，这些胜利足以使比我更老朽衰弱的人也变得年轻起来。而最使我高兴的是法国无产者和德国无产者不顾我们的腐化的资产者的沙文主义嚎叫而建立起来的（我希望是永久地建立起来的）真诚的兄弟般的团结。”他深情地表示：“请你们相信，我的余生和我尚存的精力将献给为无产阶级事业而进行的斗争。让我在我不能进行斗争的时候再死去吧。”[2]

1891 年 8 月 16 日至 22 日，第二国际第二次代表大会在布鲁塞尔召开。这次大会主要讨论了劳工保护法、罢工、反对军国主义和“五一”劳动节问题。大会通过的关于军国主义问题的决议指出：军国主义是资本主义的产物，保卫和平必须反对军国主义；各国无产阶级要加强团结，把反对军国主义斗争同争取社会主义革命结合起来。大会还否定了无政府主义者的有关提案，这成为马克思主义反对无政府主义胜利的重要标志。

恩格斯没有参加这次代表大会，但是他为大会的顺利召开一直给予思想上和策略上的指导。在会议召开之前，1891 年 7 月，恩格斯在给劳·拉法格的信中指出，大会将面对机会主义和无政府主义的干扰，“如果我们大家都挺身而出，一切就可能很顺利，想来一定会很顺利，但我对这样的代表大会颇有经验，我知道一切多么容易走上歧途”[3]。在斗争的策略上，如果“愚蠢地企图去做时机尚未成熟的事情”，就可能“使英国这里运动发展的希望在近几年内全部破灭”[4]。恩格斯对这次代表大会将要通过的决议和倡导的革命斗争策略作出高度评价。

1891 年 9 月，在布鲁塞尔会议结束后不久，恩格斯在给左尔格的信中说：“马克思派不论是在原则问题上，还是在策略问题上，都取得了

---

① 《马克思恩格斯全集》第 22 卷，人民出版社 1965 年版，第 100 页。
② 《马克思恩格斯全集》第 22 卷，人民出版社 1965 年版，第 101 页。
③ 《马克思恩格斯全集》第 38 卷，人民出版社 1972 年版，第 132 页。
④ 《马克思恩格斯全集》第 38 卷，人民出版社 1972 年版，第 132 页。

全面的胜利。”[①] 面对第二国际发展的未来，恩格斯认为：“代表大会对我们来说是一次辉煌的胜利……最好的是，同海牙代表大会一样，把无政府主义者赶出了门外。旧国际以此结束，而远为广泛的、宣告自己为马克思主义的新国际恰恰以此为开端。”[②]

无产阶级革命的道路和策略问题，是马克思和恩格斯一直关注的重要问题。恩格斯在指导第二国际无产阶级政党革命理论和实践的过程中，对国际工人运动斗争的路线和政策等重大理论问题进行了新的探索，极大地丰富了无产阶级革命道路和策略的理论。

恩格斯在同第二国际中德国、法国、俄国和美国等国家的社会主义者的通信联系中，始终贯穿着一个重要思想：要从各国历史和社会发展的特点和具体实际出发，形成适合于各国实际的思想路线和斗争策略。

1885 年 4 月，恩格斯在给俄国社会民主主义运动活动家维·伊·查苏利奇的信中就谈到：当得知俄国青年中有一派人，“真诚地、无保留地接受了马克思的伟大的经济理论和历史理论，并坚决地同他们前辈的一切无政府主义和带点泛斯拉夫主义的传统决裂，我感到自豪。如果马克思能够读多活几年，他本人也同样会以此自豪的”[③]。在恩格斯看来，马克思思想得以传播，主要在于马克思主义的真理性，从而使得“马克思的历史理论是任何坚定不移和始终一贯的革命策略的基本条件”；作为革命策略的“基本条件”，还不是发现革命策略本身，要找到这种策略，还需要“把这一理论应用于本国的经济条件和政治条件”。恩格斯坦言，“要做到这一点，就必须了解这些条件；至于我，对俄国现状知道的太少，不能冒昧地对那些在某一时期所应采取的策略的细节作出判断”[④]。这一期间，恩格斯在给各国工人运动活动家的书信中多次表达了这一思想。1887 年 1 月，恩格斯在给威士涅威茨基夫人的信中谈到美国工人运动发展时说：“我们的理论是发展的理论，而不是必须背得烂熟并机械地加以重复的教条。越少从外面把这种理论硬灌输给美国人，而越多有他们通过自己亲身的经验（在德国人的帮助下）去检验

---

① 《马克思恩格斯全集》第 38 卷，人民出版社 1972 年版，第 144 页。
② 《马克思恩格斯全集》第 38 卷，人民出版社 1972 年版，第 150 页。
③ 《马克思恩格斯文集》第 10 卷，人民出版社 2009 年版，第 532 页。
④ 《马克思恩格斯文集》第 10 卷，人民出版社 2009 年版，第 532 页。

它，它就越会深入他们的心坎。”[①]

恩格斯也告诫各国社会主义者，在把马克思思想同各国工人运动实际结合的过程中，要清醒分析革命形势，善于掌握革命时机，在参与资产阶级民主革命的过程中，使革命进程能够更多地向有利于无产阶级方面转化。恩格斯的这些策略思想同各国工人运动的具体实际结合，引来了19世纪80年代末和90年代初国际工人运动的新的发展。马克思主义理论在欧美工人运动中的指导地位有了显著提高。

恩格斯对布鲁塞尔会议的高度评价，其根本上就在于第二国际在无产阶级革命策略问题上发生的重要转变；而这种转变不仅是对第二国际后来的发展产生重要的积极影响，而且也是对恩格斯在90年代初一直在思考和探索的无产阶级革命策略新思想的一次重要的检验。就在这次代表大会即将召开的时候，恩格斯在1891年3月给麦克斯·奥本海姆的信中，提出了无产阶级革命策略问题的三个方面的基本观点。

第一，对工会在争取工人阶级经济利益斗争中的作用的理解。恩格斯认为:“如果工人联合会能够代表所有工人就工资合同问题直接和企业主进行谈判，这无疑是前进了一步。”[②] 在英国，工会组织的类似活动已经有近50年的历史，像1889年码头工人大罢工，工人们提出的提高工资和改善劳动条件的要求得到了满足。尽管有着“老一套”的现象，即“在景气时期，对劳动的需求迫使这些先生们让步；而在不景气时期，他们就利用劳动供给过剩而取消所有这些让步”；但是，恩格斯还是认为，“总的来说，随着工人组织性的加强，他们的反抗力量也在增长，所以工人的一般状况——平均水平——稍微有所改善”，而且“任何危机也不能重新使这种状况长期降到低于或者回到原来的出发点，即前次危机所造成的最低水平”[③]。当然，恩格斯也认为，“如果我们遇到长期的、持续性的、为期五六年之久的普遍工业危机，那就很难说会发生什么事情了”[④]。在这里，恩格斯既肯定了工会领导的工人阶级经济斗争的基本特点及其可行性、有效性和有限性，同时也指出了在诸如

① 《马克思恩格斯文集》第10卷，人民出版社2009年版，第562页。
② 《马克思恩格斯文集》第10卷，人民出版社2009年版，第606页。
③ 《马克思恩格斯文集》第10卷，人民出版社2009年版，第606页。
④ 《马克思恩格斯文集》第10卷，人民出版社2009年版，第606页。

"普遍的工业危机"是可能出现的极端变化。

第二，对资产阶级国有化问题的理解。在 19 世纪 90 年代初，国有化的现象不仅出现在本国资产的食品的贸易上，而且也发生在生产上，但是，"只要政权掌握在有产阶级手中，那么任何国有化都不是消灭剥削，而只是改变其形式"[①]。对于工人阶级来说，既要看清楚"国有化"的实质，也要认识这一变化给工人阶级经济和政治斗争策略带来的新的变化。恩格斯指出:"为了把有产阶级赶下台，我们首先需要使工人群众的意识来一个转变，而这种转变尽管比较缓慢，但现在无疑正在进行；为了完成这种转变，需要生产方法发生更迅速的变革，机器用得更多，更多的工人被排挤，更多的农民和小资产者破产，以及现代大工业的必然后果更加明显和更为普遍地显现出来。"[②]

第三，关于工人阶级斗争"措施"形成和变化的问题。资本主义经济变革进行得越迅速、越彻底，工人阶级就越有必要采取相应的"措施"，形成新的斗争策略。恩格斯认为:"这些措施从表面看来只是为了消除突然变得极其严重而难以忍受的弊端，但事实上是要破坏现有生产方式的基础；而工人群众将通过普选权迫使人们倾听他们的意见。"[③]在这一过程中，"采取哪些措施"，首先就要依据"当时当地的条件而定"。恩格斯强调，"关于这一点，事前是无法概括地讲什么的"。但是，从其本质上来讲，恩格斯还是强调:"真正导致解放的措施，只有在经济变革促使广大工人群众意识到自身的地位，从而为他们取得政权开辟了道路的时候，才有可能。"[④]

## 三、恩格斯对第二国际发展的构想

1893 年 8 月 6 日至 12 日，第二国际第三次代表大会在苏黎世召开。这次代表大会的筹备工作是由恩格斯和瑞士的三个工人组织组成组织委员会承担的。这是恩格斯参加的第二国际的唯一的一次代表大会，也是

---

① 《马克思恩格斯文集》第 10 卷，人民出版社 2009 年版，第 607 页。
② 《马克思恩格斯文集》第 10 卷，人民出版社 2009 年版，第 607 页。
③ 《马克思恩格斯文集》第 10 卷，人民出版社 2009 年版，第 607 页。
④ 《马克思恩格斯文集》第 10 卷，人民出版社 2009 年版，第 607 页。

恩格斯在世时第二国际召开的最后一次代表会议。

苏黎世大会的中心议题是关于社会民主党的策略问题，大会的决议既反对无政府主义否定政治斗争的观点，也反对拒绝夺取政权的机会主义危险；大会建议利用议会斗争，各国要根据自身的条件灵活地确定本国经济斗争和政治斗争的形式。这次代表大会通过了把无政府主义者排除出大会的决议，取得了在组织上粉碎无政府主义的胜利。

苏黎世大会还对反对军国主义斗争的具体措施问题作了讨论。反对军国主义的斗争是第二国际前两次代表大会的重要议题。在第二国际的第一次代表大会上，就通过了《废除常备军。实行全民武装》的决议，指出军国主义和常备军是为资本家阶级服务的反动工具，是实行反动政变和社会压迫的工具，也是发动对外侵略战争的工具。在第二次代表大会上，通过了关于工人阶级对待军国主义态度的决议，提出只有建立社会主义制度才能结束军国主义，才能实现世界各国人民之间的和平。苏黎世大会再度讨论这一议题时，恩格斯在会议召开之前撰写的《欧洲能否裁军?》小册子中的观点产生了重要影响。

《欧洲能否裁军?》由八篇文章构成，这组文章写于 1893 年 2 月间，最初是应倍倍尔请求，为社会民主党团在德意志帝国国会讨论军事法草案问题时使用的。这八篇文章先后在《欧洲是否裁军?》标题下逐篇刊登，1893 年 3 月底以单行本小册子的形式出版，恩格斯为小册子的出版专门写了“序言”。

在“序言”中，恩格斯提出了三个重要观点：一是提出“常备军制度在整个欧洲已发展到极端，只要常备军不及时改组为以普遍武装人民为基础的民兵，那末，不是这种制度使各国人民担负不起军费重担而在经济上破产，就是它必然导致一场毁灭性的大战”[①]。二是强调“从纯军事观点来看，逐步废除常备军，是绝对没有任何障碍的”，“一般说来是普遍由常备军过渡到组织成民兵的人民武装的最简捷的办法”[②]。三是认为“我提出对男性青年一代实施体育和军事的训练作为向新制度过

① 《马克思恩格斯全集》第 22 卷，人民出版社 1965 年版，第 435 页。
② 《马克思恩格斯全集》第 22 卷，人民出版社 1965 年版，第 435—436 页。

渡的重要条件”[①]。

恩格斯作为苏黎世代表大会的名誉主席，在大会的闭幕式上，用英文、法文和德文发表了简短的讲话。在这一简短讲话中，恩格斯首先提到马克思自 1843 年以来在欧美近半个世纪的工人运动中作出的伟大功绩。恩格斯指出:“自从马克思和我加入运动，在‘德法年鉴’上发表头几篇社会主义的文章以来，已经整整五十年过去了。从那时起，社会主义从一些小的宗派发展成了一个使整个官方世界发抖的强大政党。马克思已经去世了，但是如果他现在还活着，那末在欧美两州就不会有第二个人怀着这样理所当然的自豪心情来回顾自己毕生的事业。”[②]

恩格斯对第二国际所要承担的无产阶级革命使命作了阐释。他提到，自第一国际停止活动以来，“每一个国家的无产阶级得到机会以独立自主的形式组织起来”[③]。正是在这一基础上，现在的“国际要比从前强大得多了。我们也应该按照这一方向在共同的基础上继续我们的工作。为了不致蜕化成为宗派，我们应当容许讨论，但是我们共同的原则应当始终不渝地遵守。自由联合和历次代表大会所支持的自愿联系——这就足以保证我们取得胜利，这种胜利已是世界上任何力量都不能从我们手中夺去得了”[④]。恩格斯这一阐释的要义在于，国际工人运动要着力处理好“独立自主”和“共同的原则”、“自由联合”“自愿联系”和“共同的基础”、“容许讨论”和防止“蜕化成为宗派”的关系，这些要义所体现的国际工人运动原则和策略，成为恩格斯晚年对科学社会主义及其无产阶级革命思想的重要发展。

在苏黎世代表大会结束后，恩格斯同倍倍尔一起从瑞士回英国时在维也纳停留了几天。奥地利社会民主党在 1893 年 9 月 14 日举行了庆祝苏黎世代表大会胜利闭幕的大会，恩格斯在有 2000 多人参加的大会上作了演讲。恩格斯在演讲中说:“我必须说，可惜现在只能由我来享受我的亡友马克思的荣誉了。我是在这个意义上接受你们的热烈欢迎的。如果说我在参加运动的五十年中的确为运动做了一些事情，那末，我并不

① 《马克思恩格斯全集》第 22 卷，人民出版社 1965 年版，第 436 页。
② 《马克思恩格斯全集》第 22 卷，人民出版社 1965 年版，第 479 页。
③ 《马克思恩格斯全集》第 22 卷，人民出版社 1965 年版，第 479—480 页。
④ 《马克思恩格斯全集》第 22 卷，人民出版社 1965 年版，第 480 页。

因此要求任何奖赏。我的最好的奖赏就是你们！”① 恩格斯欣喜地看到：“到处有我们的同志：在西伯利亚的监狱里，在加利福尼亚的金矿里，直到澳大利亚。没有一个国家，没有一个大的国家，在那里社会民主党没有成为一支不容忽视的力量。现在全世界无论做什么事，都得看看我们的神色。我们就是一个使人畏惧的强国，一个比其他强国更能起决定作用的强国。这使我感到骄傲！我们没有白活，我们能够自豪地、满意地回顾自己的事业。”② 恩格斯也对德国无产阶级在合法斗争中取得的胜利进行了评价，“在德国，有人曾想用暴力来镇压运动，每一次，社会民主党都以资产阶级完全意料不到的方式作了回答。在每一次新的选举中，社会民主党的选票总是不可遏止地增长，这使资产阶级战栗，使卡普里维战栗，使所有的执政者战栗”③。

9 月 16 日，恩格斯由维也纳到柏林，在柏林受到德国社会民主党和工人运动组织的热情接待。9 月 22 日，恩格斯在有 4000 人参加的大会上发表演讲。恩格斯在演讲中说：“不仅是柏林，德国所有其他地方也都完成了同样的工业革命。我有十六年不在德国了。你们都知道——因为你们都亲身体验过——从 1878 年起，这里由反社会党人法统治着，现在你们已幸运地把它废除了。当这项法律还生效的时候，我一直避免到德国来；我想使当局免除把我驱逐出境的麻烦，要知道，我一到德国来就得立刻把我驱逐出境。”④ 恩格斯还谈到德国经济的巨大变化，以及“德国已是个头等的工业国”的现状，认为“初看起来，仿佛这只是和资本家有关系的事。但是资本家在发展工业时不仅造出剩余价值，他们还造出无产者，他们使中等阶层——小资产阶级和小农破产，他们使资产阶级同无产阶级之间的阶级对抗达到极点；而谁造出无产者，他也就造出社会民主党人”⑤。恩格斯对德国社会民主党调整斗争策略和方式，在合法斗争中取得的胜利表示赞赏，认为“资产阶级对社会民主党在每一次新的帝国国会选举中获得的票数不可遏止地增长感到吃惊，他

① 《马克思恩格斯全集》第 22 卷，人民出版社 1965 年版，第 481 页。
② 《马克思恩格斯全集》第 22 卷，人民出版社 1965 年版，第 481 页。
③ 《马克思恩格斯全集》第 22 卷，人民出版社 1965 年版，第 481—482 页。
④ 《马克思恩格斯全集》第 22 卷，人民出版社 1965 年版，第 484 页。
⑤ 《马克思恩格斯全集》第 22 卷，人民出版社 1965 年版，第 484 页。

们问道：这是怎么回事？要是他们稍微聪明一点，他们本来应该知道，这是他们亲手造成的！于是产生了这样的结果：德国社会民主党是全世界最统一、最团结、最强有力的党，由于它在斗争中有冷静的头脑、严格的纪律和蓬勃的朝气，它从胜利走向胜利。社会民主党人同志们！我确信今后你们也能履行自己的责任”[①]。

1893 年 12 月 22 日，国际社会主义大学生代表大会将在日内瓦举行，大会将贯彻第二国际布鲁塞尔代表大会和苏黎世代表大会的精神。大会邀请恩格斯参加大会，恩格斯虽然没有能应邀参加大会，但他在 12 月 19 日大会召开前写了贺信，表达了他的良好祝愿和殷切期望。恩格斯提出：“希望你们的努力将获得成功，能使大学生们意识到，从他们的行列中应该产生出脑力劳动无产阶级，它的使命是在即将来临的革命中同自己从事体力劳动的工人兄弟在一个队伍里肩并肩地发挥重要作用。”[②] 社会主义革命需要更多的高水平的“专门人才”，恩格斯指出：“过去的资产阶级革命向大学要求的仅仅是律师，作为培养政治家的最好的原料；而工人阶级的解放，除此之外还需要医生、工程师、化学家、农艺师及其他专门人才，因为问题在于不仅要掌管政治机器，而且要掌管全部社会生产，而在这里需要的决不是响亮的词句，而是扎实的知识。”[③] 科学社会主义赢得青年大学生，青年大学生为实践科学社会主义而奋斗，是恩格斯晚年极为关注的重要问题。

---

① 《马克思恩格斯全集》第 22 卷，人民出版社 1965 年版，第 484—485 页。

② 《马克思恩格斯文集》第 4 卷，人民出版社 2009 年版，第 446 页。

③ 《马克思恩格斯文集》第 4 卷，人民出版社 2009 年版，第 446 页。

# 第三篇

# 对马克思主义理论的独特贡献

1888 年，在为《路德维希·费尔巴哈和德国古典哲学的终结》单行本出版写的“序言”中，恩格斯在谈到马克思主义理论创立问题时指出:“我和马克思共同工作 40 年，在这以前和这个期间，我在一定程度上独立地参加了这一理论的创立，特别是对这一理论的阐发。但是，绝大部分基本指导思想（特别是在经济和历史领域内），尤其是对这些指导思想的最后的明确的表述，都是属于马克思的。我所提供的，马克思没有我也能够做到，至多有几个专门的领域除外。”① 在马克思主义理论中，恩格斯有他“独立地”创立的部分，也有他独自涉及的“几个专门的领域”，但在“绝大部分基本指导思想”以及在“指导思想的最后的明确的表述”上都是马克思完成的。恩格斯独自涉及的“几个专门的领域”，凸显了恩格斯在马克思主义理论发展中的独特贡献。当然，即使在这些“专门的领域”的理论建树，也包含着马克思思想的影响，在很大程度上也是恩格斯同马克思共同合作完成的。

恩格斯最先提出了广义政治经济学问题，也最先对广义政治经济学的基本问题作出多方面的探索，特别是提出了广义政治经济学的根本方法，形成了广义政治经济学的基础理论。

恩格斯充分吸收了马克思在《古代社会》摘要中表述的思想，科学地分析了家庭、阶级和国家的产生、发展及其本质，系统阐述了人类早期社会发展的历史，科学地证明了人类社会走向未来共产主义社会的历史必然性，丰富和发展了由马克思和恩格斯共同创立的历史唯物主义的基本理论。

恩格斯对自然科学作出过深入的和广博的研究，特别是在 19 世纪

---

① 《马克思恩格斯文集》第 4 卷，人民出版社 2009 年版，第 296—297 页注释①。

70年代，恩格斯更为关注唯物辩证法在自然科学研究中的应用，努力揭示自然界的历史发展及其运动规律，确立辩证唯物主义的自然观。在《自然辩证法》手稿及其他一些著作中，恩格斯总结和概括了19世纪自然科学发展的新成就，论证了辩证唯物主义自然观，对唯物主义的自然观和历史观辩证统一关系作出了系统阐释，为丰富马克思主义理论体系作出了伟大的贡献。

19世纪80年代初，为了批判新康德主义和新黑格尔主义等资产阶级学者对马克思主义哲学与德国古典哲学关系的歪曲，恩格斯在《路德维希·费尔巴哈和德国古典哲学的终结》中，对马克思主义哲学同德国古典哲学关系作出系统论证，对马克思主义哲学主要理论进行了全面阐发，拓展了马克思和恩格斯共同创立的马克思主义哲学的理论视界和思想境界。

从总体上看，空想社会主义是以“空想”为其主要特征的；但是，在从16世纪初至19世纪上半期这300多年的发展过程中，空想社会主义一开始限于“乌托邦”式的空想成分在逐渐消退，契合于社会现实的思想在不断增强；直到19世纪30—40年代，主要是在英国和法国成长起来的空想社会主义，最终成为科学社会主义的思想来源。在这一过程中，恩格斯的《社会主义从空想到科学的发展》，就是这一逻辑命题阐释的最重要的文本。

1843年，恩格斯在发表的《大陆上社会改革的进展》一文中，就对法国和德国社会主义“状态”和原则作出过初步探索。自此一直到19世纪80年代初《社会主义从空想到科学的发展》的完成，以及马克思逝世后的接续探索，勾勒了恩格斯对社会主义思想史研究的轨迹，刻画了恩格斯在科学社会主义创立和发展中的思想历程。

1905年，正值恩格斯逝世10周年，弗朗茨·梅林说道：“恩格斯从来也不仅只是马克思的解释者和助手——不论是在马克思的生前或死后，始终一样——而是独立工作的合作者，虽然不能和马克思相等，但足以和他相比的。”[①]这一评价，真实地反映了恩格斯在马克思主义理论创立和历史发展中的地位和作用。

---

① 梅林：《保卫马克思主义》，吉洪译，人民出版社1982年版，第295页。

# 第十五章 对广义政治经济学的研究

在马克思主义政治经济学史上，恩格斯不仅最先提出了广义政治经济学问题，而且也最先对广义政治经济学的基本问题作出多方面的探索，特别是提出了广义政治经济学的根本方法，形成了广义政治经济学的基础理论。

在纪念恩格斯200周年诞辰时，回顾恩格斯对广义政治经济学探索的理论贡献，不仅有着政治经济学史上的重要意义，而且在当代中国马克思主义政治经济学发展中也有着重要意义。

## 一、广义政治经济学的提出及其基本涵义

恩格斯在《反杜林论》第二编“政治经济学”第一章“对象和方法”中提出了广义政治经济学问题，通过对广义政治经济学中生产和交换关系的分析，提出了政治经济学作为一门“历史的科学”的本质特征；在对生产和交换及其与分配之间交互作用的探析中，提出了狭义政治经济学问题，阐明了“广义的”和“狭义的”政治经济学之间的关系。恩格斯的这一分析思路，一方面是马克思主义政治经济学对象和方法独特研究的需要，另一方面也与批判杜林的庸俗政治经济学观点相关。

在对政治经济学对象和方法问题阐释一开始，恩格斯就对广义政治经济学对象作了界定，提出“政治经济学，从最广的意义上说，是研究人类社会中支配物质生活资料的生产和交换的规律的科学”①。生产和交换这两种“社会职能”，构成“经济曲线的横坐标和纵坐标”。由于

① 《马克思恩格斯文集》第9卷，人民出版社2009年版，第153页。

“人们在生产和交换时所处的条件，各个国家各不相同，而在每一个国家里，各个世代又各不相同”这样一个基本的、不争的事实，使得“政治经济学不可能对一切国家和一切历史时代都是一样的”[①]。这最清楚地表明，“政治经济学本质上是一门历史的科学”[②]。

“政治经济学本质上是一门历史的科学”，是马克思主义政治经济学的基本观点，也是恩格斯提出“广义的”到“狭义的”政治经济学理论的基本立足点。对于以特定的经济社会关系为对象的“狭义的”政治经济学来讲，“它首先研究生产和交换的每个个别发展阶段的特殊规律”；这时，由此揭示的特定的经济社会关系中的“生产方式和交换形式的规律”，对于具有“这种生产方式和交换形式的一切历史时期也是适用的”。正是在这一基础上，才有“广义的”政治经济学的形成，即“在完成这种研究以后，它才能确立为数不多的、适用于生产一般和交换一般的、完全普遍的规律”[③]。在这里，“每个个别发展阶段的特殊规律”和“完全普遍的规律”的区分，成为“狭义的”和“广义的”政治经济学区分的重要标志之一。

“政治经济学本质上是一门历史的科学”，也是恩格斯提出分配的历史性特征的方法论依据。恩格斯认为：“随着历史上一定社会的生产和交换的方式和方法的产生，随着这一社会的历史前提的产生，同时也产生了产品分配的方式方法。”[④] 同时，在一定条件下分配对生产和交换也有着重要的反作用，这就是说，“分配并不仅仅是生产和交换的消极的产物；它反过来也影响生产和交换。每一种新的生产方式或交换形式，在一开始的时候都不仅受到旧的形式以及与之相适应的政治设施的阻碍，而且也受到旧的分配方式的阻碍。新的生产方式和交换形式必须经过长期的斗争才能取得和自己相适应的分配”[⑤]。在恩格斯看来，无论是“狭义的”还是“广义的”政治经济学，生产和交换及其相应的分配关系总是其基本的内容。

① 《马克思恩格斯文集》第 9 卷，人民出版社 2009 年版，第 153 页。
② 《马克思恩格斯文集》第 9 卷，人民出版社 2009 年版，第 153 页。
③ 《马克思恩格斯文集》第 9 卷，人民出版社 2009 年版，第 154 页。
④ 《马克思恩格斯文集》第 9 卷，人民出版社 2009 年版，第 154 页。
⑤ 《马克思恩格斯文集》第 9 卷，人民出版社 2009 年版，第 155 页。

在阐明“广义的”和“狭义的”政治经济学关系之后，恩格斯再次对广义政治经济学的内涵作出概括，认为“政治经济学作为一门研究人类各种社会进行生产和交换并相应地进行产品分配的条件和形式的科学——这样广义的政治经济学尚待创造”[①]。在这一概括中，恩格斯强调了“广义的政治经济学”的特征，在于对“人类各种社会进行生产和交换并相应地进行产品分配的条件和形式的科学”[②]。与恩格斯之前对“狭义的”和“广义的”政治经济学区分标志的论述相联系，可以看到，广义政治经济学实际上具有两重涵义：一是对各种社会经济关系一般特征为对象的政治经济学，是一种基于“普遍”意义上的政治经济学研究；二是相对于“狭义的政治经济学”之外的，以其他各种社会经济关系为对象的政治经济学，是一种基于“个别”意义上的政治经济学研究。

在经济思想史上，18 世纪下半叶，法国的重农学派和英国的亚当·斯密就对“狭义的政治经济学”作出了“正面阐释”。但是他们的阐释存在两个根本的缺陷：一是错把政治经济学的“狭义的”研究的结论，当作适合于任何社会经济关系发展的“永恒的自然规律”，陷于“非历史”的理论误区；二是“从人性中引申出”政治经济学的理论结论，落入“非社会”的思想窠臼。与此相反的是，马克思在政治经济学上科学革命的根本标志，就在于对资本主义经济关系作出历史的和社会的分析。恩格斯对政治经济学的“广义的”和“狭义的”规定性的划分，就是这一根本标志的彰显，也是这一分析结果的昭示。

在《资本论》中，马克思就是从“狭义的政治经济学”的意义上，提出“我要在本书研究的，是资本主义生产方式以及和它相适应的生产关系和交换关系”；并指出“本书的最终目的就是揭示现代社会的经济运动规律”[③]。恩格斯认为，马克思对资本主义经济关系的历史性和社会性分析的特征就在于：首先，“从批判封建的生产形式和交换形式的残余开始，证明它们必然要被资本主义形式所代替”；其次，“把资本主

---

① 《马克思恩格斯文集》第 9 卷，人民出版社 2009 年版，第 156 页。

② 《马克思恩格斯文集》第 9 卷，人民出版社 2009 年版，第 156 页。

③ 《马克思恩格斯文集》第 5 卷，人民出版社 2009 年版，第 8 页、第 10 页。

义生产方式和相应的交换形式的规律从肯定方面，即从促进一般的社会目的的方面来加以阐述”；最后，“对资本主义的生产方式进行社会主义的批判，就是说，从否定方面来表述它的规律，证明这种生产方式由于它本身的发展，正在接近它使自己不可能再存在下去的境地”[①]。

马克思对资本主义经济关系的狭义政治经济学研究作出了重要贡献。但是，要对资本主义经济关系作出全面的批判，只知道资本主义的生产、交换和分配形式是不够的；还要对发生在这些形式之前的或者在不太发达的国家内和这些形式同时并存的那些形式，同时要加以研究和比较，至少是概括地加以研究和比较。恩格斯认为：“到目前为止，总的说来，只有马克思进行过这种研究和比较，所以，到现在为止在资产阶级以前的理论经济学方面所确立的一切，我们也差不多完全应当归功于他的研究。”[②] 马克思在广义政治经济学的研究上同样作出了重要贡献。

恩格斯在对杜林的庸俗经济学的批驳中认为，杜林的《国民经济学和社会经济学教程》，把政治经济学归结为“最后的终极的真理、永恒的自然规律、同义反复的毫无内容的公理”，把寻求“一切经济的最一般的自然规律”作为政治经济学的任务；杜林自以为“他的经济学涉及他的哲学中‘已经确立的东西’，而且‘在某些重要方面，依据的是更高级的、在更高的研究领域中已被完成的真理’”[③]。这里所谓“哲学中‘已经确立的东西’”和“更高级的、更高的研究领域中已被完成的真理”表述，明显地表现出先验论的观点和形而上学方法论的特征。在杜林看来，政治经济学所研究的“不是历史的发展规律，而是自然规律，是永恒真理”[④]。杜林在经济学研究对象和方法上的这些错误认识，同他所秉持的康德唯心主义先验论以及“非历史”主义方法论有着直接的关系。杜林对政治经济学对象和方法所持的“非历史”的和“非社会”的观点，甚至还是对 18 世纪下半叶重农学派和斯密政治经济学理论的倒退。

---

① 《马克思恩格斯文集》第 9 卷，人民出版社 2009 年版，第 156—157 页。
② 《马克思恩格斯文集》第 9 卷，人民出版社 2009 年版，第 157 页。
③ 《马克思恩格斯文集》第 9 卷，人民出版社 2009 年版，第 158—159 页。
④ 《马克思恩格斯文集》第 9 卷，人民出版社 2009 年版，第 158 页。

## 二、对广义政治经济学的总体研究

在《反杜林论》中，恩格斯认为，在以资本主义经济关系为对象的狭义政治经济学之外，至少还存在着广义政治经济学的两种形式：一种是资本主义经济关系“之前的”经济关系的研究；另一种是对“在不太发达的国家内和这些形式同时并存的”[①] 经济关系的研究。即一是对前资本主义经济关系的政治经济学研究；二是对不发达资本主义经济关系或者与发达资本主义并存的非资本主义经济关系的政治经济学研究。

在《反杜林论》中，恩格斯在对广义政治经济学的分析中，就从分配关系和分配方式的历史的和社会的变化中，对资本主义经济关系之前的“氏族公社和农村公社”经济关系作出分析，还从“奴隶和奴隶主”到“地主和徭役农民”经济关系的历史演进中，再现了奴隶制生产关系到封建制生产关系的演进过程。在这里，恩格斯对广义的政治经济学的研究，集中于前资本主义经济关系的各种社会经济关系的政治经济学研究。

在《反杜林论》之后，恩格斯在《家庭、私有制和国家的起源》（1884 年）之外，还写了《论日耳曼人的古代历史》（1881—1882 年）、《法兰克时代》（1881—1882 年）、《马尔克》（1882 年）、《论封建制度的瓦解和民族国家的产生》（1884 年）和《法德农民问题》（1894 年）等著述中，对广义政治经济学作出多方面的开拓性研究。

在恩格斯（也包括马克思）对氏族社会和原始公社经济关系的探讨，是在 19 世纪 70 年代后期才开始的。恩格斯在 1888 年《共产党宣言》英译本中曾作过说明:“在 1847 年，社会的史前史、成文史以前的社会组织，几乎还没有人知道。后来，哈克斯特豪森发现了俄国的土地公有制，毛勒证明了这种公有制是一切条顿族的历史起源的社会基础，而且人们逐渐发现，农村公社是或者曾经是从印度到爱尔兰的各地社会的原始形态。最后，摩尔根发现了氏族的真正本质及其对部落的关系，这一卓绝发现把这种原始共产主义社会的内部组织的典型形式揭示出来

---

① 《马克思恩格斯文集》第 9 卷，人民出版社 2009 年版，第 157 页。

了。随着这种原始公社的解体，社会开始分裂为各个独特的、终于彼此对立的阶级。关于这个解体过程，我曾经试图在《家庭、私有制和国家的起源》（1886 年斯图加特第 2 版）中加以探讨。”[①] “原始共产主义社会”或者“原始社会”，成为恩格斯对人类社会第一个经济的社会形态的称谓，也成为广义政治经济学最初研究的社会经济关系。

在《反杜林论》和《家庭、私有制和国家的起源》中，恩格斯对原始社会经济关系的研究，是循着两条不同的思路展开的。

在《反杜林论》中，对原始社会经济关系是作为前资本主义各种经济关系之一加以研究的，如提出“在实行土地公有制的氏族公社或农村公社中（一切文明民族都是同这种公社一起或带着它的非常明显的残余进入历史的），相当平等地分配产品，完全是不言而喻的；如果成员之间在分配方面发生了比较大的不平等，那么，这就已经是公社开始解体的标志了”[②] 等等观点。这是前面提到的恩格斯的广义政治经济学的后一种涵义上的研究，即对“个别”意义上的政治经济学的研究。

在《家庭、私有制和国家的起源》中，恩格斯从“起源”及其演进过程上，对前资本主义经济关系的各种社会经济关系的一般特征及其发展过程的研究。这就是广义政治经济学的前一种涵义上的研究，即对“普遍”意义上的政治经济学的研究。这两种涵义上的研究，都是相对于资本主义经济关系这一“狭义的政治经济学”而言的“广义的政治经济学”的研究。

在《家庭、私有制和国家的起源》中，恩格斯对“普遍”意义上的“广义的政治经济学”研究，呈现出三个基本的理论的和方法论的特征。

第一，以蒙昧时代—野蛮时代—文明时代为演进过程，对前资本主义各种社会经济关系的历史逻辑作出广义政治经济学的研究。恩格斯认为，摩尔根“根据生活资料生产的进步”，尝试着给“人类的史前史建立一个确定的系统”，提出了从蒙昧时代到野蛮时代、再到文明时代的划分，每一时代又分为低级阶段、中级阶段和高级阶段。摩尔根只对前两个时代以及向第三个时代的过渡问题作出研究。恩格斯借助摩尔根对

① 《马克思恩格斯文集》第 2 卷，人民出版社 2009 年版，第 31 页注释②。
② 《马克思恩格斯文集》第 9 卷，人民出版社 2009 年版，第 154 页。

时代演进和阶段划分的基本观点，对前资本主义的各种经济关系作出“普遍”意义上的政治经济学研究。

恩格斯认为，蒙昧时代的低级阶段是“人类的童年”，它“以果实、坚果、根作为食物；音节清晰的语言的产生是这一时期的主要成就”[①]。这一阶段大概延续了好几千年之久，“我们既然承认人是起源于动物界的，那么，我们就不能不承认这种过渡状态了”[②]。蒙昧时代的中级阶段是“从采用鱼类（我们把虾类、贝壳类及其他水栖动物都算在内）作为食物和使用火开始”，有了“早期的粗制的、未加磨制的石器，即所谓旧石器时代的石器”[③]。蒙昧时代的高级阶段，是从弓箭的发明开始的，“由于有了弓箭，猎物便成了通常的食物，而打猎也成了常规的劳动部门之一”。这时，“弓箭对于蒙昧时代，正如铁剑对于野蛮时代和火器对于文明时代一样，乃是决定性的武器”[④]。

野蛮时代的低级阶段，是从学会制陶术开始的，“野蛮时代的特有的标志，是动物的驯养、繁殖和植物的种植”[⑤]。野蛮时代的中级阶段，“在东大陆，是从驯养家畜开始；在西大陆，是从靠灌溉之助栽培食用植物以及在建筑上使用土坯（即用阳光晒干的砖）和石头开始”[⑥]。野蛮时代的高级阶段，“从铁矿石的冶炼开始，并由于拼音文字的发明及其应用于文献记录而过渡到文明时代”[⑦]。恩格斯认为，“在野蛮时代高级阶段已经破坏了氏族社会组织，而随着文明时代的到来又把它完全消灭”[⑧]。

从生活资料生产发展的历史逻辑来看，恩格斯对蒙昧时代到野蛮时代、再到文明时代经济关系的“普遍”特征的概括就是:“蒙昧时代是以获取现成的天然产物为主的时期；人工产品主要是用做获取天然产物的

---

① 《马克思恩格斯文集》第 4 卷，人民出版社 2009 年版，第 33 页。
② 《马克思恩格斯文集》第 4 卷，人民出版社 2009 年版，第 33 页。
③ 《马克思恩格斯文集》第 4 卷，人民出版社 2009 年版，第 33 页。
④ 《马克思恩格斯文集》第 4 卷，人民出版社 2009 年版，第 34 页。
⑤ 《马克思恩格斯文集》第 4 卷，人民出版社 2009 年版，第 35 页。
⑥ 《马克思恩格斯文集》第 4 卷，人民出版社 2009 年版，第 35 页。
⑦ 《马克思恩格斯文集》第 4 卷，人民出版社 2009 年版，第 37 页。
⑧ 《马克思恩格斯文集》第 4 卷，人民出版社 2009 年版，第 177 页。

辅助工具。野蛮时代是学会畜牧和农耕的时期，是学会靠人的活动来增加天然产物生产的方法的时期。文明时代是学会对天然产物进一步加工的时期，是真正的工业和艺术的时期。”①

第二，以三次社会分工为主线，对广义政治经济学中生产力和生产方式逐次渐进的实践逻辑作出分析。值得注意的是，在《德意志意识形态》手稿中，马克思和恩格斯就已经以“分工”为总的前提，对前资本主义所有制形式作出过初步阐释。他们当时就认为:“任何新的生产力，只要它不是迄今已知的生产力单纯的量的扩大（例如，开垦土地），都会引起分工的进一步发展。”② 他们也已经提出:“分工的各个不同发展阶段，同时也就是所有制的各种不同形式。这就是说，分工的每一个阶段还决定个人在劳动资料、劳动工具和劳动产品方面的相互关系。”③

在《家庭、私有制和国家的起源》中，恩格斯以三次社会大分工为主线，对前资本主义社会的广义政治经济学作出整体探索。他认为，游牧部落从其余的野蛮人群中分离出来是第一次社会大分工。“第一次社会大分工，在使劳动生产率提高，从而使财富增加，并且使生产领域扩大的同时，在既定的总的历史条件下，必然地带来了奴隶制。”④ 这就是说，第一次社会大分工“产生了第一次社会大分裂，分裂为两个阶级：主人和奴隶、剥削者和被剥削者”⑤。由此而形成了以私有制为基本特征的前资本主义（也包括资本主义）经济形式据以旋转的轴心关系。

第二次社会大分工是手工业和农业分离。生产的不断增长以及随之而来的劳动生产率的不断增长，提高了人的劳动力的价值。“随着生产分为农业和手工业这两大主要部门，便出现了直接以交换为目的的生产，即商品生产”⑥。这时，劳动产品中日益增加的一部分，是直接为了交换而生产的，“这就把单个生产者之间的交换提升为社会的生活必

① 《马克思恩格斯文集》第 4 卷，人民出版社 2009 年版，第 38 页。
② 《马克思恩格斯文集》第 1 卷，人民出版社 2009 年版，第 520 页。
③ 《马克思恩格斯文集》第 1 卷，人民出版社 2009 年版，第 521 页。
④ 《马克思恩格斯文集》第 4 卷，人民出版社 2009 年版，第 180 页。
⑤ 《马克思恩格斯文集》第 4 卷，人民出版社 2009 年版，第 180 页。
⑥ 《马克思恩格斯文集》第 4 卷，人民出版社 2009 年版，第 182 页。

需"[①]。自然经济中萌生并不断增长着商品生产和商品交换，成为社会经济关系演进的内在推动力。

第三次社会大分工使商人阶级从农业和手工业中分离出来。由此而来的贸易的发展，"不仅有部落内部和部落边境的贸易，而且海外贸易也有了"[②]。随着这次分工中商人阶级的形成，"出现了金属货币即铸币，随着金属货币就出现了非生产者统治生产者及其生产的新手段"[③]。于是，"第三次的、它所特有的、有决定意义的重要分工：它创造了一个不再从事生产而只从事产品交换的阶级——商人"[④]。从而形成了直至封建专制时期经济关系的根本特征。

第三，以生产和交换为发展的坐标，对广义政治经济学中经济体制和经济制度的理论逻辑作出分析。恩格斯认为："分工、由分工而产生的个人之间的交换，以及把这两者结合起来的商品生产，得到了充分的发展，完全改变了先前的整个社会。"[⑤] 循着这一逻辑过程，恩格斯提出，先前一切社会发展阶段上的生产，在本质上是"共同的生产"；同样，消费也是在较大或较小的"共产制共同体内部直接分配产品"。在生产关系上，"生产的这种共同性是在极狭小的范围内实现的，但是它随身带来的是生产者对自己的生产过程和产品的支配"[⑥]。

但是，随着分工进入生产过程并不断地影响着生产过程，原有的生产和占有的共同性逐渐被破坏，使个人占有成为占主导的形式，共同体之间的交换也被个人之间的交换所取代，进而使得不是为了自己消费而是为了交换的生产迅速发展起来，"商品生产逐渐地成了占统治地位的形式"；而当货币以及随货币而来的商人作为中间人插进生产者之间的时候，"交换过程就变得更加错综复杂，产品的最终命运就变得更加不确定了"[⑦]。

---

① 《马克思恩格斯文集》第4卷，人民出版社2009年版，第185页。
② 《马克思恩格斯文集》第4卷，人民出版社2009年版，第182—183页。
③ 《马克思恩格斯文集》第4卷，人民出版社2009年版，第185页。
④ 《马克思恩格斯文集》第4卷，人民出版社2009年版，第185页。
⑤ 《马克思恩格斯文集》第4卷，人民出版社2009年版，第193页。
⑥ 《马克思恩格斯文集》第4卷，人民出版社2009年版，第193页。
⑦ 《马克思恩格斯文集》第4卷，人民出版社2009年版，第194页。

这一阶段得以发展的基础就在于，人的劳动力“能够提供大大超过维持生产者生存所需要的产品了”，这个发展阶段“基本上就是产生分工和个人之间的交换的那个阶段”[①]。由此就产生了占有生产者剩余产品的剥削制度，“奴隶制的出现，就发生了社会分成剥削阶级和被剥削阶级的第一次大分裂”[②]。恩格斯认为：“这种分裂继续存在于整个文明期。奴隶制是古希腊罗马时代世界所固有的第一个剥削形式；继之而来的是中世纪的农奴制和近代的雇佣劳动制。这就是文明时代的三大时期所特有的三大奴役形式。”[③]

恩格斯认为，文明时代开始的商品生产和商品交换，在经济关系上出现了四大特征：一是“出现了金属货币，从而出现了货币资本、利息和高利贷”；二是“出现了作为生产者之间的中间阶级的商人”；三是“出现了土地私有制和抵押”；四是“出现了作为占统治地位的生产形式的奴隶劳动”[④]。

恩格斯从生活资料生产的进步的时代变迁上、从社会分工的逐次演进上，以及从生产和交换关系的经济坐标上，对前资本主义社会的历史逻辑、实践逻辑和理论逻辑的阐释，为广义政治经济学的发展奠定了重要的理论的和方法的基础。

## 三、对“过渡时期”政治经济学的研究

1891 年，恩格斯在为《雇佣劳动与资本》所写的《导言》中指出，在“当代资本主义经济”转变为“新的社会制度”的过程中，会“经过一个短暂的、有些艰苦的、但无论如何在道义上很有益的过渡时期”[⑤]。与这种“过渡时期”相联系的政治经济学，也是恩格斯提出“广义的政治经济学”的对象。从更为广泛的意义上来看，“过渡时期”的广义政治经济学，并不限于对资本主义经济关系向未来社会经济关系过渡问题

① 《马克思恩格斯文集》第 4 卷，人民出版社 2009 年版，第 194 页。
② 《马克思恩格斯文集》第 4 卷，人民出版社 2009 年版，第 195 页。
③ 《马克思恩格斯文集》第 4 卷，人民出版社 2009 年版，第 195 页。
④ 《马克思恩格斯文集》第 4 卷，人民出版社 2009 年版，第 195 页。
⑤ 《马克思恩格斯文集》第 1 卷，人民出版社 2009 年版，第 709 页。

的研究，同时也是对任何两个不同社会经济关系过渡问题的研究，如封建经济关系向资本主义经济关系过渡问题的研究，等等。

19 世纪 90 年代的德国无产阶级革命现实，迫切需要搞清楚“过渡时期”的农民和土地问题。在德国社会民主党内，以福尔马尔为代表的机会主义者，对这一“过渡时期”的重要问题的理解，越来越背离科学社会主义基本理论。为了批判福尔马尔等人在这一问题上的机会主义观点，恩格斯在 1894 年专门写了《法德农民问题》一文，阐明“过渡时期”农民和土地问题上的基本理论，为无产阶级政党制定正确的农民和土地问题的纲领和策略，也对广义政治经济学作出开拓性的研究。

在《法德农民问题》中，恩格斯认为，土地问题重要的是农民问题，而农民问题根本的是小农问题。在德国、法国和西欧的其他国家，农民“包含有一些很不相同的组成部分，这些不同的组成部分本身又按各个地区而有所区别”；其中的小农，“不仅一般说来对于西欧是最重要的农民，而且还给我们提供了解开整个问题的关键”[①]。这里讲的“小农”，指的是“小块土地的所有者或租佃者——尤其是所有者，这块土地既不大于他以自己全家的力量通常所能耕种的限度，也不小于足以让他养家糊口的限度”[②]。这种“小农”同小手工业者一样，是“过去的生产方式的一种残余”，而且也“同过了时的生产方式的任何残余一样，在不可挽回地走向灭亡。他们是未来的无产者”[③]。恩格斯认为：“只要我们搞清楚了我们对小农应有的态度，我们便有了确定我们对农村居民其他组成部分的态度的一切立足点。”[④]

农民作为工人的同盟军，对社会主义革命和未来的发展都有着重要意义；但是，要使农民成为可靠的同盟军，就要对他们进行“社会主义的宣传”，也就是要向他们讲清楚涉及他们根本利益的基本道理。特别要讲清楚的道理是，小农要挽救和保全他们的房产和田产，只有把它们变成合作社的占有和合作社的生产才能做到，从而“让农民有可能不是

---

① 《马克思恩格斯文集》第 4 卷，人民出版社 2009 年版，第 511 页、第 512 页。
② 《马克思恩格斯文集》第 4 卷，人民出版社 2009 年版，第 512 页。
③ 《马克思恩格斯文集》第 4 卷，人民出版社 2009 年版，第 513 页。
④ 《马克思恩格斯文集》第 4 卷，人民出版社 2009 年版，第 512 页。

为了资本家的利益，而是为了他们自己的共同利益自己进行大规模经营”[①]。还要讲清楚的道理是：“如果他们要坚持自己的个体经济，那么他们就必然要丧失房屋和家园，大规模的资本主义经济将排挤掉他们陈旧的生产方式。”[②] 同时，也要向小农承诺，“我们不会违反他们的意志而强行干预他们的财产关系”[③]。从革命策略上来看，这样做是十分必要的，这“不仅是因为我们认为自食其力的小农可能来补充我们的队伍，而且也是为了党的直接利益”[④]。恩格斯提出的警示是：“如果我们要等到资本主义生产发展的后果到处都完全显现出来以后，等到最后一个小手工业者和最后一个小农都变成资本主义大生产的牺牲品以后，才来实现这个改造，那对我们是没有好处的。”[⑤]

在《法德农民问题》中，恩格斯还谈及“有雇工剥削行为的大农和中农”的问题。他认为，对于“大农和中农”，也不能对他们实行暴力的剥夺，也要把各个农户联合为合作社，“在这种合作社内越来越多地消除对雇佣劳动的剥削，并把这些合作社逐渐变成一个全国大生产合作社的拥有同等权利和义务的组成部分”[⑥]。按照恩格斯提出的“过渡时期”这种渐进的生产方式变革的方法，“如果这些农民看到他们现在的生产方式必然要灭亡并且从中得出必要的结论，他们就要到我们这里来，而我们的职责就是要尽力使他们也易于过渡到新的生产方式”[⑦]。

在《法德农民问题》中，恩格斯还对大土地所有者的剥夺及其方式的选择问题作了探讨。在根本上，“我们党一旦掌握了国家政权，就应该干脆地剥夺大土地占有者，就像剥夺工厂主一样”；被“剥夺”后的大土地所有者的这些土地，“在社会监督下，在社会监督下，转交给现在就已经耕种着这些土地并将组织成合作社的农业工人使用”[⑧]。但是，

---

① 《马克思恩格斯文集》第4卷，人民出版社2009年版，第526页。
② 《马克思恩格斯文集》第4卷，人民出版社2009年版，第526页。
③ 《马克思恩格斯文集》第4卷，人民出版社2009年版，第526页。
④ 《马克思恩格斯文集》第4卷，人民出版社2009年版，第526页。
⑤ 《马克思恩格斯文集》第4卷，人民出版社2009年版，第526页。
⑥ 《马克思恩格斯文集》第4卷，人民出版社2009年版，第529页。
⑦ 《马克思恩格斯文集》第4卷，人民出版社2009年版，第529页。
⑧ 《马克思恩格斯文集》第4卷，人民出版社2009年版，第529页。

这种“剥夺”采取什么样的方式，如是否用赎买来进行，恩格斯认为：“这大半不取决于我们，而取决于我们取得政权时的情况，尤其是也取决于大土地占有者先生们自己的态度。”①恩格斯强调：“我们决不认为，赎买在任何情况下都是不容许的；马克思曾向我讲过（并且讲过好多次！）他的意见：假如我们能赎买下这整个匪帮，那对于我们最便宜不过了。”②

在《法德农民问题》中，恩格斯还对这一“过渡时期”生产资料所有制变革的基本原则，即把生产资料交给生产者共同占有，无产阶级及其政党要以所拥有的一切手段来为生产资料归共同占有而斗争的基本原则作了阐释。恩格斯认为：“我们党的义务是随时随地向农民解释：他们的处境在资本主义还统治着的时候是绝对没有希望的，要保全他们那样的小块土地所有制是绝对不可能的，资本主义的大生产将把他们那无力的过时的小生产压碎，正如火车把独轮手推车压碎一样是毫无问题的。如果我们这样做，那就是按照必然的经济发展的精神行动，而经济发展会使农民的头脑接受我们的话。”③ 因此，那种企图证明社会主义原则中包括有保护小农所有制免于在资本主义生产方式下遭到灭亡的观点，既违背了社会主义所有制的基本原则，也有悖于社会化大生产条件下社会主义农业发展的根本趋势。

恩格斯提到，法国工人党的土地纲领在关于占有生产资料是生产者自由的前提的论述之后，应该强调：“生产资料的占有只能有两种形式：或者是个人占有，这一形式无论何时何地对于生产者来说都从来没有作为普遍形式存在过，而且一天天地越来越被工业的进步所排除；或者是公共占有，这一形式的物质的和精神的前提都已经由资本主义社会的发展本身造成了；所以，必须以无产阶级所拥有的一切手段来为生产资料转归公共占有而斗争。”④ 要把“生产资料的公共占有”提出来，作为社会主义革命“应当争取的唯一的主要目标”。恩格斯认为：“这不仅在基础已经打好了的工业方面是如此，而且在所有的地方，也就是说在农

① 《马克思恩格斯文集》第4卷，人民出版社2009年版，第529页。
② 《马克思恩格斯文集》第4卷，人民出版社2009年版，第529页。
③ 《马克思恩格斯文集》第4卷，人民出版社2009年版，第527页。
④ 《马克思恩格斯文集》第4卷，人民出版社2009年版，第516页。

业方面也是如此。”[①]

恩格斯对“过渡时期”政治经济学的研究，成为恩格斯对广义政治经济学开创性研究的重要组成部分。

## 四、对未来社会经济关系的研究

《资本论》所研究的资本主义政治经济学，之所以被称作“狭义政治经济学”，是因为资本主义是当时占“主体”的经济关系，如马克思在《〈政治经济学批判〉导言》中所指出的，“应当时刻把握住：无论在现实中或在头脑中，主体——这里是现代资产阶级社会——都是既定的；因而范畴表现这个一定社会即这个主体的存在形式、存在规定、常常只是个别的侧面”[②]。在这种情况下，除了“狭义的政治经济学”之外的其他各个社会经济关系所作的政治经济学研究，就属于“广义的政治经济学”。在恩格斯的理论视域内，这种涵义的广义政治经济学研究，除了原始共产主义经济关系的研究之外，还集中呈现于对未来社会经济关系的研究中。

恩格斯和马克思一样，在对未来社会经济关系的政治经济学研究中，是以现存资本主义经济关系的批判和分析为基础的，坚守“对未来非资本主义社会区别于现代社会的特征的看法，是从历史事实和发展过程中得出的确切结论；不结合这些事实和过程去加以阐明，就没有任何理论价值和实际价值”[③]。即使对未来社会经济关系基本特征的研究，也从来不会对其中的具体措施和现实方案作出任何的猜测，正如恩格斯强调的:“无论如何，共产主义社会中的人们自己会决定，是否应当为此采取某种措施，在什么时候，用什么办法，以及究竟是什么样的措施。我不认为自己有向他们提出这方面的建议和劝导的使命。那些人无论如何也会和我们一样聪明。”[④] 恩格斯一直坚守，“我们是不断发展论者，

① 《马克思恩格斯文集》第 4 卷，人民出版社 2009 年版，第 516 页。
② 《马克思恩格斯文集》第 8 卷，人民出版社 2009 年版，第 30 页。
③ 《马克思恩格斯文集》第 10 卷，人民出版社 2009 年版，第 548 页。
④ 《马克思恩格斯文集》第 10 卷，人民出版社 2009 年版，第 455—456 页。

我们不打算把什么最终规律强加给人类”①。

恩格斯对未来社会的生产资料所有制特征作了阐释。1895 年 2 月，恩格斯在为《1848 年至 1850 年的法兰西阶级斗争》所写的“导言”中，回顾了他和马克思在 19 世纪 50 年代关于未来社会所有制理论的基本观点。恩格斯指出:“使本书具有特别重大意义的是，在这里第一次提出了世界各国工人政党都一致用以扼要表述自己的经济改造要求的公式，即：生产资料归社会所有。”② 在提到马克思阐明的未来社会“使生产资料受联合起来的工人阶级支配”的理论时，恩格斯认为:“这里第一次表述了一个使现代工人社会主义既与封建的、资产阶级的、小资产阶级的等形形色色的社会主义截然不同，又与空想的以及自发的工人共产主义所提出的模糊的财产公有截然不同的原理。”③ 这既是恩格斯对他和马克思一起在 19 世纪 40 年代至 50 年代初关于未来社会所有制问题探讨的理论概括，也是恩格斯一生最后一次对未来社会所有制理论核心要义作出的深刻阐释。恩格斯在这里强调的是：未来社会所有制的内涵，指的是生产资料所有制、是生产资料公有制，决不是任何其他意义上的如财产、货币等等形式上的所谓“所有制关系”。

对未来社会即共产主义社会所有制性质问题的坚守，是恩格斯晚年重要的思想原则之一。在为《1848 年至 1850 年的法兰西阶级斗争》撰写“导言”的前一年，1894 年 1 月，在为《〈人民国家报〉国际问题论文集（1871—1875)》撰写的“序言”中，恩格斯旗帜鲜明地指出:“我根本不把自己称做社会民主主义者，而称做共产主义者。这是因为当时在各个国家里那些自称是社会民主主义者的人根本不把全部生产资料转归社会所有这一口号写在自己旗帜上。”④ 恩格斯把对共产主义学说的理解同对未来社会所有制性质的理解密切地结合在一起。

在 19 世纪 50 年代已经形成的未来社会所有制理论的基础上，恩格斯在《反杜林论》中进一步区分了未来社会在“产品占有”上的两种不同的方式。恩格斯认为，在未来社会，“资本主义的占有方式，即产品

---

① 《马克思恩格斯文集》第 4 卷，人民出版社 2009 年版，第 561 页。
② 《马克思恩格斯文集》第 4 卷，人民出版社 2009 年版，第 536 页。
③ 《马克思恩格斯文集》第 4 卷，人民出版社 2009 年版，第 537 页。
④ 《马克思恩格斯文集》第 4 卷，人民出版社 2009 年版，第 448 页。

起初奴役生产者而后又奴役占有者的占有方式，就让位于那种以现代生产资料的本性为基础的产品占有方式：一方面由社会直接占有，作为维持和扩大生产的资料，另一方面由个人直接占有，作为生活资料和享受资料”[①]。在这里，恩格斯再次肯定未来社会共同占有的生产资料，实现的是生产资料的“直接占有”、社会共同所有的生产资料所有制形式。社会扩大再生产既是产品的内涵的或外延的扩大再生产的过程，同样也是生产关系的再生产过程；作为“维护和扩大再生产”生产资料继续以共同所有的方式进入在生产过程，而扩大的生活资料产品则进入人们的消费过程，不断满足人们日益提高的物质和文化生活的需要。

恩格斯还对未来社会利用什么方式消灭生产资料资本主义私人占有制的问题作出原则性的探索。在 1872 年撰写的《论住宅问题》中，恩格斯提出：“一般说来，问题并不在于，无产阶级取得政权后是去简单地运用暴力占有生产工具、原料和生活资料，还是为此立即给以补偿，或者是通过缓慢的分期付款办法赎买这些东西的所有权。试图预先面面俱到地回答这个问题，那就是制造空想，这种事情我留给别人去做。”[②]这实际上也是恩格斯针对 19 世纪末期资本主义发展和社会主义革命新情况作出的新探索。

恩格斯在对未来社会生产资料所有制的性质及其实现方式研究的同时，也对社会生活消费品的分配方式作了探讨，进一步丰富了未来社会经济关系的广义政治经济学内涵。在这一研究中，恩格斯提出了三个方面的重要观点：一是认为分配方式应该有利于促进生产发展和财富增进；二是强调分配方式应当有利于促进社会成员的能力发挥和全面发展；三是肯定分配方式应当有利于促进社会进步。在这些思想指导下，未来社会的产品分配方式的制定，应随着未来社会的发展不断作出相应的调整。

在《反杜林论》中，恩格斯指出：“只要分配为纯粹经济的考虑所支配，它就将由生产的利益来调节，而最能促进生产的是能使一切社会成

---

① 《马克思恩格斯文集》第 3 卷，人民出版社 2009 年版，第 561 页。

② 《马克思恩格斯文集》第 3 卷，人民出版社 2009 年版，第 328 页。

员尽可能全面地发展、保持和施展自己能力的那种分配方式。”① 1890年8月，恩格斯在给施米特的信中提出：在未来社会，人们是“按照劳动量分配呢，还是用其他方式。人们对于这个问题，是一反某些关于公平原则的唯心主义空话而处理得非常‘唯物主义’的。但奇怪的是谁也没有想到，分配方式本质上毕竟要取决于有多少产品可供分配，而这当然随着生产和社会组织的进步而改变，从而分配方式也应当改变。但是，在所有参加辩论的人看来，‘社会主义社会’并不是不断改变、不断进步的东西，而是稳定的、一成不变的东西，所以它应当也有个一成不变的分配方式。而合理的想法只能是：（1）设法发现将来由以开始的分配方式，（2）尽力找出进一步的发展将循以进行的总趋向。可是，在整个辩论中，我没有发现一句话是关于这方面内容的”②。

在对社会经济分配方式的研究中，恩格斯还对作为分配对象的生活资料的内涵作出探讨。在《反杜林论》中，恩格斯把生活资料划分为生活资料和享受资料。后来，他根据劳动者生存和发展过程的实际情况，进一步对作为分配对象的生活资料作出进一步的细分。1891年，恩格斯在为马克思《雇佣劳动与资本》单行本撰写的“导言”中说：“一个新的社会制度是可能实现的，在这个制度之下，当代的阶级差别将消失；而且在这个制度之下——也许在经过一个短暂的、有些艰苦的、但无论如何在道义上很有益的过渡时期以后——，通过有计划地利用和进一步发展一切社会成员的现有的巨大生产力，在人人都必须劳动的条件下，人人也都将同等地、愈益丰富地得到生活资料、享受资料、发展和表现一切体力和智力所需的资料。现在工人们正日益坚决地为实现这个新的社会制度而斗争。”③

关于未来社会经济运行体制和方式问题，也是恩格斯关于未来社会经济关系的广义政治经济学研究的重要内容。1894年，恩格斯在回顾他和马克思在19世纪50年代对未来社会公有制基础上的经济体制及其运行方式的理论观点时指出：“当人们按照今天的生产力终于被认识了的

① 《马克思恩格斯文集》第9卷，人民出版社2009年版，第209页。
② 《马克思恩格斯文集》第10卷，人民出版社2009年版，第586—587页。
③ 《马克思恩格斯文集》第1卷，人民出版社2009年版，第709—710页。

本性来对待这种生产力的时候，社会的生产无政府状态就让位于按照社会总体和每个成员的需要对生产进行的社会的有计划的调节。”[①] 19 世纪 70 年代之后，恩格斯对这种“社会的有计划的调节”的经济运行体制作出了一系列探索。

在《反杜林论》中，恩格斯把未来社会经济运行体制看作对资本主义无政府状态经济的直接否定。他认为：“当人们按照今天的生产力终于被认识了的本性来对待这种生产力的时候，社会的生产无政府状态就让位于按照社会总体和每个成员的需要对生产进行的社会的有计划的调节。”[②] 同时，在恩格斯那个时代，商品经济还以自由放任的市场经济体制为主导，社会经济的无政府状态是自由放任的市场经济体制的必然后果。因此，恩格斯认为：“一旦社会占有了生产资料，商品生产就将被消除，而产品对生产者的统治也将随之消除。社会生产内部的无政府状态将为有计划的自觉的组织所代替。个体生存斗争停止了。于是，人在一定意义上才最终地脱离了动物界，从动物的生存条件进入真正人的生存条件。人们周围的、至今统治着人们的生活条件，现在受人们的支配和控制，人们第一次成为自然界的自觉的和真正的主人，因为他们已经成为自身的社会结合的主人了。”[③]

在恩格斯看来，以“自发”为特征的无政府状态经济体制，到以完全“自觉”为特征的全社会的有计划的经济体制的转变，是从资本主义经济转变为未来社会即共产主义社会经济体制的大趋势。在 20 世纪的经济社会发展中，出现了恩格斯所没有预料到的两种现象：一是恩格斯生活的那个年代，完全“自发”的自由放任的市场经济体制，在 20 世纪 20 年代末世界经济“大萧条”之后发生了变化，完全“自发”的市场经济体制开始消退，“自觉”（严格地讲，是极少部分的“自觉”，或者说是为消解完全自发的部分自觉）的诸如宏观调控等经济因素成为现代市场经济体制的组成部分。20 世纪 40 年代以后，现代市场经济体制中完全“自发”因素的逐渐消退和体现部分“自觉”因素的逐渐增进，

---

① 《马克思恩格斯文集》第 3 卷，人民出版社 2009 年版，第 560—561 页。
② 《马克思恩格斯文集》第 9 卷，人民出版社 2009 年版，第 296 页。
③ 《马克思恩格斯文集》第 9 卷，人民出版社 2009 年版，第 300 页。

成为各国市场经济体制发展的基本趋势。二是现实的社会主义革命和建设，发生在经济文化相对落后的国家，商品经济的发展还是其不可逾越的阶段。在这种情况下，选择社会主义基本经济制度和市场经济相结合的社会主义市场经济体制就成为必然。在社会主义经济制度中发展起来的市场经济体制，更易于消解市场经济体制中的自发性、盲目性和滞后性，更有利于发挥国家对经济的协调和调控作用。恩格斯所揭示的社会经济体制从“自发”到“自觉”的演进，依然是现实的社会主义经济发展的内在趋势。

未来社会经济运行体制的根本性变化，与社会生产和分配方式以及社会生产目的发展融为一体，形成经济社会发展的合力。在未来社会，在经济社会发展的合力中，“社会的每一成员不仅有可能参加社会财富的生产，而且有可能参加社会财富的分配和管理，并通过有计划地经营全部生产，使社会生产力及其成果不断增长，足以保证每个人的一切合理的需要在越来越大的程度上得到满足”[①]。

从人类社会发展规律来看，未来社会经济制度上的这些本质规定，推进着社会的全面发展和进步。恩格斯指出:“人们自己的社会行动的规律，这些一直作为异己的、支配着人们的自然规律而同人们相对立的规律，那时就将被人们熟练地运用，因而将听从人们的支配。人们自身的社会结合一直是作为自然界和历史强加于他们的东西而同他们相对立的，现在则变成他们自己的自由行动了。至今一直统治着历史的客观的异己的力量，现在处于人们自己的控制之下了。只是从这时起，人们才完全自觉地自己创造自己的历史；只是从这时起，由人们使之起作用的社会原因才大部分并且越来越多地达到他们所预期的结果。这是人类从必然王国进入自由王国的飞跃。”[②]

---

① 《马克思恩格斯文集》第 3 卷，人民出版社 2009 年版，第 460 页。

② 《马克思恩格斯文集》第 9 卷，人民出版社 2009 年版，第 300 页。

# 第十六章　家庭、私有制和国家起源学说

恩格斯1884年写成的《家庭、私有制和国家的起源》（以下简称《起源》），借鉴了摩尔根《古代社会》中的研究成果，充分吸收了马克思在《古代社会》摘要中表述的思想，系统阐述了人类早期社会发展的历史，科学地证明了人类社会走向未来共产主义社会的历史必然性。列宁曾把《起源》称为“现代社会主义的基本著作之一，其中每一句话都是可以相信的，每一句话都不是凭空说的，而是根据大量的史料和政治材料写成的”[①]。

恩格斯在《起源》写作前就提出：“摩尔根在他自己的研究领域内独立地重新发现了马克思的唯物主义历史观，并且最后还对现代社会提出了直接的共产主义的要求。他根据野蛮人的、尤其是美洲印第安人的氏族组织，第一次充分地阐明了罗马人和希腊人的氏族，从而为原始史奠定了牢固的基础。”[②]《起源》是马克思逝世后，恩格斯发表的第一部重要著作。在马克思主义发展史上，《起源》的意义远远超越著作本身的论题，它是恩格斯在马克思逝世后继续推进马克思主义发展的基本著作，也是恩格斯晚年坚持和发展马克思思想的经典文本。

## 一、《家庭、私有制和国家的起源》研究缘由

《起源》的写作，除了是对摩尔根《古代社会》一书再研究之外，恩格斯还有一些特别的考虑。在《起源》的“1884年第一版序言”和

① 《列宁专题文集 论辩证唯物主义和历史唯物主义》，人民出版社2009年版，第284页。

② 《马克思恩格斯文集》第10卷，人民出版社2009年版，第513页。

“1891 年第四版序言” 中，恩格斯对此作了说明：

一是为了完成马克思未竟的科学研究。恩格斯说：“我这本书，只能稍稍补偿我的亡友未能完成的工作。不过，我手中有他写在摩尔根一书的详细摘要中的批语，这些批语我在本书中有关的地方就加以引用。”[①] 在《起源》写作之前，恩格斯在 1884 年 2 月给考茨基的信中谈到：“在论述社会的原始状况方面，现在有一本像达尔文的著作对于生物学那样具有决定意义的书，这本书当然也是马克思发现的，这就是摩尔根的《古代社会》（1877 年版）。马克思谈到过这本书，但是，当时我脑子里正装着别的事情，而以后他也没有再回头研究；看来，他是很想回头再研究的，因为从他所作的十分详细的摘录中可以看出，他自己曾打算把该书介绍给德国读者。”[②] 这应该是恩格斯写作《起源》的最为直接的缘由。

二是深化对人类史前社会的研究。在恩格斯看来，“不是别人，正是卡尔·马克思曾打算联系他的——在某种限度内我可以说是我们两人的——唯物主义的历史研究所得出的结论来阐述摩尔根的研究成果，并且只是这样来阐明这些成果的全部意义”[③]。马克思逝世后，恩格斯认为“我本人对马克思担负着这项义务”，还可以利用马克思的“札记”[④]，从对史前社会的研究中，验证唯物史观的科学性。

三是为了根据新的历史材料拓展唯物史观的理论内涵。恩格斯提出：“根据唯物主义观点，历史中的决定性因素，归根结底是直接生活的生产和再生产。但是，生产本身又有两种。一方面是生活资料即食物、衣服、住房以及为此所必需的工具的生产；另一方面是人自身的生产，即种的繁衍。一定历史时代和一定地区内的人们生活于其下的社会制度，受着两种生产的制约：一方面受劳动的发展阶段的制约，另一方面受家庭的发展阶段的制约。”[⑤] 史前社会的研究，升华了唯物史观的思想精粹。

---

① 《马克思恩格斯文集》第 4 卷，人民出版社 2009 年版，第 15 页。
② 《马克思恩格斯文集》第 10 卷，人民出版社 2009 年版，第 512—513 页。
③ 《马克思恩格斯文集》第 4 卷，人民出版社 2009 年版，第 15 页。
④ 参见《马克思恩格斯全集》第 36 卷，人民出版社 1974 年版，第 132 页。
⑤ 《马克思恩格斯文集》第 4 卷，人民出版社 2009 年版，第 15—16 页。

四是为了回击当时“史前史”问题研究中的理论偏误和学术不端倾向。恩格斯认为:“摩尔根在美国，以他自己的方式，重新发现了 40 年前马克思所发现的唯物主义历史观，并且以此为指导，在把野蛮时代和文明时代加以对比的时候，在主要点上得出了与马克思相同的结果。”① 对摩尔根的这方面的成就，英国的史前史学派对此“顽强地抹杀”，闭口不提摩尔根的发现在原始历史观中所引起的革命，但却“丝毫不客气地把摩尔根所得的成果掠为己有”②。

唯物史观的创立，开启了马克思和恩格斯对前资本主义生产方式研究的思路。19 世纪 40 年代，在《德意志意识形态》手稿中，马克思和恩格斯依据分工发展的各个不同阶段，把前资本主义所有制关系的发展，划分为三个依次递进的阶段，即部落所有制、古代公社所有制和国家所有制、封建的或等级的所有制。在马克思和恩格斯看来，第一种部落所有制，是与生产和分工的不发达阶段相适应的。这时，人们获得物质生活资料的方式主要是靠狩猎、捕鱼、牧畜；分工仅限于家庭中现有的自然产生的分工的进一步扩大；社会结构也仅限于家庭的扩大。但是，家庭中已存在着隐蔽的奴隶制：父权制的酋长管辖着部落成员及奴隶。第二种古代公社所有制和国家所有制，是以几个部落通过契约或征服而联合为一个城市为基础的。这时，除公社所有制以外，动产和不动产私有制已经发展起来，但它们还只是作为一种反常的、从属于公社所有制的形式发展起来的。奴隶制仍然被保存着。随着分工的发达，城乡之间的对立相继出现，国家已具雏形，阶级关系也已充分地发展起来。第三种封建的或等级的所有制形式，是与狭隘的生产关系，即粗陋的原始的土地耕作和手工业式的工业发展相联系的。

马克思和恩格斯对前资本主义生产方式的理解，有两个显著的特点：第一，作为最早的所有制形式——部落所有制，并不等于后来人们所理解的原始公社所有制。实际上，马克思和恩格斯当时还没有能对史前社会的性质作出确切的论述。第二，马克思和恩格斯当时对前资本主义所有制演进过程的分析已包含了一般性和变异性两种理解。一方面，

① 《马克思恩格斯文集》第 4 卷，人民出版社 2009 年版，第 15 页。

② 《马克思恩格斯文集》第 4 卷，人民出版社 2009 年版，第 18 页。

他们认为，前资本主义所有制是依照部落所有制——古代公社所有制和国家所有制——封建的或等级的所有制这一一般序列演进的；另一方面，他们也认为，在不同的地区和民族中，所有制的“最初形式”尽管都是部落所有制，但是，在其演进过程中，有的直接过渡到古代公社所有制，有的则直接过渡到封建的所有制。他们提出，“所有制的最初形式，无论是在古典古代世界或中世纪，都是部落所有制”，但是，“在古典古代民族中，一个城市里聚居着几个部落，因此部落所有制就具有国家所有制的形式”；而“在起源于中世纪的民族那里，部落所有制经过了几个不同的阶段——封建地产，同业公会的动产，工场手工业资本——才发展为由大工业和普遍竞争所引起的现代资本，即变为抛弃了共同体的一切外观并消除了国家对所有制发展的任何影响的纯粹私有制”[①]。

19 世纪上半叶，人类社会的史前状态以及全部成文史以前的社会组织，几乎还完全没有人知道。在 1848 年发表的《共产党宣言》中，马克思和恩格斯作出“至今一切社会的历史都是阶级斗争的历史”判断时，并不知道史前史、有文字记载以前的历史，1888 年恩格斯在《共产党宣言》英文版再版时，以注释的形式对这个判断作出补充说明:“即有文字可考的全部历史。在 1847 年，社会的史前史、成文史以前的社会组织，几乎还没有人知道。”[②] 在《共产党宣言》中，马克思和恩格斯在论及前资本主义的各个历史时代时，只是提到了古罗马的奴隶社会和中世纪的封建社会。在 1849 年正式发表的《雇佣劳动与资本》中，马克思也只是提到了古代社会和封建社会。马克思对原始的部落所有制在社会生产方式演进中的地位，似乎也有一定的保留。即使在 19 世纪 50 年代初，马克思在对东方社会土地所有制问题研究时，也只是单独的，而不是从社会生产方式演进关系上，提到了相当于部落所有制发展阶段的原始生产方式。

在《1857—1858 年经济学手稿》中，在对史前社会的理解中，马克思还是坚持他同恩格斯共同持有的观点。在写作《1857—1858 年经

---

① 《马克思恩格斯文集》第 1 卷，人民出版社 2009 年版，第 583 页。

② 《马克思恩格斯全集》第 4 卷，人民出版社 1958 年版，第 466 页。

济学手稿》开始时，马克思就已经注意到，“在现实的历史上，雇佣劳动是从奴隶制和农奴制的解体中产生的，或者像在东方和斯拉夫各民族中那样是从公有制的崩溃中产生的，而在其最恰当的、划时代的、囊括了劳动的全部社会存在的形式中，雇佣劳动是从行会制度、等级制度、劳役和实物收入、作为农村副业的工业、仍为封建的小农业等等的衰亡中产生的。在所有这些现实的历史过渡中，雇佣劳动表现为一些关系的解体、消灭”①。这就是说，从历史发展的角度来看，前资本主义生产方式，包括东方的和斯拉夫的公有制、奴隶制和农奴制，都是现存资本主义生产方式的前史，是其历史前提。一直到19世纪70年代初以前，马克思和恩格斯对古代社会的研究都持这样的观点。

19世纪70年代中期，马克思和恩格斯对古代社会研究的观点发生了重要的变化。1876年下半年，马克思读了格·路·毛勒关于日耳曼公社史的系列著作，即格·汉森、弗·德默里奇、奥·乌提舍诺维奇、弗·卡尔德纳斯关于公社制度在塞尔维亚、西班牙和其他国家演变情况的著作，并写下了详细的摘要。1879年之后，马克思进一步研读了关于古代社会研究的一些新的文献，对摩尔根等人的关于古代社会的研究著述作了详细摘录，写下了大量的、内容丰富的读书笔记。其中主要有《柯瓦列夫斯基〈公社土地占有制，其解体的原因、进程和结果〉一书摘要》《摩尔根〈古代社会〉一书摘要》《梅恩〈古代法制史讲演录〉一书摘要》和《拉伯克〈文明的起源和人的原始状态〉一书摘要》等等。

在这一段时间，恩格斯也在研究这一问题，1881年7月，他从马克思那里拿走了毛勒四卷本《德国领主庄园、农户和农户制度史》的“前两卷著作”；1882年12月，恩格斯又从马克思那里拿走了毛勒的“全部著作”②。这时，恩格斯正在撰写研究德国古代社会以“民族按亲属关系的划分和土地公有制”③为特征的《马尔克》一文。毛勒在《德国马尔克制度史》等著述中对这些问题做过研究。12月8日，恩格斯给马克思的信中说:“我必须阅读它们，以便写结尾的论马尔克的文章，

---

① 《马克思恩格斯全集》第30卷，人民出版社1995年版，第15页。

② 参见《马克思恩格斯全集》第35卷，人民出版社1971年版，第8页、第121页。

③ 《马克思恩格斯全集》第25卷，人民出版社2001年版，第567页。

这篇文章写得很长了，虽然我重新改写了两三次，但是仍然感到不满意。用八至十页的篇幅来概述马尔克的产生、兴盛和衰落，绝不是一件简单的事情。只要我还有点时间，就把这篇文章寄给你，以便听取你的意见。”[①]

几天以后，12月15日，恩格斯把他写的《马尔克》一文初稿寄给了马克思，并告诉马克思，“我重读了毛勒的全部著作中一切与此有关的地方，在那里面几乎找到了我的全部论点，而且都有证据，此外，也有一些正好相反的论断，但它们不是缺乏证据的，就是从这里恰好没有涉及到的时代得出的。这种情况特别出现在第四卷《领主庄园》的结论中。在毛勒的著作中这些矛盾的产生是由于：（1）他习惯于不分主次地和杂乱无章地引用一切时代的证据和事例；（2）他具有法律偏见的残余，每当问题涉及对发展的理解时，这种偏见就对他起阻碍作用；（3）他对于暴力和它的作用注意得非常不够；（4）他具有‘开明的’成见：似乎自从黑暗的中世纪以来必定会不断朝着更美好的方向进步，这不仅妨碍他认识真正进步的对抗性质，而且也妨碍他认识个别的倒退情况”[②]。12月16日，恩格斯在给伯恩斯坦的信中提到，他把《马尔克》的手稿寄给了马克思，认为马克思“埋头钻研这些问题比我时间长得多，深入得多”[③]。在对古代社会问题研究中，恩格斯一直在同马克思进行交流，同马克思共同研究这些问题，自然也取得了理论上的许多共识。

## 二、马克思《摩尔根〈古代社会〉一书摘要》的影响

路·摩尔根通过长期而广泛的调查研究，发现了原始社会的社会结构，他在《古代社会》中，证明了母系氏族（以后转变为父系氏族）是原始社会的基本单位，阐明了家庭形式的演进过程。其中，对家庭形式、婚姻形式在原始社会中的作用以及私有制的产生导致专偶制家庭的

① 《马克思恩格斯全集》第35卷，人民出版社1971年版，第121页。
② 《马克思恩格斯全集》第35卷，人民出版社1971年版，第122—123页。
③ 《马克思恩格斯全集》第35卷，人民出版社1971年版，第412页。

产生和文明社会的建立等问题作了详尽阐释。摩尔根的这些发现，证实了马克思和恩格斯唯物史观在对史前社会分析中的科学意义。

马克思十分重视摩尔根的科学贡献，他在对摩尔根《古代社会》一书所作的详细摘录中，对其中有科学价值的章节给予更多的关注，对一些错误观点和不正确说法则加以剔除。马克思在摘要中写下的很多评注，有对摩尔根著作中的问题作出进一步说明的，也有对摩尔根一些理论观点进行了纠正、发挥和补充的。例如，马克思纠正了摩尔根把取火当作人类早期的次要发明的观点，提出“与此相反”的观点，认为“一切与取火有关的东西都是主要的发明”[①]；马克思还对摩尔根提出的人类“达到了绝对控制食物生产的地步”的观点提出质疑[②]等等。对于摩尔根的亲属制度、亲属称谓落后于亲属关系的原理，马克思作了更为深刻的理论概括，指出了“同样，政治的、宗教的、法律的以至一般哲学的体系，都是如此”[③] 的观点。马克思深刻地剖析了专偶制家庭的起源和性质，阐明了从母系氏族过渡到父系氏族的原因和意义，对其他民族中存在的父权制大家庭的例证作了补充。马克思还从古代文献中引用了许多论述，对摩尔根关于古希腊罗马社会的分析作出补充说明，还对古希腊罗马社会中私有制的产生、氏族的瓦解以及阶级和国家的形成、阶级之间的关系等问题作出多方面的阐释，等等。

马克思在《古代社会》摘要中，去粗取精、去伪存真，集中了摩尔根著作的精粹，对摩尔根著作的理论体系作了更具学理性的改造。摩尔根原著的结构，在逻辑上呈现的是从生产技术的发展到政治观念的发展，再到家庭形式的变化和私有制产生的过程。马克思在摘要中，把这一结构改造为从生产技术的发展和家庭形式的变化，再到私有制和国家产生的逻辑过程。马克思以历史唯物主义为遵循，阐明了原始社会发展中两种生产即物质资料的生产和人本身的生产的基础作用，阐明了私有制的出现同阶级和国家的产生及其根本性质之间的关系等重要观点。马克思的所有这些看法和观点，对恩格斯写作《起源》发生着直接的影

---

① 《马克思恩格斯全集》第 45 卷，人民出版社 1985 年版，第 379 页。
② 《马克思恩格斯全集》第 45 卷，人民出版社 1985 年版，第 332 页。
③ 《马克思恩格斯全集》第 45 卷，人民出版社 1985 年版，第 354 页。

响。特别是马克思提出的对唯物史观作出进一步发展的三个重要观点，对恩格斯的影响更为显著。

一是关于两种生产的观点。摩尔根用大量的实证资料，说明上古时代的家庭状况及其同相应的社会制度的关系。在《古代社会》一开始，摩尔根就强调："最近关于人类早期状况的研究，倾向于得出下面的结论，即：人类是从发展阶梯的底层开始迈步，通过经验知识的缓慢积累，才从蒙昧社会上升到文明社会的。"① 摩尔根要说明的是，人类社会所经历的从蒙昧时代到野蛮时代、再到文明时代的演进过程，是一个从低级阶段到高级阶段、从原始社会到阶级社会的发展过程。在这一论述过程中，摩尔根对两种生产——物质资料的生产和人自身的生产，在国家和文明起源过程中的根本作用，作出了较为系统的阐述。马克思对摩尔根这一观点是表示赞成的，马克思不仅接受了《古代社会》的历史分期方法，而且还对两种生产理论作出新的探索，赋予其唯物史观的意蕴。

在《古代社会》中，摩尔根对古代社会的分析，是依循从生存技术发展到政治观念发展、再到家族观念变化和财产观念发展这一思路展开的。在摩尔根看来，两种生产中人类自身的生产是物质资料生产的推动力，家庭作为一个"能动的要素"不是静止不变的，而是随着社会的发展不断地从低级阶段向高级阶段发展的。人类自身的生产，导致史前社会家庭的变化和人类"生存的技术"顺序的发展，进而决定食物资源生产的不同类型。

在《摩尔根〈古代社会〉一书摘要》中，马克思吸收了摩尔根关于家庭是一个"能动的要素"的观点，肯定了摩尔根对五种家庭形式（血缘家庭、普那路亚家庭、对偶制家庭、父权制家庭、专偶制家庭）世代演进的考察，提出史前社会中自然形成的血缘亲属关系是整个社会制度的基础、具有决定性作用的观点，而"亲属制度却是被动的；它把家庭经过一个长久时期所发生的进步记录下来，并且只有当家庭已经根本变化了的时候，它才发生根本的变化"②。

---

① 路易斯·亨利·摩尔根：《古代社会》，江苏教育出版社 2005 年版，第 3 页。
② 《马克思恩格斯全集》第 45 卷，人民出版社 1985 年版，第 353 页。

在对自然形成的血缘亲属关系和亲属制度作出区分的同时，马克思对人类自身的生产在史前社会中的决定作用问题作出分析，阐明了两种生产之间的辩证关系。在摘要中，马克思强调，“在血缘家庭和普那路亚家庭中，都必然流行生活上的共产制，因为这是他们生存的必要条件。共产制现在仍普遍流行于蒙昧和野蛮部落中”[①]。因而血缘亲属关系是史前社会制度的基础。但是，随着物质资料生产在社会发展中作用的日益增大，经济关系的决定作用就会取代人类自身的生产在社会发展中的决定作用。尽管如此，人类自身的生产对物质资料的生产仍然具有很大的制约作用。马克思对两种生产理论的研究，为恩格斯后来写作《家庭、私有制和国家的起源》提供了直接的思想启迪。

二是关于氏族制度和家庭形式的观点。马克思曾认为，原始社会的基本组织不是氏族而是家庭，家庭是原始社会的基本单位；他甚至认为，家庭早于氏族并构成氏族存在的基础，氏族不过是家庭的扩大和集合体。这种认识，使马克思一度没有能区分氏族公社和农村公社的差别，没有能揭示人类社会的“原生形态”及其演进规律。在研究摩尔根的《古代社会》、梅恩的《古代法制史讲演录》和拉伯克的《文明的起源和人的原始状态》等著作后，马克思改变了先前的看法。如恩格斯所评价的，摩尔根对氏族制度和家庭形式的研究，“发现和恢复了我们成文史的这种史前的基础，并且在北美印第安人的血族团体中找到了一把解开希腊、罗马和德意志上古史上那些极为重要而至今尚未解决的哑谜的钥匙”[②]。

通过对古代社会的深入研究，摩尔根提出的父权制家庭出现于原始社会晚期的重要观点，是对当时史前史学界一直以为的父权制家庭是原始社会典型的家庭形式这一传统观点的否定。摩尔根认为：“氏族组织给我们显示了人类的一种时代最古、流行最广的制度。无论亚洲、欧洲、非洲、美洲、澳洲，其古代社会几乎一律采取这种政治方式。氏族制度是社会赖以组织和维系的手段。”[③] 在《古代社会》中，摩尔根通过对

---

① 《马克思恩格斯全集》第45卷，人民出版社1985年版，第347页。

② 《马克思恩格斯文集》第4卷，人民出版社2009年版，第16页。

③ 路易斯·亨利·摩尔根：《古代社会》，江苏教育出版社2005年版，第50页。

易洛魁人、希腊人、罗马人、苏格兰人、爱尔兰人、日耳曼人等世界各地原始部落的实证考察，阐明了国家产生以前原始社会制度的基本特征，说明在私有制和阶级产生之前，人类社会经历过漫长的无阶级社会的过程。马克思肯定了摩尔根的观点，认为人类起初是从杂居状态过渡到家庭，并且是从母权制家庭过渡到父权制家庭的，父权制家庭是原始社会晚期的产物。马克思指出："氏族一旦产生，就继续是社会制度的单位，而家庭则发生巨大的变化"；同时，"家庭，即使是专偶制家庭，不可能成为氏族社会的自然基础"[①]，氏族才是原始社会的基本单位。马克思赞同"在氏族社会的组织中，氏族是基本组织，它既是社会体制的基础，也是社会体制的单位；家庭也是一种基本组织，它比氏族古老。血缘家庭和普那路亚家庭在时间上早于氏族而存在；但家庭不是{社会制度的}有机系列中的一个环节"[②]。显然，马克思已经认识到，氏族在时间上要远远早于家庭，家庭不是氏族产生的基础。

三是关于私有制和阶级起源问题的观点。在摩尔根看来，财产是人类生产活动的产物，它随着生产的不断增长而增长，同时也促进了有关财产所有权和继承权的某些规则的产生。因此，随着财产的增长，原始人财产关系逐渐形成了三种继承法：一为死者的财产分给其所在氏族的所有成员；二为分给同宗的亲属；三为分给自己的子女。显然，摩尔根以自己的阐述方式对私有财产的起源问题作了说明，这对马克思探讨私有制产生问题以重要启示。马克思认识到，私有制是随着生产技术的进步、生产力的发展、财产不断增多而产生的，它不是自古以来就有的，也不会永远存在下去，从而科学地揭示了私有制的起源及其历史暂时性。

马克思通过摘录摩尔根关于专偶制家庭的论述，依据傅立叶提出的专偶婚制和土地私有制是文明时代特征的观点提出："现代家庭在萌芽时，不仅包含着 servitus（奴隶制），而且也包含着农奴制，因为它从一开始就是同田野耕作的劳役有关系的。它以缩影的形式包含了一切后来

---

① 《马克思恩格斯全集》第 45 卷，人民出版社 1985 年版，第 499 页。

② 《马克思恩格斯全集》第 45 卷，人民出版社 1985 年版，第 500 页。

在社会及其国家中广泛发展起来的对抗。”① 马克思已经认识到，只有从现代家庭萌芽之后的历史，才是阶级斗争的历史，而在此之前的漫长的人类历史演进中，并不存在阶级和阶级斗争。马克思进一步揭示了阶级斗争的形成及其历史发展过程。

摩尔根还对原始氏族社会的产生、发展及必然灭亡进行了详细考察，对现代文明社会的进步和退步作了辩证的分析，并对未来社会提出了直接的共产主义的要求。在《古代社会》的结尾部分，摩尔根指出："自从进入文明社会以来，财富的增长是如此巨大，它的形式是如此繁多，它的用途是如此广泛，为了所有者的利益而对它进行的管理又是如此巧妙，以致这种财富对人民说来变成了一种无法控制的力量。人类的智慧在自己的创造物面前感到迷惘而不知所措了。但是，总有一天，人类的理智一定会强健到能够支配财富，一定会规定国家对它所保护的财产的关系，以及所有者的权利的范围。社会的利益高于个人的利益，必须使这两者处于一种公正而和谐的关系之中。只要进步仍将是未来的规律，像它对于过去那样，那么单纯追求财富就不是人类的最终的命运了。自从文明社会开始以来所经过的时间，只不过是人类已经经历过的生存时间的一小部分，只是人类将要经历的生存时间的一小部分。社会的瓦解，即将成为以财富为惟一的最终目的的那个历程的终结，因为这一历程包含着自我消灭的因素。政治上的民主、社会中的博爱、权力的平等和普及的教育，将揭开社会的下一个更高的阶段，经验、理智和知识正在不断向这个阶段努力。这将是古代氏族的自由、平等和博爱的复活，但却是在更高级形式上的复活。”② 在对这段话作了详细摘录后，马克思赞成“自从文明时代开始以来所经历的时间，只是人类已经经历过的生存时间的一部分”，他强调“而且是很小的一部分”，未来的社会实行的是一种“更高级的社会制度”③。

① 《马克思恩格斯全集》第 45 卷，人民出版社 1985 年版，第 366 页。

② 路易斯·亨利·摩尔根：《古代社会》，江苏教育出版社 2005 年版，第 445 页。

③ 《马克思恩格斯全集》第 45 卷，人民出版社 1985 年版，第 398 页。

## 三、家庭和私有制起源问题研究

对摩尔根在《古代社会》中的重大发现，马克思和恩格斯给予了高度评价。马克思打算把摩尔根的发现介绍给德国读者的愿望没有能够实现；为了补偿亡友的遗愿，也是为了驳斥“讲坛社会主义”者、拉萨尔分子宣扬的超阶级的国家观，1884 年 3—5 月，恩格斯利用马克思《古代社会》一书摘录中提出的一些基本观点，在对摩尔根等人研究成果重新评价的基础上，全面、系统地探索了人类社会早期发展阶段的历史，完成了《家庭、私有制和国家的起源》一书。

在《起源》中，恩格斯在对人类早期历史的分析中，揭示了家庭、私有制发生和发展的规律，阐明了在私有制基础上形成的阶级对抗及其实质，剖析了国家的起源及其本质，证明了国家由阶级产生并随着阶级的消亡而消亡的规律。

在家庭和私有制产生问题上，恩格斯提出的理论主要有以下几个方面。

第一，关于两种生产的理论。两种生产即物质资料的生产和人自身的生产，历来是马克思和恩格斯所关注和研究的重大问题。在《德意志意识形态》手稿中，马克思和恩格斯就提出了两种生产的理论，并以此为基础，肯定了原始社会是建立在财产公有和血缘关系基础上的部落所有制。但由于材料的缺乏和研究重点的不同，他们当时对两种生产的关系及其在社会发展不同阶段上的作用，没有作出具体论证。

在《起源》中，恩格斯根据新的材料和研究成果，创造性地发展了两种生产的理论。他明确指出：“根据唯物主义观点，历史中的决定性因素，归根结底是直接生活的生产和再生产。但是，生产本身又有两种。一方面是生活资料即食物、衣服、住房以及为此所必需的工具的生产；另一方面是人自身的生产，即种的繁衍。一定历史时代和一定地区内的人们生活于其下的社会制度，受着两种生产的制约：一方面受劳动的发展阶段的制约，另一方面受家庭的发展阶段的制约。劳动越不发展，劳动产品的数量，从而社会的财富越受限制，社会制度就越在较大程度上受血族关系的支配。”①

恩格斯的论述表明：一方面，物质资料的生产和再生产是历史发展过程中的归根结底的决定性因素。但是，物质资料的生产和再生产是由人进行的，没有人的自身的生产和再生产，即种的繁衍，物质资料的生产和再生产就不可能世代延续。因而，从社会发展的总体过程来看，两种生产都是历史中的决定性因素。二者在统一的社会生产中，既互相区别，有各自的作用和特点，又互相联结，互为条件，制约着社会的发展，推动历史的前进。另一方面，两种生产在社会发展不同阶段上的作用却又是沿着相反的路线进行的。随着生产力的发展，血族关系、家庭关系在社会制度中的支配地位被所有制关系所取代，物质资料生产也就逐步取代了人类自身生产的决定作用。尽管如此，两种生产始终都对历史发展起制约作用，社会发展的客观规律要求两种生产之间保持一定的比例关系。

物质资料的生产决定着原始社会发展的全部进程。但是原始氏族公社是以血缘关系为纽带和基础的，它的产生和发展同家庭形式的变迁紧密地联系在一起，而家庭的发展又以婚姻关系的变化为基础。因此，仅用物质资料生产的发展来说明原始社会的发展变化是不够的，还要从人口自身的生产的特殊情况上作出说明。恩格斯两种生产的理论为揭示家庭、私有制以及国家的产生和发展奠定了理论基础，提供了解开人类社会早期历史之谜的钥匙。

第二，关于原始社会基本特征及其发展规律。恩格斯在两种生产理论的基础上，系统地考察和阐述了家庭的产生和发展的历史，进一步揭示了原始社会的基本特征和发展变化的规律。

恩格斯认为，在原始社会向阶级社会过渡的过程中，家庭关系的变化同私有制、阶级和国家的产生是交错地进行的，因而有必要对家庭史作出系统探索。摩尔根将人类历史划分为蒙昧时代、野蛮时代和文明时代，恩格斯认为，“家庭的发展与此并行”②。

恩格斯考察了各个时代及其不同发展阶段上家庭形式的历史变迁，

---

① 《马克思恩格斯文集》第 4 卷，人民出版社 2009 年版，第 15 页。

② 《马克思恩格斯文集》第 4 卷，人民出版社 2009 年版，第 32 页。

指出家庭是人类社会发展到一定阶段的产物，是一个历史范畴；家庭经历了从无到有，从低级到高级的发展过程。在原始社会初期，人类存在着杂乱的两性关系，没有真正意义上的家庭形式；后来，两性关系因风俗的规定而受到某种限制，便产生了家庭。随着生产的发展，婚姻家庭关系经历了如下几种依次更替的主要形式：一是血缘家庭。婚姻集团按辈份来划分；二是普那路亚家庭。普那路亚即亲密的同伴，它排除了同胞兄弟姐妹之间的婚姻关系；三是对偶家庭。它是某种或长或短时期内的成对配偶制，夫妇双方的婚姻关系仍然是不稳定的。最后是专偶制家庭。夫妇双方的婚姻关系比较稳固，不能任意解除。恩格斯指出：这种专偶制家庭“是不以自然条件为基础，而以经济条件为基础，即以私有制对原始的自然产生的公有制的胜利为基础的第一个家庭形式”①。

恩格斯对婚姻家庭形式演进过程的探析说明，婚姻家庭作为一个历史范畴，它的发展同生产发展、生产方式变化、社会演进过程是有机地结合在一起的，也是同人类发展的历史阶段相适应的。例如，群婚制是与蒙昧时代相适应的，对偶婚是与野蛮时代相适应的；以通奸和卖淫为补充的专偶制是与文明时代相适应的。恩格斯认为，经过社会革命，在未来社会经济制度深刻变革后，“专偶制的迄今存在的经济基础，正像它的补充物即卖淫的经济基础一样，不可避免地都要消失”②。在未来社会中，“随着生产资料转归社会所有，雇佣劳动、无产阶级，从而一定数量的——用统计方法可以计算出来的——妇女为金钱而献身的必要性，也要消失了。卖淫将要消失，而专偶制不仅不会灭亡，而且最后对于男子也将成为现实”③。结婚的充分自由，只有在消灭了资本主义生产方式及其造成的财产关系，从而把那些对选择配偶还有巨大影响的一切附加的经济因素消除以后，才能普遍实现。在恩格斯看来，“到那时，除了相互的爱慕以外，就再也不会有别的动机了”④。

恩格斯并没有对未来社会的婚姻制度作出详尽的描述，正像他对未来社会其他具体状况采取的态度一样。从对旧秩序的批判中，“我们现

---

① 《马克思恩格斯文集》第4卷，人民出版社2009年版，第77—78页。
② 《马克思恩格斯文集》第4卷，人民出版社2009年版，第89页。
③ 《马克思恩格斯文集》第4卷，人民出版社2009年版，第89页。
④ 《马克思恩格斯文集》第4卷，人民出版社2009年版，第95页。

在关于资本主义生产行将消灭以后的两性关系的秩序所能推想的，主要是否定性质的，大都限于将要消失的东西”[①]。对于未来取而代之的婚姻关系的“秩序”将是怎样的，恩格斯的回答是：“这要在新的一代成长起来的时候才能确定：这一代男子一生中将永远不会用金钱或其他社会权力手段去买得妇女的献身；而这一代妇女除了真正的爱情以外，也永远不会再出于其他某种考虑而委身于男子，或者由于担心经济后果而拒绝委身于她所爱的男子。这样的人们一经出现，对于今日人们认为他们应该做的一切，他们都将不去理会，他们自己将做出他们自己的实践，并且造成他们的与此相适应的关于个人实践的社会舆论——如此而已。”[②]

氏族的起源和发展与婚姻、家庭的起源和发展相联系。恩格斯认为，普那路亚家庭的外婚制是氏族建立的基础，在外婚制下形成的母系氏族是原始氏族社会的第一阶段。随着生产的发展，男子在家庭经济中的地位变得愈来愈重要，到了“对偶家庭”的后期，“父权制”逐渐代替了“母权制”，原始社会发展也进入它的后期阶段。

在生产力的不断发展中，私有制、交换和人们的财富积累也日益发展起来，这些新的社会因素逐步摆脱了旧的血缘关系的纽带，形成一种崭新的生产方式，人类进入了阶级社会。恩格斯认为：“在以血族关系为基础的这种社会结构中，劳动生产率日益发展起来；与此同时，私有制和交换、财产差别、使用他人劳动力的可能性，从而阶级对立的基础等等新的社会成分，也日益发展起来；这些新的社会成分在几个世代中竭力使旧的社会制度适应新的条件，直到两者的不相容性最后导致一个彻底的变革为止。”[③]

氏族制度是建立在生产力极不发达基础之上的，人类几乎完全受到陌生的、对立的、不可理解的外部大自然所支配；生产力的发展以及在这一发展过程中人类对自然认识的能力的不断提高，终将打破氏族制度，走向人类社会组织的高一级的形式。如恩格斯所指出的：“这个时代

---

① 《马克思恩格斯文集》第 4 卷，人民出版社 2009 年版，第 96 页。
② 《马克思恩格斯文集》第 4 卷，人民出版社 2009 年版，第 96—97 页。
③ 《马克思恩格斯文集》第 4 卷，人民出版社 2009 年版，第 16 页。

的人们，虽然令我们感到值得赞叹，但他们彼此完全没有差别，他们都还依存于——用马克思的话说——自然形成的共同体的脐带。这种自然形成的共同体的权力必然要被打破，而且也确实被打破了。不过它是被那种使人感到从一开始就是一种退化，一种离开古代氏族社会的纯朴道德高峰的堕落的势力所打破的。最卑下的利益——无耻的贪欲、狂暴的享受、卑劣的名利欲、对公共财产的自私自利的掠夺——揭开了新的、文明的阶级社会；最卑鄙的手段——偷盗、强制、欺诈、背信——毁坏了古老的没有阶级的氏族社会，把它引向崩溃。”① 恩格斯运用两种生产的理论，考察了家庭发展的历史，指明了家庭与私有制的关系，揭示了原始社会中家庭与社会发展、社会组织的基本特征，丰富了唯物史观的基本内涵。

第三，关于私有制和阶级起源的问题。马克思和恩格斯先前曾多次论述过私有制和阶级形成问题。在《起源》中，恩格斯根据摩尔根的发现以及古希腊人、罗马人、克尔特人及德意志人的大量史料，对私有制产生和阶级起源问题作了深入阐释。

通过对社会分工发展过程的详细考察，恩格斯揭示了私有制和阶级产生的规律。人类历史上的第一次社会大分工，发生在野蛮时代的中期，是游牧部落同其他部落分离，促进了生产力的发展，出现了剩余产品和交换，而吸收新的劳动力成为一件有利可图的事，通过战争获得的俘虏，变成了奴隶。恩格斯认为：“第一次社会大分工，在使劳动生产率提高，从而使财富增加并且使生产领域扩大的同时，在既定的总的历史条件下，必然地带来了奴隶制。从第一次社会大分工中，也就产生了第一次社会大分裂，分裂为两个阶级：主人和奴隶、剥削者和被剥削者。”②

人类历史上的第二次社会大分工，是手工业与农业分离，发生在野蛮时代高级阶段。这次新的社会分工，使得金属工具在农业和手工业中得到广泛使用，引发了社会生产力的提高，促进了人的劳动效能的提高，奴隶劳动成为农业和手工业生产的主要力量。这样，在第一次社会

① 《马克思恩格斯文集》第 4 卷，人民出版社 2009 年版，第 112—113 页。

② 《马克思恩格斯文集》第 4 卷，人民出版社 2009 年版，第 180 页。

大分工阶段，“刚刚产生并且是零散现象的奴隶制，现在成为社会制度的一个根本的组成部分”；在这次新的社会大分工发展中，“除了自由民和奴隶的差别以外，又出现了富人和穷人的差别……社会又有了新的阶级划分”[①]。与此同时，各个家庭家长之间的财产差别，“炸毁”了原先的旧的原始的家庭公社，也“炸毁”了为这种公社而实行的土地的共同耕作。恩格斯认为：“耕地起初是暂时地，后来便永久地分配给各个家庭使用，它向完全的私有财产的过渡，是逐渐进行的，是与对偶婚制向专偶制的过渡平行地发生的。个体家庭开始成为社会的经济单位了。”[②]在野蛮时代高级阶段，又进一步发生了农业和手工业之间的分工，于是劳动产品中日益增加的一部分是直接为了交换而生产的，这就把单个生产者之间的交换提升为社会的生活必需。

恩格斯认为：“文明时代巩固并加强了所有这些已经发生的各次分工，特别是通过加剧城市和乡村的对立（或者是像古代那样，城市在经济上统治乡村，或者是像中世纪那样，乡村在经济上统治城市）而使之巩固和加强，此外它又加上了一个第三次的、它所特有的、有决定意义的重要分工：它创造了一个不再从事生产而只从事产品交换的阶级——商人。”[③] 人类历史上第三次社会大分工，使商人阶级从工农业中分离出来。随着商人阶级的形成，出现了金属货币即铸币，随着金属货币就出现了非生产者统治生产者及其生产的新手段。阶级分化日趋尖锐，奴隶劳动成了社会上层建筑所赖以建立的基础。于是，“氏族制度已经过时了。它被分工及其后果即社会之分裂为阶级所炸毁。它被国家代替了”[④]。

总之，氏族制度的解体，以及私有制和阶级的产生，都是同生产发展的一定历史阶段相联系的，是各种经济因素发展所造成的结果，因而是一种历史的现象。恩格斯坚持从生产力及生产方式的发展和经济条件的变化上说明私有制和阶级产生的根源，使得唯物史观在对前资本主义社会的分析中得到了丰富和发展。

---

① 《马克思恩格斯文集》第 4 卷，人民出版社 2009 年版，第 182 页、第 183 页。
② 《马克思恩格斯文集》第 4 卷，人民出版社 2009 年版，第 183 页。
③ 《马克思恩格斯文集》第 4 卷，人民出版社 2009 年版，第 185 页。
④ 《马克思恩格斯文集》第 4 卷，人民出版社 2009 年版，第 188 页。

## 四、国家的起源和本质问题研究

19 世纪 40 年代后半期，随着唯物史观的创立和对政治经济学研究的深入，马克思和恩格斯在对国家本质的论证中，对国家经济职能的性质也作了初步探讨，形成了一系列理论共识。在《德意志意识形态》手稿中，他们在对国家的“现实基础”问题分析中指出:“那些决不依个人‘意志’为转移的个人的物质生活，即他们的相互制约的生产方式和交往形式，是国家的现实基础，而且在一切还必需有分工和私有制的阶段上，都是完全不依个人的意志为转移的。这些现实的关系决不是国家政权创造出来的，相反地，它们本身就是创造国家政权的力量。”① 在这部手稿中，他们还深刻地揭示了资产阶级国家经济职能的性质，即“实际上国家不外是资产者为了在国内外相互保障各自的财产和利益所必然要采取的一种组织形式”②。国家经济职能的实质就是资产阶级国家利用被私有者“操纵”和“控制”的税、国债等经济机制来维护资本主义私有制。

在《共产党宣言》中，马克思和恩格斯在评价资产阶级国家的历史地位时就认为，“现代的国家政权不过是管理整个资产阶级的共同事务的委员会罢了”③。资产阶级国家作为管理整个资产阶级的共同事务委员会，无情地取消了封建行会制度，取消了国内关卡，实行了统一的度量衡和货币制度，没收和出卖国王和教会的土地，从而使“各自独立的、几乎只有同盟关系的、各有不同利益、不同法律、不同政府、不同关税的各个地区，现在已经结合为一个拥有统一的政府、统一的法律、统一的民族阶级利益和统一的关税的统一的民族”④。

19 世纪 50 年代初，马克思和恩格斯在总结 1848 年欧洲革命的经验教训时，对资产阶级国家本质问题作了进一步的研究，第一次提出了打碎资产阶级国家机器是建立无产阶级专政前提这一重要结论，对

① 《马克思恩格斯全集》第 3 卷，人民出版社 1960 年版，第 377—378 页。
② 《马克思恩格斯文集》第 1 卷，人民出版社 2009 年版，第 584 页。
③ 《马克思恩格斯文集》第 2 卷，人民出版社 2009 年版，第 33 页。
④ 《马克思恩格斯文集》第 2 卷，人民出版社 2009 年版，第 36 页。

科学社会主义的国家学说作了重要发展。这一基本观点，在巴黎公社革命中，他们作了进一步的深入论述。同时，在对政治经济学的研究中，马克思还对资产阶级国家经济职能形式作了广泛研究，拓展了政治经济学理论中国家经济职能研究的视野。

在《起源》中，恩格斯对国家的起源问题作出了开创性研究，而这一研究无疑是对他和马克思已经形成的国家学说的赓续。恩格斯认为，国家是在私有制和阶级产生以后，在氏族制度的废墟上建立起来的。原始社会后期，社会结构、社会状况发生了变化，氏族制度已经不能适应经济发展和社会关系变革的需要。异族杂居的现象日益加剧，原来靠血缘关系为纽带维系的氏族组织，无法按照经济发展形成的新集团的要求来处理公共事务。上层的社会成员要求打破原来的氏族制度，建立新的维护他们利益的社会机构来处理社会事务，协调社会的阶级冲突。于是，维护剥削阶级利益的新的权力机关即国家便产生了。恩格斯揭示了国家的本质："国家是社会在一定发展阶段上的产物；国家是承认：这个社会陷入了不可解决的自我矛盾，分裂为不可调和的对立面而又无力摆脱这些对立面。而为了使这些对立面，这些经济利益互相冲突的阶级，不致在无谓的斗争中把自己和社会消灭，就需要有一种表面上凌驾于社会之上的力量，这种力量应当缓和冲突，把冲突保持在'秩序'的范围以内；这种从社会中产生但又自居于社会之上并且日益同社会相异化的力量，就是国家。"①

恩格斯分析了国家同氏族制度相区别的两大基本特征。

第一，国家不再按血缘关系，而是按地区来划分它的国民。国家打破了由血缘关系形成和联结起来的旧的氏族部落的束缚；人们已经是流动的了，这时"按地区来划分就被作为出发点，并允许公民在他们居住的地方实现他们的公共权利和义务，不管他们属于哪一氏族或哪一部落。这种按照居住地组织国民的办法是一切国家共同的"②。

第二，国家设有公共权力，"这种公共权力在每一个国家里都存在。构成这种权力的，不仅有武装的人，而且还有物质的附属物，如监狱和

---

① 《马克思恩格斯文集》第 4 卷，人民出版社 2009 年版，第 189 页。

② 《马克思恩格斯文集》第 4 卷，人民出版社 2009 年版，第 190 页。

各种强制设施，这些东西都是以前的氏族社会所没有的”[①]。在形式上，这种公共权力已经不再直接就是自己组织为武装力量的居民了。更重要的是，“这个特殊的公共权力之所以需要，是因为自从社会分裂为阶级以后，居民的自动的武装组织已经成为不可能了”[②]。恩格斯认为：“随着国内阶级对立的尖锐化，随着彼此相邻的各国的扩大和它们人口的增加，公共权力就日益加强。就拿我们今天的欧洲来看吧，在这里，阶级斗争和争相霸占已经把公共权力提升到大有吞食整个社会甚至吞食国家之势的高度。”[③]

同时，为了维持这种公共权力，就需要公民缴纳费用，捐税由此而产生；而且“随着文明时代的向前进展，甚至捐税也不够了；国家就发行票据，借债，即发行公债”[④]。国家的经济职能是马克思设想的《政治经济学批判》“六册结构计划”著作的组成部分。“六册结构计划”第四册对“资产阶级社会在国家形式上的概括”论述中，主要包括国家和经济发展、经济结构关系的问题，以及对不同国家在经济发展、经济结构不同关系的比较研究；对国家经济职能形式的概述，其中主要包括对税、国债、公共信用、人口等一般性质及其对资本主义经济关系作用和影响的概述。恩格斯从国家起源上，对国家经济职能所作的说明，显然是对马克思论述的重要补充。

恩格斯还进一步指出：“由于国家是从控制阶级对立的需要中产生的，由于它同时又是在这些阶级的冲突中产生的，所以，它照例是最强大的、在经济上占统治地位的阶级的国家，这个阶级借助于国家而在政治上也成为占统治地位的阶级，因而获得了镇压和剥削被压迫阶级的新手段。”[⑤] 例如，古希腊罗马时代的国家，首先就是奴隶主用来镇压奴隶的国家；封建国家，则是贵族用来镇压农奴和依附农的机关；现代的代议制的国家，就是资本剥削雇佣劳动的工具。

---

① 《马克思恩格斯文集》第 4 卷，人民出版社 2009 年版，第 190 页。
② 《马克思恩格斯文集》第 4 卷，人民出版社 2009 年版，第 190 页。
③ 《马克思恩格斯文集》第 4 卷，人民出版社 2009 年版，第 190 页。
④ 《马克思恩格斯文集》第 4 卷，人民出版社 2009 年版，第 190—191 页。
⑤ 《马克思恩格斯文集》第 4 卷，人民出版社 2009 年版，第 191 页。

恩格斯也认为，作为“例外”的时期，这时“互相斗争的各阶级达到了这样势均力敌的地步，以致国家权力作为表面上的调停人而暂时得到了对于两个阶级的某种独立性”[①]。17 世纪和 18 世纪的欧洲一些国家的专制君主制，就是这样的，它使贵族和市民等级彼此保持平衡。法兰西第一帝国特别是第二帝国的波拿巴主义，也是这样的，它唆使无产阶级去反对资产阶级，又唆使资产阶级来反对无产阶级。

恩格斯还对国家的“普选制”的本质作出阐释。他认为：“有产阶级是直接通过普选制来统治的。只要被压迫阶级——在我们这里就是无产阶级——还没有成熟到能够自己解放自己，这个阶级的大多数人就仍将承认现存的社会秩序是唯一可行的秩序，而在政治上成为资本家阶级的尾巴，构成它的极左翼。但是，随着被压迫阶级成熟到能够自己解放自己，它就作为独立的党派结合起来，选举自己的代表，而不是选举资本家的代表了。”[②] 由此可见，在恩格斯看来：“普选制是测量工人阶级成熟性的标尺。在现今的国家里，普选制不能而且永远不会提供更多的东西；不过，这也就足够了。在普选制的温度计标示出工人的沸点的那一天，他们以及资本家同样都知道该怎么办了。”[③]

国家随着私有制、阶级的产生而产生，也将随着私有制、阶级的消亡而消亡。这就是说，“国家并不是从来就有的。曾经有过不需要国家，而且根本不知国家和国家权力为何物的社会。在经济发展到一定阶段而必然使社会分裂为阶级时，国家就由于这种分裂而成为必要了。现在我们正在以迅速的步伐走向这样的生产发展阶段，在这个阶段上，这些阶级的存在不仅不再必要，而且成了生产的真正障碍。阶级不可避免地要消失，正如它们从前不可避免地产生一样。随着阶级的消失，国家也不可避免地要消失。在生产者自由平等的联合体的基础上按新方式来组织生产的社会，将把全部国家机器放到它应该去的地方，即放到古物陈列馆去，同纺车和青铜斧陈列在一起”[④]。

---

① 《马克思恩格斯文集》第 4 卷，人民出版社 2009 年版，第 191 页。
② 《马克思恩格斯文集》第 4 卷，人民出版社 2009 年版，第 192—193 页。
③ 《马克思恩格斯文集》第 4 卷，人民出版社 2009 年版，第 193 页。
④ 《马克思恩格斯文集》第 4 卷，人民出版社 2009 年版，第 193 页。

《起源》以丰富的史实材料为根据，科学地分析了家庭、阶级和国家的产生、发展及其本质，填补了人们关于史前社会研究方面的空白，也弥补了唯物史观此前关于史前社会研究方面的不足，丰富和发展了由马克思和恩格斯共同创立的历史唯物主义的基本理论，在马克思主义发展史上占有重要地位。

# 第十七章　自然辩证法思想的创立

恩格斯同马克思一样，都对自然科学作出过深入的和广博的研究。特别是在 19 世纪 70 年代，自然科学的许多领域发生着重大的变化，恩格斯更加关注唯物辩证法在自然科学研究中的应用，以揭示自然界的历史发展及其运动规律，确立辩证唯物主义的自然观。在《自然辩证法》手稿及其他一些著作中，恩格斯对唯物主义的自然观和历史观的辩证统一关系作出系统阐释，为丰富马克思主义理论体系作出了伟大的贡献。

## 一、对自然科学和社会科学的早期探索

恩格斯对自然科学发展及其社会意义有着独特的理解。在《反杜林论》中，恩格斯对自然科学和社会科学的统一性作过阐释，提出了三种科学观念及其相互之间关联性的问题。恩格斯认为，从世界的统一性上来看，人们对世界的认识可以分作三大类型的“科学”：一是“研究非生物界的并且或多或少能用数学方法处理的科学”；二是“研究活的有机体的科学”；三是“按历史顺序和现今结果来研究人的生活条件、社会关系、法的形式和国家形式及其由哲学、宗教、艺术等等组成的观念上层建筑的历史科学”①。

对自然科学和社会科学作为“科学”的统一性问题，恩格斯在青年时期就作出过探索。1844 年初，青年恩格斯在《英国状况　十八世纪》一文中就提出:“18 世纪综合了过去历史上一直是零散地、偶然地出现的成果，并且揭示了它们的必然性和它们的内在联系。无数杂乱的认识资料经过整理、筛选，彼此有了因果联系；知识变成科学，各门科学都

① 《马克思恩格斯文集》第 9 卷，人民出版社 2009 年版，第 92 页、第 93 页、第 94 页。

接近于完成，即一方面和哲学，另一方面和实践结合了起来。”[①] 这是恩格斯到曼彻斯特后，对英国工业革命巨大发展和科学重大发展研究后的最初的认识。显然，这些最初的认识，成为恩格斯走向辩证唯物主义和历史唯物主义的重要环节。

在对这一问题探索中，恩格斯还指出:“18 世纪以前根本没有科学；对自然的认识具有自己的科学形式，只是在 18 世纪才有，某些部门或者早几年。”[②] 就如由于发现了万有引力定律，创立了科学的天文学；由于有了光的分解，创立了科学的光学；由于建立了二项式定理和无限理论，创立了科学的数学；由于认识了力的本性，创立了科学的力学。恩格斯认为:“物理学也正是在 18 世纪获得了科学性质；化学刚刚由布莱克、拉瓦锡和普利斯特列创立起来；由于地球形状的确定和人们进行的许多次只有在今天才对科学有益的旅行，地理学被提高到科学水平；同样，博物学也被布丰和林耐提高到科学水平；甚至地质学也开始逐渐地从它所陷入的荒诞假说的旋涡中挣脱出来。”[③] 恩格斯已经较为准确地揭示了当时物理学、天文学、化学、地理学和地质学进步的标志性成果，对自然科学各个学科之间的内在联系作了初步探索。

在自然科学各学科不断进步的同时，“百科全书思想”也成为 18 世纪科学发展的显著特征。恩格斯认为:“百科全书思想是 18 世纪的特征；这种思想的根据是意识到以上所有这些科学都是互相联系着的，可是这种思想还不能够使各门科学彼此沟通，所以只能够把它们简单地并列起来。在历史学方面情况也完全一样；这时我们第一次看到卷帙浩繁的世界史编纂著作，它们固然还缺乏评介并且完全没有哲学上的分析，但毕竟不是从前那种受时间地点限制的历史片断，而是通史了。”[④] 这里所讲的“百科全书思想”，主要是指当时人文社会科学发展状况的概括，即通过对各门科学的简单的并列，陈述这些科学之间可能存在的相互之间的联系。30 年之后，恩格斯在《自然辩证法》的“导言”中，对这一观点作了新的补充说明。

---

① 《马克思恩格斯文集》第 1 卷，人民出版社 2009 年版，第 87—88 页。

② 《马克思恩格斯文集》第 1 卷，人民出版社 2009 年版，第 88 页。

③ 《马克思恩格斯文集》第 1 卷，人民出版社 2009 年版，第 88 页。

④ 《马克思恩格斯文集》第 1 卷，人民出版社 2009 年版，第 88 页。

在19世纪40年代上半期，恩格斯也已经发现，18世纪下半叶的经济学、政治学和法学等社会科学的发展，同工业革命的实践是结合在一起的，特别是同工业革命后新兴的资产阶级在经济制度、政治制度建设的需要结合在一起的。在这一过程中，这些社会科学也有着多方面的深入发展，如恩格斯指出的，如在经济学方面，“与工业革命同时，亚当·斯密开始从事这种挖空基础的工作，他在1776年发表自己的《国民财富的性质和原因的研究》，从而创新了财政学。全部以前的财政学都纯粹是国家的；国家经济仅仅被看做全部国家事务中的一个部门，从属于国家本身；亚当·斯密使世界主义服从国家的目的并把国家经济提升为国家的本质和目的。他把政治、党派、宗教，即把一切都归结为经济范畴，因此他认为财产是国家的本质，致富是国家的目的”[1]。同时，在政治学方面，“威廉·葛德文（《论政治正义》1793年版）论证了共和主义的政治制度，并且与耶·边沁同时提出了功利原则，因而从公共福利是最高的法这一共和主义的原则得出各种合法的结论，并提出国家是祸害这一论点来攻击国家的本质。葛德文还把功利原则完全一般地理解为公民的义务，即舍弃个人的利益，只为普遍福利而生活；边沁则相反，他进一步阐释了这一原则的根本社会本性，他和当时全国的倾向相一致，把单个利益当做普遍利益的基础；边沁在人类的爱无非是开明的利己主义这一论点中承认，单个利益和普遍利益是同一的，而且还用最大多数人的最大幸福代替了‘普遍福利’，后来这个论点由他的学生穆勒进一步发展了”[2]。恩格斯的这些见解，不仅表明他对科学——包括社会科学和自然科学，已经有了较为深入的理解，而且还表明他已经开始对涵盖社会科学和自然科学在内的科学的整体性和系统性关系作出了初步的探索。

青年恩格斯已经认识到，在英国工业革命作用过程中，包括自然科学和社会科学在内的科学，已经成为新兴的资本主义的各种方式和关系发展的推动力量。他认为：“英国工业的这一次革命化是现代英国各种关系的基础，是整个社会的运动的动力。上面已经谈过，它的第一个

---

① 《马克思恩格斯文集》第1卷，人民出版社2009年版，第105页。

② 《马克思恩格斯文集》第1卷，人民出版社2009年版，第105—106页。

结果就是利益被升格为对人的统治。利益霸占了新创造出来的各种工业力量并利用它们来达到自己的目的；由于私有制的作用，这些理应属于全人类的力量便成为少数富有的资本家的垄断物，成为他们奴役群众的工具。商业吞并了工业，因而变得无所不能，变成了人类的纽带；个人的或国家的一切交往，都被溶化在商业交往中，这就等于说，财产、物升格为世界的统治者。”[①] 对自然科学和社会科学发展的本质关系的研究，有力地推进了恩格斯向辩证唯物主义和历史唯物主义转变的进程。

1858 年 7 月，恩格斯在给马克思的信中提到了自己对生理学和解剖学研究的思考，再次对自然科学及其相关联的自然观问题作了探索。这时，恩格斯完全遵循辩证唯物主义和历史唯物主义观点探索自然科学问题。他提出:“目前我正在研究一点生理学，并且想与此结合起来研究一下比较解剖学。在这两门科学中包含着许多极富思辨成分的东西，但这全是新近才发现的。”[②] 其中，对生理学有决定性意义的，主要有两个方面：一是有机化学的巨大发展，二是最近 20 年来才学会正确使用的显微镜，在生理学研究中使用显微镜所产生的影响比化学更重大。在恩格斯看来，“使整个生理学发生革命并且首先使比较生理学成为可能的主要事实，是细胞的发现：在植物方面是由施莱登发现的，在动物方面是由施旺发现的（约在 1836 年）。一切东西都是细胞。细胞就是黑格尔的自在的存在，它在自己的发展中正是经过黑格尔的过程，直到最后‘观念’即各个完成的有机体从细胞中发展出来为止”[③]。恩格斯感慨的是:“可是，人们对最近 30 年来自然科学所取得的成就却一无所知。”[④]

恩格斯认为，如果从黑格尔的《自然哲学》的基本观点来看，使人感到高兴的结果就是:“物理学中各种力的相互关系，或这样一种规律：在一定条件下，机械运动，即机械力转化为热（比如经过摩擦），热转化为光，光转化为化学亲和力，化学亲和力转化为电（比如在伏打电堆

① 《马克思恩格斯文集》第 1 卷，人民出版社 2009 年版，第 105 页。
② 《马克思恩格斯文集》第 10 卷，人民出版社 2009 年版，第 163 页。
③ 《马克思恩格斯文集》第 10 卷，人民出版社 2009 年版，第 163 页。
④ 《马克思恩格斯文集》第 10 卷，人民出版社 2009 年版，第 163 页。

中)，电转化为磁。这些转化也能通过其他方式来回地进行。”[①] 物理学已经证明，“这些力是按照完全确定的数量关系相互转化的，一定量的某种力，例如电，相当于一定量的其他任何一种力，例如磁、光、热、化学亲和力（正的或负的、化合的或分解的）以及运动。这样一来，荒谬的潜热论就被推翻了。然而，这难道不是关于反思规定如何互相转化的一个绝妙的物质例证吗?”[②]

恩格斯还对当时比较生理学的发展及其意义作了阐释。他提出:“可以肯定地说，人们在接触到比较生理学的时候，对人类高于其他动物的唯心主义的矜夸是会极端轻视的。人们到处都会看到，人体的结构同其他哺乳动物完全一致，而在基本特征方面，这种一致性也表现在一切脊椎动物身上，甚至表现在昆虫、甲壳动物和绦虫等等身上（比较模糊一些)。黑格尔关于量变系列中的质的飞跃这一套东西在这里也是非常适合的。”[③] 科学的发展证实了黑格尔辩证法内核的真理性。

1859 年达尔文的《根据自然选择即在生存斗争中适者的物种起源》英文版刚出版，恩格斯就认真研读了。同年 12 月，恩格斯在给马克思的信中说:“我现在正在读达尔文的著作，写得简直好极了。目的论过去有一个方面还没有被驳倒，而现在被驳倒了。此外，至今还从来没有过这样大规模的证明自然界的历史发展的尝试，而且还做得这样成功。”[④] 恩格斯高度关注自然科学研究上的最新成果，对这些新成果的科学价值具有高度的敏锐性和鉴别力。

进入 19 世纪 70 年代，自然科学有了更为显著的发展，恩格斯对唯物主义自然观和科学观也进入了系统阐释的新的发展阶段。恩格斯谈到，自 19 世纪 70 年代开始，“马克思和我，可以说是唯一把自觉的辩证法从德国唯心主义哲学中拯救出来并运用于唯物主义的自然观和历史观的人。可是要确立辩证的同时又是唯物主义的自然观，需要具备数学和自然科学的知识。马克思是精通数学的，可是对于自然科学，我们只能作零星的、时停时续的、片断的研究。因此，当我退出商界并移居伦

---

① 《马克思恩格斯文集》第 10 卷，人民出版社 2009 年版，第 163 页。
② 《马克思恩格斯文集》第 10 卷，人民出版社 2009 年版，第 163—164 页。
③ 《马克思恩格斯文集》第 10 卷，人民出版社 2009 年版，第 164 页。
④ 《马克斯恩格斯全集》第 29 卷，人民出版社 1972 年版，第 503 页。

敦，从而有时间进行研究的时候，我尽可能地使自己在数学和自然科学方面来一次彻底的……‘脱毛’”[①]。恩格斯这里提到的“退出商界并移居伦敦”，指的是他1869年停止在曼彻斯特的欧门-恩格斯公司的工作，1870年7月迁居伦敦的事。

1873年1月，恩格斯开始写作自然观和科学观著作时，曾打算从对德国哲学家路德维希·毕希纳的庸俗唯物主义和社会达尔文主义的批判切入。恩格斯认为，对毕希纳这一哲学派别，“人们本来可以听其自然，让他们从事自己的虽然狭隘但尚可称道的职业，即教给德国庸人以无神论等等”[②]。但是，由于两个方面的原因，一是“他们对那些毕竟给德国带来荣誉的哲学家大肆谩骂”，二是“他们妄图把他们的自然理论应用于社会并用来改良社会主义”[③]，迫使恩格斯不得不注意他们，并对他们的理论作出批判。在关于“毕希纳”的手稿中，可以看到恩格斯这一最初的打算。

但是，恩格斯很快就改变了自己的想法，转而决定写一部系统阐释“自然辩证法”的著作。1873年5月，恩格斯在给马克思信中谈到“关于自然科学的辩证思想”问题时说:“自然科学的对象是运动着的物质，物体。物体是离不开运动的，各种物体的形式和种类只有在运动中才能认识，处于运动之外，处于同其他物体的一切关系之外的物体，是谈不上的。物体只有在运动之中才显示出它是什么。因此，自然科学只有在物体的相互关系之中，在物体的运动之中观察物体，才能认识物体。对运动的各种形式的认识，就是对物体的认识。所以，对这些不同的运动形式的探讨，就是自然科学的主要内容。”[④]

恩格斯打算对“自然科学的辩证思想”作出四个方面的阐释：一是“最简单的运动形式是位置移动（是在时间之中的——为了使老黑格尔高兴）——机械运动”。二是“本来意义上的物理学——研究这些运动形式的科学，它逐一研究了每种运动形式之后确认，在一定的条件下这些运动形式互相转化，并且最后发现，所有这些运动形式在一定的强度

① 《马克思恩格斯文集》第9卷，人民出版社2009年版，第13页。

② 《马克思恩格斯文集》第9卷，人民出版社2009年版，第453页。

③ 《马克思恩格斯文集》第9卷，人民出版社2009年版，第453页、第454页。

④ 《马克思恩格斯文集》第10卷，人民出版社2009年版，第385页。

（因不同的运动着的物体而异）下就产生超出物理学范围的作用，即物体内部构造的变化——化学作用”。三是化学，“化学只有在那些从生命过程中产生的物质身上才能认识最重要的物体的化学性质；人工制造这些物质越来越成为化学的主要任务。它构成了向关于有机体的科学的过渡，但是，这种辩证的过渡只是在化学已经完成或者接近于完成实际的过渡的时候才能实现”。四是“有机体”① 问题。

恩格斯对“自然科学的辩证思想”这四个方面问题的阐释表明，从1844年到1873年，经过30年的不懈探索、深入研究，恩格斯终于进入对“自然辩证法”系统阐释的过程。

## 二、《自然辩证法》文本探析

《自然辩证法》作为恩格斯的主要著作之一，着重于对19世纪中叶自然科学的最重要成就作出辩证唯物主义的阐释，对自然科学中形而上学和唯心主义观点作出批判。《自然辩证法》没有最后完成，现在的著作是后人根据恩格斯在1873—1886年间撰写的10篇基本完成的论文，以及170多个札记和手稿片段编纂而成的。

恩格斯写作《自然辩证法》的过程，大体可以分为两个时期：一是从1873年5月至1876年5月，这一时期恩格斯收集和研究各种相关材料，完成了全书“导言”以及诸多片段的写作；二是从1878年7月至1883年3月，恩格斯拟定了著作的写作计划，基本完成了论文的写作，以及其他相当数量的片段手稿。1883年马克思逝世后，恩格斯只对《自然辩证法》中的部分手稿作过一些修改。但是，恩格斯晚年显然没有放弃《自然辩证法》的写作，他在离世前还把《自然辩证法》已经撰写的所有论文和札记作了归类，有过重新写作的想法。

恩格斯最后对《自然辩证法》已有稿子按照四个标题作了归类：一是“辩证法和自然科学”；二是“自然研究和辩证法”；三是“自然辩证法”；四是“数学和自然科学。不同的东西”。后来的研究者，把与这四个标题相应的各种材料称作“束”。在这四束材料中，恩格斯为第二束

---

① 《马克思恩格斯文集》第10卷，人民出版社2009年版，第385—389页。

和第三束的材料编写了具体目录，列出了这两束各自应该包括的材料；而应该归在第一束和第四束的材料，恩格斯没有编出具体的目录。

按照恩格斯拟定的四个标题和四束材料分类的基本原则，即把基本上已经完成的论文和作为准备材料的札记区分的原则，《自然辩证法》被编纂成两大部分：一是 10 篇多少已经完成的论文；二是其他的札记和片段。

第一大部分的所有论文，排列次序如下：（1）导言（写于 1875—1876 年）；（2）《反杜林论》旧序。论辩证法（1878 年 5—6 月）；（3）神灵世界中的自然研究（1878 年初）；（4）辩证法（1879 年底）；（5）运动的基本形式（1880—1881 年）；（6）运动的量度。——功（1880—1881 年）；（7）潮汐摩擦（1880—1881 年）；（8）热（1881 年 4 月—1882 年 11 月）；（9）电（1882 年）；（10）劳动在从猿到人转变过程中的作用（1876 年 6 月）。

第二大部分的草稿、札记和片段，分类如下：（1）科学历史摘要；（2）自然科学和哲学；（3）辩证法；（4）物质的运动形式。科学分类；（5）数学；（6）力学和天文学；（7）物理学；（8）化学；（9）生物学。

恩格斯逝世后，《自然辩证法》手稿中的两篇论文首先公开发表，一是 1896 年在《新时代》杂志上发表的《劳动在从猿到人转变过程中的作用》；二是 1898 年在《世界新历画报》年鉴发表的《神灵世界中的自然科学》。1925 年，经过编纂的《自然辩证法》手稿，才用德文和俄文译文对照的形式第一次公开发表。

《自然辩证法》的思想精粹，集中体现于恩格斯在 1875 年至 1876 年间撰写的“导言”中。可以认为，“导言”对自然科学总体所作的辩证唯物主义和历史唯物主义的阐释，蕴涵着恩格斯关于“自然辩证法”问题研究的基本的理论意蕴和思想智慧。

19 世纪 70 年代以后发展起来的对自然的研究，是“科学的、系统的、全面的发展的自然研究”，这是那一时代发展的结果。回溯历史，这里所说的“时代”开始于 15 世纪下半叶。恩格斯认为，作为这一“时代”的开端，突出地表现为社会阶级矛盾和阶级斗争的急剧变化之中，这时“王权依靠市民摧毁了封建贵族的权力，建立了巨大的、实质上以民族为基础的君主国，而现代的欧洲国家和现代的资产阶级社会就在这种君主国里发展起来；当市民和贵族还在互相争斗时，德国农民战争就预告了未来的阶级斗争，因为德国农民战争不仅把起义的农民引上了舞台——这已经不是什么新鲜事了——，而且在农民之后，把现代无产阶级的先驱也引上了舞台，他们手持红旗，高喊财产公有的要求”[①]。

在那一时代阶级斗争的急剧变化中，思想文化和意识形态领域也发生着深刻变革，这一变革最后汇成“文艺复兴”的潮流。恩格斯指出：“在意大利、法国、德国都产生了新的文学，即最初的现代文学；英国和西班牙跟着很快进入了自己的古典文学时代。旧世界的界限被打破了；直到这个时候才真正发现了地球，奠定了以后的世界贸易以及从手工业过渡到工场手工业的基础，而工场手工业则构成现代大工业的起点。教会的精神独裁被摧毁了……”[②] 资本主义作为一种新兴的经济关系，在社会变革中发生着巨大的推动作用，成为社会变革的重要的推动力量。时势造英雄。恩格斯认为：“这是人类以往从来没有经历过的一次最伟大的、进步的变革，是一个需要巨人并且产生了巨人的时代，那是一些在思维能力、激情和性格方面，在多才多艺和学识渊博方面的巨人。给资产阶级的现代统治打下基础的人物，决没有市民局限性。相反，这些人物都不同程度地体现了那种勇于冒险的时代特征。”[③] 同时，“在罗曼语各民族那里，一种从阿拉伯人那里吸收过来并从新发现的希腊哲学那里得到营养的开朗的自由思想，越来越深地扎下了根，为18世纪的唯物主义作了准备”[④]。在这一“时代”中，“尤其突出的是，他们几乎全都置身于时代运动中，在实际斗争中意气风发，站在这一方面或那一方面进行斗争，有人用舌和笔，有人用剑，有些人则两者并用。因此他们具有成为全面的人的那种性格上的丰富和力量。书斋里的学者是例外：他们不是二流或三流的人物，就是唯恐烧着自己手指的小心翼翼的庸人”[⑤]。

在这一时代变迁中，“自然研究当时也在普遍的革命中发展着，而

---

① 《马克思恩格斯文集》第9卷，人民出版社2009年版，第408页。
② 《马克思恩格斯文集》第9卷，人民出版社2009年版，第409页。
③ 《马克思恩格斯文集》第9卷，人民出版社2009年版，第409页。
④ 《马克思恩格斯文集》第9卷，人民出版社2009年版，第409页。
⑤ 《马克思恩格斯文集》第9卷，人民出版社2009年版，第410页。

且它本身就是彻底革命的，因为它必须为争取自己的生存权利而斗争。自然研究同开创了近代哲学的意大利伟大人物携手并进，并使自己的殉道者被送到火刑场和宗教裁判所的牢狱”①。自然研究同样是伴随思想革命而前行的，“科学的发展从此便大踏步地前进，而且很有力量，可以说同从其出发点起的（时间）距离的平方成正比。这种发展仿佛要向世界证明：从此以后，对有机物的最高产物即人的精神起作用的，是一种和无机物的运动规律正好相反的运动规律”②。

但是，自然研究的局限性也打上了那个时代的烙印，18 世纪的哲学思想及其局限性在自然研究中留下了深刻印记。恩格斯认为：在自然科学的这一最初时期，主要工作还主要是掌握现有的材料，“这个时期的突出特征是形成了一种独特的总观点，其核心就是自然界绝对不变的看法”③。自然研究虽然也有一些堪称“革命”的成果，但就其思想基础和方法而言，还是禁锢在一种僵化的和保守的思辨方法之中。如恩格斯所指出的：“开初那样革命的自然科学，突然面对着一个彻头彻尾保守的自然界，在这个自然界中，今天的一切都和一开始的时候一模一样，而且直到世界末日或万古永世，一切都仍将和一开始的时候一模一样。”④ 在大多数自然科学家中，“科学还深深地禁锢在神学之中。它到处寻找，并且找到了一种不能从自然界本身来解释的外来的推动作为最后的原因”⑤。

恩格斯的总体评价是，这种“陈旧的自然观，虽然由于科学的进步而显得漏洞百出，但是它仍然统治了 19 世纪的整个上半叶，并且一直到现在，所有学校里主要还在讲授它”⑥。恩格斯这里主要就其自然观的哲学基础而言的，恩格斯并不完全否认 19 世纪上半叶这种“旧自然观”的意义。他还是认为，无论是自然科学还是社会科学，就其形成的“知识”而言，都是“为把全部自然科学概括为一个整体提供了基础，

---

① 《马克思恩格斯文集》第 9 卷，人民出版社 2009 年版，第 410 页。
② 《马克思恩格斯文集》第 9 卷，人民出版社 2009 年版，第 410 页。
③ 《马克思恩格斯文集》第 9 卷，人民出版社 2009 年版，第 412 页。
④ 《马克思恩格斯文集》第 9 卷，人民出版社 2009 年版，第 412 页。
⑤ 《马克思恩格斯文集》第 9 卷，人民出版社 2009 年版，第 412—413 页。
⑥ 《马克思恩格斯文集》第 9 卷，人民出版社 2009 年版，第 413 页。

法国的百科全书派还是纯粹机械地进行罗列，后来圣西门和由黑格尔完成的德国自然哲学同时做过这方面的工作”①。

为这个僵化的自然观打开“第一个缺口”的，是康德 1755 年发表的《自然通史和天体理论》。自此之后，“旧自然观”的“缺口”不断地被打开，到 1859 年达尔文的《物种起源》出版时，历经百年思想进程，“才由达尔文胜利地完成了”② 这一变革。这时，“不仅无机界和有机界之间的鸿沟缩减到最小限度，而且机体种源说过去遇到的一个最根本的困难也被排除了。新的自然观就其基本点来说已经完备：一切僵硬的东西溶解了，一切固定的东西消散了，一切被当做永恒存在的特殊的东西变成了转瞬即逝的东西，整个自然界被证明是在永恒的流动和循环中运动着”③。

恩格斯写作《自然辩证法》的目的，首先就是根据充分的自然科学事实，系统阐发科学的自然观，完成自然观方面的根本变革；其次是着力创作一部直接同《资本论》相衔接的著作，不仅要揭示自然界本身的辩证发展过程，而且还要揭示自然界发展过程是怎样有规律地超出自然界的范围辩证地过渡到人类社会历史领域中去的；再次是为了批判自然科学中的种种形而上学和唯心主义观念与思潮，反击资产阶级学者利用自然科学的新成就对马克思主义作出的种种诘难。虽然这部著作没有最后完成，但写作的这些目的还是达到了，恩格斯对自然辩证法研究的许多精湛思想还是得到了充分展现。

## 三、自然史和社会史辩证关系探讨

在《自然辩证法》中，恩格斯在对“旧自然观”被突破过程的概述中，阐明了自然史的本质特征，进而揭示了自然史和社会史的辩证关系。

从 1755 年康德《自然通史和天体理论》的出版，到 1859 年达尔文

① 《马克思恩格斯文集》第 9 卷，人民出版社 2009 年版，第 413 页。
② 《马克思恩格斯文集》第 9 卷，人民出版社 2009 年版，第 417 页。
③ 《马克思恩格斯文集》第 9 卷，人民出版社 2009 年版，第 418 页。

《物种起源》的出版，在这约一百年的自然史的思想进程中，逐渐实现了对“旧自然观”的突破。天文学、地质学、物理学、化学和生物学等学科的演进及其巨大成就，为自然史的认识和新自然观的形成提供了事实根据和学理基础。

对旧有的“僵化的自然观”打开第一个“突破口”的，是1755年康德《自然通史和天体理论》的出版。康德提出的“星云假说”打破了神学的思想禁锢，把所谓“第一次推动的问题”排除出去。康德的“天才发现”包含着“一切继续进步的起点”①。恩格斯对这一“突破口”形成的意义作了概括，认为“如果地球是某种生成的东西，那么它现在的地质的、地理的和气候的状况，它的植物和动物，也一定是某种生成的东西，它不仅在空间中必然有彼此并列的历史，而且在时间上也必然有前后相继的历史。如果当时立即沿着这个方向坚决地继续研究下去，那么自然科学现在就会大大超过它目前的水平”②。后来，拉普拉斯和赫舍尔进一步作出详细论证，充实了康德“星云假说”的内容，其中最重要的发现就是：恒星的自行；宇宙空间中具有阻抗的介质得到证实；宇宙物质的化学同一性以及康德所假定的炽热星云团的存在通过光谱分析得到证明。

对旧有的“僵化的自然观”打开第二个“突破口”的，是地质学上的重要发现。新起的地质学，不仅揭示了相继形成的和逐次累积起来的地层，而且还指出这些地层中保存着已经死绝的动物的甲壳和骨骼，以及已经不再出现的植物的茎、叶和果实。这时，“人们不得不下决心承认：不仅整个地球，而且地球现今的表面以及在这一表面上生存的植物和动物，也都有时间上的历史”③。

赖尔在1830年至1833年发表的《地质学原理》，对以地球的缓慢的变化所产生的渐进作用的过程作了阐释，以此取代那种认为由于造物主的一时兴发而引起突然变革的说法，开始把知性带进地质学。打开这一“突破口”是艰难的，恩格斯在评论赖尔理论的影响时认为：“赖尔的

① 《马克思恩格斯文集》第9卷，人民出版社2009年版，第414页。
② 《马克思恩格斯文集》第9卷，人民出版社2009年版，第414页。
③ 《马克思恩格斯文集》第9卷，人民出版社2009年版，第415页。

理论，与以前的一切理论相比，同有机物种不变这个假设更加不能相容。地球表面和各种生存条件的逐渐改变，直接导致有机体的逐渐改变和它们对变化着的环境的适应，导致物种的变异性。但传统不仅在天主教教会中是一种势力，而且在自然科学中也是一种势力。赖尔本人许多年来一直没有看到这个矛盾，他的学生们就更没有看到。这只有用当时在自然科学中流行的分工来说明，这种分工使每个人都或多或少地局限在自己的专业中，只有少数人没有被它夺走纵览全局的眼力。”①

对旧有的“僵化的自然观”上打开第三个“突破口”的，是由物理学上的巨大进步引起的。1842 年，迈尔和焦耳各自同时证明了从热到机械力和从机械力到热的转化，格罗夫则同时证明一切所谓物理力，即机械力、热、光、电、磁，甚至所谓化学力，在一定的条件下都可以互相转化，而不损失任何力。这三个人几乎同时作出的这一划时代的贡献说明：“各种特殊的物理力，也可以说是物理学上的各个不变的‘种’，就变成形形色色的并且按照一定的规律互相转化的物质运动形式。种种物理力的存在的偶然性，从科学中被排除出去了，因为它们之间的联系和转化已经得到证明。物理学和以前的天文学一样，获得了一种结果，这种结果必然表明：运动着的物质的永恒循环是最终的结论。”②

对旧有的“僵化的自然观”上打开第四个“突破口”的，是由化学的惊人发展引起的。恩格斯把化学对旧的自然观的“攻击”概述为：“由于用无机的方法制造出过去只能在活的有机体中产生的化合物，就证明了适用于无机物的化学定律对有机物是同样适用的，而且把康德还认为是无机界和有机界之间的永远不可逾越的鸿沟大部分填平了。”③

对旧有的“僵化的自然观”上打开第五个“突破口”的，是生物学研究领域的巨大进步。生物学的这一进步，基于 18 世纪中叶以来系统地进行的科学旅行和科学探险，有了对世界各大洲的欧洲殖民地的更精确的考察，还有了古生物学、解剖学和生理学的进步，特别是

① 《马克思恩格斯文集》第 9 卷，人民出版社 2009 年版，第 415—416 页。
② 《马克思恩格斯文集》第 9 卷，人民出版社 2009 年版，第 416 页。
③ 《马克思恩格斯文集》第 9 卷，人民出版社 2009 年版，第 416 页。

从系统地应用显微镜和发现细胞以来的进步，已经积累了大量的材料，使得比较方法的运用成为可能，同时也成为必要。在生物学上，一方面由于有了比较自然地理学，查明了各种不同的植物区系和动物区系的生存条件；另一方面对各种不同的有机体按照它们的同类器官相互作了比较，不仅对它们的成熟状态，而且也对它们的一切发展阶段作出了比较研究。

恩格斯认为:“这种研究越是深刻和精确，那种固定不变的有机界的僵硬系统就越是一触即溃。不仅动物和植物的单个的种之间的界线无可挽回地变得越来越模糊，而且冒出了像文昌鱼和南美肺鱼这样一些使以往的一切分类方法遭到嘲弄的动物；最后，甚至发现了说不清是属于植物界还是动物界的有机体。古生物学档案中的空白越来越多地被填补起来了，甚至最顽固的分子也被迫承认整个有机界的发展史和单个机体的发展史之间存在着令人信服的一致，承认有一条阿莉阿德尼线，它可以把人们从植物学和动物学似乎越来越深地陷进去的迷宫中引导出来。”[①]

第五个“突破口”是由达尔文最后胜利完成的。从康德的“星云假说”到达尔文的“物种起源”的自然史观，打破了旧的自然观的藩篱，确立了新的自然观的基本点。当一切僵硬的东西溶解了、一切固定的东西消散了、一切被当作永恒存在的特殊的东西而变成转瞬即逝的东西，整个自然界就被证明是在永恒的流动和循环中运动着。恩格斯认为，这时，“新的自然观就其基本点来说已经完备”[②]。

在对约一百年自然观过程的考察，恩格斯提出:“如果我们想到科学的最主要的部门——超出行星范围的天文学、化学、地质学——作为科学而存在还不足 100 年，生理学的比较方法作为科学而存在还不足 50 年，而几乎一切生命发展的基本形式即细胞被发现还不到 40 年，那么这种证明在细节上怎么会没有缺陷呢!”[③] 自然史观在延续，自然科学的认识在不断地发展，在对自然界新的领域研究中新兴的、交叉点、边缘的学科在不断拓展，由恩格斯开创的自然观的基本理论作为自然史

---

① 《马克思恩格斯文集》第 9 卷，人民出版社 2009 年版，第 417 页。
② 《马克思恩格斯文集》第 9 卷，人民出版社 2009 年版，第 418 页。
③ 《马克思恩格斯文集》第 9 卷，人民出版社 2009 年版，第 418 页。

研究的指导思想，既形成了自然史研究的学理依循，也不断完善和拓展自然史研究的新视域。

在《自然辩证法》中，恩格斯不仅为新的自然史的研究作出了开拓性的理论贡献，而且还在对自然界与社会关系的研究中，深刻揭示了自然史和社会史之间的辩证关系。在《劳动在从猿到人转变过程中的作用》中，恩格斯提出并论证了“劳动创造了人”的科学论断，揭示了人类的起源和从自然界向人类社会过渡的辩证法，为自然辩证法和历史辩证法、自然史和社会史之间的统一，提供了结合点和关节点。

恩格斯依据自然科学提供的材料，依循唯物史观的主要理论，具体探讨了从猿到人的演变过程，揭示了劳动在其中所起的决定性作用。他指出：劳动是“整个人类生活的第一个基本条件，而且达到这样的程度，以致我们在某种意义上不得不说：劳动创造了人本身”①。恩格斯指出，古代类人猿转移到平地上觅食，学会直立行走，促进了手脚分工。猿手和人手的巨大差别，就在于人手能够制造工具。人类的劳动一开始就是社会性的。在劳动过程中，产生了语言。语言是思想的物质外壳。劳动在创造语言的同时，也使猿脑转变成人脑。恩格斯认为，“首先是劳动，然后是语言和劳动一起，成了两个最主要的推动力，在它们的影响下，猿脑就逐渐地过渡到人脑”②。正是劳动造成了人与动物的本质区别。随着完全形成的人的出现，又增添了“社会”这一新的因素，“这种发展一方面便获得了强有力的推动力，另一方面又获得了更加确定的方向”③。

恩格斯认为：“由于手、说话器官和脑不仅在每个人身上，而且在社会中发生共同作用，人才有能力完成越来越复杂的动作，提出并达到越来越高的目的。劳动本身经过一代又一代变得更加不同、更加完善和更加多方面了。除打猎和畜牧外，又有了农业，农业之后又有了纺纱、织布、冶金、制陶和航海。伴随着商业和手工业，最后出现了艺术和科学；从部落发展成了民族和国家。法和政治发展起来了，而且和它们一

---

① 《马克思恩格斯文集》第 9 卷，人民出版社 2009 年版，第 550 页。

② 《马克思恩格斯文集》第 9 卷，人民出版社 2009 年版，第 554 页。

③ 《马克思恩格斯文集》第 9 卷，人民出版社 2009 年版，第 554 页。

起，人间事物在人的头脑中的虚幻的反映——宗教，也发展起来了。”①在社会中，人才有了新的发展。由人在社会中劳动的分工，引导了畜牧业、农业、手工业、商业的发展，由此而形成了与这些发展相适应的艺术和科学、法和政治、宗教，等等。人的社会史既是人自身发展的历史，也是自然史向社会史演进的过程。

在人与自然的关系问题上，恩格斯认为：“动物仅仅利用外部自然界，简单地通过自身的存在在自然界中引起变化；而人则通过他所作出的改变来使自然界为自己的目的服务，来支配自然界。这便是人同其他动物的最终的本质的差别，而造成这一差别的又是劳动。”② 正是在劳动中，人从动物界分化出来，组成社会。人要想改造自然，首先必须认识和遵从自然规律。但人类认识了自然规律，只是存在着改造自然的可能性，这种可能性能否付诸实现，能否变成现实的物质力量，还得由人类认识和运用社会规律的情况来决定。因为人们在改造自然时，总是同时发生人与人之间的关系。只有通过人与人之间的社会的联系和关系，才会有人对自然的关系，才会有人类的生产活动。所以，恩格斯指出，人类在劳动中不仅改造自然，同时也改造自身。恩格斯通过劳动创造人这个环节，把自然界和社会联系起来，揭示了自然界向社会历史过渡的辩证法。

在对自然史和社会史关系的阐释中，恩格斯得出的结论就是：“随同人，我们进入了历史。动物也有一部历史，即动物的起源和逐渐发展到今天这样的状态的历史。但是这部历史对它们来说是被创造出来的，如果说它们自己也参与了创造，那也是不自觉和不自愿的。相反，人离开狭义的动物越远，就越是有意识地自己创造自己的历史，未能预见的作用、未能控制的力量对这一历史的影响就越小，历史的结果和预定的目的就越加符合。但是，如果用这个尺度来衡量人类的历史，甚至衡量现代最发达的民族的历史，我们就会发现：在这里，预定的目的和达到的结果之间还总是存在着极大的出入。未能预见的作用占据优势，未能控制的力量比有计划运用的力量强大得多。只要人的最重要的历史活动，

---

① 《马克思恩格斯文集》第 9 卷，人民出版社 2009 年版，第 557 页。

② 《马克思恩格斯文集》第 9 卷，人民出版社 2009 年版，第 559 页。

这种使人从动物界上升到人类并构成人的其他一切活动的物质基础的历史活动，即人的生活必需品的生产，也就是今天的社会生产，还被未能控制的力量的意外的作用所左右，而人所期望的目的只是作为例外才能实现，而且往往适得其反，那么情况就不能不是这样。”①

## 四、马克思主义自然观和科学观的创立

在《自然辩证法》中，恩格斯对辩证唯物主义自然观和科学观作了阐述。恩格斯认为，唯物辩证法自然观代替形而上学自然观是自然科学发展的必然结果。

恩格斯依据近代自然科学的伟大成就明确指出，能量守恒与转化定律、细胞学说和达尔文进化论三个伟大的发现，深刻地揭示了自然界一切事物和过程的辩证性质。恩格斯认为:“由于这三大发现和自然科学的其他巨大进步，我们现在不仅能够说明自然界中各个领域内的过程之间的联系，而且总的说来也能说明各个领域之间的联系了，这样，我们就能够依靠经验自然科学本身所提供的事实，以近乎系统的形式描绘出一幅自然界联系的清晰图画。”②

恩格斯运用辩证唯物主义自然观考察了自然界中各种物质形态一系列的转化过程，为我们描绘了一幅自然界普遍联系和无限发展的辩证图景。恩格斯指出，整个宇宙是在物质运动的永恒循环中无限发展着。在这永恒循环中，物质的一切有限的存在方式生了又灭，灭了又生，永无止境。物质的每一有限的存在方式，每一具体的属性，都是可变的、短暂的，然而物质及其运动所依据的规律却是永恒的、无限的。“物质在其一切变化中仍永远是物质，它的任何一个属性任何时候都不会丧失，因此，物质虽然必将以铁的必然性在地球上再次毁灭物质的最高的精华——思维着的精神，但在另外的地方和另一个时候又一定会以同样的铁的必然性把它重新产生出来。”③

① 《马克思恩格斯文集》第 9 卷，人民出版社 2009 年版，第 421—422 页。
② 《马克思恩格斯文集》第 4 卷，人民出版社 2009 年版，第 300 页。
③ 《马克思恩格斯文集》第 9 卷，人民出版社 2009 年版，第 426 页。

恩格斯认为，自然界的辩证运动及其规律就是辩证法的规律。在题为《辩证法》的论文和札记中，恩格斯精辟地阐述了唯物辩证法的一般性质和规律，并着重指出，辩证法的规律与自然界本身发展的规律是一致的，辩证法的规律是自然界实在的发展规律。关于辩证法的规律，恩格斯在《反杜林论》中第一次作了系统的阐述；在《自然辩证法》中恩格斯以更加明确的方式将辩证法的规律表述如下：量转化为质和质转化为量的规律；对立的相互渗透的规律；否定的否定规律。

自然界的辩证运动，还包括人与自然的和谐与协调发展的问题。自然界在人类产生之前已经过自己漫长的历史；但人类产生之后，自然界就成为人类社会存在的基础和条件。恩格斯高度重视人与自然的关系，这既是自然史观和社会史观关系的基本问题，也是人与自然关系的根本问题。

恩格斯认为："我们不要过分陶醉于我们人类对自然界的胜利。"[①]这是因为，"对于每一次这样的胜利，自然界都对我们进行报复。每一次胜利，起初确实取得了我们预期的结果，但是往后和再往后却发生完全不同的、出乎预料的影响，常常把最初的结果又消除了"[②]。这就是说，"这样的胜利，自然界都对我们进行报复"[③]。因此，在人类的发展中，认识自然和改造自然，不能越过自然自身的限制。"人化的自然"，不能以牺牲和破坏自然自身健康生存和发展为代价；"自然的人化"，不能以人的无限的贪欲和索取为前提和要求。然而，"到目前为止的一切生产方式，都仅仅以取得劳动的最近的、最直接的效益为目的。那些只是在晚些时候才显现出来的、通过逐渐的重复和积累才产生效应的较远的结果，则完全被忽视了"[④]。

恩格斯告诫人们："我们一天天地学会更正确地理解自然规律，学会认识我们对自然界习常过程的干预所造成的较近或较远的后果。特别自本世纪自然科学大踏步前进以来，我们越来越有可能学会认识并从而控

---

① 《马克思恩格斯文集》第 9 卷，人民出版社 2009 年版，第 559 页。
② 《马克思恩格斯文集》第 9 卷，人民出版社 2009 年版，第 560 页。
③ 《马克思恩格斯文集》第 9 卷，人民出版社 2009 年版，第 560 页。
④ 《马克思恩格斯文集》第 9 卷，人民出版社 2009 年版，第 562 页。

制那些至少是由我们的最常见的生产行为所造成的较远的自然后果。”[①] 在消除了资本对自然占有的无限贪欲之后，人们才可能最后地脱离那种对自然无限掠夺的状况。恩格斯希望：“人离开动物越远，他们对自然界的影响就越带有经过事先思考的、有计划的、以事先知道的一定目标为取向的行为的特征。”[②]

科学观是自然辩证法的重要组成部分。通过对自然科学的深入研究，恩格斯在《自然辩证法》中系统阐述了马克思主义的科学观。

恩格斯系统阐述了物质运动理论，从整体上对自然科学进行了分类。恩格斯明确提出了物质与运动不可分割的原理，并将自然界丰富多彩的运动过程概括为四种基本运动形式：机械运动、物理运动、化学运动、生命运动。恩格斯认为，科学分类应该辩证反映运动形式由简单到复杂、由低级到高级的发展顺序。恩格斯根据自然界的几种主要运动形式，把全部自然科学从整体上进行了划分：现实世界的空间形式和数量关系——数学；机械运动——力学；物理运动——物理学（分子的力学）；化学运动——化学（原子的物理学）；生命运动——生物学（蛋白质的化学）。

在对自然科学进行科学分类的基础上，恩格斯揭示了各门自然科学之间的辩证联系。恩格斯指出，科学是对客观对象的反映，所以各门科学之间的区别和联系应决定于它们所研究的对象之间的区别和联系。自然界的物质运动是统一的，各种运动形式相互联系、相互转化，因此，自然科学也是统一的，各门科学有着相互转化的有机联系。各种运动形式不仅相互联结，而且相互渗透，因此，各门科学之间也必然是相互渗透的。恩格斯预言，在各门科学的结合部或衔接点上将会出现一些新的科学门类。这一思想已为现代科学的发展所证实。

在对自然科学发展动力问题的阐述中，恩格斯认为，生产实践是自然科学产生的基础和源泉，也是自然科学发展的动力。他指出：“如果说，在中世纪的黑夜之后，科学以意想不到的力量一下子重新兴起，并

① 《马克思恩格斯文集》第 9 卷，人民出版社 2009 年版，第 560 页。

② 《马克思恩格斯文集》第 9 卷，人民出版社 2009 年版，第 558 页。

且以神奇的速度发展起来，那么，我们要再次把这个奇迹归功于生产。”[①] 在生产实践中，劳动者需要不断地提高生产技能和改进工具，才能提高生产率，发展生产。而提高技能和改进工具本身，必然促进自然科学的研究和发展。此外，恩格斯也肯定了自然科学的相互作用以及社会制度对科学发展的重大影响。

《自然辩证法》总结和概括了 19 世纪自然科学发展的新成就，论证了辩证唯物主义自然观，这是在马克思恩格斯确立和全面论证了辩证唯物主义历史观之后所作出的一项重大贡献，在马克思主义发展史上占有十分重要的地位。

① 《马克思恩格斯文集》第 9 卷，人民出版社 2009 年版，第 127 页。

# 第十八章　马克思主义哲学的新阐释

19 世纪 80 年代初，为了批判新康德主义和新黑格尔主义等资产阶级学者对马克思主义哲学与德国古典哲学关系的歪曲，恩格斯在 1886 年初撰写了《路德维希·费尔巴哈和德国古典哲学的终结》（以下简称《终结》），同年在德国社会民主党理论刊物《新时代》上分两期刊登，1888 年在斯图加特出版单行本。在单行本出版时，恩格斯专门写了《1888 年单行本序言》（以下简称“序言”），还以“附录”的形式第一次发表了马克思《关于费尔巴哈提纲》（以下简称《提纲》）的手稿。

《终结》是恩格斯晚年最重要的一部哲学著作。《终结》对马克思主义哲学同德国古典哲学关系作出系统论证，对马克思主义哲学主要理论作出全面阐发，拓展了马克思和恩格斯共同创立的马克思主义哲学的理论视界和思想境界。

## 一、《终结》写作的初衷与思想斗争的任务

在“序言”中，恩格斯从马克思主义哲学的历史、理论和现实的结合上，对《终结》写作的初衷作了阐释。这一阐释，不仅对《终结》的理论内涵及其体系的理解，而且对《终结》的思想缘结的理解都有着重要的意义。

在“序言”中，恩格斯对《终结》写作初衷作了四个方面的阐释。

一是在对《德意志意识形态》手稿写作的回顾中，恩格斯对他和马克思创立哲学“新世界观”的过程及其意义作出阐释，说明对德国古典哲学与马克思主义哲学关系问题研究的必要性。

马克思和恩格斯共同创立的“新世界观”最先体现在他们合著的《德意志意识形态》手稿中。在“序言”中，恩格斯引述了马克思 1859

年出版的《政治经济学批判》第一分册的“序言”的有关论述:“1845年我们两人在布鲁塞尔着手‘共同阐明我们的见解’——主要由马克思制定的唯物主义历史观——‘与德国哲学的意识形态的见解的对立,实际上是把我们从前的哲学信仰清算一下。这个心愿是以批判黑格尔以后的哲学的形式来实现的。两厚册八开本的原稿早已送到威斯特伐利亚的出版所,后来我们才接到通知说,由于情况改变,不能付印。既然我们已经达到了我们的主要目的——自己弄清问题,我们就情愿让原稿留给老鼠的牙齿去批判了……”[①] 在《德意志意识形态》手稿中,马克思和恩格斯着力批判了黑格尔哲学和费尔巴哈哲学的错误,同时也吸收了黑格尔和费尔巴哈作为德国古典哲学的代表所具有的合理的思想。但是,由于这部手稿没有能公开出版——不仅在马克思生前,而且也在恩格斯生前都没有能公开出版,所以马克思和恩格斯在手稿中“自己弄清问题”的思想过程并不为人知晓。恩格斯作为这一思想过程的亲历者,有责任对他们在这一思想过程中如何认识德国古典哲学的问题作出阐释。

二是19世纪90年代思想理论战线上的变化,使得搞清楚马克思主义哲学和德国古典哲学关系问题的重要性愈加凸显。从19世纪40年代中期开始,一直到马克思逝世这40年间,马克思主义哲学“新世界观”得到了广泛的传播和发展,但是,马克思和恩格斯“谁也没有过机会回到这个题目上来”。对马克思主义哲学和黑格尔哲学的关系,尽管有一些说明,但都称不上全面系统的说明;对于费尔巴哈哲学,“虽然他在好些方面是黑格尔哲学和我们的观点之间的中间环节,我们却从来没有回顾过他”[②]。但是,在这一期间,一方面“马克思的世界观远在德国和欧洲境界以外,在世界的一切文明语言中都找到了拥护者”。另一方面“德国的古典哲学在国外,特别是在英国和斯堪的纳维亚各国,有某种复活。甚至在德国,各大学里借哲学名义来施舍的折中主义残羹剩汁,看来已叫人吃厌了”[③]。思想理论战线上的这种新变化,促使恩格斯对马克思主义哲学和德国古典哲学关系问题,作出了适合于马克思主

① 《马克思恩格斯文集》第4卷,人民出版社2009年版,第265页。
② 《马克思恩格斯文集》第4卷,人民出版社2009年版,第265页。
③ 《马克思恩格斯文集》第4卷,人民出版社2009年版,第265—266页。

义历史和现实发展的新的回答。

三是针对当时德国哲学界施达克折中主义思想的泛起，恩格斯感到"越来越有必要把我们同黑格尔哲学的关系，我们怎样从这一哲学出发又怎样同它脱离，作一个简要而又系统的阐述。同样，我也感到我们还要还一笔信誉债，就是要完全承认，在我们的狂飙突进时期，费尔巴哈给我们的影响比黑格尔以后任何其他哲学家都大"[①]。这就成为恩格斯撰写《终结》的目的和所要实现的任务。

1885 年，丹麦哲学家卡尔·尼古拉·施达克出版了《路德维希·费尔巴哈》一书，对费尔巴哈及其哲学思想作了典型的折衷主义的解释。一方面，施达克似是而非地模糊了唯物主义和唯心主义的根本区别，以所谓物质上或伦理上的追求作为区分标准；另一方面施达克对唯心主义和唯物主义作出折中主义的解释，把费尔巴哈哲学归为唯心主义营垒，对费尔巴哈哲学作出了适合于唯心主义的解释。施达克这本论费尔巴哈的书出版后，《新时代》杂志编辑部就要求恩格斯对此书"写一篇批评文章来评述"。恩格斯"欣然同意"，以此作为他正打算阐释的马克思主义哲学和德国古典哲学关系问题的切入点。

在《终结》中，恩格斯只是把施达克的书作为《终结》的切入点，实际上针对的是当时泛起的新康德主义思潮。新康德主义作为一种反对唯物主义和辩证法的思潮，在德国的影响并不止于哲学界，而且还对德国工人运动发生了影响。针对这种情况，阐明黑格尔哲学和费尔巴哈哲学作为德国古代哲学的性质与地位、澄清德国古典哲学与马克思主义哲学的关系，就成为德国工人运动乃至整个国际工人运动思想理论建设和发展的重要课题。

四是反思马克思主义哲学创立时期，马克思和恩格斯在对唯物史观阐述存在不尽完善的方面，恩格斯认为还需要作出全面阐释。恩格斯提到，他和马克思在 1845—1846 年的《德意志意识形态》手稿中，"关于费尔巴哈的一章没有写完"，即使是已经写完的对"唯物主义历史观"的阐述，"只是表明当时我们在经济史方面的知识还多么不够"，同时也

① 《马克思恩格斯文集》第 4 卷，人民出版社 2009 年版，第 266 页。

“缺少对费尔巴哈学说本身的批判”[①]。面对发展的马克思主义哲学的要求，恩格斯作出两个方面的努力：一是从马克思主义思想历史的视域，通过对《德意志意识形态》手稿同一时期的马克思文本的发掘，进一步说明他们当时对这些问题的认识水平。这就是马克思的《关于费尔巴哈的提纲》“旧稿”发表的意义所在。恩格斯说:“我在马克思的一本旧笔记中找到了十一条关于费尔巴哈的提纲，现在作为本书附录刊印出来。这是匆匆写成的供以后研究用的笔记，根本没有打算付印。但是它作为包含着新世界观的天才萌芽的第一个文献，是非常宝贵的。”[②] 二是恩格斯在《终结》中对这些问题作出的新的“补充”论述，是对马克思主义哲学作出的与时俱进的、守正创新的阐释，也就是发展的马克思主义哲学的新阐释。

马克思逝世后，恩格斯晚年对马克思主义的贡献，突出地表现在把马克思主义的历史、理论和现实的结合上，对马克思主义作出适合于时代发展的新的阐释，赋予马克思主义以新的时代内涵。在《终结》中，恩格斯提到马克思主义及其唯物史观创立和发展问题时指出:“近来人们不止一次地提到我参加了制定这一理论的工作，因此，我在这里不得不说几句话，把这个问题澄清。我不能否认，我和马克思共同工作 40 年，在这以前和这期间，我在一定程度上独立地参加了这一理论的创立，特别是对这一理论的阐发。但是，绝大部分基本指导思想（特别是在经济和历史领域内），尤其是对这些指导思想的最后的明确的表述，都是属于马克思的。我所提供的，马克思没有我也能够做到，至多有几个专门的领域除外。至于马克思所做到的，我却做不到。马克思比我们大家都站得高些，看得远些，观察得多些和快些。马克思是天才，我们至多是能手。没有马克思，我们的理论远不会是现在这个样子。所以，这个理论用他的名字命名是理所当然的。”[③] 在马克思主义理论中，恩格斯有他“独立地”创立的部分，也有他独立涉及的“几个专门领域”，但在

---

① 《马克思恩格斯文集》第 4 卷，人民出版社 2009 年版，第 266 页。

② 《马克思恩格斯文集》第 4 卷，人民出版社 2009 年版，第 266 页。

③ 《马克思恩格斯文集》第 4 卷，人民出版社 2009 年版，第 296—297 页注释①。

“绝大部分基本指导思想”以及在“指导思想的最后的明确的表述”上都是马克思完成的。在这些方面，恩格斯做的是马克思本人也完全能做到的，做的也是完全适合于马克思本人思想的表述。

## 二、德国古典哲学的终结与马克思主义哲学的特征

德国古典哲学是由康德、费希特经过谢林，再到黑格尔为代表的德国资产阶级的意识形态和世界观。德国资产阶级在它登上历史舞台时，就具有显著的两面性，它在同封建制度和专制制度的对峙的同时，也已经同无产阶级及其先进的阶级和阶层处在对立之中。这时，德国资产阶级在政治上呈现为如马克思所评价的那种“对于保守派来说是革命的，对于革命派来说却是保守的”[①] 两面性的状态。黑格尔哲学作为德国古典哲学的“最终体系”，显著地表现出这种两面性。从康德开始的德国古典哲学尽管也同法国哲学革命一样，为各自国家的资产阶级革命提供了思想武器，但德国哲学作为普鲁士王国的国家哲学，全然没有法国唯物主义哲学的鲜明的战斗精神。恩格斯指出:“正像在 18 世纪的法国一样，在 19 世纪的德国，哲学革命也作了政治变革的前导。但是这两个哲学革命看起来是多么不同啊!”在法国，哲学家们“同整个官方科学，同教会，常常也同国家进行公开的斗争；他们的著作在国外，在荷兰或英国印刷，而他们本人则随时都可能进巴士底狱”。相反，在德国人，参与“哲学革命”的是“一些教授，一些由国家任命的青年的导师，他们的著作是公认的教科书，而全部发展的最终体系，即黑格尔的体系，甚至在某种程度上已经被推崇为普鲁士王国的国家哲学!”在恩格斯看来，“在这些教授后面，在他们的迂腐晦涩的言词后面，在他们的笨拙枯燥的语句里面竟能隐藏着革命吗? 那时被认为是革命代表人物的自由派，不正是最激烈地反对这种使人头脑混乱的哲学吗?”[②]

随着德国资产阶级在政治上和经济上取得统治地位，德国资产阶级更加丧失了它仅有的革命性及其理论上残存的进取性，德国古典哲学传

---

① 《马克思恩格斯文集》第 2 卷，人民出版社 2009 年版，第 76 页。

② 《马克思恩格斯文集》第 4 卷，人民出版社 2009 年版，第 267 页。

统中存有的科学性的一面完全消退，取而代之的是浅薄无聊的折中主义和唯利是图的市侩思想。但是，德国古典哲学在资产阶级意识形态限界内的“终结”，却在德国无产阶级思想中得到赓续，如恩格斯所指出的：“德国人的理论兴趣，只是在工人阶级中还没有衰退，继续存在着。在这里，它是根除不了的。在这里，对职位、牟利，对上司的恩典，没有任何考虑。相反，科学越是毫无顾忌和大公无私，它就越符合工人的利益和愿望。在劳动发展史中找到了理解全部社会史的锁钥的新派别，一开始就主要是面向工人阶级的，并且从工人阶级那里得到了同情，这种同情是它在官方科学那里既没有寻找也没有期望过的。德国的工人运动是德国古典哲学的继承者。”[1]

作为“德国古典哲学的继承者”，马克思主义辩证思想最为突出的是实现了黑格尔的辩证法思想的革命性变革。黑格尔提出过“凡是现实的都是合乎理性的，凡是合乎理性的都是现实的”命题，恩格斯认为，这一命题中的辩证思想的合理内核就在于：“在发展进程中，以前一切现实的东西都会成为不现实的，都会丧失自己的必然性、自己存在的权利、自己的合理性；一种新的、富有生命力的现实的东西就会代替正在衰亡的现实的东西——如果旧的东西足够理智，不加抵抗即行死亡，那就和平地代替；如果旧的东西抗拒这种必然性，那就通过暴力来代替。”[2] 黑格尔这一命题的合理内核，由于黑格尔的辩证法本身而转化为自己的反面。在进一步的分析中，恩格斯拓展了黑格尔这一命题的理论视域，指出“凡在人类历史领域中是现实的，随着时间的推移，都会成为不合理性的，就是说，注定是不合理性的，一开始就包含着不合理性；凡在人们头脑中是合乎理性的，都注定要成为现实的，不管它同现存的、表面的现实多么矛盾”[3]。这样一来，黑格尔的这一命题就变为另一个命题：“凡是现存的，都一定要灭亡。”

作为“德国古典哲学的继承者”，马克思主义辩证思想的根本命题就是：“在它面前，不存在任何最终的东西、绝对的东西、神圣的东西；

① 《马克思恩格斯文集》第 4 卷，人民出版社 2009 年版，第 313 页。
② 《马克思恩格斯文集》第 4 卷，人民出版社 2009 年版，第 269 页。
③ 《马克思恩格斯文集》第 4 卷，人民出版社 2009 年版，第 269 页。

它指出所有一切事物的暂时性；在它面前，除了生成和灭亡的不断过程、无止境地由低级上升到高级的不断过程，什么都不存在。它本身就是这个过程在思维着的头脑中的反映。诚然，它也有保守的方面：它承认认识和社会的一定阶段对它那个时代和那种环境来说都有存在的理由，但也不过如此而已。这种观察方法的保守性是相对的，它的革命性质是绝对的——这就是辩证哲学所承认的唯一绝对的东西。”[①] 在这里，恩格斯深刻地揭示了马克思主义唯物辩证法的核心要义。

黑格尔辩证思想的根本缺陷及其“终结”的根源，在于它的唯心主义的基础，这就是恩格斯指出的：“唯物主义把自然界看做唯一现实的东西，而在黑格尔的体系中自然界只是绝对观念的‘外化’，可以说是这个观念的下降；无论如何，思维及其思想产物即观念在这里是本原的，而自然界是派生的，只是由于观念的下降才存在。他们就在这个矛盾中彷徨，尽管程度各不相同。”[②] 黑格尔辩证思想的唯心主义基础，成为黑格尔哲学“终结”的根源。

恩格斯在对费尔巴哈哲学的评价中认为，尽管费尔巴哈哲学结束了黑格尔哲学在德国的统治地位，使唯物主义取得了胜利。但是，在唯物主义视界内，要厘清的问题是：“我们不仅生活在自然界中，而且生活在人类社会中，人类社会同自然界一样也有自己的发展史和自己的科学。因此，问题在于使关于社会的科学，即所谓历史科学和哲学科学的总和，同唯物主义的基础协调起来，并在这个基础上加以改造。但是，这一点费尔巴哈是做不到的。”[③] 费尔巴哈一接触到诸如宗教、伦理学和历史学问题时，他的哲学思想的“真正的唯心主义就显露出来了”[④]。

从费尔巴哈哲学及其同黑格尔哲学的联系上来看，恩格斯认为：“作为一个哲学家，他也停留在半路上，他下半截是唯物主义者，上半截是唯心主义者；他没有批判地克服黑格尔，而是简单地把黑格尔当做无用的东西抛在一边，同时，与黑格尔体系的百科全书式的丰富内容相比，

---

① 《马克思恩格斯文集》第 4 卷，人民出版社 2009 年版，第 270 页。
② 《马克思恩格斯文集》第 4 卷，人民出版社 2009 年版，第 275 页。
③ 《马克思恩格斯文集》第 4 卷，人民出版社 2009 年版，第 284 页。
④ 《马克思恩格斯文集》第 4 卷，人民出版社 2009 年版，第 287 页。

他本人除了矫揉造作的爱的宗教和贫乏无力的道德以外，拿不出什么积极的东西。但是，从黑格尔学派的解体过程中还产生了另一个派别，唯一的真正结出果实的派别。这个派别主要是同马克思的名字联系在一起的。"[1]

恩格斯指出，我们把自然界作为历史发展过程来理解时，也应当把人类社会当作历史发展过程来理解。在马克思主义产生以前，社会历史领域中占统治地位的是唯心史观，哲学家们是用主观想象的联系代替社会历史本身的真实联系，否认社会历史有其自身的发展规律。主观唯心主义认为社会历史是按照伟大人物的理想与意志在发展；宗教神秘主义者则认为社会历史是按照上帝或者神的目的在发展；客观唯心主义者黑格尔则把历史看作绝对观念自我发展的必然性。恩格斯则指出："在这里也完全像在自然领域里一样，应该通过发现现实的联系来清除这种臆造的人为的联系；这一任务，归根到底，就是要发现那些作为支配规律在人类社会的历史上起作用的一般运动规律。"[2]

但是，发现社会历史发展的一般运动规律并不是轻而易举的。社会发展的历史同自然界发展的历史有根本的不同。在自然界，客观规律是不自觉地盲目起作用的；而在社会历史领域，一切活动全是通过有意识、有目的、有追求愿望的人而实现的。如果看不到这一点，就会混淆社会规律和自然规律，忽视人的自觉活动的能动性。但是，尽管人们有意识有目的的活动对历史的发展起重要作用，"它也丝毫不能改变这样一个事实：历史进程是受内在的一般规律支配的"，"问题只是在于发现这些规律"[3]。

对于"发现这些规律"的问题，恩格斯认为，人们的动机、目的和意志对于行动的全部结果来说，只具有从属的意义，关键是要弄清动机背后所隐藏的物质动因。旧唯物主义的不彻底性，使它不去研究隐藏在动机后面的物质动因，导致了历史唯心主义。以黑格尔为代表的历史哲学家，虽然探究了动机背后的动因，但他们不是在历史本身中寻找，而

---

① 《马克思恩格斯文集》第 4 卷，人民出版社 2009 年版，第 296 页。
② 《马克思恩格斯文集》第 4 卷，人民出版社 2009 年版，第 301 页。
③ 《马克思恩格斯文集》第 4 卷，人民出版社 2009 年版，第 302 页。

是从外面，即从哲学的意识形态把这种动力输入历史，其结果当然是归之于“绝对观念”。只有历史唯物主义，通过科学地分析人们的思想动机，找到了隐藏在这些动机背后的真正动因。

## 三、哲学基本问题的提出及其意义

在《终结》中，恩格斯第一次提出“全部哲学，特别是近代哲学的重大的基本问题，是思维和存在的关系问题”[①] 的论断，并依照对思维和存在、精神和物质何者为本原问题的不同回答，划分出唯物主义和唯心主义两大阵营。这是恩格斯对马克思主义哲学基本原理所作的重要阐释。

思维和存在的关系是自哲学产生以来就存在的问题，这个问题的根本意义就是人的主观的观念同外部世界的关系问题。在欧洲中世纪的历史上，宗教占统治地位，这个问题表面上被掩盖了，但实际上还是以各种方式出现在几乎所有的哲学问题论争之中，如经院哲学中唯名论和唯实论长期围绕一般和个别问题的论争，在根本上就是思维和存在的关系问题论争的表现形式。在中世纪发展末期，随着生产力的发展和科学技术的进步，思维和存在的关系问题以愈加显著的形式得以表现，而且它还以足以动摇中世纪全部哲学基础的“尖锐的形式”提了出来，这就是:“世界是神创造的呢，还是从来就有的?”[②]

思维和存在的关系问题，是所有哲学家对世界本源探索和对世界认识的基本问题。恩格斯的结论就是:“全部哲学，特别是近代哲学的重大的基本问题，是思维和存在的关系问题”[③]；因此，思维对存在、精神对自然界的关系问题，成为“全部哲学的最高问题”[④]。在《终结》中，恩格斯把哲学的基本问题概括为两个方面的问题。

第一方面就是关于思维和存在、精神和物质何者为本源的问题。恩格斯认为:“哲学家依照他们如何回答这个问题而分成了两大阵营。凡是

---

① 《马克思恩格斯文集》第 4 卷，人民出版社 2009 年版，第 277 页。
② 《马克思恩格斯文集》第 4 卷，人民出版社 2009 年版，第 278 页。
③ 《马克思恩格斯文集》第 4 卷，人民出版社 2009 年版，第 277 页。
④ 《马克思恩格斯文集》第 4 卷，人民出版社 2009 年版，第 278 页。

断定精神对自然界说来是本原的，从而归根到底承认某种创世说的人（而创世说在哲学家那里，例如在黑格尔那里，往往比在基督教那里还要繁杂和荒唐得多），组成唯心主义阵营。凡是认为自然界是本原的，则属于唯物主义的各种学派。”①

恩格斯认为，从根本上看，“除此之外，唯心主义和唯物主义这两个用语本来没有任何别的意思，它们在这里也不是在别的意义上使用的”②。施达克在对费尔巴哈的评价上，给唯物主义和唯心主义加上了其他的别的意义，“施达克在找费尔巴哈的唯心主义时找错了地方”，这就造成哲学上的混乱，暴露了施达克折衷主义思想的谬误。施达克的这一谬误，主要体现在三个方面：

其一，施达克以是否“追求自己的理想目的”为区分唯物主义和唯心主义的基本问题。恩格斯指出，施达克所谓的“追求自己的理想目的”至多同康德的唯心主义及其“绝对命令”有必然联系；然而康德自己把他的哲学叫作“先验的唯心主义”，绝不是因为那里也讲到道德的理想，而完全是由于别的理由，这是施达克会记得的。有一种“迷信”，认为唯心主义的中心就是对道德理想即对社会理想的信仰，这种“迷信”是在哲学之外产生的，是在那些把席勒诗歌中符合他们需要的少数哲学上的只言片语背得烂熟的德国庸人中产生的。

其二，施达克所谓的“理想的目的”和“理想的意图”，实际上只是人的一种普遍的活动。因为推动人去从事活动的一切，都要通过人的头脑，甚至吃喝也是由于通过头脑感觉到饥渴而开始，并且同样由于通过头脑感觉到饱足而停止。外部世界对人的影响表现在人的头脑中，反映在人的头脑中，成为感觉、思想、动机、意志，总之，成为“理想的意图”，并且以这种形态变成“理想的力量”。恩格斯指出：“如果一个人只是由于他追求‘理想的意图’并承认‘理想的力量’对他的影响，就成了唯心主义者，那么任何一个发育稍稍正常的人都是天生的唯心主义者了，怎么还会有唯物主义者呢？”③

① 《马克思恩格斯文集》第4卷，人民出版社2009年版，第278页。
② 《马克思恩格斯文集》第4卷，人民出版社2009年版，第278页。
③ 《马克思恩格斯文集》第4卷，人民出版社2009年版，第286页。

其三，唯物主义和唯心主义的区分与其是否沿着进步方向活动的“信念”也是绝对不相干的。恩格斯认为:“关于人类（至少在现时）总的说来是沿着进步方向运动的这种信念，是同唯物主义和唯心主义的对立绝对不相干的。”[①] 法国唯物主义者同自然神论者伏尔泰和卢梭一样，几乎狂热地抱有这种信念，并且往往为它付出最大的个人牺牲。狄德罗就是为了“对真理和正义的热诚”而献出了整个生命的人。可见，“施达克把这一切说成是唯心主义，这只是证明：唯物主义这个名词以及两个派别的全部对立，在这里对他来说已经失去了任何意义”[②]。

恩格斯认为，“施达克在这里向那种由于教士的多年诽谤而流传下来的对唯物主义这个名称的庸人偏见作了不可饶恕的让步”[③]。庸人把唯物主义理解为贪吃、酗酒、娱目、肉欲、虚荣、爱财、吝啬、贪婪、牟利、投机，简言之，即庸人暗中迷恋着的一切龌龊行为；而把唯心主义理解为对美德、普遍的人类爱的信仰，总之，是对“美好世界”的信仰。施达克的折衷主义就是在这种“庸人偏见”中兜圈子。

第二方面就是关于思维能否正确地反映现实的问题。这就是恩格斯提出的:“思维和存在的关系问题还有另一个方面：我们关于我们周围世界的思想对这个世界本身的关系是怎样的？我们的思维能不能认识现实世界？我们能不能在我们关于现实世界的表象和概念中正确地反映现实？用哲学的语言来说，这个问题叫做思维和存在的同一性问题，绝大多数哲学家对这个问题都作了肯定的回答。”[④] 这第二方面问题是划分可知论和不可知论的原则和界线：凡是认为思维能够认识世界，承认思维和存在的同一性，就是可知论；反之，就是不可知论。

在黑格尔那里，对这个问题作出肯定的回答是不言而喻的。这是因为，我们在现实世界中所认识的，正是这个世界的思想内容，也就是那种使世界成为绝对观念的逐步实现的东西，这个绝对观念是从来就存在的，是不依赖于世界并且先于世界而在某处存在的；但是思维能够认识那一开始就已经是思想内容的内容，这是十分明显的。恩格斯认为:“同

---

① 《马克思恩格斯文集》第 4 卷，人民出版社 2009 年版，第 286 页。
② 《马克思恩格斯文集》第 4 卷，人民出版社 2009 年版，第 286 页。
③ 《马克思恩格斯文集》第 4 卷，人民出版社 2009 年版，第 286 页。
④ 《马克思恩格斯文集》第 4 卷，人民出版社 2009 年版，第 278 页。

样明显的是，在这里，要证明的东西已经默默地包含在前提里面了。但是，这决不妨碍黑格尔从他的思维和存在的同一性的论证中作出进一步的结论：他的哲学因为对他的思维来说是正确的，所以也就是唯一正确的；而思维和存在的同一性要得到证实，人类就要马上把他的哲学从理论转移到实践中去，并按照黑格尔的原则来改造整个世界。这是他和几乎所有的哲学家所共有的幻想。”①

在近代哲学史上，休谟和康德所持的就是“否认认识世界的可能性，或者至少是否认彻底认识世界的可能性”② 的哲学思想。休谟和康德在哲学史上有过重要的贡献，但是他们都否定世界的可认识性。康德认为，人的意识之外存在着“自在之物”，虽然人的感觉是由外部世界的作用产生的，但人却只能认识现象而不能认识本质。休谟则认为，人的认识只能认识自己的感觉，感觉以外的任何东西——无论是精神和物质的东西，都是不可知的。在这一问题上，康德和休谟尽管在形式上有所不同，但在根本上都否认世界及其规律的可知性，在本质上都是不可知论。

对不可知论，唯心主义者黑格尔和唯物主义者费尔巴哈都作过批驳。黑格尔基于思维和存在的同一性，对康德的不可知论作过批驳。康德割裂了现象和本质之间的辩证统一关系，黑格尔认为，现象和本质之间的辩证统一性，在于它们之间的可转化性：本质寓于现象之中，现象是本质的表现；认识了现象，就可以透过现象认识本质。恩格斯高度评价了黑格尔对不可知论驳斥的意义，认为“对驳斥这一观点具有决定性的东西，凡是从唯心主义观点出发所能说的，黑格尔都已经说了”③。如果说，黑格尔是从辩证法思想上对康德不可知论作出批驳的，那么费尔巴哈则是从唯物主义观点上对不可知论作出批驳。恩格斯对费尔巴哈所作的批驳的肯定在于：“费尔巴哈所增加的唯物主义的东西，与其说是深刻的，不如说是机智的。对这些以及其他一切哲学上的怪论的最令人信服的驳斥是实践，即实验和工业。既然我们自己能够制造出某一自然

---

① 《马克思恩格斯文集》第 4 卷，人民出版社 2009 年版，第 279 页。
② 《马克思恩格斯文集》第 4 卷，人民出版社 2009 年版，第 279 页。
③ 《马克思恩格斯文集》第 4 卷，人民出版社 2009 年版，第 279 页。

过程，按照它的条件把它生产出来，并使它为我们的目的服务，从而证明我们对这一过程的理解是正确的，那么康德的不可捉摸的‘自在之物’就完结了。”[①]

由此可见，费尔巴哈与黑格尔在关于哲学第一个基本问题认识上的分歧，使费尔巴哈成为唯物主义者，而黑格尔成为唯心主义者。恩格斯指出:“费尔巴哈的发展进程是一个黑格尔主义者（诚然，他从来不是完全正统的黑格尔主义者）走向唯物主义的发展进程，这一发展使他在一定阶段上同自己的这位先驱者的唯心主义体系完全决裂了。”[②] 循着这一思想进程，费尔巴哈“势所必然地终于认识到，黑格尔的‘绝对观念’之先于世界的存在，在世界之前就有的‘逻辑范畴的预先存在’，不外是对世界之外的造物主的信仰的虚幻残余；我们自己所属的物质的、可以感知的世界，是唯一现实的；而我们的意识和思维，不论它看起来是多么超感觉的，总是物质的、肉体的器官即人脑的产物”[③]。费尔巴哈由此而得出“物质不是精神的产物，而精神本身只是物质的最高产物”这一“纯粹的唯物主义”的结论。但是，费尔巴哈的思想进程到此而止步不前了，“费尔巴哈在这里把唯物主义这种建立在对物质和精神关系的特定理解上的一般世界观同这一世界观在特定的历史阶段即18 世纪所表现的特殊形式混为一谈了”[④]。

回顾哲学史的思想历程，可以看到，在从笛卡儿到黑格尔和从霍布斯到费尔巴哈这一长时期内，推动哲学家前进的，决不像他们所想象的那样，只是纯粹思想的力量。恰恰相反，真正推动他们前进的，主要是自然科学和工业的强大而日益迅猛的进步。在唯物主义者那里，这已经是一目了然的了，而唯心主义体系也越来越加进了唯物主义的内容，力图用泛神论来调和精神和物质的对立；因此，归根到底，黑格尔的体系只是一种就方法和内容来说唯心主义地倒置过来的唯物主义。

---

① 《马克思恩格斯文集》第 4 卷，人民出版社 2009 年版，第 279 页。
② 《马克思恩格斯文集》第 4 卷，人民出版社 2009 年版，第 281 页。
③ 《马克思恩格斯文集》第 4 卷，人民出版社 2009 年版，第 281 页。
④ 《马克思恩格斯文集》第 4 卷，人民出版社 2009 年版，第 281 页。

## 四、唯物论、辩证法和历史观的系统阐释

在黑格尔唯心主义哲学解体中，费尔巴哈尽管举起了唯物主义的旗帜，但却没有能够把唯物主义贯彻到底，最后还是停留在半路上。恩格斯认为:“不仅如此，他还把唯物主义同它的一种肤浅的、庸俗化了的形式混为一谈，18 世纪的唯物主义现在就以这种形式继续存在于自然科学家和医生的头脑中，并且被毕希纳、福格特和摩莱肖特在 50 年代拿着到处叫卖。”[①] 但是，唯物主义也经历了一系列发展阶段，还是走出了重要的一步，“随着自然科学领域中每一个划时代的发现，唯物主义也必然要改变自己的形式；而自从历史也得到唯物主义的解释以后，一条新的发展道路也在这里开辟出来了”[②]。

自 18 世纪直到费尔巴哈以来的唯物主义的不可避免的局限性就在于:“它不能把世界理解为一种过程，理解为一种处在不断的历史发展中的物质。这是同当时的自然科学状况以及与此相联系的形而上学的即反辩证法的哲学思维方法相适应的。人们已经知道，自然界处在永恒的运动中。但是根据当时的想法，这种运动是永远绕着一个圆圈旋转，因而始终不会前进；它总是产生同一结果。”[③] 一方面，费尔巴哈生活的年代，自然科学还处在剧烈的酝酿过程中，这一过程只是在 19 世纪 70 年代才达到相对完成的地步，在纷纷涌来的一大堆杂乱的发现中建立起联系，自然科学有了“条理”；另一方面，我们不仅生活在自然界中，而且生活在人类社会中，人类社会同自然界一样也有自己的发展史和自己的科学；关于社会的科学即“历史科学和哲学科学的总和”同唯物主义的基础协调起来，并在这个基础上加以改造，才能真正地推进唯物主义在社会历史领域得到新的发展。这些，在费尔巴哈那里是做不到的。

恩格斯认为，对于“哲学这一似乎凌驾于一切专门科学之上并把它们包罗在内的科学的科学”，在费尔巴哈这样一位“杰出的哲学家”那

① 《马克思恩格斯文集》第 4 卷，人民出版社 2009 年版，第 281 页。
② 《马克思恩格斯文集》第 4 卷，人民出版社 2009 年版，第 281—282 页。
③ 《马克思恩格斯文集》第 4 卷，人民出版社 2009 年版，第 282 页。

里“仍然是不可逾越的屏障，不可侵犯的圣物，而且作为一个哲学家，他也停留在半路上，他下半截是唯物主义者，上半截是唯心主义者”[①]。恩格斯认为，费尔巴哈“没有批判地克服黑格尔，而是简单地把黑格尔当做无用的东西抛在一边，同时，与黑格尔体系的百科全书式的丰富内容相比，他本人除了矫揉造作的爱的宗教和贫乏无力的道德以外，拿不出什么积极的东西。”[②]

但是，在19世纪40年代，“从黑格尔学派的解体过程中还产生了另一个派别，唯一的真正结出果实的派别。这个派别主要是同马克思的名字联系在一起的”[③]。由马克思和恩格斯共同创立的这一“派别”，“第一次对唯物主义世界观采取了真正严肃的态度，把这个世界观彻底地（至少在主要方面）运用到所研究的一切知识领域里去了”[④]。这样，“概念的辩证法本身就变成只是现实世界的辩证运动的自觉的反映，从而黑格尔的辩证法就被倒转过来了，或者宁可说，不是用头立地而是重新用脚立地了。而且值得注意的是，不仅我们发现了这个多年来已成为我们最好的工具和最锐利的武器的唯物主义辩证法，而且德国工人约瑟夫·狄慈根不依靠我们，甚至不依靠黑格尔也发现了它”[⑤]。

在这一“派别”的全部学说中，黑格尔不是被简单地被放在一边，相反黑格尔哲学的革命方面即辩证方法被接过来了。恩格斯认为，在黑格尔那里，辩证法是概念的自我发展。绝对概念不仅是从来就存在的(不知在哪里)，而且是整个现存世界的真正的活的灵魂。在马克思和恩格斯那里，“重新唯物地把我们头脑中的概念看做现实事物的反映，而不是把现实事物看做绝对概念的某一阶段的反映”[⑥]。由此，辩证法就成为“关于外部世界和人类思维的运动的一般规律”的科学。尽管“外部世界”运动和“人类思维”运动这两个系列的规律在本质上是同一的，但是在表现上却是不同的。“这是因为人的头脑可以自觉地应用这

① 《马克思恩格斯文集》第4卷，人民出版社2009年版，第296页。
② 《马克思恩格斯文集》第4卷，人民出版社2009年版，第296页。
③ 《马克思恩格斯文集》第4卷，人民出版社2009年版，第296页。
④ 《马克思恩格斯文集》第4卷，人民出版社2009年版，第297页。
⑤ 《马克思恩格斯文集》第4卷，人民出版社2009年版，第298页。
⑥ 《马克思恩格斯文集》第4卷，人民出版社2009年版，第298页。

些规律，而在自然界中这些规律是不自觉地、以外部必然性的形式、在无穷无尽的表面的偶然性中实现的，而且到现在为止在人类历史上多半也是如此。”[①]

正是在人类思想史上的这一重大变革中，黑格尔哲学的革命方面就恢复了，同时也摆脱了那些曾经在黑格尔那里阻碍它贯彻到底的唯心主义装饰。恩格斯指出：“一个伟大的基本思想，即认为世界不是既成事物的集合体，而是过程的集合体，其中各个似乎稳定的事物同它们在我们头脑中的思想映象即概念一样都处在生成和灭亡的不断变化中，在这种变化中，尽管有种种表面的偶然性，尽管有种种暂时的倒退，前进的发展终究会实现。”[②]

在《终结》中，恩格斯对这一“唯物主义世界观”的要点作了概述。恩格斯认为，要寻找隐藏在思想动机背后的动力，就不能只注意研究个别杰出人物的动机，而应当着眼于研究使广大群众、整个民族以及整个阶级行动起来的动机；不是去研究发展中的暂时的因素，而应该去研究那些在社会发展中持久的、引起重大历史变迁的动机。通过研究这些动机去发现隐藏在动机背后的动因，即推动广大群众行动起来的社会经济条件，才能发现社会历史发展规律。

历史唯物主义认为，阶级斗争是推动社会历史发展的动力。但是这一事实，在很长的一段历史时期内没有被人们发现。因为在奴隶社会和封建社会里等级关系掩盖了阶级关系。阶级关系是按人们的经济地位划分的，等级关系是法权规定的等级差别和一定的特权。随着资本主义大工业的出现，中间阶层向两极分化，阶级关系日益简单化、明朗化，人们才有可能看到阶级斗争在历史发展中的作用。

19 世纪以来，随着资本主义的发展，阶级斗争是阶级社会发展动力的事实越来越明显。就是法国复辟时期的历史学家梯叶里、基佐、米涅和梯也尔，也都看出了阶级斗争是理解中世纪以来法国历史的钥匙。恩格斯指出：“当时关系已经非常简化，只有故意闭起眼睛的人才看不见，这三大阶级的斗争和它们的利益冲突是现代历史的动力，至少是这

---

① 《马克思恩格斯文集》第 4 卷，人民出版社 2009 年版，第 298 页。

② 《马克思恩格斯文集》第 4 卷，人民出版社 2009 年版，第 298 页。

两个最先进国家的现代历史的动力。”[1] 恩格斯以资本主义产生发展的历史以及资本主义社会的基本矛盾为依据，论证了阶级斗争同社会经济的联系。恩格斯说:“在现代历史中至少已经证明，一切政治斗争都是阶级斗争，而一切争取解放的阶级斗争，尽管它必然地具有政治的形式(因为一切阶级斗争都是政治斗争)，归根到底都是围绕着经济解放进行的。”[2] 也就是说，阶级的产生和发展是由经济关系决定的，阶级斗争首先是为了经济利益而进行的。政治权利不过是用来实现经济利益的手段。不能像资产阶级学者那样，只凭表面的现象，把阶级斗争的产生和所有制的改变，归于政治的原因和暴力掠夺的结果。

恩格斯还从分析资本主义的产生和发展的历史中，揭示了资产阶级和无产阶级是由于经济关系发生变化，确切些说，是由于生产方式发生变化而产生的两个阶级。在生产方式中，生产力决定生产关系，对社会生活起着最终的决定作用。这就科学地揭示了社会发展的最终原因，找到了社会发展的决定力量。

在《终结》中，恩格斯第一次把社会上层建筑分为两类：政治上层建筑和观念上层建筑，并指出这两类上层建筑都是由经济基础决定的。

首先，国家、法律等政治上层建筑是由经济基础决定的。恩格斯指出，作为上层建筑的国家、法律以及政治制度是从属的东西，是第二性的东西，而市民社会、经济关系、经济基础的领域则是决定性的因素，是第一性的东西。国家不能脱离经济而独立存在、独立发展，国家的意志是在经济上占统治地位的阶级的利益的反映。因此，“在现代历史中，国家的意志总的说来是由市民社会的不断变化的需要，是由某个阶级的优势地位，归根到底，是由生产力和交换关系的发展决定的”[3]。恩格斯还指出，既然历史上已经证明国家和公法都是由经济基础决定的，那么，不言而喻，私法也是由经济关系决定的，“因为私法本质上只是确认单个人之间的现存的、在一定情况下是正常的经济关系”[4]。恩格斯以英国、德国、法国等国家的各个时期的民法（私法）为例说明，虽然

---

① 《马克思恩格斯文集》第 4 卷，人民出版社 2009 年版，第 304—305 页。
② 《马克思恩格斯文集》第 4 卷，人民出版社 2009 年版，第 306 页。
③ 《马克思恩格斯文集》第 4 卷，人民出版社 2009 年版，第 306 页。
④ 《马克思恩格斯文集》第 4 卷，人民出版社 2009 年版，第 307 页。

它们都沿用了奴隶社会或封建社会法律的旧形式，但本质上都是对资本主义制度下私人之间的经济关系的确认。只不过这些国家由于资产阶级革命的历史条件和资本主义的发展水平不同，其民法所采取的形式也就不同。显然，国家和法律虽然具有相对独立性，能够反作用于经济基础，但是我们却不可过分夸大这种相对独立性，否则就会把这种相对独立性说成是绝对独立性，并跌入政治决定经济的历史唯心主义深渊。

其次，哲学、宗教等观念上层建筑也是由经济基础决定的。恩格斯在考察了国家和法律等政治上层建筑与经济基础之间的关系之后，又考察了那些离经济基础较远的哲学、宗教等社会意识形态上层建筑与经济基础之间的关系。恩格斯指出，哲学和宗教都是距离经济基础最远的社会意识形态。社会经济条件通过国家、政治、法律等中间环节对哲学和宗教产生作用。因此，这些观念形态同自己的物质存在条件的联系，愈来愈被一些中间环节弄模糊了。但是，这些社会意识形态归根到底还是由经济基础决定的。恩格斯还以哲学、宗教的历史变迁具体说明了这一观点。恩格斯指出，从 15 世纪中叶以来的整个文艺复兴时代的哲学，其内容实质上是新兴资产阶级哲学，是资产阶级需要的哲学表现。宗教的产生、宗教的形式、宗教的变革和发展都依赖于一定的经济条件。此外，恩格斯还认为，哲学、宗教等意识形态的形成总要包含某些传统材料（即思想材料），而它们对以往思想材料的取舍、利用等都会受到人们的经济关系的影响。

在《终结》中，恩格斯的最后的结论就是:“这种历史观结束了历史领域内的哲学，正如辩证的自然观使一切自然哲学都成为不必要的和不可能的一样。现在无论在哪一个领域，都不再是从头脑中想出联系，而是从事实中发现联系了。”[①] 对于德国无产阶级来说，“在劳动发展史中找到了理解全部社会史的锁钥的新派别，一开始就主要是面向工人阶级的，并且从工人阶级那里得到了同情，这种同情是它在官方科学那里既没有寻找也没有期望过的。德国的工人运动是德国古典哲学的继承者”[②]。

---

① 《马克思恩格斯文集》第 4 卷，人民出版社 2009 年版，第 312 页。
② 《马克思恩格斯文集》第 4 卷，人民出版社 2009 年版，第 313 页。

# 第十九章　社会主义思想史研究

空想社会主义是马克思主义的重要思想来源之一。从总体上看，空想社会主义是以“空想”为其主要特征的。但是，在从 16 世纪初至 19 世纪上半期这 300 多年发展过程中，空想社会主义一开始限于“乌托邦”式的空想成分在逐渐消退，契合于社会现实的思想在不断增强；直到 19 世纪 30—40 年代，主要是在英国和法国成长起来的空想社会主义，最终成为科学社会主义的思想来源，成就了社会主义从空想到科学发展的历史逻辑和理论逻辑。在这一过程中，恩格斯的《社会主义从空想到科学的发展》，就是这一逻辑命题阐释的最重要的文本。

在 19 世纪 40 年代初，恩格斯在其一系列早期著述中，就对空想社会主义理论及其思潮作出深入探讨。1843 年 11 月，恩格斯在英国社会主义机关报《新道德世界》上发表的《大陆上社会改革的进展》一文，就是对法国和德国的社会主义“状态”和原则思考的最初成果，自此一直到 19 世纪 80 年代初《社会主义从空想到科学的发展》的完成，以及马克思逝世后的接续探索，勾勒了恩格斯对社会主义思想史研究的轨迹，刻画了恩格斯在科学社会主义创立和发展中的思想历程。

## 一、空想社会主义思想的历史发展

空想社会主义从 16 世纪初期作为人类的先进思想登上历史舞台开始，一直到 19 世纪 30—40 年代逐步走向衰落为止，在这三个多世纪的发展过程中，它接续表达了对资本主义社会普遍改造的最初的本能的渴望，反映了这一历史过程资本主义社会矛盾的发展以及无产阶级与资产阶级之间阶级斗争的状况，在一定程度上提出并探讨了无产阶级斗争的条件和目标等问题，不仅对启发工人的觉悟有重要的作用，而且为科学社会主义的形成提供了直接的思想来源。

空想社会主义最初作为一种思潮，并不是凭空产生的。在《德意志意识形态》手稿中，马克思和恩格斯在论及空想社会主义思潮产生问题时指出:“一切划时代的体系的真正的内容都是由于产生这些体系的那个时期的需要而形成起来的。所有这些体系都是以本国过去的整个发展为基础的，是以阶级关系的历史形式及其政治的、道德的、哲学的以及其他的后果为基础的。”① 在科学社会主义创立之前，空想社会主义的历史发展，就是以那一时期资本主义的发展及其相应的经济、政治、文化等的发展为基础的。

16 世纪初至 17 世纪这一时期的空想社会主义，通常被称作早期空想社会主义。莫尔、闵采尔、康帕内拉、温斯坦莱、维拉斯等人是早期空想社会主义的主要代表。1516 年英国的托马斯·莫尔发表的《乌托邦》和 1601 年意大利的托马斯·康帕内拉撰写的《太阳城》这两本书，集中反映了早期空想社会主义的思想。当时，资本主义正处于资本原始积累和家庭手工业的简单协作时期。空想社会主义采取文学游记的形式，批判资本主义资本原始积累给社会带来各种灾难和罪恶，幻想了一个没有剥削压迫、人人平等的理想社会。

18 世纪这一时期，资本主义已由家庭手工业的简单协作发展到工场手工业，空想社会主义思想也相应发生变化。空想社会主义摆脱了纯粹虚构的幻想，开始面向现实，从法理的角度批判资本主义私有制，并以法律条文的形式阐述未来理想社会的基本原则。这一时期著名的空想社会主义者都出现在法国，代表人物在启蒙运动前夕有梅叶，在启蒙运动中有摩莱里和马布利，在资产阶级大革命中有巴贝夫等空想社会主义者。恩格斯认为:“18 世纪伟大的思想家们，也同他们的一切先驱者一样，没有能够超出他们自己的时代使他们受到的限制。”② 这一时期的空想社会主义学说，不免带有明显的平均主义和禁欲主义的色彩，他们所追求的理想社会也只是一种“禁欲主义的、禁绝一切生活享受的、斯巴达式的共产主义”③。

---

① 《马克思恩格斯全集》第 3 卷，人民出版社 1960 年版，第 544 页。

② 《马克思恩格斯文集》第 3 卷，人民出版社 2009 年版，第 524 页。

③ 《马克思恩格斯文集》第 3 卷，人民出版社 2009 年版，第 525 页。

19世纪初期，空想社会主义出现了三个杰出的代表人物：法国的圣西门、傅立叶和英国的欧文。在社会主义发展史上，他们被称为三大空想社会主义者。19世纪初期，资本主义发展已经开始向机器大工业过渡，资本主义的矛盾和阶级对立日益明显。三大空想社会主义者继承已往的空想社会主义思想，吸收18世纪法国启蒙学者的理论形式，在批判资本主义社会制度的同时，对未来社会提出了许多积极合理的设想，使空想社会主义的发展达到了高峰。

圣西门是19世纪初期法国杰出的空想社会主义者，恩格斯认为，“在圣西门那里发现了天才的远大眼光，由于他有这种眼光，后来的社会主义者的几乎所有并非严格意义上的经济学思想都以萌芽状态包含在他的思想中”[①]。傅立叶是19世纪初期法国伟大的空想社会主义者之一。剔除傅立叶著作中荒唐的神秘主义色彩以后，剩下来的就是“圣西门派那里所没有的东西——科学的探讨，冷静的、毫无偏见的、系统的思考”[②]。欧文是19世纪初叶英国伟大的空想社会主义者、空想共产主义的实践家，恩格斯称欧文为“社会主义者运动的创始人”[③]。

19世纪30—40年代，资本主义大工业在欧洲一些国家已经确立，工人运动有了新的发展，这时在工人阶级中出现了一种新的思潮，即恩格斯所称的“一种粗糙的、尚欠修琢的、纯粹出于本能的共产主义”[④]，这种“共产主义”就是19世纪30—40年代的空想社会主义。这一时期空想社会主义的主要代表人物是，法国的布朗基、卡贝、德萨米和德国的魏特林。19世纪40年代随着马克思主义诞生和科学社会主义的传播，空想社会主义逐渐失去市场，魏特林主义很快失去它的积极作用而走向了反面，成为提高无产阶级觉悟的障碍。马克思和恩格斯对魏特林主义进行了必要的批判和斗争，但客观地承认它在历史上曾经起过的积极作用。

---

① 《马克思恩格斯文集》第9卷，人民出版社2009年版，第275页。
② 《马克思恩格斯全集》第3卷，人民出版社2002年版，第477页。
③ 《马克思恩格斯全集》第3卷，人民出版社2002年版，第434页。
④ 《马克思恩格斯文集》第2卷，人民出版社2009年版，第13页。

## 二、空想社会主义的理论地位

在《共产党宣言》“1888 年英文版序言”中，恩格斯在解释“社会主义”、“共产主义”时，揭示了空想社会主义的实质。他指出空想共产主义学说“是一种粗糙的、尚欠修琢的、纯粹出于本能的共产主义；但它却接触到了最主要之点，并且在工人阶级当中已经强大到足以形成空想共产主义，在法国有卡贝的共产主义，在德国有魏特林的共产主义。可见，在 1847 年，社会主义是资产阶级的运动，而共产主义则是工人阶级的运动”①。在《德国农民战争》“1870 年第二版序言的补充”中，恩格斯在谈到德国工人的优越之处时强调：“德国的理论上的社会主义永远不会忘记，它是站在圣西门、傅立叶和欧文这三个人的肩上的。……他们终究是属于一切时代最伟大的智士之列的，他们天才地预示了我们现在已经科学地证明了其正确性的无数真理。”②

1867 年马克思《资本论》第一卷德文第一版出版。为了引起人们对《资本论》的关注，1868 年恩格斯撰写了《卡·马克思〈资本论〉第一卷书评——为〈民主周报〉作》一文，进一步指出“欧文、圣西门、傅立叶的著作现在和将来都是有价值的”③。在《反杜林论》中，接着又在《社会主义从空想到科学的发展》中，恩格斯在分析空想社会主义的历史局限性的同时，更是肯定了这一理论的科学性和合理性，认为“使我们感到高兴的，倒是处处突破幻想的外壳而显露出来的天才的思想萌芽和天才的思想，而这些却是那班庸人所看不见的”④。恩格斯曾先后将早期空想社会主义思想称为“刚刚萌生的共产主义思想”⑤，将 18 世纪的空想社会主义理论称为“直接共产主义的理论”⑥，将 19 世纪

---

① 《马克思恩格斯文集》第 2 卷，人民出版社 2009 年版，第 13—14 页。

② 《马克思恩格斯文集》第 2 卷，人民出版社 2009 年版，第 218 页。

③ 《马克思恩格斯文集》第 3 卷，人民出版社 2009 年版，第 79 页。

④ 《马克思恩格斯文集》第 3 卷，人民出版社 2009 年版，第 529 页。

⑤ 《马克思恩格斯文集》第 2 卷，人民出版社 2009 年版，第 239 页。

⑥ 《马克思恩格斯文集》第 3 卷，人民出版社 2009 年版，第 525 页。

初三大空想家称为“社会主义创始人”[①]。在第一国际准备时期，为了更好地启发工人阶级觉悟，马克思建议出版空想社会主义者的有代表性的著作，恩格斯还为此翻译了《傅立叶论商业片段》一书，并写了前言和结束语。

概括地说，空想社会主义的历史价值主要表现在以下几个方面：

第一，空想社会主义理论无情地揭露和尖锐地批判了资本主义问世以来给人类社会带来的弊端及其根源，抨击了资本主义社会的现实基础，考察了那个时期资本主义制度存在的种种不可克服的矛盾现象，探讨了有关无产阶级斗争的条件和目标的一些重要问题，从而为启发工人的思想觉悟提供了极为宝贵的材料。

无论是早期的空想社会主义理论，还是后来的三大空想社会主义者及 19 世纪 30—40 年代的空想社会主义者，他们都能以锐利的目光审视资本主义世界，对资本主义的经济制度、政治制度、思想道德观念进行尖锐的批判。在经济制度方面，空想社会主义理论严厉谴责了资本主义的剥削制度：一方面谴责了资本主义对无产者的奴役和剥削及无产者的悲惨状况；另一方面也分析了资本主义制度所产生的贫富对立的后果。早期空想社会主义者对“羊吃人”悲惨景象的揭露、圣西门对统治阶级奢侈豪华生活建立于无产阶级极端贫困之上的分析、傅立叶把资本主义制度比作“复活的奴隶制”的批判以及欧文对资本主义剥削的商业计算的揭露，等等，都充分反映了资本主义剥削制度的罪恶。在政治制度方面，空想社会主义者也作了淋漓尽致的分析。16 世纪的康帕内拉揭露了意大利及欧洲各国政治制度的弊端，他认为在意大利，政府的首脑是一些不学无术的人，意大利存在着极端的腐败现象；18 世纪的巴贝夫初步认识到资产阶级共和国是资产阶级统治劳动人民的工具；19 世纪的傅立叶认为资产阶级国家是特殊阶层和仆从，其任务就是保护富人的享受，他还揭示了资产阶级自由、平等、博爱的实质，认为这一口号在资本主义制度下不过是一种讽刺，资产阶级宪法也不过是一纸空文；等等。在思想道德观念方面，他们同样作了多方面的深入批判。例如，16 世纪的康帕内拉就认为，意大利的现存社会弥漫着强烈的个人利己

① 《马克思恩格斯文集》第 3 卷，人民出版社 2009 年版，第 528 页。

主义，而个人利己主义带来的则是诡辩、伪善、残暴行为三种道德沦丧的恶习。

不仅如此，空想社会主义者还分析了造成资本主义罪恶的根源。尽管他们的看法不一，有的认为是财产不平等和社会不平等，有的认为是无政府状态和专横霸道，有的认为是生产的分散性和不协调的劳动，有的认为是私有制的存在等。但是，总体来说，不少空想社会主义者在不同历史时期都对私有制是资本主义罪恶的根源作了不同程度的分析。康帕内拉把对个人利己主义分析批判的矛头直指私有制，认为私有制是万恶之源，要消除社会的一切弊端，克服人们的私有观念，就必须废除私有制。马布利和摩莱里都是从理论上指出了私有制是折磨人类的一切不幸的主要根源，它的出现导致了人类的道德败坏，人们开始背离自然状态，开始了强盗行径，开始了贫富分化，开始了不平等。欧文提出，要清除资本主义的一切弊病，就必须消灭私有制。德萨米认为，资本主义私有制是一切祸害的根源。卡贝认为，货币、财富的不平等和私有制三者，构成一切弊害、一切罪恶的根源。魏特林把批判的锋芒直指财产私有制，指出私有财产是一切罪恶的根源！私有财产是偷窃和窃杀的根源！马克思和恩格斯在《神圣家族》中认为，空想社会主义者“他们已推测出（见欧文及其他人的著作）文明世界的基本缺陷；因此，他们对现代社会的现实基础进行了深刻的批判”[①]。

空想社会主义者对资本主义制度的批判，是他们理论中最有价值的内容。在《共产党宣言》中，马克思和恩格斯认为，空想社会主义的“这些著作抨击现存社会的全部基础。因此，它们提供了启发工人觉悟的极为宝贵的材料”[②]。恩格斯认为，这些著作揭露暴露了资本主义制度的丑恶，得出了必须否定资本主义制度的结论，在空想社会主义者看来，“按照这些启蒙学者的原则建立起来的资产阶级世界也是不合理性的和非正义的，所以也应该像封建制度和一切更早的社会制度一样被抛到垃圾堆里去”[③]。

---

① 《马克思恩格斯文集》第 1 卷，人民出版社 2009 年版，第 290 页。
② 《马克思恩格斯文集》第 2 卷，人民出版社 2009 年版，第 63 页。
③ 《马克思恩格斯文集》第 3 卷，人民出版社 2009 年版，第 526 页。

第二，空想社会主义理论推测了未来理想社会的许多特征，提出了一些有价值的宝贵的见解及一系列合理的主张和规划，表达了无产阶级对社会改造的最初的本能渴望，揭示和论证了人类社会发展的历史趋势，说明了社会主义制度取代资本主义制度的先进性，为社会主义从空想发展为科学提供了极为有益的思想材料。

空想社会主义者在批判资本主义制度的基础上，以无比丰富的想象力设想了未来的理想社会，对它的未来蓝图进行了具体的描绘。他们普遍认为，未来社会应当实行财产公有，有的甚至提出建立生产资料公有制，例如欧文就明确地把生产资料公有制看成未来理想社会的基础。他们认识到，在未来的理想社会中，人人都必须参加劳动，一切人都应有劳动的权利。例如康帕内拉在劳动普遍受到鄙视的时代提出了劳动光荣的思想，傅立叶则明确提出了劳动不再是谋生的手段而成为乐生的要素的思想。后来，德萨米继承并发展了傅立叶的思想，为新社会的劳动制度规定了四条原则，即在公有制下只存在劳动者；任何劳动都是同等光荣的社会职责；根据自然和科学确定开始劳动和退休的年龄；儿童、病人和体质虚弱者概不从事力不胜任的劳动。

在分配问题上，圣西门有了各尽所能、按劳分配的思想火花，欧文则明确地将按劳分配原则看成旧制度向新制度过渡时的措施，而一旦理想社会建立以后采取的则是按需分配的原则。

至于未来理想社会生产的组织形式，不少空想社会主义者都认为，应当有计划地组织社会生产，圣西门发展了 16 世纪和 18 世纪空想社会主义的这一思想，明确地提出未来社会要彻底根除生产的无政府状态，在实业制度下有计划地组织生产，并在社会生活的各个方面都要制订并实行明确的和配合得十分合理的工作计划，通过有组织的分工把工人们紧密地联系起来，有效地把科学、艺术和手工业等一切工作结合并协调起来。

空想社会主义者的著作基本都涉及未来理想社会的教育问题。莫尔的乌托邦就很注重人的全面发展，强调要把业余时间留给个人自由支配，而主要是用来学习文化和研究科学，钻研和提高自己的手艺。到康帕内拉，就已经意识到下一代教育对未来社会建成的重要性。当 18 世纪的空想社会主义着力从法律条文的形式上把他们的理想社会法律化、制度化时，摩莱里专门制定了未来社会的教育法。在 19 世纪空想社会主义理论中，又增加了消灭脑力劳动与体力劳动的对立、教育与生产劳动相结合的思想。

在未来社会的政治组织形式上，空想社会主义者普遍提倡政治民主，认为国家官吏或社会组织的各级领导和管理人员应由人民选举产生，并随时可撤换；国家公职人员或社会组织的领导人是人民的公仆，不能享有任何特权；国家的法律不再是少数压迫者的专横工具，而是治理国家和保护公民的手段。康帕内拉于 16 世纪时就“已经用人的眼光来观察国家了”，他是“从理性和经验出发，而不是从神学出发来阐明国家的自然规律”[①]。18 世纪的马布利则有着较为激进的政治思想，他认为，当国王践踏人民的自由时，人民就应当使用武力来维护自由、反抗压迫者。在空想社会主义者中，圣西门则第一次明确提出了国家消亡的思想，强调当社会组织的目的明确而被肯定时，对人的政治统治应该转变为对物的管理和对生产过程的领导。继圣西门之后，欧文也预见到了国家消亡问题。从资本主义到未来理想社会有一个过渡时期，这个过渡时期有一系列过渡性的革命措施，是巴贝夫、卡贝、魏特林等空想社会主义者提出的有价值的见解。

空想社会主义理论中的这些有价值的观点，尽管还夹杂着不科学、不合理的成分，但是却闪耀着天才的火花，成为科学社会主义的直接理论来源。

第三，19 世纪的空想社会主义理论在批判资本主义制度和论证未来理想社会的过程中，反映出具有更为明确的哲学观点，尽管他们的社会历史观在本质上是唯心主义的，但其中却包含着历史唯物主义和辩证法的合理因素，已经初步论证了人类社会是有规律的发展过程，说明了资本主义绝不是永恒的社会制度，从而为马克思主义历史唯物主义的创立提供了一定的思想材料。

圣西门在其思想理论体系中，对哲学问题作过较为深入的研究，提出过有价值的见解。他的自然观是唯物主义的。他认为，世界是由物质构成的，世界的本原是物质，世界上的一切都是运动着的物质，整个宇

---

① 《马克思恩格斯全集》第 1 卷，人民出版社 1995 年版，第 227 页。

宙都是发展变化的，都处在不断的演化之中。圣西门对自然的发展趋势作了预言，即行星先于人类，人类的生存直接依赖于行星，到行星干涸时，人类就将逐渐灭亡。圣西门的认识论也表现出唯物主义的反映论。他认为，“我们的一切认识来自我们的感觉”[①]，而“后天的感觉”来源于外部对象对人的身体的作用。圣西门的社会历史观具有某些唯物主义的因素。他认为，自然界的“万有引力规律”可以说明人类社会的历史，指出整个人类社会与宇宙一样是按规律发展的，是一个连续的、上升的、进步的过程。他也朦胧地意识到，经济发展、生产发展决定着社会的发展。圣西门还认为，一切社会制度都只有相对的、历史的意义，他把人类社会分为原始社会、古希腊罗马的奴隶社会、中世纪神学和封建的社会、封建社会解体的过渡时期或新封建社会、未来的实业制度五个阶段，指出每个阶段都有衰亡的和新生的两大对立的力量，二者斗争的结果就是旧制度的灭亡、新制度的产生。显然，圣西门的这些观点闪耀着历史唯物主义和辩证法的思想火花。

傅立叶的自然观基本上是唯物主义的，他直接从法国唯物主义者的学说出发来认识世界、认识社会。但由于他采取了自然神论的形式，因而他的哲学体系蒙上了一层神秘主义的色彩。他承认物质从来就是存在的，上帝既不能创造物质，也不能破坏物质；他承认物质运动是有规律的，物质世界的客观规律既不以上帝的意志为转移，也不以人们的意志为转移；他承认世界是可以认识的，人类社会的未来也是可以预见的。所有这些都反映了傅立叶的唯物主义观点，恩格斯认为“傅立叶是和他的同时代人黑格尔一样熟练地掌握了辩证法的”[②]。傅立叶已经意识到，事物是有“两面”的，既存在着“两合”即两种因素的和谐、协调、一致，也存在着“两分”即两种因素的分裂和破坏。因此，自然界存在着两种发展形式，即和谐的发展或协调的发展和破坏性的发展或非协调的发展，与此相适应，社会世界也有不协调的发展和协调的发展两种结构，和谐制度是协调的发展结构。此外，“傅立叶最了不起的地方是表

① 《圣西门选集》上卷，商务印书馆1962年版，第156页。

② 《马克思恩格斯文集》第9卷，人民出版社2009年版，第277页。

现在他对社会历史的看法上"[①]。尽管傅立叶的社会历史观从根本上说是唯心主义的，但是，他关于社会运动过程"两大段"即"上升的波动"和"下降的波动"的分析；他关于人类全部社会生活过程"四个阶段"即童年、成长、衰落、凋谢的分析以及把人类社会迄今的历史分为蒙昧时期、宗法时期、野蛮时期和文明时期，认为社会从低级向高级发展、社会运动是不断进步的运动等，有着丰富的辩证法成分和唯物主义因素。

欧文在社会历史观方面明显逊色于圣西门和傅立叶，缺少他们特有的辩证法成分和唯物主义因素，但在自然观方面却遵循了唯物主义的路线。欧文是一个机械唯物主义者，他从物理学、力学的角度来认识世界的物质性和物质的运动，承认世界是物质的、无限的和永恒的，承认世界的规律性及其客观性，承认运动是物质的存在形式，承认认识是对客观存在的反映。欧文正是从自己的唯物主义是自然观出发，反对传统的宗教迷信，成为一个无神论者。

在三大空想家之后，德萨米的哲学同样也有唯物主义的因素，他认为世界是既统一有多样化的，世界的本原就是物质，物质是自行运动的。他指出:"原子是世界的元素，运动是世界的基础。世界自行存在:不可能有用什么东西创造出来的创造物。"[②] 显然，德萨米在哲学的根本问题上坚持了唯物主义的观点。

总之，空想社会主义理论中的辩证法成分和唯物主义因素，是有重要的历史价值的，对马克思和恩格斯创立唯物史观具有重要的启示作用。

## 三、空想社会主义理论的历史局限性

空想社会主义作为历史上进步的思想体系，其进步意义是和历史的发展成反比的。随着生产力的发展和资本主义社会矛盾的日益尖锐化，随着无产阶级和资产阶级之间的阶级斗争的日益计划，随着无产阶级作

① 《马克思恩格斯文集》第9卷，人民出版社2009年版，第276页。

② 德萨米:《公有法典》，生活·读书·新知三联书店1958年版，第249页。

为一支独立的政治力量登上政治舞台并日益发展壮大，迫切需要有科学的革命理论为指导推翻资本主义制度，空想社会主义理论也就日益显现出它的历史局限性，并逐渐成为社会主义运动的障碍。马克思和恩格斯虽然在许多地方充分肯定了空想社会主义理论的价值，但是对这些理论的历史局限性也作了深入的批判。在《共产党宣言》中，马克思和恩格斯指出：19世纪空想社会主义理论体系“是在无产阶级和资产阶级之间的斗争还不发展的最初时期出现的”①，而这个时期“工人是分散在全国各地并为竞争所分裂的群众”②。因此，尽管空想社会主义者看到了阶级的对立，以及占统治地位的社会本身中的瓦解因素的作用，但是他们却“看不到无产阶级方面的任何历史主动性，看不到它所特有的任何政治运动”③。尽管他们的理论有科学的、合理的成分，但是这些理论却是不成熟的。在恩格斯看来，这种“不成熟的理论，是同不成熟的资本主义生产状况、不成熟的阶级状况相适应的。解决社会问题的办法还隐藏在不发达的经济关系中，所以只有从头脑中产生出来。社会所表现出来的只是弊病，消除这些弊病是思维着的理性的任务。于是，就需要发明一套新的更完善的社会制度，并且通过宣传，可能时通过典型示范，从外面强加于社会。这种新的社会制度是一开始就注定要成为空想的，它越是制定得详尽周密，就越是要陷入纯粹的幻想”④。空想社会主义者在当时的历史条件下，只能是凭着直接的感性接触来批判资本主义、描绘未来理想社会，他们的理论具有摆脱不了的虚幻和空想的性质。

空想社会主义理论虽然存在着处处突破幻想的外壳而显露出来的天才的思想萌芽和天才思想，具有不少合理的唯物主义因素和辩证法成分；但是，由于他们的理论基础是资产阶级启蒙运动的以“人类理性”为出发点的唯心史观，这就从根本上决定了这一理论的主要缺陷和空想性质。概括来说，空想社会主义理论的主要缺陷有：

第一，空想社会主义者不了解社会发展规律。在他们看来，人类社

① 《马克思恩格斯文集》第2卷，人民出版社2009年版，第62页。
② 《马克思恩格斯文集》第2卷，人民出版社2009年版，第39页。
③ 《马克思恩格斯文集》第2卷，人民出版社2009年版，第62页。
④ 《马克思恩格斯文集》第3卷，人民出版社2009年版，第528—529页。

会发展的基础和动力是理性、正义的抽象原则，资本主义之所以不合理，就在于它违背了理性、正义的原则，社会主义之所以可以取代资本主义，也正在于它充分地体现了理性、正义的原则。因此，社会主义不是社会历史发展的必然结果，而是理性和正义的表现，是被天才的头脑发现出来的。正因为如此，他们对资本主义制度的无情批判，也只是一种道义上的谴责，从而不可能深刻地揭示资本主义生产方式的矛盾，更不可能通过对资本主义矛盾运动的考察，阐明社会主义代替资本主义的客观规律。

显然，空想社会主义者“都不是作为当时已经历史地产生的无产阶级的利益的代表出现的。他们和启蒙学者一样，并不是想首先解放某一个阶级，而是想立即解放全人类”[①]。因此，他们的理论观点只能是流于空想。

第二，空想社会主义者不懂得无产阶级的历史地位和历史作用。在建立自己的理论体系过程中，空想社会主义者非常同情无产阶级的悲惨境遇，但还不能正视和预见无产阶级的力量，仅仅是同情无产阶级，他们看不到无产阶级的任何历史主动性，看不到无产阶级是创造新社会的伟大力量，因而也不相信无产阶级能够自己解放自己，而把希望寄托在有产阶级及其代表人物身上，幻想统治者把解放和幸福恩赐给无产阶级和整个人类。

恩格斯在《英国工人阶级状况》中就指出，空想社会主义“虽然在实质上超越资产阶级和无产阶级的对立，但在形式上仍然以很宽容的态度对待资产阶级，以很不公平的态度对待无产阶级”[②]。空想社会主义者“经常抱怨下层阶级颓废堕落，他们看不见社会制度的这种瓦解中含有进步成分，看不见唯利是图的伪善的有产阶级更严重的道德堕落。他们不承认历史的发展，所以他们打算一下子就把国家置于共产主义的境界，而不是进一步开展政治斗争以达到国家自行消亡的目的”[③]。在空想社会主义理论中，“只承认心理的发展，只承认和过去毫无联系的抽

① 《马克思恩格斯文集》第 3 卷，人民出版社 2009 年版，第 525—526 页。

② 《马克思恩格斯文集》第 1 卷，人民出版社 2009 年版，第 471 页。

③ 《马克思恩格斯文集》第 1 卷，人民出版社 2009 年版，第 471—472 页。

象的人的发展。可是整个世界，包括每一个单个的人在内，都是立足于过去的基础之上的"[①]。就此而言，恩格斯认为，空想社会主义者"太学究气、太形而上学了，他们是不可能有所作为的"。[②]

第三，空想社会主义者不理解阶级斗争的意义所在。正因为空想社会主义者不了解社会发展的规律、不懂得无产阶级的历史地位和历史作用，因而也不可能理解阶级斗争的意义，不可能认识到阶级斗争是推动社会变革与社会进步的主要力量，从而始终未能找到实现未来理想社会制度的正确道路。

在如何实现未来的理想社会方面，空想社会主义理论中主要存在两类看法：一类是多数主张通过社会改革来消除社会弊病，最终实现理想的社会目标。例如，马布利把重点放在制定社会改革的纲领上，并把实现未来理想社会的希望寄托在立法者身上；圣西门则反对暴力手段，主张采取和平手段，把实现未来理想社会的希望寄托在国王和资产者的慈善和理性上；傅立叶主张以试验、示范的方式来达到改造社会的目的；欧文反对阶级斗争，幻想通过和平途径来改造资本主义社会，实现未来的理想社会；卡贝认为未来理想社会只能依靠理性和真理的威力来实现，舆论、说服比暴力更为可靠。另一类是少数主张通过革命，运用暴力方式推翻旧社会，建立理想社会。例如巴贝夫提出了通过人民武装起义、推翻资产阶级政权、建立劳动者革命专政的思想；德萨米主张采用革命的手段，认为只有在社会组织的压力之下，特权者们才会作出让步，放弃特权和财产，他把希望寄托在工人阶级的起义上；魏特林强调，工人阶级谋求解放，实现未来理想社会的唯一道路就是革命，宣称街垒战是战斗口号，革命是伟大的号角。总的来说，大多数空想社会主义者是离开阶级斗争来去设计、描绘和实践他们的理想社会的。他们虽然看到了无产者和资产者之间的对立，却不可能看到无产阶级解放的物质条件；他们虽然看到了无产者和资产者之间的阶级斗争，却认为阶级斗争造成的是破坏，带来的是灾难。因此，他们反对由无产阶级和广大劳动人民通过阶级斗争和社会革命的方式推翻资产阶级的统治，实现社

① 《马克思恩格斯文集》第 1 卷，人民出版社 2009 年版，第 472 页。

② 《马克思恩格斯文集》第 1 卷，人民出版社 2009 年版，第 472 页。

会主义。

由于当时的社会关系还没有发展到足以使工人阶级组织成为一个战斗的阶级，所以空想社会主义者只限于幻想未来的理想社会，并不主张工人阶级的一切旨在稍稍改善他们状况的斗争，例如罢工、组织同盟和政治发动等。恩格斯认为:“所有的社会主义宗派的创始人都属于那样一个时期，那时工人阶级自己一方面还没有在资本主义社会本身的发展进程中得到足够的锻炼并被充分地组织起来，因此还没有作为历史动力登上世界舞台；另一方面，他们取得解放的物质条件在旧世界内部也还没有完全成熟。工人阶级的贫困状态是存在着的，但是他们开展自己的运动的条件则尚未具备。”① 因此，“各乌托邦宗派的创始人虽然在批判现存社会时明确地描述了社会运动的目的——消除雇佣劳动制度和这一制度下的阶级统治的一切经济条件，但是他们既不能在社会本身中找到改造社会的物质条件，也不能从工人阶级身上发现运动的有组织的力量和对运动的认识”②。对于空想社会主义者来说，他们只是企图用新社会的幻想图景和方案来弥补运动所缺乏的历史条件，并且认为宣传这些空想的图景和方案是真正的救世之道。从工人阶级运动成为现实运动的时刻起，各种幻想的乌托邦都将消逝。“这不是因为工人阶级放弃了这些乌托邦主义者所追求的目的，而是因为他们找到了实现这一目的的现实手段——取代乌托邦的，是对运动的历史条件的真正理解以及工人阶级战斗组织的力量的日益积聚。”③

空想社会主义的根本的缺陷在于，它是以历史唯心主义为理论基础的。空想社会主义者接受的是资产阶级思想家提出的“理性支配世界”的观点和抽象的“永恒真理”、“永恒正义”、“永恒平等”等原则，把意识、理性、智慧、知识当作历史发展的决定力量。恩格斯认为，在所有的空想社会主义者看来，“社会主义是绝对真理、理性和正义的表现，只要它被发现了，它就能用自己的力量征服世界；因为绝对真理是不依赖于时间、空间和人类的历史发展的，所以，它在什么时候和什么地方

① 《马克思恩格斯文集》第 3 卷，人民出版社 2009 年版，第 208 页。
② 《马克思恩格斯文集》第 3 卷，人民出版社 2009 年版，第 208 页。
③ 《马克思恩格斯文集》第 3 卷，人民出版社 2009 年版，第 208 页。

被发现，那纯粹是偶然的事情”①。当然，在空想社会主义学派的创始人那里，这些绝对真理、理性和正义是各不相同的，那是因为“在每个学派的创始人那里，绝对真理、理性和正义的独特形式又是由他们的主观知性、他们的生活条件、他们的知识水平和思维训练水平所决定的，所以，解决各种绝对真理的这种冲突的办法就只能是它们互相磨损。由此只能得出一种折中的不伦不类的社会主义，这种社会主义实际上直到今天还统治着法国和英国大多数社会主义工人的头脑，它是由各学派创始人的比较温和的批判性言论、经济学原理和关于未来社会的观念组成的色调极为复杂的混合物，这种混合物的各个组成部分，在辩论的激流中越是磨去其锋利的棱角，就像溪流中的卵石一样，这种混合物就越容易构成”②。恩格斯强调:“为了使社会主义变为科学，就必须首先把它置于现实的基础之上。”③

## 四 、社会主义从空想发展为科学的基础

未来理想社会的实现，只有在实现它的实际条件已经具备的时候才能成为可能，才能成为历史的现实。随着资本主义社会阶级矛盾渐趋尖锐和阶级斗争日益发展，空想社会主义逐渐失去了它的实践意义和理论意义。历史的发展，要求社会主义从空想发展为科学。

社会主义从空想发展为科学是适应时代即无产阶级革命斗争需要的，是同当时的经济状况和政治状况相适应的。19 世纪中期的资本主义已经发展到新的高度，以大机器为主体的大工业生产成为主要标志，社会生产力得到迅猛发展，资本主义固有的各种矛盾进一步显露并激化，特别是资本主义基本矛盾——生产的社会化与生产资料资本主义私人占有之间的矛盾日益暴露，资本主义经济危机周期性地爆发，无产阶级与资产阶级的矛盾趋于尖锐，资本主义生产力的巨大发展在资本主义生产关系中开始成为破坏力量。这些在空想社会主义理

---

① 《马克思恩格斯文集》第 3 卷，人民出版社 2009 年版，第 536—537 页。

② 《马克思恩格斯文集》第 3 卷，人民出版社 2009 年版，第 537 页。

③ 《马克思恩格斯文集》第 3 卷，人民出版社 2009 年版，第 537 页。

论产生时代所不具备的社会历史条件，成为社会主义从空想发展为科学的重要基础。

当然，使社会主义从空想发展到科学，不仅是因为马克思、恩格斯所生活的时代要比空想社会主义者所生活的时代更发展，而且重要的还在于他们从现实出发创立了两个重要的理论，这就是他们对唯物史观和剩余价值学说的发现。恩格斯认为，“由于这两个发现，社会主义变成了科学”①。

唯物史观揭示了人类社会发展的规律，认为人们的社会存在决定人们的社会意识，一切社会变动的根本原因应当从社会生产方式中去寻找；人类的社会生活、政治生活和精神生活的基础，归根到底是物质生产的状况；生产力和生产关系的矛盾运动是社会发展的真正动力，是生产方式变革的根本原因；在阶级社会中，生产力和生产关系、经济基础和上层建筑的矛盾必然表现为阶级矛盾和阶级斗争，阶级斗争是推动阶级社会前进的动力；人民群众是社会物质财富和精神财富的创造者，是推动社会前进的决定力量，无产阶级则是实现社会主义的伟大力量。在《共产党宣言》中，马克思和恩格斯运用唯物史观对资本主义的历史和现实作出深入分析，明确指出“资产阶级在它的不到一百年的阶级统治中所创造的生产力，比过去一切世代创造的全部生产力还要多，还要大”②。但是，在资本主义私有制下，这些生产力只获得了片面的发展，不仅得不到利用，而且还成了破坏力量。“社会所拥有的生产力已经不能再促进资产阶级文明和资产阶级所有制关系的发展；相反，生产力已经强大到这种关系所不能适应的地步，它已经受到这种关系的阻碍；而它一着手克服这种障碍，就使整个资产阶级社会陷入混乱，就使资产阶级所有制的存在受到威胁。资产阶级的关系已经太狭窄了，再容纳不了它本身所造成的财富了。”③

资产阶级不仅锻造了置自身于死地的武器，还生产出自身的掘墓人，资产阶级的灭亡和社会主义的胜利都是不可避免的。唯物史观为

---

① 《马克思恩格斯文集》第 3 卷，人民出版社 2009 年版，第 546 页。
② 《马克思恩格斯文集》第 2 卷，人民出版社 2009 年版，第 36 页。
③ 《马克思恩格斯文集》第 2 卷，人民出版社 2009 年版，第 37 页。

社会主义发展为科学提供了唯一正确的理论和方法。如恩格斯所说："这种新的历史观，对于社会主义的观点有极其重要的意义。它证明了：至今的全部历史都是在阶级对立和阶级斗争中发展的；统治阶级和被统治阶级，剥削阶级和被剥削阶级是一直存在的；大多数人总是注定要从事艰苦的劳动而很少能得到享受……无产阶级由于自己的整个社会地位，只有完全消灭一切阶级统治、一切奴役和一切剥削，才能解放自己；社会生产力已经发展到资产阶级不能控制的程度，只等待联合起来的无产阶级去掌握它，以便建立这样一种制度，使社会的每一成员不仅有可能参加社会财富的生产，而且有可能参加社会财富的分配和管理，并通过有计划地经营全部生产，使社会生产力及其成果不断增长，足以保证每个人的一切合理的需要在越来越大的程度上得到满足。"①

剩余价值学说揭开了资本主义剥削的奥秘，揭示了资本主义雇佣劳动制度的本质，阐明了无产阶级在资本主义社会中的地位以及无产阶级与资产阶级展开斗争的经济根源，论证了资本主义生产方式发生、发展和灭亡的规律。剩余价值学说表明，资本主义生产的实质是剩余价值的生产，剩余价值生产决定着资本主义产生、发展和灭亡的全过程，剩余价值规律是资本主义生产方式的绝对规律。绝对剩余价值生产和相对剩余价值生产是资本主义生产的两种基本形式，这两种形式在现实生活中的采用，给资本家带来的是最大限度的剩余价值。雇佣工人不仅生产着劳动力自身的等价，而且还为资本家产生出剩余价值，而这个剩余价值全部被资本家所占有。在资本主义生产和再生产中剩余价值不断转化为资本，资本主义生产不断趋于扩大，资本在少数资本家手中积累的同时，贫困也日益集中于多数无产者手中。因此，资本积累的增长，资本有机构成的提高，资本主义社会生产力的发展，为最终消灭私有制和人剥削人的现象准备了物质前提；同时也造就了实现资本主义社会变革的社会力量即无产阶级，无产阶级只有解放全人类才能最后解放自己。剩余价值的发现，说明了现代资产阶级社会"是人数不多并且仍在不断缩

① 《马克思恩格斯文集》第3卷，人民出版社2009年版，第459—460页。

减的少数人剥削绝大多数人的庞大机构”[①]；剩余价值的发现，使工人阶级有了推翻资本主义制度的强大的思想武器；剩余价值的发现，也“使明亮的阳光照进了经济学领域，而在这个领域中，从前社会主义者像资产阶级经济学家一样曾在深沉黑暗中摸索。科学社会主义就是以此为起点，以此为中心发展起来的”[②]。

社会主义从空想发展为科学，是无产阶级解放运动的理论表现，是关于无产阶级解放运动发展规律的科学，也是研究无产阶级解放斗争的性质、条件和一般目的的学说。

首先，它从剖析资本主义生产的本质、揭露资本主义的剥削手段、分析资本主义制度的内在矛盾等方面深刻批判了资本主义，揭示了社会主义代替资本主义的历史必然性，说明了实现这一革命变革的伟大力量就是具有革命彻底性和远大前途的现代无产阶级。

其次，它从建立无产阶级政党、建立巩固的工农联盟，以及建立无产阶级专政等方面，论述了资本主义如何向社会主义过渡的问题，认为无产阶级必须建立起本阶级的革命政党，并在这个政党的领导下，与广大的农民结成巩固的联盟，推翻资产阶级的政治统治，建立无产阶级专政的国家政权；社会主义革命将首先在资本主义发达国家同时进行，经济文化落后国家要超越资本主义发展阶段获取社会主义革命的胜利，必须借助于已经取得社会主义革命胜利的发达国家的支持。

第三，它从经济、政治、文化等方面科学地预测了未来社会的制度，认为在经济上，实行以单一的社会所有制为基础的生产资料公有制，实行没有商品货币关系的计划生产和各尽所能、按劳分配的分配形式；在政治上，国家已经消亡、三大差别已被消灭、建立起无产阶级和劳动人民的真正的民主，确立劳动人民在政治生活中的主人地位；在文化上，文化教育空前繁荣，文化生活丰富多彩，每个人全面而自由地发展。

恩格斯的结论就是：社会主义从空想到科学的发展已经证明：“社会主义现在已经不再被看做某个天才头脑的偶然发现，而被看做两个历史

---

① 《马克思恩格斯文集》第3卷，人民出版社2009年版，第461页。

② 《马克思恩格斯选集》第3卷，人民出版社1995年版，第548页。

地产生的阶级即无产阶级和资产阶级之间斗争的必然产物。它的任务不再是构想出一个尽可能完善的社会制度，而是研究必然产生这两个阶级及其相互斗争的那种历史的经济的过程；并在由此造成的经济状况中找出解决冲突的手段。”①

① 《马克思恩格斯文集》第3卷，人民出版社2009年版，第545页。

# 第四篇

# 恩格斯晚年对马克思主义的理论拓新

1905年，正值恩格斯逝世10周年。面对当时国际工人运动的现实，弗朗茨·梅林不无感慨地说："目前，低估恩格斯的危险是远远大于高估他的危险，因为，尽管或者是正由于那些出于自己的无力的虚荣性，竭力想偷偷爬到马克思的纪念像的脚下，以便从他头上把桂冠抢过来的小人物的崇拜，卡尔·马克思是一天比一天更有力、更突出地向上升了。因此，他似乎就远远高处于恩格斯之上了。但是，如果恩格斯不同时往上提高，马克思是不能提高上去的。"[①] 科学认识和准确定位恩格斯思想，是真实理解马克思主义历史发展和全面把握马克思主义当代价值的重要问题。

1883年马克思逝世后，恩格斯在他晚年的12年间，不仅是马克思思想最有影响的捍卫者，也是马克思主义理论最重要的拓新者。

作为捍卫者和拓新者，恩格斯的贡献突出地表现为对马克思主义是发展的科学的坚守和遵循。马克思逝世后的12年间，恩格斯既坚持和发展了马克思主义的科学理论，也继承和弘扬了马克思主义的科学精神，在科学理论和科学精神的内在结合上，提升了马克思主义的理论境界。以科学的精神对待科学的理论、以科学的精神发展科学的理论，是恩格斯晚年留下的最宝贵的思想理论遗产。

作为捍卫者和拓新者，恩格斯的贡献也突出地表现为对马克思思想和马克思主义发展史所作的开创性研究。这一研究的意向，一是通过"重读"马克思，奠定了马克思主义发展史研究的学理基础，确定了马克思主义发展史的基本思想资源；二是通过对马克思思想过程和革命实

① 梅林：《保卫马克思主义》，人民出版社1982年版，第295页。

践的研究，其中包括马克思的生平和事业，以及与马克思思想发展有关的组织机构、理论活动等的研究，深入探索了马克思主义发展史的内在逻辑；三是通过对各种反对和曲解马克思思想的观点和理论的批判，厘清了马克思主义发展史研究的理论旨向和学术规范，阐明了马克思主义发展史的思想实质和时代意蕴。

作为捍卫者和拓新者，恩格斯的贡献还突出地表现对马克思思想的主要理论和基本方法作出的适合于时代发展的新的阐释，对各种损害或者曲解马克思思想革命性和科学性基本特征的批判和甄别，以及对无产阶级革命的策略思想所作的适合于工人运动和社会主义革命实际需要的新阐释。特别是面向“新世纪”社会主义革命的新的实际，针对那一时期出现的误解或诋毁唯物史观的各种思潮，对历史唯物主义基本原理和核心要义作出了系统阐释；对 19 世纪 80 年代以后资本主义经济关系的发展作出新的探索，揭示资本主义生产方式发展的新的特别核心的趋势；在对 19 世纪 40 年代以后无产阶级革命策略思想的总结，对新的历史条件下无产阶级革命策略思想变化的新探索，提升了科学社会主义的理论境界。

恩格斯在其一生的理论研究和革命实践中，对中国社会发展问题极为关注，对这一时期西方列强的对华贸易和对华战争问题、对中国革命以及中华文明等问题都作过研究。在这些研究中，恩格斯提出过“过不了多少年，我们就会亲眼看到世界上最古老的帝国的垂死挣扎，看到整个亚洲新纪元的曙光”[①] 的预言。

马克思主义中国化的第二次历史性飞跃，是马克思主义与当代中国和世界发展实际相结合的过程。在这一过程中，马克思主义理论在中国实践中得到更为深入和更为广泛的应用，恩格斯一系列重要思想也成为中国特色社会主义理论体系形成和发展的重要的思想源泉；同时，中国特色社会主义理论体系也赋予恩格斯思想以新的时代特色，推进了 21 世纪马克思主义的新发展。

---

① 《马克思恩格斯文集》第 2 卷，人民出版社 2009 年版，第 628 页。

# 第二十章 马克思主义是发展的科学

以科学的精神对待科学的理论、以科学的精神发展科学的理论，这是恩格斯晚年对发展马克思思想和马克思主义一直坚持的学风。在对马克思思想历史和现实的研究中，恩格斯特别强调求真、求实的科学态度，对党的理论研究者在哪怕是一些看来细枝末节的理论问题，恩格斯也都提出严格的要求。

马克思逝世后的 12 年间，恩格斯既坚持和发展了马克思主义的科学理论，也继承和弘扬了马克思主义的科学精神，在科学理论和科学精神的内在结合上，提升了马克思主义的理论境界。

## 一、坚守马克思思想研究的科学精神

以马克思主义的科学态度对待马克思主义的科学理论，是恩格斯晚年一直坚守的学风，也是恩格斯晚年要求党内理论研究者遵循的基本原则。1884 年 3 月，恩格斯对保尔·拉法格翻译马克思著作中的“草率”态度作出批评，认为拉法格在翻译马克思《论蒲鲁东》一文时，没有权利把马克思实际上没有说过的话强加于他，马克思在对卡贝的评价从来没有表达过“自我牺牲”的意思，因为马克思一直“讨厌这个词”。恩格斯纠正了拉法格关于资本主义制度诞生于 1870 年的观点，认为“这个制度诞生于十五世纪，大工业的兴起只是开创了它的全盛时代”[①]。这一年 9 月，恩格斯还写信告诫考茨基，在对马克思经济思想进行研究时，不要“在那些自己明知没有把握的领域下武断的论断”[②]。

恩格斯晚年着力纠正党内理论研究者对马克思思想现实意义理解上

---

① 《马克思恩格斯全集》第 36 卷，人民出版社 1974 年版，第 194 页。

② 《马克思恩格斯全集》第 36 卷，人民出版社 1974 年版，第 209 页。

的偏误，特别对其中可能导致的混淆马克思主义和非马克思主义理论界限的偏误作出严厉批评。1893 年 1 月，意大利社会党领导人菲力浦·屠拉梯建议，把 1884 年英国社会主义同盟的纲领作为附录收入意大利文版的《共产党宣言》，恩格斯对屠拉梯的这一建议断然否定。在恩格斯看来，“《宣言》是一部有其独特之处的历史性文献，如果您把四十年以后的文件附加上去，那您就赋予后者以特殊的性质了”①；而且《宣言》“同社会主义同盟的纲领和其他文告毫无关系”②，况且这一同盟结束自己历史时，被看成一个无政府主义组织。因此，“如果把它初期的纲领同 1848 年的《宣言》一起重印，鱼目混珠的情况将会多么严重”③。

维护《共产党宣言》的科学性和纯洁性，是恩格斯晚年科学对待马克思思想历史的重要原则和根本立场。恩格斯一直反对给《共产党宣言》附加任何背离马克思思想本意的成分，维护马克思思想本质和历史地位是恩格斯晚年对马克思主义研究的基本要求，消除思想理论上“鱼目混珠的情况”是恩格斯晚年对待马克思主义历史和现实研究的基本遵循。

恩格斯晚年也着力纠正党内理论研究者对马克思思想的历史和现实关系理解上的偏误，特别是对其中损害马克思思想的科学性与革命性内在统一性的谬误作出严厉批评。1891 年 3 月，恩格斯在给拉法格的信中谈到要正确理解马克思经济思想的历史与现实的关系问题。恩格斯指出拉法格在一篇题为《马克思的价值和剩余价值理论同资产阶级经济学家》文章中的两个偏误：

一是对德国资产阶级经济学家关于马克思和斯密、李嘉图关系问题上的偏误。恩格斯认为，“德国的经济学家从来也没有指责过马克思提出的理论同斯密、李嘉图的理论毫无关联；恰恰相反，他们却指责斯密和李嘉图派生了马克思，似乎马克思只是从这些先辈关于价值、利润和地租的理论中，总之，从先辈关于劳动产品分配的理论中引伸出结论。因此，他们就成了轻视古典学家的庸俗经济学家”④。拉法格对经济思

① 《马克思恩格斯全集》第 39 卷，人民出版社 1974 年版，第 20 页。
② 《马克思恩格斯全集》第 39 卷，人民出版社 1974 年版，第 20 页。
③ 《马克思恩格斯全集》第 39 卷，人民出版社 1974 年版，第 21 页。
④ 《马克思恩格斯全集》第 38 卷，人民出版社 1972 年版，第 46 页。

想史和马克思经济思想史缺乏理解，因而没有能搞懂德国资产阶级政治经济学庸俗化的根由之一，就在于抨击斯密、李嘉图古典政治经济学对马克思经济思想的影响，当然庸俗经济学家对这种影响的理解是完全错误的。从这一角度出发，恩格斯对边际主义经济学的主要代表威廉·斯·杰文斯和卡尔·门格尔作了简略的、但却是严厉的批判。在恩格斯看来，不仅是德国的而且整个欧洲国家的资产阶级经济学家，正是在“轻视”乃至攻击古典经济学家时，使自己成了“庸俗经济学家”。

二是在引证斯密和李嘉图论述上的偏误。马克思在《政治经济学批判》第一分册各章节之后，“附有本章所阐述理论的历史概况”的内容，拉法格忽略了马克思所作过的“理论的历史概况”的阐释。恩格斯提到的“理论的历史概况”，是马克思经济思想体系中特有的从理论原理阐释到思想历史阐释的逻辑过程，是马克思经济学理论体系的重要特征。恩格斯指出，拉法格在《马克思的价值和剩余价值理论同资产阶级经济学家》中对斯密和李嘉图理论的论述和引述，都是马克思已经“论述和引用过的”。恩格斯对拉法格直言:“我还想指出，您引证斯密的那一处并不是最好的，他另有一些地方比这更为接近真理。”[①] 如何“更为接近真理”，是恩格斯对马克思思想研究提出的基本的学术依循。

1895 年，恩格斯进入他生命的最后岁月。恩格斯在为《资本论》第三卷出版感到欣喜的同时，也从马克思经济思想发展史的角度，以马克思关于价值转化为生产价格理论为例，提出了如何推进《资本论》“没有做完”的理论研究问题。这年 3 月，恩格斯在给威·桑巴特的信中提到，马克思解决了价值到生产价格转化的“逻辑中间环节”，但“因为这些中间环节具有某种历史类似现象或某种存在于我们头脑之外的现实性”，所以“这个过程是客观地、在事物中不知不觉地完成的，而我们只是到现在才能判断，要费多大气力才能达到对这个过程的正确理解”[②]。桑巴特的问题是，这一“逻辑”的过程是怎样在“事实上完成的”。恩格斯认为，马克思对这个问题“谈得不多”，显然“这里还有

① 《马克思恩格斯全集》第 38 卷，人民出版社 1972 年版，第 46 页。
② 《马克思恩格斯文集》第 10 卷，人民出版社 2009 年版，第 690 页。

一些马克思自己在这部初稿中没有做完的工作要做”①。恩格斯强调：“马克思的整个世界观不是教义，而是方法。它提供的不是现成的教条，而是进一步研究的出发点和供这种研究使用的方法。”②

从马克思经济思想历史探讨中得出的这一方法论的结论，对如何理解马克思主义科学原理和科学精神关系有着重要的启示。对马克思主义科学理论的研究和运用，绝不是为了把马克思思想作为固化的“教义”或“现成的教条”来对待，而是要从“进一步研究的出发点和供这种研究使用的方法”上加以理解和把握。对马克思主义科学理论的研究，绝不是要给马克思和恩格斯的思想盖上“终极真理”的印记，或者贴上马克思主义现实意义的“标签”；而是要像恩格斯所指出的那样，在马克思已经作出的价值转化为生产价格的“逻辑中间环节”论述的基础上，“对这个过程作出真正历史的解释，当然要求认真地进行研究，而为此花费的全部心血将换来丰硕的成果；这样的解释将是对《资本论》的十分宝贵的补充”③。

## 二、资本主义经济关系发展新现象研究

对待马克思主义的科学态度，不只在于坚守马克思已经提出的主要理论及其科学结论，更重要的在于结合时代变化的新特征和经济社会发展的新实践，在理论研究中提出创新理论，实现马克思主义理论的新的发展。

19 世纪末期，恩格斯在对资本主义经济关系发展新情况的研究中，就十分注重对垄断资本问题的创新研究。1891 年，恩格斯在《社会主义从空想到科学的发展》德文第四版出版时，专门提到第四版“关于在这期间已经变得很重要的新的生产形式‘托拉斯’”④ 问题的补充论述。恩格斯在“补充”论述中提出：“在一定的发展阶段上，这种形式也嫌不够了；国内同一工业部门的大生产者联合为一个‘托拉斯’，即一个以

---

① 《马克思恩格斯文集》第 10 卷，人民出版社 2009 年版，第 691 页。
② 《马克思恩格斯文集》第 10 卷，人民出版社 2009 年版，第 691 页。
③ 《马克思恩格斯文集》第 10 卷，人民出版社 2009 年版，第 692 页。
④ 《马克思恩格斯文集》第 3 卷，人民出版社 2009 年版，第 497 页。

调节生产为目的的联盟；他们规定应该生产的总产量，在彼此间分配产量，并且强制实行预先规定的出售价格。但是，这种托拉斯一遇到不景气的时候大部分就陷于瓦解，正因为如此，它们就趋向于更加集中的社会化：整个工业部门变为一个唯一的庞大的股份公司，国内的竞争让位于这一个公司在国内的垄断。”[①] 恩格斯以 1890 年英国的最新情况为例，提出“1890 年，英国的制碱业就发生了这种情形，现在，这一行业在所有 48 个大工厂合并后转到一个唯一的、统一管理的、拥有 12000 万马克资本的公司手中了”[②]。恩格斯由此而得出的新的结论就是:“在托拉斯中，自由竞争转变为垄断，而资本主义社会的无计划生产向行将到来的社会主义社会的计划生产投降。当然，这首先还是对资本家有利的。但是，在这里剥削变得这样明显，以致它必然会被废除。任何一个民族都不会容忍由托拉斯领导的生产，不会容忍由一小撮专靠剪息票为生的人对全社会进行如此露骨的剥削。”[③] 在这一“补充”论述中，恩格斯通过对托拉斯在资本生产、分配和销售过程的控制及垄断作用的整体阐释，初步揭示了 19 世纪末资本主义经济关系变化的新特征，指出了资本主义社会生产的“无计划”将向“计划生产投降”的趋势。

在编辑《资本论》第三卷时，恩格斯对当时资本主义经济关系的新特征作了探索，他认为:“历来受人称赞自由竞争已经日暮途穷，必然要自行宣告明显的可耻破产。”[④] 通过对当时英国资本主义大工业和企业制度发展现状的分析，恩格斯初步揭示了资本主义经济发展中呈现出的“竞争已经为垄断所代替”的必然走势。经济科学的发展是以对经济关系在其中运动的那个时代特征的深刻把握为基本前提的。恩格斯对垄断资本理论的研究，体现在他整理编辑《资本论》第三卷过程中。如马克思在 1865 年仍然认为“价格”调节供给是“一般原则”，资本家联盟来调节生产并不很稳固。恩格斯对这种看法做出了补充，认为在垄断组织发展迅速的新时期，“整个大生产部门的工厂主组成卡特尔（托拉斯），其目的是调节生产，从而调节价格和利润……虽然生产需要调节，但是

---

① 《马克思恩格斯文集》第 3 卷，人民出版社 2009 年版，第 558 页。
② 《马克思恩格斯文集》第 3 卷，人民出版社 2009 年版，第 558 页。
③ 《马克思恩格斯文集》第 3 卷，人民出版社 2009 年版，第 558 页。
④ 《马克思恩格斯文集》第 7 卷，人民出版社 2009 年版，第 496 页。

负有这个使命的，肯定不是资本家阶级。在此期间，这种卡特尔只有一个目的，那就是使小资本家比以前更快地被大资本家吃掉”[①]。在由恩格斯定稿的《资本论》第一卷第四版中，恩格斯也对有关垄断资本的相关地方作出注解，对马克思有关论点作出补充或新的阐释。恩格斯提出，英美两国最新的托拉斯，“力图至少把一个生产部门的全部大企业联合成一个握有实际垄断权的大股份公司”[②]。

在恩格斯看来，马克思主义政治经济学决不能固步自封，满足于已有的理论结论；相反，它总要随着资本主义经济关系的现实发展而不断发展。恩格斯晚年对科学技术的发展作出的创新性研究、对科学技术进步与资本主义经济及其关系急剧变化的关联问题作出新的阐释，进一步证实了资本主义终将被社会主义取代的历史趋势。

科学技术的发展是资本主义社会发展的直接动力。在恩格斯看来，科学技术与生产实践是辩证统一的。生产、生活实践不断对技术手段提出新的要求，并为物质生产资料的改进提供必要的支撑。在对工厂进行实地考察后，恩格斯指出:“经济上的需要曾经是，而且越来越是对自然界的认识不断进展的主要动力。”[③] 可见，“现实的人”的实际需要是科技发展的源动力。另一方面，科学技术则为人们的生产、生活带来巨大的变革。大机器生产取代手工劳动给资本家带来了巨额的财富，而电力的发明和使用则在大大提高劳动生产率的同时改变着人们的生活、思维方式。可以说，生产力的发展、生产方式的变革是推动社会发展的根本，而“科学则在更大得多的程度上依赖于技术的状况和需要”[④]。在大机器生产时期，资本的实现相当程度上是人类劳动作用于机器的过程，科学技术的发展与资本主义的历史进程似乎是相辅相成的，科技以其惊人的创造力在最大范围实现资本主义生产方式的蔓延，资本家则为了攫取更大的剩余价值影响科技的进步。

科学技术的发展以及由此引起生产过程的复杂化、竞争的加剧，促进了生产和资本的集中，于是少数采用先进技术的企业大量挤垮技术落

① 《马克思恩格斯文集》第 7 卷，人民出版社 2009 年版，第 136 页注释（16）。
② 《马克思恩格斯文集》第 5 卷，人民出版社 2009 年版，第 723 页注释（77b）。
③ 《马克思恩格斯文集》第 10 卷，人民出版社 2009 年版，第 599 页。
④ 《马克思恩格斯文集》第 10 卷，人民出版社 2009 年版，第 668 页。

后的企业。生产和资本高度集中并达到一定程度时，就会产生垄断和垄断组织。恩格斯认为："在每个国家里，一定部门的大工业家会联合成一个卡特尔，以便调节生产。一个委员会确定每个企业的产量，并最后分配接到的订货。在个别场合，甚至有时会成立国际卡特尔。"① 随着垄断组织的出现，各经济组织之间的竞争愈来愈激烈，为促进利益的均衡，平均利润将在整个行业之内趋于平衡，在整个世界范围内也将趋于"总体平衡"。在各国能够维持资本主义生产的需要并可以实现扩大再生产时，资本主义的发展在整体上是有可能处于暂时的稳定状态的。

科学技术促进世界市场的形成。恩格斯指出，随着资本主义社会生产力的日益强大，资本主义生产方式在世界范围内迅速扩张，逐渐取代落后的封建主义生产方式而占据统治地位。"葡萄牙人、荷兰人和英国人在1500—1800年间侵占印度，目的是要从印度输入，谁也没有想到要向那里输出。但是这些纯粹由贸易利益促成的发现和侵略，终归还是对工业起了极大的反作用：只是由于有向这些国家输出的需要，才创立和发展了大工业。"② 原料、市场的需求迫使老牌的资本主义国家不断在全球范围内寻找殖民地，然而新的领地的开辟只是打破了世界范围内空间的割据，只有大工业的生产取代手工劳动，才推动资本主义生产方式趋向于全球化，现代世界市场的基本形成也应该从科学技术革命之后才开始，建立在商业社会的世界市场只不过是旧世界的延续，建立在大工业社会基础之上的世界市场才是新世界的开始。也正因如此，新的科学技术革命促进了资本主义世界市场基本形成。

基于对英国工人阶级状况的实际考察，以及对整个资本主义社会新变化的客观分析，恩格斯指出："历史表明我们也曾经错了，暴露出我们当时的看法只是一个幻想。历史走得更远：它不仅打破了我们当时的错误看法，并且还完全改变了无产阶级进行斗争的条件。"③ 资本主义生产进入大工业时期，机器生产的广泛应用促使劳动价值越来越大，工人

---

① 《马克思恩格斯文集》第7卷，人民出版社2009年版，第496页。

② 《马克思恩格斯文集》第10卷，人民出版社2009年版，第595页。

③ 《马克思恩格斯文集》第4卷，人民出版社2009年版，第538页。

阶级所受的剥削愈来愈重，相应的反抗情绪也越来越强烈。资本家为了充分节约生产资料攫取巨额的剩余价值，积极主动调整生产关系。

恩格斯对股份公司作为资本主义生产过程的新的组织形式及其变化作了深入探讨。他认为，股份公司作为一种新的资本主义经济形态将加深资本主义社会本身的矛盾："无论是信用无限膨胀的工业高涨时期，还是由大资本主义企业的破产造成的崩溃本身，都使大量生产资料不得不采取像我们在各种股份公司中所遇见的那种社会化形式。"[①] 而股份公司的存在也推进了交易所这一资本生存的直接载体的发展，相比马克思在之前对交易所职能的解释，恩格斯揭示了交易所功能扩展的新变化。他指出："工业生产和农业生产，以及全部交往，交通工具和交换职能，都集中在交易所经纪人手里，这样，交易所就成为资本主义生产本身的最突出的代表。"[②] 具体的生产组织社会化的结果的必然是垄断组织的形成、发展。

针对这一变化，恩格斯指出，资本主义机器大工业取代手工生产，人为组织性垄断相当程度上掌控充分自由的经济法则，丝毫不会改善资本主义生产方式固有的矛盾，资本主义的灭亡依旧无法避免。"大工业已经把潜伏在资本主义生产方式中的矛盾发展为如此明显的对立"[③]，无论资产阶级如何粉饰"太平"，资本主义生产的秘密已暴露无遗，"劳动产品在剥削者和被剥削者之间的分配越来越不平等，无产阶级的人数日益增多"[④]。无产阶级更为猛烈的反抗将是必然。恩格斯在 1891 年致倍倍尔的信中说："你说我曾经预言资产阶级社会将于 1898 年崩溃。这是一个小误会。我只是说：到 1898 年，我们可能取得政权。如果这种情况没有发生，旧的资产阶级社会还可以继续存在一段时间，直到外来的冲击使这座腐朽的大厦倒塌为止。这样一座腐朽陈旧的建筑物，即使它实际上已经坏掉，但如果风平浪静，也还可以支撑数十年。"[⑤] 由此，19 世纪末，进入垄断时期的资本主义仍然处于迅速发展时期，内含的

---

① 《马克思恩格斯文集》第 9 卷，人民出版社 2009 年版，第 294 页。
② 《马克思恩格斯文集》第 7 卷，人民出版社 2009 年版，第 1028 页。
③ 《马克思恩格斯文集》第 9 卷，人民出版社 2009 年版，第 283 页。
④ 《马克思恩格斯文集》第 4 卷，人民出版社 2009 年版，第 420 页。
⑤ 《马克思恩格斯文集》第 10 卷，人民出版社 2009 年版，第 620 页。

生产力还未充分发挥出来，无产阶级的革命意识也未被激发。

可见，恩格斯并没有因为资本主义生产迅速、资产阶级与无产阶级之间关系的相对“稳定”，而更改马克思主义关于资本主义历史趋势的结论。在对 1891 年社会民主党纲领草案中对于“根源于资本主义私人生产的本质的无计划性”的命题，恩格斯发表了这样的见解:“据我所知，资本主义生产是一种社会形式，是一个经济阶段，而资本主义私人生产则是在这个阶段内这样或那样表现出来的现象。但是究竟什么是资本主义私人生产呢？那是由单个企业家所经营的生产，可是这种生产已经越来越成为例外了。由股份公司经营的资本主义生产，已经不再是私人生产，而是由许多人联合负责的生产。如果我们从股份公司进而来看那支配着和垄断着整个工业部门的托拉斯，那么，那里不仅没有了私人生产，而且也没有了无计划性。”① 资本主义由于生产方式的调整将延缓其衰亡的时间，但资本主义生产方式的历史趋势并没有发生根本性的改变。

## 三、关注经济学理论发展新取向

面对 19 世纪末欧洲经济学的不同流派和不同经济学家的理论观点，恩格斯主张要作细致的研究和深入的探讨，反对采取简单地否定了事的做法。即使像洛贝尔图斯这样的经济学家，恩格斯也认为，一方面，要研究他的全部著作，其中包括他的一些早期著作；另一方面，在对他的理论进行批判时，也不能否定他的理论中可能存在的某些合理的因素。例如，恩格斯晚年在读了洛贝尔图斯的早期著作《关于我国国家经济状况的认识》后曾指出，这本书“确实是他写的所有著作中最好的一本……此书证明，如果他继续研究下去，而不去编造乌托邦的话，他已经十分接近了问题的实质。”② 恩格斯不赞成在没有搞清楚别人的基本理论观点时，就贸然地对其理论进行批判的做法。当恩格斯看到，拉法格在没有搞清楚法国资产阶级经济学家比埃尔 · 保尔 · 勒卢阿-博利约

---

① 《马克思恩格斯文集》第 4 卷，人民出版社 2009 年版，第 410 页。

② 《马克思恩格斯全集》第 36 卷，人民出版社 1974 年版，第 190—191 页。

的理论观点就对其进行批判时，一方面指出了拉法格在这一批判中的某些失误，另一方面也语重心长地指出："不要忘记，这些先生（博利约和其他人）对一般经济文献比您熟悉得多，在这方面您不是他们的对手。熟悉所有这些东西是他们的本行，不是您的本行。在这一方面可不要太冒失。"①

实际上，恩格斯晚年坚持对资产阶级经济学的批判，绝不是为了强力维护马克思经济学理论的权威性，而是为了保卫马克思经济学理论的科学性。因此，恩格斯绝对不允许为了所谓"批判"资产阶级经济学的需要而牺牲马克思经济学理论自身的科学性；否则，不断生长起来的就不是科学的马克思主义经济学，只能是马克思主义经济学的"教条化"。

1891 年 4 月，恩格斯在为马克思的《雇佣劳动与资本》的再版所写的"导言"中说："我所作的全部修改，都归结为一点。在原稿上是，工人为取得工资向资本家出卖自己的劳动，在现在这一版本中则是出卖自己的劳动力。"② 作出这一修改，"向工人们解释，是为了使他们知道，这里并不是单纯的咬文嚼字，而是牵涉到全部政治经济学中一个极重要的问题。向资产者们解释，是为了使他们确信，没有受过教育的工人要比我们那些高傲的'有教养的人'高明得多，因为工人对最艰深的经济学论述也很容易理解，而'有教养的人'对这种复杂的问题却终身也解决不了"③。

无论在经济史上还是在经济思想史上，"古典政治经济学从工业实践方面因袭了工厂主的流行的看法，仿佛工厂主所购买和偿付的是自己的工人的劳动。这一看法对于工厂主进行营业、记账和计算价格来说，是完全够用了。可是，把这个看法天真地搬到政治经济学中去，就在那里造成了不可思议的谬误和混乱"④。古典政治经济学的这一"谬误"和"混乱"，不只是它在劳动价值论上的偏颇引起的，更是它的资产阶级的阶级偏见造成的。

在古典政治经济学阶级局限的视界内，即使将价值由劳动来决定这

---

① 《马克思恩格斯全集》第 36 卷，人民出版社 1974 年版，第 199 页。
② 《马克思恩格斯文集》第 1 卷，人民出版社 2009 年版，第 702 页。
③ 《马克思恩格斯文集》第 1 卷，人民出版社 2009 年版，第 702 页。
④ 《马克思恩格斯文集》第 1 卷，人民出版社 2009 年版，第 702 页。

个观点应用到“劳动”这个商品上去，它也会“马上就陷进一连串的矛盾之中”，即如恩格斯指出的：“假如劳动是一切价值的尺度，那么我们只能用劳动来表现‘劳动的价值’。但是假如我们只知道一小时劳动的价值等于一小时劳动，那么我们对一小时劳动的价值就绝对地毫无所知。这样，我们丝毫也没有接近我们的目的，总是在一个圈子里打转。”[①] 即使改为所谓“生产费用”等论证的方法，最后也都难以摆脱固有的窠臼。

恩格斯指出：“不管我们怎样挣扎，只要我们还是讲劳动的买卖和劳动的价值，我们就不能够摆脱这种矛盾。”[②] 在经济思想史上，“古典经济学的最后一个分支——李嘉图学派，多半是由于不能解决这个矛盾而遭到了破产。古典经济学走入了绝境”[③]。而从这种绝境中找到出路的是马克思。恩格斯指出：“那些最优秀的经济学家从‘劳动’价值出发而无法解决的困难，一到我们把‘劳动力’价值作为出发点，就消失不见了。”[④] 马克思在政治经济学科学原理基础上证明：“在我们当代的资本主义社会里，劳动力是商品，是跟任何其他的商品一样的商品，但却是一种完全特殊的商品。这就是说，这个商品具有一种独特的特性：它是创造价值的力量，是价值的源泉，并且——在适当使用的时候——是比自己具有的价值更多的价值的源泉。”[⑤]

在马克思关于劳动力商品理论的基础上，恩格斯进一步发展了这一科学原理，在发展的马克思主义的科学精神中呈现出新的见解。恩格斯认为：“这就是我们的全部当代社会的经济制度：工人阶级是生产全部价值的唯一的阶级。”[⑥] 重要的是，“工人阶级从他们所生产的全部产品中只取回一部分。另一部分，即资本家阶级保留在自己手里并至多也只需和土地所有者阶级瓜分的那一部分……随着每一项新的发明和发现而日益增大，而落到工人阶级手中的那一部分（按人口计算）或者增加得很

---

① 《马克思恩格斯文集》第1卷，人民出版社2009年版，第704页。

② 《马克思恩格斯文集》第1卷，人民出版社2009年版，第706页。

③ 《马克思恩格斯文集》第1卷，人民出版社2009年版，第706页。

④ 《马克思恩格斯文集》第1卷，人民出版社2009年版，第708页。

⑤ 《马克思恩格斯文集》第1卷，人民出版社2009年版，第708页。

⑥ 《马克思恩格斯文集》第1卷，人民出版社2009年版，第709页。

慢和很少，或者是一点也不增加，并且在某些情况下甚至还会缩减”[①]。

恩格斯从中得出的新的理论观点，还体现在以下论述之中，“这些日益加速互相排挤的发明和发现，这种以前所未有的幅度日益提高的人类劳动的生产率，最终必将造成一种使当代资本主义经济走向灭亡的冲突。一方面是不可计量的财富和购买者无法对付的产品过剩，另一方面是社会上绝大多数人口无产阶级化，变成雇佣工人，因而无力获得这些过剩的产品。社会分裂为人数很少的过分富有的阶级和人数众多的无产的雇佣工人阶级，这就使得这个社会被自己的富有所窒息，而同时社会的绝大多数成员却几乎没有或完全没有免除极度贫困的任何保障。社会的这种状况日益显得荒谬，日益显得没有存在的必要。这种状况应当被消除，而且能够被消除。一个新的社会制度是可能实现的，在这个制度之下，当代的阶级差别将消失；而且在这个制度之下——也许在经过一个短暂的、有些艰苦的、但无论如何在道义上很有益的过渡时期以后——，通过有计划地利用和进一步发展一切社会成员的现有的巨大生产力，在人人都必须劳动的条件下，人人也都将同等地、愈益丰富地得到生活资料、享受资料、发展和表现一切体力和智力所需的资料。现在工人们正日益坚决地为实现这个新的社会制度而斗争”[②]。

针对 19 世纪 90 年代资产阶级经济学发展的现实，恩格斯也从总体上对它的发展作出基本评价。恩格斯认为，当时资产阶级经济学发展中出现了蔑视古典学派的、甚至其他学派的理论的倾向。以至“任何地方都没有人讲授李嘉图及其学派的那种老的古典经济学，不仅如此，甚至很难找到有人原原本本地讲授庸俗的自由贸易理论”[③]。一种蔑视理论的倾向弥漫在欧洲经济学界，这是资本主义经济关系急剧动荡的表现之一。在这种倾向的影响下，经济学界“到处盛行着无批判的、善意的折衷主义”[④]，从而散发着“培养钻营之徒的极好培养基”，也形成了“使人委靡不振、动摇不定、糊里糊涂的思想方式”[⑤]。恩格斯深为担忧的

① 《马克思恩格斯文集》第 1 卷，人民出版社 2009 年版，第 709 页。
② 《马克思恩格斯文集》第 1 卷，人民出版社 2009 年版，第 709—710 页。
③ 《马克思恩格斯全集》第 36 卷，人民出版社 1975 年版，第 200 页。
④ 《马克思恩格斯全集》第 36 卷，人民出版社 1975 年版，第 200 页。
⑤ 《马克思恩格斯全集》第 36 卷，人民出版社 1975 年版，第 200 页。

是，这种影响“甚至在我们党内，都感觉得到，在我们党的周围极为流行”[①]。恩格斯的这些评价是符合当时欧洲经济学发展现实的，即使在今天读来也还能给人以启迪。

## 四、对国际工人运动中错误思潮批判

继承和弘扬马克思的批判精神，是恩格斯晚年贯彻马克思主义科学理论和科学精神的集中体现；同国际工人运动内部各种错误理论和思潮的交锋，是恩格斯晚年坚守马克思主义科学理论和科学精神的显著特征。

1883 年 4 月，在与菲力浦·范派顿谈到马克思思想同无政府主义思潮斗争问题时，恩格斯认为:“马克思和我从 1845 年起就持有这样的观点：未来无产阶级革命的最终结果之一，将是称为国家的政治组织逐步解体直到最后消失”[②]；“同时我们始终认为，为了达到未来社会革命的这一目的以及其他更重要得多的目的，工人阶级应当首先掌握有组织的国家政权并依靠这个政权镇压资本家阶级的反抗和按新的方式组织社会。”[③] 从马克思主义发展史来看，恩格斯指出，这一道理，“在 1847 年写的《共产主义宣言》的第二章末尾已经阐明”[④]。回溯历史，恩格斯认为:“从 1867 年开始，无政府主义者就企图用各种最卑鄙的手段夺取国际的领导权；他们遇到的主要障碍就是马克思。经过五年的斗争，终于在 1872 年 9 月的海牙代表大会上把无政府主义者驱逐出国际；在驱逐无政府主义者这件事情上出力最大的就是马克思。”[⑤] 恩格斯从两个历史，即马克思思想历史和第一国际运动历史的结合上，不仅阐明了在国家与革命问题上马克思主义与无政府主义斗争的思想过程，而且也阐明了马克思和恩格斯在《共产党宣言》中就已经表达的关于无产阶级国家和革命理论的精神实质和本质规定。

---

① 《马克思恩格斯全集》第 36 卷，人民出版社 1975 年版，第 200 页。

② 《马克思恩格斯文集》第 10 卷，人民出版社 2009 年版，第 506 页。

③ 《马克思恩格斯文集》第 10 卷，人民出版社 2009 年版，第 506 页。

④ 《马克思恩格斯文集》第 10 卷，人民出版社 2009 年版，第 506 页。

⑤ 《马克思恩格斯文集》第 10 卷，人民出版社 2009 年版，第 507 页。

在对工人运动内部各种错误思想和思潮的批判中，恩格斯从马克思主义发展史的角度提出："我们的全部实践已经证明，可以在工人阶级普遍性的运动的各个阶段上同它进行合作，而无须放弃或隐瞒我们自己的独特立场甚至组织。"[①] 恩格斯在这里提出了马克思理论与各种社会主义思潮批判斗争的原则性和灵活性的问题。恩格斯指出，"当马克思创立国际的时候，他草拟的总章程使当时一切工人阶级社会主义者——蒲鲁东分子、皮埃尔·勒鲁分子、甚至英国工联中比较先进的部分都可以参加国际；就是由于这种广泛性，国际才成为它当时的那个样子，即成为逐步融解和吸收除无政府主义者外的各个比较小的宗派的一种工具"[②]。如果情况不是这样，"我们在1864—1873年间坚持只和那些公开承认我们纲领的人合作，那我们今天会处于什么境地呢?"[③] 从马克思主义发展史来看，"逐步融解和吸收"也是对待工人运动中各种思潮和理论的方法和途径。同批判中的斗争史一样，在"融解和吸收"中的交锋同样是马克思主义发展史的重要过程。

1891年，恩格斯在决定发表马克思的旧稿《哥达纲领批判》时，从"内部历史"的角度，对拉萨尔主义作了批判，澄清了马克思主义发展史上一系列重大的理论问题。恩格斯认为，从拉萨尔1865年去世到1891年，"拉萨尔属于历史已有26年了"，这一期间拉萨尔的错误思想"没有受到历史的批判"；马克思《哥达纲领批判》的公布，"终于到了必须进行这种批判并弄清拉萨尔对马克思的态度的时候了"[④]。恩格斯指出，"无论把拉萨尔对运动的功绩评价得多么高，他在运动中的历史作用仍然具有两重性。同社会主义拉萨尔形影不离的是蛊惑家拉萨尔"[⑤]，并提出了理论批判中"两重性"的历史评价问题。一方面，拉萨尔的思想历史过程显示了这种"两重性"，恩格斯认为，"1862年以前，他实际上还是一个具有强烈的波拿巴主义倾向的、典型普鲁士式的庸俗民主主义者……由于纯粹个人的原因，他突然来了个转变，开始了

① 《马克思恩格斯文集》第10卷，人民出版社2009年版，第563页。
② 《马克思恩格斯文集》第10卷，人民出版社2009年版，第562—563页。
③ 《马克思恩格斯文集》第10卷，人民出版社2009年版，第563页。
④ 《马克思恩格斯文集》第10卷，人民出版社2009年版，第603页。
⑤ 《马克思恩格斯文集》第10卷，人民出版社2009年版，第603—604页。

他的鼓动工作。过了不到两年，他就开始要求工人站到王权方面来反对资产阶级，并且同品质和他相近的俾斯麦勾结在一起”①；另一方面，在理论上的“两重性”，表现为“从马克思那里抄来的正确的东西同他自己的通常是错误的论述混在一起，二者几乎不可能区分开来”②。恩格斯认为，“我的责任就是最终揭示马克思和拉萨尔之间的关系”，并准备“一劳永逸地肃清有关拉萨尔的神话”③。

理论总是现实的。1891 年，恩格斯公开马克思的《哥达纲领批判》是为了适合当时国际工人运动发展的需要，特别是为了适合德国社会民主党制定科学的党的纲领的需要。1891 年 6 月 18 日至 29 日，恩格斯撰写的《1891 年社会民主党纲领草案批判》，就是针对德国社会民主党执行委员会在 1891 年 6 月 18 日提出的党纲草案写的一篇重要的文章。1890 年反社会党人法被废除后，德国社会民主党重获合法地位，进入了一个新的发展时期。在这样的形势下，党需要制定一个新的纲领，以代替 1875 年的哥达纲领。1891 年 5 月，威廉·李卜克内西着手起草新纲领。6 月，党的执行委员会经过反复讨论和修改，把草案确定下来。6 月 18 日，执行委员会以机密文件的形式把草案寄给了恩格斯。恩格斯收到后立即进行了深入的分析，肯定这个草案优于哥达纲领，并分别对草案的绪论部分、政治要求和经济要求提出具体修改意见。这篇文章对于德国社会民主党根据科学社会主义理论制定党纲起了重要的指导作用。德国社会民主党的执行委员会收到恩格斯的批评意见后，对草案作了一些修改，并于 1891 年 7 月 4 日把修正草案公布在德国社会民主党机关报《前进报》上。修正草案吸收了恩格斯对绪论部分和经济要求部分的意见，但对其中的政治要求部分没有作什么改动。

恩格斯肯定，与《哥达纲领》相比较，“现在这个草案大大优于以前的那个纲领。陈腐传统（无论是道地拉萨尔派的还是庸俗社会主义的）的浓厚残渣，基本上已经被清除掉了；草案在理论方面整个说来是立足在现代科学的基础上，因而有可能从这个基础出发来进行讨论”④。

---

① 《马克思恩格斯文集》第 10 卷，人民出版社 2009 年版，第 604 页。
② 《马克思恩格斯文集》第 10 卷，人民出版社 2009 年版，第 604 页。
③ 《马克思恩格斯文集》第 10 卷，人民出版社 2009 年版，第 604 页。
④ 《马克思恩格斯文集》第 4 卷，人民出版社 2009 年版，第 407 页。

恩格斯对草案的修改意见，主要体现在两个方面：

一是在《1891年社会民主党纲领草案批判》中，恩格斯根据当时资本主义时代发展的新的变化，对资本主义经济关系的新的特点作了深入探讨。

首先，要高度关注资本主义经济关系的新的变化，其中特别是关于资本主义生产形式和本质的新变化问题。恩格斯在草案中提出的“根源于资本主义私人生产的本质的无计划性”的说法，认为“需要大加改进”。在恩格斯看来，“资本主义生产是一种社会形式，是一个经济阶段，而资本主义私人生产则是在这个阶段内这样或那样表现出来的现象。但是究竟什么是资本主义私人生产呢？那是由单个企业家所经营的生产，可是这种生产已经越来越成为例外了。由股份公司经营的资本主义生产，已经不再是私人生产，而是由许多人联合负责的生产。如果我们从股份公司进而来看那支配着和垄断着整个工业部门的托拉斯，那么，那里不仅没有了私人生产，而且也没有了无计划性”①。

其次，对股份资本的性质及意义应该作出新的认识。19世纪60年代，股份公司在迅速发展，进入19世纪90年代股份资本伴随垄断的发展更进入新的发展阶段。恩格斯认为，资本主义经济关系中“把由个人或股份公司负责的现代资本主义生产转变成由全社会负责和按预先确定的计划进行的社会主义生产……正在为这个转变创造……唯有通过这样一个转变，工人阶级的解放，从而没有例外的一切社会成员的解放，才得以实现”②。

再次，“工人阶级的解放只能是工人阶级本身的事业”③。尽管资本主义经济关系发生了巨大的变化，而且德国工人也获得了合法斗争的空间，但是，工人阶级的解放还是工人阶级本身的事业。恩格斯认为：“不言而喻，工人阶级既不可能由资本家和大土地占有者，即它的敌人和剥削者来解放，也不可能由小资产者和小农来解放，小资产者和小农自己正被大剥削者的竞争所压倒，除了站到大剥削者一边或站到工人一边以

① 《马克思恩格斯文集》第4卷，人民出版社2009年版，第410页。

② 《马克思恩格斯文集》第4卷，人民出版社2009年版，第411页。

③ 《马克思恩格斯文集》第4卷，人民出版社2009年版，第421页。

外，别无其他选择。”[①]

二是在《1891 年社会民主党纲领草案批判》中，恩格斯对当时在德国社会民主党内流行的德国可以和平“长入”社会主义的机会主义观点做出深入的批判。

首先，在德国社会民主党纲领草案的“政治要求”方面犯有一个“大错误”，恩格斯认为:“这里没有本来应当说的东西，即使这十项要求都如愿以偿，我们固然会多得到些达到主要政治目标所需的不同手段，但这个主要目标本身却决不能达到。”恩格斯这里所指出的“本来应当说的东西”、“这个主要目标”，就是实行“将一切劳动资料转变成公有财产”。当时德国的宪法纯粹是 1850 年普鲁士宪法的抄本，根据 1850 年宪法，对条文政府握有全部实权，议院连否决税收的权利也没有，帝国国会只是普鲁士专制制度的“遮羞布”。想在这个宪法及其所认可的小邦分立的基础上，来实行“将一切劳动资料转变成公有财产”显然是毫无意义。恩格斯认为，在现在的党的纲领中“谈论这个问题是危险的”，但作为党的纲领，“无论如何，事情总要着手去解决”[②]。特别是面对很大一部分社会民主党报刊中散布的机会主义论调，更证明了这种必要性。

恩格斯认为，对于德国社会民主党来说:“这样的政策长此以往只能把党引入迷途。人们把一般的抽象的政治问题提到首要地位，从而把那些在重大事件一旦发生，政治危机一旦来临就会自行提到日程上来的紧迫的具体问题掩盖起来。其结果就是使党在决定性的时刻突然不知所措，使党在具有决定意义的问题上由于从未进行过讨论而认识模糊和意见不一。”[③]

其次，在制定德国社会民主党的纲领时，恩格斯认为:“为了眼前暂时的利益而忘记根本大计，只图一时的成就而不顾后果，为了运动的现在而牺牲运动的未来，这种做法可能也是出于‘真诚的’动机。但这是机会主义，始终是机会主义，而且‘真诚的’机会主义也许比其他一切

① 《马克思恩格斯文集》第 4 卷，人民出版社 2009 年版，第 421 页。
② 《马克思恩格斯文集》第 4 卷，人民出版社 2009 年版，第 413 页。
③ 《马克思恩格斯文集》第 4 卷，人民出版社 2009 年版，第 414 页。

机会主义更危险。”[①] 恩格斯指出:“现在有人因为害怕恢复反社会党人法，因为回想起在这项法律统治下发表的一些草率的言论，就忽然认为，德国目前的法律状况就足以使党通过和平方式实现自己的一切要求。”[②]

恩格斯揭露了工人阶级政党内部的机会主义的实质。“他们力图使自己和党相信‘现代的社会正在长入社会主义’，而不去考虑，与此同时这个社会是否还要像虾挣破自己的旧壳那样必须从它的旧社会制度中破壳而出，并且必须用暴力来炸毁这个旧壳，是否除此之外，这个社会在德国就无须再炸毁那还是半专制制度的、而且是混乱得不可言状的政治制度的桎梏。”[③]

再次，恩格斯认为，只有“在人民代议机关把一切权力集中在自己手里、只要取得大多数人民的支持就能够按照宪法随意办事的国家里，旧社会有可能和平长入新社会”[④]。而在实行反动专制制度的德国，以为“可以用舒舒服服和平的方法建立共和国，不仅建立共和国，而且还可以建立共产主义社会，这是多么大的幻想”[⑤]。恩格斯认为，社会民主党和工人阶级只有在民主共和国这种政治形式下才能取得政权，毕竟“民主共和国甚至是无产阶级专政的特殊形式”。

恩格斯对马克思批判精神的继承和弘扬，不仅澄清了笼罩在工人运动中各种错误思想的重重迷雾，而且还开辟了马克思思想研究的理论路向，彰显了马克思主义发展史研究的内在的学术规范。马克思思想中的批判精神，已经作为一种理论旨向深刻地融入马克思主义研究的整体之中。

---

① 《马克思恩格斯文集》第 4 卷，人民出版社 2009 年版，第 414—415 页。
② 《马克思恩格斯文集》第 4 卷，人民出版社 2009 年版，第 413 页。
③ 《马克思恩格斯文集》第 4 卷，人民出版社 2009 年版，第 413—414 页。
④ 《马克思恩格斯文集》第 4 卷，人民出版社 2009 年版，第 414 页。
⑤ 《马克思恩格斯文集》第 4 卷，人民出版社 2009 年版，第 415 页。

# 第二十一章 “重读”马克思与马克思思想资源的发掘

1883 年之后，恩格斯对马克思的“重读”是指，恩格斯以“导言”或“序言”的方式，再版或新版马克思的著作，再现马克思思想的基本特征、理论菁华和发展过程。从马克思主义发展史来看，恩格斯“重读”马克思的意义，主要体现在三个方面：一是阐明这些著作在马克思思想发展中的重要地位和意义，对其中的马克思主义基本原理作出阐释；二是阐明这些著作在马克思思想形成史中的意义，对其中的理论菁华及其在马克思主义发展史中的意义作出研究；三是对马克思思想作出适合于时代变化要求的新的理解，对面向“新的历史纪元”的马克思主义作出新的阐释。

## 一、“重读”马克思与恩格斯“序言”标格

1883 年马克思逝世之后，恩格斯通过为马克思再版和新版著作撰写“序言”、或“导言”的方式，再现马克思学说的思想菁华、理论特征和历史演进，对马克思主义发展作出多方面的贡献。为马克思再版和新版著作撰写的近 20 篇“序言”或“导言”，实际地形成了恩格斯晚年对马克思学说研究和理解的一种特定的理论风范和学术品格，呈现为一种“‘序言’标格”。这一“序言”标格的要旨在于：一是在对马克思主要著作的历史背景、理论内涵和核心要义的探析中，彰显马克思学说的思想精粹以及马克思主义发展史的意义；二是在对马克思主要著作的科学理论和科学精神阐释中，凸显马克思主义及其理论体系的科学性和革命性特征；三是在对马克思学说作出适合于时代发展要求的新的理解中，焕发“新的历史纪元”、马克思主义的时代内涵。

1885 年 5 月，德国社会民主党出版社负责人海尔曼·施留特尔在

给恩格斯的信中提出出版马克思短篇著作的计划，恩格斯对这一计划表示赞成，同时也提出了三个方面的要求：一是计划出版的“马克思的短篇著作”，不要把一些“国际文献”如马克思有关第一国际的《国际工人协会成立宣言》《法兰西内战》《总委员会向在海牙举行的代表大会的报告》等“算在内”，也不要把《共产党宣言》等一些主要著作“算在内”。恩格斯明确表示，他要“保留为这些著作写点引言的权力”。在恩格斯看来，没有他的“引言”就难以理解马克思这些著作的思想真谛和历史意义，而“写点引言”就成为恩格斯的无可置疑的“权力”；二是即使准备出版的那些“马克思的短篇著作”，也要对文本作出必要的研究。恩格斯认为，马克思为《新莱茵报》写的文章，“几乎不能同我的分开，因为我们彼此有计划地作了分工”，对马克思这些文本作出写作背景和理论指向的基本考证是十分必要的，这也是恩格斯拥有为马克思著作撰写“引言”的“权力”的根据所在；三是出版“马克思的短篇著作”要遵循马克思思想的历史发展和理论演进的内在逻辑，恩格斯认为，马克思为《新莱茵报》写的文本，同第一国际的有关文本“前后相隔十五年到二十年”，把这些历史背景和理论主题不同的著作和文章合在一起而又不作专门的文本说明，就“未必恰当”[①]。1885 年 10 月，恩格斯再次提醒施留特尔：“我确信，《新莱茵报》上的那些文章，如果不附上事件的真实经过，是不能重印的。”[②] 在恩格斯看来，在马克思思想研究中，脱离具体的历史背景，是难以理解其中的思想真谛和理论实质的。通过“序言”、“导言”或“引言”的方式，才能厘清马克思主要著述的历史、理论和现实之间的关系。恩格斯提出的这三个方面的要求，实际上就是“序言”标格的内在规定。

恩格斯晚年一直坚守对再版和新版马克思主要著作撰写“序言”、“导言”或“前言”的“权力”，并将其视作自己神圣的事业。1891 年 6 月，恩格斯在给考茨基的信中提出：“我曾经允许党以单行本出版马克思一些篇幅不大的著作，不加注释和序言。超过这个限度，我就不能同意了。出版全集是我今后的义务，我不能允许事先这样一部分一部分地从

① 《马克思恩格斯全集》第 36 卷，人民出版社 1974 年版，第 311—312 页。

② 《马克思恩格斯全集》第 36 卷，人民出版社 1974 年版，第 361 页。

我手里把它夺走。”[①] 对马克思主要著作的再版和新版，恩格斯坚持要用“序言”及相应的“注释”的方式，对这些著作中体现的马克思主义的科学原理和科学精神作出说明和阐释，他不允许别人从他手中“夺走”这种“权力”。

1895年是恩格斯生命历程的最后一年。这一年的1月1日，在给库格曼的信中，恩格斯谈到他和马克思的“早期著作”即“1851年以前那段时期的作品”的出版问题。恩格斯特别提到他的“宿愿”，即“找到1842年的全部《莱茵报》，主要是为了马克思的文章”[②]。4月5日,在给德国社会民主党领导人查理·费舍的信中，恩格斯赞成把马克思在《莱茵报》期间写的三篇文章汇编成册，并同意出版时“附有我的序言（可能）还有注释”[③]。恩格斯提到的这三篇文章就是:《第六届莱茵省议会的辩论。关于出版自由和公布等级会议记录的辩论》《第六届莱茵省议会的辩论。关于林木盗窃法的辩论》《摩塞尔记者的辩护》。几天之后，恩格斯在4月15日给费舍的信中，再次谈到这三篇文章在马克思思想历史发展中的地位问题。他提出:“我曾不止一次地听马克思说过，正是他对林木盗窃法和摩泽尔河沿岸地区农民状况的研究，推动他由纯政治转向经济关系，并从而走向社会主义。”[④] 恩格斯同意暂时以《卡尔·马克思的处女作》为题出版这一小册子，也同意在出版宣传中标明该小册子由“弗·恩格斯编辑并作序”。三天后，恩格斯在给费舍的信中又提出:“除《莱茵报》上的文章之外，我还发现了马克思同一时期写的另一篇揭露书报检查的狂暴行为的文章；可以把它同其他文章一起重印。”[⑤] 这里指的是马克思《评普鲁士最近的书报检查令》一文，该文发表于1843年出版的《德国现代哲学和政论界轶文集》中。在马克思主义发展史研究中，马克思的这四篇文章，后来被公认为是研究马克思早期思想的主要文献。

1895年5月9日，恩格斯在给梅林的信中说:“我同意您的只把

---

① 《马克思恩格斯文集》第10卷，人民出版社2009年版，第614页。
② 《马克思恩格斯全集》第39卷，人民出版社1974年版，第341页。
③ 《马克思恩格斯全集》第39卷，人民出版社1974年版，第440页。
④ 《马克思恩格斯文集》第10卷，人民出版社2009年版，第701页。
⑤ 《马克思恩格斯全集》第39卷，人民出版社1974年版，第451页。

《莱茵报》上的两篇长文和关于共产主义的文章（以及《铁文集》上的一篇文章）全文出版的建议。”[①] 恩格斯还提到，“为了写序言”，希望梅林能提供一些关于摩塞尔“辩论的经过和内容”的“梗概”资料。恩格斯没有能完成这一小册子的“序言”以及可能有的“注释”。三个月后，1895 年 8 月 5 日，恩格斯与世长辞。

恩格斯晚年在为再版马克思著作作出极大努力时，也为新版马克思著作花费极大精力，除了编辑出版《资本论》第二卷和第三卷之外，还新出版了《哲学的贫困》德文版、《哥达纲领批判》和《1848 年至 1850 年的法兰西阶级斗争》等著作，恩格斯为每一本新版的马克思著作撰写了“序言”或“导言”。恩格斯在生命最后时刻，还在为编辑《卡尔·马克思的处女作》并打算撰写“序言”的事实作为一个例证，说明“序言”标格在恩格斯晚年坚持和发展马克思主义中的重要意义和深刻意蕴。

从 1883 年至 1895 年的 12 年间，集中体现恩格斯“序言”标格的主要有以下 16 篇“序言”或“导言”：

1883 年 6 月，《共产党宣言》1883 年德文版序言；

1883 年 11 月，《资本论》第一卷德文第三版序言；

1884 年 10 月，《哲学的贫困》德文第一版序言；

1885 年上半年，《路易·波拿巴的雾月十八日》第三版序言；

1885 年 7 月，《资本论》第二卷序言；

1885 年 10 月，《揭露科伦共产党人案件》德文第三版导言；

1886 年 11 月，《资本论》第一卷英文版序言；

1888 年 1 月，《共产党宣言》1888 年英文版序言；

1890 年 6 月，《资本论》第一卷德文第四版序言；

1891 年 1 月，《哥达纲领批判》序言；

1891 年 3 月，《法兰西内战》导言；

1891 年 4 月，《雇佣劳动与资本》1891 年单行本导言；

1892 年 2 月，《共产党宣言》1892 年波兰文版序言；

1893 年 2 月，《共产党宣言》1893 年意大利文版序言；

---

① 《马克思恩格斯全集》第 39 卷，人民出版社 1974 年版，第 455 页。

1894 年 11 月，《资本论》第三卷序言；

1895 年 3 月，《1848 年至 1850 年的法兰西阶级斗争》导言。

在马克思这些再版或新版的著述中，恩格斯“序言”标格的意蕴得到充分彰显。

## 二、“重读”马克思与马克思主义基本思想阐释

马克思去世后，恩格斯“重读”马克思的第一部著作就是《共产党宣言》。1883 年 6 月，恩格斯为《共产党宣言》德文第三版写了“序言”。恩格斯以“重读”的方式，在这篇简短“序言”中，用了一半以上的篇幅，对“贯穿《宣言》的基本思想”即马克思唯物史观“基本思想”作了概述。恩格斯提出:“每一历史时代的经济生产以及必然由此产生的社会结构，是该时代政治的和精神的历史的基础；因此（从原始土地公有制解体以来）全部历史都是阶级斗争的历史，即社会发展各个阶段上被剥削阶级和剥削阶级之间、被统治阶级和统治阶级之间斗争的历史；而这个斗争现在已经达到这样一个阶段，即被剥削被压迫的阶级（无产阶级），如果不同时使整个社会永远摆脱剥削、压迫和阶级斗争，就不再能使自己从剥削它压迫它的那个阶级（资产阶级）下解放出来。”[①] 恩格斯揭示了无产阶级和资产阶级之间阶级斗争的本质及其必然趋势，对唯物史观的基本思想作了科学概括。显然，从马克思主义发展史来看，恩格斯肯定，这个基本思想完全是属于马克思一个人的。

1888 年 1 月，恩格斯在为《共产党宣言》英文版所写的“序言”中，重述了 1883 年德文版“序言”中所阐述的马克思唯物史观的“基本思想”，并对这一思想的形成过程作了进一步阐述。恩格斯认为，他和马克思“早在 1845 年前的几年中就已经逐渐接近了这个思想。当时我个人独自在这方面达到什么程度，我的《英国工人阶级状况》一书就是最好的说明。但是到 1845 年春我在布鲁塞尔再次见到马克思时，他已经把这个思想考虑成熟，并且用几乎像我在上面所用的那样明晰的语

① 《马克思恩格斯文集》第 2 卷，人民出版社 2009 年版，第 9 页。

句向我说明了”[1]。马克思去世后，恩格斯对这一“基本思想”反复强调，是因为这一“基本思想”是《共产党宣言》的核心内容。这就凸显了恩格斯对马克思“重读”的本意所在，体现了恩格斯对马克思思想研究核心要义的深刻把握。

恩格斯对《共产党宣言》“基本思想”的历史探索，与马克思生前对这一思想过程所作的阐释相映成辉，构成马克思主义这一奠基之作形成的真实过程。1880 年 5 月，马克思在为恩格斯的《社会主义从空想到科学的发展》的法文版写的“导言”中说：“弗里德里希·恩格斯是当代社会主义最杰出的代表人物之一，他在 1844 年就以他最初发表在马克思和卢格在巴黎出版的《德法年鉴》上的《国民经济学批判大纲》引起了注意。《大纲》中已经表述了科学社会主义的某些一般原则。在曼彻斯特（当时恩格斯住在那里），他用德文写了《英国工人阶级状况》（1845 年），这是一部重要的著作，其意义由马克思在《资本论》中作了充分的估价。”[2] 马克思还指出：“对各国政府保持秘密。1847 年，在同盟在伦敦召开的国际代表大会上，马克思和恩格斯被委托起草《共产党宣言》，《宣言》在二月革命前不久出版，并且几乎立即被翻译成欧洲的各种语言。”[3]

1891 年 3 月，恩格斯在为马克思《法兰西内战》写的再版“导言”，更为显著地表明“重读”马克思在马克思思想研究和马克思主义发展史研究中的意义。在这一“导言”的落款处，恩格斯特意写上“1891 年 3 月 18 日巴黎公社 20 周年纪念日于伦敦”[4]，以表明恩格斯“重读”马克思所内含的思想性、政治性和历史性。

恩格斯提出，在《法兰西内战》再版时，加上了总委员会关于普法战争的两篇较短的宣言。这是因为，“《内战》提到了第二篇宣言，而第二篇宣言如果没有第一篇宣言作参照，是不能完全弄明白的”[5]。更为重要的是因为，“这两篇同为马克思所写的宣言，也和《内战》一样，

---

① 《马克思恩格斯文集》第 2 卷，人民出版社 2009 年版，第 14—15 页。
② 《马克思恩格斯文集》第 3 卷，人民出版社 2009 年版，第 491 页。
③ 《马克思恩格斯文集》第 3 卷，人民出版社 2009 年版，第 492 页。
④ 《马克思恩格斯文集》第 3 卷，人民出版社 2009 年版，第 112 页。
⑤ 《马克思恩格斯文集》第 3 卷，人民出版社 2009 年版，第 99 页。

突出地显示了作者在《路易·波拿巴的雾月十八日》中已初次表现出的惊人的才能，即在伟大历史事变还在我们眼前展开或者刚刚终结时，就能准确地把握住这些事变的性质、意义及其必然后果"[①]。恩格斯阐明了"两篇宣言"和《法兰西内战》之间在思想上和理论上的逻辑关系，以及在马克思主义发展史中的重要地位。从马克思 1852 年的《路易·波拿巴的雾月十八日》到 1871 年的《法兰西内战》，再到恩格斯 1891 年《法兰西内战》再版时的"导言"，其间相隔 40 年，正是马克思主义历史发展的重要时期。揭示这一时期马克思具有的"在伟大历史事变还在我们眼前展开或者刚刚终结时，就能准确地把握住这些事变的性质、意义及其必然后果"的理论力量和思想魅力，是马克思思想研究和马克思主义发展史研究的意蕴所在，也是马克思主义发展史研究的基本理论意向。

在这一"导言"中，恩格斯指出，《法兰西内战》"揭示了巴黎公社的历史意义，并且写得简洁有力而又那样尖锐鲜明，尤其是那样真实，是后来关于这个问题的全部浩繁文献都望尘莫及的"[②]。恩格斯认为，在"重读"马克思时，要对马克思的"基本思想"作出必要的"补充"，即"如果我们今天在过了 20 年之后来回顾一下 1871 年巴黎公社的活动和历史意义，我们就会发觉，对《法兰西内战》中的叙述还应作一些补充"[③]。

恩格斯所作的最为重要的"补充"，就是对马克思"《内战》第三章已经作了详细的描述"的理论，即"这种打碎旧的国家政权而以新的真正民主的国家政权来代替的情形"的"补充"[④]。恩格斯指出:"公社一开始想必就认识到，工人阶级一旦取得统治权，就不能继续运用旧的国家机器来进行管理；工人阶级为了不致失去刚刚争得的统治，一方面应当铲除全部旧的、一直被利用来反对工人阶级的压迫机器，另一方面还应当保证本身能够防范自己的代表和官吏，即宣布他们毫无例外地可以随时撤换。"[⑤] 同时，"为了防止国家和国家机关由社会公仆变为社会主

① 《马克思恩格斯文集》第 3 卷，人民出版社 2009 年版，第 99 页。
② 《马克思恩格斯文集》第 3 卷，人民出版社 2009 年版，第 100 页。
③ 《马克思恩格斯文集》第 3 卷，人民出版社 2009 年版，第 107 页。
④ 《马克思恩格斯文集》第 3 卷，人民出版社 2009 年版，第 111 页。
⑤ 《马克思恩格斯文集》第 3 卷，人民出版社 2009 年版，第 110 页。

人”，巴黎公社采取了两个“可靠的办法”：一是“把行政、司法和国民教育方面的一切职位交给由普选选出的人担任，而且规定选举者可以随时撤换被选举者”；二是“对所有公职人员，不论职位高低，都只付给跟其他工人同样的工资”[①]。在巴黎公社革命过去 20 年后，恩格斯对《法兰西内战》中这一“基本思想”和核心内容的“补充”，凸显了恩格斯“重读”马克思的根本旨意，也明确提出了马克思主义发展史研究的思想意向和学理依循。

在这一“导言”中，恩格斯坚持把马克思思想的历史研究与现实运用结合起来，对马克思思想的现实意义作出深入探讨，由此而确立马克思主义发展史研究的时代意蕴。我们可以看到，在“导言”对“新的真正的民主的国家政权”理论的阐释中，恩格斯根据那个时代资本主义的发展现实，对当时最发达的美国资本主义国家政权的性质作了比较性的探索。恩格斯指出：“正是在美国，同在任何其他国家中相比，‘政治家们’都构成国民中一个更为特殊的更加富有权势的部分。在这个国家里，轮流执政的两大政党中的每一个政党，又是由这样一些人操纵的，这些人把政治变成一种生意，拿联邦国会和各州议会的议席来投机牟利，或是以替本党鼓动为生，在本党胜利后取得职位作为报酬。”[②] 恩格斯的结论是：“正是在美国，我们可以最清楚地看到，本来只应为社会充当工具的国家政权怎样脱离社会而独立化。”[③] 由此可见，恩格斯在“重读”马克思中对马克思主义发展史的研究，蕴涵着深刻的现实意义。马克思主义发展史的研究，从来是以历史和理论、现实的密切结合为其思想意向和学理依循的。

## 三、“重读”马克思与马克思思想的历史探索

1884 年 12 月，恩格斯为 1885 年出版的《哲学的贫困》德文第一版写了“序言”。这一“序言”也以《马克思和洛贝尔图斯》为题，在

① 《马克思恩格斯文集》第 3 卷，人民出版社 2009 年版，第 110—111 页。
② 《马克思恩格斯文集》第 3 卷，人民出版社 2009 年版，第 110 页。
③ 《马克思恩格斯文集》第 3 卷，人民出版社 2009 年版，第 110 页。

《新时代》1885年第1期上发表。在“序言”中，恩格斯通过对《哲学的贫困》的“重读”，从马克思主义发展史上作出了两个方面的论述：一是对《哲学的贫困》在马克思思想史中意义作出的论述；二是对洛贝尔图斯经济学理论的批判，从马克思经济思想史上，捍卫了马克思主义理论的科学地位和学术尊严。

“重读”马克思，体现了恩格斯对马克思思想历史形成和发展的深刻理解，为马克思主义发展史研究作了宝贵的创新性的探索。在对《哲学的贫困》在马克思思想史意义的论述中，恩格斯认为，在1846年至1847年的那个冬天，“马克思自己已经弄清了他的新的历史观和经济观的基本特点”[①]。显然，恩格斯这里所说的“历史观”和“经济观”的核心内容，就是唯物史观和剩余价值理论。《哲学的贫困》包含了马克思对这些“新的历史观和经济观的基本特点”的阐释。显然，恩格斯的这一评价与马克思是一致的，马克思认为，他的思想体系中的“有决定意义的论点”，在《哲学的贫困》中“第一次作了科学的、虽然只是论战性的概述”[②]。

恩格斯对《哲学的贫困》在马克思主义发展史上地位的评价，与马克思的这一评价、与马克思在1880年为恩格斯《社会主义从空想到科学的发展》法文版所写的“导言”中的评价是相一致的。马克思在这一“导言”中认为：“《共产党宣言》是现代社会主义最有价值的文件之一，它现在仍然是描述资产阶级社会的发展和必将结束资本主义社会的无产阶级的形成的最有力和最鲜明的著作之一；在这一著作中，正像在早一年出版的马克思的《哲学的贫困》中一样，第一次清楚地表述了阶级斗争的理论。”[③]

恩格斯还对马克思与蒲鲁东思想的“决裂”作了概要说明。恩格斯认为，自从1844年冬天马克思在巴黎与蒲鲁东相遇“常常整夜整夜地讨论经济问题以来”，马克思与蒲鲁东的分歧越来越显著，“他们彼此的道路是越离越远了”，蒲鲁东《贫困的哲学》的发表表明，“两人之间现

---

① 《马克思恩格斯文集》第4卷，人民出版社2009年版，第199页。
② 《马克思恩格斯文集》第2卷，人民出版社2009年版，第593页。
③ 《马克思恩格斯文集》第3卷，人民出版社2009年版，第492页注释1。

在已经横着一条无法逾越的鸿沟；置之不理在当时已经不可能了”，马克思的《哲学的贫困》就是一种“答复”，“这一个答复里也就确认了这个不可弥合的裂口”[①]。

1884 年 6 月，恩格斯为《雇佣劳动与资本》出版写的“前言”极为简洁，但在“重读”意义上，对马克思主义发展史研究的创新性意义却十分重大。在“前言”中，一是通过“重读”，恩格斯对《雇佣劳动与资本》形成首次作了权威说明。恩格斯指出，“这部著作从 1849 年 4 月5 日起以社论的形式陆续发表在《新莱茵报》上。它的基础是 1847 年马克思在布鲁塞尔德意志工人协会作的几次讲演。这部著作没有全文刊载；在第 269 号上的文章末尾曾刊有‘待续’字样”[②]。寥寥数言，清楚地指明了《雇佣劳动与资本》的形成过程。二是通过“重读”，对《雇佣劳动与资本》作为独立的出版物得到确认。1847 年 12 月下旬，马克思在布鲁塞尔德意志工人协会作完讲演后，1848 年初曾试图在布鲁塞尔出版这部著作，后由于马克思被逐出比利时而未能如愿。《新莱茵报》分五次刊载《雇佣劳动与资本》后，马克思也曾想出版单行本，最后也没能遂愿。1880 年，在马克思没有参与的情况下，布勒斯劳首次出版了单行本。1884 年，在恩格斯的参与下，《雇佣劳动与资本》在霍廷根—苏黎世再次出版。《雇佣劳动与资本》单行本的出版，使其成为马克思主义发展史的经典文本，成为研究马克思思想形成和发展历史的重要文本。

1891 年 3 月，恩格斯在着手“再版”《雇佣劳动与资本》时，提出要写一篇“导言”，解决由于一些术语上不够完善，如把出卖劳动力说成出卖劳动等，可能在工人中引起的“混乱”。恩格斯指出:“马克思在《雇佣劳动与资本》一书中使用的还是他创造剩余价值理论以前的那些术语，目前，要出版一万册小册子进行宣传，这些术语就不能原样保留下来了，因此我必须把它们全部改成现代用语，并加以说明。”[③] 恩格斯提出，“再版”《雇佣劳动与资本》，重要的是“要把它提高到《资本

---

① 《马克思恩格斯文集》第 4 卷，人民出版社 2009 年版，第 199 页。

② 《马克思恩格斯文集》第 1 卷，人民出版社 2009 年版，第 701 页。

③ 《马克思恩格斯全集》第 38 卷，人民出版社 1972 年版，第 42—43 页、第 50 页。

论》的水平”[①]。

1891年4月底，恩格斯最后为《雇佣劳动与资本》“再版”写的是“序言”。“序言”把1884年“前言”的内容并入开头部分，在接着的较长篇幅中，恩格斯从马克思思想历史意义上提出，为了同马克思后来的“新的观点一致起来”，有必要作一些“完全符合”马克思本意的“必要的修改和补充”[②]。

“序言”从更为广泛的意义上，对“重读”马克思的意义作了展开论述。恩格斯提到，19世纪40年代，马克思还没有完成他的政治经济学批判工作，这个工作只是到50年代末才告完成。马克思在1859年《政治经济学批判》第一分册出版前的著作中，“有个别地方与他在1859年以后写的著作不尽一致，有些用语和整个语句如果用后来的著作中的观点来衡量，是不妥当的，甚至是不正确的”[③]。在马克思主义发展史研究视界内，恩格斯认为:“在供一般读者阅读的普通版本中，作者的思想发展进程中所包含的这种早期的观点，也应该得到反映；作者和读者都有无可争议的权利要求不加修改地重印这些早期著作。在这种情况下，重印这些早期著作，我连想也不会想到要更改这些著作中的任何一个字。”[④] 但是，考虑到“再版”的《雇佣劳动与资本》，是“专为在工人中进行宣传工作用的，这与上面所说的情况不同”。恩格斯认为：“在这种场合，马克思一定会使这个发表于1849年的旧的论述同他的新的观点一致起来。所以我确信，我在这个版本中为了在一切要点上达到这种一致而作的一些必要的修改和补充，是完全符合他的心愿的。”[⑤] 因此，“再版”《雇佣劳动与资本》，“已经不是像马克思在1849年写成的那个样子，而大致有些像在1891年写成的”[⑥]。

恩格斯在这里区分的“思想发展进程中”需要的文本和“专为在工人中进行宣传工作用”的著作上的不同要求。在马克思主义发展史研究

① 《马克思恩格斯全集》第38卷，人民出版社1972年版，第43页。
② 《马克思恩格斯文集》第1卷，人民出版社2009年版，第702页。
③ 《马克思恩格斯文集》第1卷，人民出版社2009年版，第701页。
④ 《马克思恩格斯文集》第1卷，人民出版社2009年版，第701—702页。
⑤ 《马克思恩格斯文集》第1卷，人民出版社2009年版，第702页。
⑥ 《马克思恩格斯文集》第1卷，人民出版社2009年版，第702页。

中，主要是从“思想发展进程中”研究马克思思想及其历史发展的，这时，对于所研究的文本，如恩格斯所说的“我连想也不会想到要更改这些著作中的任何一个字”。“不加修改地重印这些早期著作”，就是基本的学术规范，也是马克思主义发展史研究的学理依循。恩格斯对这一学术规范和学理依循的阐释，是他对马克思主义发展史开创性研究的重要观点。

在“再版”的《雇佣劳动与资本》中，为适合于“专为在工人中进行宣传工作用”的要求，恩格斯所作的“修改和补充”主要在于，“在原稿上是，工人为取得工资向资本家出卖自己的劳动，在现在这一版本中则是出卖自己的劳动力”①。其实，马克思关于《雇佣劳动与资本》的演讲，最重要的就是向工人们讲清工资的本质，约·魏德迈抄录的马克思这一演讲手稿的标题就是“工资”②。这一题为《工资》的手稿，马克思打算进一步探讨生产力的提高对工资的影响问题、工人和企业主之间的竞争问题、工人彼此之间的竞争问题、工资的波动问题、最低工资问题、改善生活状况建议问题、工人联合会问题、雇佣劳动的积极方面问题。

对马克思早期思想的研究，一直是恩格斯“重读”马克思极为关注的问题。关于历史唯物主义“起源”问题，恩格斯在 1893 年 2 月的信中说道，“在我的《费尔巴哈》（《路德维希·费尔巴哈和德国古典哲学的终结》）中就可以找到足够的东西”③，恩格斯这里指的是在《费尔巴哈》中作为“附录”第一次公开发表的马克思的《关于费尔巴哈的提纲》手稿，“马克思的附录其实就是它的起源”。对马克思这一手稿的发现和公开发表，恩格斯在《路德维希·费尔巴哈和德国古典哲学的终结》的“1888 年单行本序言”中作过这样的说明：“我在马克思的一本旧笔记中找到了十一条关于费尔巴哈的提纲，现在作为本书的附录刊印出来。”④ 恩格斯对马克思 1845 年春在布鲁塞尔写的这一手稿的评价是：“这是匆匆写成的供以后研究用的笔记，根本没有打算付印。但是它

① 《马克思恩格斯文集》第 1 卷，人民出版社 2009 年版，第 702 页。
② 参见《马克思恩格斯全集》第 6 卷，人民出版社 1961 年版，第 753 页。
③ 《马克思恩格斯文集》第 10 卷，人民出版社 2009 年版，第 647 页。
④ 《马克思恩格斯文集》第 4 卷，人民出版社 2009 年版，第 266 页。

作为包含着新世界观的天才萌芽的第一个文献，是非常宝贵的。”[①]

## 四、“重读”马克思与马克思思想传记研究

恩格斯在 1878 年撰写的题为《卡尔·马克思》思想传略中，首次对马克思思想的历史发展作出阐释。在马克思这一思想传略中，恩格斯对马克思主义形成时期的一些重要理论问题作出阐释，为后来的马克思主义发展史研究奠定了重要基础。如关于青年马克思思想的转变，恩格斯提出，“马克思移居布鲁塞尔，并于 1847 年和 1848 年在那里用法文先后发表了《哲学的贫困》，即对蒲鲁东的《贫困的哲学》一书的批判和《关于自由贸易问题的演说》。同时，他在布鲁塞尔抓住时机创立了德意志工人协会，从而开始了实际的鼓动工作。自从 1847 年他和他的政治上的朋友加入已存在多年的秘密的‘共产主义者同盟’后，实际的鼓动工作对于他就具有更重要的意义了”[②]。这凸显了唯物史观创立后马克思理论和实践发展的新变化。恩格斯提出《共产党宣言》当时就发挥了“把党的基本原则规定下来并公布于世”[③] 的作用，强调了《共产党宣言》的真理性和实践性。恩格斯提出“1859 年问世的《政治经济学批判。第一分册》（柏林敦克尔出版社版）”，“第一次系统地阐述了马克思的价值理论，包括货币学说在内”[④]，而 1867 年出版的《资本论》第一卷是“马克思的主要著作”，“叙述了他的经济学观点和社会主义观点的基础以及他对现存社会、资本主义生产方式及其后果进行的批判的基本要点”[⑤]。恩格斯提出马克思在第一国际的伟大贡献，“国际总委员会所发表的一切文件，从 1864 年的成立宣言直到 1871 年关于法兰西内战的宣言，几乎都是由他起草的。叙述马克思在国际中的活动，就等于撰写欧洲工人还记忆犹新的这个协会本身的历史”[⑥] 等等。

---

① 《马克思恩格斯文集》第 4 卷，人民出版社 2009 年版，第 266 页。
② 《马克思恩格斯文集》第 3 卷，人民出版社 2009 年版，第 452 页。
③ 《马克思恩格斯文集》第 3 卷，人民出版社 2009 年版，第 453 页。
④ 《马克思恩格斯文集》第 3 卷，人民出版社 2009 年版，第 455 页。
⑤ 《马克思恩格斯文集》第 3 卷，人民出版社 2009 年版，第 456 页。
⑥ 《马克思恩格斯文集》第 3 卷，人民出版社 2009 年版，第 456 页。

在对马克思思想与欧洲工人运动结合的阐释中，恩格斯突出了马克思在共产主义者同盟时期和第一国际时期的理论和实践活动。恩格斯认为，马克思在布鲁塞尔抓住时机创立了德意志工人协会之后，1847 年加入已存在多年的秘密的共产主义者同盟，“实际的鼓动工作对于他就具有更重要的意义了”。在马克思思想引导和实践作用中，共产主义者同盟的全部组织“已得到根本的改造；这个先前多少是密谋性的团体，现在变成了一个平常的、只是不得已才是秘密的共产主义宣传组织，变成了德国社会民主党的第一个组织”①。共产主义者同盟还具有了国际意义，恩格斯指出:“凡是有德意志工人协会的地方，就有同盟；英国、比利时、法国、瑞士的几乎所有工人协会的领导成员，以及德国很多工人协会的领导成员，都加入了同盟，同盟在初生的德国工人运动中力量很大。同时我们的同盟第一个强调指出了整个工人运动的国际性质，并且在实践中实现了这点；它的成员中有英国人、比利时人、匈牙利人、波兰人和其他国籍的人，并且还举行了（特别是在伦敦）多次国际工人会议。”②

19 世纪 60 年代，在欧洲各国的工人运动再度壮大，马克思开始考虑实现他“创立一个把欧美最先进国家都包括进来的工人协会”的夙愿。恩格斯认为，在马克思心目中，“这个协会无论在工人自己面前或是在资产者及各国政府面前，都会成为社会主义运动的国际性质的可以说是活生生的体现，会使无产阶级受到鼓舞，变得坚强，使无产阶级的敌人感到恐惧”③。1864 年 9 月国际工人协会成立，从这一届起到 1872 年的海牙代表大会时止，“每届总委员会的灵魂都是马克思”。国际总委员会所发表的一切文件，从 1864 年的成立宣言直到 1871 年关于法兰西内战的宣言，几乎都是由马克思起草的。恩格斯指出:“叙述马克思在国际中的活动，就等于撰写欧洲工人还记忆犹新的这个协会本身的历史。”④

巴黎公社失败后，在第一国际“陷于无法存在下去的境地”时，马

① 《马克思恩格斯文集》第 3 卷，人民出版社 2009 年版，第 452 页。
② 《马克思恩格斯文集》第 3 卷，人民出版社 2009 年版，第 452—453 页。
③ 《马克思恩格斯文集》第 3 卷，人民出版社 2009 年版，第 456 页。
④ 《马克思恩格斯文集》第 3 卷，人民出版社 2009 年版，第 456 页。

克思的革命策略思想对国际发生着重要影响。恩格斯写道:“国际被推到欧洲历史舞台的前台的时候，也正是它在各地都无法再展开任何有成效的实际行动的时候。”[①] 同时，第一国际内的巴枯宁主义等机会主义者“企图利用协会迅速提高的声誉来满足个人的功名欲或个人的虚荣心，而不了解或无视国际的真正处境”[②]。在这种情况下，“必须作出一种勇敢的决定，而作出这种决定并使之在海牙代表大会上得到通过的又正是马克思”[③]。国际作出把总委员会迁到美国的决定的意义在于:“一方面任何想假借国际的名义策划无谓暴动的企图被制止了；另一方面，各国社会主义工人党之间从未间断过的密切联系证明，国际所唤起的对于各国无产阶级利益一致和相互团结的觉悟，即使没有一个正式的国际联合组织这样一条纽带，仍然能够发挥作用，而这样一条纽带在当时已经变成了一种束缚。”[④]

从马克思思想历史研究来看，《卡尔·马克思》的重要意义，一是突出了马克思思想发展同欧洲工人运动结合、同欧洲资产阶级反动势力斗争的关系；二是对马克思思想发展的基本过程和关键环节作了阐释；三是对马克思思想的核心内涵作了阐释，突出了马克思在“整个世界史观上实现了变革”和“彻底弄清了资本和劳动的关系”这两个“重要发现”，而且强调“现代科学社会主义就是以这两个重要事实为依据的”[⑤]。

1883 年 3 月 17 日，恩格斯在马克思墓前的讲话中首先提出，马克思的逝世“对于欧美战斗的无产阶级，对于历史科学，都是不可估量的损失”[⑥]。在这里，恩格斯从革命事业和科学事业两个方面，对马克思一生作出极为简要和清晰的概括。恩格斯先对马克思作为“科学家”，在两个伟大“发现”上的贡献作出阐释；接着，对马克思作为“革命家”，恩格斯说:“马克思首先是一个革命家。他毕生的真正使命，就是

① 《马克思恩格斯文集》第 3 卷，人民出版社 2009 年版，第 456—457 页。
② 《马克思恩格斯文集》第 3 卷，人民出版社 2009 年版，第 457 页。
③ 《马克思恩格斯文集》第 3 卷，人民出版社 2009 年版，第 457 页。
④ 《马克思恩格斯文集》第 3 卷，人民出版社 2009 年版，第 457 页。
⑤ 《马克思恩格斯文集》第 3 卷，人民出版社 2009 年版，第 461 页。
⑥ 《马克思恩格斯文集》第 3 卷，人民出版社 2009 年版，第 601 页。

以这种或那种方式参加推翻资本主义社会及其所建立的国家设施的事业，参加现代无产阶级的解放事业，正是他第一次使现代无产阶级意识到自身的地位和需要，意识到自身解放的条件。斗争是他的生命要素。很少有人像他那样满腔热情、坚韧不拔和卓有成效地进行斗争。"[①] 作为"革命家"，在马克思革命事业最值得记忆的就是："最早的《莱茵报》(1842 年)，巴黎的《前进报》(1844 年)，《德意志-布鲁塞尔报》(1847 年)，《新莱茵报》(1848—1849 年)，《纽约每日论坛报》(1852—1861 年)，以及许多富有战斗性的小册子，在巴黎、布鲁塞尔和伦敦各组织中的工作，最后，作为全部活动的顶峰，创立伟大的国际工人协会，——老实说，协会的这位创始人即使没有别的什么建树，单凭这一成果也可以自豪。"[②] 恩格斯是从"科学家"和"革命家"结合中来理解马克思思想的历史发展的，来阐释马克思思想对马克思主义创立和形成中的意义的。

马克思逝世后，恩格斯一直有重新撰写马克思传记的想法。1883 年 5 月，他在给贝克尔的信中说："马克思甚至把 1848 年以前所写的几乎全部文稿、书信和手稿都保全了下来，这是写传记的绝好材料"；而写马克思的传记，涉及的将是"莱茵河地区运动的历史"、"伦敦流亡生活的历史和国际的历史"[③]。1885 年 9 月，恩格斯在为《反杜林论》撰写的第二版序言中提到，马克思和他所主张"辩证方法和共产主义世界观"，从其历史发展来看，"我们的这一世界观，首先在马克思的《哲学的贫困》和《共产主义宣言》中问世，经过足足 20 年的潜伏阶段，到《资本论》出版以后，就越来越迅速地为日益广泛的各界人士所接受。现在，它已远远越出欧洲的范围，在一切有无产者和无畏的科学理论家的国家里，都受到了重视和拥护"[④]。恩格斯希望在马克思的"生活的历史"和马克思从事的"运动的历史"中，再现马克思思想发展的历史过程。

恩格斯撰写马克思思想传记的想法，在马克思逝世 10 周年时得以

① 《马克思恩格斯文集》第 3 卷，人民出版社 2009 年版，第 602 页。
② 《马克思恩格斯文集》第 3 卷，人民出版社 2009 年版，第 602 页。
③ 《马克思恩格斯全集》第 36 卷，人民出版社 1974 年版，第 27—28 页。
④ 《马克思恩格斯文集》第 9 卷，人民出版社 2009 年版，第 11 页。

实现。1892年12月，恩格斯在《社会政治科学手册》第4卷上发表的《马克思，亨利希·卡尔》，是为纪念马克思逝世10周年撰写的。恩格斯指出:“过去出版的马克思传记大多数都是错误满篇”，恩格斯当年撰写的《卡尔·马克思》是“唯一可靠的传记”[①]。在《马克思，亨利希·卡尔》中，恩格斯更注重于马克思思想发展方面的内容，凸显马克思主义思想和学说发展的历史特征。

在《马克思，亨利希·卡尔》一文中，恩格斯说:“1844年9月，弗·恩格斯到巴黎拜访马克思，停留了几天；他们是从在‘德法年鉴’共同工作时开始通信的，从那时起他们就开始合作，直到马克思逝世。这个合作的第一个成果，就是一部驳布鲁诺·鲍威尔的论战性著作……即‘神圣家族。驳布鲁诺·鲍威尔及其伙伴’(1845年在美因河畔法兰克福出版)。”[②] 对这一历史过程的概述，清晰地表达了马克思和恩格斯共同创立马克思主义的理论起点。

恩格斯还写道:“1864年成立了国际工人协会。许多人，特别是法国人都曾经自命为该协会的创始人。不言而喻，像这样的组织不可能是由一个人创立的。但是有一点是毫无疑义的：在所有的参加者当中只有一个人清楚地懂得正在发生什么和应该建立什么；他就是早在1848年就向世界发出‘全世界无产者，联合起来!’这一号召的人。”[③] 恩格斯从思想上和理论上对马克思在第一国际创立和发展中的贡献作出了科学界定，为后来的马克思主义发展史研究廓清了认识上的迷雾。

在《马克思，亨利希·卡尔》中，恩格斯还从马克思主义发展史文本研究的角度，“尽可能详尽地开列”[④] 马克思已经发表的著作的做法，特别是对这些著作的各种版本作出的确凿提示，第一次为马克思思想发展历史研究，包括马克思主义创立和形成时期研究，提供了可靠的文本依据和翔实的思想资源，更体现了恩格斯对马克思主义发展史开创性研究的意义。

1895年3月，恩格斯在他生命的最后时刻，还在考虑“写马克思

---

① 《马克思恩格斯全集》第22卷，人民出版社1965年版，第400页。
② 《马克思恩格斯全集》第22卷，人民出版社1965年版，第393页。
③ 《马克思恩格斯全集》第22卷，人民出版社1965年版，第398页。
④ 《马克思恩格斯全集》第22卷，人民出版社1965年版，第400页。

传”，以进一步深化马克思思想历史研究的问题。恩格斯提到，他多年来已经搜集的“国际的历史”的材料，就是准备用来写马克思传记的。恩格斯认为，1870—1872 年是第一国际的“关键时期”，也是马克思“从事社会活动的最重要时期”。从马克思主义发展史研究来看，也是“最难凭报刊材料正确地加以阐明”的时期，“那些必须粉碎的诽谤绝大部分都属于这个时期”①。在恩格斯看来，马克思“社会活动”的另一个重要时期就是 1842—1862 年。对这个时期，恩格斯认为，“不是由我而是由别的什么人来解释也可以”。这是因为，“包括《福格特先生》在内的公开论战，已经把很多问题说清楚了，马克思当时就已坚决地驳斥了那些庸俗的民主主义者的诽谤，所以现在不必再逐一加以批驳了”②。这是对《马克思，亨利希·卡尔》中有关论述的重要补充，更是对马克思思想传记与马克思主义历史发展关系问题探索的深化。

## 五、“重读”马克思与马克思思想的新阐释

“重读”马克思，对马克思思想作出新的阐释，这是恩格斯对马克思主义发展史开创性研究的重要特点。1893 年，意大利文版的《共产党宣言》正式出版。这年 2 月，面向 20 世纪的“新的历史纪元”，恩格斯在意大利文版《共产党宣言》的“序言”中，对《共产党宣言》的基本理论作出新的阐释。

恩格斯认为，《共产党宣言》发表后不久爆发的 1848 年革命，“虽然不是社会主义革命，但它毕竟为社会主义革命扫清了道路，为这个革命准备了基础”③；自那以后的 45 年间，“资产阶级制度在各国引起了大工业的飞速发展，同时造成了人数众多的、紧密团结的、强大的无产阶级；这样它就产生了——正如《宣言》所说——它自身的掘墓人。不恢复每个民族的独立和统一，那就既不可能有无产阶级的国际联合，也不可能有各民族为达到共同目的而必须实行的和睦的与自觉的合作。试

① 《马克思恩格斯全集》第 39 卷，人民出版社 1974 年版，第 427 页。

② 《马克思恩格斯全集》第 39 卷，人民出版社 1974 年版，第 427—428 页。

③ 《马克思恩格斯文集》第 2 卷，人民出版社 2009 年版，第 26 页。

想想看，在 1848 年以前的政治条件下，哪能有意大利工人、匈牙利工人、德意志工人、波兰工人、俄罗斯工人的共同国际行动！”[①] 恩格斯对 1848 年到 1893 年近半个世纪《共产党宣言》传播史作出了精辟概述，同时也对欧洲无产阶级革命运动中“无产阶级的国际联合”和“各民族为达到共同目的而必须实行的和睦的与自觉的合作”的趋势作出新的阐释。

恩格斯在《致意大利读者》的“序言”中特别说明:“《宣言》十分公正地评价了资本主义在先前所起过的革命作用。意大利是第一个资本主义民族。封建的中世纪的终结和现代资本主义纪元的开端，是以一位大人物为标志的。这位人物就是意大利人但丁，他是中世纪的最后一位诗人，同时又是新时代的最初一位诗人。现在也如 1300 年那样，新的历史纪元正在到来。意大利是否会给我们一个新的但丁来宣告这个无产阶级新纪元的诞生呢?”[②] 在恩格斯看来，《共产党宣言》是“新时代”的“宣言”，也是无产阶级面向“新的历史纪元”的“宣言”。

恩格斯期盼的“新的历史纪元”，就是未来的“社会主义纪元”。1894 年新年伊始，意大利社会党人朱泽培 · 卡内帕请求恩格斯为《新纪元》周刊题词，以表达未来的“社会主义纪元”的基本思想。恩格斯在给卡内帕的信中坦言:“要用几句话来概括未来新时代的思想，而又不堕入空想社会主义或者不流于空泛辞藻，几乎是不可能的。”[③] 但是，他还是根据“重读”《共产党宣言》的意境，结合《共产党宣言》意大利文版的出版，从《共产党宣言》中摘录了以下论述:“代替那存在着阶级和阶级对立的资产阶级旧社会的，将是这样一个联合体，在那里，每个人的自由发展是一切人的自由发展的条件。”[④] 在“重读”马克思时，恩格斯提升了《共产党宣言》这一论述的理论境界和思想力量。

1895 年 2 月至 3 月间，恩格斯撰写的《卡 · 马克思〈1848 年至 1850 年的法兰西阶级斗争〉一书导言》，成为恩格斯晚年“重读”马克思的最后一篇文章，也成为恩格斯对马克思主义发展史创造性探索的最

---

① 《马克思恩格斯文集》第 2 卷，人民出版社 2009 年版，第 26 页。

② 《马克思恩格斯文集》第 2 卷，人民出版社 2009 年版，第 26—29 页。

③ 《马克思恩格斯文集》第 10 卷，人民出版社 2009 年版，第 666 页。

④ 《马克思恩格斯文集》第 10 卷，人民出版社 2009 年版，第 666 页。

后箴言。

在这之前十年，1885 年 6 月，恩格斯在给施留特尔的信中说："您打算把《新莱茵报》上有关 1848 年巴黎的六月战斗的论文收集在一起。这太好了。"[①] 从对马克思主义发展史研究来看，恩格斯提出，"为了确立内在的联系"，可以从马克思《新莱茵报》有关论文中"选出必要的段落"作为"补充"。恩格斯认为，这些论文"是有意义的"，因为"这是为维护六月战士而写的关于巴黎无产阶级首次战斗的当代唯一的著作"[②]。恩格斯在他生命的最后时间，实现了他 10 年前的这一夙愿。

根据恩格斯的意见，《1848 年至 1850 年的法兰西阶级斗争》这本小册子不仅收入了马克思为《新莱茵报。政治经济评论》写的一组文章，即《1848 年的六月失败》《1849 年 6 月 13 日》《6 月 13 日在大陆上产生的后果》三篇，在小册子的编校过程中，恩格斯提出，把马克思在《新莱茵报。政治经济评论》上发表的《时评。1850 年 5—10 月》一文也收入小册子，恩格斯还为该文加了《1850 年普选权的废除》的标题。恩格斯认为，这样"就真正使得这部著作完整了，否则小册子将显得残缺不全"[③]。

1895 年 2 月，恩格斯提到，《1848 年至 1850 年的法兰西阶级斗争》这本小册子，"不写导言就无法出版"；他说道："导言相当长，因为除了对那时以来发生的事件加以概述外，还应说明为什么我们那时会寄希望于无产阶级取得最近和最终的胜利，为什么这一点没有实现，以及后来发生的事件在什么程度上改变了我们当时的看法。"[④] 对马克思主义发展史的研究，重要的就是对马克思主义理论形成的"事件"背景的"概述"，对于理论形成及其内涵的论述，对理论的作用特别是与"事件"的关系等等的研究。

就对马克思主义发展史的开创性研究来看，值得我们注意的是，恩格斯在"导言"中所作的以下三个方面的新的阐释。

首先，"导言"以马克思在《1848 年至 1850 年的法兰西阶级斗争》

① 《马克思恩格斯文集》第 36 卷，人民出版社 1974 年版，第 330 页。
② 《马克思恩格斯全集》第 36 卷，人民出版社 1974 年版，第 330 页。
③ 《马克思恩格斯文集》第 10 卷，人民出版社 2009 年版，第 685 页。
④ 《马克思恩格斯全集》第 39 卷，人民出版社 1974 年版，第 389 页。

中的方法论为例，对马克思主义发展史研究的基本方法作了深刻阐释。恩格斯指出：《1848 年至 1850 年的法兰西阶级斗争》小册子，是“马克思用他的唯物主义观点从一定经济状况出发来说明一段现代历史的初次尝试。在《共产主义宣言》中，用这个理论大略地说明了全部近代史；在马克思和我在《新莱茵报》上发表的文章中，这个理论一直被用来解释当时发生的政治事件”①。

恩格斯认为：在运用唯物史观“从一定经济状况出发来说明一段现代历史”，或者在“解释当时发生的政治事件”时，普遍存在的问题是，“在判断当前发生的各个事件和一系列事件时，人们总是不能追溯到最终的经济原因”②。这是因为，“某一个时期的经济史的清晰的概况，决不会在当时就得到，而只有在事后，即在搜集和整理了材料之后才能得到。在这里，统计是必要的辅助手段，而统计总是落在事件之后”③。就此而言，“在研究当前的事件时，往往不得不把这个最重要的因素看做是固定的，把所研究的时期开始时存在的经济状况看做是在整个时期内不变的，或者只考虑这个状况中那些从现有的明显事件本身产生出来因而同样是十分明显的变化”④。在这种情况下，“这种对经济状况（这是所要研究的一切过程的真正基础）中同时发生的种种变化的不可避免的忽略，必然是产生错误的根源。但是，概括叙述眼前的事件时所面对的一切条件都不可避免地包含产生错误的根源，然而这并不妨碍任何人去写眼前的事件”⑤。

恩格斯认为：“当马克思着手撰写本书时，要避免上面所说的那种产生错误的根源就更难了。”⑥ 但是，马克思做到了。这是因为，“马克思准确了解法国在二月革命以前的经济状况以及这个国家在二月革命以后的政治事件，所以他能对当时的事变作出这样的叙述，这一叙述对事变

① 《马克思恩格斯文集》第 4 卷，人民出版社 2009 年版，第 532 页。
② 《马克思恩格斯文集》第 4 卷，人民出版社 2009 年版，第 532 页。
③ 《马克思恩格斯文集》第 4 卷，人民出版社 2009 年版，第 532 页。
④ 《马克思恩格斯文集》第 4 卷，人民出版社 2009 年版，第 532—535 页。
⑤ 《马克思恩格斯文集》第 4 卷，人民出版社 2009 年版，第 535 页。
⑥ 《马克思恩格斯文集》第 4 卷，人民出版社 2009 年版，第 535 页。

内在联系的揭示达到了至今还无人达到的程度”[①]。马克思对唯物史观的运用，不仅提供了理解法国二月革命的一把钥匙，而且也为我们探讨马克思主义的历史发展和社会现实背景关系问题提供了学术示例。

其次，恩格斯从马克思主义发展史的角度，在对《1848 年至 1850 年的法兰西阶级斗争》的诸多理论的阐释中，凸显了马克思“第一次”提出的一个“公式”的重要意义。这就是恩格斯指出的:“使本书具有特别重大意义的是，在这里第一次提出了世界各国工人政党都一致用以扼要表述自己的经济改造要求的公式，即：生产资料归社会所有。”[②] 恩格斯认为:“这里第一次表述了一个使现代工人社会主义既与封建的、资产阶级的、小资产阶级的等形形色色的社会主义截然不同，又与空想的以及自发的工人共产主义所提出的模糊的财产公有截然不同的原理。”[③]马克思主义发展史研究不是对历史上马克思思想过程仅仅作出“纪年式”的排列，而是要从历史、理论与现实的结合中，探寻马克思主义历史发展的思想精粹、核心要义和本质规定。恩格斯对马克思“第一次”概括的这一“具有特别重大意义”理论的阐释，既深刻揭示了马克思政治经济学和科学社会主义思想的思想精粹和核心要义，也揭示了马克思主义历史发展的一个“公式”，一个确立马克思主义历史发展本质规定的“公式”。

再次，恩格斯坚持马克思主义发展史研究中科学原理和科学精神相结合的学理依循，彰显了马克思主义发展史研究的内在品质。对于 19 世纪末的欧洲工人运动来说，恩格斯在“导言”中指出，1848 年法国革命中无产阶级的“斗争方法”，可以认为“在一切方面都已经过时了”，对于现实的欧洲工人运动来说，“这一点是值得在这里比较仔细地加以探讨”[④]。恩格斯在对 1848 年法国革命之后欧洲无产阶级革命“斗争方式”变化问题分析时提出，19 世纪 90 年代以来，特别是在德国，“由于这样有成效地利用普选权，无产阶级的一种崭新的斗争方式就开始发挥作用，并且迅速获得进一步的发展。人们发现，在资产阶级用来

① 《马克思恩格斯文集》第 4 卷，人民出版社 2009 年版，第 535 页。
② 《马克思恩格斯文集》第 4 卷，人民出版社 2009 年版，第 536 页。
③ 《马克思恩格斯文集》第 4 卷，人民出版社 2009 年版，第 537 页。
④ 《马克思恩格斯文集》第 4 卷，人民出版社 2009 年版，第 538 页。

组织其统治的国家机构中，也有一些东西是工人阶级能够用来对这些机构本身作斗争的”①。在这种情况下，由于无产阶级革命斗争的条件“发生了根本的变化”，使得“资产阶级和政府害怕工人政党的合法活动更甚于害怕它的不合法活动，害怕选举成就更甚于害怕起义成就”②。但是，恩格斯指出，“须知革命权是唯一的真正‘历史权利’——是所有现代国家无一例外都以它为基础建立起来的唯一权利”③ 的根本道理，并没有发生变化。

对这个“须知”的道理，恩格斯在小册子的编辑出版过程中，有过更为明确的说明。1895 年 3 月，恩格斯在编校这一小册子时的信中，批评德国社会民主党机关报对历史问题的“不可效法”的做法，就是“有时以过去宣传革命的那种劲头否定革命”的做法。恩格斯旗帜鲜明地提出:“如果你们宣扬绝对放弃暴力行为，是决捞不到一点好处的。没有人会相信这一点，也没有一个国家的任何一个政党会走得这么远，竟然放弃拿起武器对抗不法行为这一权利。”④

写这封信后五个月，1895 年 8 月恩格斯与世长辞。但恩格斯留下的这些箴言，久远地留在马克思主义发展史的记忆中，成为恩格斯对马克思主义发展史开创性研究的重要标识。

---

① 《马克思恩格斯文集》第 4 卷，人民出版社 2009 年版，第 545 页。
② 《马克思恩格斯文集》第 4 卷，人民出版社 2009 年版，第 545 页。
③ 《马克思恩格斯文集》第 4 卷，人民出版社 2009 年版，第 550—551 页。
④ 《马克思恩格斯文集》第 10 卷，人民出版社 2009 年版，第 686 页。

# 第二十二章　历史唯物主义的理论拓新

恩格斯晚年对马克思主义的理论拓新，突出地体现在对历史唯物主义的重新阐释中。恩格斯在 1890 年之后关于唯物史观的 5 封书信中的论述，通常被看作这方面理论拓新的主要文本。这 5 封信是指恩格斯 1890 年 8 月给康拉德·施米特的信、1890 年 9 月给约瑟夫·布洛赫的信、1890 年 10 月给施米特的信、1893 年给弗兰克·梅林的信、1894 年 1 月给瓦尔特·博尔吉乌斯的信。在这些书信中，恩格斯面向“新世纪”社会主义革命的新的实际，针对那一时期出现的误解或诋毁唯物史观的各种思潮，对唯物史观的基本原理和核心要义作出了系统阐释。当然，1890 年后，恩格斯对历史唯物主义的论述，不只体现在这 5 封书信中。除此之外，恩格斯在 1890 年 9 月撰写的《给〈萨克森工人报〉编辑部的答复》、1890 年 10 月撰写的《给保尔·恩斯特先生》等文本，与上述 5 封书信一起，对历史唯物主义作出重要阐释，捍卫、发展和创新了历史唯物主义的基本理论。

## 一、恩格斯晚年关于历史唯物主义书信的缘起

19 世纪 40 年代中期，马克思和恩格斯在《德意志意识形态》手稿及其他一些文本中，就已经对历史唯物主义作过科学论述。在《德意志意识形态》手稿中（当时尽管没有正式出版）、在 1847 年出版的《哲学的贫困》中，马克思在对蒲鲁东的唯心史观的批判中，对历史唯物主义的基本思想作了阐释，对唯物史观的政治经济学方法论意义作了系统论述。1884 年 10 月，恩格斯在为《哲学的贫困》德文第一版写的“序言”的一开始就指出:“本书是 1846 年到 1847 年那个冬天写成的，那时候，马克思自己已经弄清了他的新的历史观和经济观的基本特点。当时

刚刚出版的蒲鲁东《经济矛盾的体系，或贫困的哲学》一书，使他有机会阐述这些基本特点，来批驳这位从此就要在当时的法国社会主义者中间占据最重要地位的人物的见解。”[①]《哲学的贫困》是马克思和恩格斯共同创立的“新的历史观”的第一次公开展现。

值得一提的是，1846 年 12 月，马克思在写作《哲学的贫困》时给安年科夫的信，对历史唯物主义的基本观点已经作过清晰阐释。这封信的大段内容，在 1880 年先用俄文公开发表，1883 年马克思去世时由俄文译成德文再度问世。在这封信中，马克思指出:“在人们的生产力发展的一定状况下，就会有一定的交换［commerce］和消费形式。在生产、交换和消费发展的一定阶段上，就会有相应的社会制度形式、相应的家庭、等级或阶级组织，一句话，就会有相应的市民社会。”[②]这就是说，“人们借以进行生产、消费和交换的经济形式是暂时的和历史性的形式。随着新的生产力的获得，人们便改变自己的生产方式，而随着生产方式的改变，他们便改变所有不过是这一特定生产方式的必然关系的经济关系”[③]。

1848 年发表的《共产党宣言》，就是以历史唯物主义的“基本思想”在科学社会主义和共产主义学说上的运用。马克思去世后不久，恩格斯在 1883 年 6 月撰写的《共产党宣言》德文版“序言”中，对《共产党宣言》坚守的历史唯物主义的“基本思想”作了阐述，呈现了这一“基本思想”中“每一历史时代的经济生产以及必然由此产生的社会结构，是该时代政治的和精神的历史的基础”[④] 的核心要义。这一“基本思想”是《共产党宣言》的理论基础，也是马克思主义的理论基础。

在《共产党宣言》发表之后 40 多年的历史进程中，唯物史观的科学性和真理性在社会历史发展过程中不仅得到检验和证明，而且也得到广泛的传播和多方面的发展。19 世纪 50 年代以后，马克思在《路易·波拿巴的雾月十八日》《法兰西内战》以及在《资本论》第一卷及以后各卷手稿中，对历史唯物主义作出多方面的重要论述。特别是在 1859

---

① 《马克思恩格斯文集》第 4 卷，人民出版社 2009 年版，第 199 页。

② 《马克思恩格斯文集》第 10 卷，人民出版社 2009 年版，第 42—43 页。

③ 《马克思恩格斯文集》第 10 卷，人民出版社 2009 年版，第 44 页。

④ 《马克思恩格斯文集》第 2 卷，人民出版社 2009 年版，第 9 页。

年出版的《政治经济学批判》第一分册的“序言”中，马克思对唯物史观的基本原理作出了堪称经典的表述。马克思指出:“人们在自己生活的社会生产中发生一定的、必然的、不以他们的意志为转移的关系，即同他们的物质生产力的一定发展阶段相适合的生产关系。这些生产关系的总和构成社会的经济结构，即有法律的和政治的上层建筑竖立其上并有一定的社会意识形式与之相适应的现实基础。物质生活的生产方式制约着整个社会生活、政治生活和精神生活的过程。不是人们的意识决定人们的存在，相反，是人们的社会存在决定人们的意识。社会的物质生产力发展到一定阶段，便同它们一直在其中运动的现存生产关系或财产关系（这只是生产关系的法律用语）发生矛盾。于是这些关系便由生产力的发展形式变成生产力的桎梏。那时社会革命的时代就到来了。”①

19 世纪 70—80 年代，恩格斯在《反杜林论》《社会主义从空想到科学的发展》《家庭、私有制和国家的起源》《路德维希·费尔巴哈和德国古典哲学的终结》等著述中，对历史唯物主义同样作出了多方面的重要论述。在这些重要论述中，最为突出的就是，恩格斯从马克思思想两个“伟大发现”上，对其中之一的唯物史观的“发现”所作的理论概括。

1877 年 6 月，恩格斯在《卡尔·马克思》一文中，把唯物史观“伟大发现”概括为“在整个世界史观上实现了变革”的学说，其要义在于“历史破天荒第一次被置于它的真正基础上；一个很明显的而以前完全被人忽略的事实，即人们首先必须吃、喝、住、穿，就是说首先必须劳动，然后才能争取统治，从事政治、宗教和哲学等等”②。

1876 年至 1878 年间，恩格斯在《反杜林论》“概论”中，对“唯物主义历史观”的“伟大发现”的概括是:“每一时代的社会经济结构形成现实基础，每一个历史时期的由法的设施和政治设施以及宗教的、哲学的和其他的观念形式所构成的全部上层建筑，归根到底都应由这个基础来说明。”③

1883 年 3 月，在马克思的葬仪上，恩格斯把马克思作出的“人类

① 《马克思恩格斯文集》第 2 卷，人民出版社 2009 年版，第 591—592 页。

② 《马克思恩格斯文集》第 3 卷，人民出版社 2009 年版，第 459 页。

③ 《马克思恩格斯文集》第 9 卷，人民出版社 2009 年版，第 29 页。

历史的发展规律”上的“伟大发现”概括为：“直接的物质的生活资料的生产，从而一个民族或一个时代的一定的经济发展阶段，便构成基础，人们的国家设施、法的观点、艺术以至宗教观念，就是从这个基础上发展起来的，因而，也必须由这个基础来解释，而不是像过去那样做得相反。”①

正是在对唯物史观这一“伟大发现”内涵及其意义的多方面阐释的基础上，恩格斯在1892年《社会主义从空想到科学的发展》英文版“导言”中，第一次以“历史唯物主义”来表达这一“伟大发现”的思想精粹，恩格斯把“用‘历史唯物主义’这个名词来表达一种关于历史过程的观点”，概括为“一切重要历史事件的终极原因和伟大动力是社会的经济发展，是生产方式和交换方式的改变，是由此产生的社会之划分为不同的阶级，是这些阶级彼此之间的斗争”②。

“历史唯物主义”、“唯物主义历史观”或者“唯物史观”等术语所表达的内涵及其意义，在马克思和恩格斯思想“辞典”中应该是十分清晰的。但是，19世纪90年代，马克思主义在欧美各国得到广泛传播并在工人运动中取得指导思想地位时，历史唯物主义却遭到一种把历史唯物主义歪曲为“经济唯物主义”的错误思潮的攻击，鼓吹这一思潮的既有以保尔·巴尔特为代表的资产阶级学者，也有以保尔·恩斯特为首的德国社会民主党内的“青年派”。恩格斯看到，这些错误思潮对马克思主义科学理论和科学精神的发生有着极大危害，对德国社会民主党的理论导向产生着消极影响。恩格斯在这一时期写的5封书信的重要意义就在于，从马克思主义基本理论和科学体系上，对巴尔特等人和“青年派”的历史唯物主义错误理论作出驳斥，由此而对历史唯物主义理论作出全面的和系统的论述。

## 二、对歪曲和曲解历史唯物主义思潮的批判

1890年8月，恩格斯在5封信的第一封信中就说：“我在维也纳的

---

① 《马克思恩格斯文集》第3卷，人民出版社2009年版，第601页。

② 《马克思恩格斯文集》第3卷，人民出版社2009年版，第508—509页。

《德意志言论》杂志上看到了莫里茨·维尔特这只不祥之鸟所写的关于保尔·巴尔特所著一书的评论，这个评论使我也对该书本身产生了不良的印象。我想看看这本书，但是我应当说，如果莫里茨这家伙正确地引用了巴尔特的一段话，在这段话中，巴尔特说他在马克思的一切著作中所能找到的哲学等等依赖于物质存在条件的唯一的例子，就是笛卡儿宣称动物是机器，那么我就只好为这个人竟能写出这样的东西感到遗憾了。”[①] 在给施米特的这封信中，恩格斯非常严谨地表示，要核实维尔特所引述的巴尔特观点的确切性。如果维尔特的引述是准确的，那么巴尔特对马克思唯物史观的理解显然就是极其荒谬的。

时为莱比锡大学教授的保尔·巴尔特，在1890年出版的《黑格尔和包括马克思及哈特曼在内的黑格尔派的历史哲学》一书中，把历史唯物主义所证明的社会历史过程的必然性和规律性，曲解为“机械决定论”和“社会宿命论”；断言承认历史发展的客观逻辑，就要排斥人的能动作用和主观因素在历史过程中的作用；攻击马克思主义关于经济的社会形态理论只是一种思辨的结构，作为经济的社会形态理论基础的历史唯物主义则被歪曲为“经济唯物主义”。

实际上，巴尔特根本不懂马克思和恩格斯关于辩证法、唯物论和历史观的内在统一性的思想，他对历史唯物主义中的基本范畴，如社会存在和社会意识、生产力和生产关系、经济基础和上层建筑等范畴所具有的社会性和历史性特征根本不理解，甚至把历史唯物主义中诸如经济、经济关系、社会经济运动、经济基础等范畴，都只看作工艺过程和技术层次的规定，“经济唯物主义”进一步被曲解为“技术决定论”。

巴尔特杜撰的“经济唯物主义”或者“技术决定论”的说法，十足地暴露了他在理论上的浅薄、庸俗和粗率。恩格斯指出:“既然这个人还没有发现，物质存在方式虽然是始因，但是这并不排斥思想领域也反过来对物质存在方式起作用，然而是第二性的作用，那么，他就决不可能了解他所谈论的那个问题了。”[②] 联系到德国社会民主党内“青年派”对

---

① 《马克思恩格斯文集》第10卷，人民出版社2009年版，第585—586页。

② 《马克思恩格斯文集》第10卷，人民出版社2009年版，第586页。

历史唯物主义作出的同样肤浅理解的现象，恩格斯不无感慨地指出:“唯物史观现在也有许多朋友，而这些朋友是把它当做不研究历史的借口的。正像马克思就 70 年代末的法国‘马克思主义者’所曾经说过的:‘我只知道我自己不是马克思主义者。’”① 对历史唯物主义的曲解或者漠视，终将背弃马克思主义。

在对巴尔特的最初批判中，恩格斯一再强调:“我已经说过，这全是第二手的东西”②，通过莫里茨·维尔特转述而得到的材料是有“危险的”。1891 年 7 月，恩格斯在给施米特的信中再次谈到巴尔特对历史唯物主义曲解的问题，这时恩格斯显然已经读过巴尔特的书。他在信中告诉施米特，在巴尔特的《黑格尔和包括马克思及哈特曼在内的黑格尔派的历史哲学》一书中，“我还可以给您一一指出几百个歪曲之处”③。在对巴尔特的书有了进一步的了解后，恩格斯指出:“巴尔特的书使我大失所望。我原以为不会有那么多浅薄和轻率的东西。一个人评价每一个哲学家，不是根据他活动中的永恒的、进步的东西，而是根据必然是暂时的、反动的东西，根据体系，——这个人还是少说为佳。”④

在恩格斯看来，巴尔特的“浅薄和轻率”，首先就表现在他对哲学史的无知和狂妄，恩格斯指出:“在巴尔特看来，整个哲学史只不过是已经坍塌的种种体系的‘废墟’。同这个所谓的批评家相比，老黑格尔显得多么高大！巴尔特以为，他在这里或那里搜寻到黑格尔（像其他任何一个建立体系的人一样）在创造自己体系时不得不采用的一点牵强附会的东西，就是对黑格尔的批判！说黑格尔有时把相反的、互相矛盾的对立物混为一谈，这真是伟大的发现！如果值得花气力的话，我还可以向他揭露一些完全不同的手法！巴尔特就是我们莱茵地区所说的那种注重细枝末节的人，他把一切都变成琐碎的东西，如不去掉这种习惯，他就会像黑格尔所说的那样，‘从无通过无到无’。”⑤

其次，巴尔特的“浅薄和轻率”，也表现在他对马克思和恩格斯已

---

① 《马克思恩格斯文集》第 10 卷，人民出版社 2009 年版，第 586 页。
② 《马克思恩格斯文集》第 10 卷，人民出版社 2009 年版，第 586 页。
③ 《马克思恩格斯文集》第 10 卷，人民出版社 2009 年版，第 617 页。
④ 《马克思恩格斯文集》第 10 卷，人民出版社 2009 年版，第 616 页。
⑤ 《马克思恩格斯文集》第 10 卷，人民出版社 2009 年版，第 616 页。

经发表的关于历史唯物主义论述的无知和偏颇。恩格斯认为:“如果巴尔特认为我们否认经济运动的政治等等的反映对这个运动本身的任何反作用，那他就简直是跟风车作斗争了。”[①] 马克思和恩格斯对唯物史观特别是对政治上层建筑的“反作用”的全面论述为：马克思在《路易·波拿巴的雾月十八日》中，“谈到的几乎都是政治斗争和政治事件所起的特殊作用，当然是在它们一般依赖于经济条件的范围内”[②]；在《资本论》第一卷第 8 章关于工作日的论述中，“表明立法起着多么重大的作用，而立法就是一种政治行动”[③]；在《资本论》第一卷第 24 章即资本原始积累那一章中，同样可以看到对国家政权的“反作用”的论述。恩格斯指出:“如果政治权力在经济上是无能为力的，那么我们何必要为无产阶级的政治专政而斗争呢？暴力（即国家权力）也是一种经济力量!”[④]

再次，巴尔特的“浅薄和轻率”，还表现在他的方法的拙劣和荒唐。恩格斯认为:“巴尔特对马克思的批评，真是荒唐可笑。他首先制造一种唯物主义的历史理论，说什么这应当是马克思的理论，继而发现，在马克思的著作中根本不是这么回事。但他并未由此得出结论说，是他，巴尔特，把某些不正确的东西强加给了马克思，相反，却说马克思自相矛盾，不会运用自己的理论!‘咳，这些人哪怕能读懂也好啊!’遇到这类批评时，马克思总是这样感叹。”[⑤] 巴尔特方法上的拙劣和荒唐，也为后来的马克思主义理论的曲解者所沿袭。后来众多的巴尔特式的人物，在对马克思主义理论的曲解中，特别是在杜撰诸如“马克思和恩格斯对立论”中，采用的都是类似的拙劣的和荒唐的手法。

巴尔特在观念、意识形态等“由什么样的方式和方法产生”问题上，同样对历史唯物主义作出曲解或歪曲，巴尔特不仅对观念、意识形态的产生问题作了错误的理解，而且也对经济基础和观念、意识形态的关系也作出歪曲的理解。

---

① 《马克思恩格斯文集》第 10 卷，人民出版社 2009 年版，第 600 页。
② 《马克思恩格斯文集》第 10 卷，人民出版社 2009 年版，第 600 页。
③ 《马克思恩格斯文集》第 10 卷，人民出版社 2009 年版，第 600 页。
④ 《马克思恩格斯文集》第 10 卷，人民出版社 2009 年版，第 600—601 页。
⑤ 《马克思恩格斯文集》第 10 卷，人民出版社 2009 年版，第 616—617 页。

1893年7月，恩格斯在给弗兰茨·梅林的信中，对梅林《莱辛传奇》一书的附录《论历史唯物主义》很为赞赏，有助于对巴尔特《黑格尔和包括马克思及哈特曼在内的黑格尔派的历史哲学》一书中错误观点的批判。恩格斯认为，包括巴尔特在内的资产阶级哲学家，实际上根本不理解观念、意识形态是“由什么样的方式和方法产生”的问题。在巴尔特这些人看来，“意识形态是由所谓的思想家通过意识、但是通过虚假的意识完成的过程。推动他的真正动力始终是他所不知道的，否则这就不是意识形态的过程了”[①]。按照巴尔特这些人的理解，“这是思维过程，所以它的内容和形式都是他从纯粹的思维中——或者从他自己的思维中，或者从他的先辈的思维中引出的。他只和思想材料打交道，他毫不迟疑地认为这种材料是由思维产生的，而不去进一步研究这些材料的较远的、不从属于思维的根源。而且他认为这是不言而喻的，因为在他看来，一切行动既然都以思维为中介，最终似乎都以思维为基础”[②]。

与此同时，在观念、意识形态作用问题上，包括巴尔特在内的这些人也抱守着一种“愚蠢观念”，即因为否认在历史中起作用的各种意识形态领域有独立的历史发展，所以也否认它们对历史有任何影响的“愚蠢观念”。恩格斯认为，这种“愚蠢观念”的痼弊在于，“把原因和结果非辩证地看做僵硬对立的两极，完全忘记了相互作用。这些先生们常常几乎是故意地忘记，一种历史因素一旦被其他的、归根到底是经济的原因造成了，它也就起作用，就能够对它的环境，甚至对产生它的原因发生反作用”[③]。巴尔特在谈到教士等级和宗教的地方，就犯有这种“愚蠢错误”。恩格斯对梅林在《论历史唯物主义》附录中的相关论述高度评价：“我很高兴您收拾了这个平庸得令人难以置信的家伙。而他们还让这个人在莱比锡当历史教授呢！”[④]

所谓“青年派”是19世纪90年代初期在德国社会民主党内出现的反对派，“青年派”成员反对以倍倍尔等为首的德国社会民主党议会党

---

① 《马克思恩格斯文集》第10卷，人民出版社2009年版，第657页。

② 《马克思恩格斯文集》第10卷，人民出版社2009年版，第657—658页。

③ 《马克思恩格斯文集》第10卷，人民出版社2009年版，第659页。

④ 《马克思恩格斯文集》第10卷，人民出版社2009年版，第659页。

团所奉行的政治策略，攻击议会党团是代表小资产阶级利益的“议会社会民主派”；同时，“青年派”也对马克思主义特别是其中的历史唯物主义理论作出简单化和庸俗化的解释。恩格斯对“青年派”的这一作为作出尖锐的批判。

1890 年 9 月，恩格斯在给“青年派”机关报《萨克森工人报》编辑部的信中，对“青年派”在理论上和实践上错误的批判中指出：在理论上，在“青年派”那里看到的“被歪曲得面目全非的‘马克思主义’”就足以证明：“第一，对他们宣称要加以维护的那个世界观完全理解错了；第二，对于在每一特定时刻起决定作用的历史事实一无所知；第三，明显地表现出德国著作家所特具的无限优越感。”[①] 马克思当年在谈到 19 世纪 70 年代末法国广泛传播的被歪曲的“马克思主义”时就认为，“我只知道我不是‘马克思主义者’”。在实践方面，“青年派”是“完全不顾党进行斗争的一切现实条件，而幻想置生死于不顾地‘拿下障碍物’”，恩格斯认为，“如果把这种幻想搬到现实中去，则可能把一个甚至最强大的、拥有数百万成员的党，在所有敌视它的人的完全合情合理的嘲笑中毁灭掉”[②]。

在提到“青年派”对历史唯物主义作出错误理解的理论观点时，恩格斯指出：“对德国的许多青年著作家来说，‘唯物主义’这个词大体上只是一个套语，他们把这个套语当做标签贴到各种事物上去，再不作进一步的研究，就是说，他们一把这个标签贴上去，就以为问题已经解决了。”“青年派”根本不理解，“我们的历史观首先是进行研究工作的指南，并不是按照黑格尔学派的方式构造体系的杠杆”[③]。因此，在对历史唯物主义的理解中，“必须重新研究全部历史，必须详细研究各种社会形态的存在条件，然后设法从这些条件中找出相应的政治、私法、美学、哲学、宗教等等的观点”[④]。马克思主义并没有穷尽历史唯物主义的认识。恩格斯认为：“在这方面，到现在为止只做了很少的一点工作，

① 《马克思恩格斯文集》第 4 卷，人民出版社 2009 年版，第 396 页。
② 《马克思恩格斯文集》第 4 卷，人民出版社 2009 年版，第 396 页。
③ 《马克思恩格斯文集》第 10 卷，人民出版社 2009 年版，第 587 页。
④ 《马克思恩格斯文集》第 10 卷，人民出版社 2009 年版，第 587 页。

因为只有很少的人认真地这样做过。在这方面，我们需要人们出大力，这个领域无限广阔，谁肯认真地工作，谁就能做出许多成绩，就能超群出众。”[①] 但是，在德国社会民主党内，“许许多多年轻的德国人却不是这样，他们只是用历史唯物主义的套语（一切都可能被变成套语）来把自己的相当贫乏的历史知识（经济史还处在襁褓之中呢！）尽速构成体系，于是就自以为非常了不起了。那时就可能有一个巴尔特冒出来，并攻击在他那一圈人中间确实已经退化为套语的东西本身”[②]。

1890 年 10 月，恩格斯发表在《柏林人民报》上的《答保尔·恩斯特先生》一文，对“青年派”主要代表保尔·恩斯特对历史唯物主义理解的错误观点的批判中指出，如果像恩斯特那样，只是把马克思的历史唯物主义世界观简单地当作公式，按照它来剪裁各种历史事实，那他就是“显然不懂”这个世界观的一个例子。恩格斯之所以要批判以恩斯特为主要代表的“青年派”对于在每一特定时刻起决定作用的历史事实一无所知，就是因为在恩斯特那里，还“直截了当地重复他从形而上学者杜林那里学来的荒谬论断，说什么在马克思那里历史是完全自动地形成的，丝毫没有（正是创造历史的）人的参与，并且说什么经济关系（但是它们本身就是人创造的！）就像玩弄棋子一样地玩弄这些人。这个人竟能把杜林这样的敌人对马克思理论所作的歪曲同这个理论本身混为一谈”[③]。

恩格斯对恩斯特及“青年派”的警示就是，“对党来说，小资产阶级党团并不危险，因为在下次选举时可以把它当做破烂废物扔掉，而更危险得多的是傲慢的文学家和大学生集团，这特别是因为他们不能认清最简单的事物，在观察经济的和政治的情况时不能毫无偏见地衡量现实事实的相互关系和斗争着的力量的实际影响”[④]。在恩格斯看来，“青年派”对历史唯物主义的曲解，在根本上动摇了马克思主义在党的政策和策略上的指导思想的地位。

---

① 《马克思恩格斯文集》第 10 卷，人民出版社 2009 年版，第 587 页。
② 《马克思恩格斯文集》第 10 卷，人民出版社 2009 年版，第 587 页。
③ 《马克思恩格斯全集》第 22 卷，人民出版社 1965 年版，第 97—98 页。
④ 《马克思恩格斯全集》第 22 卷，人民出版社 1965 年版，第 99 页。

## 三、对历史唯物主义基本理论的重新阐释

在对歪曲和曲解历史唯物主义的错误思潮的批判中，恩格斯对历史唯物主义基本理论重新作出阐释，更为全面和系统地揭示了历史唯物主义的真谛，完善、丰富和发展了历史唯物主义基本理论。

首先，物质生产方式或经济因素对历史发展的决定作用，是在“归根到底”的意义上而言的。恩格斯对“经济因素”和“经济关系”的内涵作出新的概述，即“我们视之为社会历史的决定性基础的经济关系，是指一定社会的人们生产生活资料和彼此交换产品（在有分工的条件下）的方式。因此，这里包括生产和运输的全部技术。这种技术，照我们的观点看来，也决定着产品的交换方式以及分配方式，从而在氏族社会解体后也决定着阶级的划分，决定着统治关系和奴役关系，决定着国家、政治、法等等”[①]。除此之外，恩格斯还强调：“在经济关系中还包括这些关系赖以发展的地理基础和事实上由过去沿袭下来的先前各经济发展阶段的残余（这些残余往往只是由于传统或惰性才继续保存着），当然还包括围绕着这一社会形式的外部环境。”[②]

同以往的一切历史理论不同的是，历史唯物主义在探讨社会历史及其变迁时，不是停留在人们的思想动机层面，而是进一步深入探寻人们思想动机背后的经济因素和经济关系。恩格斯认为：“政治、法、哲学、宗教、文学、艺术等等的发展是以经济发展为基础的。但是，它们又都互相作用并对经济基础发生作用。”[③] 结合唯物史观创立以来的思想历程，恩格斯指出：“这并不是说，只有经济状况才是原因，才是积极的，其余一切都不过是消极的结果，而是说，这是在归根到底不断为自己开辟道路的经济必然性的基础上的相互作用。”[④]

从唯物论、辩证法和历史观的内在统一性上，恩格斯有针对性地指出：“并不像人们有时不加思考地想象的那样是经济状况自动发生作用，

① 《马克思恩格斯文集》第10卷，人民出版社2009年版，第667页。
② 《马克思恩格斯文集》第10卷，人民出版社2009年版，第667页。
③ 《马克思恩格斯文集》第10卷，人民出版社2009年版，第668页。
④ 《马克思恩格斯文集》第10卷，人民出版社2009年版，第668页。

而是人们自己创造自己的历史，但他们是在既定的、制约着他们的环境中，是在现有的现实关系的基础上进行创造的，在这些现实关系中，经济关系不管受到其他关系——政治的和意识形态的——多大影响，归根到底还是具有决定意义的，它构成一条贯穿始终的、唯一有助于理解的红线。”[①] 这是贯通于恩格斯关于历史唯物主义书信中的基本思想和根本原则。

针对资产阶级学者把历史唯物主义曲解为“经济唯物主义”的观点，恩格斯指出，“根据唯物史观，历史过程中的决定性因素归根到底是现实生活的生产和再生产。无论马克思或我都从来没有肯定过比这更多的东西。如果有人在这里加以歪曲，说经济因素是唯一决定性的因素，那么他就是把这个命题变成毫无内容的、抽象的、荒诞无稽的空话。经济状况是基础，但是对历史斗争的进程发生影响并且在许多情况下主要是决定着这一斗争的形式的，还有上层建筑的各种因素”[②]。这就是说，历史唯物主义肯定经济因素是历史过程中的决定因素，但从来没有认为经济因素是唯一的决定性因素。特别是在复杂的历史过程中，经济的、政治的、文化的、思想的以及习惯传统等等因素，都可能在一定条件下起决定性作用。历史是一切因素交互作用的结果，恩格斯特别强调经济关系在“归根到底”意义上起着决定性作用。恩格斯的这一阐释，是对历史唯物主义原理的重要补充，使得这一理论更加完备，也更为深刻地反映了历史发展的实际的和复杂的过程的本质规定性。

其次，历史过程中上层建筑的相对独立性及其对经济基础的反作用。历史唯物主义既坚持社会存在决定社会意识，同时又认为社会意识对社会存在有着巨大的反作用。但在唯物史观创立早期，当时的主要任务是要从唯心主义最后一个世袭领地把它驱逐出去，确立唯物史观。马克思和恩格斯很自然地把论证的重点放在社会存在决定社会意识这个主要原则上，而对社会存在和社会意识的辩证关系和相互作用则较少论及，正如恩格斯所指出的:“我们在反驳我们的论敌时，常常不得不强调被他们否认的主要原则，并且不是始终都有时间、地点和机会来给其他

---

① 《马克思恩格斯文集》第 10 卷，人民出版社 2009 年版，第 668 页。

② 《马克思恩格斯文集》第 10 卷，人民出版社 2009 年版，第 591 页。

参与相互作用的因素以应有的重视。”① 正是基于这一背景，恩格斯晚年在关于历史唯物主义书信中，在坚持经济基础起决定作用的前提下，对上层建筑的相对独立性及其能动作用展开论述，使得历史唯物主义理论更为全面，凸显这一世界历史观的科学内涵和思想智慧。

再次，在对上层建筑能动作用的阐释中，恩格斯凸显了国家权力的相对独立性及其对经济关系发展的反作用。国家是为了执行社会的某些共同职能而从社会中分裂出来的权力机构。总的说来，它“固然应当尾随生产的运动”，由生产的发展所决定和制约。但是，国家一经产生，便成为一种新的独立的力量，如恩格斯所指出的：“从分工的观点来看问题最容易理解。社会产生它不能缺少的某些共同职能。被指定执行这种职能的人，形成社会内部分工的一个新部门。这样，他们也获得了同授权给他们的人相对立的特殊利益，他们同这些人相对立而独立起来，于是就出现了国家。”②

在经济运动和国家政治权力之间，实际上是“两种不相等的力量的相互作用”，恩格斯认为，在这一关系的作用过程中，“经济运动会为自己开辟道路，但是它也必定要经受它自己所确立的并且具有相对独立性的政治运动的反作用，即国家权力的以及和它同时产生的反对派的运动的反作用”③。在这一过程中，国家权力对于经济发展的反作用可以有三种：一是可以沿着同一方向起作用，在这种情况下就会发展得比较快；二是可以沿着相反方向起作用，经过一定的时期都要崩溃；三是可以阻止经济发展沿着某些方向走，而给它规定另外的方向——这种情况归根到底还是可以归结为前两种情况中的一种。但是很明显，在第二和第三种情况下，政治权力会给经济发展带来巨大的损害，并造成大量人力和物力的浪费。此外，如果说还有第四种“反作用”，那就是侵占和粗暴地毁灭经济资源的情况。

复次，意识形态形成过程的特点及其相对独立性，是历史唯物主义中关于上层建筑能动作用的重要理论，也是恩格斯晚年关于历史唯物主

① 《马克思恩格斯文集》第 10 卷，人民出版社 2009 年版，第 593 页。
② 《马克思恩格斯文集》第 10 卷，人民出版社 2009 年版，第 596 页。
③ 《马克思恩格斯文集》第 10 卷，人民出版社 2009 年版，第 597 页。

义重点阐释的理论观点。在恩格斯看来，意识形态是“观念的上层建筑”，承认上层建筑因素的相对独立性及其对经济基础的反作用，就内在地包含着对意识形态相对独立性的肯定。恩格斯通过对意识形态形成过程及其特征的阐释中，揭示了历史唯物主义关于思维领域特有的发展规律及其本质规定性。

恩格斯指出:“历史方面的意识形态家（历史在这里应当是政治、法律、哲学、神学，总之，一切属于社会而不是单纯属于自然界的领域的简单概括）在每一科学领域中都有一定的材料，这些材料是从以前的各代人的思维中独立形成的，并且在这些世代相继的人们的头脑中经过了自己的独立的发展道路。”[①] 唯心主义思想家夸大思维过程的这一特点，使之完全脱离了客观基础，结果必然使思维过程神秘化、绝对化。但如果否认思维过程的这一特点，就不可能真正理解社会意识的性质及其在社会生活中的作用，也不可能科学地说明复杂的人类历史。

通过对哲学史的回顾，恩格斯对意识形态相对独立性的具体形式作了阐释：一是意识形态具有历史继承性。恩格斯认为:“每一个时代的哲学作为分工的一个特定的领域，都具有由它的先驱传给它而它便由此出发的特定的思想材料作为前提。”[②] 二是社会意识的发展同社会经济的发展具有不平衡性。经济发达的国家，不一定是意识形态水平高的国家，而往往经济上落后的国家能够在意识形态方面居于领先地位。三是各种社会意识形式之间具有相互制约性。一定意识形态的发展，除了最终受经济制约外，还不同程度地受意识形态其他因素的影响。各种社会意识形式之间是相互联系、相互作用的。各种社会意识形式又以各自不同的方式，从不同的侧面，反过来影响经济和全部社会的发展。

最后，在历史唯物主义关于经济基础和上层建筑总体关系上，恩格斯提出了历史发展的“合力论”，发展和创新了历史唯物主义的基本理论。在关于历史唯物主义的书信中，恩格斯多次强调，历史发展表现为经济基础与上层建筑的各种因素之间的相互作用。在现实的历史过程中，这种相互作用的表现极其复杂，它在各种复杂的社会因素的相互作

---

① 《马克思恩格斯文集》第 10 卷，人民出版社 2009 年版，第 658 页。

② 《马克思恩格斯文集》第 10 卷，人民出版社 2009 年版，第 599 页。

用中得到具体变现。恩格斯认为:“这里表现出这一切因素间的相互作用，而在这种相互作用中归根到底是经济运动作为必然的东西通过无穷无尽的偶然事件（即这样一些事物和事变，它们的内部联系是如此疏远或者是如此难于确定，以致我们可以认为这种联系并不存在，忘掉这种联系）向前发展。否则把理论应用于任何历史时期，就会比解一个简单的一次方程式更容易了。”[①] 这一“合力”作用，突出地表现在以下三个方面:

一是“我们自己创造着我们的历史”，但是，“我们是在十分确定的前提和条件下创造的。其中经济的前提和条件归根到底是决定性的。但是政治等等的前提和条件，甚至那些萦回于人们头脑中的传统，也起着一定的作用，虽然不是决定性的作用”[②]。例如，普鲁士国家归根到底是经济的原因而产生出来和发展起来的；但是，恐怕只有书呆子才会断定，在北德意志的许多小邦中，勃兰登堡成为一个体现了北部和南部之间的经济差异、语言差异，而自宗教改革以来也体现了宗教差异的强国，这只是由经济的必然性决定的，而不是由其他因素所决定的。针对这一历史例证，恩格斯认为，“在这里首先起作用的是这样一个情况:勃兰登堡由于掌握了普鲁士而卷入了波兰事件，并因而卷入了国际政治关系，这种关系在奥地利王室权力的形成过程中也起过决定性的作用”[③]。

二是历史是人类自觉活动的结果，没有人的自觉的有意识、有目的的活动，即没有人类主体的能动作用，就没有人类历史。“历史是这样创造的:最终的结果总是从许多单个的意志的相互冲突中产生出来的，而其中每一个意志，又是由于许多特殊的生活条件，才成为它所成为的那样。这样就有无数互相交错的力量，有无数个力的平行四边形，由此就产生出一个合力，即历史结果，而这个结果又可以看做一个作为整体的、不自觉地和不自主地起着作用的力量的产物。”[④]恩格斯的这一论述，蕴涵着极其深刻而丰富的历史辩证法思想，体现了历史发展是主观

---

① 《马克思恩格斯文集》第 10 卷，人民出版社 2009 年版，第 591—592 页。

② 《马克思恩格斯文集》第 10 卷，人民出版社 2009 年版，第 592 页。

③ 《马克思恩格斯文集》第 10 卷，人民出版社 2009 年版，第 592 页。

④ 《马克思恩格斯文集》第 10 卷，人民出版社 2009 年版，第 592 页。

因素和客观因素的统一。“合力论”所揭示的是，“各个人的意志——其中的每一个都希望得到他的体质和外部的、归根到底是经济的情况（或是他个人的，或是一般社会性的）使他向往的东西——虽然都不能达到自己的愿望，而是融合为一个总的平均数，一个总的合力，然而从这一事实中决不应作出结论说，这些意志等于零。相反，每个意志都对合力有所贡献。因而是包括在这个合力里面的”①。

恩格斯所说的“力的平行四边形”是一个生动形象的比喻，实际的历史过程要比力学作用复杂得多。社会运动中的“力的平行四边形”是个动态过程，它只是在一定条件下的相对的平行，随着条件和冲突各方力量对比的变化，原先的格局就会被打破，形成“新的平行四边形”。人们创造自己的历史，是由许多人在不同的目的、不同的计划的相互矛盾冲突中创造的，其中每个人的意向和目的是相互交错的。恩格斯认为:“历史上所有其他的偶然现象和表面的偶然现象都是如此。我们所研究的领域越是远离经济，越是接近于纯粹抽象的意识形态，我们就越是发现它在自己的发展中表现为偶然现象，它的曲线就越是曲折。如果您画出曲线的中轴线，您就会发现，所考察的时期越长，所考察的范围越广，这个轴线就越是接近经济发展的轴线，就越是同后者平行而进。”②

在复杂的历史过程中，呈现在人们面前的是层出不穷的偶然因素和偶然事件。但是凡是表面上偶然性起作用的地方，背后都受着必然性的支配。必然性和偶然性是不可分离的两极，必然性以偶然性为其补充和表现形式，并通过无数偶然性为自己的发展开辟道路。如果否定了偶然性，历史过程就会变成神秘莫测的东西。但在偶然性的背后又总是隐藏着必然性，“在这里通过各种偶然性来为自己开辟道路的必然性，归根到底仍然是经济的必然性”③。

三是“合力论”是被历史发展所证明的，而且在马克思和恩格斯的著作中作出过系统和全面的阐释的理论。恩格斯认为:“在马克思所写的文章中，几乎没有一篇不是贯穿着这个理论的。特别是《路易·波拿巴

① 《马克思恩格斯文集》第 10 卷，人民出版社 2009 年版，第 593 页。

② 《马克思恩格斯文集》第 10 卷，人民出版社 2009 年版，第 669 页。

③ 《马克思恩格斯文集》第 10 卷，人民出版社 2009 年版，第 669 页。

的雾月十八日》，这本书是运用这个理论的十分出色的例子。《资本论》中的许多提示也是这样。再者，我也可以向您指出我的《欧根·杜林先生在科学中实行的变革》和《路德维希·费尔巴哈和德国古典哲学的终结》，我在这两部书里对历史唯物主义作了就我所知是目前最为详尽的阐述。”①

## 四、唯物史观与马克思主义理论品格

在关于历史唯物主义的书信中，恩格斯无论是对各种错误思潮的批判，还是在对历史唯物主义的系统阐释，都凸显了历史唯物主义研究和阐释的方法论的重要意义。

历史唯物主义的方法就是从社会历史过程中来理解社会发展的理论。恩格斯在给施米特的信中就谈到：在关于未来社会中的产品分配问题的辩论中，对于未来社会是按照劳动量分配还是用其他方式问题的争论，“一反某些关于公平原则的唯心主义空话而处理得非常‘唯物主义’”；但是，这种“唯物主义”却没有“历史唯物主义”的灵魂，恩格斯指出：在这一争论中，“奇怪的是谁也没有想到，分配方式本质上毕竟要取决于有多少产品可供分配，而这当然随着生产和社会组织的进步而改变，从而分配方式也应当改变。但是，在所有参加辩论的人看来‘社会主义社会’并不是不断改变、不断进步的东西，而是稳定的、一成不变的东西，所以它应当也有个一成不变的分配方式”②。恩格斯认为的历史唯物主义的“合理的想法”在于：“(1) 设法发现将来由以开始的分配方式，(2) 尽力找出进一步的发展将循以进行的总趋向。”③

恩格斯严肃批判了“青年派”在观察历史变化时的错误的方法论，指出他们按照自己的主观目的任意解释马克思主义，把唯物主义当成套语、抽象公式和灵丹妙药随意搬用。在“青年派”那里，“‘唯物主义’这个词大体上只是一个套语，他们把这个套语当做标签贴到各种事物上

---

① 《马克思恩格斯文集》第10卷，人民出版社2009年版，第593页。

② 《马克思恩格斯文集》第10卷，人民出版社2009年版，第586页。

③ 《马克思恩格斯文集》第10卷，人民出版社2009年版，第587页。

去，再不作进一步的研究，就是说，他们一把这个标签贴上去，就以为问题已经解决了”[①]。对历史唯物主义采取“贴标签”方法只能葬送这一科学的生机活力。

恩格斯强调，马克思的学说不是僵死的教条，而是行动的指南；不是构造体系的现成公式，而是研究客观的现实过程和历史的科学方法。恩格斯指出:“我们的历史观首先是进行研究工作的指南，并不是按照黑格尔学派的方式构造体系的杠杆。”[②] 历史唯物主义的学术遵循在于两个“必须”，即“必须重新研究全部历史，必须详细研究各种社会形态的存在条件”[③]。在这一基础上，才可能得出相应的政治、法学、美学、哲学、宗教学等等的观点；因而“这个领域无限广阔，谁肯认真地工作，谁就能做出许多成绩，就能超群出众”[④]。这就如恩格斯警示恩斯特是指出的那样:“至于您用唯物主义方法处理问题的尝试，我首先必须说明：如果不把唯物主义方法当做研究历史的指南，而把它当做现成的公式，按照它来剪裁各种历史事实，那它就会转变为自己的对立物。”[⑤]

在历史唯物主义方法中，马克思和恩格斯也遇到过如何处理好“内容”和“形式”关系的问题。恩格斯谈到，在对历史唯物主义的阐释中，“我们大家都有同样的过错”，这就是“我们大家首先是把重点放在从基本经济事实中引出政治的、法的和其他意识形态的观念以及以这些观念为中介的行动，而且必须这样做。但是我们这样做的时候为了内容方面而忽略了形式方面，即这些观念等等是由什么样的方式和方法产生的”[⑥]。在“内容”和“形式”关系论述上的“疏忽”，成为各种曲解或歪曲历史唯物主义思潮的“理由”。

1890 年 9 月，恩格斯在给布洛赫的信中说:“青年们有时过分看重经济方面，这有一部分是马克思和我应当负责的。我们在反驳我们的论敌时，常常不得不强调被他们否认的主要原则，并且不是始终都有时

---

① 《马克思恩格斯文集》第 10 卷，人民出版社 2009 年版，第 587 页。
② 《马克思恩格斯文集》第 10 卷，人民出版社 2009 年版，第 587 页。
③ 《马克思恩格斯文集》第 10 卷，人民出版社 2009 年版，第 587 页。
④ 《马克思恩格斯文集》第 10 卷，人民出版社 2009 年版，第 587 页。
⑤ 《马克思恩格斯文集》第 10 卷，人民出版社 2009 年版，第 583 页。
⑥ 《马克思恩格斯文集》第 10 卷，人民出版社 2009 年版，第 657 页。

间、地点和机会来给其他参与相互作用的因素以应有的重视。但是，只要问题一关系到描述某个历史时期，即关系到实际的应用，那情况就不同了，这里就不容许有任何错误了。可惜人们往往以为，只要掌握了主要原理——而且还并不总是掌握得正确，那就算已经充分地理解了新理论并且立刻就能够应用它了。在这方面，我不能不责备许多最新的'马克思主义者'，他们也的确造成过惊人的混乱……"[①]

1895 年 1 月，恩格斯在给斐迪南·滕尼斯的信中，对巴尔特歪曲历史唯物主义的方法再次作出批判。恩格斯认为："在写作方面的争论中，对手象律师一样，常常是对他不同意的东西避开不谈，而对与问题无关的东西却加以渲染，借以蒙蔽读者。"[②] 对巴尔特"所采取的方式和规模，不能不使人提出一个问题：这只是一般的无知和局限性还是故意歪曲?"[③]

为了剖析巴尔特方法的实质，恩格斯举了一个例子。巴尔特在他的书中对恩格斯的论述作过这样的概括，即"在法国，加尔文教被制服了，因此在十八世纪基督教已不再能成为任何进步阶级的意识形态外衣了"[④]。这显然是从恩格斯在《路德维希费尔巴哈和德国古典哲学的终结》的一段论述中概括的。但是如果把巴尔特的概括同恩格斯的论述相对照，使人看到的不只是一种断章取义的方法，而且是一种恩格斯都深为诧异的"我几乎无法相信这里不是有意的歪曲"，巴尔特在方法上的"几乎所有这些错误都是不可理解的"[⑤]。因为恩格斯明白无误的论述是："在法国，1685 年加尔文教派中的少数派曾遭到镇压，被迫皈依天主教或者被驱逐出境。但是这有什么用处呢？那时自由思想家皮埃尔·培尔已经在忙于从事活动，而 1694 年伏尔泰也诞生了。路易十四的暴力措施只是使法国的资产阶级更便于以唯一同已经发展起来的资产阶级相适应的、非宗教的、纯粹政治的形式进行自己的革命。""每个不同的阶级都利用它自己认为适合的宗教……我们看到，宗教一旦形成，总要

① 《马克思恩格斯文集》第 10 卷，人民出版社 2009 年版，第 593—594 页。
② 《马克思恩格斯全集》第 39 卷，人民出版社 1974 年版，第 373 页。
③ 《马克思恩格斯全集》第 39 卷，人民出版社 1974 年版，第 373 页。
④ 《马克思恩格斯全集》第 39 卷，人民出版社 1974 年版，第 373—374 页。
⑤ 《马克思恩格斯全集》第 39 卷，人民出版社 1974 年版，第 373 页。

包含某些传统的材料，因为在一切意识形态领域内传统都是一种巨大的保守力量。但是，这些材料所发生的变化是由造成这种变化的人们的阶级关系即经济关系引起的。”①

在对“青年派”曲解历史唯物主义的错误观点的批判中，恩格斯提出，在“青年派”中间，“他们那种本来还需要彻底的、批判性的自我修正的‘学院式教育’，并没有授予他们有资格在党内担任相应职位的军官证书；在我们党内，每个人都应该从普通一兵做起；要在党内担任负责的职务，仅仅有写作才能或理论知识，甚至二者全都具备，都是不够的，要担任领导职务还需要熟悉党的斗争条件，掌握这种斗争的方式，具备久经考验的耿耿忠心和坚强性格，最后还必须自愿地把自己列入战士的行列中——一句话，他们这些受过‘学院式教育’的人，总的说来，应该向工人学习的地方，比工人应该向他们学习的地方要多得多”②。脱离实际、远离实践，抱守着“学院式教育”而止步不前的，是根本不可能理解和掌握历史唯物主义真谛的。

① 《马克思恩格斯文集》第4卷，人民出版社2009年版，第311—312页。
② 《马克思恩格斯文集》第4卷，人民出版社2009年版，第397页。

# 第二十三章　对无产阶级革命策略的新的思考

《卡·马克思〈1848年至1850年的法兰西阶级斗争〉一书导言》（以下简称《导言》）是恩格斯根据19世纪90年代初资本主义新变化和工人运动新经验撰写的论述无产阶级政党革命斗争策略思想的重要著述。在《导言》中，恩格斯分析了1848年以来欧洲的经济发展状况，认为他和马克思在那时提出的关于无产阶级与资产阶级大决战已经开始的看法是不符合实际的，以一次简单的突然袭击来实现社会改造是不可能的；无产阶级政党应当根据变化了的条件，制定符合新的形势要求的新的斗争策略。《导言》是对19世纪40年代以来无产阶级革命策略思想的总结，也是对新的形势下无产阶级革命策略思想变化的探索。

## 一、无产阶级革命策略及其思想的新变化

19世纪70年代以前，马克思和恩格斯对无产阶级革命道路和策略的思考，集中于暴力革命的问题。无产阶级暴力革命，是他们深入考察历史上的社会革命，特别是近代英国、法国资产阶级革命以及1848年欧洲大革命，客观分析无产阶级革命所处的现实环境和条件后得出的结论。

1871年巴黎公社革命失败后，马克思在《法兰西内战》等著述中，对巴黎公社革命的经验作了深刻总结，进一步阐述了无产阶级不能简单地掌握现成的国家机器，在革命中必须打碎旧的国家机器，建立新的国家政权，使劳动在经济上获得解放的思想。他们认为，巴黎公社革命的最基本的历史经验，就是无产阶级应该采取革命手段夺取政权，彻底地粉碎资产阶级的军事官僚机器，以无产阶级专政来代替资产阶级专政。

19世纪70年代，资产阶级政治制度和政治体制发生着新的变化，西欧一些资本主义国家的社会冲突和阶级矛盾出现了相对缓和的新变化，马克思和恩格斯对无产阶级革命道路和策略作出新的阐述。他们在强调暴力革命重要性的同时，进一步提出各国工人阶级要根据本国实际情况选择适当的革命方式和道路的思想，提出用和平手段取得政权可能性的问题。暴力手段和和平手段都是夺取政权时可以采用的方式，由于不同的国家情况不同，不同国家革命的方式也不尽相同。像英、美这样的国家，无产阶级就有可能通过和平方式夺取政权。

1871年，马克思在论及当时各国革命形势时曾指出，在英国，工人阶级面前就敞开着表现自己的政治力量的道路。凡是利用和平宣传能更快更可靠地达到这一目的的地方，举行起义就是不明智的。用什么方式来达到目的，应当由这个国家的工人阶级自己选择。马克思和恩格斯认为，在无产阶级革命发展过程中，如果能够用和平手段获得政权，对无产阶级和劳动人民就是有利的。因此，只要有和平发展的可能，无产阶级不仅不反对，而且一定会抓住这样的机会的。当然，即使在这个时候，也要做好暴力革命的充分准备。1872年，马克思在《关于海牙代表大会》的演说中指出："工人总有一天必须夺取政权……但是，我们从来没有断言，为了达到这一目的，到处都应该采取同样的手段。我们知道，必须考虑到各国的制度、风俗和传统；我们也不否认，有些国家，像美国、英国，——如果我对你们的制度有更好的了解，也许还可以加上荷兰，——工人可能用和平手段达到自己的目的。但是，即使如此，我们也必须承认，在大陆上的大多数国家中，暴力应当是我们革命的杠杆。"[①]

1877年，德国社会主义政党在议会选举中取得了显著的成效；1878年初，在《1877年的欧洲工人》的系列文章中，恩格斯对德国工人运动的这一新变化作出了深刻阐释："1877年一开始，就迎来了一次胜利，这次胜利是工人曾经取得的最重大的胜利之一。1月10日，根据普选制举行了三年一次的德国议会（帝国国会）选举；这种选举从1867年起就使德国工人党有机会统计自己的力量，向世界显示它的组

① 《马克思恩格斯全集》第18卷，人民出版社1964年版，第179页。

织得很好而且不断壮大的队伍。”[①] 恩格斯肯定地认为:“德国工人党的迅速进步，是它的最积极的参加者付出重大牺牲才赢得的。”[②] 同时，恩格斯也对这一新变化在国际社会主义运动将会产生的影响作了阐释，提出了国际工人运动中“共同的行动计划”的思想。这就是，国际工人运动中“再也没有宗派了，再也没有人标榜教条主义的正统性和教条的至高无上了，只有共同的行动计划，这个行动计划最初由国际所草创而现在已被普遍采用，因为在每个地方它都是从运动的实际斗争中自觉地或自发地产生的；这个计划既能灵活地适应每个国家和每个地方的各种不同的条件，又能在任何地方都同样保持自己的基本特点，从而保证目标的统一，保证为达到工人阶级自己解放自己这一共同目标而采取的方法的总的一致。”[③]

进入 19 世纪 80 年代，马克思和恩格斯对普选制的作用日益重视，提出了普选制是测量工人阶级成熟性标尺的重要论断。他们从德国社会民主工党利用普选权的最初战绩中，看出“普选权赋予我们一种卓越的行动手段”[④]，并对它的作用作出逐步深入的阐释。

1883 年马克思逝世后，欧洲的经济政治形势和阶级斗争状况发生了新的变化。在欧洲主要资本主义国家进入相对稳定发展时期，各国工人阶级的力量也在日益强大，无产阶级政党的力量也得到增强；同时，由于军事技术的发展，使得资产阶级军队和军事统治力量得到加强，无产阶级举行旧式起义的革命方式遇到极大的困难。这时，在像德国这样一些国家，无产阶级政党的代表在国会选举上所得的选票迅速增加，工人运动利用“合法”的选举手段作为新的斗争形式，成为当时工人运动发展的一种重要的选择。马克思逝世后不久，恩格斯就对这种新情况作出阐释。

1884 年，恩格斯指出:“任何一个政党，要是不撒谎的话，都不曾否认过在一定的情况下有进行武装反抗的权利。从来没有一个政党会放

① 《马克思恩格斯全集》第 25 卷，人民出版社 2001 年版，第 163 页。

② 《马克思恩格斯全集》第 25 卷，人民出版社 2001 年版，第 164 页。

③ 《马克思恩格斯全集》第 25 卷，人民出版社 2001 年版，第 169—170 页。

④ 《马克思恩格斯文集》第 3 卷，人民出版社 2009 年版，第 92 页。

弃这种非常的权利。”[①] 在坚持和决不放弃这一“原则”的前提下，也应该看到:“在目前的军事情况下，当武装力量还在反对我们的时候，我们不会去同军队发生战斗。我们可以等待，直到武装力量本身不再是反对我们的力量。”[②] 这时，以“合法”的选举办法，是一种新的“武器”；但是，“选举已经表明：对敌对者采取顺从和让步的办法，我们什么也得不到”[③]。因此，利用“合法”的选举办法，也不能放弃这一过程中的“顽强的抵抗”，“只有通过顽强的抵抗，我们才能迫使人们尊重我们，才能成为一支力量”[④]。这应该是一种“可以让人透过丝绒手套感觉到钢手铁腕”[⑤] 的力量。支撑无产阶级政党进行“合法”斗争的力量，在于无产阶级自身的顽强奋斗，在于无产阶级政党坚守的“不放弃这种非常的权利”的胆略和信心。

1890 年，德国社会民主党在国家议会的选举再度“获得巨大的胜利”，恩格斯给予充分肯定，在 1890 年 2 月撰写的《德国 1890 年的选举》和《今后怎么办》的文章中认为，这一“巨大的胜利”表明:“社会主义的工人变得比过去任何时候都更加坚强和果断了”[⑥]；“德国社会民主主义工人刚获得了光辉的胜利，他们正是由于自己的坚毅和沉着、铁一般的纪律、朝气蓬勃的战斗精神和坚持不懈的毅力，才获得这样的胜利”[⑦]。同时，恩格斯也提出:“反社会党人法已经给了我们工人够好的教训，在我们的队伍里已经有够多的老战士，他们当中有够多的人已经学会，在弹雨的袭击下持枪待命，直到冲锋的时刻到来。”[⑧] 对于德国资产阶级统治者来说，他们也将会看到:“德国工人阶级只是把他所能提供给它的一切当做分期偿付的债款来领受，而不会在它的原则和要求上作丝毫的让步，而且不会缓和它对那个只有靠奴役人民中的劳动者大多

---

① 《马克思恩格斯文集》第 10 卷，人民出版社 2009 年版，第 528 页。
② 《马克思恩格斯文集》第 10 卷，人民出版社 2009 年版，第 529 页。
③ 《马克思恩格斯文集》第 10 卷，人民出版社 2009 年版，第 529 页。
④ 《马克思恩格斯文集》第 10 卷，人民出版社 2009 年版，第 529 页。
⑤ 《马克思恩格斯文集》第 10 卷，人民出版社 2009 年版，第 529 页。
⑥ 《马克思恩格斯全集》第 22 卷，人民出版社 1965 年版，第 5 页。
⑦ 《马克思恩格斯全集》第 22 卷，人民出版社 1965 年版，第 10 页。
⑧ 《马克思恩格斯全集》第 22 卷，人民出版社 1965 年版，第 11 页。

数才能生存的政府所采取的反对立场。”[①]

1890年9月，恩格斯在《给〈社会民主党人报〉读者的告别信》中，对无产阶级革命策略的“合法性”问题作出分析，认为“应当努力暂时运用合法的斗争手段来应对局面。不仅我们这样做，凡是工人享有某种法定的活动自由的所有国家里的所有工人政党也都在这样做，原因很简单，那就是运用这种办法收效最大”[②]。能用“合法的斗争”的手段达到“收效最大”的目标，自然是无产阶级革命策略的最好选择。但是，恩格斯同样提醒德国社会民主党，无产阶级政党运用“合法的斗争”的手段，“必须以对方也在法律范围内活动为前提”。在无产阶级革命策略的选择上，“如果有人企图借助新的非常法，或者借助非法判决和帝国法院的非法行为，借助警察的专横或者行政当局的任何其他的非法侵犯而重新把我们的党实际上置于普通法之外，那么这就使德国社会民主党不得不重新走上它还能走得通的唯一的一条道路，即不合法的道路”[③]。这就是恩格斯关于无产阶级革命策略选择上不能“作丝毫的让步”的“原则”。

1891年10月，恩格斯在《德国的社会主义》中，再次对德国社会民主党在合法斗争条件下利用普选权取得的胜利作出肯定，同时也对无产阶级政党在合法斗争中的策略问题作出阐释。他认为：“合法性在如此出色地为我们效劳，如果这种状况延续下去，而我们却要破坏合法性，那我们就是傻瓜。”[④] 合法斗争不仅不是无产阶级革命策略的唯一选择，也不是无产阶级革命一成不变的策略。恩格斯指出：“不定哪一天，德国资产者及其政府将对旁观日益高涨的社会主义高潮感到厌倦；他们将诉诸非法行为，诉诸暴力行动。这又有什么用呢？暴力能够粉碎一个有限地区的小宗派；但是还没有一种力量能够摧毁一个遍布巨大帝国各地的、拥有200万至300万人的党。反革命势力的暂时优势也许能把社会主义的胜利推迟几年，然而这只能使今后的胜利

---

① 《马克思恩格斯全集》第22卷，人民出版社1965年版，第5页。

② 《马克思恩格斯文集》第4卷，人民出版社2009年版，第401页。

③ 《马克思恩格斯文集》第4卷，人民出版社2009年版，第401页。

④ 《马克思恩格斯文集》第4卷，人民出版社2009年版，第430页。

更彻底和更巩固。”[①]

1892 年 11 月，恩格斯在给拉法格的信中谈到，法国如果出现类似德国的这种情况，同样应该看到:“四十年来，只要善于使用，普选权在法国是多么好的武器！这要比号召革命缓慢而枯燥，但是要可靠十倍，而且更好的是，能最确切地指明哪一天应当号召武装革命。甚至可以十拿九稳地肯定，只要工人们合理地使用普选权，就能够迫使当权者破坏法制，就是说，使我们处于进行革命的最有利的地位。”[②] 恩格斯提出的无产阶级革命策略选择上不能“作丝毫的让步”的“原则”，同样适合于法国的无产阶级革命政党。

马克思和恩格斯矢志不移，对无产阶级革命必将发生并将取得胜利的信念从来没有动摇过。列宁在提到马克思和恩格斯的无产阶级革命观时提出:“是的，马克思和恩格斯在估计革命时机很快到来这一点上，在希望革命（例如 1848 年的德国革命）获得胜利这一点上，在相信德意志‘共和国’很快成立这一点上……有很多错误，常常犯错误。他们在 1871 年也犯了错误……但是两位伟大的革命思想家在努力提高（并且确实提高了）全世界无产阶级的水平，使他们摆脱日常的琐碎的任务时所犯的这种错误，同官气十足的自由派在宣扬、喊叫和诉说他们的谬论（说革命是无谓忙碌，革命斗争是徒劳，反革命的‘立宪’幻想妙不可言）时所表现的平庸智慧比较起来，要千倍地高尚，千倍地伟大，千倍地有历史价值，千倍地正确。”[③]

## 二、《导言》撰写的初衷及其基本观点

1895 年 1 月 30 日，时任德国社会民主党《前进报》出版社经理的理·费舍写信给恩格斯，建议把马克思在 1850 年《新莱茵报。政治经济评论》上发表的论述法国 1848 年革命的三篇文章编成单行本出版，并请恩格斯写一篇导言。恩格斯同意费舍的建议，并对单行本的内容作

---

① 《马克思恩格斯文集》第 4 卷，人民出版社 2009 年版，第 430 页。

② 《马克思恩格斯全集》第 38 卷，人民出版社 1972 年版，第 513—514 页。

③ 《列宁专题文集　论马克思主义》，人民出版社 2009 年版，第 132—133 页。

了调整，提出费舍建议的马克思在《新莱茵报。政治经济评论》第 1 期至第 3 期发表的总题目为《从 1848 年到 1849 年》的几篇文章，可以作为单行本的第一章至第三章；同时，马克思和恩格斯为该杂志第 5 期和第 6 期合刊上撰写的《时评。1850 年 5—10 月》中马克思写的关于法国革命的那部分，可以作为单行本的第四章。恩格斯为这四章拟定了标题，并将书名定作《1848 年至 1850 年的法兰西阶级斗争》。

1895 年 2 月至 3 月间，恩格斯为这一小册子写了《导言》。在《导言》中，恩格斯充分肯定德国社会民主党利用普选权取得的成就，认为在德国工人那里普选权从历来的欺骗手段变成了解放手段，普选权成为无产阶级的一种崭新的斗争方式，应当利用普选权这一合法斗争形式为未来的决战积蓄和准备力量。同时，他也告诫无产阶级政党绝不能完全放弃暴力革命，提出“须知革命权是唯一的真正‘历史权利’——是所有现代国家无一例外都以它为基础建立起来的唯一权利”① 的重要思想。

1895 年 3 月 6 日，费舍受党的执行委员会的委托给恩格斯写信，以当时德意志帝国国会正在讨论所谓反颠覆法草案为由，请求恩格斯按照随信附上的修改方案，对《导言》进行修改。费舍特别提到，党的执行委员会“担忧”的是:“你总得承认，一个心术不正的对手不难把以下两点作为你的论述精华公布于世。首先，承认我们之所以到今天还没有进行革命，只是因为我们还不够强大，因为军队还没有受到充分的感染——而对于防止政变法草案来说，这正是需要证明的；其次，如果我们遇到战争或别的严重动乱，譬如公社，我们就会在面临祖国的敌人这类情况下举起起义的旗帜。”②

3 月 8 日，恩格斯在给费舍的复信中表示:“我尽可能考虑到你们的严重担忧，虽然我十分愿意理解但还是多半不能理解你们的担忧是由何而起。”③ 恩格斯毫不留情地批评了党的执行委员会的错误观点:“我不能容忍你们立誓忠于绝对守法，任何情况下都守法，甚至在那些已被其

① 《马克思恩格斯文集》第 4 卷，人民出版社 2009 年版，第 550—551 页。

② 《理查费舍致恩格斯（1895 年 3 月 6 日）》，转引自《国际共运史上的一大轮战》，社会科学文献出版社 1995 年版，第 30—31 页。

③ 《马克思恩格斯文集》第 10 卷，人民出版社 2009 年版，第 686 页。

制定者违犯的法律面前也要守法，简言之，即忠于右脸挨了耳光再把左脸送过去的政策。”① 恩格斯坚定地指出：“如果你们宣扬绝对放弃暴力行为，是决捞不到一点好处的。没有人会相信这一点，也没有一个国家的任何一个政党会走得这么远，竟然放弃拿起武器对抗不法行为这一权利。”② 恩格斯郑重声明，《导言》的原稿经过这样的删改已经受到一些损害，他自己在修改原稿方面“决不会再多走一步”③。

在单行本出版前，《前进报》在 1895 年 3 月 30 日发表了题为《目前革命应怎样进行》的社论，其中未经恩格斯同意就从《导言》中断章取义地摘录了几段话，对恩格斯的观点作了严重歪曲理解。这篇社论强加给恩格斯的观点是：“今天的无产者不管遇到任何挑衅，都应冷静，也不打算再回到老式的街垒革命；用社会主义思想逐渐渗入日渐衰朽的资本主义社会，在这方面他掌握一种更为革命的手段。”④

恩格斯看到这一社论后非常气愤，他在 1895 年 4 月 1 日给考茨基的信中指出：“今天我惊讶地发现，《前进报》事先不通知我就发表了我的《导言》的摘录，在这篇经过修饰整理的摘录中，我成了一个温顺平和、无论如何都要守法的人。我特别希望《导言》现在能全文发表在《新时代》上，以消除这个可耻印象。我将非常明确地把我关于此事的意见告诉李卜克内西，也告诉那些（不管是谁）事先对我只字未提而给他这种机会来歪曲我的观点的人。”⑤ 两天之后，恩格斯在 4 月 3 日给拉法格的信中，再次批评了《前进报》的做法，指出“李卜克内西刚刚和我开了一个很妙的玩笑。他从我给马克思关于 1848—1850 年的法国的几篇文章写的导言中，摘引了所有能为他的、无论如何是和平的和反对使用暴力的策略进行辩护的东西。近来，特别是目前柏林正在准备非常法的时候，他喜欢宣传这个策略。但我谈的这个策略仅仅是针对今天的德国，而且还有重要的附带条件。对法国、比利时、意大利、奥地利来

---

① 《马克思恩格斯文集》第 10 卷，人民出版社 2009 年版，第 686 页。

② 《马克思恩格斯文集》第 10 卷，人民出版社 2009 年版，第 686 页。

③ 《马克思恩格斯文集》第 10 卷，人民出版社 2009 年版，第 687 页。

④ 《目前革命应怎样进行》，转引自《国际共运史上的一大轮战》，社会科学文献出版社 1995 年版，第 43 页。

⑤ 《马克思恩格斯文集》第 10 卷，人民出版社 2009 年版，第 699 页。

说，这个策略就不能整个采用。就是对德国，明天它也可能就不适用了。”[①] 恩格斯从国际工人运动大局上来看待这个原则问题的，从战略和战术的结合上来对待无产阶级政党的革命策略选择问题的。根据恩格斯的要求，1894—1895 年《新时代》杂志第 13 年卷第 2 册第 27 期和 28 期连载了这篇《导言》。

《导言》是恩格斯一生发表的最后一篇文章，是关于德国社会民主党如何利用资产阶级民主制和普选权进行合法斗争的问题，也是恩格斯关于无产阶级革命策略思想的最后一次阐释，内容包括四个方面：

第一，马克思对 1848 年至 1850 年法兰西阶级斗争问题的分析，是唯物主义历史观运用无产阶级革命实践的结果。《导言》一开始，恩格斯就指出，《1848 年至 1850 年的法兰西阶级斗争》的四篇文章，是“马克思用他的唯物主义观点从一定经济状况出发来说明一段现代历史的初次尝试”[②]。在运用唯物主义历史观时，马克思准确了解法国二月革命以前的经济状况以及这个国家在二月革命以后的政治事件，所以马克思“能对当时的事变作出这样的叙述，这一叙述对事变内在联系的揭示达到了至今还无人达到的程度，并且光辉地经受住了后来由马克思自己进行的两度检验”[③]。这里讲的“两度检验”，一是指 1848 至 1849 年欧洲革命期间制定的无产阶级革命斗争策略的检验；二是指 1851 年 12 月 2 日路易·波拿巴政变之后事件判断的检验。

在“第一次检验”中，从 1850 年春天起，马克思重新开始政治经济学研究，首先着手研究近 10 年的经济史。他从事实中完全弄清楚了他以前半先验地根据不完备的材料所推出的结论，即“1847 年的世界贸易危机孕育了二月革命和三月革命；从 1848 年年中开始逐渐复兴而在 1849 年和 1850 年达到全盛状态的工业繁荣，是重新强大起来的欧洲反动势力的振奋力量”[④]。这一判断中有决定意义的结论就是：“第一次提出了世界各国工人政党都一致用以扼要表述自己的经济改造要求的公式，即：生产资料归社会所有。在第二章中，讲到被称做‘初次概述无

① 《马克思恩格斯文集》第 10 卷，人民出版社 2009 年版，第 700 页。
② 《马克思恩格斯文集》第 4 卷，人民出版社 2009 年版，第 532 页。
③ 《马克思恩格斯文集》第 4 卷，人民出版社 2009 年版，第 535 页。
④ 《马克思恩格斯文集》第 4 卷，人民出版社 2009 年版，第 535—536 页。

产阶级各种革命要求的笨拙公式’的‘劳动权’时说‘其实劳动权就是支配资本的权力，支配资本的权力就是占有生产资料，使生产资料受联合起来的工人阶级支配，也就是消灭雇佣劳动、资本及其相互间的关系。’”[①] 因为这样，马克思在这里“第一次表述了一个使现代工人社会主义既与封建的、资产阶级的、小资产阶级的等形形色色的社会主义截然不同，又与空想的以及自发的工人共产主义所提出的模糊的财产公有截然不同的原理。如果说马克思后来把这个公式也扩大到占有交换手段上，那么这种扩大不过是从基本原理中得出的结论罢了”[②]。

第二，恩格斯坦率承认，在 1848 年二月革命爆发时，由于受过去历史经验特别是法国经验的影响，在关于革命运动的条件和进程的看法上“曾经错了”。恩格斯指出:“我们关于 1848 年 2 月在巴黎所宣布的‘社会’革命即无产阶级革命的性质和步骤的观念，带有回忆 1789—1830 年榜样的浓厚色彩，这是很自然的和不可避免的。”[③] 当时，整个欧洲甚至在俄国边境都被卷入了革命运动，他们认为“伟大的决战已经开始，这种决战将在一个很长的和充满变化的革命时期中进行到底，而结局只能是无产阶级的最终胜利”[④]。但是，历史证明“当时的看法只是一种幻想”；而且“历史走得更远，它不仅打破了我们当时的错误看法，并且还完全改变了无产阶级进行斗争的条件”[⑤]。1848 年以后的工业革命席卷了整个欧洲大陆，产生了真正的资产阶级和真正的大工业无产阶级，并把他们推到社会发展的前台，革命的客观前提和斗争的主观力量、阶级基础都发生了变化。在现在社会主义者国际大军“不可阻挡地前进”，在“人数、组织性、纪律性、觉悟程度和胜利信心都与日俱增”的情况下，无产阶级大军“还远不能以一次重大的打击取得胜利”，就更为“彻底证明了，在 1848 年要以一次简单的突然袭击来实现社会改造，是多么不可能的事情”[⑥]。恩格斯由此而认为，“1848 年的斗争方

① 《马克思恩格斯文集》第 4 卷，人民出版社 2009 年版，第 536—537 页。
② 《马克思恩格斯文集》第 4 卷，人民出版社 2009 年版，第 537 页。
③ 《马克思恩格斯文集》第 4 卷，人民出版社 2009 年版，第 537 页。
④ 《马克思恩格斯文集》第 4 卷，人民出版社 2009 年版，第 538 页。
⑤ 《马克思恩格斯文集》第 4 卷，人民出版社 2009 年版，第 538 页。
⑥ 《马克思恩格斯文集》第 4 卷，人民出版社 2009 年版，第 541 页。

法，今天在一切方面都已经过时了”①。

恩格斯认为:“历史清楚地表明，当时欧洲大陆经济发展的状况还远没有成熟到可以铲除资本主义生产的程度；历史用经济革命证明了这一点。”② 从1848年起经济革命席卷了整个欧洲大陆，在法国、奥地利、匈牙利、波兰以及最近在俄国刚刚真正确立了大工业，并且使德国变成了头等工业国。“这一切都是以资本主义为基础的，可见这个基础在1848年还具有很大的扩展能力。”③ 1848年欧洲革命过去了将近半个世纪，在19世纪90年代中，“现在则是一支社会主义者的国际大军，它不可阻挡地前进，它的人数、组织性、纪律性、觉悟程度和胜利信心都与日俱增。既然连这支强大的无产阶级大军也还没有达到目的，既然它还远不能以一次重大的打击取得胜利，而不得不慢慢向前推进，在严酷顽强的斗争中夺取一个一个的阵地，那么这就彻底证明了，在1848年要以一次简单的突然袭击来实现社会改造，是多么不可能的事情”④。革命实践的发展对革命理论提出了新的课题，必须根据变化了的新情况、新条件研究和制定无产阶级革命的新策略。

第三，恩格斯结合历史条件的变化和阶级斗争的新形势，提出了无产阶级斗争的新策略，即无产阶级要利用资产阶级民主制和普选权进行合法斗争的策略。1871年巴黎公社革命失败后，战斗的无产阶级并没有被埋葬，而是得到了强有力的发展。恩格斯指出:“人们以为战斗的无产阶级也跟巴黎公社一起被彻底埋葬了。可是，恰恰相反，无产阶级最强有力的发展，是从公社和普法战争的时候开始的。”⑤ 由于德国工人善于利用1866年以来实行的普选权，社会民主党迅速地成长，力量进一步壮大。恩格斯对德国社会民主党充分利用普选权一步步地扩大自己的阵地并取得重大胜利的实践给予高度评价，指出“德国工人仅仅以自己作为最强有力、最守纪律并且增长最快的社会主义政党的存在，就已经对工人阶级事业作出了头一个重大贡献，而除此以外，他们还对这个

① 《马克思恩格斯文集》第4卷，人民出版社2009年版，第538页。
② 《马克思恩格斯文集》第4卷，人民出版社2009年版，第540页。
③ 《马克思恩格斯文集》第4卷，人民出版社2009年版，第540页。
④ 《马克思恩格斯文集》第4卷，人民出版社2009年版，第541页。
⑤ 《马克思恩格斯文集》第4卷，人民出版社2009年版，第543页。

事业作出了第二个重大贡献。他们给了世界各国的同志们一件新的武器——最锐利的武器中的一件武器，向他们表明了应该怎样使用普选权”[①]。利用普选权开展议会内外的合法斗争，已经成为无产阶级的一种崭新的斗争方式。

恩格斯分析了民主制和普选权对于工人阶级及其政党的意义。在恩格斯看来，民主制和普选权可以使工人阶级政党更多、更好地传播自己的主张，特别是无产阶级政党能对广大群众广泛而深入地宣传自己的观点，揭露资产阶级的攻击诽谤。由于工人阶级有成效地利用了普选权，并使它作为自己一种崭新的斗争方式发挥作用，在资产阶级用来组织其统治的国家机构中，工人阶级也能利用其中的某些东西来对这些机构本身作斗争。工人参加各邦议会、市镇委员会等的选举，同资产阶级争夺每一个这样的职位，其结果就“弄得资产阶级和政府害怕工人政党的合法活动更甚于害怕它的不合法活动，害怕选举成就更甚于害怕起义成就”[②]。因此，无产阶级必须改变过去那种认为普选权对于工人只是“陷阱”和政府的“欺骗工具”的看法，应当把它看作工人“解放的手段”之一。工人阶级政党应该有效地利用议会和普选权，广泛宣传、教育、训练和组织群众，为未来的革命斗争作好充分准备。

恩格斯认为，历史的发展，完全改变了无产阶级进行斗争的条件，特别是“旧式的起义，在1848年以前到处都起过决定作用的筑垒巷战，现在大大过时了”[③]。资本主义国家经过几十年的发展，经济、政治、科技条件有了很大的变化，如大城市得到扩展，政府军队的种类和数量不断增多，军队调遣也因交通的发展变得便利，而且各国政府军队的武器装备得到了很大的改进。与此相反，各国无产阶级自巴黎公社失败以后已经有数十年没有掌握武器了，无产阶级丧失了物质的保卫手段。显而易见，“在起义者方面，一切条件都变坏了。人民各个阶层都同情的起义，很难再有了”；因而在现在的条件下，“一个革命者，如果自愿选择柏林北部和东部的新建工人街区来进行街垒战，那他一定是疯了”[④]。

---

① 《马克思恩格斯文集》第4卷，人民出版社2009年版，第544页。
② 《马克思恩格斯文集》第4卷，人民出版社2009年版，第545页。
③ 《马克思恩格斯文集》第4卷，人民出版社2009年版，第545—546页。
④ 《马克思恩格斯文集》第4卷，人民出版社2009年版，第548页。

恩格斯强调，无产阶级革命是多数人参加的、为了多数人的利益而进行的伟大斗争，这一性质决定了无产阶级政党必须让多数人觉悟，并自觉地投入到斗争中去。在 1848 年革命期间，由自觉的少数人带领着不自觉的群众实行突然袭击式的革命的做法，现在已经不合时宜，多数人的觉悟只能靠长期的坚持不懈的工作才能达到。因此，无产阶级革命的正确策略，应当是利用合法斗争提高工人阶级的理论素养和觉悟，不断积聚力量。如果德国社会民主党能够充分利用合法形式长期不懈地做好动员和组织群众的工作，并且保持现有的良好发展势头，“我们在本世纪末就能夺得社会中间阶层的大部分，小资产阶级和小农，发展成为国内的起决定作用的力量，其他一切势力不管愿意与否，都得向它低头”①。

第四，恩格斯强调无产阶级及其政党必须坚持自己的“革命权”。恩格斯对利用普选权进行合法斗争的充分肯定，绝不意味着他把议会斗争视为唯一手段，更不意味着放弃无产阶级的“革命权”。恩格斯强调，无产阶级要掌握革命权和做好暴力准备，特别是其他国家的无产阶级政党不要因为德国社会民主党利用普选权就放弃自己的革命权。他指出：“不言而喻，我们的外国同志们没有放弃自己的革命权。须知革命权是唯一的真正‘历史权利’——是所有现代国家无一例外都以它为基础建立起来的唯一权利。”②

为了保证不放弃“革命权”，无产阶级需要建立一支“决定性的‘突击队’”；如果没有了这支“突击队”，“决定性的战斗就会推迟、拖延并且会造成更大的牺牲”③。在恩格斯看来，“我们的主要任务就是不停地促使这种力量增长到超出现行统治制度的控制能力，不让这支日益增强的突击队在前哨战中被消灭掉，而是要把它好好地保存到决战的那一天”④。恩格斯还从革命策略上提出：在决战时刻未到来之前，决不接受统治阶级的挑衅，以避免把工人引到“枪响箭鸣”的地方，消耗自己的力量和遭受不必要的损失，而是要聚集力量，为决定性的战斗做准备。

---

① 《马克思恩格斯文集》第 4 卷，人民出版社 2009 年版，第 551 页。

② 《马克思恩格斯文集》第 4 卷，人民出版社 2009 年版，第 550—551 页。

③ 《马克思恩格斯文集》第 4 卷，人民出版社 2009 年版，第 551 页、第 552 页。

④ 《马克思恩格斯文集》第 4 卷，人民出版社 2009 年版，第 551 页。

## 三、《导言》关于无产阶级革命策略问题的根本要义

《导言》对无产阶级革命策略的新的阐释，是恩格斯对其一生经历的无产阶级革命过程的经验总结和理论升华。

恩格斯晚年主张利用资本主义社会的合法性开展无产阶级斗争是有原则的、有前提条件的。无产阶级要把日常工作中的合法斗争同夺取政权的革命目标结合起来，即把它作为实现夺取政权目标的手段，而不是放弃无产阶级夺取政权的目标，让资本主义自发地、和平地“长入社会主义”；相反，要“痛击关于旧的污秽的东西活泼、温顺、愉快而自由地‘长入’‘社会主义社会’的论调”[①]。党的执行委员会删去的《导言》的文字，正是恩格斯对这一根本要义的相关论述。

恩格斯在1895年3月8日给费舍的回信中，针对党的执行委员会对《导言》的删改，旗帜鲜明地提出了三点不同的意见：

一是在《导言》中，恩格斯的论述是：“凡是要把社会组织完全加以改造的地方，群众自己就一定要参加进去，自己就一定要弄明白这为的是什么，他们为争取什么而去流血牺牲。”[②] 恩格斯不同意把这段论述删改为：“他们一定要弄明白，他们采取行动是为了什么。”[③]

二是在《导言》中，恩格斯提出：“在罗曼语国家里，人们也开始逐渐了解到对旧策略必须加以修正。德国人作出的利用选举权夺取我们所能夺得的一切阵地的榜样，到处都有人效法；无准备的攻击，到处都退到次要地位。”[④] 党的执行委员会建议删去这一论述，只把“无准备的攻击，到处都退到次要地位”的论述，改为“号召无准备的攻击，到处都退到次要地位”。恩格斯认为：“你们的建议有事实上的错误。法国人、意大利人等每天都在运用攻击的号召只是不认真罢了。”[⑤]

三是在《导言》中，恩格斯指出：“现在社会民主党是靠遵守法律来

---

① 《马克思恩格斯文集》第10卷，人民出版社2009年版，第613页。

② 《马克思恩格斯文集》第4卷，人民出版社2009年版，第549页。

③ 《马克思恩格斯文集》第10卷，人民出版社2009年版，第686—687页。

④ 《马克思恩格斯文集》第4卷，人民出版社2009年版，第550页。

⑤ 《马克思恩格斯文集》第10卷，人民出版社2009年版，第687页。

从事颠覆的，要反对社会民主党的颠覆，他们就只能运用秩序党式的颠覆，即非破坏法律不可的颠覆。”[①] 党的执行委员会主张删去“现在”这一限定词，恩格斯指出：“你们想去掉‘现在’一词，也就是把暂时的策略变成永久的策略，把具有相对意义的策略变成具有绝对意义的策略。我不会这样做，也不能这样做，以免使自己永世蒙受耻辱。因此我拒绝写什么相反的东西，我说‘正是现在遵守法律对社会民主党从事颠覆十分有利’。”[②]

显然，恩格斯的这三个方面意见强调的是，在当时的形势下，德国社会民主党应该尽量利用普选权和一切合法手段进行斗争，但是无产阶级开展合法斗争的前提是统治者必须在法律范围内活动，如果政府破坏法律，迫害工人政党，无产阶级就要转向非法斗争，而不会相信任何无端攻击革命暴力的道德说教。如恩格斯所指出的，如果德国统治者方面“破坏帝国宪法，那么社会民主党也就可以放开手脚”，就能随意对待所统治者了，“但是它届时究竟会怎样做，——这点它今天未必会告诉你们”[③]。可见，恩格斯是以科学的、辩证的态度对待无产阶级革命斗争的策略的。不顾一切时间、地点和条件，一味崇尚暴力，是极端愚蠢的；但是如果完全放弃暴力的准备，甚至放弃夺取政权的革命目标，也是绝对不可取的。事实上，恩格斯晚年依然认为：“无产阶级不通过暴力革命就不可能夺取自己的政治统治，即通往新社会的唯一大门……”[④]

1889 年 12 月，意大利资产阶级学者把“社会党将取得多数，然后就将取得政权”的观点强加给恩格斯。恩格斯对此作出严厉驳斥：“我没有说过‘社会党将取得多数，然后就将取得政权’。相反，我强调过，十有八九的前景是，统治者早在这个时候到来以前，就会使用暴力来对付我们了；而这将使我们从议会斗争的舞台转到革命的舞台……”[⑤] 1893 年，法国工人党在议会选举中的胜利，使党的一些领导人冲昏了

① 《马克思恩格斯文集》第 4 卷，人民出版社 2009 年版，第 553 页。
② 《马克思恩格斯文集》第 10 卷，人民出版社 2009 年版，第 687 页。
③ 《马克思恩格斯文集》第 4 卷，人民出版社 2009 年版，第 553 页。
④ 《马克思恩格斯文集》第 10 卷，人民出版社 2009 年版，第 578 页。
⑤ 《马克思恩格斯文集》第 4 卷，人民出版社 2009 年版，第 443 页。

头脑。米勒兰等人极力主张利用资产阶级共和国来实现社会主义。恩格斯针锋相对指出:“共和国像其他任何政体一样，是由它的内容决定的；只要它是资产阶级的统治形式，它就同任何君主国一样地敌视我们（撇开敌视的形式不谈）。因此，无论把它看做本质上是一种社会主义的形式，还是当它还被资产阶级掌握时，就把社会主义的使命委托给它，都是毫无根据的幻想。”①

1892 年 7 月，恩格斯在《英国工人阶级状况》的《1892 年德文第二版序言》中指出：在英国，“工人们从令人信服的实例中看到：只要他们提出要求，并且明白自己要求的是什么，他们在英国就成为一种决定性的力量；1892 年的选举已经在这方面开了一个头。其余的事情，大陆上的工人运动是会去关心的；那些在议会和市镇参议会中已经有那么多代表的德国人和法国人，将以自己的进一步的成绩来鼓舞英国人的奋斗精神”②。恩格斯对英国工人阶级“合法”斗争的成效和意义作了肯定，而且还把这种“合法”斗争看作国际工人运动联合的一种新的形式。与此同时，针对德国工人运动中存在的调和阶级矛盾和冲突的观点，恩格斯指出:“现在也还有不少人，站在不偏不倚的高高在上的立场向工人鼓吹一种凌驾于一切阶级对立和阶级斗争之上的社会主义，这些人如果不是还需要多多学习的新手，就是工人的最凶恶的敌人，是披着羊皮的豺狼。”③

恩格斯晚年对故意曲解他在《导言》中思想的一些观点作过多次批驳。如 1895 年 3 月 30 日《前进报》在其社论《目前革命应该怎样进行》中，未经恩格斯同意，将《导言》断章取义地摘引了几处，严重曲解了恩格斯的观点。在恩格斯的抗议和要求下，《新时代》杂志 1895 年第 27 期和 28 期刊登了经恩格斯删节后的全文。

直到 1930 年，未经修改、删节的《导言》全文才第一次公开发表。在未经修改、删节的《导言》中，恩格斯也并没有完全否定巷战形式。他指出:“这是不是说，巷战在将来就不会再起什么作用了呢？决不是。

---

① 《马克思恩格斯文集》第 10 卷，人民出版社 2009 年版，第 671 页。

② 《马克思恩格斯文集》第 1 卷，人民出版社 2009 年版，第 380—381 页。

③ 《马克思恩格斯文集》第 1 卷，人民出版社 2009 年版，第 371 页。

这只是说，自 1848 年以来，各种条件对于民间战士已经变得不利得多，而对于军队则已经变得有利得多了。所以说，将来的巷战，只有当这种不利的情况有其他的因素来抵消的时候，才能达到胜利。”① 在恩格斯看来，巷战形式和和平议会斗争都只是无产阶级夺取政权、争取社会主义胜利的手段，至于采取哪一种形式，则必须依当时的具体情况而定。恩格斯在临终前还一再声明：“我认为，如果你们宣扬绝对放弃暴力行为，是决捞不到一点好处的。没有人会相信这一点，也没有一个国家的任何一个政党会走得这么远，竟然放弃拿起武器对抗不法行为这一权利。”②

显然，任何试图在《导言》中“发现”恩格斯晚年似乎已经放弃了暴力革命，视和平议会斗争为唯一合法手段的说法，是对恩格斯晚年关于无产阶级革命和策略思想的歪曲，是完全违背恩格斯《导言》的基本思想的。

---

① 《马克思恩格斯文集》第 4 卷，人民出版社 2009 年版，第 548—549 页。

② 《马克思恩格斯文集》第 10 卷，人民出版社 2009 年版，第 686 页。

# 第二十四章 恩格斯论中国

19 世纪 40 年代后期，当中国还完全无人知晓恩格斯的时候，恩格斯已经关注着遥远东方的中国。在恩格斯留下的著述中，可以读到他对这一时期中国社会发展问题的诸多论述，其中有对中国从 19 世纪 40 年代初至 90 年代上半期长达半个世纪的国事国运变迁的关注，有对英国和其他西方列强侵略中国本质的深刻揭露，有对中华民族反抗侵略的高度评价和对中华文明的由衷赞赏，也有对急剧变动中的中国社会前途的深切关注。

恩格斯在其一生的理论研究和革命实践中对中国的关注，时而集中、时而分散，但贯穿其中的主题还是十分清晰的，这就是 19 世纪 40 年代至 90 年代资本主义列强对华贸易和对华战争，以及中国革命和中华文明发展等问题。

## 一、恩格斯对中国问题的长期关注

恩格斯对中国问题的关注，最早可以追溯到 1845 年。这年 2 月，青年恩格斯在爱北斐特的演说中说:“自从中国的港口开放以后，夺取新市场的可能性已经没有了，而只能加紧压榨现有的市场，加之将来工业的扩展要比现在缓慢得多，所以英国现在比以前更不能容忍竞争者了。为了保护本国的工业，使它不致灭亡，英国必须使其他国家的工业停留在很低的水平上；对它来说，保持工业的垄断已经不纯粹是一个获利多少的问题，而变成一个生死存亡的问题了。”① 这里提到的“中国港口的开放”，是指 1842 年中英《南京条约》中提到的开放广州、福州、厦门、宁波、上海等五口岸对外通商。《南京条约》是西方列强强加给中

---

① 《马克思恩格斯全集》第 2 卷，人民出版社 1957 年版，第 623 页。

国的一系列不平等条约中的第一个不平等条约。在这种国际贸易的格局中，恩格斯认为，各国之间的竞争“要激烈得多，要尖锐得多”，将是“一个集中的、大规模的斗争”，并将“引起社会革命”①。

19 世纪 40 年代下半期，恩格斯在同马克思合著的《德意志意识形态》手稿和《共产党宣言》中，都涉及中国问题。他们从“世界历史”的意义上提出:“各个相互影响的活动范围在这个发展进程中越是扩大，各民族的原始封闭状态由于日益完善的生产方式、交往以及因交往而自然形成的不同民族之间的分工消灭得越是彻底，历史也就越是成为世界历史。例如，如果在英国发明了一种机器，它夺走了印度和中国的无数劳动者的饭碗，并引起这些国家的整个生存形式的改变，那么，这个发明便成为一个世界历史性的事实。”②

恩格斯写于 1847 年的《共产主义原理》，作为《共产党宣言》的最初文本，也从“世界历史”意义上提到中国问题。恩格斯指出:“事情已经发展到这样的地步：今天英国发明的新机器，一年之内就会夺去中国千百万工人的饭碗。这样，大工业便把世界各国人民互相联系起来，把所有地方性的小市场联合成为一个世界市场，到处为文明和进步做好了准备，使各文明国家里发生的一切必然影响到其余各国。”③ 1847 年 11 月，恩格斯在伦敦德意志工人教育协会的一次演说中，提到“在中国这个一千多年来一直抗拒任何发展和历史运动的国家中，随着英国人及其机器的出现，一切都变了样，并被卷入文明之中”④ 的问题。

19 世纪 50 年代，恩格斯与马克思一起，为《纽约每日论坛报》写了关于中国问题的系列文章，恩格斯在 1857 年和 1858 年撰写的有《英人对华的新远征》《波斯和中国》《俄国在远东的成功》等文章。除此之外，恩格斯还在其他著述中，对中国问题作出多方面的探讨，主要涉及国际贸易关系中中国的窘迫境况以及中国在世界市场冲击下的衰落等问题。实际上，在《纽约每日论坛报》上发表的关于中国问题的系列文章，可以看作马克思和恩格斯合作撰写的。

---

① 《马克思恩格斯全集》第 2 卷，人民出版社 1957 年版，第 623 页。
② 《马克思恩格斯文集》第 1 卷，人民出版社 2009 年版，第 540—541 页。
③ 《马克思恩格斯文集》第 1 卷，人民出版社 2009 年版，第 680 页。
④ 《马克思恩格斯全集》第 42 卷，人民出版社 1979 年版，第 472 页。

在《新莱茵报。政治经济评论》发表的三篇长篇的国际述评，也是马克思和恩格斯合作的，其中包含了他们对中国问题探讨的一些共同观点和立场。在写于 1850 年 1 月至 2 月的第一篇国际时评中，马克思和恩格斯提出："再谈一件由著名的德国传教士郭士立从中国带回来的有代表性的新鲜奇闻。这个国家的缓慢地但不断地增加的过剩人口，早已使它的社会状况变得为这个民族的大多数人难以忍受。后来英国人来了，夺得了在五个口岸自由通商的权利。成千上万的英美船只开往中国；这个国家很快就为英国和美国用机器生产的廉价工业品所充斥。以手工劳动为基础的中国工业经不住机器的竞争。牢固的中华帝国遭受了社会危机。不再有税金收入，国家濒于破产，大批居民落得一贫如洗，这些居民起而闹事，迁怒于皇帝的官吏和佛教僧侣，打击并杀戮他们。"① 资本主义列强的军事和经济侵略，加剧了中国封建专制制度的内在矛盾，经济全面衰退，"社会危机"极度激化。

在对中国国运的判断中，他们认为："这个国家现在已经接近灭亡，已经面临着一场大规模革命的威胁，但是更糟糕的是，在造反的平民当中有人指出了一部分人贫穷和另一部分人富有的现象，要求重新分配财产，甚至要求完全消灭私有制，而且至今还在要求。当郭士立先生离开 20 年之后又回到文明人和欧洲人中间来的时候，他听到人们在谈论社会主义，于是就问：这是什么意思？别人向他解释以后，他便惊叫起来：'这么说来，我岂不是到哪儿也躲不开这个害人的学说了吗？这正是中国许多暴民近来所宣传的那一套啊！'"② 在马克思和恩格斯看来，社会主义思想必然在中国找到成长的土壤，并将像欧洲一样，成为中国社会革命的指导思想。

在作出这些陈述后，马克思和恩格斯认为："当然，中国社会主义之于欧洲社会主义，也许就像中国哲学与黑格尔哲学一样。但是有一个事实毕竟是令人欣慰的，即世界上最古老最巩固的帝国八年来被英国资产者的印花布带到了一场必将对文明产生极其重要结果的社会变革

---

① 《马克思恩格斯全集》第 10 卷，人民出版社 1998 年版，第 276—277 页。

② 《马克思恩格斯全集》第 10 卷，人民出版社 1998 年版，第 277 页。

的前夕。”① 马克思和恩格斯的这一时评写于 1850 年 1 月，如它们所预见的，一年之后的 1851 年 1 月，太平天国革命在中国爆发。

在写于 1850 年 3 月至 4 月的第二篇国际时评中，马克思和恩格斯提出:“其实，目前对英国‘秩序’威胁最大的并不是来自巴黎的危险，而是这种秩序造成的新的最直接的后果，是那棵英国的自由之树所结出的果实——商业危机。”② 他们提出:“生产日益减缩；几乎所有工厂都缩短工时。工厂指望大陆的春季订货能给工业生产带来暂时的复苏，但是，不仅国内市场、东印度、中国和黎凡特的以前的订货现在多半已经退掉，平常能保证生产两个月的大陆订货由于政局动荡也几乎完全没有了。”③

在写于 1850 年 5 月至 10 月的国际时评中，马克思和恩格斯认为:“由于 1849 年棉纺织业的巨大发展，在同年最后几个月曾再次尝试把商品运到东印度市场和中国市场。但是这些地区还没有卖出去的大批存货使这种尝试很快就破产了。这时，由于原料和殖民地商品消费量的增加，产生了对这些物品进行投机的尝试。但是由于供应突然增加和 1847 年的创伤还记忆犹新，这个尝试也很快就被遏制住了。由于不久前荷兰殖民地的开放，由于太平洋上即将开辟新航线……以及由于 1851 年将举办大型工业博览会，工业将会更加繁荣。在 1849 年，当整个大陆还醉心于革命的时候，英国资产阶级就以令人赞赏的冷静宣布将举办这个博览会。它举办这个博览会，就是要把它从法国到中国的所有仆从召集到一起，来一次重大的考核，他们在这次考核中表明，他们如何利用了自己的时间；就连万能的俄国沙皇也不得不命令他的臣下多派些人参加这次重大的考核。”④

在这篇国际述评中，马克思和恩格斯还提出:“太平洋实际上只是现在才被打开并将成为世界上最重要的大洋……扩大欧洲与查格雷斯之间的航运是日益迫切的了，而亚洲、澳洲和美洲之间的频繁交往要求开辟从巴拿马和圣弗朗西斯科到广州、新加坡、悉尼、新西兰和太平洋的最

① 《马克思恩格斯全集》第 10 卷，人民出版社 1998 年版，第 277 页。
② 《马克思恩格斯全集》第 10 卷，人民出版社 1998 年版，第 355 页。
③ 《马克思恩格斯全集》第 10 卷，人民出版社 1998 年版，第 356 页。
④ 《马克思恩格斯全集》第 10 卷，人民出版社 1998 年版，第 585 页。

重要停泊地桑威奇群岛的规模巨大的新航线。……即使许多公司会破产，轮船还依然存在，而这些轮船将加倍发展大西洋上的运输，开辟太平洋上的交通，把澳大利亚、新西兰、新加坡、中国跟美国联系起来，把环球旅行时间缩短到四个月。”[①]

在这三篇国际述评中，马克思和恩格斯在国际政治和经济关系的一些重要问题上的共识，也为他们几年之后在《纽约每日论坛报》上撰写专门论述中国问题的文章奠定了基础。

19 世纪 60 年代，恩格斯没有撰写专门论述中国问题的文章，但他还是在多篇文章中论及中国问题，他严厉斥责英国对中国的鸦片贸易的罪恶，认为“惟一导致更带毁灭性的直接后果（但不是对本国人民，而是对他国人民）的一种生产，就是英印为毒害中国而进行的鸦片生产”[②]。他在对欧洲经济危机对东方国家冲击的分析中指出:“印度和中国因工厂主们实行委托销售而商品充斥，在斯托克波尔特有两万人罢工。到处都在缩短开工时间，如果这种情况不迅速改变，那末到今年 5 月我们这里就会出现最出色的生产过剩危机。这只能促进激进的改革运动。”[③] 恩格斯还提出:“这里发生了最大的危机，而且这一次是纯粹的（虽然也是相对的）生产过剩。差不多在接连两年当中，纺纱厂主和工厂主将这里找不到销路的商品自费运往印度和中国去委托推销，从而使得本来已经充斥了的市场加倍充斥起来。现在继续这样做已不可能了，因而他们就纷纷破产。”[④]

19 世纪 70 年代，恩格斯对中国问题的探讨，集中于不合理的国际贸易关系的视域，从世界市场的整体上分析中国问题。1871 年，恩格斯在提到国际贸易中英国滥设企业骗财问题时指出:“简单地说，就是 1844 年的再现，当时在中国市场开放以后，厂主们一心只想尽可能多生产商品，因为如他们所说，他们得供应 3 亿人的衣着！然而接着来的是 1845 年和 1847 年的令人心寒的打击，这时忽然发现，3 亿中国人到目前为止，一直还在按照自己的意愿自己做衣服穿。生产过剩的英国商

---

① 《马克思恩格斯全集》第 10 卷，人民出版社 1998 年版，第 590—593 页。
② 《马克思恩格斯全集》第 25 卷，人民出版社 2001 年版，第 50 页。
③ 《马克思恩格斯全集》第 31 卷，人民出版社 1972 年版，第 282 页。
④ 《马克思恩格斯全集》第 32 卷，人民出版社 1974 年版，第 211 页。

品在所有的市场的货栈里堆积如山，找不到销路，而企业主和投机家则成百成千地破产。”①

19世纪80年代，资本主义生产方式中垄断的发展渐成气候，由垄断而引发的国际经济关系中发达国家与不发达国家之间对立和分化的现象愈加突出。1886年3月，恩格斯在给倍倍尔的信中说：“我完全同意你的看法，六个多月的繁荣期将要结束。工商业复苏的唯一前景——这至少对制铁业来说是直接的，对其他行业则是间接的——是中国的铁路建设可能开放；这样，这最后一个闭关自守的、以农业和手工业相结合为基础的文明将被消灭。但是，只要六个月，这个前景就会结束，然后我们也许又要经历一次急性的危机。除了英国在世界市场上垄断地位的崩溃而外，新的交通联络工具，如电报、铁路、苏伊士运河和取代了帆船的轮船等，也促使十年一次的工业周期遭到破坏。如果中国今后将开放，那么不仅生产过剩的最后一个安全阀门将会失灵，而且中国将开始大批向外移民，仅仅这一点就会在整个美洲、澳洲和印度的生产条件方面引起革命，甚至也许还会波及欧洲——如果这里的情况能一直延续到那个时候的话。”②

1892年9月，恩格斯在给尼·弗·丹尼尔逊的信中，更为深刻地揭示了这些现象的本质特征，他提出：资本主义生产作为一个暂时的经济阶段，充满着各种内在矛盾，这些矛盾随着资本主义生产的发展而得到发展。这种在建立自己的市场的同时又破坏这个市场的趋势正是这类矛盾表现之一。在当时的世界经济格局中，在俄国这样一个没有国外市场的国家，资本主义生产所造成的没有出路的状态，比那些在开放的世界市场上更具竞争能力的国家要出现得快一些。在这种状况下，像英国这样具有较强竞争能力的国家，更要寻求世界市场的开拓，需求资本主义的新的世界市场。恩格斯认为，对于英国来说，“最后一个新的市场是中国，这一市场的开辟可以使英国的贸易暂时恢复繁荣。因此，英国资本极力要修建中国的铁路。但是，中国的铁路意味着中国小农经济和家庭工业的整个基础的破坏；由于那里甚至没有中国的大工业来予以平

① 《马克思恩格斯全集》第17卷，人民出版社1963年版，第497页。

② 《马克思恩格斯文集》第10卷，人民出版社2009年版，第550—551页。

衡，亿万居民将陷于无法生存的境地。其后果将是出现世界上从未有过的大规模移民……中国人将充斥美洲、亚洲和欧洲，并将在劳动市场上以中国的生活水准即世界上最低的生活水准，同美洲、澳洲和欧洲的工人展开竞争；如果在那之前欧洲的整个生产体系还没有发生改变，到那时也必定要发生改变”①。恩格斯从世界市场的整体关系上，对资本主义经济侵入中国将引发的中国经济社会发展的灾难性后果，以及由此而必然进一步深化资本主义世界经济矛盾的问题作了深入分析。

1894 年 7 月，中日甲午战争爆发，到 1895 年 4 月《马关条约》签订战争结束。甲午战争给中华民族带来空前严重的民族危机，大大加深了中国社会半殖民地化的程度。还在这场战争刚爆发时，恩格斯在 1894 年 9 月给劳拉·拉法格的信中说:“我认为，中日战争是把日本作为工具的俄国政府挑拨起来的。但是，不管这次战争的直接后果如何，有一点是必不可免的：古老中国整个传统的经济体系将完全崩溃。”② 同月，恩格斯在给考茨基的信中写道:“中日战争意味着古老中国的终结，意味着它的整个经济基础全盘的但却是逐渐的革命化，意味着大工业和铁路等等的发展使农业和农村工业之间的旧有联系瓦解，因而中国苦力大批流入欧洲。”③

## 二、与马克思对中国问题的共同探讨和分析

马克思和恩格斯对中国问题集中论述的时间段，主要是 1853 年 5 月至 1862 年 7 月。在这一时间段内，马克思和恩格斯在《纽约每日论坛报》上发表了论述中国问题的十七篇文章。尽管其中只有三篇文章署名为恩格斯，但这些文章完全可以视作由马克思和恩格斯共同创作的，或者至少在文章的主要观点和基本立场上反映了他们共同的观点。

1858 年 10 月，恩格斯在给马克思的信中提到正在写作《俄国在远东的成功》的情况，认为“如果你需要，在星期二之前或大约这个时

---

① 《马克思恩格斯文集》第 10 卷，人民出版社 2009 年版，第 635—636 页。
② 《马克思恩格斯全集》第 39 卷，人民出版社 1974 年版，第 285 页。
③ 《马克思恩格斯全集》第 39 卷，人民出版社 1974 年版，第 288 页。

间，我可以写一篇关于俄中条约的文章（这个条约对英国和法国来说是多么丢脸！）——自然，只要我的迁移不妨碍我就行。请告诉我这方面的情况，关于你所推测的额尔金的条约和帕姆之间的联系，也请给我一些指示。但也许你自己已经整理了这个材料?”[①] 恩格斯的这封信至少说明了三个方面的问题：第一，给《纽约每日论坛报》所写的文章，在相关资料上，他们是共享的，如在这封信中，恩格斯很自然地提出“也请给我一些指示”的要求；第二，在所写文章的论题上，他们是共同商量的，在文章的基本观点上也是共同探讨的，如在这封信中，恩格斯就提出关于“俄中条约的文章”是否“需要”写的问题，都是经过协商的；第三，由谁最后执笔来写这些文章，也是一起商量的，如在这封信中，恩格斯甚至猜测“也许你自己已经整理了这个材料”等等。不管从哪一方面考虑，这一时期撰写的关于中国问题的文章，马克思和恩格斯在主要观点和基本立场上是完全一致的。

1840—1842 年英国对中国发动第一次鸦片战争之后，马克思和恩格斯就开始关注这次战争产生的重大影响问题，特别是开始从世界历史的视域对中国问题作出探索。第一次鸦片战争是中国近代史的起点，也是马克思和恩格斯集中分析中国问题的着眼点和切入点。

1848 年欧洲革命失败后，欧洲各种革命民主主义的报刊几乎全部遭到取缔。1853 年后，马克思和恩格斯利用美国进步报纸《纽约每日论坛报》约请马克思担任驻伦敦通讯员的机会，在该报发表了大量的时评和政论。1856—1860 年，英国勾结法国对中国发动了第二次鸦片战争，西方资本主义列强对中国的侵略和掠夺不断加强，中国社会的性质也开始发生根本性的变化，独立的封建的中国逐渐沦为半殖民地半封建的中国，中国人民逐步走上了反帝反封建的斗争道路。马克思和恩格斯在 1856 年后更多地关注中国问题，在《纽约每日论坛报》上发表的十七篇文章，除了第一篇《中国革命和欧洲革命》写于 1853 年 5 月，其余十六篇文章都写于 1856 年至 1860 年第二次鸦片战争时期。马克思和恩格斯正是在对两次鸦片战争的起因、进程、直接后果，以及在世界范围内的广泛影响等问题的研究中，对涉及中国社会变革的时代条件、民

① 《马克思恩格斯全集》第 29 卷，人民出版社 1972 年版，第 350—351 页。

族特征和国际环境等一系列重要问题作出了深刻的阐释。

2018 年在纪念马克思诞辰 200 周年之际，中共中央马克思恩格斯列宁斯大林编译局在所编译的《马克思恩格斯论中国》的“编者引言”中，把马克思和恩格斯这一时期写作的 17 篇文章，按照其阐释的主要论题分作四类：

第一类包括《英中冲突》《议会关于对华军事行动的辩论》《英人在华的残暴行动》三篇文章。这三篇文章依据大量的外交公函、官方文件、议会记录和法律条文，深刻揭露了英国政府发动对华战争的目的和过程，揭穿了西方列强为掩盖战争真相而制造的种种谎言和骗局。马克思恩格斯指出，“这场极端不义的战争”是在根本“站不住脚的借口下发生的”[①]，英国在用极其“虚伪和空洞”的理由“为施于中国人的残暴行为进行辩护”[②]。马克思和恩格斯义正词严地指出：“这些不分青红皂白的说法是毫无根据的。英国人控告中国人一桩，中国人至少可以控告英国人九十九桩。”[③]

第二类包括《欧洲的金融危机。——货币流通史片段》《帕麦斯顿内阁的失败》《英国即将来临的选举》《鸦片贸易史》《英中条约》《新的对华战争》《对华贸易》《英国的政治》八篇文章。在这些文章中，马克思和恩格斯以铁的事实揭露了英国的鸦片贸易给中国造成的严重危害，指出“这种触目惊心的贸易”“无论就可以说是构成其轴心的那些悲惨冲突而言，还是就其对东西方之间一切关系所发生的影响而言，在人类历史记录上都是绝无仅有的”[④]。中国人民反对鸦片贸易是天经地义的行动；而英国政府竟用“海盗式的借口”对中国采取“海盗式的敌对行动”，进而以“海盗式掠夺精神”对中国悍然发动“海盗式的战争”。英国发动的两次鸦片战争是“无比残忍的蹂躏屠杀”[⑤]，英国资产阶级政府“在对中国人的关系上把战争的所有国际法准则破坏无遗”[⑥]。

---

① 《马克思恩格斯文集》第 2 卷，人民出版社 2009 年版，第 620 页。

② 《马克思恩格斯文集》第 2 卷，人民出版社 2009 年版，第 620 页、第 618 页。

③ 《马克思恩格斯文集》第 2 卷，人民出版社 2009 年版，第 620—621 页。

④ 《马克思恩格斯文集》第 2 卷，人民出版社 2009 年版，第 631 页。

⑤ 《马克思恩格斯全集》第 16 卷，人民出版社 2007 年版，第 106 页。

⑥ 《马克思恩格斯全集》第 19 卷，人民出版社 2006 年版，第 51 页。

马克思和恩格斯深刻地分析了近代中国走向衰落，以致在鸦片战争中惨遭失败的根本原因。他们指出："满族王朝的声威一遇到英国的枪炮就扫地以尽，天朝帝国万世长存的迷信破了产"[①]，"依靠小农业与家庭工业相结合而存在的中国社会经济结构"[②] 只能维持低下的生产力水平，落后的生产方式必然阻碍经济和技术的发展，"以手工劳动为基础的中国工业经不住机器的竞争。牢固的中华帝国遭受了社会危机"[③]。国家根本没有经济实力和军事实力来抵御列强的侵犯，封建朝廷只能在外来侵略势力威逼下签订丧权辱国的不平等条约，以求封建专制统治的苟延残喘。

马克思和恩格斯还对导致中国方面失败的两个直接原因作了分析：一是中国政府长期实行闭关锁国政策。马克思和恩格斯生动地指出了这种政策的必然后果："与外界完全隔绝曾是保存旧中国的首要条件，而当这种隔绝状态通过英国而为暴力所打破的时候，接踵而来的必然是解体的过程，正如小心保存在密闭棺材里的木乃伊一接触新鲜空气便必然要解体一样。"[④] 他们指出："一个人口几乎占人类三分之一的大帝国，不顾时势，安于现状，人为地隔绝于世并因此竭力以天朝尽善尽美的幻想自欺。这样一个帝国注定最后要在一场殊死的决斗中被打垮……"[⑤] 这种"人为地隔绝于世"的政策，不仅阻碍了经济发展、科技进步和政治变革，而且对人们的思维方式和文化心理造成了负面影响，形成了昧于时势、安于现状、惯于因循、耽于幻想甚至甘于自欺的精神状态。二是中国政治制度腐朽，各级行政机构中腐败现象严重。马克思和恩格斯指出，中国这样一个帝国"很腐败，无论是控制自己的人民，还是抵抗外国的侵略，一概无能为力"[⑥]。许多官员在国家危难之际不是心忧天下、克己奉公，而是乘机渔利、收受贿赂，"随着鸦片日益成为中国人的统治者，皇帝及其周围墨守成规的大官们也就日益丧失自己的统治权"[⑦]。

---

① 《马克思恩格斯文集》第 2 卷，人民出版社 2009 年版，第 608 页。
② 《马克思恩格斯文集》第 2 卷，人民出版社 2009 年版，第 672 页。
③ 《马克思恩格斯全集》第 10 卷，人民出版社 1998 年版，第 277 页。
④ 《马克思恩格斯文集》第 2 卷，人民出版社 2009 年版，第 609 页。
⑤ 《马克思恩格斯文集》第 2 卷，人民出版社 2009 年版，第 632 页。
⑥ 《马克思恩格斯文集》第 2 卷，人民出版社 2009 年版，第 650 页。
⑦ 《马克思恩格斯文集》第 2 卷，人民出版社 2009 年版，第 608 页。

在这种情况下，即便这个国家拥有足够的经济和军事实力，即便中国军队“决不缺乏勇敢和锐气”[①]，也根本不可能改变战败的结局。

第三类包括《俄国的对华贸易》《中国和英国的条约》《俄国在远东的成功》三篇文章。在这三篇文章中，马克思和恩格斯揭露了沙皇俄国侵夺中国领土和财富的野心和阴谋。他们指出，俄国人借英国和法国发动侵华战争之机，强迫中国政府签订了“一个使它有权沿黑龙江航行并在陆上边界自由贸易的条约”，继而又“获得了鞑靼海峡和贝加尔湖之间价值无量的地域”，“夺取了中国的一块大小等于法德两国加在一起的领土和一条同多瑙河一样长的河流”[②]。马克思和恩格斯还揭露了沙皇政府狡诈的外交手腕:“当英国和法国对中国进行一场代价巨大的斗争时，俄国保持中立，到战争快结束时才插手干预”，它“以处于弱者地位的中国人的无私保护人身份出现，而且在缔结和约时俨然以调停者自居”[③]。结果，“英、法所得的一切明显利益，不管是什么，俄国都有份，而且俄国还得到了黑龙江边的整个地区，这个地区是它早已悄悄占领的”[④]。

第四类包括《中国革命和欧洲革命》《英人对华的新远征》《波斯和中国》三篇文章。马克思和恩格斯认为，中国这个古老的东方国家只能而且必将在人民革命中获得新生。马克思和恩格斯指出：在 19 世纪中叶的中国，“压抑着的、鸦片战争时燃起的仇英火种，爆发成了任何和平和友好的表示都未必能扑灭的愤怒烈火”[⑤]。马克思和恩格斯阐明了中国人民斗争的正义性质，强调“这是‘保卫社稷和家园’的战争，这是一场维护中华民族生存的人民战争”[⑥]。马克思和恩格斯密切关注中国各地自鸦片战争以来发生的反抗风潮，特别是太平天国革命运动的崛起与发展。1853 年，在太平军攻占南京两个月后，他们就指出，“中国的连绵不断的起义已经延续了约十年之久，现在汇合成了一场惊心动魄

① 《马克思恩格斯全集》第 16 卷，人民出版社 2007 年版，第 106 页。
② 《马克思恩格斯文集》第 2 卷，人民出版社 2009 年版，第 648 页、第 650 页。
③ 《马克思恩格斯文集》第 2 卷，人民出版社 2009 年版，第 649—650 页。
④ 《马克思恩格斯文集》第 2 卷，人民出版社 2009 年版，第 652 页。
⑤ 《马克思恩格斯文集》第 2 卷，人民出版社 2009 年版，第 621 页。
⑥ 《马克思恩格斯文集》第 2 卷，人民出版社 2009 年版，第 626 页。

的革命”[1]。尽管这场革命带有明显的历史局限性，但它动摇了清朝统治，打击了外国侵略者，对中国近代历史产生了深远影响。马克思和恩格斯预言：旧中国死亡的时刻正在迫近，中华民族将以崭新的面貌屹立于东方，“过不了多少年，我们就会亲眼看到世界上最古老的帝国的垂死挣扎，看到整个亚洲新纪元的曙光”[2]。

《马克思恩格斯论中国》的“编者引言”所作的概括就是：“在这些文章中，马克思和恩格斯从经济、政治和文化角度分析了近代中国社会的特点，揭露了英、法、俄、美等国对华战争的侵略本质和血腥暴行，谴责西方列强通过极不平等的贸易、虚伪狡诈的外交和凶残酷虐的暴力对中华民族进行的掠夺和蹂躏。马克思和恩格斯深切同情中国人民遭受的苦难和屈辱，科学评价中国农民起义发生的原因和历史作用，热情支持中国人民为抵御列强侵略、捍卫国家主权、反抗封建压迫、争取民主自由而进行的正义斗争。他们对中国革命寄予殷切期望，指出它必将对欧洲革命产生重要影响，并且满怀深情地预言：随着中华民族的重新崛起，整个亚洲将升起历史新纪元的曙光。”[3]

## 三、对鸦片战争的分析和探讨

19 世纪 30 年代初，为了贸易上的盈亏局势，英国非法输入中国的鸦片量不断增加。他们迅速地把在印度种植鸦片和向中国私卖鸦片变成自己财政系统的不可分割的部分。通过对华鸦片贸易，英国成功逆转了中英正常贸易的不利局面，扭转了贸易差额，但他们的工业产品依然在中国被“免疫”。马克思认为：“在 1830 年以前，中国人在对外贸易上经常是出超，白银不断地从印度、英国和美国向中国输出。可是从 1833 年，特别是 1840 年以来，由中国向印度输出的白银，几乎使天朝帝国的银源有枯竭的危险。”[4] 如马克思在 1856 年 11 月在《纽约每日论坛报》上发表的《欧洲的金融危机。——货币流通史片

---

① 《马克思恩格斯文集》第 2 卷，人民出版社 2009 年版，第 607 页。
② 《马克思恩格斯文集》第 2 卷，人民出版社 2009 年版，第 628 页。
③ 《马克思恩格斯论中国》，人民出版社 2018 年版，第 3—4 页。
④ 《马克思恩格斯文集》第 2 卷，人民出版社 2009 年版，第 608 页。

段》一文中指出的："只是到后来，英国的仁慈强迫中国进行正式的鸦片贸易，用大炮轰开了万里长城，以武力打开了天朝同尘世往来的大门，金属货币流通中才发生这种急剧的转变。因此，当中国的白银流到中印边境的时候，英国和美国把自己的工业品大量倾销到中国的太平洋沿岸地区。"①

1856年10月第二次鸦片战争爆发。恩格斯1857年4月初撰写的《英人对华的新远征》一文，在4月17日的《纽约每日论坛版》上以社论形式刊发。恩格斯把正在进行的这场战争，称为继1840年鸦片战争之后英国对中国的"新远征"。恩格斯指出："如果英国人向中国人挑起的这场争端达到顶点，那就可以预料，其结果将是一次新的陆海军远征，与1841—1842年因鸦片争端而引起的远征一样。"②

在《英人对华的新远征》中，恩格斯着重于对第一次鸦片战争的回顾，揭示那次战争的真相。马克思和恩格斯极其反感英国和欧美其他国家主流媒体对西方列强侵略东方社会的歪曲报道，特别是对英国《泰晤士报》《每日电讯》《笨拙》《经济学家》等媒体以及法国和美国某些报刊用卑劣手法颠倒黑白、蓄意传播错误信息的行径表示强烈的愤慨，斥之为战争罪行的"最忠实的辩护者"、资产阶级政府"最卑鄙的走卒"③。恩格斯着力于回顾已经过去十多年的那场战争，一方面是为了澄清是非，还原那场战争的目的和真相；另一方面也是为了以史为镜，揭露这次"新远征"的起因和本质。

回顾历史，恩格斯提到，第一次鸦片战争爆发后，英国的远征军在1841年8月21日由香港出发，首先占领厦门，随后在10月1日占领了舟山岛，把这个岛作为他们以后军事行动的基地。恩格斯认为，英国远征军的"这种军事行动的目的，在于侵入中部大河长江，并溯江而上，直达离江口约200英里的南京城。长江把中国分为截然不同的南北两部分。自南京顺流而下约40英里处，皇家运河流入并穿过大江，这条运河是南北各省之间的通商要道。采取这种进攻步骤的用意是，夺取这条

① 《马克思恩格斯全集》第12卷，人民出版社1962年版，第73页。
② 《马克思恩格斯全集》第16卷，人民出版社2007年版，第102页。
③ 《马克思恩格斯文集》第2卷，人民出版社2009年版，第637页、第647页。

重要通道就会置北京于死地，迫使皇帝立即媾和”[①]。

恩格斯首先叙述了上海的战事。1842 年 6 月 13 日，英军在亨利·璞鼎查爵士率领下逼近了吴淞，到达与此地同名小河的河口。这条河由南流来，在紧靠长江注入黄海的地方流入长江口。吴淞口是位于它南面不远的上海的港口。吴淞口岸边建有炮台，可是它们全被毫不费力地攻下了。接着一支入侵的军队向上海进发，上海未经任何抵抗就沦陷了。长江岸边安分怕事的居民，度过了将近二百年的长期和平生活，现在才第一次经历战争。虽然英军当时还没有遇到居民的什么抵抗，可是江口本身和从海上接近江口的地方却极难通过。长江江口广阔，它的两岸在入海处半为泥滩，几乎很难辨认，因为海面在离岸许多里格内是一片黄浊，黄海即由此得名。打算驶入长江的船只不得不谨慎地沿南岸前进，不断地用水砣测量深度，以免碰上由流沙形成的堵塞江道的浅滩。沿江口直到巨大的崇明岛北端，到处都有这种浅滩；崇明岛位于江口中心，把江口分成两条水道。过了这个长约 30 英里的崇明岛以后，长江两岸即开始高出水面，可是水道却十分曲折。海潮可涨到镇江府，镇江府约在长江口与南京距离之半的地方。英国舰队在到达这个地点以前，遇到了一些严重的困难。从舟山停泊处出发，用了 15 天才走了 80 英里。在崇明岛附近，曾有几艘较大的船只搁浅，但涨潮后就驶开了。

接着，恩格斯在对镇江战事的叙述中，提到中国军人奋力抵抗的悲壮情景：“英国人在克服了这些困难和逼近镇江城的时候，才充分认识到：这些中国的鞑靼士兵无论军事技术怎样差，却决不缺乏勇敢和锐气。这些鞑靼士兵总共只有 1500 人，但殊死奋战，直到最后一人。他们在应战以前好像就已料到战斗的结局，他们将自己的妻子儿女绞死或者淹死。后来从井中曾打捞出许多尸体。主将看到大势已去，就焚烧了自己的房屋，投火自尽。”[②] 恩格斯愤怒地斥责了英国远征军的暴行，说道，“在这次攻击中，英军损失了 185 人，他们为了报复，在劫城的时候进行了无比残忍的蹂躏屠杀。英军此次作战自始至终大发兽性，这

---

① 《马克思恩格斯全集》第 16 卷，人民出版社 2007 年版，第 105 页。

② 《马克思恩格斯全集》第 16 卷，人民出版社 2007 年版，第 106 页。

种兽性和引起这次战争的贩私贪欲完全相符。如果这些侵略者到处都遭到同样的抵抗，他们绝对到不了南京。可是事实上不是这样。对岸的瓜洲城投降了，并交出了300万元的赎金，英国海盗自然是分外高兴地将这笔钱放进了腰包里”[①]。最后，恩格斯对南京战事的结局作了概述："但是没有什么力量能够制止这些军舰开往南京。8月9日，英军终于在南京城下抛锚了。结果不出英军所料。皇帝恐惧万分，只得于8月29日签订条约；而现在英国人就是借口中国人破坏了这个条约而提出了以新战争相威胁的新要求。”[②]

在对第一次鸦片战争战事的概述后，恩格斯写道："如果这次新战争真的打起来，大概还会按前一次战争的样子来进行。但是，现在有许多原因使英国人不能指望得到同样轻易的成功了。”[③] 第一次鸦片战争的经验和教训，“中国人是不会白白忘掉的。不久以前在珠江的军事行动中，中国人在炮兵射击和防御方法上技术大有进步，以致使人怀疑在中国军队中是否有欧洲人”[④]。恩格斯认为："在一切实际事务中——而战争就是极其实际的——中国人远胜过一切东方人，因此毫无疑问，英国人定会发现中国人在军事上是自己的高才生。”[⑤] 其次，如果英军这次又企图溯长江而上，他们很可能遇到看来他们在上次战争中没有遇到的人工设置的障碍。再次，最重要的一点是，再度占领南京，未必会在北京朝廷中引起像上次那样的惶恐不安。恩格斯分析了太平天国革命后，南京及其周围很大部分地区都是在起义者的手里，出现了“有一个——也许是几个——起义领袖以南京为自己的大本营”[⑥] 的态势。“在这种情况下，英军如占领南京，对于皇帝来说那可能是求之不得的。将起义者赶出南京，这倒是替皇帝效劳，但英军占领这个城市后，要守住它，将会是一件相当困难、麻烦和危险的事情，而且近来的经验已经证明，南京被一支敌军占领，对于北京或皇帝的统治可能也不会马上造

---

① 《马克思恩格斯全集》第16卷，人民出版社2007年版，第106页。
② 《马克思恩格斯全集》第16卷，人民出版社2007年版，第106页。
③ 《马克思恩格斯全集》第16卷，人民出版社2007年版，第107页。
④ 《马克思恩格斯全集》第16卷，人民出版社2007年版，第107页。
⑤ 《马克思恩格斯全集》第16卷，人民出版社2007年版，第107页。
⑥ 《马克思恩格斯全集》第16卷，人民出版社2007年版，第107页。

成什么致命的后果。”[①]

如恩格斯所预料的，这次英国远征军到达上海后，即联合法国、俄国和美国，四国公使在 1858 年 4 月率舰陆续来到大沽口外，分别照会清政府，要求六日内指派全权大臣谈判。俄、美的照会还表示愿意充当“调停人”。咸丰帝一面命令清军在天津、大沽设防，一面派直隶总督谭廷襄为钦差大臣，前往大沽交涉，并把希望寄托在俄、美公使的所谓“调停”上。英、法侵略者并无谈判诚意，只是以此拖延，加紧军事准备。1858 年 5 月 20 日英法联军炮轰大沽炮台，驻守各炮台的清军奋起还击，与敌鏖战。但谭廷襄等毫无斗志，弃守逃亡，加以炮台设施陈陋，孤立无援，大沽失陷。26 日，英法联军溯白河而上，侵入天津城郊，并扬言要进攻北京。6 月 13 日，清政府慌忙另派大学士桂良、吏部尚书花沙纳为钦差大臣，赶往天津议和。桂良等在英法侵略者威逼恫吓下，分别与俄、英、法、美签订《天津条约》。

第二次鸦片战争的结局，也如恩格斯所预料的那样：第一次鸦片战争“英国人轻而易举地向中国人勒索到大宗银两，这很可能引诱他们再进行一次同样的尝试；他们是这样一个民族，虽然非常厌恶我们的掠夺本性，但是自己却保留了大量的——并不比我们少一些——为我们 16 世纪和 17 世纪共同祖先所特有的那种古老的海盗式掠夺精神”[②]。

## 四、对中国社会发展趋向的探索

1857 年 5 月，恩格斯在《波斯和中国》一文中指出：“英印军队是所有按照欧洲方式组织起来的东方军队中最老的一支，也是唯一不隶属于东方政府而隶属于纯粹欧洲式政府，并且差不多完全由欧洲军官指挥的军队。很自然，在上述那种情况下，这样一支军队，又有大量英国后备部队和强大海军做后盾，是不难把波斯的正规军击溃的。”[③] 恩格斯分析，如果攻克布什尔和穆罕默腊的军队调往中国，结果可能就不是这

---

① 《马克思恩格斯全集》第 16 卷，人民出版社 2007 年版，第 107 页。

② 《马克思恩格斯全集》第 16 卷，人民出版社 2007 年版，第 102 页。

③ 《马克思恩格斯全集》第 2 卷，人民出版社 2009 年版，第 625 页。

样，“在中国，他们将遇到不同的敌人。抗击他们的将不是依照欧洲方式部署的部队，而是大群亚洲人摆成的不规则的战阵。毫无疑问，他们将不难对付这种队伍。可是，如果中国人发起全民战争来抵抗他们，如果……毫无顾虑地运用他们善于运用的唯一武器，英国人又怎么办呢?”[①]

恩格斯认为，第二次鸦片战争爆发后，“中国人的情绪与1840—1842年战争时的情绪已显然不同。那时人民保持平静，让皇帝的军队去同侵略者作战，失败之后，则抱着东方宿命论的态度屈从于敌人的暴力。但是现在，至少在迄今斗争所及的南方各省，民众积极地而且是狂热地参加反对外国人的斗争。他们经过极其冷静的预谋，在供应香港欧洲人居住区的面包里大量地投放了毒药。(有几只面包送交李比希化验。他发现面包的各个部分都含有大量的砒霜，这表明在和面时就已掺入砒霜。但是药量过大，结果一定是变成了呕吐剂，因而抵消了毒效。）他们暗带武器搭乘商船，而在中途杀死船员和欧洲乘客，夺取船只。他们绑架和杀死所能遇到的每一个外国人。连移民到外国去的苦力都好像事先约定好了，在每一艘移民船上起来暴动，夺取船只，他们宁愿与船同沉海底或者在船上烧死，也不投降。甚至国外的华侨——他们向来是最听命和最驯顺的臣民——也进行密谋，突然在夜间起事，如在沙捞越就发生过这种情形；又如在新加坡，当局只是靠武力和戒备才压制住他们”[②]。面对英国侵略者，恩格斯义正词严地指出:“是英国政府的海盗政策造成了这一所有中国人普遍奋起反抗所有外国人的局面，并使之表现为一场灭绝战。”[③]

从反侵略战争的正义性上，恩格斯对中国人民的奋力反抗给予高度评价，对英国侵略者及其“辩护士”进行了严厉鞭挞。他指出:“这些把炽热的炮弹射向毫无防御的城市、杀人又强奸妇女的文明贩子们，尽可以把中国人的这种抵抗方法叫做卑劣的、野蛮的、凶残的方法；但是只要这种方法有效，那么对中国人来说这又有什么关系呢?既然英国人把

① 《马克思恩格斯全集》第2卷，人民出版社2009年版，第625页。
② 《马克思恩格斯文集》第2卷，人民出版社2009年版，第625—626页。
③ 《马克思恩格斯文集》第2卷，人民出版社2009年版，第626页。

他们当做野蛮人对待，那么英国人就不能反对他们充分利用他们的野蛮所具有的长处。如果他们的绑架、偷袭和夜间杀人就是我们所说的卑劣行为，那么这些文明贩子们就不应当忘记：他们自己也承认过，中国人采取他们通常的作战方法，是不能抵御欧洲式的破坏手段的。”①

第二次鸦片战争结束后，1858 年 10 月，恩格斯在《俄国在远东的成功》一文中，对俄国在战争中的充当“调停人”行径严加鞭笞。恩格斯认为：“当英国和法国对中国进行一场代价巨大的斗争时，俄国保持中立，到战争快结束时才插手干预。结果，英国和法国对中国进行的战争只是让俄国得到了好处。这一回俄国的处境可真是再顺利没有了。摇摇欲坠的亚洲帝国正在一个一个地成为野心勃勃的欧洲人的猎获物。这里又有一个这样的帝国，它很虚弱，很衰败，甚至没有力量经受人民革命的危机，在这里，就连一场激烈爆发的起义也都变成了看来无法医治的慢性病；它很腐败，无论是控制自己的人民，还是抵抗外国的侵略，一概无能为力。”② 在第二次鸦片战争中，“当英国终于决定打到北京，而法国也希望捞到一点好处而同英国联合起来的时候，俄国——尽管就在此时夺取了中国的一块大小等于法德两国加在一起的领土和一条同多瑙河一样长的河流——竟能以处于弱者地位的中国人的无私保护人身份出现，而且在缔结和约时俨然以调停者自居；如果我们把各国条约比较一下，就必须承认：这次战争不是对英、法而是对俄国有利，已成为昭然若揭的事实”③。

第二次鸦片战争之后，英国、法国、美国和俄国勾结在一起，对中国进一步大肆侵略和掠夺。在对资本主义列强合伙瓜分中国态势的分析中，恩格斯认为：“英国没有得到任何新的领土，因为它无法提出领土要求而同时又不准法国这样做，而一场英国进行的战争如果使法国在中国沿海得到了领土，那是绝对没有好处的。至于俄国，情况完全不同。不但英、法所得的一切明显利益，不管是什么，俄国都有份，而且俄国还得到了黑龙江边的整个地区，这个地区是它早已悄悄占领的。俄国并不

① 《马克思恩格斯文集》第 2 卷，人民出版社 2009 年版，第 626 页。
② 《马克思恩格斯文集》第 2 卷，人民出版社 2009 年版，第 649—650 页。
③ 《马克思恩格斯文集》第 2 卷，人民出版社 2009 年版，第 650 页。

满足于此，它还取得了这样一个成果，即成立俄中委员会来确定边界。”[①] 从俄国在亚洲实力的大肆扩张来看，恩格斯认为：“不难想象，在北京设立常驻使馆将会产生什么作用。请回想一下君士坦丁堡或德黑兰吧。凡是俄国外交同英国外交或法国外交交锋的地方，俄国总是占上风。俄国公使在几年以后就可能在与北京相隔一个月路程的恰克图拥有一支足以达到任何目的的强大军队和一条供这支军队顺利进军的道路——这样一位俄国公使在北京将具有无上的威力，谁能怀疑这一点呢？”[②]

恩格斯认为：“事实是，俄国正在迅速地成为亚洲的头等强国，它很快就会在这个大陆上压倒英国。由于征服了中亚细亚和吞并了满洲，俄国使自己的领地增加了一块像除俄罗斯帝国外的整个欧洲那样大的地盘，并从冰天雪地的西伯利亚进入了温带。中亚细亚各河流域和黑龙江流域，很快就会住满俄国的移民。这样获得的战略阵地对于亚洲，正如在波兰的阵地对于欧洲一样，具有重要的意义。占领图兰威胁着印度；占领满洲威胁着中国。而中国和印度，两国共有 45000 万人口，现在是亚洲举足轻重的国家。”[③]

还在第二次鸦片战争进行时，恩格斯就认为：“正当英法两国的海陆军向香港集结之际，西伯利亚边界线上的哥萨克缓慢地但是不停地把他们的驻屯地由达斡尔山向黑龙江沿岸推移，俄国海军陆战队则构筑工事把满洲的良好港湾包围起来。中国的南方人在反对外国人的斗争中所表现的那种狂热本身，似乎表明他们已觉悟到旧中国遇到极大的危险；过不了多少年，我们就会亲眼看到世界上最古老的帝国的垂死挣扎，看到整个亚洲新纪元的曙光。”[④] 在腥风血雨中绝境重生，在攻坚克难中砥砺前行，一代代中国志士仁人不懈奋斗，直到中国共产党的成立，才找到了中华民族复兴之路，才开始显现中国乃至亚洲和世界的“新纪元的曙光”。

自 19 世纪 60 年代初第二次鸦片战争之后，中国社会进一步沦落；

---

① 《马克思恩格斯文集》第 2 卷，人民出版社 2009 年版，第 652 页。
② 《马克思恩格斯文集》第 2 卷，人民出版社 2009 年版，第 653 页。
③ 《马克思恩格斯文集》第 2 卷，人民出版社 2009 年版，第 653 页。
④ 《马克思恩格斯文集》第 2 卷，人民出版社 2009 年版，第 628 页。

到 19 世纪 90 年代中期中日甲午战争爆发，中国社会的危机达到极其严重的程度。1894 年战争爆发后，恩格斯在这一年 9 月就认为："中日战争是把日本作为工具的俄国政府挑拨起来的。但是，不管这次战争的直接后果如何，有一点是必不可免的：古老中国整个传统的经济体系将完全崩溃。在那里，同家庭工业结合在一起的过时的农业体系，是通过严格排斥一切对抗成分而人为地维持下来的。这种全盘排外的状况，已由同英国人和法国人的战争而部分地打破了；这种状况将由目前这场同亚洲人、即中国人最邻近的敌手的战争来结束。"[①] 如恩格斯所预言的那样，甲午战争后的中国，使中国社会的危机急剧深化，中国封建专制制度最后的"完全崩溃"成为必然的历史趋势。

在世界经济政治格局中，恩格斯对中国社会的发展趋势作出分析："在陆地和海上打了败仗的中国人将被迫欧化，全部开放它的港口通商，建筑铁路和工厂，从而把那种可以养活这亿万人口的旧体系完全摧毁。过剩人口将迅速、不断地增长——从土地上被赶走的农民奔向沿海到别的国家谋生。现在是成千成千地外流，到那时就会成百万地出走。那时，中国苦力将比比皆是——欧洲、美洲和澳大利亚都有。他们将试图把我们工人的工资和生活水平降到中国的水平。那时我们欧洲工人的时刻也就会到来。英国人将首先起来；他们身受这种渗入之害，就会起来斗争。我很希望这次中日战争能使我们在欧洲的胜利至少加速五年并使它空前顺利，因为这次战争将把一切非资本主义阶级都吸引到我们方面来。对中国人感兴趣的只有大土地所有者和工厂主。"[②] 恩格斯已经从全球化的视域来看待世界经济格局的变化及其趋势。

这一年 9 月，恩格斯在给考茨基的信中涉及中国社会发展趋势的问题，他认为："中日战争意味着古老中国的终结，意味着它的整个经济基础全盘的但却是逐渐的革命化，意味着大工业和铁路等等的发展使农业和农村工业之间的旧有联系瓦解，因而中国苦力大批流入欧洲。对我们来说，这是加速崩溃并使冲突加剧到危机的地步。这又是历史的一个奇妙的讽刺：资本主义生产只有中国尚待征服了，最后它征服了中国，但

① 《马克思恩格斯全集》第 39 卷，人民出版社 1974 年版，第 285 页。
② 《马克思恩格斯全集》第 39 卷，人民出版社 1974 年版，第 285—286 页。

它本身在自己祖国的存在却成为不可能了。"① 在恩格斯看来，欧洲资本主义在中国的侵略，将激化中国社会经济基础发生“革命化”的变局，最后将“终结”中国封建专制制度；而欧洲资本主义列强对中国的“征服”，也将成为欧洲资本主义冲突加剧和危机深化，引发资本主义制度本身在欧洲的消亡。

① 《马克思恩格斯全集》第 39 卷，人民出版社 1974 年版，第 288 页。

# 第二十五章　恩格斯思想与马克思主义中国化的新飞跃

马克思主义中国化的第二次历史性飞跃，是马克思主义与当代中国和世界发展实际相结合的过程。在这一过程中，马克思主义理论在当代中国得到更为深入和更为广泛的理解和应用，特别是恩格斯一系列重要理论观点，成为中国特色社会主义理论体系形成和发展的重要的思想资源；同时，在这一过程中，中国特色社会主义理论体系也赋予马克思主义理论及恩格斯思想以新的时代特色，推进了 21 世纪马克思主义的新发展。

在恩格斯诞辰 200 周年之际，我们对恩格斯思想在马克思主义中国化第二次历史性飞跃的意义作一概览。

## 一、“改革的”社会主义与中国社会主义的改革

恩格斯晚年极为重视未来社会发展理论的探讨。1890 年，德国社会民主党的《人民论坛》开展了对未来社会问题即“社会主义社会”问题的辩论，辩论的主题是社会主义社会的产品分配是“按照劳动量分配呢，还是用其他方式”的问题。这一年 8 月 5 日，恩格斯在给康拉德·施米特的信中，对这一辩论中存在的思想方法上的一些偏误提出了自己的看法。他认为:“在所有参加辩论的人看来，‘社会主义社会’并不是不断改变、不断进步的东西，而是稳定的、一成不变的东西，所以它应当也有个一成不变的分配方式。而合理的想法只能是:（1）设法发现将来由以开始的分配方式，（2）尽力找出进一步的发展将循以进行的总趋向。可是，在整个辩论中，我没有发现一句话是关于这方面内容的。”[①]

---

① 《马克思恩格斯文集》第 10 卷，人民出版社 2009 年版，第 586—587 页。

在这里，恩格斯没有对“社会主义社会”作出任何具体的描述，而是提出如何运用唯物史观方法论，科学地看待“社会主义社会”所具有的“不断改变、不断进步”的性质问题、科学地看待“社会主义社会”由以开始的物质基础和进一步发展的“总趋势”问题。恩格斯提出的这两个方面的问题，也正是中国特色社会主义改革开放进程中需要解决的重大的理论和实践问题。

1890 年 8 月 21 日，恩格斯在给奥托·冯·伯尼尔的信中，对这两个方面问题的回答是:“我认为，所谓‘社会主义社会’不是一种一成不变的东西，而应当和任何其他社会制度一样，把它看成是经常变化和改革的社会。它同现存制度的具有决定意义的差别当然在于，在实行全部生产资料公有制（先是国家的）基础上组织生产。即便明天就实行这种变革（指逐步地实行），我根本不认为有任何困难。”[①] 恩格斯的这一思想，成为马克思主义关于社会主义社会问题探讨的基本观点和方法，对中国特色社会主义的改革和发展的探索发生了重要的理论的和实践的影响。

1978 年 12 月，在我们党和国家发展的重大历史关头召开的十一届三中全会，使党和国家事业摆脱危难境地而重新奋起，就在于明确了社会主义社会“不是一种一成不变的东西……是经常变化和改革的社会”[②]。即如邓小平当时指出的:“如果现在再不实行改革，我们的现代化事业和社会主义事业就会被葬送。”[③] 1984 年 10 月，十二届三中全会通过的《中共中央关于经济体制改革的决定》提出:“要结合改革的实际，对广大党员和群众进行关于改革的理论和政策的生动教育，使他们充分认识具有中国特色的社会主义应该充满活力，既区别于过去那种僵化的模式，又与资本主义根本不同，加深对社会主义的科学理解，自觉投身于改革的伟大实践。”[④] 从此，改革成为中国特色社会主义的显著特征，发展成为中国特色社会主义的鲜明主题，改革和发展深刻地融入中国特色社会主义的全部实践和整体理论之中。

---

① 《马克思恩格斯文集》第 10 卷，人民出版社 2009 年版，第 588 页。

② 《马克思恩格斯全集》第 37 卷，人民出版社 1971 年版，第 443 页。

③ 《邓小平文选》第 2 卷，人民出版社 1994 年版，第 150 页。

④ 《改革开放三十年重要文献选编》上，中央文献出版社 2008 年版，第 360 页。

1991 年 7 月 1 日，在回顾中国共产党 70 年发展历程，特别是在回顾改革开放新时期中国特色社会主义发展历程时，江泽民在以“当代中国共产党人的庄严使命”为主题的讲话中说明：恩格斯早就指出：“所谓‘社会主义社会’不是一种一成不变的东西，而应当和任何其他社会制度一样，把它看成是经常变化和改革的社会。”社会主义制度只有在坚持这种自身改革的进程中，才能逐步走向健全、走向完善、走向成熟。我们中国共产党人的历史责任，就是要坚定不移地投身改革的伟大事业，通过改革更好地巩固和发展我国的社会主义制度，为我国经济发展和社会全面进步开辟更加广阔的道路，提供更加强大的动力和保证。结合中国特色社会主义“不断改变、不断进步”的实际，江泽民提出：“我们的改革，是社会主义制度的自我完善和发展，是发扬优势、革除弊端、大胆创新的过程”；“我们的改革必须从我国实际出发，决不能裹足不前、无所作为，也不能匆忙行事、急于求成。要在党的领导下，依靠广大人民的智慧，有步骤有秩序地向前推进，采取积极而又稳妥的方针，保证国家政治、经济、社会生活的稳定和发展”①。恩格斯关于“改革的”社会主义思想，在中国社会主义社会改革和发展中得到了理论上的新的阐释和实践上的新的拓展。

2007 年 10 月，胡锦涛在党的十七大关于“新时期最鲜明的特点是改革开放”的论述中指出：“这场历史上从未有过的大改革大开放，极大地调动了亿万人民的积极性，使我国成功实现了从高度集中的计划经济体制到充满活力的社会主义市场经济体制、从封闭半封闭到全方位开放的伟大历史转折。今天，一个面向现代化、面向世界、面向未来的社会主义中国巍然屹立在世界东方。”② 新时期近 30 年的历史证明：“改革开放是决定当代中国命运的关键抉择，是发展中国特色社会主义、实现中华民族伟大复兴的必由之路；只有社会主义才能救中国，只有改革开放才能发展中国、发展社会主义、发展马克思主义。”③

2018 年 1 月，党的十九大召开后不久，习近平结合新时代的新特

---

① 《改革开放三十年重要文献选编》上，中央文献出版社 2008 年版，第 601—602 页。

② 《胡锦涛文选》第 2 卷，人民出版社 2016 年版，第 618 页。

③ 《胡锦涛文选》第 2 卷，人民出版社 2016 年版，第 619 页。

征和新要求再次提到恩格斯的这一思想，对恩格斯这一思想中社会主义社会是“经常变化和改革的社会”的要义作出新的阐释。习近平指出：“决胜全面建成小康社会的艰巨任务、实现中华民族伟大复兴的历史使命，对我们党提出了前所未有的新挑战新要求，影响党的先进性、弱化党的纯洁性的各种因素具有很强的危险性和破坏性。这决定了新时代党的建设新的伟大工程，既要培元固本，也要开拓创新，既要把住关键重点，也要形成整体态势，特别是要发挥彻底的自我革命精神。”[①] 他特别强调：“面对波谲云诡的国际形势、复杂敏感的周边环境、艰巨繁重的改革发展稳定任务，我们既要有防范风险的先手，也要有应对和化解风险挑战的高招；既要打好防范和抵御风险的有准备之战，也要打好化险为夷、转危为机的战略主动战。我们要继续进行具有许多新的历史特点的伟大斗争，准备战胜一切艰难险阻，朝着我们党确立的伟大目标奋勇前进。”[②]

中国社会主义改革的伟大实践，使我们成功开辟了中国特色社会主义道路，使社会主义中国巍然屹立在世界东方。正是在社会主义改革的伟大历程中，极大解放和发展了社会生产力，使我们迎来了从“站起来”、“富起来”到“强起来”的伟大的历史性飞跃。历史充分证明，改革是发展中国特色社会主义、实现中华民族伟大复兴的必由之路。

## 二、马克思主义方法论的思想智慧

1895 年，恩格斯在他生命的最后时刻，还在对《资本论》第三卷中价值转化为生产价格的理论问题作出探讨。这年 3 月，他在给威·桑巴特的信中提到，在《资本论》中，马克思虽然解决了价值转化为生产价格的“逻辑中间环节”问题，但马克思对这个问题的探讨并没有结束，“这里还有一些马克思自己在这部初稿中没有做完的工作要做”[③]。

---

① 《以时不我待只争朝夕的精神投入工作　开创新时代中国特色社会主义事业新局面》，《人民日报》2018 年 1 月 6 日。

② 《以时不我待只争朝夕的精神投入工作　开创新时代中国特色社会主义事业新局面》，《人民日报》2018 年 1 月 6 日。

③ 《马克思恩格斯文集》第 10 卷，人民出版社 2009 年版，第 691 页。

怎样按照马克思在《资本论》中提供的方法，使马克思提出的这一“逻辑”，达到“事实上完成的”程度，仍然需要花费“大气力”。恩格斯由此得出的结论就是:“马克思的整个世界观不是教义，而是方法。它提供的不是现成的教条，而是进一步研究的出发点和供这种研究使用的方法。”[①]

马克思主义是随着时代的发展而不断发展的开放的理论体系，马克思主义提供的是“进一步研究的出发点和供这种研究使用的方法”，而不是万世不变、千篇一律的教条。马克思主义之所以能够永葆青春活力，不断探索时代发展提出的新课题、回应人类社会面临的新挑战，根本上就在于它是不断发展的开放的理论。可以说，“一部马克思主义发展史就是马克思、恩格斯以及他们的后继者们不断根据时代、实践、认识发展而发展的历史，是不断吸收人类历史上一切优秀思想文化成果丰富自己的历史”[②]。

在《反杜林论》中，恩格斯对马克思主义科学理论与方法论关系的阐释中指出:“每一个时代的理论思维，包括我们这个时代的理论思维，都是一种历史的产物，它在不同的时代具有完全不同的形式，同时具有完全不同的内容。因此，关于思维的科学，也和其他各门科学一样，是一种历史的科学，是关于人的思维的历史发展的科学。这一点对于思维在经验领域中的实际运用也是重要的。”[③] 恩格斯这一思想深刻地映现在马克思主义中国化第二次历史性飞跃过程之中，贯穿于改革开放以来中国共产党对什么是马克思主义和怎样对待马克思主义问题探索的全部过程之中，是对什么是马克思主义和怎样对待马克思主义问题理解的核心内容。

1977 年 7 月，邓小平在论及新的历史条件下如何对待马克思主义问题时提出:“马克思列宁主义、毛泽东思想，是我们党的指导思想”[④]，要毫不动摇地坚守中国共产党的指导思想；对于马克思主义，既要坚持又要发展，而且只有在发展中才能真正地坚持。1982 年，在党的十二大开幕词中，邓小平提出“把马克思主义的普遍真理同我国的具体实际

① 《马克思恩格斯文集》第 10 卷，人民出版社 2009 年版，第 691 页。
② 《十九大以来重要文献选编》上，中央文献出版社 2019 年版，第 425 页。
③ 《马克思恩格斯文集》第 9 卷，人民出版社 2009 年版，第 436 页。
④ 《邓小平文选》第 2 卷，人民出版社 1994 年版，第 42 页。

结合起来，走自己的道路，建设有中国特色的社会主义”① 的思想，凸显了对恩格斯关于“发展的”社会主义思想的遵循，开启了中国特色社会主义的历史过程和理论探索的开端。我们党作出的改革开放的历史性决策，就是在对把马克思主义视作“教义”观念的破除；就在于对禁锢人们思想的“教条”的突破；就在于运用马克思主义的方法，对时代潮流的深刻洞察，对人民群众期盼和需要的深刻体悟，在把马克思主义同当代和世界实际的结合中，对什么是马克思主义和怎样对待马克思主义问题作出的新的探索。

1998 年，在改革开放 20 周年之际，面对中国改革开放新局面和世界社会主义运动曲折发展新情况，江泽民强调:“必须始终坚持以我国改革开放和现代化建设的实际问题、以我们正在做的事情为中心，着眼于马克思主义理论的运用，着眼于对实际问题的理论思考，着眼于新的实践和新的发展，勇于开拓前进。”② 一个“中心”和三个“着眼于”，使我们在什么是马克思主义和怎样对待马克思主义问题的探索中，获得了既适合时代发展、又焕发时代精神的新的内涵，提升了中国特色社会主义理论体系的境界。

2008 年，在改革开放 30 周年之际，面对中国特色社会主义发展的新的战略机遇期和全面建设小康社会的实际，胡锦涛提出，要坚持改革开放的正确方向，“我们既不能把书本上的个别论断当作束缚自己思想和手脚的教条，也不能把实践中已见成效的东西看成完美无缺的模式”③。马克思主义与时俱进的理论品质表明，我们要不断赋予当代中国马克思主义鲜明的实践特色、民族特色、时代特色，不断推动马克思主义的中国化、时代化和大众化。在什么是马克思主义和怎样对待马克思主义问题上，坚持一切从实际出发，理论联系实际，实事求是，在实践中检验真理和发展真理，是马克思主义的“最重要的理论品质”④，揭示了中国特色社会主义理论体系的思想精髓。

党的十八大以来，习近平多次提到恩格斯关于“发展的”社会主义

---

① 《邓小平文选》第 3 卷，人民出版社 1993 年版，第 3 页。

② 《十五大以来重要文献选编》上，人民出版社 2000 年版，第 600 页。

③ 《胡锦涛文选》第 3 卷，人民出版社 2016 年版，第 174 页。

④ 《十六大以来重要文献选编》上，中央文献出版社 2005 年版，第 362—364 页。

的思想，结合新时代坚持和发展中国特色社会主义的新的实际，赋予恩格斯这一思想以新时代的意蕴，使什么是马克思主义和怎样对待马克思主义问题，获得了新时代的新的思想感召力和理论影响力。

一是从中国共产党的历史和理论发展的高度，对恩格斯的这一思想作出阐释。2016 年 7 月，在中国共产党成立 95 周年之际，习近平从新的时代特点和实践要求的高度，对马克思主义面临着进一步中国化、时代化、大众化问题进行了阐释:“马克思主义并没有结束真理，而是开辟了通向真理的道路。恩格斯早就说过：‘马克思的整个世界观不是教义，而是方法。它提供的不是现成的教条，而是进一步研究的出发点和供这种研究使用的方法。’时代是思想之母，实践是理论之源。实践发展永无止境，我们认识真理、进行理论创新就永无止境。今天，时代变化和我国发展的广度和深度远远超出了马克思主义经典作家当时的想象。同时，我国社会主义只有几十年实践、还处在初级阶段，事业越发展新情况新问题就越多，也就越需要我们在实践上大胆探索、在理论上不断突破。”[①]马克思主义的理论始终以客观事实为根据，而实际生活总处于深刻的变动之中。因此，马克思主义只有与本国国情相结合、与时代发展同进步、与人民群众共命运，才能焕发出强大生命力、创造力、感召力。

二是从马克思主义在中国哲学社会科学发展视域，对恩格斯这一思想作出阐释。2016 年 5 月，在哲学社会科学工作座谈会上，习近平从新形势下如何坚持马克思主义基本原理和贯穿其中的立场、观点、方法问题时指出:“马克思主义是随着时代、实践、科学发展而不断发展的开放的理论体系，它并没有结束真理，而是开辟了通向真理的道路。恩格斯早就说过：‘马克思的整个世界观不是教义，而是方法。它提供的不是现成的教条，而是进一步研究的出发点和供这种研究使用的方法。’把坚持马克思主义和发展马克思主义统一起来，结合新的实践不断作出新的理论创造，这是马克思主义永葆生机活力的奥妙所在。”[②]

---

① 《十八大以来重要文献选编》下，中央文献出版社 2018 年版，第 346 页。

② 习近平:《在哲学社会科学工作座谈会上的讲话》，人民出版社 2016 年版，第 13 页。

三是从马克思主义在当代中国发展，特别是从21世纪马克思主义发展的视域，对恩格斯这一思想作出新的阐释。2018年5月，在纪念马克思诞辰200周年大会上，习近平提出："对待科学的理论必须有科学的态度。恩格斯深刻指出：'马克思的整个世界观不是教义，而是方法。它提供的不是现成的教条，而是进一步研究的出发点和供这种研究使用的方法。'"对于中国特色社会主义理论和实践来讲，科学社会主义基本原则不能丢，丢了就不是社会主义。同时，科学社会主义也绝不是一成不变的教条。"社会主义并没有定于一尊、一成不变的套路，只有把科学社会主义基本原则同本国具体实际、历史文化传统、时代要求紧密结合起来，在实践中不断探索总结，才能把蓝图变为美好现实。"①

马克思主义是不断发展的理论。因此我们必须守正创新、与时俱进，始终站在时代发展的最前沿。"发展的"社会主义思想揭示了科学社会主义本质特征，在新时代中国特色社会主义发展中呈现出更显著的思想智慧和理论力量。

## 三、历史唯物主义在中国发展的新境界

2013年12月，党的第十八届中央政治局举行第十一次集体学习，这次学习的主题是"坚持历史唯物主义不断开辟当代中国马克思主义发展新境界"。习近平在这次集体学习的讲话中指出："1883年，恩格斯在马克思墓前说：'正像达尔文发现有机界的发展规律一样，马克思发现了人类历史的发展规律，即历来为繁芜丛杂的意识形态所掩盖着的一个简单事实：人们首先必须吃、喝、住、穿，然后才能从事政治、科学、艺术、宗教等等；所以，直接的物质的生活资料的生产，从而一个民族或一个时代的一定的经济发展阶段，便构成基础，人们的国家设施、法的观点、艺术以至宗教观念，就是从这个基础上发展起来的，因而，也必须由这个基础来解释，而不是像过去那样做得相反。'这段话，十分

---

① 《十九大以来重要文献选编》上，中央文献出版社2019年版，第434页。

精辟地阐明了历史唯物主义的基本内涵。”[①] 恩格斯对马克思主义唯物史观的这一概括，对中国特色社会主义发生着重要的思想影响。

面对中国特色社会主义发展新时代的实际，习近平对社会主义生产力和生产关系的理论作了深刻阐释。他提出:“我们要明确，社会主义的根本任务是解放和发展社会生产力，这一点任何时候都不能动摇。”[②]

生产力理论是马克思主义理论体系的基石，也是马克思主义最为基本的原理。邓小平认为:“十一届三中全会以来，全党把工作重点转移到社会主义现代化建设上来，在坚持四项基本原则的基础上，集中力量发展社会生产力。这是最根本的拨乱反正。”[③] 在对生产力问题上，邓小平 1978 年 3 月就提出:“科学技术是生产力，这是马克思主义历来的观点。早在一百多年以前，马克思就说过：机器生产的发展要求自觉地应用自然科学。并且指出：‘生产力中也包括科学。’现代科学技术的发展，使科学与生产的关系越来越密切了。科学技术作为生产力，越来越显示出巨大的作用。”[④] 同时，邓小平也强调:“过去，只讲在社会主义条件下发展生产力，没有讲还要通过改革解放生产力，不完全。应该把解放生产力和发展生产力两个讲全了。”[⑤] 解放生产力和发展生产力的“完全”，就是生产力和生产关系相结合的问题。“讲全”解放生产力和发展生产力，显示了关于生产力和生产关系理论的中国话语特征。

面向 21 世纪，江泽民在提到科学技术是第一生产力问题时指出:“科学的发生和发展，一开始就是由社会生产所决定的。恩格斯在致瓦·博尔吉乌斯的信中曾经深刻指出：‘社会一旦有技术上的需要，这种需要就会比十所大学更能把科学推向前进。’科技进步、技术创新，只有同经济社会发展紧密结合起来，才能具有强大生命力。”[⑥] 恩格斯

---

① 习近平:《坚持历史唯物主义　不断开辟当代中国马克思主义发展新境界》，《求是》2020 年第 2 期。

② 习近平:《坚持历史唯物主义　不断开辟当代中国马克思主义发展新境界》，《求是》2020 年第 2 期。

③ 《邓小平文选》第 3 卷，人民出版社 1993 年版，第 141 页。

④ 《邓小平文选》第 2 卷，人民出版社 1994 年版，第 87 页。

⑤ 《邓小平文选》第 3 卷，人民出版社 1993 年版，第 370 页。

⑥ 《江泽民文选》第 2 卷，人民出版社 2006 年版，第 394 页。

的这一思想深化了马克思关于科学技术也是生产力的理论，恩格斯强调的是科学“在更大得多的程度上依赖于技术的状况和需要”[①]。结合当代生产力发展的实际，我们更能够发现，科学技术的进步、创新是和经济社会发展密切地联系起来的，经济社会发展是科学技术进步、创新的引导力量。科技进步和技术创新只有为经济社会发展服务，才具有强大的生命力。

在新时代，科学技术的进步在社会生产力发展中的作用更加突出地显示出来。2013 年 9 月，在党的十八届中央政治局第九次集体学习时的讲话中，习近平提出:“科技兴则民族兴，科技强则国家强。重视科技的历史作用，是马克思主义的一个基本观点。恩格斯说：‘在马克思看来，科学是一种在历史上起推动作用的、革命的力量。’邓小平同志对科技作用的著名论断大家都很熟悉，就是‘科学技术是第一生产力’。近代以来，中国屡屡被经济总量远不如我们的国家打败，为什么？其实，不是输在经济规模上，而是输在科技落后上。新中国成立以来特别是改革开放以来，我们取得了‘两弹一星’、载人航天、载人深潜、超级计算等一系列重大科技突破，极大振奋了民族精神，极大提升了我国国际地位。”[②]

习近平援引的恩格斯的论述，是恩格斯在马克思的葬仪上提出的。恩格斯认为:“在马克思看来，科学是一种在历史上起推动作用的、革命的力量。任何一门理论科学中的每一个新发现——它的实际应用也许还根本无法预见——都使马克思感到衷心喜悦，而当他看到那种对工业、对一般历史发展立即产生革命性影响的发现的时候，他的喜悦就非同寻常了。”[③] 习近平结合新时代的实际，对马克思、恩格斯的思想所作的新的阐释，体现了马克思、恩格斯的思想的核心要义，强化了科技创新是提高社会生产力和综合国力的战略支撑，必须摆在国家发展全局的核心位置思想的意义。

2018 年 5 月，在中国科学院第十九次院士大会和中国工程院第十

---

① 《马克思恩格斯文集》第 10 卷，人民出版社 2009 年版，第 668 页。

② 《习近平关于科技创新论述摘编》，中央文献出版社 2016 年版，第 23 页。

③ 《马克思恩格斯文集》第 3 卷，人民出版社 2009 年版，第 602 页。

四次院士大会的讲话中，习近平指出:“企业是创新的主体，是推动创新创造的生力军。正如恩格斯所说：‘社会一旦有技术上的需要，则这种需要就会比十所大学更能把科学推向前进。’要推动企业成为技术创新决策、研发投入、科研组织和成果转化的主体，培育一批核心技术能力突出、集成创新能力强的创新型领军企业。”[①] 习近平从企业作为社会主义市场经济主体，也作为社会生产力发展的创新主体的结合上，赋予恩格斯这一思想以新的内涵。

恩格斯的这一思想是在 1894 年 1 月给博尔吉乌斯的信中提出的。其背景就是:“我们视之为社会历史的决定性基础的经济关系，是指一定社会的人们生产生活资料和彼此交换产品（在有分工的条件下）的方式。因此，这里包括生产和运输的全部技术。这种技术，照我们的观点看来，也决定着产品的交换方式以及分配方式，从而在氏族社会解体后也决定着阶级的划分，决定着统治关系和奴役关系，决定着国家、政治、法等等。”接着，恩格斯才指出:“如果像您所说的，技术在很大程度上依赖于科学状况，那么，科学则在更大得多的程度上依赖于技术的状况和需要。社会一旦有技术上的需要，这种需要就会比十所大学更能把科学推向前进。整个流体静力学（托里拆利等）是由于 16 世纪和 17 世纪意大利治理山区河流的需要而产生的。关于电，只是在发现它在技术上的实用价值以后，我们才知道了一些理性的东西。可惜在德国，人们撰写科学史时习惯于把科学看做是从天上掉下来的。”[②] 显然，恩格斯这一思想提出的背景与中国特色社会主义发展实际相契合，在根本意义上，都是从“讲全”发展社会生产力和解放社会生产力的根本要求上来看问题的，而且也都结合各自所处不同时期科学技术发展的实际而提出问题的，真实地体现了恩格斯思想在当代中国社会主义过程中的影响和发展的现实。

对恩格斯提出这一思想的背景，习近平结合新时代发展的实际，作出新的阐释。2013 年 12 月，在党的十八届中央政治局第十一次集体学

① 习近平:《在中国科学院第十九次院士大会、中国工程院第十四次院士大会上的讲话》，人民出版社 2018 年版，第 15 页。

② 《马克思恩格斯文集》第 10 卷，人民出版社 2009 年版，第 667 页、第 668 页。

习的讲话中，习近平提出："虽然物质生产是社会生活的基础，但上层建筑也可以反作用于经济基础，生产力和生产关系、经济基础和上层建筑之间有着十分复杂的关系，有着作用和反作用的现实过程，并不是单线式的简单决定和被决定逻辑。"① 两年之后，2015 年 1 月，在党的十八届中央政治局第二十次集体学习的讲话中，习近平再次提出："世界物质统一性原理是辩证唯物主义最基本、最核心的观点，是马克思主义哲学的基石。恩格斯指出：'世界的真正的统一性在于它的物质性，而这种物质性不是由魔术师的三两句话所证明的，而是由哲学和自然科学的长期的和持续的发展所证明的。'遵循这一观点，最重要的就是坚持一切从客观实际出发，而不是从主观愿望出发。"② 从马克思主义哲学的整体上来理解，世界上的事物总是有着这样那样的联系，不能孤立地静止地看待事物发展，否则往往会出现盲人摸象、以偏概全的问题。

恩格斯对社会生产力和生产关系的论述，既涉及社会主义社会发展中的问题，更多的还是关于资本主义社会发展的论题。恩格斯关于资本主义社会发展理论，对马克思主义中国化的发展同样有着重要的影响。

江泽民在对资本主义社会发展理论的理解中，对恩格斯晚年撰写的《1891 年社会民主党纲领草案批判》一文给予极大的关注。1992 年 6 月，他就提出："'关于资本主义也有计划'，恩格斯在他晚年就已开始察觉到了这个问题。一八九一年，他在批判德国社会民主党纲领草案时指出，资本主义托拉斯的出现，标志着生产的无计划性没有了。他说，纲领草案中所说的'根源于资本主义私人生产的本质的无计划性'这一句需要大加修改。"③ 后来，他又多次指出："这几年以来，我一直引用恩格斯在《1891 年社会民主党纲领草案批判》一文中所表达的观点。恩格斯说：'由股份公司经营的资本主义生产，已经不再是私人生产，而是由许多人联合负责的生产。如果我们从股份公司进而来看那支配着和垄断着整个工业部门的托拉斯，那么，那里不仅没有了私人生产，而且

① 习近平：《坚持历史唯物主义 不断开辟当代中国马克思主义发展新境界》，《求是》2020 年第 2 期。

② 习近平：《辩证唯物主义是中国共产党人的世界观和方法论》，《求是》2019 年第 1 期。

③ 《江泽民文选》第 1 卷，人民出版社 2006 年版，第 199 页。

也没有了无计划性。’这就是说，资本主义在自身发展中是会出现变化的，我们应该正确认识并从理论上说明这些变化。”[①]

在对资本主义社会发展理论的当代理解中，一方面要深刻把握马克思和恩格斯在《共产党宣言》中提出的著名的“两个必然”观点，这就是“资产阶级的灭亡和无产阶级的胜利是同样不可避免的”[②]。另一方面也要深刻理解马克思在《〈政治经济学批判〉序言》中提出的“两个决不会”的观点，这就是：‘无论哪一个社会形态，在它所能容纳的全部生产力发挥出来以前，是决不会灭亡的；而新的更高的生产关系，在它的物质存在条件在旧社会的胎胞里成熟以前，是决不会出现的。’[③]对这两个基本原理作出辩证的理解，才是对马克思恩格斯关于资本主义社会发展理论的全面理解，也才能准确理解当代资本主义社会发展的特征及其历史趋势。

习近平认为:“马克思、恩格斯运用社会基本矛盾推动社会发展的规律，对未来社会发展作出了科学预见。《共产党宣言》提出：‘资产阶级的灭亡和无产阶级的胜利是同样不可避免的。’这就是‘两个必然’，是就人类历史总的发展趋势而言的，是历史规律的必然指向。这里还要说到马克思提出的‘两个决不会’，马克思说：‘无论哪一个社会形态，在它所能容纳的全部生产力发挥出来以前，是决不会灭亡的；而新的更高的生产关系，在它的物质存在条件在旧社会的胎胞里成熟以前，是决不会出现的。’马克思和恩格斯的这些重要论点有着重要的现实意义。习近平指出：这些理论“可以帮助我们理解为什么资本主义至今没有完全消亡，为什么社会主义还会出现苏联解体、东欧剧变那样的曲折，为什么马克思主义预见的共产主义还需要经过很长的历史发展才能实现。学懂了这一认识和研究社会历史发展的科学世界观和方法论，我们就能坚定理想的主心骨、筑牢信念的压舱石，保持强大的战略定力。我们要坚定中国特色社会主义道路自信、理论自信、制度自信，不断提高我国社会生产力发展水平和人民生活水平，使我国社会主义制度优越性不断显

---

① 《江泽民文选》第3卷，人民出版社2006年版，第80页。

② 《马克思恩格斯文集》第2卷，人民出版社2009年版，第43页。

③ 《马克思恩格斯文集》第2卷，人民出版社2009年版，第592页。

现和丰富起来，使中国特色社会主义道路越走越宽广”[①]。

## 四、社会主义生态文明建设思想

生态文明建设已经成为中国特色社会主义“五位一体”总体布局的重要内容。生态文明建设在根本上就是人与自然的和谐协调发展问题。1998 年 9 月，江泽民在总结那年防汛抗洪的经验时指出：“一百多年前，恩格斯就指出，人类可以通过改变自然来使自然界为自己的目的服务，来支配自然界，但我们每走一步都要记住，人类统治自然界决不是站在自然界之外的，人类对自然界的全部统治力量，就在于能够认识和正确运用自然规律。恩格斯这番话讲清了人类应该如何正确处理同自然界的关系。”[②] 江泽民引用的是 1876 年恩格斯提出的人与自然和谐协调发展思想时的有关论述。

恩格斯在这一论述中认为：“我们不要过分陶醉于我们人类对自然界的胜利。对于每一次这样的胜利，自然界都对我们进行报复。每一次胜利，起初确实取得了我们预期的结果，但是往后和再往后却发生完全不同的、出乎预料的影响，常常把最初的结果又消除了。”[③] 恩格斯告诫人们：“我们一天天地学会更正确地理解自然规律，学会认识我们对自然界习常过程的干预所造成的较近或较远的后果。特别自本世纪自然科学大踏步前进以来，我们越来越有可能学会认识并从而控制那些至少是由我们的最常见的生产行为所造成的较远的自然后果。”[④] 在恩格斯这一论述之前，马克思也提到过，由于对人和对自然的掠夺性的使用，使人与自然之间的物质变换出现了“对未来的预支”的状况，对于人类来说，这是一种“真正的预支”。这时，“由于过早的过度紧张和消耗，由于收支平衡的破坏，未来实际上可能被预支和被破坏。”[⑤] 中国特色社

---

① 习近平：《坚持历史唯物主义 不断开辟当代中国马克思主义发展新境界》，《求是》2020 年第 2 期。

② 《江泽民文选》第 2 卷，人民出版社 2006 年版，第 233 页。

③ 《马克思恩格斯文集》第 9 卷，人民出版社 2009 年版，第 559—560 页。

④ 《马克思恩格斯文集》第 9 卷，人民出版社 2009 年版，第 560 页。

⑤ 《马克思恩格斯全集》第 35 卷，人民出版社 2013 年版，第 292 页。

会主义理论体系中关于生态文明建设的理论，赋予马克思、恩格斯这些重要思想以当今时代的新内涵。

2008 年 10 月，在全国抗震救灾总结表彰大会的讲话中，胡锦涛指出：人类是大自然的一员，大自然是人类赖以生存和发展的物质基础。在改造客观世界和主观世界的实践中不断认识自然，在顺应自然规律的基础上合理开发自然，在同自然的和谐相处中发展自己，是人类生存和进步的永恒主题。因此，人们在利用和开发自然时，首先要认识自然、尊重自然、按自然规律办事。自然灾害给人类带来磨难，同时又促使人类更加自觉地去认识和把握自然规律、增强抵御自然灾害能力，进而推动人类文明进步。正如恩格斯所说，没有哪一次巨大的历史灾难不是以历史的进步为补偿的。一个善于从自然灾害中总结和汲取经验教训的民族，必定是日益坚强和不可战胜的。胡锦涛强调：人类对自然规律的认识和把握，是一个永不停息的过程，规律性的东西往往要通过现象的不断往复和科学技术的不断发展才能更明确地被人们认知①。只要我们坚定不移走科学发展道路，锲而不舍探索和认识自然规律，坚持按自然规律办事，不断增强促进人与自然相和谐能力，就一定能够不断有所发现、有所发明、有所创造、有所前进，就一定能够做到让人类更好适应自然、让自然更好造福人类。

2016 年 1 月，在省部级主要领导干部学习贯彻党的十八届五中全会精神专题研讨班的讲话中，习近平指出：人类发展活动必须尊重自然、顺应自然、保护自然，否则就会遭到大自然的报复，这个规律谁也无法抗拒。他特别提出："恩格斯在《自然辩证法》中写到：美索不达米亚、希腊、小亚细亚以及其他各地的居民，为了得到耕地，毁灭了森林，但是他们做梦也想不到，这些地方今天竟因此而成为不毛之地，因为他们使这些地方失去了森林，也就失去了水分的积聚中心和贮藏库。阿尔卑斯山的意大利人，当他们在山南坡把那些在山北坡得到精心保护的枞树林砍光用尽时，没有预料到，这样一来，他们把本地区的高山畜牧业的根基毁掉了；他们更没有预料到，他们这样做，竟使山泉在一年

---

① 《胡锦涛文选》第 3 卷，人民出版社 2016 年版，第 134—135 页。

中的大部分时间内枯竭了，同时在雨季又使更加凶猛的洪水倾泻到平原上。”①

恩格斯提出这一思想已经有一百多年了，但并没有引起警觉。习近平提到，20 世纪，发生在西方国家的“世界八大公害事件”对生态环境和公众生活造成巨大影响。在中国，同样有深刻的历史教训。这些深刻教训，我们一定要认真吸取。习近平指出：“在对待自然问题上，恩格斯深刻指出：‘我们不要过分陶醉于我们人类对自然界的胜利。对于每一次这样的胜利，自然界都对我们进行报复。每一次胜利，起初确实取得了我们预期的结果，但是往后和再往后却发生完全不同的、出乎预料的影响，常常把最初的结果又消除了。’人因自然而生，人与自然是一种共生关系，对自然的伤害最终会伤及人类自身。只有尊重自然规律，才能有效防止在开发利用自然上走弯路。这个道理要铭记于心、落实于行。”②

根据中国的实际，依据恩格斯的思想，习近平指出：在中国特色社会主义新时代，“对保护生态环境务必坚定信念，坚决摒弃损害甚至破坏生态环境的发展模式和做法，决不能再以牺牲生态环境为代价换取一时一地的经济增长。要坚定推进绿色发展，推动自然资本大量增值，让良好生态环境成为人民生活的增长点、成为展现我国良好形象的发力点，让老百姓呼吸上新鲜的空气、喝上干净的水、吃上放心的食物、生活在宜居的环境中、切实感受到经济发展带来的实实在在的环境效益，让中华大地天更蓝、山更绿、水更清、环境更优美，走向生态文明新时代”③。

## 五、世界历史理论的当代发展

2018 年 5 月，在纪念马克思诞辰 200 周年大会上，习近平在提到马克思、恩格斯提出的世界历史理论的当代意义时指出：“马克思、恩格

① 《习近平谈治国理政》第二卷，外文出版社 2017 年版，第 207 页。
② 《习近平谈治国理政》第二卷，外文出版社 2017 年版，第 208—209 页。
③ 《习近平谈治国理政》第二卷，外文出版社 2017 年版，第 209—210 页。

斯说：‘各民族的原始封闭状态由于日益完善的生产方式、交往以及因交往而自然形成的不同民族之间的分工消灭得越是彻底，历史也就越是成为世界历史。’马克思、恩格斯当年的这个预言，现在已经成为现实，历史和现实日益证明这个预言的科学价值。”① 马克思和恩格斯的世界历史理论对当代中国仍然有着重要的理论的和实践的影响力。

19 世纪 40 年代中期，马克思、恩格斯在《德意志意识形态》手稿中提出，随着生产力的巨大增长和高度发展，“人们的世界历史性的而不是地域性的存在同时已经是经验的存在了”；同时，“地域性的个人为世界历史性的、经验上普遍的个人所代替”②。这就是说，随着资本主义生产力的巨大变化，资本主义已经成为一种世界性的现象；不仅在理论上而且也在现实中，任何地域性的现象已经不再可能继续存在。之后不久，马克思和恩格斯在《共产党宣言》中再次表达了这样的观点。他们提出：“资产阶级，由于开拓了世界市场，使一切国家的生产和消费都成为世界性的了”；进而“资产阶级，由于一切生产工具的迅速改进，由于交通的极其便利，把一切民族甚至最野蛮的民族都卷到文明中来了”③。

马克思、恩格斯关于世界历史的这些基本思想，也成为他们对国际贸易和世界市场看法的基本出发点，继而成为 20 世纪 80 年代开始流行的经济全球化观念的思想渊源。习近平对经济全球化概念的形成曾做过这样的概述：“经济全球化是我们谋划发展所要面对的时代潮流。‘经济全球化’这一概念虽然是冷战结束以后才流行起来的，但这样的发展趋势并不是什么新东西。早在 19 世纪，马克思、恩格斯在《德意志意识形态》、《共产党宣言》、《1857—1858 年经济学手稿》、《资本论》等著作中就详细论述了世界贸易、世界市场、世界历史等问题。《共产党宣言》指出：‘资产阶级，由于开拓了世界市场，使一切国家的生产和消费都成为世界性的了。’马克思、恩格斯的这些洞见和论述，深刻揭示了经济全球化的本质、逻辑、过程，奠定了我们今天认识经济全球化的

① 《十九大以来重要文献选编》上，中央文献出版社 2019 年版，第 432 页。

② 《马克思恩格斯文集》第 1 卷，人民出版社 2009 年版，第 538 页。

③ 《马克思恩格斯文集》第 2 卷，人民出版社 2009 年版，第 35 页。

理论基础。”[①]

1867 年出版的《资本论》第一卷是以英国资本主义生产方式发展为研究对象的。在马克思看来，“工业较发达的国家向工业较不发达的国家所显示的，只是后者未来的景象”[②]。这就是说，发达国家的历史就是不发达国家的现实，资本主义发达国家所走过的道路就是后发达国家要走的道路，工业较发达的国家向较不发达的国家所显示的是后者未来的景象。换言之，发达国家的历史就是不发达国家的现实；发达国家的现实就是不发达国家的未来。到 19 世纪 60 年代，马克思和恩格斯还坚持这一观点，进入 19 世纪 70 年代以后，马克思恩格斯思想开始发生重大的变化。

19 世纪 70 年代以后，马克思、恩格斯的思想的重大变化在于，他们在肯定世界历史有其统一性的同时，也从社会发展多样性的角度，说明世界历史发展有其显著的多样性。到 1881 年，经过 10 多年的思考，马克思开始意识到，由于社会和历史条件的差异，世界各国都会有自己独特的发展道路。他认为:“在俄国，由于各种独特情况的结合，至今还在全国范围内存在着的农村公社能够逐渐摆脱其原始特征，并直接作为集体生产的因素在全国范围内发展起来。正因为它和资本主义生产是同时存在的东西，所以它能够不经受资本主义生产的可怕的波折而占有它的一切积极的成果。”[③] 根据经济形态发展的一般规律，恩格斯在对俄国农村公社特征的分析中认为，“每一种特定的经济形态都应当解决它自己的、从它本身产生的问题；如果要去解决另一种完全不同的经济形态的问题，那是十分荒谬的”[④]。社会主义是资本主义经济形态下提出的发展要求，因而要处在前资本主义经济发展阶段的社会来解决只是处在资本主义发展阶段的社会才产生了和才能产生的问题和冲突，“这在历史上是不可能的”[⑤]。1894 年，恩格斯还指出:“不仅可能而且毋庸置疑的是，当西欧各国人民的无产阶级取得胜利和生产资料转归公有之后，

① 《习近平谈治国理政》第二卷，外文出版社 2017 年版，第 210—211 页。
② 《马克思恩格斯文集》第 5 卷，人民出版社 2009 年版，第 8 页。
③ 《马克思恩格斯文集》第 3 卷，人民出版社 2009 年版，第 571 页。
④ 《马克思恩格斯文集》第 4 卷，人民出版社 2009 年版，第 458—459 页。
⑤ 《马克思恩格斯文集》第 4 卷，人民出版社 2009 年版，第 458 页。

那些刚刚进入资本主义生产而仍然保全了氏族制度或氏族制度残余的国家，可以利用公有制的残余和与之相适应的人民风尚作为强大的手段，来大大缩短自己向社会主义社会发展的过程，并避免我们在西欧开辟道路时所不得不经历的大部分苦难和斗争。”[①] 他强调，实现这一点的第一个条件是外部的推动，就俄国而言，“对俄国的公社的这样一种可能的改造的首创因素只能来自西方的工业无产阶级，而不是来自公社本身”；如果没有西方无产阶级的胜利，“目前的俄国无论是在公社的基础上还是在资本主义的基础上，都不可能达到社会主义的改造”[②]。马克思逝世后，恩格斯晚年所表达的这些思想，极大地拓展了世界历史认识的视野。

面对新时代，习近平指出：“今天，人类交往的世界性比过去任何时候都更深入、更广泛，各国相互联系和彼此依存比过去任何时候都更频繁、更紧密。一体化的世界就在那儿，谁拒绝这个世界，这个世界也会拒绝他。万物并育而不相害，道并行而不相悖。我们要站在世界历史的高度审视当今世界发展趋势和面临的重大问题，坚持和平发展道路，坚持独立自主的和平外交政策，坚持互利共赢的开放战略，不断拓展同世界各国的合作，积极参与全球治理，在更多领域、更高层面上实现合作共赢、共同发展，不依附别人、更不掠夺别人，同各国人民一道努力构建人类命运共同体，把世界建设得更加美好。”[③]

面对新时代世界历史进程的新特点，习近平结合马克思恩格斯对世界历史系统论述的思想，提出“一个国家能不能富强，一个民族能不能振兴，最重要的就是看这个国家、这个民族能不能顺应时代潮流，掌握历史前进的主动权”[④]。在世界历史、经济全球化的探讨中，提出了人类命运共同体的新思想，使得马克思恩格斯世界历史的系统论述闪耀出新时代的思想智慧。

2018 年 5 月，在纪念马克思诞辰 200 周年大会的讲话中，习近平

---

① 《马克思恩格斯文集》第 4 卷，人民出版社 2009 年版，第 459 页。

② 《马克思恩格斯文集》第 4 卷，人民出版社 2009 年版，第 457 页、第 466—467 页。

③ 《十九大以来重要文献选编》上，中央文献出版社 2019 年版，第 432 页。

④ 《习近平谈治国理政》第二卷，外文出版社 2017 年版，第 210 页。

以恩格斯的一段著名论述为结束语："恩格斯说：'只要进一步发挥我们的唯物主义论点，并且把它应用于现时代，一个强大的、一切时代中最强大的革命远景就会立即展现在我们面前。'前进道路上，我们要继续高扬马克思主义伟大旗帜，让马克思、恩格斯设想的人类社会美好前景不断在中国大地上生动展现出来！"[①] 恩格斯的思想作为马克思主义的重要内涵，对马克思主义中国化的新的历史性飞跃发生着重要的影响，在发展的中国化马克思主义进程中，恩格斯的思想展现出永远的理论力量、思想智慧和时代魅力。

① 《十九大以来重要文献选编》上，中央文献出版社 2019 年版，第 435 页。

# 后　记

2019 年 11 月，在北京大学召开的首届全国高校马克思主义发展史学科建设发展论坛上，我在谈到 2020 年马克思主义发展史重大研究课题时，提出在纪念恩格斯诞辰 200 周年时要深化对恩格斯思想与当代马克思主义发展问题的研究，还提到自己正计划以“永远的恩格斯”为主题写一组论文的想法。过后不久，我就接到参加这次论坛的华中师范大学刘从德教授的约请，希望我能以“永远的恩格斯”为题，写一本关于恩格斯思想研究的著作。刘从德教授既是马克思主义发展史研究的学者，也是华中师范大学出版社的总编辑，我在武汉大学工作时也有过交往。刘教授和出版社的约请，我欣然同意。2020 年元旦之后，我用了整整 8 个月的时间，全力以赴，在 9 月初完成了书稿。再经过出版社近 3 个月的辛勤劳作，使《永远的恩格斯》能在恩格斯诞辰 200 周年之际正式出版。

实际上，“永远的恩格斯”这一主题，是我近 10 年多来一直在研究的课题。2005 年，我在武汉大学召开的纪念恩格斯逝世 110 周年的“马克思主义与当代世界”的国际学术研讨会上，就以“永远的恩格斯”为题作了研讨会的闭幕词。我曾经提到：“永远的恩格斯将成为我们今后理论研究的重要对象，恩格斯的思想必将同现时代相结合。恩格斯思想在当代的进一步发展和弘扬，必将有助于马克思主义在现时代的发展和创新。”①

15 年过去了，现在再来谈“永远的恩格斯”的主题，显然会有许多新的感悟。2019 年，在我还没有下决心写作《永远的恩格斯》一书时，就以“恩格斯晚年对马克思主义发展史的开创性研究”为题写了三

---

① 顾海良：《永远的恩格斯——纪念恩格斯逝世 110 周年》，《武汉大学学报》（哲学社会科学版）2006 年第 1 期。

篇论文：《“重读”马克思与马克思主义发展史的思想资源和学理依循》（《马克思主义理论学科研究》2019 年第 1 期）、《思想过程和革命实践的结合：马克思主义发展史的内在逻辑》（《学术界》2019 年第 4 期）和《理论批判和思想交锋：马克思主义发展史的时代精神》（《求索》2019 年第 6 期），其中包含了我的许多新的感悟。

2020 年在正式写作《永远的恩格斯》书稿期间，我梳理了这些年来研究的心得和体会，重读了恩格斯的主要著作，特别是对以前没有注意甚至有所疏忽的恩格斯著述作出深入研究，最后完成了这一包含四篇二十五章的书稿。全书以恩格斯一生的思想历程和理论贡献为主线，对恩格斯同马克思一起在共同创立马克思主义中的贡献，在共产主义者同盟和第一国际、第二国际中革命活动的意义，在长期科学研究中对马克思主义理论多方面的拓新，以及晚年对马克思主义科学原理和科学精神的捍卫、发展和创新等重大问题，作出系统研究和阐释。以“永远的恩格斯”为主题，对恩格斯思想在马克思主义发展史上的意义，对马克思主义中国化，特别是 21 世纪马克思主义发展的意义作了深入探讨。

需要说明的是，《永远的恩格斯》突出了对恩格斯思想本身的深入研究和探索，所以在行文中较多地引述了恩格斯的一些重要的，特别是一些堪称经典的论述。这样，更能完整和准确地再现恩格斯思想的精粹和真谛。在这里，也涉及恩格斯思想研究中学术界极为关注的另一个问题，即恩格斯与马克思思想的关系或者说恩格斯与马克思主义的关系问题。作为马克思主义创立者之一，恩格斯对马克思主义作出的特殊的贡献，既不是对马克思主义的另样诠释，也不是导向脱离马克思思想本意的所谓“马克思主义”，更不是形成了一个与马克思思想相对立的理论体系。在对恩格斯特殊贡献的误解、曲解以至攻讦中，多把恩格斯对马克思主义所作的特殊贡献同马克思思想对立起来，也多把恩格斯晚年对马克思思想所作的完善和发展同马克思原有的思想割裂开来，还多把恩格斯晚年对马克思思想从而对马克思主义的发展和创新同马克思思想并列起来，以此作为制造马克思和恩格斯“对立论”的“神话”的口实或所谓“根据”。在本书中，对这些偏见和谬误，虽然没有一一作出驳斥，但是在对恩格斯思想精粹和真谛的完整和准确地阐释，是利于对其中某些偏见和谬误的驳斥的。

《永远的恩格斯》有少些章节的部分内容，逐录自我近年来发表的论文的相关论述，有些也借鉴了近年来由我主编的著述的部分内容，主要如《20 世纪马克思主义发展史》第一卷（中国人民大学出版社 2019 年版）、《新编经济思想史》第四卷（经济科学出版社 2016 年版）和《马克思主义发展史》（中国人民大学出版社 2015 年版）等。在此，特向有关合作者表示衷心感谢。

本书撰写中得到中国人民大学马克思主义学院张雷声教授的帮助和支持。

本书能在短时间内及时出版，要感谢刘从德教授和华中师范大学出版社领导的支持，特别要感谢出版社曾艳编辑等的帮助及极富专业的指教。在此，也表达我的衷心谢意。

顾海良

2020 年 10 月 18 日